KB029396

風水原理講論

第2巻 應用論 및 風易 原理論

황영웅 黃英雄

1970 한양대학교 공과대학 전기공학 전공
1979 한양대학교 산업경영대학원 국토개발 전공
1989 College of Buddhist Studies L.A. Buddhism 전공(B.A)
1991 College of Buddhist Studies L.A. Buddhism 전공(M.A)
1993 동국대학교 불교대학원 선(禪)학 전공
2021 대구한의대학교 명예철학박사

1988 비봉풍수지리연구학회 설립
2003 경기대학교 국제문화대학원 풍수지리학과 대우교수
2009 영남대학교 환경보건대학원 환경설계학과 객원교수

前 김대중 대통령 묘역 조성 위원장
前 김영삼 대통령 묘역 조성 위원장

風水原理講論

第2卷 應用論 및 風易 原理論

초판 발행 2002년 02월 25일 (비매품)
증보판 발행 2019년 05월 30일 (비매품)
개정판 발행 2021년 03월 19일 (550세트 한정판)

지은이 비봉산인 황영웅 | **펴낸이** 이찬규 | **펴낸곳** 북코리아
등록번호 제03-01240호 | **전화** 02-704-7840 | **팩스** 02-704-7848
이메일 sunhaksa@korea.com | **홈페이지** www.북코리아.kr
주소 13209 경기도 성남시 중원구 사기막골로 45번길 14 우림2차 A동 1007호
ISBN 978-89-6324-732-8 (93180)
978-89-6324-736-6 (세트)

값 150,000원

風水原理講論

"人間生命의再創造를 爲하여"

第2卷
應用論 및 風易 原理論

天地人 同調 ENERGY場의 綜合評價와 風水易學理論의 展開過程

飛鳳山人 黃英雄 著

북코리아

풍수지리의 원리를 窮究하고 整理해 밝혀가는 것은 風水地理學을 研究하는 1次的 과제요 사명이다. 그러나 그 原理理論의 目的價値가 實現되기 爲해서는 보다 次元 높은 論理 評價方式과 應用秩序가 더욱더 要求된다.

後學에게 드리는 글

萬物의 영장인 우리네 人類는 이 地球上에 생겨남 以來로 오늘에 이르기까지, 한량없는 文化의 發展과 가공할 利益文明의 發達 속에서, 그 끝 가는 곳은 예측조차 못하는 채, 쉬임 없는 역사의 수레에 이끌려 思量 없는 어제를 지세우고, 分別없는 來日을 向해 덧없이 걸어가고 있다.

無知와 자만과 貪慾과 어리석음은 날이 갈수록 그 度를 더해 가는데, 人生內面에 간직된 밝은 智慧와 善吉의 品性들은 外面世界의 物質的 價値構造 틀에 빠져 그 빛을 잃은 지 오래이다.

自然의 不確實性 속에서 반드시 살아남지 않으면 아니 되는 우리 人類의 至高한 生存價値는 이제 人間自身이 만들어 놓은 文明과 文化라는 커다란 덫에 걸려, 그 本來의 目的價値를 상실하게 되었고, 급기야는 文明의 노예가 되고, 文化의 꼭두각시가 되어, 人間의 本性마저 유린당하고 마는 地境에까지 다다르게 되었는도다.

오호라!

地球라는 限定된 空間環境과 消滅進行이라는 時間的 存在秩序 앞에서 不確實한 自然과 人間事의 허다한 難題들은 과연 얼마나 밝혀지고 해결될 수 있을 것인가?

과연 어떻게 하면 우리 人類가 滅亡하지 아니하고 永續하면서 새로운 人類種族을 再創造 發展시키고 지혜로운 번영을 도모할 수가 있을 것인가?

無邊廣大한 우주 바다와 티끌만 한 太陽界의 生命環境!

그 울 속에서, 다람쥐 쳇바퀴 맴을 돌 듯 덧없이 왔다가는 덧없이 또 가야만 하는,

何 많은 무릇 生靈들의 허망한 因緣輪廻!

숨 한번 내쉰 것이 다시 들지 못하면
영원히 그 목숨은 끊겨져야 하고,
어젯밤 감은 눈이 아침나절 다시 못 뜨면
그 생명 영원한 죽음일지니,
한 움큼 한 모금의 산소덩이가 그것이 곧 人間의 본모습이요,
목을 타고 드나드는 숨결소리가 그것이 곧 生命의 現顯일러라.

이 茫然한 現實 앞에서 人類의 보다 밝고, 지혜로운 來日을 設計할 者, 과연 어디에서 찾을 것이며, 至高한 人間의 거룩한 生命들을 安樂과 安寧으로 이끌어 갈 용기 있는 善知識은 과연 얼마나 고대하고 기다려야 하는가?

東西古今을 통하여
至高至善한 길을 찾아
한 줄기 햇살이 되어, 온 누리 밝혀 보려는 이름 모를 先覺者들이야 어찌 機數였으리요마는,

世上을 救援하고 人類를 弘益케 할 위대한 소망과 간절한 바람은 아직도 다함이 없어 애절키만 하구나!

後學이여!

우리도 이제 깨어나 보자!

眞理를 바로 보고 使命을 찾자!

넓고 푸른 창공에 한 점 티 없이 맑은 마음처럼,

어제를 돌아보고 내일을 살피면서

오늘의 진실됨을 거짓 없이 바로보자!

眞理의 천사가 나를 부르고,

깨달음의 여신이 나를 감싸 안을 때,

내 한 몸 햇살이 되어

온 누리 밝힐 聖者가 될 때까지,

後學이여! 精進하자! 使命으로 살자!

人類의 興亡이 그대에게 매달리고,

十方의 榮枯盛衰가 그대 왔기를 기다리나니,

그대 가슴에 흘러넘치는 맑고 고운 智慧의 甘露水로,

世世永永 無窮할 眞理의 塔을 쌓자.

子孫萬代 이어갈 새 生命을 創造하자.

거룩한 三昧에 드넓은 天地에서,

우리 先祖 子孫들이 한데 어울려

두둥실 춤을 추고 노래 부르는 平和의 極樂圓을 함께 가꾸자.

永遠의 安樂土를 함께 일구자.

後學이여!

하나의 生命體가 무수한 生命들과 이 땅에서 함께 共存하고 있는 現實은 時空을 超越한 過・現・未의 三世 고리가 不可分의 緣分이 되어 묶여 있음을 말함이며, 人類가 지닌 現象의 幸·不幸이 나와 함께 자리하고 있음은 모두의 幸·不幸 씨앗이 나와의 因緣고리에 이끌려 싹이 터온 所以 일러라.

어찌 우연하게 생겨나 나 여기 왔다 한들,

前生의 業報 탓하고 無心할 수만 있겠는가?

三世의 因緣 탓하고 無情할 수가 있겠는가?

무릇 人間의 수많은 갈등과 고통을 지켜만 보면서, 나약한 人間으로 태어나

황망하게 이대로 가야 할 宿命임을 통탄하고 있기보다는

미력이나마 人類生存에 보탬이 될 수 있는 보다 밝은 智慧를 터득케 하고 실천케 하기 위해,

더 넓고 더 높은 眞理의 光明을 찾아,

窮究하고,

發見하며,

廻向精進해 나아가려는 것이

그것이 오히려 오늘을 살아가는 賢者의 보람이요, 참길이 되리로다.

後學이여!

이제 감히 그대들의 양어깨 위에 人類의 큰 등불을 짊어지라고 권하고 싶노라.

그대들의 양손에

世上을 救援하고 열어갈 大寶劍을 쥐어주고 싶노라.

그리하여 그대들의 이어짐이

人類의 大救援이 되고,

大創造가 될 것을

기도하고 또 기도하고 싶노라.

弘益人間과 順天의 難題 앞에서 반드시 숨겨야 할 하늘의 機密됨을 오늘 이렇게 두려움으로 吐露코저 하는 것은 보다 큰 救援과 보다 높은 創造의 使命에선

後學에게 智慧와 勇氣와 光明을 주기 위함이며, 後日 後學에게 지워질 天機漏洩의 罪를 오늘 앞당기어 代身 罰받고자 함이로다.

後學이여!

이 한 권의 機密은 天神과 地神의 일러줌을 옮긴 것이로다.

까닭에 그 해석과 사용이 잘못됨은 결단코 용서받지 못할 것이며, 종래는 神의 노여움을 얻을 것이 분명한즉, 寤寐不忘 窮究하며 터득하여 正直하게 善用할 것을 당부하고 또 당부하노라.

올바른 깨우침과 광명한 실천으로

참人間, 밝은 社會, 복된 人類가 再創造되기를 고대하면서,

天機漏洩로 順天을 거역하고 三業으로 지은 惡業의 罪를 天神과 地神에게 엄숙히 엎드려 용서받고자 하노라.

佛紀 2535年 立春

安養 飛鳳山 普德寺에서

飛鳳山人 黃 英 雄

물대음산바람소리

一 양풍은반송끝에불고음풍은수구에찬데
낫바람따스한내음명당계수적셔주고
밝은원훈핵손과는온기더욱깊어지는데
밤바람싸늘한어둠은선핵장을시세우누나

二 양풍은원훈에들고음풍은파구에졸고
고요한맑은기운고운씨앗기르는데
혈명당응축풍수절대생명일구노니
최길상장취기운예서다시논할손가

三 양풍은양수속에들고음풍은음수속에찬데
수구따라드는바람제소임을다할적에
음양풍음양수는운우의정이드니
혈장풍수생멸기운을어느누가가름하랴

目 次

第3篇 原理 應用論

『風水原理講論』全體 目次

圖版 目次

表 目次

第3篇 原理 應用論

第1章 地理環境 Energy 特性의 評價分析

제1절 地理環境 Energy 特性의 評價分析 計劃

1. 地理的 環境의 評價 槪要

(1) 大・中・小 祖山의 地理的 環境 特性과 그 Energy 흐름 評價
(2) 主山 來龍脈 過程의 Energy體 特性 調査와 그 Energy 흐름 評價
(3) 玄武頂 Energy體의 特性調査와 그 Energy 흐름 評價
(4) 入首來脈 Energy體의 特性調査와 그 Energy 흐름 評價
(5) 靑・白 Energy體의 特性調査와 그 Energy 흐름 評價
(6) 朱・案 Energy體의 特性調査와 그 Energy 흐름 評價
(7) 水口 Energy場의 特性調査와 그 Energy 흐름 評價
(8) 局 同調 Energy場의 特性調査와 그 Energy 흐름 評價
(9) 入首頭腦, 入穴脈, 蟬翼, 明堂, 纏脣, 鬼, 曜, 官, 禽 等 穴場 Energy體의 特性調査와 相互 Energy 關係 및 흐름 評價
(10) 穴核 凝縮 同調 Energy場의 分析과 特性把握
(11) 穴證의 再確認과 善・惡・吉・凶의 評價分析
(12) 穴心 容量, 方位, 年運, 亡者 및 子孫 Energy場, 葬法 等의 合成 Energy 및 그 Energy場의 特性分析과 吉凶・長短의 綜合評價

2. 地理環境의 力學的 Energy 特性調査

〈표 3-1〉 太祖山 → 頭腦 Energy體 間 地理的 環境特性 및 그 Energy 흐름 評價

E體別 / 特性區分	祖山 太, 中, 小	玄武頂 E體	祖山 →玄武間	玄武頂→穴場間	靑龍 E體	白虎 E體	案山 E體	周邊砂 E體
地質特性 및 維持秩序	( )地質 ( )變易構造 ( )體	( )地質 ( )變易構造 ( )體	( )地質 ( )變易構造 ( )體	( )地質 ( )變易構造 ( )體	( )地質 ( )變易構造 ( )體	( )地質 ( )變易構造 ( )體	( )地質 ( )變易構造 ( )體	( )地質 ( )變易構造 ( )體
入出脈 秩序	入脈 : (直)(左)(右) 出脈 : (直)(左)(右)	入脈 : (直)(左)(右) 出脈 : (直)(左)(右)	入脈 : (直)(左)(右) 出脈 : (直)(左)(右)	入脈 : (直)(左)(右) 出脈 : (直)(左)(右)	入脈 : (本身)(外山) 出脈 : (直)(左)(右)	入脈 : (本身)(外山) 出脈 : (直)(左)(右)	入脈 : (直)(左)(右) 出脈 : (直)(左)(右)	入脈 : (本身)(外山) 出脈 : (⊕E),(⊖E)
來龍脈 秩序	入 : ( )變易 出 : ( )變易	入 : ( )變易 出 : ( )變易	( )變易 ( )節	( )變易 ( )節	入 : ( )變易 出 : ( )變易 行 : ( )節	入 : ( )變易 出 : ( )變易 行 : ( )節	入 : ( )變易 出 : ( )變易 行 : ( )節	入 : ( )變易 出 : ( )變易 行 : ( )節
分擘秩序	左・右・中 ∠( )°( )節	左・右・中 ∠( )°( )節	左・右・中 ∠( )°( )節	左・右・中 ∠( )°( )節	左・右・中 ∠( )°( )節	左・右・中 ∠( )°( )節	左・右・中 ∠( )°( )節	左・右・中 ∠( )°( )節
過峽	前・後( )節	前・後( )節	( )節	( )節	( )節	( )節	( )節	( )節
橈棹特性			左・右旋 ∠( )°( )節	左・右旋 ∠( )°( )節	左旋∠( )°( )節 右旋∠( )°( )節	左旋∠( )°( )節 右旋∠( )°( )節	前∠( )°( )節 後∠( )°( )節	前∠( )°( )節 後∠( )°( )節
枝脚 및 止脚特性	枝脚( )枝 止脚( )支	枝脚( )枝 止脚( )支	枝脚( )枝 止脚( )支	枝脚( )枝 止脚( )支	枝脚( )枝 止脚( )支	枝脚( )枝 止脚( )支	枝脚( )枝 止脚( )支	枝脚( )枝 止脚( )支
Energy體 幅 및 高	平均幅( )m 平均高( )m	平均幅( )m 平均高( )m	平均幅( )m 平均高( )m	平均幅( )m 平均高( )m	平均幅( )m 平均高( )m	平均幅( )m 平均高( )m	平均幅( )m 平均高( )m	平均幅( )m 平均高( )m
Energy體 密度	平均( )G/cm^3	平均( )G/cm^3	平均( )G/cm^3	平均( )G/cm^3	平均( )G/cm^3	平均( )G/cm^3	平均( )G/cm^3	平均( )G/cm^3
Energy體 强度	平均( )kg/cm^3	平均( )kg/cm^3	平均( )kg/cm^3	平均( )kg/cm^3	平均( )kg/cm^3	平均( )kg/cm^3	平均( )kg/cm^3	平均( )kg/cm^3
性相特性	善・惡・美・醜	善・惡・美・醜	善・惡・美・醜	善・惡・美・醜	善・惡・美・醜	善・惡・美・醜	善・惡・美・醜	善・惡・美・醜
力價特性	大・小・强・弱	大・小・强・弱	大・小・强・弱	大・小・强・弱	大・小・强・弱	大・小・强・弱	大・小・强・弱	大・小・强・弱
發應 및 效果特性	吉・凶・長・短	吉・凶・長・短	吉・凶・長・短	吉・凶・長・短	吉・凶・長・短	吉・凶・長・短	吉・凶・長・短	吉・凶・長・短

3. 局同調 Energy場의 力學的 Energy 特性調査

〈표 3-2〉 局同調 Energy場의 力學的 Energy 特性調査

四神砂別 E場 / 特性別	玄武 E 場	案山 E 場	靑龍 E 場	白虎 E 場	其他砂 E 場
同調凝縮 E 場領域	縱凝縮( )m	縱凝縮( )m	橫凝縮( )m	橫凝縮( )m	補助凝縮 거리( )m
	幅( )m	幅( )m	幅( )m	幅( )m	幅( )m
	高( )m	高( )m	高( )m	高( )m	高( )m
主同調特性	局同調主Energy場發生 縱( )%	局同調補助Energy場發生 縱( )%	局同調補助Energy場發生 橫( )%	局同調補助Energy場發生 橫( )%	局同調補助Energy場發生 補( )%
相對同調特性	案山Energy場凝縮同調 縱凝力∠( )°( )	玄武Energy場凝縮同調 縱凝力∠( )°( )	白虎Energy場凝縮同調 橫凝力∠( )°( )	靑龍Energy場凝縮同調 橫凝力∠( )°( )	各Energy場凝縮助同調 補∠( )°( )
副同調特性	靑白Energy場凝縮同調 縱凝力∠( )°( )	靑白Energy場凝縮同調 縱凝力∠( )°( )	玄案Energy場凝縮同調 橫凝力∠( )°( )	玄案Energy場凝縮同調 橫凝力∠( )°( )	各Energy場副同調 補∠( )°( )
安定特性	均等均衡場( )%	均等均衡場( )%	均等均衡場( )%	均等均衡場( )%	均等均衡場( )%
	不平等場( )%	不平等場( )%	不平等場( )%	不平等場( )%	不平等場( )%
性相特性	善性( )% 惡性( )%	善性( )% 惡性( )%	善性( )% 惡性( )%	善性( )% 惡性( )%	善性( )% 惡性( )%
	美相( )% 醜相( )%	美相( )% 醜相( )%	美相( )% 醜相( )%	美相( )% 醜相( )%	美相( )% 醜相( )%
力價特性	大・中・小	大・中・小	大・中・小	大・中・小	大・中・小
	强・中・弱	强・中・弱	强・中・弱	强・中・弱	强・中・弱
發應効果	吉( )% 凶( )%	吉( )% 凶( )%	吉( )% 凶( )%	吉( )% 凶( )%	吉( )% 凶( )%
	長( )% 短( )%	長( )% 短( )%	長( )% 短( )%	長( )% 短( )%	長( )% 短( )%
	速( )% 遲( )%	速( )% 遲( )%	速( )% 遲( )%	速( )% 遲( )%	速( )% 遲( )%
人性發顯	仁( )% 義( )%	仁( )% 義( )%	仁( )% 義( )%	仁( )% 義( )%	仁( )% 義( )%
	禮( )% 智( )%	禮( )% 智( )%	禮( )% 智( )%	禮( )% 智( )%	禮( )% 智( )%
	信意( )%	信意( )%	信意( )%	信意( )%	信意( )%
後孫應報	命( ) 孫( )	命( ) 孫( )	命( ) 孫( )	命( ) 孫( )	命( ) 孫( )
	貴( ) 富( )	貴( ) 富( )	貴( ) 富( )	貴( ) 富( )	貴( ) 富( )
※綜合機能度	入力E供給機能	反E供給 및 停止機能	纏護 및 關鎖 機能	纏護 및 關鎖 機能	凝縮 및 關鎖 機能
	( )%	( )%	纏護(%) 關鎖(%)	纏護(%) 關鎖(%)	凝縮(%) 關鎖(%)

4. 穴場 및 穴核 凝縮 同調 Energy場의 力學的 Energy 特性調査

〈표 3-3〉 穴場 및 穴核 凝縮 同調 Energy場의 力學的 Energy 特性調査

穴場部位別 特性項目	入首頭腦	入穴脈	穴心核	蟬翼	明堂 및 纏脣	鬼砂 및 曜砂	官砂 및 禽砂
入力構造 形態 및 方式	( )變易 ( )體	( )變易 ( )體	窩, 鉗, 乳, 突	露出石骨質 隱伏土砂質	明堂 圓方・平斜・濶狹	鬼砂∠( )° 左 中 右 ( )節	官砂 左 中 右 ( )節
	聚・束・平・直・橫	直・左・右旋		左∠( )°( )節 右∠( )°( )節	纏脣 穴. 左右 蟬翼 餘氣	曜砂∠( )° 左( ) 右( )	禽砂 左中右( )
E體 容積 및 容量	幅:( )m 高:( )m 長:( )m 容量:( )	幅:( )m 長:( )m 高:( )m 容量:( )	幅:( )m 長:( )m 高:( )m 容量:( )	幅:( )m 長:( )m 高:( )m 容量:( )	幅:( )m 長:( )m 高:( )m 容量:( )	幅:( )m 長:( )m 高:( )m 容量:( )	幅:( )m 長:( )m 高:( )m 容量:( )
凝縮 E場의 크기 및 세기	( )kg/m^3 ( )kg/cm^3	( )kg/m^3 ( )kg/cm^3	( )kg/m^3 ( )kg/cm^3	( )kg/m^3 ( )kg/cm^3	( )kg/m^3 ( )kg/cm^3	( )kg/m^3 ( )kg/cm^3	( )kg/m^3 ( )kg/cm^3
再凝縮 裝置 有.無	鬼( )節 樂( )節	鬼( )節 樂( )節	縱( ) 橫( ) 其他( )	左( )節 右( )節	官( )節 禽( )節	樂山 反E∠( )° 青白 反E∠( )°	朱雀 反E 左∠( )° 中∠( )° 右∠( )°
穴核 凝縮 및 安定度	縱下( )kg/cm^3 安定度( )%	凝縮度( )kg/cm^3 安定度( )%	凝縮度( )kg/cm^3 安定度( )%	左( )kg/cm^3 安定度( )% 右( )kg/cm^3 安定度( )%	縱上( )kg/cm^3 安定度( )%	左( )kg/cm^3 安定度( )% 右( )kg/cm^3 安定度( )%	縱上( )kg/cm^3 安定度( )%
性相特性 및 力價特性	善惡美醜 大小强弱	善惡美醜 大小强弱	善惡美醜 大小强弱	善惡美醜 大小强弱	善惡美醜 大小强弱	善惡美醜 大小强弱	善惡美醜 大小强弱
發應効果 (%)	吉( )% 凶( )% 長( )% 短( )% 速( )% 遲( )%	吉( )% 凶( )% 長( )% 短( )% 速( )% 遲( )%	吉( )% 凶( )% 長( )% 短( )% 速( )% 遲( )%	吉( )% 凶( )% 長( )% 短( )% 速( )% 遲( )%	吉( )% 凶( )% 長( )% 短( )% 速( )% 遲( )%	吉( )% 凶( )% 長( )% 短( )% 速( )% 遲( )%	吉( )% 凶( )% 長( )% 短( )% 速( )% 遲( )%
人性發顯 (%)	仁・義・禮・智 信意	仁・義・禮・智 信意	仁・義・禮・智 信意	仁・義・禮・智 信意	仁・義・禮・智 信意	仁・義・禮・智 信意	仁・義・禮・智 信意
後孫應報	命( )孫( ) 貴( )富( )	命( )孫( ) 貴( )富( )	命( )孫( ) 貴( )富( )	命( )孫( ) 貴( )富( )	命( )孫( ) 貴( )富( )	命( )孫( ) 貴( )富( )	命( )孫( ) 貴( )富( )
綜合 機能度	入力E 供給機能 ( )%	入穴E 供給機能 ( )%	核E 發生機能 ( )%	核E 保護 凝縮機能 ( )%	核 E 保護 凝縮機能 및 關鎖機能 ( )% ( )%	再凝縮 E 供給機能 鬼( )% 曜( )%	再凝縮 反E 供給 및 保護機能 官( )% 禽( )%

5. 易學的 Energy 特性分析 및 合成

1) 穴場에서의 Energy 특성 分析確認(主因特性 100%)

(1) 穴場部位別 諸 Energy 同調特性 및 그 Energy 容量에 대한 比較分析 確認

(2) 全體穴板과 各 部位別 간의 均衡安定 및 太過 不及 調和關係 確認

(3) 穴核心과 全體穴板 部位別 간의 相互均衡 調和關係 確認

(4) 穴板 Energy體의 自力 損壞程度와 他力的 刑・沖・破・害 殺 確認

(5) 各部位別 Energy 特性形態에 따른 子孫 Energy의 特性 分析 및 比較 確認

(6) 葬法의 合當性 確認과 不合理에 대한 損失 Energy 確認

(7) 合理的 穴場 管理와 管理不實에 의한 損失 Energy 確認

(8) 穴核 Energy의 測定 및 諸 同調 干涉 Energy의 合成
(上記 主因特性을 100%로 할 때 以下 緣分特性의 合은 25%가 理想的이다.)

2) 方位에서의 Energy 特性 分析 및 合成(緣分特性)

(1) 穴場 各 部位에 대한 諸 方位 Energy의 同調 干涉特性 分析 및 合成

(2) 穴核心과 各 部位別 方位 Energy 간의 均衡調和 및 太過 不及 關係 分析 및 合成

(3) 穴核에 대한 各 部位 方位 Energy의 刑・沖・破・害 殺 分析 確認 및 合成

3) 年運別 穴場 Energy 特性分析 및 合成(緣分特性)

(1) 年運에 따라 循環變化하는 穴場 週期 Energy 分析 및 合成

(2) 穴核心에 대한 各 部位別 循環 Energy의 均衡 調和 및 太過 不及 關係 確認

(3) 穴核에 대한 各 部位 循環 Energy의 刑・沖・破・害 殺 關係 確認 및

合成

4) 亡人 및 亡年의 Energy 特性分析 및 合成(緣分特性)

(1) 亡者의 生體特性에 의한 死體 Energy 特性分析 및 合成
(2) 亡者의 死亡 年·月·日·時에 따른 死體 Energy 特性分析 및 合成
(3) 亡者의 Energy 特性의 綜合的 把握과 穴核 Energy 特性과의 合成
(4) 移葬時 死體 保存 年數와 移葬前後의 Energy體 變化確認
(5) 各種 炎에 의한 亡人損失 Energy의 分析 및 合成
(6) 亡年의 年運 Energy 特性 分析 및 合成

5) 子孫에 있어서의 Energy 特性 分析 및 合成(緣分特性)

(1) 鑑定評價時 : 子孫의 四柱 Energy 特性과 穴場 Energy 特性 간의 關係 確認
(2) 初葬 및 移葬時 : 子孫의 生體 Energy 特性 및 年運別 循環 Energy 把握과 穴場 및 亡人 特性 간의 諸關係 分析 確認

6) 合墳과 雙墳에 있어서의 Energy 特性分析 및 合成

(1) 雙合墳 亡者의 各 死亡 年月日時別 死體 Energy 特性 把握과 穴場 合成 Energy 간의 調和關係 分析 및 合成
(2) 葬法의 合當性 如否 確認 및 不合理에 대한 損失 Energy 確認
(3) 移葬時 子孫 Energy 特性 간의 調和關係 分析 및 確認

제2절 穴 Energy 特性 發顯과 그 原理分析

1. 穴場 Energy場과 그 特性發顯

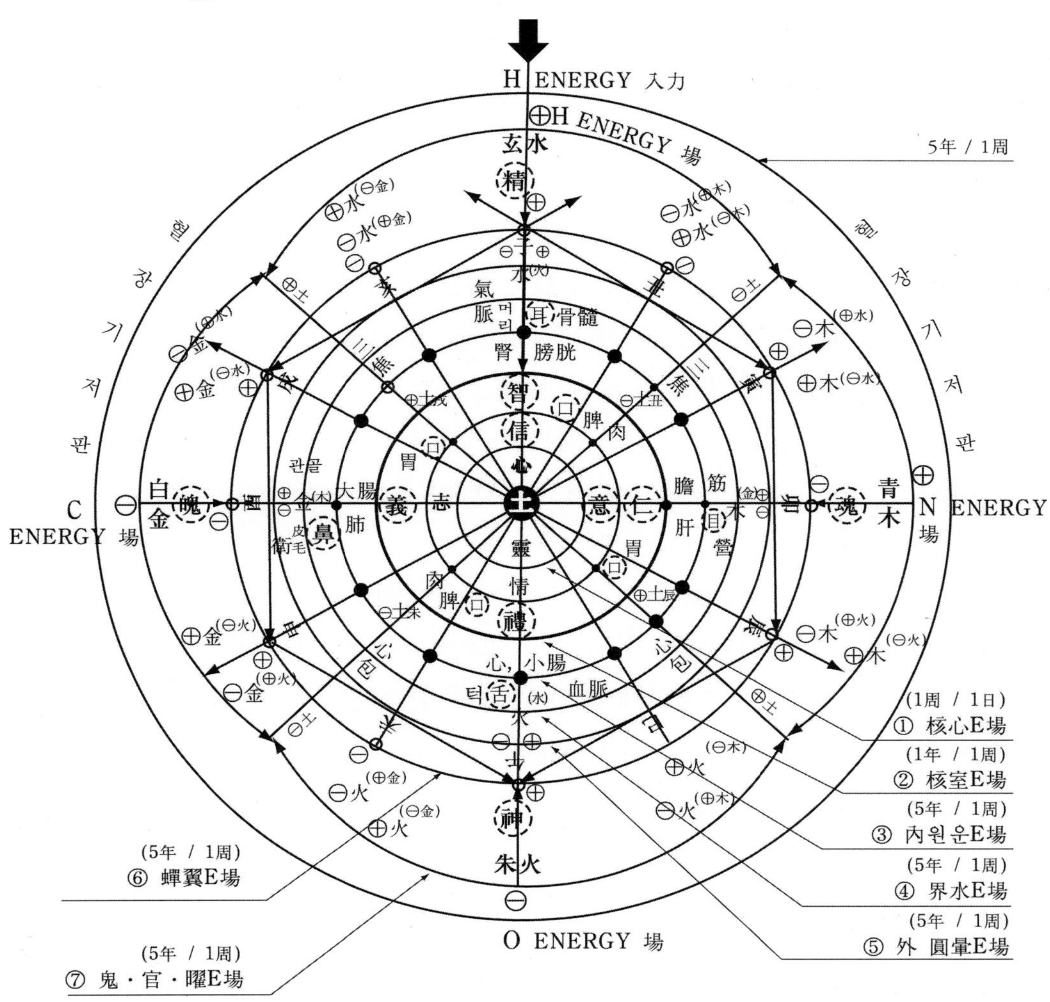

〈그림 3-1〉 穴場 Energy場과 그 特性發顯

※ 穴 Energy 特性發顯의 表示方法을 다음과 같이 한다.

水$^{(火)}$,	火$^{(水)}$,	木$^{(金)}$,	金$^{(木)}$
25%	25%	25%	25%

(同調 緣分 기초 E)

▸〈그림 3-1〉의 解說

穴場 入力 Energy體 主勢의 均衡安定과 穴板 各 部位別 太過, 不及, 平斜, 正偏 및 穴核의 虛實, 陷突, 聚散, 深淺 等 諸特性의 善惡, 美醜, 大小, 强弱, 吉凶, 長短에 대한 보다 具體的이고 詳細한 資料를 얻기 위하여 다음과 같이 穴場 Energy體 各 部位別 特性關係를 嚴格分析 把握 調査한다(力學的 Energy 特性分析과 易理的 Energy 特性分析을 同時 實施함을 原則으로 한다).

1) 入首來脈 Energy體는 生氣의 供給路 役割을 하고 入首頭腦 Energy體는 穴核 Energy의 入力 Tank 役割을 하므로, 人體에 있어서는 眞元陽氣인 腎・膀胱水의 生成貯藏과 精神 Energy 供給 調節機能의 頭腦役割을 함께 擔當하고 있는 것으로 본다(精靈主靈).

따라서 이를 ⊕Energy인 精氣因子의 入力處라 하고, H(수소)根源 元素「水$^{(火)}$」Energy로 表示하며, O(산소) Energy의 相對 緣分的 相關關係를 認識케 한다〔合成同調時 水$_{(火)}$로 表示〕.

卽「水$^{(火)}$」Energy의 主入力 Energy 因子는 水 Energy이고, 緣分 Energy O(산소)의 緣子特性은 火 Energy로서 어디까지나 主特性은 水性이나 火 緣分이 太過하게 되면 반드시 主特性은 虛弱해진다고도 分析하여야 한다(主特性의 25%가 理想的 緣分特性임).

身體的으로 腎・膀胱 機能과 얼굴의 머리, 이마, 耳의 特性을 나타내고, 特히 內部 骨髓組織의 生成維持에 決定的 役割을 한다. 智慧와 精을 主管한다.

2) 1)의 相對均衡 維持 Energy體인 明堂 以下 纒脣 Energy體는 穴核 Energy의 容器 밑받침과 밑그릇 役割을 하며, 人體陰氣 Energy의 生成貯藏機能과 核 Energy 凝縮, 調節機能을 擔當, 各 人體組織 構成發達과 血脈의 供給調節 特性을 지닌다.

1)의 相對 Energy體인 關係로 ⊖ O Energy가 되며 水 Energy의 相對 Energy 因子인 火 Energy가 되고 水緣子를 얻어「火$^{(水)}$」Energy로

表示한다(主特性의 25%가 理想的 緣分特性임. 合成同調時에는 火(水)로 表示한다).

人體의 心, 小腸을 主管하고 血流, 貯藏, 移動 및 生産 機能特性을 擔當하며 얼굴의 턱과 舌에서 주로 O Energy가 表出된다. 1)의 境遇에서와 마찬가지로 入首 頭腦 Energy 因子가 太過하게 되면 火 Energy 特性이 虛弱해지기도 하고, 그 反對일 境遇 火 Energy의 太過를 招來하기도 한다. 神의 出入을 擔當하여 精神을 바르게 세우도록 하고 禮敬을 主管하여 智慧 밝히기를 함께한다(客靈客神).

3) 入穴脈은 生氣 入力線이면서 穴核生成 Energy의 最終通路인 까닭에 人體에 있어서는 生命線인 命門과 같고 精管과도 같아, 子孫 生産 機能에 絶對的 役割을 擔當하고 있다.

4) 蟬翼 Energy體는 穴核 Energy의 容器 및 뚜껑과 윗덮개 役割을 함으로써 穴核 Energy의 呼吸 調節機能을 擔當한다. 人體에 있어서의 呼吸器 및 循環器機能 特性과 營血, 衛氣 關係作用 特性을 主한다.

左 蟬翼 Energy體는 ⊕ N Energy「木(金)」으로 表示한다. C Energy의 相對 緣分的 相關關係를 認識케 하며, 人體의 肝, 膽 機能과 魂의 出入을 主管케 한다.

身體의 目과 筋에 주로 N Energy가 表出되며, 어짊과 德의 品性을 밝히는 까닭에 相對 C Energy의 均衡된 緣分作用을 必要로 한다(主特性의 25%가 理想的 緣分特性이고, 合成同調時 木(金)으로 表示한다).

太過하면 C Energy의 破壞를 招來하게 되고, 不及이면 N Energy의 破滅이 發生하는 極端的 特性을 지니고도 있다. 男性的이다.

右 蟬翼 Energy體는 ⊖ C Energy「金(木)」으로 表示한다. N Energy의 相對 緣分的 相關關係를 認識케 하며, 人體의 肺, 大腸機能과 魄의 出入을 主管케 한다.

身體의 觀骨과 皮毛에 주로 C Energy가 表出되며, 義와 武의 品性을 밝히는 까닭에 相對 N Energy의 均衡된 緣分作用이 要求된다.

太過하면 「C $\xrightarrow{\text{剋}}$ N」 Energy의 破滅을 가져오는 肅殺之氣가 發生하고, 不及이면 C Energy의 自己破壞를 招來한다(合成 同調時 金(木)으로 表示. 主特性의 25%가 理想的 緣分特性임).

卽 지나칠 정도로 急하고 過激하여 急進的이고 改革的인 長點은 있으나, 이를 좇다가 他를 犧牲시키거나 殺하지 않으면 스스로 自己를 滅亡케 하는 매우 極端的인 特性을 지니고 있다. 女性的이다.

따라서 左, 右 兩 蟬翼은 同時 一切的으로 均衡된 Energy場을 形成, 穴核 Energy에 同調 凝縮 Energy를 供給하지 않으면 아니 된다.

陽性的인 縱凝縮 Energy場에 比해 陰性的인 橫凝縮 Energy場을 維持한다.

5) 穴核은 穴場 Energy의 中心 凝縮處로 穴場 全般의 諸 凝縮 Energy 同調 安定과 穴板 Energy 平等 維持 調節 및 持續的 生命 Energy 合成 및 生産 活動을 擔當한다. 中央 黃土氣로서 辰, 戌, 丑, 未 四邊土를 거느리며 H·O·C·N의 元氣를 循環合成시킨다.

人體의 脾, 胃 機能을 擔當하고 身體의 腹部와 얼굴 입 콧방울 및 肉에 土氣가 表出된다. 信德과 意志를 主管하고, 心·靈의 定處가 된다.

6) 穴場의 主因子 特性과 緣分特性 間의 關係

(1) 穴場에서의 各 部位別 Energy 構成比 및 緣分 Energy 比率

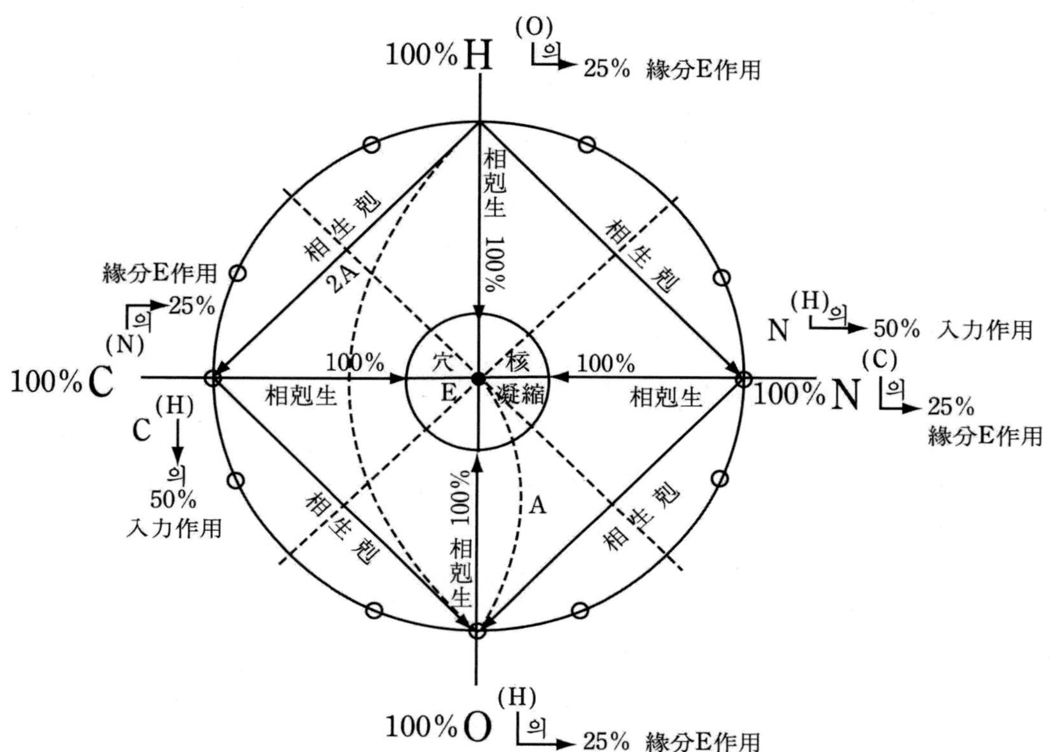

〈그림 3-2〉 穴場에서의 各 部位別 Energy 構成比 및 緣分 Energy 比率

그림에서 보는 바와 같이 穴核 Energy는 穴場 周邊으로부터 供給된 入首頭腦 Energy 100%, 纏脣 Energy 100%, 青蟬翼 Energy 100%, 白蟬翼 Energy 100%의 合成 Energy 同調 凝縮作用에 의하여 形成 維持된다.

따라서 穴核 Energy에 加해진 各凝縮 Energy는 100%×4의 合成 Energy가 되어 核 同調凝縮場을 形成하게 되는데, 이때의 核 凝縮 個別 Energy場은 그 領域을 相對 Energy 本體에까지 이르도록 影響力을 미침으로써, 相對 Energy에 對하여는 相互 緣分的 均衡維持 關係作用 Energy로서의 緣分役割 機能的 形態變易을 일으키게 된다.

例를 들어, 穴核에 作用한 水 Energy와 火 Energy는 各各 100 : 100의 均

衡 Energy로 穴心을 凝縮하고 相互 平等하게 同調하지만, 이 境遇 入首頭腦 水 Energy體에 미치는 纏脣 Energy의 關係作用力은 穴核에서와 같은 100 : 100의 均衡 關係場이 아닌 100 : 25의 因緣關係場으로 形態變易하게 된다.

卽, 穴心에 纏脣 Energy가 100% 到達하였을 때, 이 火 Energy場이 入首에까지 미치는 거리는 A의 2배인 2A가 되고, 그 미치는 힘은 거리의 제곱에 반비례하는 25%의 纏脣 Energy가 入首頭腦에 傳達 作用하게 되어, 結果的으로 緣分關係의 y Energy場으로 變化하게 된다.

「 $\frac{O_E}{A^2} = 100(\%)$이므로 $O_E = A^2 \times 100(\%)$이고,

$\frac{O_E}{(2A)^2} = y$(緣分)라고 할 때,

$y = \frac{A^2}{(2A)^2} \times 100(\%) = \frac{A^2}{4A^2} \times 100(\%) = \frac{100}{4} = 25(\%)$ 」

이와 같은 原理는 靑龍 Energy와 白虎 Energy와의 關係에서도, 그리고 또한 纏脣에 있어도 마찬가지의 結果를 形成하게 되어, 各 Energy體는 相對 Energy體에 自體 Energy의 25%에 該當하는 緣分 Energy을 供給 緣分化한다.

※ 特히 注目해야 할 것은 頭腦, 左右 蟬翼, 纏脣의 100% 凝縮 Energy는 穴核 心 Energy에 대한 全體的 比率로서는 各各 $\frac{1}{4}$의 凝縮特性을 分擔하는 것으로 分析 整理할 수 있다.

※ 이와 같이 穴場에서는 大部分의 因緣關係가 四分法則으로 適用된다.

(2) 緣分의 機能的 特性

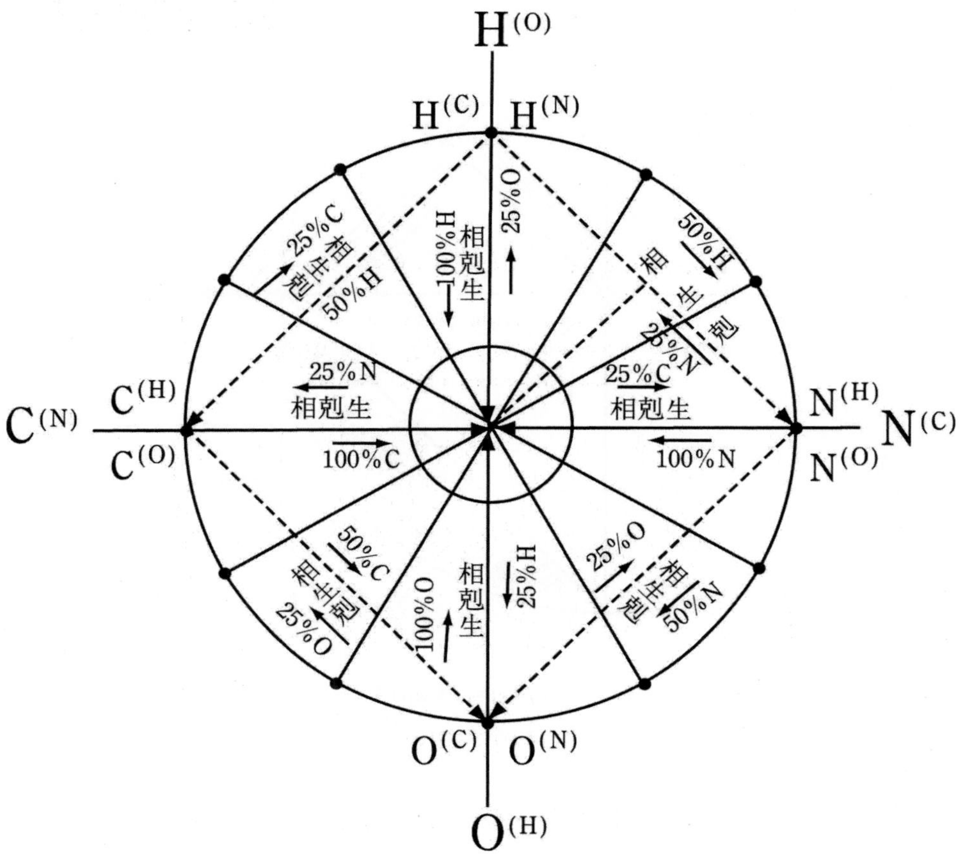

〈그림 3-3〉 緣分의 機能的 特性(1)

※ 相剋生에서 相生 Energy 100%일 때, 그 相剋 緣分 Energy는 25%

※ 相生剋에서 相生 Energy = $100 \times (\frac{1}{\sqrt{2}})^2 = 50(\%)$

相剋 Energy = 相生 Energy $\times (\frac{1}{\sqrt{2}})^2 = 25(\%)$

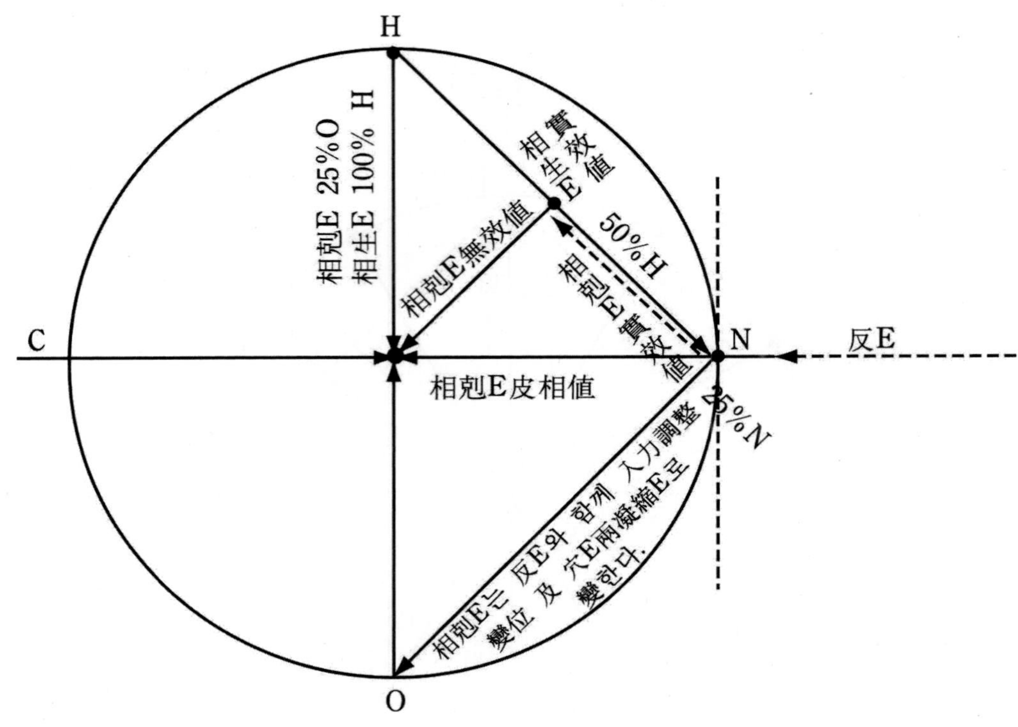

〈그림 3-4〉 緣分의 機能的 特性(2)

「 $\frac{O_E}{A^2} = 100(\%)$이므로, $O_E = A^2 \times 100(\%)$이고,

$\frac{O_E}{(\frac{2A}{\sqrt{2}})^2} = \mathrm{y}$(緣分)라 할 때,

$$\mathrm{y} = \frac{100A^2}{4A^2} \times 2 = \frac{100}{2} = 50(\%)$$

$$\mathrm{y} = \frac{O_E}{(\sqrt{2}A)^2} = \frac{100A^2}{2A^2} = 50(\%)$$ 」

以上과 같은 穴場 Energy의 相互 緣分關係 現象은 一常의 五氣에 穴場의 穴核에 構造化하여, 相生剋의 Energy 供給 循環秩序와 相剋生의 Energy 凝縮秩序를 維持 均衡的인 穴核 Energy를 創出케 한다.

穴場에 있어서 相互 相剋生하는 相對 Energy 및 그 Energy場의 緣分的 關

係特性은, 〈그림 3-4〉에서 보는 바와 같이 穴場의 對稱的 相互 Energy가 지닌 均衡 同調 凝縮的 機能特性과 相對 Energy 調節 干涉的 役割 特性의 두 特性 原理를 지니고 있고, 相互 相生剋 하는 相對 Energy 및 그 Energy場의 緣分的 關係特性은 穴場의 入力 Energy體가 지닌 供給 循環的 機能特性과 穴核 Energy 保護 維持的 役割特性의 두 特性 原理를 함께 지니고 있다.

따라서 相剋生 秩序에서의 各部位 Energy體는 相生時 100%의 凝縮 Energy를 穴核에 同調시키고, 相剋時 25%의 緣分的 Energy를 相對 Energy에 調節 干涉토록 하며, 相生剋 秩序에서의 各 部位 Energy體는 相生하면서 各各 50%의 入力 Energy를 蟬翼 및 纏脣 Energy體에 供給循環시키고, 相剋하면서 25%의 相對 反 Energy를 入力 調整變位와 穴 Energy 再凝縮 過程에 作用토록 相關關係를 維持한다.

2. 方局에 있어서의 Energy場 分析 및 그 特性 發顯

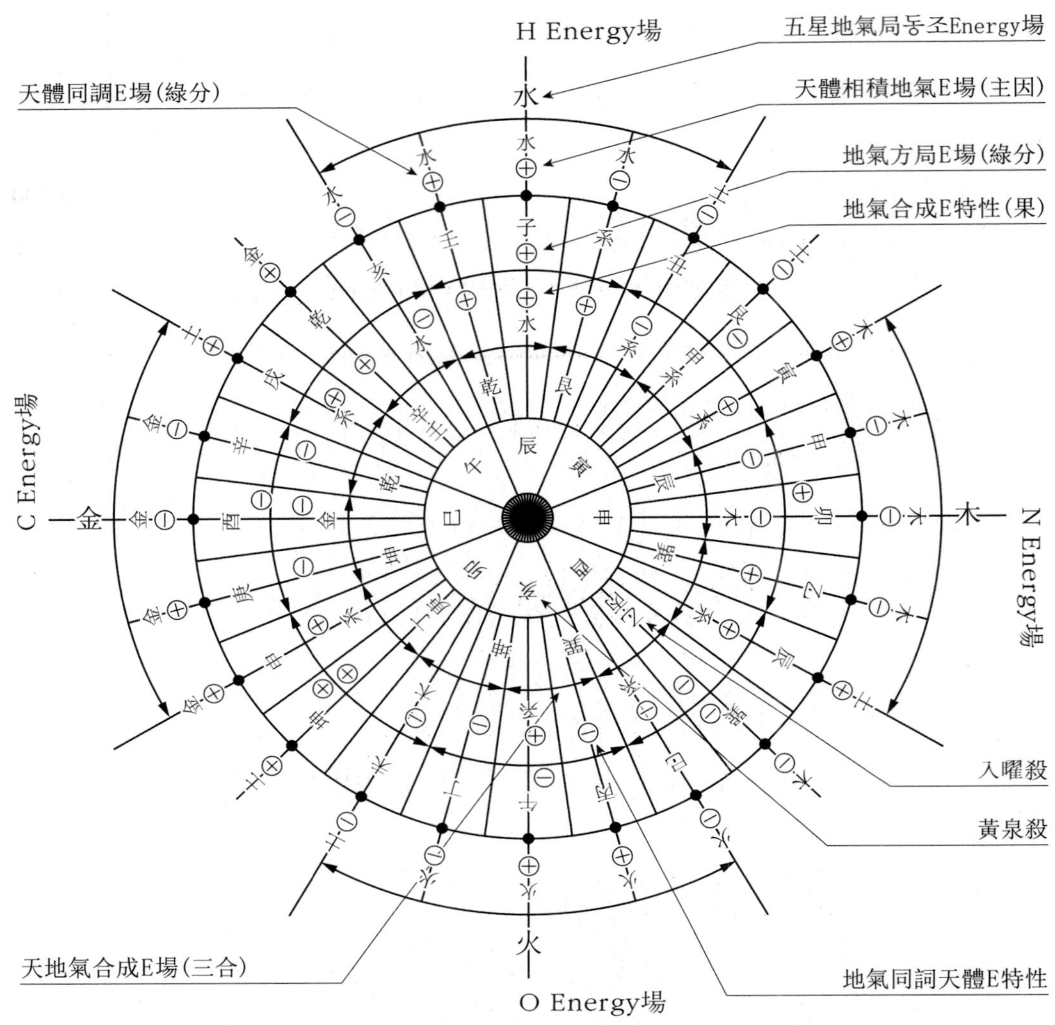

〈그림 3-5〉 方局에 있어서의 Energy場 分析 및 그 特性 發顯

※ 주로 天·地氣 合成 Energy場을 方局 Energy場의 主特性으로 하여, 穴場 Energy場과 緣分 同調한다(穴場 Energy場의 25%가 理想的 緣分 特性임).

1) 五星地氣 局同調 Energy場

地球의 方局別 Energy 同調場 特性으로서 亥·子·丑 北方 水局 Energy場과 寅·卯·辰 東方 木局 Energy場, 巳·午·未 南方 火局 Energy場과 申·酉·戌 西方 金局 Energy場 및 北東 간의 艮 土局 Energy場, 東南 간의 巽 木局 Energy場, 南西 간의 坤 土局 Energy場, 西北 간의 乾 金局 Energy場 等을 意味한다.

2) 天體 同調 Energy場(緣分場)

天體의 Energy 群으로서 地氣의 同一 Energy 特性群을 좇아 同調하는 Energy場을 말한다(壬·癸, 甲·乙, 丙·丁 (戊·己), 庚·辛, 乾·坤, 艮·巽).

3) 天體 相續 地氣 Energy場(主 因子 地氣)

天體의 根本 Energy 特性을 地氣에서 相續받아 因子化한 地氣 基本 Energy 場을 말한다(子, 丑, 寅, 卯, 辰, 巳, 午, 未, 申, 酉, 戌, 亥).

4) 地氣 方局 Energy場(緣分場)

地氣 基本 Energy場이 지닌 方局別 Energy場으로서 五星地氣 局同調 Energy場보다 縮小된 局部的 Energy場을 말하는 것으로서, 五星地氣 局同調 Energy場이 地球의 全體的 局同調 概念임에 反해 地氣 方局 Energy場은 穴場의 實況的 相對 陰陽特性을나타낸다.

卽 壬子癸는 北方 ⊕水 Energy場이요, 丙午丁은 南方 ⊖火 Energy場이다.
甲卯乙은 東方 ⊕木 Energy場이요, 庚酉辛은 西方 ⊖金 Energy場이다.
戌乾亥는 西北間 ⊕金 Energy場이요, 辰巽巳는 東南間 ⊖木 Energy場이다.
未坤申은 南西間 ⊕土 Energy場이요, 丑艮寅은 北東間 ⊖土 Energy場이다.

5) 天 · 地氣 合成 Energy場 → (地氣 12分割 Energy場)

方局 Energy場의 合成 特性場으로서 天干 Energy場과 地氣 Energy場의 配合關係를 나타내기도 하고 地氣 同調場의 五行 特性이 發露되기도 한다.

壬子 : 申子辰 合水 Energy場(乙辰, 坤申 同一)
癸丑 : 巳酉丑 合金 Energy場(巽巳, 庚酉 同一)
艮寅 : 寅午戌 合火 Energy場(丙午, 辛戌 同一)
甲卯 : 亥卯未 合木 Energy場(丁未, 乾亥 同一)

※ 方局 Energy 特性 因子는 이 天·地氣 合成 Energy場 卽 地氣 12分割 Energy場의 三合 同調場 特性因子를 主特性 因子로 하여 穴 Energy場 特性과 緣分同調한다.

6) 地氣 合成 Energy 特性(果)

地氣 基本 Energy 因子가 天體 同調 Energy場 緣分과 地氣 方局 Energy場 緣分과의 合成 關係에 의해 그 Energy 因子의 陰陽 性相特性을 確定짓게 된다.

卽, 子 天體相續 ⊕水 地氣 Energy場 因子는 地氣 方局 ⊕水 Energy場 緣分과 合成하여 亦是 ⊕水 地氣 陰陽 性相特性을 維持하게 된다. 따라서 以下 12 Energy場이 모두 위와 같이 本來의 特性을 잃지 아니하고 本 地氣 Energy 特性으로만 維持되게 된다.

7) 地氣 同調 天體 Energy 特性

地氣에 同調하는 天體 Energy는 地氣가 지닌 固有의 方局 Energy場 特性에 따라 本來 지니고 있던 陰陽性相 特性을 維持하지 못하고, 그 地氣 Energy場에 融和된다.

卽, 壬癸 天體 同調 Energy場은 壬子癸 地氣 方局 Energy場 特性에 融和하여 ⊕陽 特性으로 變한다.

위와 같은 原理에 따라

甲乙 Energy場은 ⊕性相 特性으로, 丙丁 Energy場은 ⊖性相 特性으로,

庚辛 Energy場은 ⊖性相 特性으로, 乾坤 Energy場은 ⊕性相 特性으로, 艮巽 Energy場은 亦是 ⊖性相 特性으로 各各 變한다.

8) 天 · 地氣 Energy의 核凝縮 同調 Energy場 形成原理

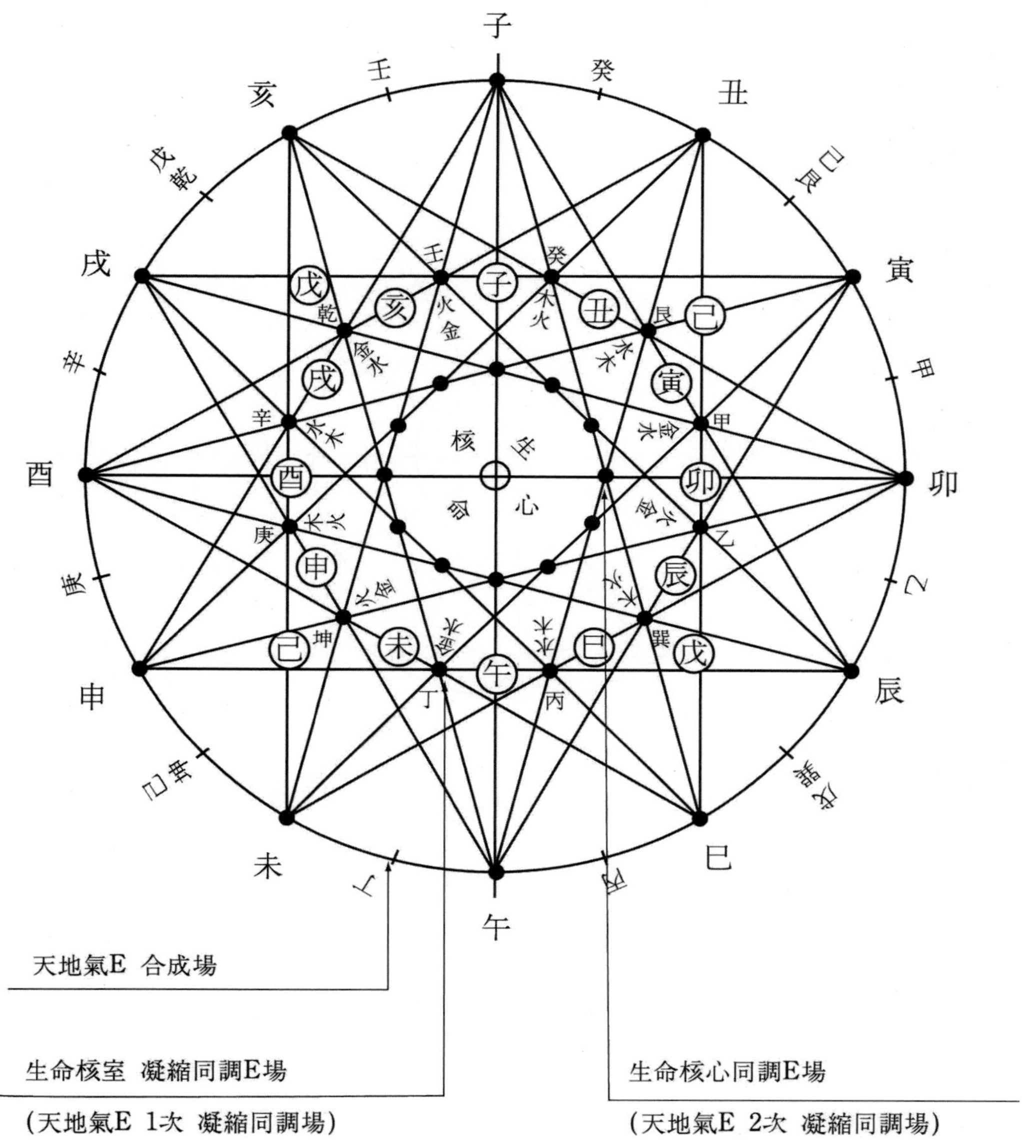

〈그림 3-6〉 天 · 地氣 Energy의 核凝縮 同調 Energy場 形成原理

※ 第3章(제2절, 제3절) 참조

3. 年運別 穴 Energy 特性 變化와 그 週期

1) 年運의 構成과 展開

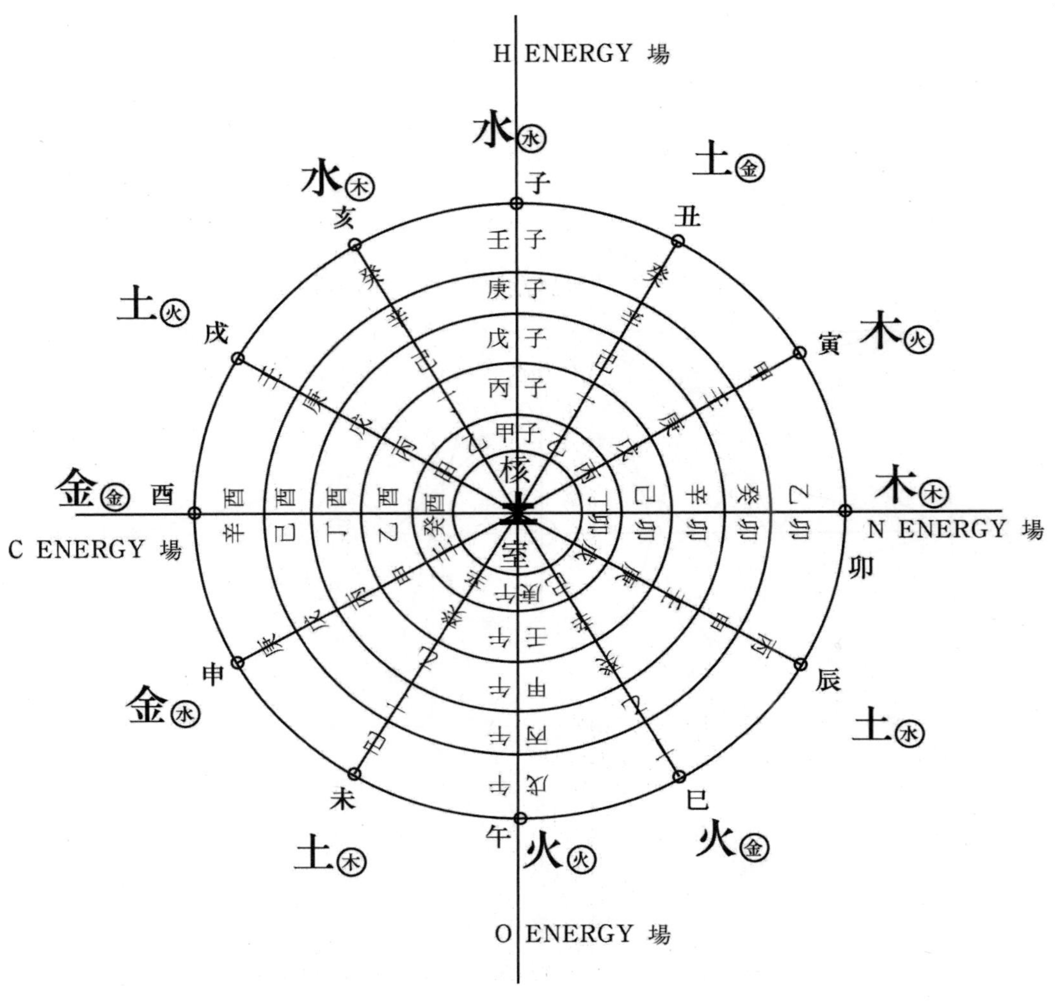

〈그림 3-7〉 年運의 構成과 展開

※ (穴場 Energy場의 6.25%가 理想的 年運緣分 特性이 된다.)

⇒ 歲運 Energy가 된다.

2) 年運의 構成과 展開 原理

(1) 宇宙의 時空間的 同調概念

① 空間의 槪念 : 宇宙 存在의 性相的 觀念이나 表現

② 時間의 槪念 : 宇宙 存在의 相對的 關係에 대한 觀念이나 表現

③ 時空間의 同調 槪念 : 時空間의 集合 生起的 또는 離散 消滅的인 緣起變易 作用을 統稱하는 觀念이나 表現

(2) 干支 合成의 時空間的 同調場

① 天干의 時空間的 同調場

宇宙天體를 前後左右上下의 129,600°方 存在로 槪念化할 때, 이들 天體 間에는 時空間的인 同調 關係의 一切 特性場이 各 群別로 集合 形成되게 되는데 이를 「天干 同調場」이라 이름한다.

卽 東方木의 一切特性을 甲과 乙로, 西方金의 一切特性을 庚과 辛으로, 南方火의 一切特性을 丙과 丁으로, 北方水의 一切特性을 壬과 癸로, 上下中土의 軸特性을 戊와 己 等 各各의 그 陰陽으로 分離槪念化한 후 宇宙十方 天體 간의 相互關係 作用 및 地氣 Energy場 ↔ 天體特性 간의 相互 同調關係 作用 等을 具體的으로 特性化한 것이 「天干의 時空間的 同調場」이라 할 수 있다.

② 地支의 時空間的 同調場

宇宙天體 및 太陽 Energy와 地球 Energy 因子 間에 形成되는 同調 Energy 特性作用은 地球에 있어서의 地氣 Energy를 12單位場으로 分割 同調하는 結果를 만들게 되고, 이러한 12分割 Energy場 特性은 地球上의 모든 萬物에 그 Energy 因子를 遺傳相續시키게 된다.

卽 東方木의 一切 Energy場 特性을 寅卯로,
西方金의 一切 Energy場 特性을 申酉로,
南方火의 一切 Energy場 特性을 巳午로,
北方水의 一切 Energy場 特性을 亥子로,

中央 軸 運行 Energy場 特性의 邊變 土 特性을 辰戌丑未로 各各 區分하되, 그 12 Energy場의 順序 配置를 各各 子, 丑, 寅, 卯, 辰, 巳, 午, 未, 申, 酉, 戌, 亥로 陰陽 配列하고, 이의 天干 同調 Energy場 特性 關係 表示를 子(癸), 丑(己), 寅(甲), 卯(乙), 辰(戊), 巳(丙), 午(丁), 未(己), 申(庚), 酉(辛), 戌(戊), 亥(壬)으로 하였다.

이는 天干의 五行別 同調 Energy場 特性作用에 따른 天干 正氣 Energy 因子가 地支 同一 五行에 同調 相續된 遺傳的 特性이라 할 수 있다.

※ 여기에서 參考로 알아두어야 할 事項은,

天干(水),(火) Energy가 地支(水),(火) Energy에 同調하는 特性作用이 一般 地支의 陰陽同調 形態와는 매우 다른 特異의 變易 特性 同調現象을 나타내고 있다는 것이다.

이는 (水),(火)의 本性이 動·靜, 集·散의 速進的 變易特性을 지닌 까닭으로 天干의 陽水陽火는 地支의 陰水陰火에 同調하게 되고, 天干의 陰水陰火는 地支의 陽水陽火에 同調함으로써 各各 그 變易 特性을 地氣에 나투이게 한다.

卽, 天干 陽水 陽火는 天上 外天氣가 主氣가 되는 까닭에 靜·集의 變易 同調特性 作用으로서 地支의 同一 變易 特性을 좇아 同調 作用을 하게 되고, 天干 陰水陰火는 天中 內天氣가 主氣가 되는 까닭에 動·散의 變易 同調特性 作用으로서, 地支의 同一 變易特性을 좇아 同調作用을 하게 된다.

따라서 地支에서의 陽水陽火는 地上 外地氣가 그 主氣로 되는 까닭에 地上 外地氣의 (水), (火) 主氣인 動·散의 特性과 同一變易特性을 지닌 天干의 主氣는 天中 內天氣의 陰水陰火가 된다.

이 天中 內天氣의 天干 陰水陰火는 그 正氣特性으로 하여금 地支 主氣 變易作用에 同調하여 子(癸), 午(丁)의 動·散, 變易同調特性을 地氣에 創出하게 된다.

또 地支에서의 陰水陰火는 地中 內地氣가 그 主氣로 되는 까닭에 地中 內地氣의 (水), (火) 主氣인 靜·集의 特性과 同一 變易特性을 지닌 天干의 主氣는 天上 外天氣의 陽水陽火가 된다. 이 天上 外天氣의 天干 陽水陽火는 그 正氣特性으로 하여금 地支 主氣變易 作用에 同調하여 亥(壬), 巳(丙)의 靜·集 變易同調特性을 地氣에 創出하게 된다.

그리고 天干 中央軸의 戊己 上下土는 地支 軸動氣에 同調하여 地氣 軸運行

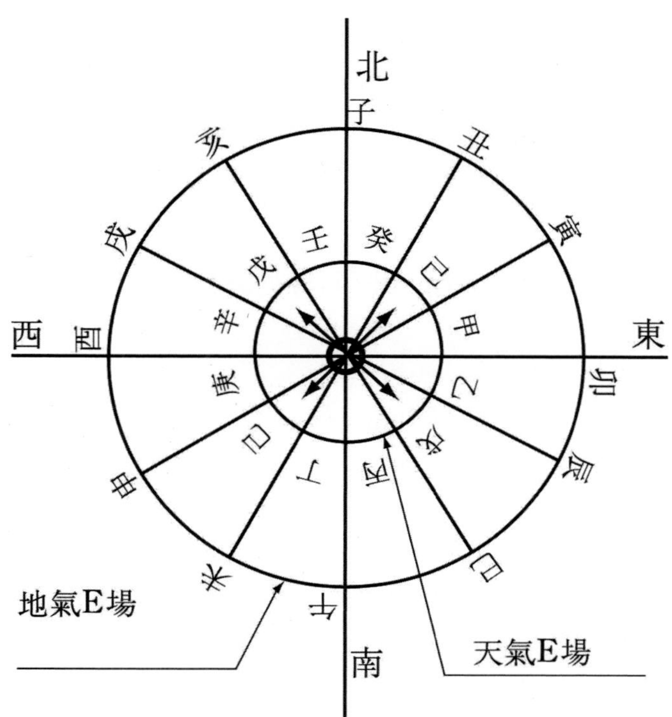

〈그림 3-8〉 干支 合成의 時空間的 同調場

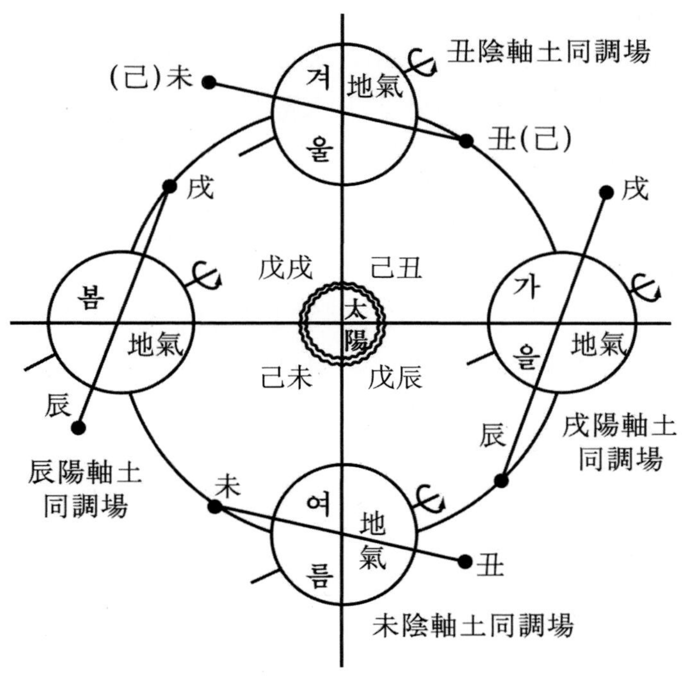

〈그림 3-9〉 干支 合成의 時空間的 同調場

Energy場을 形成시키고, 이들 軸運行 Energy場을 辰戌 陽軸 地氣 Energy場에 天干 陽軸 戊土氣를, 丑未 陰軸 地氣 Energy場에 天干 陰軸 己土氣를 各各 分割同調하여, 地氣 四季 陰陽 變易特性의 軸土氣를 創出하게 된다.

3) 天體 Energy 因子와 地氣 Energy 因子와의 同調干涉 諸 原則

(1) 天干 Energy 因子

甲	乙	丙	丁	戊	己	庚	辛	壬	癸
(+木)	(-木)	(+火)	(-火)	(+土)	(-土)	(+金)	(-金)	(+水)	(-水)

(2) 天干 陽 Energy 因子群

甲 丙 戊 庚 壬 (⊕ 五氣 Energy 因子)

(3) 天干 陰 Energy 因子群

乙 丁 己 辛 癸 (⊖ 五氣 Energy 因子)

(4) 天干 Energy의 方局 同調場

甲乙 東方木局 Energy場, 丙丁 南方火局 Energy場,
庚辛 西方金局 Energy場, 壬癸 北方水局 Energy場,
戊己 中央土局 Energy場.

(5) 天干 Energy의 化氣 同調場

甲己 合化土, 乙庚 合化金, 丙辛 合化水, 丁壬 合化木, 戊癸 合化火로 天干 同調化氣한다(天干 陰陽 配位 同調라고도 한다).

(6) 天干 Energy의 三合 同調場

甲丁戊(乾甲丁) 三合 金水同調, 丙辛己(艮丙辛) 三合 水木同調,

乙壬己(坤壬乙) 三合 火金同調, 戊庚癸(巽庚癸) 三合 木火同調.

※ 第3章 제1절, 제2절, 제3절 참조.

(7) 天干 Energy의 相沖剋 原則

天干 Energy 因子는 180° 相對位相 因子와 沖剋干涉한다.

天干 Energy 因子는 同一陰陽으로 五行相剋한다.

※ 沖剋 : 甲庚, 乙辛, 丙壬, 丁癸.

五行相剋 : 戊甲, 己乙, 庚丙, 辛丁, 壬戊, 癸己.

(8) 天干 Energy 因子의 最安定 同調條件

同居同期 位相 天體 Energy場의 化氣 同調場이다.

(9) 地支 Energy 因子(地氣根源 Energy 因子)

子	丑	寅	卯	辰	巳	午	未	申	酉	戌	亥
(+水)	(-土)	(+木)	(-木)	(+土)	(-火)	(+火)	(-土)	(+金)	(-金)	(+土)	(-水)

(10) 地支 陽 Energy 因子群

子 寅 辰 午 申 戌

(11) 地支 陰 Energy 因子群

丑 亥 酉 未 巳 卯

(12) 地氣 方局 同調 Energy場

亥子丑 北方水局 同調 Energy場

寅卯辰 東方木局 同調 Energy場

巳午未 南方火局 同調 Energy場

申酉戌 西方金局 同調 Energy場

(13) 地氣 Energy場의 化氣 同調場

子丑 合化土, 寅亥 合化木, 卯戌 合化火, 辰酉 合化金,
申巳 合化水, 午未 同居.

(14) 地氣 Energy 因子의 最安定 同調條件

地氣 Energy 因子의 最適安定 核化 同調 Energy場은 四正位 同調와 三合 同調 形態를 形成하는 境遇이다.

(15) 天・地氣 Energy 因子의 刑・沖・破・害 諸 干涉은 核心生命 形成의 反 Energy場을 形成한다.

刑 : 左右旋 順行 ∠90° ∠180° 干涉場
沖 : 相沖剋 ∠180° 干涉場
破 : 陽 右旋, 陰 左旋 逆行 ∠90° 干涉場
害 : 逆 對稱(對稱破壞構造) ∠30° ∠90° 干涉場

① 刑 干涉場

寅∠90° 左旋刑 巳, 巳∠90° 左旋刑 申,
申∠180° 相刑 寅, 丑∠90° 右旋刑 戌,
戌∠90° 右旋刑 未, 未∠180° 相刑 丑,
子∠90° 左旋刑 卯, 卯∠90° 右旋刑 子,
辰・午・酉・亥 自刑.

② 沖 干涉場(相沖 干涉場)

子∠180° 相沖剋 午, 丑∠180° 相沖剋 未,
寅∠180° 相沖剋 申, 卯∠180° 相沖剋 酉,

辰∠180° 相沖剋 戌,　　　　　　巳∠180° 相沖剋 亥.

③ 破 干涉場(相破 干涉場)

子∠90° 陽逆行破 酉,　　　　　丑∠90° 陰逆行破 辰,

寅∠90° 陽逆行破 亥,　　　　　卯∠90° 陰逆行破 午,

巳∠90° 陰逆行破 申,　　　　　戌∠90° 陽逆行破 未.

④ 害 干涉場(相害 干涉場)

子 逆對稱∠-30° 害 未,　　　　丑 逆對稱∠-30° 害 午,

寅 逆對稱∠90° 害 巳,　　　　卯 逆對稱∠30° 害 辰,

申 逆對稱∠90° 害 亥,　　　　酉 逆對稱∠30° 害 戌.

(16) 地氣 根源 Energy 因子에 遺傳相續된 天體 Energy 因子는 正五行 正氣 Energy 相續秩序에 따른다(先天種性).

子 ⇒ 子(癸)→天體 Energy 遺傳因子 ⇒ +水(-水)와 같이,

丑 ⇒ 丑(己) ⇒ -土(-土),　　　寅 ⇒ 寅(甲) ⇒ +木(+木),

卯 ⇒ 卯(乙) ⇒ -木(-木),　　　辰 ⇒ 辰(戊) ⇒ +土(+土),

巳 ⇒ 巳(丙) ⇒ -火(+火),　　　午 ⇒ 午(丁) ⇒ +火(-火),

未 ⇒ 未(己) ⇒ -土(-土),　　　申 ⇒ 申(庚) ⇒ +金(+金),

酉 ⇒ 酉(辛) ⇒ -金(-金),　　　戌 ⇒ 戌(戊) ⇒ +土(+土),

亥 ⇒ 亥(壬) ⇒ -水(+水).

(17) 天體 Energy 因子가 地氣 Energy 因子와 合成同調場을 形成 할 境遇에는 天體 Energy場의 化氣同調秩序를 좇는다(天體 Energy를 緣分으로 하는 地氣根源 Energy의 同調秩序).

卽 「子(戊癸) ⇒ 天體 Energy場의 化氣 同調 ⇒ +水(火) 」

└→ 地氣 Energy 因子

이와 같이 정리하면

子(戊癸) ⇒ +水(火),　丑(甲己) ⇒ -土(土),
寅(甲己) ⇒ +木(土),　卯(乙庚) ⇒ -木(金),
辰(戊癸) ⇒ +土(火),　巳(丙辛) ⇒ -火(水),
午(丁壬) ⇒ +火(木),　未(甲己) ⇒ -土(土),
申(乙庚) ⇒ +金(金),　酉(丙辛) ⇒ -金(水),
戌(戊癸) ⇒ +土(火),　亥(丁壬) ⇒ -水(木).

(18) 地氣 Energy 因子가 地氣 Energy場을 形成할 境遇에는 地氣 Energy의 三合同調 凝縮秩序를 따른다(體 安定秩序).

即 「子(申子辰)→地氣 三合 同調場 ⇒ +水(水) 」
　　└→ 地氣 Energy 因子

이와 같이 정리하면

子(申子辰) ⇒ +水(水),　丑(巳酉丑) ⇒ -土(金)
寅(寅午戌) ⇒ +木(火),　卯(亥卯未) ⇒ -木(木),
辰(申子辰) ⇒ +土(水),　巳(巳酉丑) ⇒ -火(金),
午(寅午戌) ⇒ +火(火),　未(亥卯未) ⇒ -土(木),
申(申子辰) ⇒ +金(水),　酉(巳酉丑) ⇒ -金(金),
戌(寅午戌) ⇒ +土(火),　亥(亥卯未) ⇒ -水(木).

(19) 地氣 Energy 因子가 天氣 및 地氣 Energy場의 同調를 동시에 合成할 境遇에는 合成 同調凝縮秩序에 따른다(合成 Energy場).

即 「子 ⇒ 子 (戊癸)→天氣同調場 / (申子辰)→地氣同調場 ⇒ +水 (火)/(水) 」
　　└→ 地氣根源 E 因子

이와 같이

子 ⇒ 子 (戊癸)(申子辰) ⇒ +木 (火)(水)		丑 ⇒ 丑 (甲己)(巳酉丑) ⇒ -土 (土)(金)
寅 ⇒ 寅 (甲己)(寅午戌) ⇒ +木 (土)(火)		卯 ⇒ 卯 (乙庚)(亥卯未) ⇒ -木 (金)(木)
辰 ⇒ 辰 (戊癸)(申子辰) ⇒ +土 (火)(水)		巳 ⇒ 巳 (丙辛)(巳酉丑) ⇒ -火 (水)(金)
午 ⇒ 午 (丁壬)(寅午戌) ⇒ +午 (木)(火)		未 ⇒ 未 (甲己)(亥卯未) ⇒ -土 (土)(木)
申 ⇒ 申 (乙庚)(申子辰) ⇒ +金 (金)(水)		酉 ⇒ 酉 (丙辛)(巳酉丑) ⇒ -金 (水)(金)
戌 ⇒ 戌 (戊癸)(寅午戌) ⇒ +土 (火)(火)		亥 ⇒ 亥 (丁壬)(亥卯未) ⇒ -水 (木)(木)

(20) 天・地氣의 緣分的 合成 同調場의 Energy場 秩序가 完成되고 나면, 곧이어 陰陽 合成의 二合 同調 Energy場을 얻어 性 安定을 얻게 되고, 또다시 勢力 同調를 얻어 相安定을 이룬 후 五行同調를 얻어 그 用에 이른다.

卽, 子 (天體 Energy場 緣分同調 戊癸)
(子, 申辰　子, 丑　子, 亥丑　申(酉) 寅(卯)) ⇒ 子 (火)(水.土.水.金.木)
↓
⊕水

三合同調緣分 (存在體安定秩序)　二合同調緣分 (存在性安定秩序)　勢同調緣分 (存在相安定秩序)　五行同調緣分 (存在用安定秩序)

以下 12 地氣 Energy場 同調秩序는 同一 方式 原理

子 (戊癸火) (水.土.水.金.木) ⊕水	丑 (甲己土) (金.土.水.火.金) ⊖土	寅 (甲己土) (火.木.木.水.火) ⊕木
卯 (乙庚金) (木.火.木.水.火) ⊖木	辰 (戊癸火) (水.金.木.火.金) ⊕土	巳 (丙辛水) (金.水.火.木.土) ⊖火
午 (丁壬木) (火.火.火.木.土) ⊕火	未 (甲己土) (木.土.火.火.金) ⊖土	申 (乙庚金) (水.水.金.土.水) ⊕金
酉 (丙辛水) (金.金.金.火.水) ⊖金	戌 (戊癸火) (火.火.金.金.火) ⊕土	亥 (丁壬木) (木.木.水.金.木) ⊖水

(a) 地氣 Energy場의 生起同調 Energy場과 死滅干涉 Energy場

① 地氣 Energy場의 生起同調 Energy場

Ⓐ 子 地氣 Energy場의 生起同調 Energy場

三合 同調 生起 Energy場 : 申, 辰

二合 同調 生起 Energy場 : 丑

勢 同調 生起 Energy場 : 亥, 丑

五行相生 生起 Energy場 : 寅卯, 申(酉)

沖和 Energy場 : 午

※ 特調 Energy場 (申, 丑)

Ⓑ 丑 地氣 Energy場의 生起同調 Energy場

三合 同調 生起 Energy場 : 巳, 酉

二合 同調 生起 Energy場 : 子

勢 同調 生起 Energy場 : 亥, 子

五行相生 生起 Energy場 : 申酉, 巳午

沖和 Energy場 : 未

※ 特調 Energy場 (子, 巳, 酉)

Ⓒ 寅 地氣 Energy場의 生起同調 Energy場

三合 同調 生起 Energy場 : 午, 戌

二合 同調 生起 Energy場 : 亥

勢 同調 生起 Energy場 : 卯, 辰

五行相生 生起 Energy場 : 亥子, 巳午

沖和 Energy場 : 申

※ 特調 Energy場 (午, 亥)

Ⓓ 卯 地氣 Energy場의 生起同調 Energy場

三合 同調 生起 Energy場 : 亥, 未

二合 同調 生起 Energy場 : 戌

勢 同調 生起 Energy場 : 寅, 辰

五行相生 生起 Energy場 : 巳午, 亥

沖和 Energy場 : 酉

※ 特調 Energy場 (亥)

Ⓔ 辰 地氣 Energy場의 生起同調 Energy場

三合 同調 生起 Energy場 : 申, 子

二合 同調 生起 Energy場 : 酉

勢 同調 生起 Energy場 : 寅, 卯

五行相生 生起 Energy場 : 巳午, 申酉

沖和 Energy場 : 戌

※ 特調 Energy場 (申, 酉)

Ⓕ 巳 地氣 Energy場의 生起同調 Energy場

三合 同調 生起 Energy場 : 酉, 丑

二合 同調 生起 Energy場 : 申

勢 同調 生起 Energy場 : 午, 未

五行相生 生起 Energy場 : 辰, (戌), 丑, 未

沖和 Energy場 : 亥

※ 特調 Energy場 (丑, 未)

Ⓖ 午 地氣 Energy場의 生起同調 Energy場

三合 同調 生起 Energy場 : 寅, 戌

二合 同調 生起 Energy場 : 未

勢 同調 生起 Energy場 : 巳, 未

五行相生 生起 Energy場 : 寅卯, 辰戌未

沖和 Energy場 : 子

※ 特調 Energy場 (寅, 未, 戌)

Ⓗ 未 地氣 Energy場의 生起同調 Energy場

三合 同調 生起 Energy場 : 亥, 卯

二合 同調 生起 Energy場 : 午

勢 同調 生起 Energy場 : 巳, 午

五行相生 生起 Energy場 : 巳午, 申酉

沖和 Energy場 : 丑

※ 特調 Energy場 (巳, 午)

Ⓘ 申 地氣 Energy場의 生起同調 Energy場

三合 同調 生起 Energy場 : 子, 辰

二合 同調 生起 Energy場 : 巳

勢 同調 生起 Energy場 : 酉, 戌

五行相生 生起 Energy場 : 子亥, 辰戌丑未

沖和 Energy場 : 寅

※ 特調 Energy場 (子, 辰, 戌)

Ⓙ 酉 地氣 Energy場의 生起同調 Energy場

三合 同調 生起 Energy場 : 巳, 丑

二合 同調 生起 Energy場 : 辰

勢 同調 生起 Energy場 : 申.戌

五行相生 生起 Energy場 : 亥(子), 辰戌丑未

沖和 Energy場 : 卯

※ 特調 Energy場 (辰, 戌, 丑)

Ⓚ 戌 地氣 Energy場의 生起同調 Energy場

三合 同調 生起 Energy場 : 寅, 午

二合 同調 生起 Energy場 : 卯

勢 同調 生起 Energy場 : 申, 酉

五行相生 生起 Energy場 : (巳)午, 申酉

沖和 Energy場 : 辰

※ 特調 Energy場 (午, 申, 酉)

Ⓛ 亥 地氣 Energy場의 生起同調 Energy場

三合 同調 生起 Energy場 : 卯, 未

二合 同調 生起 Energy場 : 寅

勢 同調 生起 Energy場 : 子, 丑

五行相生 生起 Energy場 : 寅卯, 申酉

沖和 Energy場 : 巳

※ 特調 Energy場 (寅, 卯)

② 地氣 Energy場의 死滅干涉 Energy場

Ⓐ 子 地氣 Energy場의 死滅干涉 Energy場

(卯)	(巳)	(午)	未	(酉)	(戌)	(子 自沖和剋)
50%	50%	50%	100%	50%	50%	(以下同一原則)

Ⓑ 丑 地氣 Energy場의 死滅干涉 Energy場

(寅)	卯	(辰)	戌	(午)	(丑 自沖和)
50%	100%	50%	100%	50%	

Ⓒ 寅 地氣 Energy場의 死滅干涉 Energy場

(丑)	未	(申)	酉	(巳)	(寅 自沖剋)
50%	100%	50%	100%	50%	

Ⓓ 卯 地氣 Energy場의 死滅干涉 Energy場

(子)	丑	(辰)	(巳)	(申)	(酉)	(卯 自沖和)
50%	100%	50%	50%	50%	50%	

Ⓔ 辰 地氣 Energy場의 死滅干涉 Energy場

(丑)	(卯)	(戌)	亥	(辰 自沖和剋)
50%	50%	50%	100%	

Ⓕ 巳 地氣 Energy場의 死滅干涉 Energy場

(子)	(寅)	(卯)	戌	亥	(巳 自沖剋和)
50%	50%	50%	100%	100%	

Ⓖ 午 地氣 Energy場의 死滅干涉 Energy場

(子)	丑.	(申)	(酉)	(亥)	(午 自沖剋)
50%	100%	50%	50%	50%	

Ⓗ 未 地氣 Energy場의 死滅干涉 Energy場

子	丑	戌	(未 自沖剋)
100%	100%	100%	

Ⓘ 申 地氣 Energy場의 死滅干涉 Energy場

(寅)	卯	(巳)	(午)	(酉)	(申 自沖和)
50%	100%	50%	50%	50%	

Ⓙ 酉 地氣 Energy場의 死滅干涉 Energy場

(子)	寅	卯	(午)	申	(酉 自沖剋)
50%	100%	100%	50%	100%	

Ⓚ 戌 地氣 Energy場의 死滅干涉 Energy場

(子)	丑	(辰)	(巳)	未	(亥)	(戌 自沖剋和)
50%	100%	50%	50%	100%	50%	

Ⓛ 亥 地氣 Energy場의 死滅干涉 Energy場

(寅)	辰	巳	(午)	(戌)	(亥 自沖剋和)
50%	100%	100%	50%	50%	

4) '3. 年運別 穴 Energy 特性變化와 그 週期'의 解說

(1) 年運別 穴場 發現 Energy 特性

年・月・日・時의 變化에 따라 穴場의 Energy 特性은 〈그림 3-7〉과 같이 나타나게 되고 이 年・月・日・時別 穴場 發現特性은 穴場 基本 Energy場과 緣分 同調한다.

卽, 甲子年 ○月 ○日 ○時 : 水 ㈯㈬ 主 Energy 特性

단, 子 : 主因 水 Energy　　子 ㈯ : 甲己合化土 天緣 Energy
　　　　　　　　　　　　　　 ㊌ : 申子辰合水 地緣 Energy

上記 原理에 따라

甲子 : +水 ㈯㊌	乙丑 : -土 ㈮㊎	丙寅 : +木 ㈬㊋
丙子 : +水 ㈬㊌	丁丑 : -土 ㈭㊎	戊寅 : +木 ㈫㊋
戊子 : +水 ㈫㊌	己丑 : -土 ㈯㊎	庚寅 : +木 ㈮㊋
庚子 : +水 ㈮㊌	신축 : -土 ㈬㊎	壬寅 : +木 ㈭㊋
壬子 : +水 ㈭㊌	癸丑 : -土 ㈫㊎	甲寅 : +木 ㈯㊋
丁卯 : -木 ㈭㊍	戊辰 : +土 ㈫㊌	己巳 : -火 ㈯㊎
己卯 : -木 ㈯㊍	庚辰 : +土 ㈮㊌	辛巳 : -火 ㈬㊎
辛卯 : -木 ㈬㊍	壬辰 : +土 ㈭㊌	癸巳 : -火 ㈫㊎
癸卯 : -木 ㈫㊍	甲辰 : +土 ㈯㊌	乙巳 : -火 ㈮㊎
乙卯 : -木 ㈮㊍	丙辰 : +土 ㈬㊌	丁巳 : -火 ㈭㊎
庚午 : +火 ㈮㊋	辛未 : -土 ㈬㊍	壬申 : +金 ㈭㊌
壬午 : +火 ㈭㊋	癸未 : -土 ㈫㊍	甲申 : +金 ㈯㊌
甲午 : +火 ㈯㊋	乙未 : -土 ㈮㊍	丙申 : +金 ㈬㊌

丙午 : +火 (水) ㊋	丁未 : -土 (木) ㊍	戊申 : +金 (火) ㊌
戊午 : +火 (火) ㊋	己未 : -土 (土) ㊍	庚申 : +金 (金) ㊌
癸酉 : -金 (火) ㊎	甲戌 : +土 (土) ㊋	乙亥 : -水 (金) ㊍
乙酉 : -金 (金) ㊎	丙戌 : +土 (水) ㊋	丁亥 : -水 (木) ㊍
丁酉 : -金 (木) ㊎	戊戌 : +土 (火) ㊋	己亥 : -水 (土) ㊍
己酉 : -金 (土) ㊎	庚戌 : +土 (金) ㊋	辛亥 : -水 (水) ㊍
申諭 : -金 (水) ㊎	壬戌 : +土 (木) ㊋	癸亥 : -水 (火) ㊍

※ 註

原則的으로 運氣와 Energy場을 各各 살펴야 하는 것이나 여기서는 이들을 合成하여 使用한다.

甲	(甲己) (寅.寅.寅.亥) 午 亥 卯 午 戌 辰	子	(癸) → (戊癸) (申.子.亥.申) 子 丑 子 寅 辰 丑	⇒ +木	(土) (火.木.木.水) 火 (年 運氣)
				+水	(火) (水.土.水.金) 木 (年 地氣)

(2) 年運別 穴場 Energy 特殊 發現 週期

一般 常時的으로 穴場 Energy의 發現 原理는 〈그림 3-7〉 年運別 穴 Energy 構成과 展開에서 보는 바와 같이, 年運의 流轉秩序를 따라 穴場 部位別 Energy 特性이 特出하게 發現되면서 穴核 Energy가 發生하는 것이 原則이다.

그러나 入穴脈의 Energy 入力 特性은 언제나 一定한 形態의 特性만을 維持供給하고 있는 것이 아니라, 地氣 12分割 特性場 形成 原理에 따른 12種의 入力 Energy 供給形態를 取하고 있어서, 各 分割場 形態의 入穴 Energy 特性이 決定하는 바에 따라 穴場 部位別 Energy의 特殊發現 現象도 크게 달라진다.

좀 더 具體的으로 說明해본다면, 入穴脈 Energy의 坐位特性은 水・火・木・金・土性의 五星坐位中에서 어느 한 形態인가를 取하여서 入力되게 마련이다.

따라서 供給되고 있는 入穴脈 Energy의 坐位 特性을 把握하기 위하여서는, 水・火・木・金・土性의 入穴脈 坐位形態에서 얻어지는 天地 五氣 生成數理인 水(一生, 六成), 火(七生, 二成), 木(三生. 八成), 金(九生, 四成), 土(五生, 十成)의 生成 秩序 中 어느 五行秩序에 所屬되었는가를 먼저 確認하여야 하고, 이러한 秩序 確認에 依據, 年運別 穴場 Energy의 特發現象을 細密히 觀察하고 分析하지 않으면 아니 된다.

왜냐하면 穴核 Energy의 發生과 同調作用은 그 穴場의 全體的인 特性을 强하게 나타내는 反面, 入穴脈 Energy의 五氣 生成秩序에 따른 穴場 Energy 特發現象은 該當年運의 穴場 Energy 特性을 다른 穴場部位보다 더욱 두드러지게 發現시키는 特徵을 지닌 까닭에, 該當 部位의 穴場 Energy 特性이 良好하면 할수록 보다 良好하게, 不良하면 할수록 不良하게 增幅시키려는 特發作用能力을 지닌 것이, 곧 入力 Energy의 坐位 形態特性이라는 것을 再確認하여야 하겠기 때문이다.

以上에서 살핀 바와 같이 入穴脈 Energy의 坐位 形態가

- 水性 入穴脈(申子辰 坐位)일 때 : 一次年부터 特發性 生起 → 六次年에서 成就하고 每 六年次에서 그 輪廻週期가 오며,
- 火性 入穴脈(寅午戌 坐位)일 때 : 七次年부터 特發性 生起 → 十二次年에서 成就하고 每 十二年次에서 그 輪廻週期가 오며
- 木性 入穴脈(亥卯未 坐位)일 때 : 三次年부터 特發性 生起 → 八次年에서 成就하고 每 八年次에서 그 輪廻 週期가 오며,
- 金性 入穴脈(巳酉丑 坐位)일 때 : 九次年부터 特發性 生起 → 十四次年에서 成就하고 每 十四年次에서 그 輪廻週期가 오며
- 土性 入穴脈(辰戌丑未 坐位)일 때 : 五次年부터 特發性 生起 → 十次年에서 成就하고 每 十年次에서 그 輪廻 週期가 온다.

그러나 上記 辰戌丑未 坐位는 水・火・木・金의 邊土로도 特性이 드러나 있으므로 이를 다음과 같이 同調 合成시킨다. 卽

- 辰 坐位 入穴脈일 때 : 同期 坐位 同調 配合原理.

(辰土 + 子水) ÷ 2 = (5 + 1) ÷ 2 = 3次年부터 特發性 生起하고, (10 + 6) ÷ 2 = 8次年에서 成就하며, 每 8年次에 그 輪廻週期가 온다.

- 戌 坐位 入穴脈일 때 : 同期 坐位 同調 配合原理.
  (戌土 + 午火) ÷ 2 = (5 + 7) ÷ 2 = 6次年부터 特發性 生起하고, (10 + 12) ÷ 2 = 11次年에서 成就하며, 每 11年次에서 그 輪廻週期가 온다.
- 丑 坐位 入穴脈일 때 : 同期 坐位 同期 配合原理.
  (丑土 + 酉金) ÷ 2 = (5 + 9) ÷ 2 = 7年次부터 特發性 生起하고, (10 + 14) ÷ 2 = 12次年에서 成就하며, 每 12年次에서 그 輪廻週期가 온다.
- 未 坐位 入穴脈일 때 : 同期 坐位 同氣 配合原理.
  (未土 + 卯木) ÷ 2 = (5 + 3) ÷ 2 = 4次年부터 特發性 生起하고, (10 + 8) ÷ 2 = 9次年에서 成就하며, 每 9年次에서 그 輪廻週期가 온다.

例를 들어 甲卯入穴 坐位의 丙午年 使用 穴場이라면, 亥・卯・未 3・8 木의 五星 生成數理에 의해 丙午年으로부터 3次年째인 戊申年에 「+金$^{(火)}_{㊌}$」인 年運別 穴場 Energy 特發性이 生起하여, 8次年째인 癸丑年에 이르러 「土$^{(火)}_{㊎}$」인 年運別 穴場 Energy 特發現象이 마감된다.

따라서 戊申年의 該當 穴場 基本 Energy 特性因子는 「金$^{(火)}$」이므로, 이의 方位 Energy場 特性緣子는 乾亥位 「水」特性이 되고, 年運 特發性 緣子는 「+金$^{(火)}_{㊌}$」가 되어, 이들 合成인 「金$^{\{(火)+(水)+[(+金)^{(火)}_{㊌}]\}}$」의 綜合 穴 Energy 特發性 因緣子가 穴核 Energy에 生起同調하기 始作한다.

이렇게 하여 穴 使用 8次年째인 癸丑年에 이르게 되면, 該當 穴場 基本 Energy 特性 因子인 「水$^{(木)}$」과, 方位 Energy 特性 緣子인 乙辰「木」 그리고 該當年運의 特發性 緣子인 「-土$^{(火)}_{㊎}$」의 합성인 「水$^{\{(木)+(水)+[(+土)^{(火)}_{㊎}]\}}$」가 綜合 穴 Energy 特性이 되어, 穴核 Energy와 成住 同調하는 穴場 Energy 特發現象이 마감 成就된다(以後 다시 3, 8로 輪廻한다).

이때 生起 同調過程에서 穴場部位別 本 Energy場 特性이 不及 不良하거나 太過 不善할 境遇, 穴核 Energy 發生現象은 穴場 Energy 特發性 緣子에 의해

害惡을 더욱 增加시키게 되고, 또 反對로 穴場 部位別 Energy場 特性이 適定 平等할 境遇에는 오히려 善吉의 穴核 Energy가 特別히 增大되게 된다.

成住 同調過程에서도 위와 같은 마찬가지 理致에 따라 不善 不良하면 害惡이 크게 增加되고, 平等 安定되면 善吉이 더욱 增大되어 特發現象이 마감 成就된다.

(3) 天地 五氣 生成 數理와 運行法則

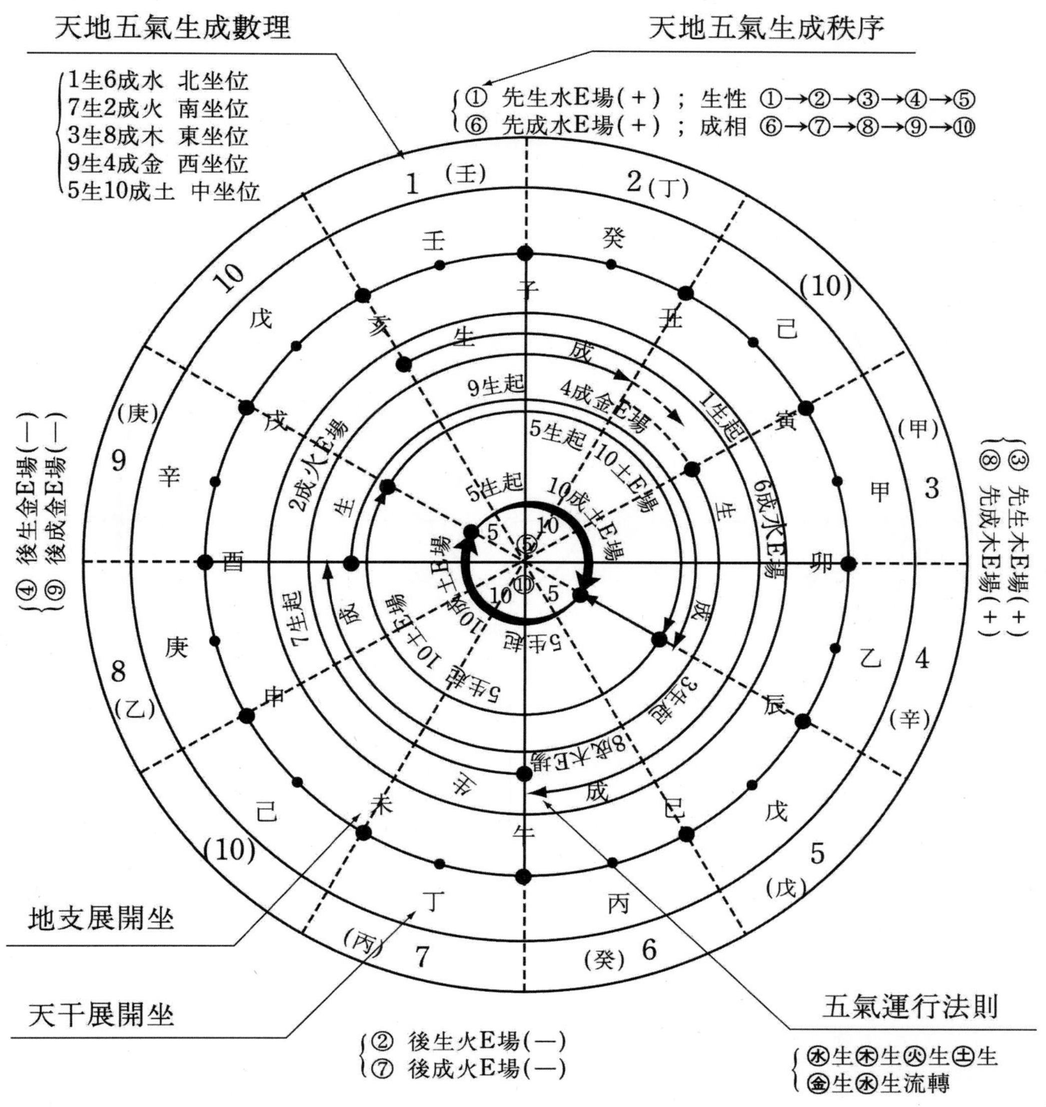

〈그림 3-10〉 天地 五氣 生成 數理와 運行法則

(4) 天地五氣 生成 坐位와 數理 解說

「1生剋 6成， 6成極 7生
 7生剋 2成， 2成極 3生
 3生剋 8成， 8成極 9生
 9生剋 4成， 4成極 5生
 5生剋 10成, 10成極 天地 生成」

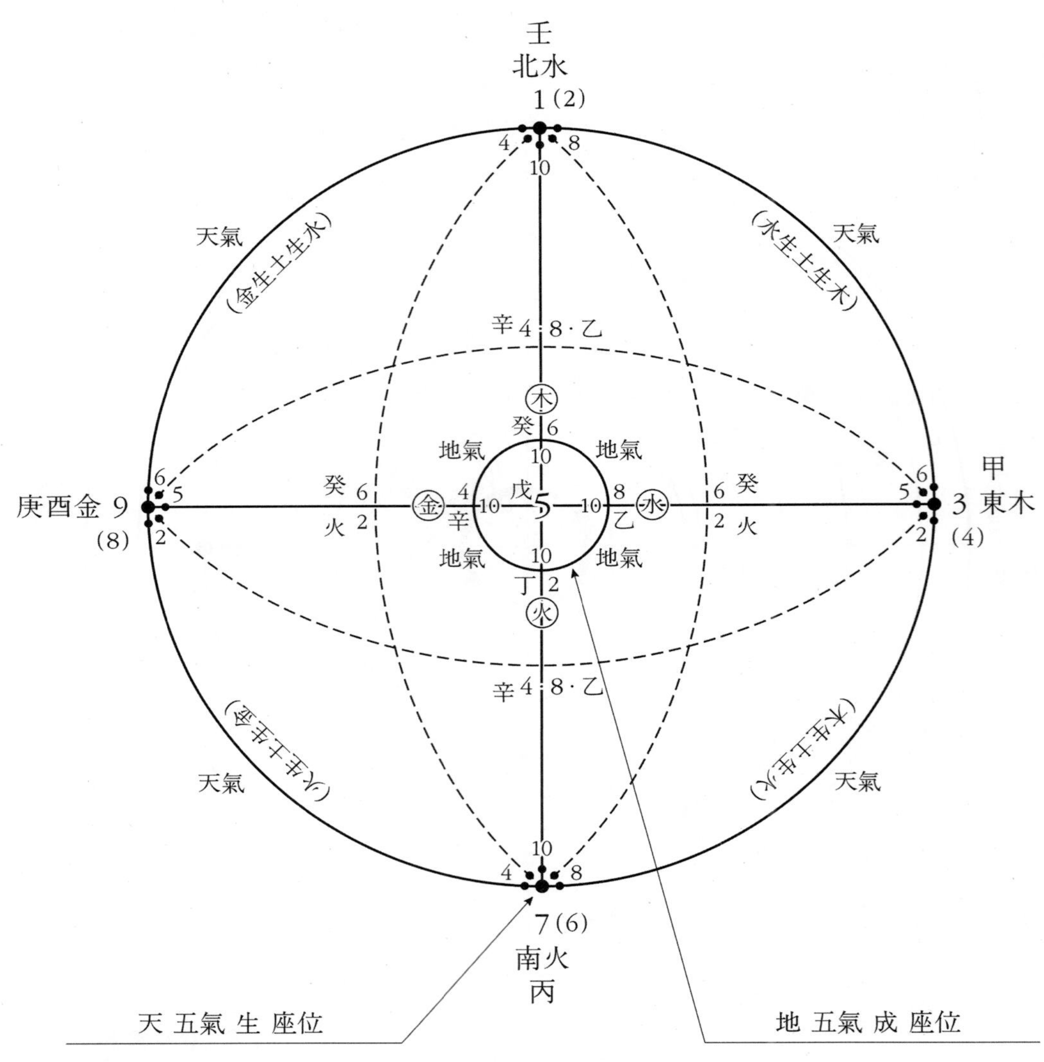

〈그림 3-11〉 天地五氣 生成 坐位와 數理 解說

4. 人運의 Energy 因子 特性把握

1) 亡者의 Energy 因子 特性과 亡年運의 Energy 因子 特性把握

穴場에 合穴하려는 亡者의 生年, 月, 日, 時의 命運 Energy 特性과 亡者의 死亡 年, 月, 日, 時의 命運 Energy 特性을 把握하여, 이를 두 因子 特性이 穴 Energy場 特性과 어떠한 因緣關係를 形成하면서 變化하고 있는가 하는 것을 살펴본다.

例를 들어 前記 甲卯 入穴의 穴 Energy場 속에 丙午年 ○月 ○日 ○時에 死亡한 甲寅年 ○月 ○日 ○時生의 亡人을 合穴하였을 때, 이들 두 Energy 因子는 穴 Energy場 特性과 어떻게 調和하는가를 살펴보았을 때,

原則的으로는 亡人의 生年・月・日・時와 亡年・月・日・時의 命運 Energy 因子 特性을 詳細히 把握하여 合成하는 것이 原論이나, 여기서는 年運別 穴場 Energy 特性把握과 同一原理로 生年과 亡年의 Energy 因子 特性을 把握合成하는 것으로 原則을 代身한다.

따라서 甲寅生의 命運 Energy 因子는 「寅$^{(甲己)}_{(寅午戌)}$ ⇒ +木$^{㊏}_{㊋}$」이고 甲寅生의 亡年인 丙午年의 年運 Energy 因子는 「丙午 ⇒ 午$^{(丙辛)}_{(寅午戌)}$ ⇒ +火$^{㊌}_{㊋}$」가 되어 두 Energy因子가 穴場의 基本 Energy場과 緣分同調한다.

卽, (+木$^{㊏}_{㊋}$) + (+火$^{㊌}_{㊋}$) : 穴場 Energy場의 6.25%

5. 地氣 및 地運 Energy 特性 把握

1) 每節의 特性

穴核果心으로부터 나타나는 每 單位節의 變化現象은 地運과 地氣의 變易秩序에 따라 일어나는 것이므로 每節에 있어서의 善・惡・美・醜, 大・小・强・弱・長・短에 대한 地運과 地氣 Energy 特性을 詳細히 把握함이 더욱 重要하다.

2) 穴場 特性과 該當節의 關係 特性

(1) 穴場 入首頭腦 玄水 Energy 地運 : 每 該當節의 聚突 合成
(2) 穴場 左蟬翼 靑木 Energy 地運 : 每 該當節 左邊處 處合成
(3) 穴場 右蟬翼 白金 Energy 地運 : 每 該當節 右邊處 處合成
(4) 穴場 入穴脈 入力 Energy 地運 : 每 該當節 過脈處 處合成
(5) 穴場 纏脣 朱火 Energy 地運 : 每 該當節 末端處 處合成
(6) 穴場 中央 核果 Energy 地運 : 每 該當節의 始終地運 合成

3) 地運 行氣의 年次別 特性

(1) 每節 地運行氣 : 一節 一世代(約 30年~36年)
(2) 每節 地運力量 : 穴 Energy場의 6.25% 緣分役割
(3) 年次別 特發地運 : 1週 12年次 左旋特發

4) 穴場 穴核 Energy 發顯 週期

(1) 一常 基本 穴場 Energy 發顯秩序

① 穴核心 Energy : 穴核室內 Energy가 入首頭腦 中心線을 基点으로 子時 正刻에 始作하여 明日 子時 正刻까지 1週 하고, 穴核心室 中에서 1個月을 流周한다.

② 穴核全體 Energy : 穴核心室 流周를 마친 Energy는 入首頭腦 中心線 基点을 冬至正에 始作하여 明年 冬至正까지 1周하면서 10~12年間 穴核 內室 全體 Energy를 發顯시킨다.

③ 穴核 外室(內外 圓暈) Energy : 穴核內室을 1周한 穴核 Energy는 穴核 外室 中에서 10~12年間을 流周하여 內外圓暈 Energy를 發顯시킨다.

④ 穴場蟬翼 Energy : 穴核 外室을 流周한 核 Energy는 兩 蟬翼 纏脣에서 다시 5~6年을 流周하여 穴凝縮 Energy를 發顯시킨다.

⑤ 穴場 再凝縮 Energy : 穴凝縮 裝置를 流周한 核 Energy는 穴核心 Energy를 凝縮增强시킨 후, 다시 鬼, 官, 曜의 再凝縮 Energy를 供給받

아 5~6年間 再凝縮 同調 Energy를 發顯시킨다.

(2) 이렇게 하여 穴場 中에서 30~36年間을 流周 完了하고, 以後부터 每節 地氣 Energy가 節當 30~36年을 緣分 同調한다.

5) 地運 Energy 特性과 穴場 Energy 特性 關係

(1) 穴場 入首頭腦 玄水 Energy 特性(1次 3年間 發顯)

(穴場 基本 Energy) ↰ ↱ 入首 入力 鬼 Energy의 善惡 · 美醜 · 大小 · 强弱 特性
(水 + 제N절 聚氣 地運 Energy 각 6.25% ⇒ 合成 25%)
水
(火 + 當該 年次별 穴場 特發 地運 Energy ⇒ 합성 25%)
入首頭腦 正氣 Energy ↲ ↳ 穴 同調 纏脣 緣分 Energy

즉 水(水/火)로 표시하고 以下 同一하다.

(2) 穴場 靑龍 木 Energy 特性(3次 3년간 發顯)

(穴場 基本 Energy) ↰ ↱ 靑龍 蟬翼 曜 Energy의 善惡 · 美醜 · 大小 · 强弱 特性
(木 + 제N절 左邊處 地運 Energy 각 6.25% ⇒ 合成 25%)
木
(金 + 當該 年次별 穴場 特發 地運 Energy ⇒ 합성 25%)
靑龍蟬翼 正氣 Energy ↲ ↳ 穴 同調 白虎 金 緣分 Energy

(3) 穴場 白虎 金 Energy 特性(4次 3년간 發顯)

(穴場 基本 Energy) ↰ ↱ 白虎 蟬翼 曜 Energy의 善惡 · 美醜 · 大小 · 强弱 特性
(金 + 제N절 右邊處 地運 Energy 각 6.25% ⇒ 合成 25%)
金
(木 + 當該 年次별 穴場 特發 地運 Energy ⇒ 합성 25%)
白虎蟬翼 正氣 Energy ↲ ↳ 穴 同調 靑龍 木 緣分 Energy

(4) 穴場 朱雀 火 Energy 特性(2次 3년간 發顯)

(穴場 基本 Energy) ┐ ┌ 纏脣 官 Energy의 善惡 · 美醜 · 大小 · 强弱 特性
(火 + 제N절 末端部 地運 Energy 각 6.25% ⇒ 合成 25%)
火
(水 + 當該 年次별 穴場 特發 地運 Energy ⇒ 합성 25%)
纏脣 正氣 Energy ┘ └ 穴 同調 入首頭腦 緣分 Energy

※ 穴核心 土(연분)(정기) Energy는 12년간 常時 發現한다.

(5) 穴核 TOTAL Energy : 5次年에서 持續的

6) 穴場 Energy 發顯과 穴場地運 Energy 發顯 解說

(1) 穴場 Energy 發顯

穴場의 基本核 Energy가 穴核心內部로부터 穴場外郭 全體로 傳達되는 核 Energy 移動現象으로서

穴核心 → (凝縮發達) 穴核內室 → (擴大再生産) 穴核外室 → (Energy 發散) 穴場外郭

으로의 Energy 發散的 機能과 Energy 擴大 再生産의 두 가지 役割 特性을 지니고 있다.

(2) 穴場 地運 Energy 發顯

穴場 地運 Energy는 穴核心 內部로부터 發散되는 Energy가 穴場 內 再凝縮 Energy場을 包含한 來脈局 周邊 Energy場과의 同調秩序에 의해서 形成되는 2次 變易的 循環 Energy場으로서, 穴場全體를 1周/12年 週期로 하여 地運 Energy 特發 現象을 일으킨다.

따라서 穴場 Energy 傳達 形態가 垂直的 Energy 發顯秩序라고 한다면, 地運 Energy 傳達 形態는 旋回的 Energy 發顯秩序로서 入首頭腦 正中으로부터 始作하는 左旋方式의 Energy 傳達 秩序라고 할 수 있다.

7) 穴場 流周 Energy 發應 年限圖

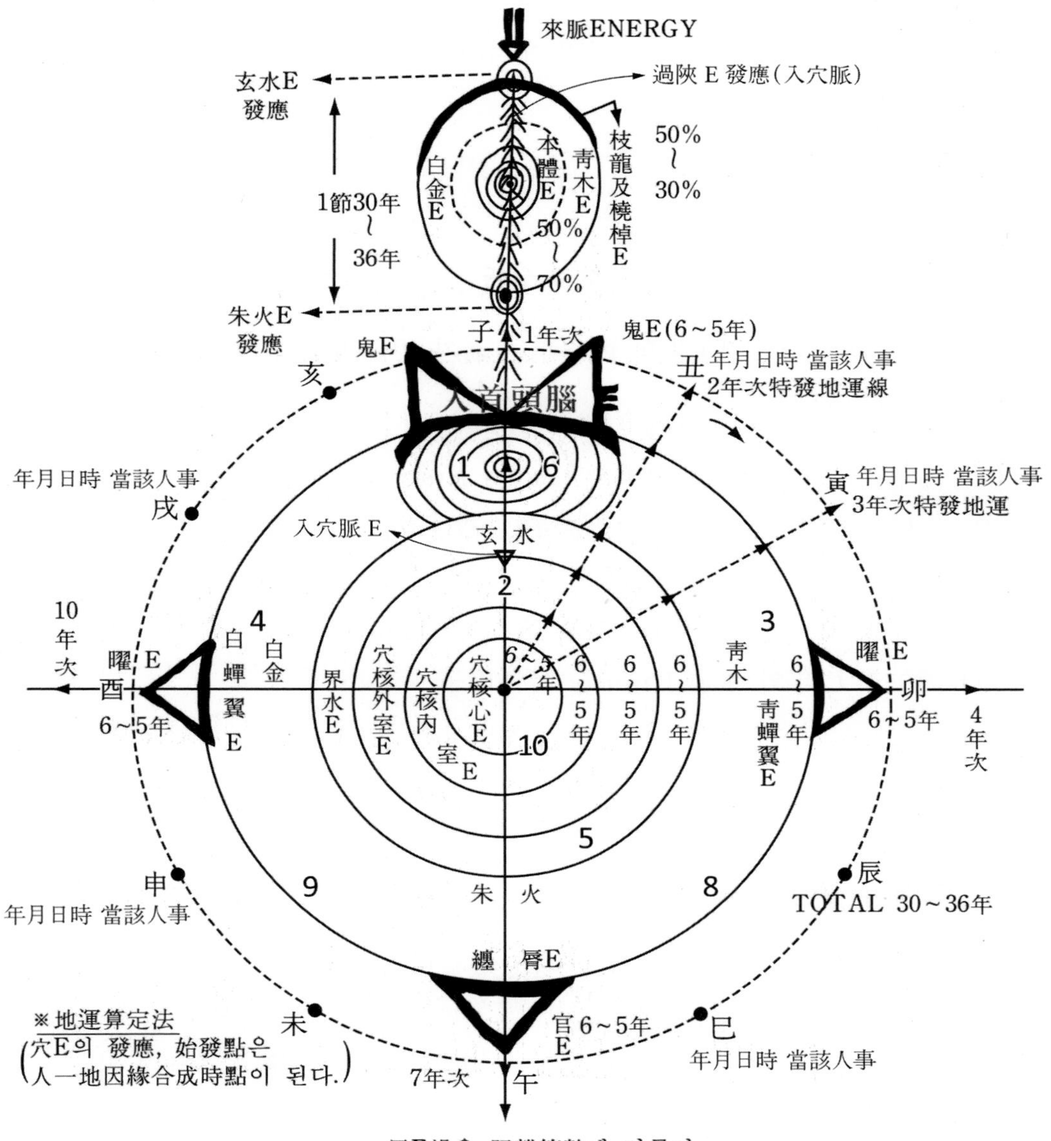

〈그림 3-12〉 穴場 流周 Energy 發應 年限圖

※ 穴場 Energy 發應 秩序 三大原則

1. 當該穴場, 當該年月, 當該人事, 當該發應 원칙

2. 使用 年次別 地氣特發 水・火・木・金・土 流周 원칙
(혈장형성 순위별 발응원칙)
3. 穴場 Energy 發生年限別 생명 에너지 동기감응원칙

6. 合成 Energy 特性把握

1) 葬事時 穴 Energy場과의 諸 因緣關係 分析

前記例에서와 같이 甲寅生의 丙午年 亡者가 甲卯入穴 穴場에 合穴하였을 경우 (甲卯 入穴 坐位).

(1) 丙午年 主 穴場 特性因子 :「火(水)」Energy 因子
(2) 穴場 地運 Energy 因子(纒脣地運 故「火」Energy 因子)
(3) 丙午年 穴場의 方位 特性因子 :「庚酉 位相 金」Energy 因子
年運(子 → 午) ⇒ (卯 → 酉) 穴 方位 Energy
(4) 丙午年 亡年의 年運 Energy 特性因子 :

丙午年 → 午 (丙辛)/(寅午戌) ⇒ ＋火 (水)/(火)

(5) 亡人(甲寅生)의 命運 Energy 特性因子 :

甲寅年 → 寅 (甲己)/(寅午戌) ⇒ ＋木 (土)/(火)

∴ 因緣을 合成하면

「(1)＋(2) ↰ ↱ 地氣運 Energy
火 (火)＋(3)＋(4)＋(5) (以下 緣分) ⇒
(水) 穴場 主 緣分 」

「 ↱ 地氣 運 E ↱ 亡年 運 Energy
↱ 方位 E ↱ 亡人 Energy
＋火 (火) ＋ (金) ＋〔＋火 (水)/(火)〕＋〔＋木 (土)/(火)〕
(水)
↳ 穴場 主 緣分 Energy 」가 된다.

따라서 亡人의 穴 Energy場에 대한 因緣條件은 良好한 相生關係다. 다만 多

少간의 洩氣를 注意해야 한다(이와 같은 分析 方法은 移葬時에도 同一하다).

2) 鑑定時 穴 Energy場과의 諸 因緣關係分析

前記 4)-(2)의 年運別 穴場 Energy 特殊發現 週期에 따라 其例의 甲卯 入穴坐位穴에 合穴하는 甲寅生 亡人 Energy 因子 간의 因緣關係를 把握해본다.

卽 穴場의 基本 Energy場 特性에 地運別 穴場 Energy 및 特發性因子와 年運別 方位 Energy 因子 및 亡人의 命運 Energy 特性因子를 因緣이 生起하여 合成하면,

3次年째 「 金$\frac{(金)}{(火)}$ + (木) + 〔+金$\frac{(火)}{(水)}$〕+〔+木$\frac{(土)}{(火)}$〕」의

穴場 Energy 因緣이 生起하여,

8次年째 「 水$\frac{(水)}{(木)}$ + (木) + 〔-土$\frac{(火)}{(金)}$〕+〔+木$\frac{(土)}{(火)}$〕」의

穴場 Energy 因緣이 成就된다.

3) 評價 分析('4) 評價 分析圖' 參照)

(1) 6-1)의 境遇 因緣合成 因子는

「
穴場 基本 E ↰ +火$\frac{(火)}{(水)}$ (↳ 穴場 主 緣分 Energy) + (金) (↱ 地氣 運 E) + 〔+火$\frac{(水)}{(火)}$〕 (↱ 方位 E) + 〔+木$\frac{(土)}{(火)}$〕 (↱ 亡年 運 Energy, ↱ 亡人 Energy)
」가 되어

穴場 基本 Energy場과 亡人 Energy 因子特性이 相互同調的 因緣 關係를 形成함으로써, 穴核心 Energy 特性에 對해서도 亡人 Energy 特性은 良好한 同調 Energy場 關係를 形成하게 되고, 結局은 穴場 合成 Energy場의 同調 Energy場化한 亡人 Energy場 特性因子를 再創出케 하여 子孫 Energy場

과의 同調的 Energy場 特性을 改善增加 시킨다(多少洩氣).
이와 같은 原理는 移葬의 境遇에서도 同一한 理致가 된다.

∴ 이때 死亡時 生體 Energy 保存率과 死體 Energy 還元率이 別途 計算되어야 함.

(2) 6-2)의 境遇 因緣合成 因子는

「 主穴場 E ↰ 金 (金) + (木) + 〔+金 (火)/(水)〕 + 〔+木 (土)/(火)〕
(火)
(金): 地氣 運 E; (木): 方位 E; 〔+金〕: 亡年 運 Energy; 〔+木〕: 亡人 Energy
↳ 穴場 主 緣分 Energy 」

3次年째

의 Energy 因子가 生起하여 穴核心 Energy場에 同調하게 되고,

「 水 (水)+(木)+〔-土 (火)/(金)〕+〔+木 (土)/(火)〕
(木)
↳ 穴場 主 緣分 Energy 」의

8次年째

Energy 因子가 成就되어 穴核心 Energy場과 同調場을 形成하게 되는데, 3次年째의 穴 Energy 同調場은 甲寅生 亡人 Energy 特性을 크게 向上시키지는 못하나 7次年, 8次年째에 이르러서는 亡人 Energy 特性을 크게 改善向上시킴으로써 同一 同調場內의 子孫 Energy 特性을 大發케 한다.

4) 評價 分析圖

(基本穴 Energy場에 대한 諸 緣分 Energy場 合成 分析)
(例. 甲卯入穴 穴場에 甲寅生의 丙午年 亡者가 合穴한 境遇)

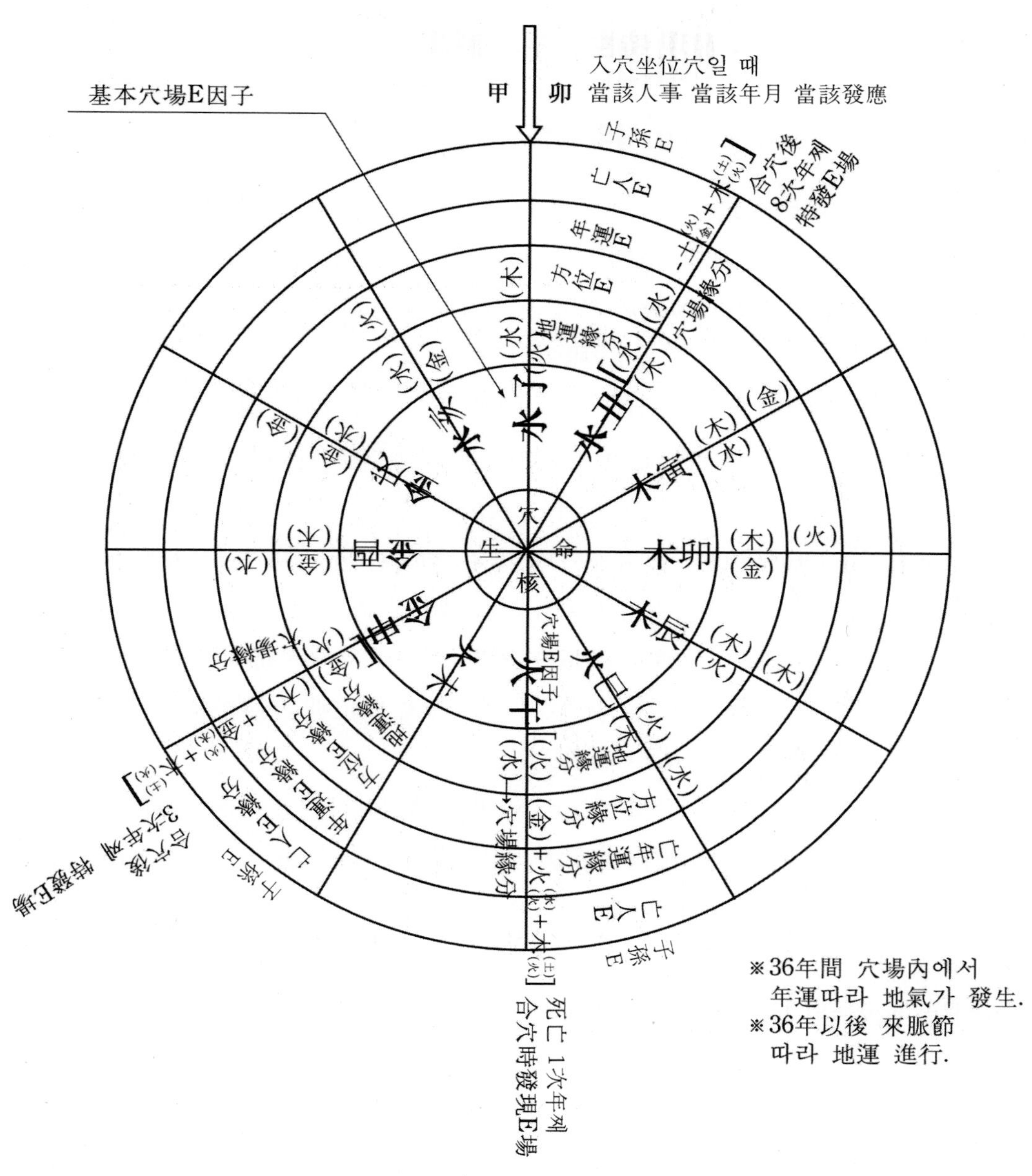
入穴坐位穴일 때
甲 卯 當該人事 當該年月 當該發應
基本穴場E因子
合穴後 8次年제 特發E場
合穴後 3次年죄 特發E場
死亡 1次年제 合穴時發現E場
穴場E因子
穴場緣分
方位緣分
年運緣分
地運緣分
亡人E
子孫E
穴
命
核
生
木卯
木寅
木辰
水巳
火午
※36年間 穴場內에서
年運따라 地氣가 發生.
※36年以後 來脈節
따라 地運 進行.

〈그림 3-13〉 評價 分析圖

7. 穴核心 綜合 Energy 發現 特性 分析과 評價

1) 穴核心 Energy 및 그 Energy場의 特性

지금까지 基本穴場 Energy 發現 特性을 主因子로 한 穴場緣分 Energy 및 方位緣分 Energy, 年運別 流轉緣分 Energy, 亡者緣分 Energy, 亡年緣分 Energy 等 穴核心 外部 Energy 特性에 對하여 詳細히 分析 評價해보았다.

그러나 穴場의 基本 Energy場이나 穴場緣分 Energy, 以下 諸 緣分 Energy들은 事實上「穴核」Energy를 同調 또는 干涉하는 周邊 Energy 및 그 Energy場에 不過한 것일 뿐, 亡者와 直接的으로 同調關係하는 穴 Energy는 다름 아닌「穴核心」Energy가 主가 되는 것이다.

이「穴核心」Energy는 그 生成이 穴場의 均衡과 安定條件에 의해 完成되는데, 入首頭腦 Energy體와 左右 蟬翼 Energy體 및 纏脣 Energy體 그리고 鬼·官·曜 等 諸 凝縮 Energy體의 構造性 凝縮作用에 의해 形成되는 穴板 部位別 力學的 同調特性과, 易理性 凝氣作用에 의한 穴場 部位別 易理的 同調特性의 두 同調作用에 因緣하여 形成 維持 保存된다.

따라서 穴核心 Energy 및 그 Energy場이 理想的 安定 均衡을 確保한 圓滿 Energy場 形態라면, 穴核 周邊의 穴場 및 諸穴 緣分 Energy 및 그 Energy場들은 自然히 穴核心 Energy를 凝縮 同調 및 再凝縮 同調하면서 均衡과 安定을 維持 保存해주는 平等 Energy場을 形成하게 마련이며, 이때의 이들 穴核 周邊 緣分 Energy들의 Energy 特發現象은 事實上 나타나지 않는 것이 原則이고, 穴核 Energy 및 그 Energy場에 吸收 統合된 全體 氣運이 보다 强力하고 보다 旺盛하게 恒時的 均一 特性으로 死體와 子孫 Energy體를 同調하게 된다.

그런데도 穴場 基本 Energy場이나 各種 緣分 Energy場들의 年運別 Energy 特發現象이 나타나고 있는 것은 穴核心 Energy가 均等圓滿의 安定相을 理想的으로 維持하고 있지 못할 뿐만 아니라, 穴場 部位別 基本 Energy場 또한 均衡安定에 의한 圓滿相을 形成하지 못하고 部位別 不安定 要素와 不均等 緣分作用을 일으키게 됨으로써, 平等指向的 Energy 및 그 Energy場이 發生함에 따른 力學的 및 易理的 Energy 特發現象이 流轉的 週期的으로 나타나게 되는

것이다.

모든 實際的 穴場의 構造的 特性이나 易理的 特性은 아무리 훌륭하고 온전한 穴場이라 할지라도 多少 간의 差異는 있을지언정, 穴場 部位別의 不均衡的 要素와 不安定的 欠陷에 相當하는 Energy 特發作用을 일으키게 되는 것이고, 이것이 곧 地氣-人間 同調의 特殊 發現形態로 나타나 人間의 個性的 特徵과 肉體的 特質을 形成하게되는 것이다.

이와 같은 內面 現象들을 살펴볼 때, 穴核心 Energy 및 그 Energy場의 平等 安定이 完全하면 完全해질수록 穴場 部位別 基本穴 Energy場 特性이나 各各의 緣分 Energy 特性들은 結局 穴核 Energy場에 歸合 吸收되며 그 特性 發現을 일으키지 못하게 되고, 穴核心 Energy 및 그 Energy場의 平等 安定이 維持되지 못하면 못할수록 穴場 Energy場의 部位別 基本 Energy場 特性이나 기타 緣分 Energy場들은 그 特性 發現이 特別히 두드러지게 나타나, 穴核心 Energy 및 그 Energy場에 歸合 吸收되지 못하고 不調和를 일으키게 된다.

以上의 檢討에서 確認되는 바와 같이, 現實的인 實際 一般 穴場에서는 어떠한 完全性의 穴場이 될지라도 穴場 部位別 基本 Energy場 特性이나 各種 緣分 Energy場의 關係作用에 따른 易理的 Energy 特發現象이 不得已 發生될 수밖에는 없는 것이며, 이의 同調干涉에 따른 穴核心 Energy 및 그 Energy場 發生 亦是 그의 영향을 받지 않을 수가 없게 되는 것이다.

特히 穴場內 構造的 形態의 不均衡 特性이 刑·沖·破·害殺인 力學的 干涉現象으로 나타나는 境遇에 있어서의 穴核心 Energy 特發 現象은 穴板의 易理的 不均衡 作用에 의해 發生되는 穴場 部位別 Energy 特發 現象보다 훨씬 强하고 빠르게 나타나게 되는 것이며, 그 發生週期 또한 穴場 部位別 Energy場 特發週期보다는 훨씬 더 짧게 速成進行된다.

이러한 穴場 Energy 및 Energy場의 易理的 또는 力學的 不均衡이 招來하는 穴場部位別 基本 Energy場 및 各種緣分 Energy場의 特發現象과, 穴核心 Energy 및 그 Energy場의 特發現象을 比較分析 評價해보면 다음과 같다.

2) 力學的 Energy 不均衡에 의한 穴核 Energy 特發現象과 易理的 Energy 不均衡에 의한 穴場 部位別 Energy 特發 現象의 分析 評價

(1) 入穴坐位 水 地氣 Energy場의 境遇(乾亥, 壬子, 癸丑)

① 穴場의 易理的 Energy 不均衡에 의한 部位別 Energy 特發現象 : 1次年에 生起하여 6次年에 成就하며, 6年次 週期로 輪廻

② 穴場의 力學的 Energy 不均衡에 의한 穴核 Energy 特發現象 : 1次月에 生起하여 6次月에 成就하며, 6月次 週期로 輪廻

(2) 入穴坐位 木 地氣 Energy場의 境遇(艮寅, 甲卯, 乙辰)

① 穴場의 易理的 Energy 不均衡에 의한 部位別 Energy 特發現象 : 3次年에 生起하여 8次年에 成就하며, 8年次 週期로 輪廻

② 穴場의 力學的 Energy 不均衡에 의한 穴核 Energy 特發現象 : 3次月에 生起하여 8次月에 成就하며, 8月次 週期로 輪廻

(3) 入穴坐位 火 地氣 Energy場의 境遇(巽巳, 丙午, 丁未)

① 穴場의 易理的 Energy 不均衡에 의한 部位別 Energy 特發現象 : 7次年에 生起하여 12次年에 成就하며, 12年次 週期로 輪廻

② 穴場의 力學的 Energy 不均衡에 의한 穴核 Energy 特發現象 : 7次月에 生起하여 20次月에 成就하며, 20月次 週期로 輪廻

(4) 入穴坐位 金 地氣 Energy場의 境遇(坤申, 庚酉, 辛戌)

① 穴場의 易理的 Energy 不均衡에 의한 部位別 Energy 特發現象 : 9次年에 生起하여 14年次에 成就하며, 14年次 週期로 輪廻

② 穴場의 力學的 Energy 不均衡에 의한 穴核 Energy 特發現象 : 9次月에 生起하여 40次月에 成就하며, 40月次의 週期로 輪廻

3) 穴核 Energy 및 그 Energy場의 常時 發現特性은 다음의 諸 分析 評價方式에 따른다.

(1) 穴板의 大小區別에 의한 穴核 Energy 分析評價

① 入首頭腦 크기와 穴板 크기와의 比較에 따른 穴核 Energy
入首頭腦 幅 〈 穴板幅 ⇒ 穴核 Energy 및 그 Energy場 大
入首頭腦 幅 〉 穴板幅 ⇒ 穴核 Energy 및 그 Energy場 小

② 正變. 縱變. 垂變. 隱變에서의 穴核 Energy
穴中心으로부터 5m 以內의 核果體 → 穴核 小
穴中心으로부터 5m 以上의 核果體 → 穴核 大

③ 橫變 入穴에서의 穴核 Energy
穴中心으로부터 入首頭腦間 距離 5m 以內 核果 → 穴核小
穴中心으로부터 入首頭腦間 距離 5m 以上 核果 → 穴核大

(2) 穴場의 入穴形式에 따른 穴核 Energy 分析評價

① 正變易 正入穴 : 穴板의 大小로서 分析評價한다.
② 垂變・隱變入穴 : 入穴脈의 强弱과 穴板의 大小로서 分析
③ 橫變 入穴 : 來脈 Energy와 入穴脈 Energy 比率에 따라 分析
④ 縱變 入穴 : 左(右)旋 順入穴 五行 生 數理 秩序
左(右)旋 逆入穴 五行 成 數理 秩序

(3) 來龍構造에 의한 分析 評價

① 入穴脈의 構造로서의 穴核 Energy 分析 評價
② 靑白의 先後出로서의 穴核 Energy 發應分析 및 評價
③ 玄武垂頭와 出脈形態에 따른 穴核 Energy 分析 및 評價
④ 纒脣 凝縮度에 의한 穴核 Energy 分析 評價

(4) 穴의 深淺에 따른 穴核 Energy 分析評價

① 穴心 深 : 深葬 ⇒ 穴場 Energy 大

② 穴心 淺 : 淺葬 ⇒ 穴場 Energy 小

(5) 朱雀 案山에 의한 穴核 Energy 分析 評價

① 朱雀 遠 : 穴板으로부터 3節 距離 以上 ⇒ 穴核 Energy 小

② 朱雀 近 : 穴板으로부터 3節 距離 以內 ⇒ 穴核 Energy 大

(6) 朱雀 案山의 凝縮程度에 따른 分析 評價

① 穴前 ∠90° 凝縮에 의한 穴核 Energy ⇒ 五行 生數 秩序

② 穴前 斜面角 凝縮에 의한 穴核 Energy ⇒ 五行 成數 秩序

(7) 刑沖破害殺의 强弱 大小에 따른 穴核 Energy 分析 評價

① 刑沖破害殺 强大時 穴核 Energy ⇒ 五行 生數理 秩序

② 刑沖破害殺 弱小時 穴核 Energy ⇒ 五行 成數理 秩序

(8) 越峰과 窺峰의 干涉에 따른 穴核 Energy 分析 評價

① 遠峰 ⇒ 五行 成 數理 秩序(3節 以上 距離)

② 近峰 ⇒ 五行 生 數理 秩序(3節 以內 距離)

(9) 龍虎의 遠近에 따른 穴核 Energy 分析 評價

① 遠 龍虎 ⇒ 五行 成 數理 秩序(3節 以上 距離)

② 近 龍虎 ⇒ 五行 生 數理 秩序(3節 以內 距離)

(10) 雙合墳에 따른 穴核 Energy 分析 評價

① 雙墳墓 ⇒ 五行 成 數理 秩序에 의한 Energy 發應

② 合墳墓 ⇒ 五行 生 數理 秩序에 의한 Energy 發應

4) 山, 穴, 方位, 風水 等 諸 無記現象에 依한 評價方式(無記 特性 程度에 따른다.)

제3절 風易의 原理와 理解

1. 周易의 基礎 原理

1) 太極과 陰陽 八卦論 考

(1) 太極理論 考

宇宙萬物의 本質性과 그 理致를 觀念的으로 把握한 存在의 根源적 本性論이다. 즉 觀念的 本質存在를 太極이라 表現하였다.

(2) 陰陽理論 考

宇宙本質인 太極으로부터 現象存在를 變易시켜가는 基本的 現象化 物性으로 그 基本的 變化過程을 論理化한 것이다. 相對的 現象存在를 胎動시키는 根源的 緣起物性으로 볼 수 있으나 太極의 相續的 現象物性 속에는 陰陽 兩性을 分類 共存케 하는 緣起本體인 無記性의 中性이 함께 자리하고 있음을 看過하였다.

(3) 四象理論 考

太極으로부터 相續된 陰陽兩性의 緣起的 分化現象을 太陽 少陰 少陽 太陰의 四象으로 分類한 理論이다. 本 理論 역시 陰陽 兩儀의 相續的 屬性이 緣起的 相續原理를 지니고 있는 한 無記性의 緣起相續意志를 排除할 수 없다. 따라서 陰陽兩儀의 緣起相續的 四象論은 限界的 理論이다.

(4) 八卦理論 考

四象의 緣起的 相續現象을 展開하는 原理로서 比較的 天地萬物의 緣起的 相續變易象을 보다 組織的 具體的으로 展開하였으나 역시 無記象의 實體的 緣起關係性을 排除시킨 誤謬를 發生하였다.

2) 五行論 考

陰陽兩儀를 主性으로 한 宇宙萬物의 物性間 關係變化를 水木火土金의 다섯 가지 形態로 나누어 그 具體的 擧動을 相生相剋의 生起와 消滅的 緣起現象으로 살피는 理論이다. 그러나 五行論 역시 그 具體的 緣起變易原理만으로는 萬物變易의 物性變化를 全部 說明할 수 없어 여러 가지 形態의 五行變易論으로 當該 時空間的 物性變易에 맞추어 理論展開를 할 수밖에 없었다. 이는 時空間的 緣起變易象의 多樣한 特性과 無記性의 緣起變易現象을 說明키 위해서는 多少間의 複雜한 五行理論이 必要不可缺한 것이었기 때문이다. 正五行, 八卦五行, 三合五行, 雙山五行, 洪範五行, 玄空五行, 納音五行 等이 그것이다.

2. 風易의 基礎

1) 本性論과 現象論

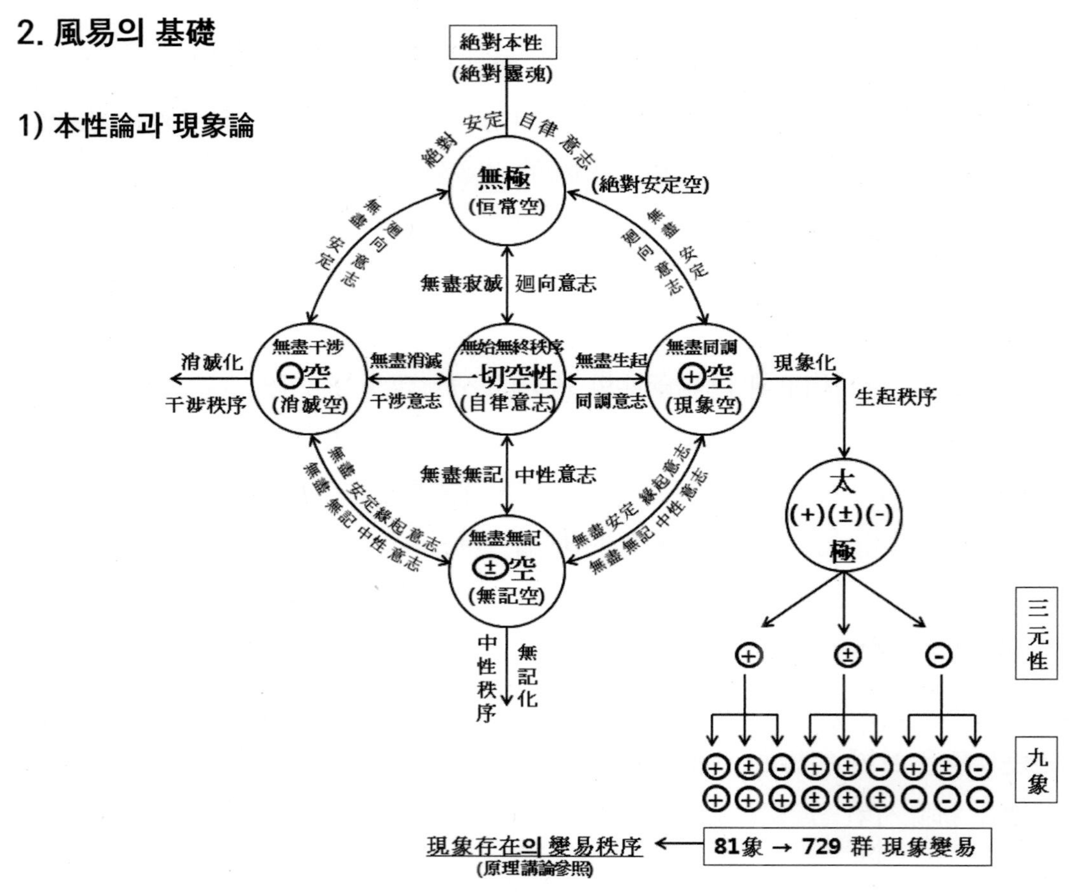

〈그림 3-14〉 本性論과 現象論

2) 本性의 絶對安定意志와 無記의 無盡緣起空性

(1) 本性의 絶對安定意志

本性本體는 絶對安定이며, 寂靜寂滅이며 恒常空空하고 絶對自律이며 絶對意志이고 絶對靈魂이다. 이를 無極, 窮極, 空, 涅槃, 寂滅 等으로 言語道斷的 表現을 하기도 하나 眞實은 不立文字이다. 이를 굳이 文字의 表現을 빌려 無極空이라 한다면 寂靜 고요한 本體 속의 恒常空인 本性이 無常한 現象界를 열어가면서 無盡緣起의 變易現象을 顯現케 하는 秩序는 果然 어떠한 眞理인가? 本性이 고요하고 寂滅키 위해서는 絶對安定을 恒常케 하는 自律的 絶對意志인 絶對靈魂이 이를 主帝한다. 이 絶對靈魂은 無盡安定의 寂滅廻向意志를 지니고 있는데 이 意志 속에는 無盡同調的 絶對安定廻向意志(⊕空性)와 無盡干涉的 絶對安定廻向意志(⊖空性) 및 無盡無記的 絶對安定廻向意志(⊕⊖空性)의 三元的 絶對空性安定廻向意志가 自存的으로 發顯케 된다. 이러한 道理는 本性本體의 窮極的 絶對安定은 그 고요와 寂滅이 恒常한 것이어야 하고 一切가 空性이어야 하며, 無常의 다함이어야 하고 無盡安定이어야 한다. 無盡安定의 無常滅盡이 완성되려면 無盡空性의 無常變易이 다해야 하고, 無盡空性의 無常變易이 다하려면 無盡廻向과 無盡緣起가 다하지 않으면 아니 된다.

이와 같은 道理를 살펴보건대

無盡緣起의 다함을 위한 가장 具體的이고 主導的인 純粹한 空性安定廻向意志는 三元性 中 無記中性의 空性廻向安定意志인 無盡緣起秩序가 그 主體意志가 되고 있음을 照見할 수 있다.

(2) 無記의 無盡緣起空性

① 緣起 : 이것이 있어 저것이 生하고, 저것이 있어 이것이 生한다. 이것이 滅하여 저것이 滅하고, 저것이 滅하여 이것이 滅한다. 이것은 저것에 의하여 生滅하고, 저것은 이것에 의하여 生滅한다.

② 緣起性 : 相互依存性, 相互共存性, 相互共生性, 相互共滅性

③ 無記의 緣起主體性 : 太極의 陰 · 陽 · 無記 三性은 本質 속에서는 그 變易性이 未發하여 三性이 고요하고 寂寂하나 그 變易性이 已發한즉 고요 속의

無記中性이 空性的 自律安定意志에 의해 陰性과 陽性을 各各 空性安定케 하여 中性共存化하려는 意志가 發露한다. 이때 無記中陰性은 陽性을 일깨우고 無記中陽性은 陰性을 일깨우니, 陰과 陽이 無記를 中心으로 끝없는 緣起的 變易現象을 일으키게 된다. 이것이 無記中性의 無盡緣起 主體가 되는 것이다. 따라서 無記中性 中 陰性은 陰性과 同種으로 共存코저 하고 無記中性 中 陽性은 陽性과 同種으로 共存코저하여 陰陽同居同體化 特性 構造秩序를 形成하고, 또한 無記中性 中 陰性은 陰性과 同和하여 陽을 품고 無記中性 中 陽性은 陽性과 同和하여 陰을 품게 됨으로써 陰陽同調 無記化 特性 構造秩序를 形成한다. 이와 같이 陰性은 無記中性을 元因(本軸)으로 하여 陽性과 緣起同調干涉하고, 陽性은 無記中性을 元因(本軸)으로 하여 陰性과 緣起同調干涉한다. 이러한 연고로 陰性은 無記中性을 因緣함으로써만이 必然的 變易原理秩序體系를 形成할 수 있는 것이요, 陽性 역시 無記中性을 因緣함으로써만이 必然的 變易原理秩序體系가 形成되는 것이다.

3) 太極과 陰陽無記觀

(1) 太極觀

宇宙萬物의 本性 또는 本質. 絶對本性인 無極으로부터 相續된 現象生起的 自律意志.

(2) 無極과 太極論 考

太極의 窮極境을 無極이라 할 때 無極은 太極以前의 本體性이요, 太極은 無極以後의 本質이다. 無極은 陰・陽・無記 以前의 實體가 存在함이 없는 絶對安定의 寂滅空이요, 太極은 陰・陽・無記 未發의 實體가 存在하는 現象空이다.

無極은 絶對靈魂의 主宰者요 恒常空의 自律意志이며, 太極은 絶對靈魂의 自律意志를 相續한 無常空의 主體意志다.

(3) 陰 · 陽 · 無記論 考

陰・陽・無記는 太極의 本質을 이루는 眞如實相으로서 恒常性의 無常的 自律意志와 無常性의 恒常的 自律意志를 함께 지니고 있다.

相對的 關係現象을 열어가는 根源的 緣起主體로서 兩儀的 物性의 變易主體要因인 陰・陽의 兩性과 陰・陽 兩性을 緣起的 物性으로 變易케 하는 中性 醇化的 無記 主體物性인 無記性, 이들 三元性이 太極의 三本性 原理가 되어 恒常的 無常性을 열어간다. 그러나 陰・陽 兩性의 物性을 相互 相對的 關係로 因緣케 하는 實質的 根源은 無記性이 그 主體이다.

無記性은 萬物을 相對的 關係 즉 緣起性의 法則에 따라 無常하게 現象化시키는 絶對安定指向의 原理로서 無記空性의 中性醇化的 自律意志가 그 主體者인 것이다.

(4) 陰 · 陽 · 無記의 變易象

太極의 恒常的 現象化 根源은 陰・陽・無記 三性의 絶對安定指向意志에 따른 無盡生起同調意志와 無盡消滅干涉意志 및 無盡無記中性意志로 나누어지게 된다.

이들은 모두 無盡安定緣起意志에 의해 現象化하게 되는데, 그 一次的 安定變易이 陽(⊕) 無記(⊕⊖) 陰(⊖)의 세 가지 物性으로 나뉘고, 그 二次的 安定變易이 太陽, 無記陽, 少陰의 陽物性 變易과 陽無記, 重無記, 陰無記의 無記物性變易 그리고 少陽 無記陰, 太陰의 陰物性變易 等 九象으로 變易하며 이들은 다시 無盡安定緣起意志에 따라 81象 → 729群의 恒常的 現象變易을 일으키면서 無盡緣起安定을 도모코저 한다.

(5) 無記의 絶對安定廻向意志(無記性의 中性醇化論 考)

無極眞空으로부터 相續된 太極은 太初에는 三性이 고요하고 寂靜하였으나 現象空의 無盡生起同調意志와 絶對安定自律意志의 空性廻向的 相續秩序가 發顯되면서 無記性의 安定主體自律意志는 陰陽兩性의 生起同調自律意志와 無盡緣起的으로 結合한다.

이러한 過程에서 無記性은 無記中性化하여 無記空을 指向하고, 陰性은 陰氣化하여 陰性空을 指向하며 陽性은 陽氣化하여 陽性空을 指向하게 된다.

太極本性의 絶對安定自律意志는 絶對空性을 持續的으로 維持해가기 위해 陰·陽·無記 三性의 持續的 安定을 絶對的 必要로 하는데, 이들 三性의 空性化 意志 中 가장 有效한 空性化 秩序意志는 無記中性의 無盡緣起的 中性醇化 意志이다. 無記의 中性醇化秩序는 太極 中 三元性이 지닌 絶對安定 즉 絶對空性自律意志의 主導的 相續意志로서 太極 中 陰性의 安定秩序는 無記中性의 ⊕와 同調하여 無記 中性化하는 것이고(이때에 無記性 中 ⊖은 發露하여 ⊖氣化한다.)

太極 中 陽性의 安定秩序는 無記中性의 ⊖과 同調하여 無記 中性化하는 것이며(이때에 無記性 中 ⊕은 發露하여 ⊖氣化한다.)

太極 中 無記性은 中性醇化的 空安定緣起의 主體가 되어 陰性과 陽性을 各各 中性化하며 無盡緣起的으로 安定코저 한다.

이것이 無記性의 絶對安定廻向意志이며 陰性陽性의 中性醇化와 生起同調의 空安定指向意志이다.

(6) 五行論 考

太極으로부터 그 本性인 絶對安定廻向意志를 相續한 無盡同調와 無盡干涉 그리고 無盡無記의 空性的 自律意志는 그 緣起的 主體性인 無記中性을 비롯하여 陽性(生起同調)과 陰性(干涉消滅)의 三元性을 特性化하게 된다.

이는 다시 無記中性의 緣起的 空性化秩序에 따라 陰性과 陽性을 兩氣로 現象發顯시켜 陰陽同調와 干涉氣運을 相生相剋의 形態로 나타나게 한다.

이러한 秩序는 陰이 同調하여 陰을 相生시키고, 陽이 同調하여 陽을 相生시키며, 陰이 干涉하여 陰을 相剋시키고 陽이 干涉하여 陽을 相剋시킨다. 이는 또 다시 陰陽을 同調하여 陰陽을 相生시키고 陰陽이 相互 干涉하여 陰陽을 相互 相剋케 한다.

이렇게 陰陽相生相剋의 現象은 宇宙萬物의 物性에 따라 各各 다른 形態로 나타나게 되는데, 이를 具體的으로 分類해보면

$$\begin{bmatrix}\oplus\\\ominus\end{bmatrix}\text{水}\rightarrow\text{生}\begin{bmatrix}\ominus\\\oplus\end{bmatrix}\text{木}\rightarrow\text{生}\begin{bmatrix}\oplus\\\ominus\end{bmatrix}\text{火}\rightarrow\text{生}\begin{bmatrix}\ominus\\\oplus\end{bmatrix}\text{土}\rightarrow\text{生}\begin{bmatrix}\oplus\\\ominus\end{bmatrix}\text{金}\rightarrow\text{生}\begin{bmatrix}\ominus\\\oplus\end{bmatrix}\text{水}$$

$$\begin{bmatrix}\oplus\\\ominus\end{bmatrix}\text{水}\rightarrow\text{剋}\begin{bmatrix}\oplus\\\ominus\end{bmatrix}\text{火}\rightarrow\text{剋}\begin{bmatrix}\oplus\\\ominus\end{bmatrix}\text{金}\rightarrow\text{剋}\begin{bmatrix}\oplus\\\ominus\end{bmatrix}\text{木}\rightarrow\text{剋}\begin{bmatrix}\oplus\\\ominus\end{bmatrix}\text{土}\rightarrow\text{剋}\begin{bmatrix}\oplus\\\ominus\end{bmatrix}\text{水}$$

로 構成되며 風易의 五行構造는 穴場中心五行으로 構成되며 穴場核을 위한 相生相剋 五行이 된다.

(7) 風易의 五行 構造論

① 核 生命 陰陽五行觀

太極으로부터 그 絶對的 安定廻向本性意志를 相續받은 無盡同調와 無盡干涉 그리고 無盡無記의 自律的 空性意志는 萬有에 두루 自在하여 相互 相生相剋的 空安定廻向秩序를 現象化하게 되는데 그 現象界를 열어가는 가장 主된 空安定廻向意志秩序로는 生命核果인 穴核 Energy 生起同調 安定秩序와 그를 둘러싼 干涉 및 無記安定廻向秩序의 變易現象을 세심히 살펴볼 必要가 있다.

勿論 宇宙萬物의 無數한 生命現象 그 自體가 全部 無常的 空安定秩序의 범주인 것은 分明하다. 그러나 그 모든 生命現象들은 어느 것 하나 穴核 Energy 生命安定秩序 範圍를 벗어난 것은 아무것도 찾아볼 수 없다. 萬有가 지닌 根源的 核元素 構造秩序가 이와 同一하기 때문이다. 따라서 穴核 Energy의 構造安定秩序 속에서 五行變易의 現象構造를 살펴보는 것이 가장 理想的인 陰陽五行의 現象觀이라 할 것이다.

② 穴核 Energy 陰陽五行 構造圖

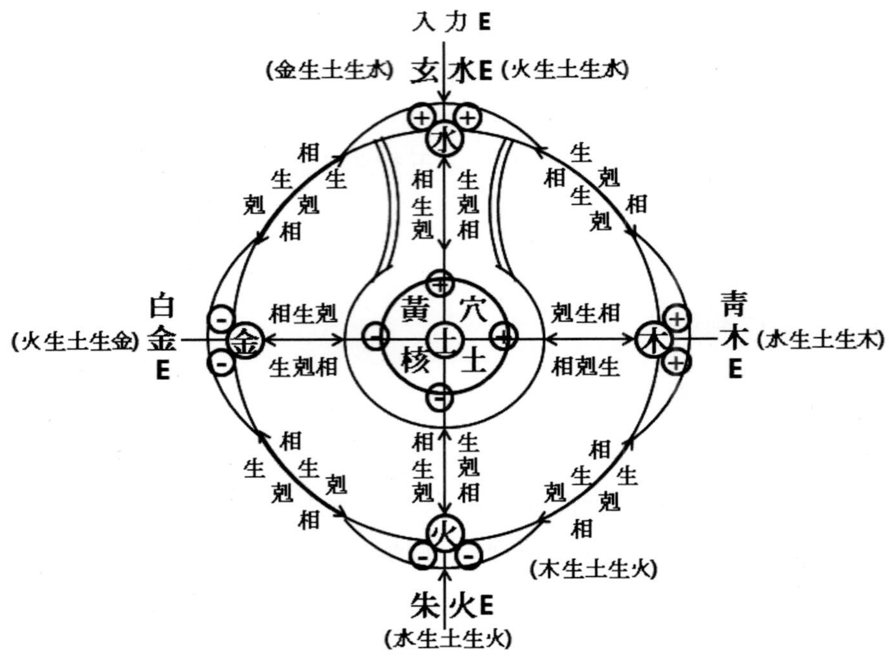

〈그림 3-15〉 穴核 Energy 陰陽五行 構造圖

※ 卽

㉠ 玄水 入力 Energy 中心으로는 모든 五行과 相生剋-相剋生

㉡ 穴核 土 中心으로는 亦是 五行全體와 相生剋-相剋生

㉢ 朱火 Energy 中心으로는 五行全體와 相剋生-相生剋

㉣ 青木 Energy 中心으로는 五行全體와 相生剋-相剋生

㉤ 白金 Energy 中心으로는 亦是 五行全體와 相生剋-相剋生

(8) 五行과 周易原理

五行說은 萬物을 木火土金水의 活動的 元素의 構成으로 陰陽說과 結合하여 陰陽五行說이라 한다. 陰陽五行說은 風水地理뿐만 아니라 東洋醫學의 根幹이 되고 있다.

五行은 陰과 陽으로 다시 分類할 수 있다. 또 相互 間의 作用이 相生 혹은 相

剋으로 作用한다. 이러한 相互間의 作用法則의 應用이 易學, 醫學, 風水地理 等의 理論發達에 크게 貢獻하였다.

〈표 3-4〉 五行과 自然과 人體와의 關係

五行	木	火	土	金	水
天干	甲乙	丙丁	戊己	庚辛	壬癸
地支	寅卯	巳午	辰戌丑未	申酉	亥子
數理	3,8	2,7	5,10	4,9	1,6
方位	東	南	中央	西	北
季節	春	夏	四季(長夏)	秋	冬
五常	仁	禮	信	義	智
五色	靑	赤	黃	白	黑
五變	生	長	化	收	藏
五氣	風	熱暑	濕	燥	寒
五臟	肝	心	脾	肺	腎
五腑	膽	小腸	胃	大腸	膀胱
五味	酸	苦	甘	辛	鹹
五官	目	舌	口	鼻	耳
五主	筋	血	肉	皮	骨
五情	魂	神	意	魄	精
五志	笑	喜	思	憂	恐
五意	喜	樂	心	怒	哀
五情	仁	明朗	重厚	勇斷	憂愁
五獸	靑龍	朱雀	句蛇	白虎	玄武
五聲	呼	言	歌	哭	呻吟
五音	角	致	宮	商	羽
五形	ㅣ	△	○	□	0
五格	曲直	炎上	稼穡	從革	潤下
五福	貴	命	榮	富	康
元素	N(질소)	O(산소)	TOTAL E	C(탄소)	H(수소)

3. 風易의 原理

1) 天體 Energy場과 地氣 Energy場의 同調 干涉 無記 原理

(1) 天體 Energy場의 相互 同調 干涉 無記 原理 秩序把握

① 天體 Energy場의 相互 同調原理 秩序把握

㉠ 陰陽 同調 原理秩序

甲己		乙庚		丙辛		丁壬		戊癸
⊕⊖	生	⊖⊕	生	⊕⊖	生	⊖⊕	生	⊕⊖
土		金		水		木		火

⇒ [土生金生水生木生火 (運行同調秩序)]

㉡ △合 同調 原理秩序

(甲,丁,戊)	(戊,庚,癸)	(丙,辛,己)	(壬,乙,己)	⇒ 構造同調秩序
火	水	金	木	

㉢ 合居同調 原理秩序(陽Energy場 合居)

甲丙戊$_{辰}$ 壬庚戊$_{戌}$ ⇒ 勢力同調秩序

㉣ 合居同調 原理秩序(陰Energy場 合居)

乙丁己$_{丑}$ 癸辛己$_{未}$ ⇒ 勢力同調秩序

② 天體 Energy場의 相互 干涉原理 秩序把握

(甲庚)沖對稱 (乙辛)沖對稱 (丙壬)沖對稱 (丁癸)沖對稱 ⇒ 沖剋和秩序

③ 天體 Energy場의 相互 戊己(無記)原理 秩序把握

(戊$_{辰}$戊$_{戌}$)無記對稱 (己$_{丑}$己$_{未}$)戊己對稱

(戊己) (無記)

④ 天體 Energy場의 局同調 原理秩序

(甲乙 青木局) (丙丁 朱火局) (庚辛 白金局)
(戊$_{辰}$己$_{未}$ 中下圓局) (戊$_{戌}$己$_{丑}$ 中上圓局)
⇒ 局 Energy場 同調秩序

(2) 地氣 Energy場의 相互 同調 干涉 無記 原理 秩序把握

① 地氣 Energy場의 相互 同調原理 秩序把握

㉠ 陰陽 同調 原理秩序

[子丑 合土 玄水] [寅亥 合木 青玄] [卯戌 合火 青白] [辰酉 合金 青白] [巳申 合水 朱白]

[午未 合火土 朱火] ⇒ [運行同調秩序]

㉡ △合 同調 原理秩序

(申子辰) 玄水構造 (寅午戌) 朱火構造 (亥卯未) 青木構造 (巳酉丑) 白金構造 ⇒ 構造同調秩序

㉢ 合居同調 原理秩序(陽Energy場 合居勢力 同調秩序)

子 寅 辰 午 申 戌 ⊕Energy場 勢力 同調秩序

㉣ 合居同調 原理秩序(陰 Energy場 合居勢力 同調秩序)

丑 亥 酉 未 巳 卯 ⊖Energy場 勢力 同調秩序

㉤ 地氣 Energy場의 局 同調 原理秩序

(亥子丑) 玄水局同調 (巳午未) 朱火局同調 (寅卯辰) 青木局同調 (申酉戌) 白金局同調 ⇒ 局 Energy場 同調秩序

② 地氣 Energy場의 獨居 原理秩序(非合局 非同調 非干涉 秩序)

(子→巳) (丑→卯申寅) (寅→丑未) (卯→丑) (辰→未) (巳→子) (午→亥) (未→丑寅辰) (申→丑戌) (酉→亥) (戌→申) (亥一午)

③ 地氣 Energy場의 相互 干涉原理 秩序把握

㉠ 刑殺干涉 Energy場의 秩序把握(주로 山水風 三殺)

$\theta = \angle 90°$ 方向의 沖擊 Energy 및 그 Energy場

(枝龍殺, 橈棹殺, 風殺, 水殺, 賊殺, 天殺)

㉡ 沖殺干涉 Energy場의 秩序把握(주로 山水風 三殺)

$\theta = \angle 180°$ 方向의 衝沖 Energy 및 그 Energy場

(枝龍殺, 橈棹殺, 風殺, 水殺, 賊殺, 天殺)

㉢ 破殺干涉 Energy場의 秩序把握(주로 山水風 三殺)

$\theta = \angle 90°$ 方向의 破擘 Energy 및 그 Energy場

(枝龍殺, 橈棹殺, 風殺, 水殺, 賊殺, 天殺)

㉣ 害殺干涉 Energy場의 秩序把握

$\theta = \angle 15°$ 方向의 銳擘 Energy 및 그 Energy場

(枝龍殺, 支脚殺, 止脚殺, 風水殺, 寅申巳亥 $\theta = \angle 15°$)

㉤ 怨嗔干涉 Energy場의 秩序把握

$\theta = \angle 15°$ 方向의 沖斜擘 Energy 및 그 Energy場

(枝龍 背走殺, 支脚 背走殺, 止脚殺, 越峯殺, 風水 背走殺)

④ 地氣 Energy場의 無記原理 秩序把握

- (辰戌) 青白 陽 Energy場 對稱無記
- (丑未) 玄朱 陰 Energy場 對稱無記
- (辰戌丑未) 四庫 無記 隱潛秩序

$\theta = \angle 90°$ 構造의 陰陽比 = 1 : 1 無記秩序

(3) 天體 Energy場과 地氣 Energy場의 合成原理 秩序

①	陽天體E場	甲丙戊庚壬	⇔ 合成同調	子寅辰午申戌	陽地氣E場	陰天體E場	乙丁己辛癸	⇔ 合成同調	丑卯巳未酉亥	陰地氣E場

② 30群 陽Energy場 合成秩序 + 30群 陰Energy場 合成秩序

③ 陽 合成 Energy場群 + 陰 合成 Energy場群 = 60 Energy場群에 의해 年月日時別 運行 秩序가 形成된다.

(4) 天地同調 合成 Energy場과 人間生命創造 原理

① 天地合成 同調 Energy場 運行秩序 + 地氣核凝縮 同調 Energy場 秩序 = 人間生命 再創造 Energy場 特性發現(人間生命 主因子)

② 地氣核과 Energy場 特性 秩序 + 人間死祖 還元 Energy場 秩序 = 人間還元生命 Energy場 特性發現 ⇛ 人間再創造 Energy 緣分作用

③ 人間生命 再創造 Energy場 秩序 + 人間還元 生命 Energy場 秩序(人間生命 主因子 特性) + (人間生命 緣分特性) = 人間生命 先天命運 및 人間生命 後天命運 創造

(5) 世運의 同調秩序와 穴場 同調秩序

① 亥子丑 3年 → 申子辰同調 玄水 Energy場 發應
② 亥年(亥卯未 25% 加) 丑年(巳酉丑 25% 加)
③ 子年(申子辰同調로) 最大玄水 Energy場 發應

① 申酉戌 3年 → 巳酉丑 同調 白金 Energy場 發應
② 申年 (申子辰 25% 加) 戌年 (寅午戌 25% 加)
③ 酉年(巳酉丑 同調로) 最大白金 Energy場 發應

① 寅卯辰 3年 → 亥卯未 同調 青木 Energy場 發應
② 寅年 (寅午戌 25% 加) 辰年 (申子辰 25% 加)
③ 卯年(亥卯未 同調로) 最大青木 Energy場 發應

① 巳午未 3年 → 寅午戌同調 朱火 Energy場 發應
② 巳年(巳酉丑 25% 加) 未年(亥卯未 25% 加)
③ 午年(寅午戌 同調로) 最大朱火 Energy場 發應

〈그림 3-16〉 世運의 同調秩序와 穴場 同調秩序

※ 乾(戊戌)甲丁 亥卯未 穴 同調 Energy場 : 亥卯未 年月日時 發應
坤(己未)乙壬 申子辰 穴 同調 Energy場 : 申子辰 年月日時 發應
艮(己丑)丙辛 寅午戌 穴 同調 Energy場 : 寅午戌 年月日時 發應
巽(戊辰)庚癸 巳酉丑 穴 同調 Energy場 : 巳酉丑 年月日時 發應

※ 12運星 生起同調와 消滅干涉 秩序

① 天體 Energy場과 地氣 Energy體 間의 關係因緣法으로서 12運星 또는 12緣起法으로 그 同調와 干涉秩序를 把握 分析한다.
② 12運星 生起同調秩序 : 庫藏 → 胞 → 胎 → 養
③ 12運星 生旺同調秩序 : 長生 → 沐浴 → 冠帶 → 健祿 → 帝旺
④ 12運星 消滅干涉秩序 : 衰 → 病 → 死
⑤ 陽天 Energy場 : 生宮地(寅申巳亥), 旺宮地(子午卯酉)
⑥ 陰天 Energy場 : 生宮地(子午卯酉), 旺宮地(寅申巳亥)
⑦ 12緣起秩序 : 無明(寅) → 行(卯) → 識(辰) → 名色(巳) → 六入(午) → 觸(未) → 受(申) → 愛(酉) → 取(戌) → 有(亥) → 生(子) → 老死(丑)

4. 天·地·人 同調 核果 Energy場의 發現特性 原理

1) 穴場 Energy 發現特性

※ 發現 順位別(穴核果로부터)

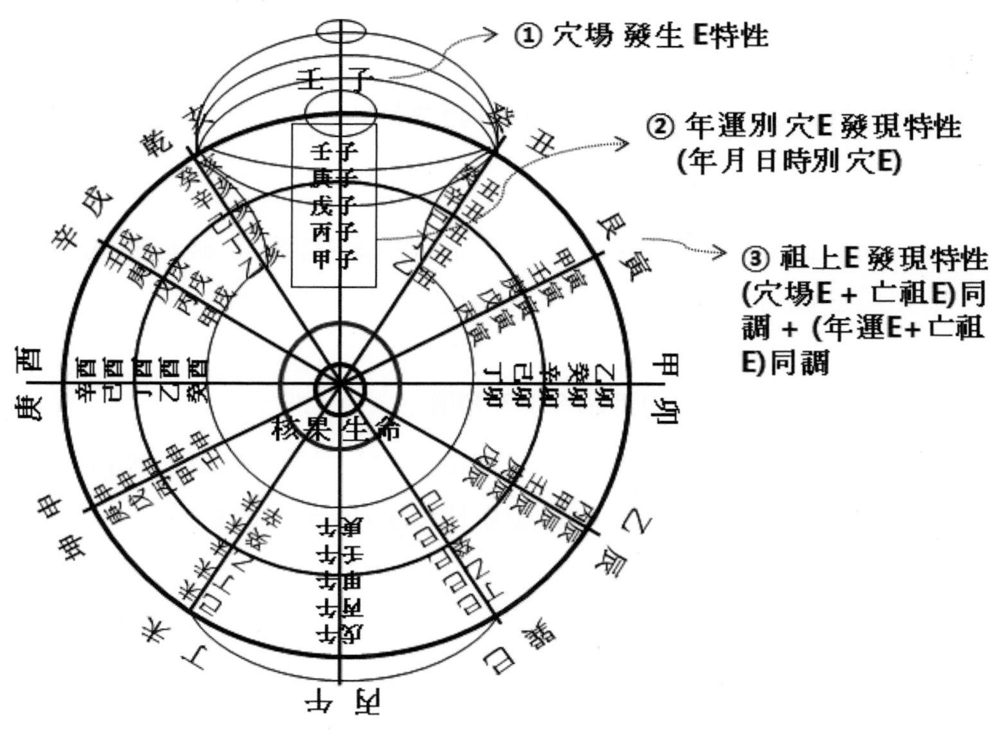

〈그림 3-17〉 穴場E 發現特性

(1) 穴場 發生 Energy 및 그 Energy場 特性

穴場의 基本的 發生 Energy 特性으로서 來龍脈 Energy 入力特性과 四神砂 Energy場의 同調特性에 의한 穴場 發生Energy 및 그 Energy場 特性이다.

(2) 年運別 穴 Energy 發現特性

穴場 Energy 및 그 Energy場 特性이 年月日時別로 發現되는 特性이다.

(3) 祖上 Energy 發現特性

穴場別 祖上 Energy 同調特性		年運別 祖上 Energy 穴場 同調特性
(穴場 Energy와 亡祖 Energy 特性同調)	+	(年運 Energy와 亡祖 Energy 特性同調)

2) 穴場 Energy 發現特性의 同調와 干涉現象 (子孫傳達 Energy 및 그 Energy場의 同調干涉)

(1) △合 Energy 同調發現의 境遇

穴場 發生Energy 特性과 年運別 穴 Energy 發現特性 및 祖上 Energy 發現特性이 相互 合成同調함으로써 △合 Energy場을 形成할 때

(2) 二合 Energy 同調(陰陽同調)發現의 境遇

穴場 發生Energy 特性과 年運別 穴 Energy 發現特性 및 祖上 Energy 發現特性이 相互 合成同調함으로써 二合陰陽 Energy場을 形成할 때

(3) 合居 Energy 發現의 境遇

穴場 發生Energy 特性과 年運別 穴 Energy 發現特性 및 祖上 Energy 發現特性이 相互 合成同調함으로써 陽陰流周 Energy場을 形成할 때

子 → 寅 → 辰 → 午 → 申 → 戌 → 子
丑 → 亥 → 酉 → 未 → 巳 → 卯 → 丑

(4) 獨居 Energy 發現의 境遇

穴場 發生Energy 特性과 年運別 穴 Energy 發生特性 및 祖上 Energy 發生特性이 相互同調干涉하지 않을 시에 나타난다.

(5) 干涉 Energy(刑 · 沖 · 破 · 害 · 怨嗔 殺) 發生의 境遇

穴場 發生Energy 特性과 年運別 穴 Energy 發生特性 및 祖上 Energy 發生

特性이 相互 刑 · 沖 · 破 · 害 · 怨嗔 干涉할 때와 各各의 Energy 및 그 Energy場 特性이 根本的 干涉因子를 지닐 때이다.

5. 穴場 Energy 發現特性의 秩序原理

1) 同調原理秩序

(1) 穴場 Energy 發生特性의 秩序原理

根本 穴場 Energy의 發生特性은 來龍脈 Energy 特性과 四神砂 Energy場의 凝縮同調特性에 의해서 決定되는 穴板의 基礎Energy 및 그 Energy場으로서, 12部位別 Energy 및 그 Energy場 特性이 核 中心 凝縮同調 Energy體를 保護 育成 管理한다. 따라서 12部位別 穴場 Energy 發生特性은 各各 다르게 相互作用하면서 穴核同調Energy體를 凝縮核化 形成하고 그 Energy場을 發現시킨다.

(2) 年運別 穴 Energy 發現特性의 秩序原理

(1)의 穴場 Energy 發生 流周를 따라 年月日時別로 그 相互 關係作用特性이 各各 달라지게 되는데, 이때에 드러나는 同調 또는 干涉의 合成 穴 Energy 發現特性을 Energy場 Form의 그림 形態로 나타낸 것이 된다. 즉, 年, 月, 日, 時別 穴場 Energy 發生流周를 따라 線을 그리면 全體的으로 그 해 年運의 Energy場 形態가 이루어진다. 가장 圓滿한 것이 理想的이고 가장 좁은 것이 不利한 것이다.

(3) 祖上 Energy 發現特性의 秩序原理

祖上의 Energy場 特性이 穴場 Energy 發生秩序에 따라 同調(同氣) 感應하게 되는데, 이 또한 年, 月, 日, 時別 穴場 Energy 發生特性과 相互 同調 干涉케 되는 現象이 發現케 되어 多少間의 複雜한 形態의 Energy場들이 形成되게 된다.

(4) 子孫의 穴場 Energy 同調感應 原理秩序

위의 (1)(2)(3) Energy 發現特性과 子孫의 Energy 特性 간의 相互 合成同調 干涉 原理秩序에 따라 子孫 Energy場의 善惡美醜 大小强弱 特性이 나타난다.

2) 合成同調 Energy場의 發現現象 例

(1) 穴場 發生Energy 特性의 例
穴核 部位別 Energy體 및 그 Energy場 特性이 陽突的 厚富形態로 凝縮되어 드러나 있는 境遇
(2) 子寅辰午申戌 合居의 陽突的 厚富形態
(3) 子丑, 寅亥, 卯戌, 辰酉, 巳申, 午未 陰陽合의 陽突的 厚富形態
(4) 申子辰, 寅午戌, 亥卯未, 巳酉丑 △合의 陽突的 厚富形態
(5) 亥子丑, 巳午未, 申酉戌, 寅卯辰 局 同調의 陽突的 厚富形態
(6) 子午卯酉, 寅申巳亥, 辰戌丑未 四正位 Energy場 同調의 圓滿的 厚富形態

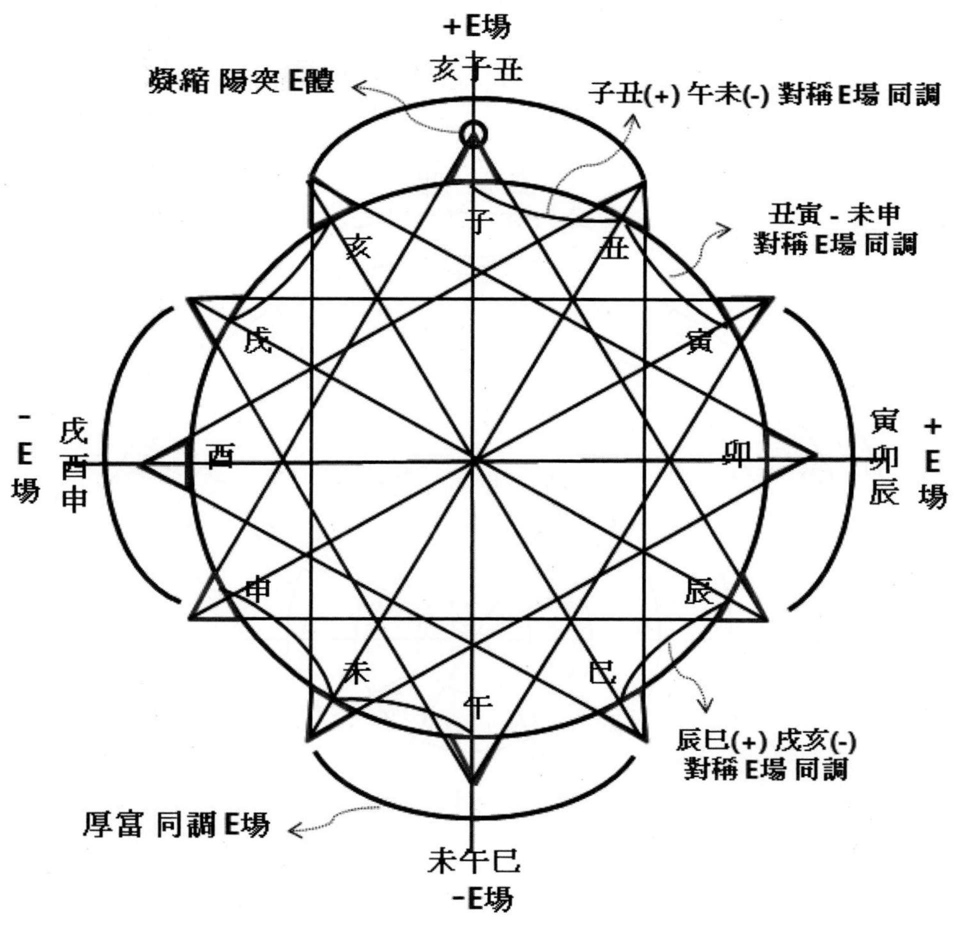

〈그림 3-18〉 合居 穴場 凝縮陽突 Energy體와 厚富 Energy場 同調形態

3) 年運別 穴 Energy 發現特性 例

〈例〉 丙申年 五月 十九日 辰時의 穴 Energy 發現特性

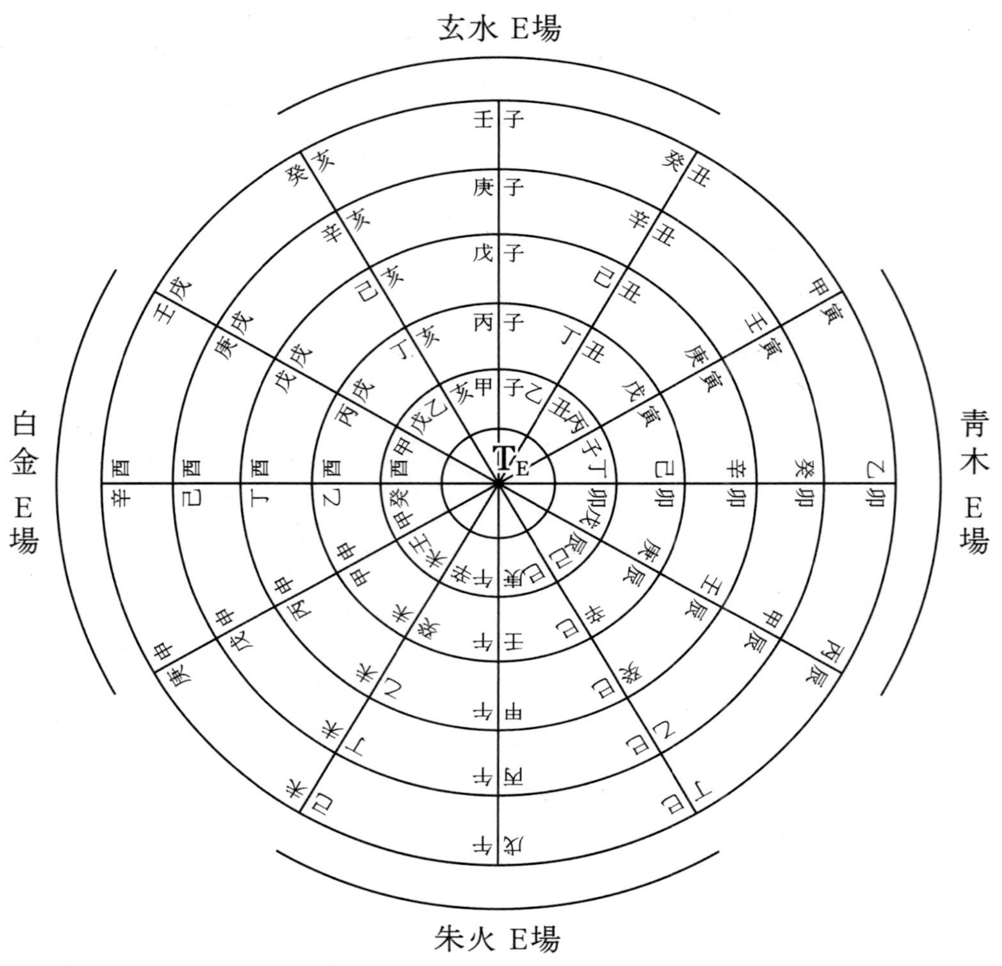

〈그림 3-19〉 年運別 穴 Energy 發現特性

(1) 年運에 該當하는 穴 Energy 發現特性 : 丙申 Energy場

(2) 月運에 該當하는 穴 Energy 發現特性 : 庚子 Energy場

(3) 日運에 該當하는 穴 Energy 發現特性 : 戊午 Energy場

(4) 時運에 該當하는 穴 Energy 發現特性 : 壬戌 Energy場의 特性分布로서 이때에 穴場 發生Energy 特性과 祖上 Energy 發生特性이 相互同調

하게 되면 子孫들 Energy場 特性間의 相互關係作用에 따라 善惡吉凶이 發露하게 된다.

4) 祖上 Energy 發現特性 例

〈例〉 祖上의 生年月日時가 甲寅年 六月 十日 未時生의 Energy 發現特性
→ 甲寅年, 己未月, 戊辰日, 乙亥時로서 주로 先天 Energy場 因子를 發現因子로 하되 穴場 發生Energy 特性과 相互 同調干涉하는 程度에 따라 發現特性이 다르게 나타나고, 이 또한 年月日時에 따라 다르게 同調干涉함으로써 子孫 Energy場과의 同調干涉은 이들의 綜合的 特性에 따라 그 善惡美醜 大小長短의 吉凶이 나타난다.

例를 들어
① 甲申年 十二月 二十四日 戌時生 子孫 Energy場이
② 子寅辰午申戌의 穴場 Energy 發生特性을 얻었을 때
③ 丙申年 五月 十九日 辰時의 綜合的 Energy場 發現特性을 살펴보면
④ 勿論 甲寅年 六月 十日 未時生의 祖上 Energy 發現만을 살필 때
{(甲寅年)(己未月)(戊辰日)(乙亥時)} + {② + ③}이 되니
⑤ 甲申年 乙未月 戊午日 戊辰時 Energy場과 子寅辰午申戌 穴場 Energy 發生特性과는 相互 申子辰 寅午戌 Energy場 發現同調와 辰亥怨, 申亥害의 干涉이 發生하고, 이는
⑥ 丙申年 五月 十九日 辰時의 穴場 Energy 發現特性인 丙申年 庚子月 戊午日 壬戌時 Energy場 特性이 ⑤와 相互 同調 干涉케 되니 申子辰 寅午戌 Energy場의 上昇的 同調와 戌未破, 子未怨, 辰亥怨, 申亥害의 相對的 干涉도 發生한다.

5) 年運의 進行에 따른 祖上의 穴場 Energy 發生과 子孫 Energy場 發現原理 原則

(1) 穴場E 特性發現은 年運의 進行에 따르고 그 善惡美醜 大小强弱, 吉凶長短, 正斜平峻, 陷沒破欠, 突起厚廣한 諸 陰陽秩序는 年月日時別로 流周

하면서 純粹히 相互 同調 干涉하는 것으로 살필 것.

(2) 年運別 祖上 Energy 特性發現은 亦是 年月日時別로 流周하는 運行秩序에 따르면서 穴場 Energy 特性과 순수히 同調 干涉하는 것으로 살필 것.

(3) 子孫 Energy場 發現(應)現象은 亦是 年運의 年月日時別 進行流周秩序에 따르고, 穴場 Energy 特性同調에 의한 祖上發現 Energy 特性과 相互 순수히 同調 干涉하는 現象을 살필 것(△合, 二合, 局同調, 合居同調 및 刑破怨害 干涉 등).

(4) 年月日時別 流周進行過程에서 부딪히는 (1)(2)(3) 間의 自沖現象은 3回 以上 發生 時에만 穴場 및 祖上 Energy 特性發現이 先太過 後不及한 것으로 살필 것.

〈例〉 1月 1日 子時, 1月 13日 子時, 1月 25日 子時

(5) 其他 合居, △合, 二合, 局同調 및 三刑破殺怨害殺 等은 年月日時別 流周秩序에 따라 理想的 基本原理에 좇는다.

6. 天地人 同調 核果 Energy場 發現(應)의 年限別 秩序原理

1) 同調感應 流周秩序

(1) 天體 Energy場 特性과 穴場 Energy場 特性의 同調發現 秩序原理

年月日時別 流周에 따라 穴場의 核果로부터 外部로 左旋進行하면서 發現(應)하고 특히 甲丙戊庚壬 乙丁己辛癸의 同調特性에 의해 天體 Energy場의 穴場 同調 Energy 發應秩序가 各各 다르게 形成된다.

(2) 地氣 Energy 特性發現의 年限別 秩序原理

年月日時別 流周에 따라 穴場의 核果로부터 外部로 左旋進行하면서 同調發應하고 특히 子寅辰午申戌의 陽突的 凝縮同調와 丑亥酉未巳卯의 陰屈的 保護同調特性에 의해 穴場 同調 Energy 發應의 秩序가 各各 다르게 形成된다.

(3) 祖上 Energy 特性發現의 穴場同調 秩序原理

年月日時別 流周에 따라 祖上 根本 Energy場과 同調하는 穴場 發生 Energy場의 發應秩序가 各各 다르게 形成된다.

(4) 子孫別 同期感應의 秩序原理

子孫別 根本 Energy場 特性과(祖上+穴場 發生 Energy場)間 同調 Energy場 特性이 年月日時別 流周에 따라 合成同調形態로 各各 다르게 同期感應한다.

(5) 이와 같은 同調 Energy場 發應은 小穴場은 30~36年間 發生하고 大穴場은 60~72年間, 그 以上은 來龍脈 秩序에 따라 1節當 30年~36年間씩 追加發生하고 來龍脈의 善惡美醜 大小强弱 正斜平峻 吉凶長短 厚廣 突起 刑沖破害에 따라 各各 다르게 穴場 發生 Energy 特性과 同調하여 發應한다.

(6) 子孫別 同期同調의 差別的 秩序原理

① 子孫의 出生 年月日時에 따른 穴場 部位別 發生Energy와 祖上 合成 Energy場의 同調 干涉特性 發應이 發現된다(勿論 子孫의 入胎 年月日時와 母胎 成長期間 特性포함).

② 子孫의 出生年運과 同調된 穴場 部位別 Energy場 特性과 祖上 Energy場 特性發應이 發現되므로 當該 年月日時에 流周된 穴場部位가 善美强大한 Energy場 構造를 지니면 亦是 當該 出生 子孫은 善美强大한 Energy場 發應이 發生한다.

③ 長孫은 1,3,5,7,9 部位의 穴 Energy場 特性에 銳敏發應하고 次孫은 2,4,6,8,10의 穴場 Energy 特性에 銳敏發應한다.

④ 一子는 陽 Energy場 穴場 部位와 因緣同調하고 二子는 陰 Energy場 穴場部位와 因緣同調하며 三子는 陽中陰(8)과 同調하고, 四子는 陰中陽(9)과 同調發應한다.

⑤ 夫者는 陽 Energy場 穴場部位와 同調하고 婦者는 陰 Energy場 穴場部位와 因緣同調하며, 末者는 朱火部位 Energy場과 同調發應한다.

⑥ 出嫁女息은 靑・白 Energy場 因緣이요, 出嫁前은 白蟬翼과 因緣한다.

2) 穴場의 天地人 同調 Energy 發應 基頭點의 設定原理

(1) 穴 Energy體와 그 Energy場 同調의 基頭點 設定

① 穴 Energy體의 基頭點과 穴 Energy場의 基頭點 設定

穴 Energy體의 基頭點은 반드시 Energy體의 무게중심인 穴核의 中心點이 되는 것이고 穴 Energy場의 基頭點은 반드시 Energy場의 同調作用 中心點(表皮尖端作用點) 즉, Energy場 同調 入力點으로 設定한다.

② 圓形 Energy體 및 그 Energy場의 基頭點 設定(土旺氣 ⇛ 水+木+火+金)

圓形 Energy體 및 그 Energy場의 基頭點은 圓의 立體 Energy 中心點인 穴核中心이 된다(立體 Energy 中心點과 同調 Energy場 作用點이 同一함).

③ 四定位 Energy體 및 그 Energy場의 基頭點 設定(土旺氣)

四定位 Energy體 및 그 Energy場의 基頭點은 立體 Energy 中心點과 同調 Energy場 作用點이 同一하므로 穴核中心이 된다.

④ △合位 Energy體 및 그 Energy場의 基頭點 設定

△合位 Energy體 基頭點은 立體 Energy 中心點 즉 穴核이 되고 △合位 Energy場 基頭點은 同調 Energy場 入力中心點 즉 子, 午, 卯, 酉에 있게 된다(水, 火, 木, 金 各 旺氣).

(2) 기타 Energy體 및 그 Energy場의 基頭點 設定

△角形의 Energy體 및 그 Energy場을 基本으로 하여 分解하고 이를 合算하여 그 中心點에 Energy 基頭點을 設定하고

同調 Energy場 作用點은 合成 Energy場의 最尖端部(60° 以上)로 하여금 基頭點을 設定하며, 60° 以上인 構造의 合成同調 Energy場은 그 中心點에 基頭點을 設定한다.

(3) 穴場 Energy 特性의 年月日時別 同調 Energy 發現과 그 基頭點 安定特性

① 基本 穴場의 基頭點 安定特性

基本 穴場의 穴核 Energy 發現特性은 穴核果 中心點에 그 Energy場 中心基頭가 設定될 때 最大效率이 發生된다.

② 年月日時別 穴場 Energy 發現特性과 基頭點 安定特性

年月日時別 進行에 따라 穴場 部位別 發生Energy 特性이 各各 다르게 發現되므로 이때에 나타나는 Energy體 및 그 Energy場의 基頭點은 比較的 不安定的이나 보다 强力한 Energy 發現特性을 지니게 된다.

〈例〉 寅卯辰 年月日時의 穴 Energy 發現特性과 그 基頭點 安定特性

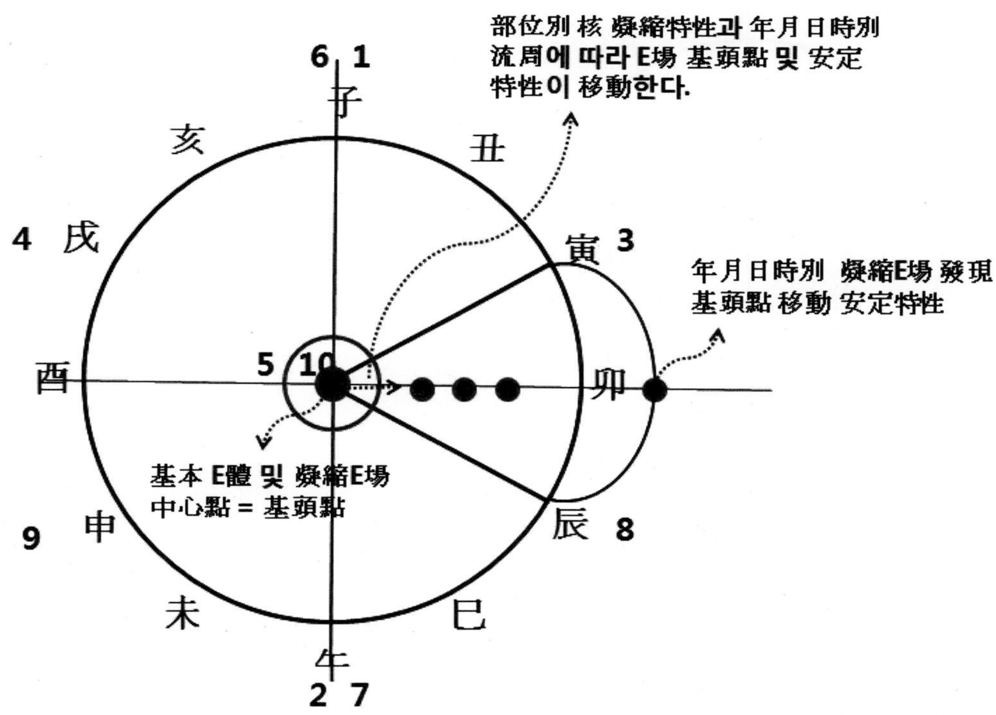

〈그림 3-20〉 寅卯辰 年月日時의 穴 Energy 發現特性과 그 基頭點 安定特性

③ 年月日時別 穴 場Energy 發現特性과 祖上 Energy場 同調發現의 基頭點 安定特性

祖上의 Energy場 特性에 따라 年月日時別 穴 Energy 同調發現의 基頭點安定은 역시 非安定的 特性으로 各各 다르게 나타나나 그 合成 Energy場 發現特性은 보다 强力해진다.

〈例〉 ㉠ 祖上 Energy場 : 甲寅年 六月 十日 未時生
㉡ 穴場 Energy 發現特性 : 寅卯辰 Energy 特異特性일 때
㉢ 寅卯辰年 Energy 同調發現特性과 基頭安定特性
㉣ 合成同調 Energy場 特性 : 木旺 Energy場 發現特性

※ 青木氣 旺盛 合成同調 Energy場 發現

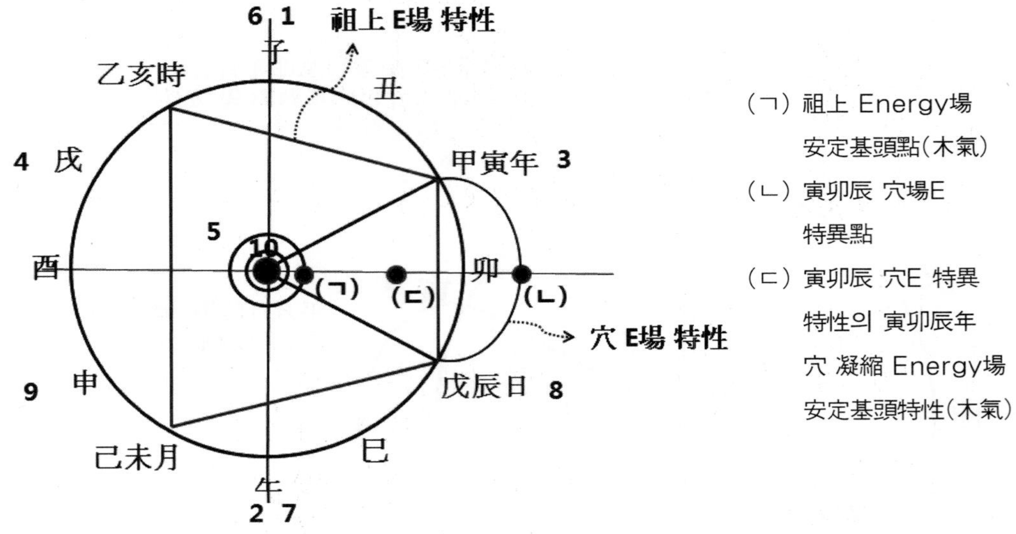

〈그림 3-21〉 青木氣 旺盛 合成同調 Energy場 發現

④ 年月日時別(祖上+穴) 同調 Energy場 發現特性과 子孫 Energy 同調感應의 基頭點 安定特性

年月日時別 祖上 同調 Energy場 特性과 年月日時別 子孫 同調 Energy場 特性과의 合成 同調 Energy場 基頭點 安定特性은 亦是 年月日時別 穴場部位別 Energy場 特性이 보다 强力하게 發露되는 關係로 比較的 非安定的形態의 構造

로 나타난다(境遇에 따라서 補完的 圓形構造가 되기도 한다). 따라서 子孫에게 나타나는 合成同調感應의 Energy場 特性現象은 다음의 〈그림 3-22〉와 같이 特異現象으로 나타난다.

㉠ 子孫 同調 Energy場 : 長男 甲申年 12月 24日 戌時 特性의 境遇
㉡ ③의 ㉠㉡㉢㉣ 條件에서

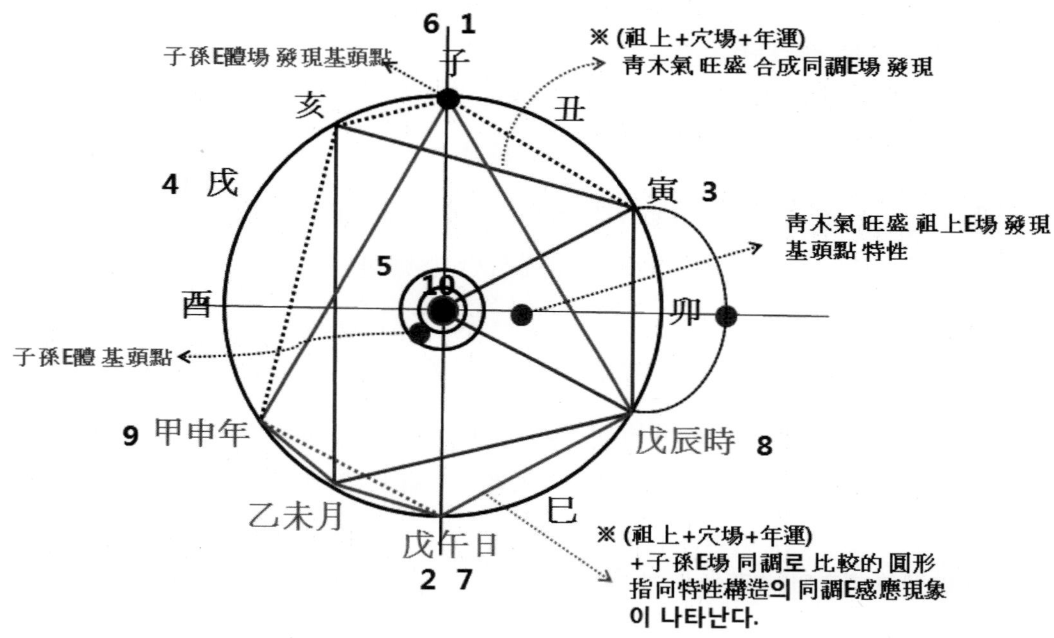

〈그림 3-22〉 年月日時別(祖上+穴) 同調 Energy場 發現特性과 子孫E 同調感應의 基頭點 安定特性

7. 祖上別 合成同調 Energy場의 子孫同調 感應原理(四柱因緣 形成原理)

1) 子孫同調 感應의 基本原理

(1) 優性 Energy場 同調原則(善性 Energy場 同調)

生命 Energy場 生起同調 意志가 發現되는 現象으로서 人間生命體 誕生意志와 生氣感應意志를 지닌다.

(2) 劣性 Energy場 淘汰原則(惡性 Energy場 消滅)

消滅 Energy場 壞滅意志가 發現되는 現象으로서 人間生命體 消滅意志와 死氣感應意志를 지닌다.

(3) 無記 Energy場 無記原則(中途 Energy場 無記)

無記 Energy場 中途意志가 發現되는 現象으로서 人間生命體 中途意志와 無記氣發應意志를 지닌다.

(4) 同期感應 原則(周波數 同調) → 直接感應

祖上 → 子孫 直系 Energy體 間의 生氣 周波數 同調 現象으로서 生命 Energy體 間의 同一한 周波數同調帶에서만 感應한다.

(5) 同氣感應原則(Energy場 醇化同調) → 間接感應

大地 및 生命 Energy場 間의 生氣 Energy場 同調現象으로서 相互 Energy場 間의 生氣醇化過程으로 感應한다. 大地 → 祖上 → 子孫感應

(6) 無記氣感應의 善惡性化 變易原則

無記 生命 Energy場의 善性 또는 惡性化 變易意志 現象이다.

2) 時空間 同調 Energy場의 發現과 消滅秩序

(1) 發現과 消滅秩序

① 年月日時別, 穴場 Energy 特性別, 祖上 同調 Energy場 特性別 各各의 發現秩序意志는 優性的 善特性 Energy場 于先으로 現象化하는 것이 原則的이기 때문에 祖上 Energy場 特性同調는 時空間 同調特性 意志秩序에 따라 子孫의 生命 Energy場 因緣(四柱因子)으로 發現 現象化한다.

② 反對로 消滅의 祖上 同調 Energy場 特性 역시 時空間 同調特性 意志秩序에 따라 子孫의 生命 Energy場 因緣(四柱因子)이 되어 消滅的으로 發現

現象化한다(刑・沖・破・害・怨 殺이 지나치게 强할 境遇 生存 不可能 現象 發生).

③ 無記發現 現象은 同調感應 不可能現象이거나(未發現) 消滅感應 不可能現象(未消滅)일 때 無記存在形成.

3) 生命同調 Cycle과 消滅, 無記 發現現象

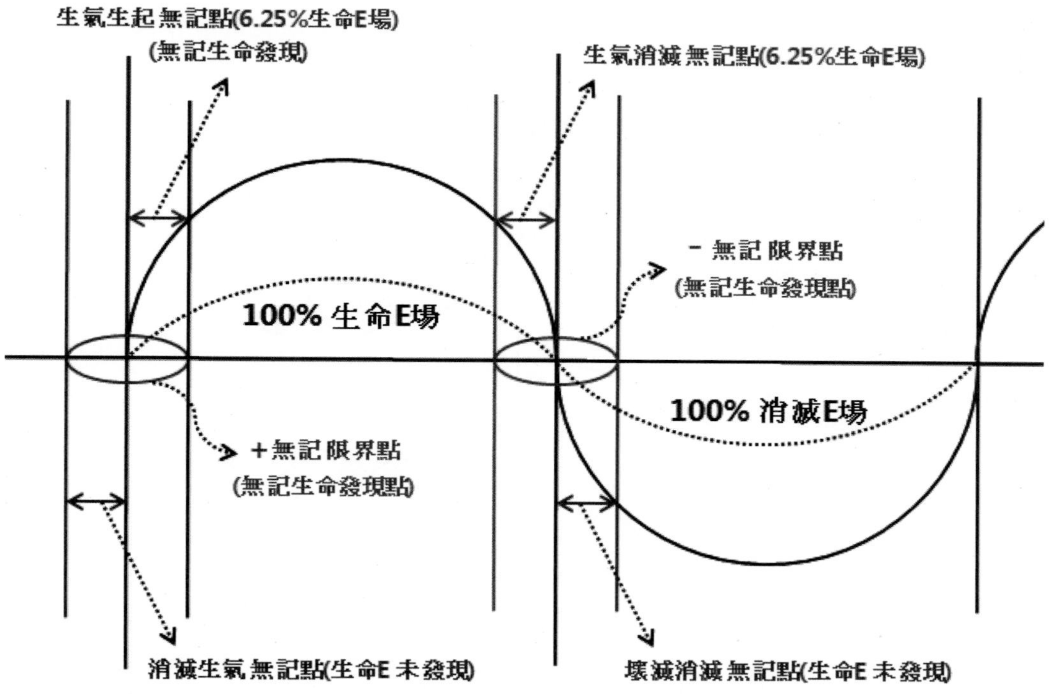

〈그림 3-23〉 生命同調 Cycle과 消滅, 無記 發現現象

第2章 人間 Energy 特性의 評價 分析

제1절 穴 Energy場과의 因緣關係 分析을 爲한 子孫 Energy 特性 發顯

1. Energy場 形成과 Energy 特性 流轉圖

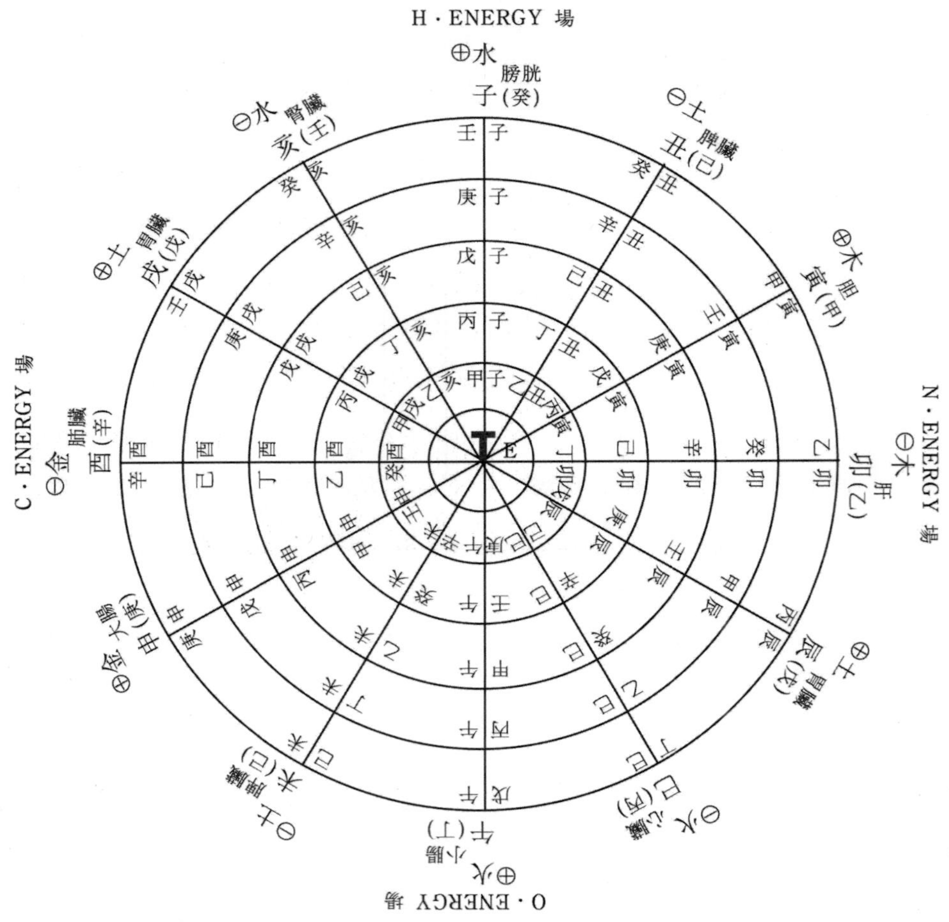

〈그림 3-24〉 Energy場 形成과 Energy 特性 流轉圖

2. Energy場의 分析과 合成 및 同調概要

子孫에 있어서의 Energy 特性 發顯 現象을 보다 具體的으로 說明하기 위하여 太陽, 地球, 달의 自轉과 公轉이 人間에게 미치는 時空間的 同調 關係 Energy場 特性을 다음과 같은 圖式으로 풀이해본다.

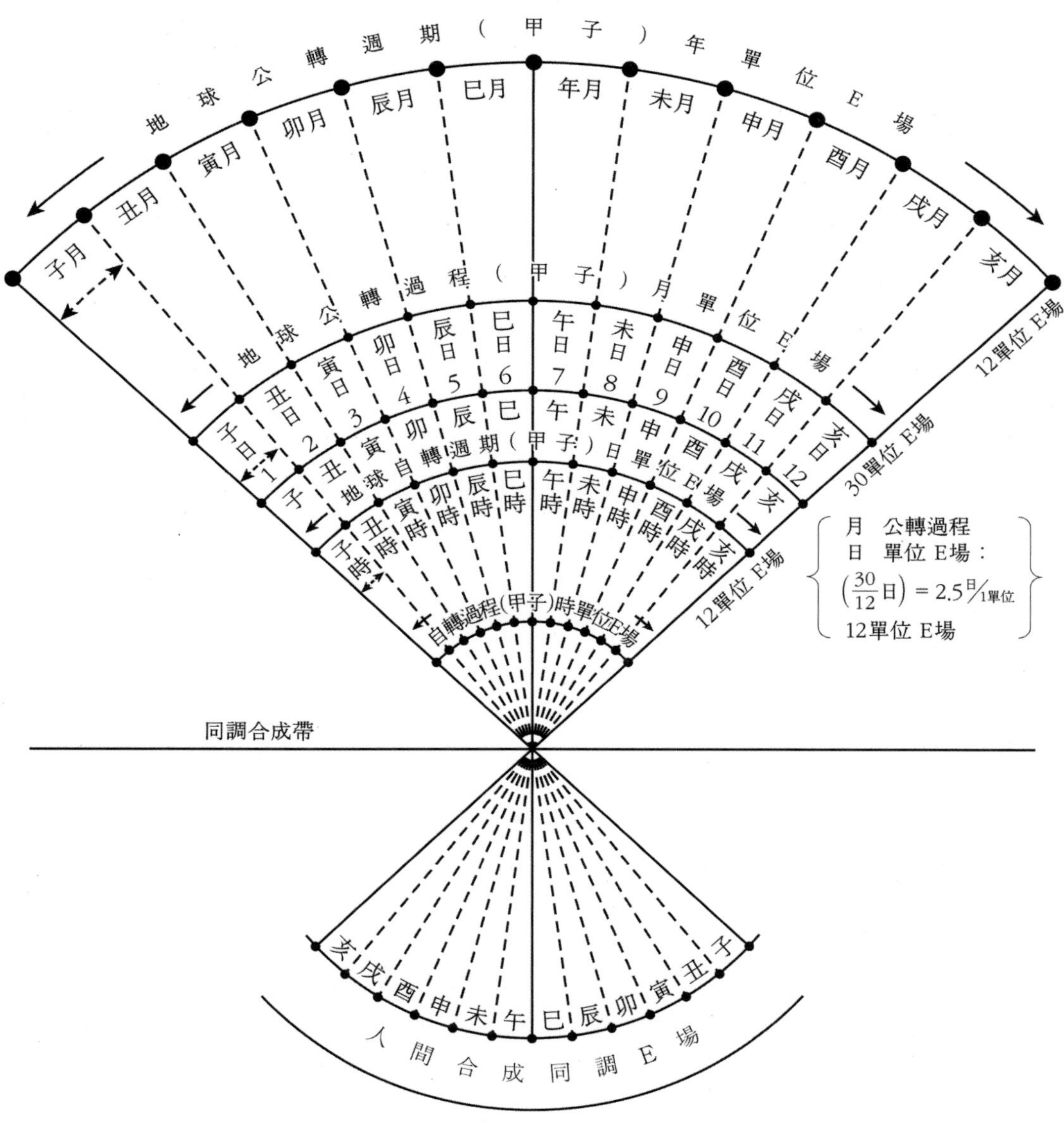

〈그림 3-25〉 Energy場의 分析과 合成 및 同調概要

3. 子孫 Energy 特性 發顯

子孫의 人間構成을 決定하는 各種 Energy 因子의 特性을 詳細히 把握해봄으로써 宇宙와 祖上으로부터 물려받은 先天的 命運과 遺傳因子 特性을 確認하고, 後天的 地氣 Energy와 祖上死後 Energy 간의 同調 干涉關係가 어떻게 子孫 Energy 特性에 關係하고 있는가 하는 것을 觀察한다.

地球 Energy體는 日, 月을 비롯한 주변과 宇宙全體로부터의 끝없는 Energy場 同調 또는 干涉 關係 속에서 永遠히 變易하고 있다. 이러한 變易의 秩序와 굴레는 自然現象과 人間生命 現象에도 어김없이 相續流轉하면서 그 流轉特性을 나타내게 되는데, 이 人間生命의 流轉的 特性을 그림과 글자로 나타낸 것이 바로 前記 그림과 表示들이다.

먼저 子孫이 태어난 年, 月, 日, 時의 時空的 現象 條件에 따른 Energy 및 Energy場 特性을 分析 觀察한다.

다음으로 分析된 Energy 特性과 祖上 및 舊穴場 Energy場 간의 相互 同調 干涉 關係를 檢討 確認한다.

그리하여 新規 計劃 穴場 및 亡人과 子孫 간의 相互 同調 干涉 關係를 檢討 新規 穴場을 載穴한다.

綜合的으로 穴場 各 單位 Energy 및 Energy場 評價特性을 合成 再評價한다.

1) 先天의 定義와 先天因子

先天이라고 하는 것은 어떤 種子因子에 相續遺傳되어온 種祖의 基本된 特性을 意味하는 것으로서, 그 種子의 構造的 形態特性과 品性을 決定짓는 根源 Energy의 宗을 「先天因子」라 이름하며 種子의 形體流轉이 끝날 때까지 持續的으로 遺傳하여 相續된다.

이 基本因子는 命으로 作用하여 先天命 因子를 만들고 運氣로 作用하여 先天運氣 因子를 만들며, Energy場으로 作用하여 先天 Energy場을 形成한다.

地球의 公轉過程 및 그 週期와 太陽의 自轉過程 및 그 週期, 그리고 地球의 自轉過程 및 그 週期의 持續的 進行 속에서는 地氣의 根源 Energy와 關係하여 同

調 地球 Energy場을 形成維持시켜가는 天體의 根本的 Energy 要素가 相續遺傳되고 있는데, 이를 가리켜「先天的 遺傳因子 또는 先天因子」라 하여 地球 先天因子가 된다.

이 地球 先天因子가 人間에게 遺傳同調하여 因子化한 것이 곧 人間 先天因子이다. 卽 種性種子가 되는 것이다.

2) 後天의 定義와 後天 因子

後天이라고 하는 것은 어떤 種子因子에 相續遺傳되어온 種祖의 基本特性이 後天的으로 緣起 變易하여 새로운 特性으로 變易하는 것을 意味하는 것으로서, 그 祖上의 基本的 相續因子는 維持하되 後天的 基本因子를 別途로 形成 種子 因子化 하는 것을「後天因子」라 이름한다.

이 種子因子는 命으로 作用하여 後天命 因子를 만들고, 運氣로 作用하여 後天運氣 因子를 만들며, Energy場으로 作用하여 後天 Energy場을 形成하게 된다.

地球의 自轉週期와 달의 公轉過程에서, 地氣의 根源 Energy와 달의 根源 Energy가 相互關係하여 形成된 持續的 同調特性 因子가 곧 後天的 遺傳因子 또는 後天 因子라고도 하며, 이 後天的 地氣 遺傳因子가 人間祖上에게 緣起同調하여 遺傳因子化한 것이 人間 後天因子이다.

따라서 先天因子가 太陽 Energy 同調 中心으로 形成된 것이라고 한다면 後天因子는 달 Energy 同調 中心으로 形成된 것이라고 할 수 있으며, 先天因子를 먼 人間祖上으로부터의 遺傳된 相續因子라 한다면 後天因子는 가까운 祖上으로부터 遺傳된 相續因子라 할 수 있다.

위의 說明에 따라 人間子孫에게 있어서의 그 具體的 特性因子를 再確認 定義해보자.

高祖 以上의 祖上으로부터 相續內在되어온 先天的 相續緣起 特性因子를 先天命 因子라 이름하고, 보다 가까운 父母以上 曾祖까지의 祖上으로부터 相續 內在 되어온 緣起 特性因子를 後天命 因子라 定義한다. 卽, 後天 種性種子가 된다(曾祖 以下 父母의 相續 因子).

그리고 先天命 因子로부터 發現되는 命運, 卽 先天命의 運行特性을 先天運氣

라 定義하여 이를 性 特性因子와 相 特性因子로 分類 表現한다(後天運氣 亦是 위와 같이 定義한다)(性은 品性을 나타내고 相은 모습을 나타낸다).

또 위의 先天命運이 各各의 因子特性으로 發現됨으로써 이들 周邊으로부터는 同調因緣因子들이 合成同調作用을 하게 되는데, 이때 나타나는 地氣形態의 Energy 同調 干涉場 特性 範圍를 定義하여 「先天 Energy場」이라 이름하고, 이를 性 特性因子와 相 特性因子로 分類表現한다.

마찬가지의 原理에 따라 後天命運이 各各의 因子特性으로 發現됨으로써 周邊의 同調 因緣因子를 合成同調케 되고, 이때 나타나는 地氣 Energy 同調 干涉場 形態를 「後天 Energy場」이라 定義하고, 이를 性 特性과 相 特性으로 區分表現 整理한다(先天은 生起性相이요, 後天은 成住性相이다).

그러면 이제부터 先後天 命運과 Energy場 表示方法에 對하여 다음과 같이 說明해본다.

以上의 定義에서 보는 바와 같이 先天의 因子는 生年, 生月, 生日, 生時의 全體 時 空間的 過程 속에서 그 本然의 遺傳 因子特性을 相續發現시킴에 比해, 後天의 因子는, 生年, 生月의 時空間的 過程 속에서는 別途로 緣起 變易할 수 있는 相續因子 特性을 發顯하지 못한 채 先天因子의 諸 作用 特性에 從屬的 支配를 받아 그 特性이 發現되고, 生日 生時의 時空間的 過程 속에서는 先天의 因子가 緣起 變易的 特性을 發現하여 別途의 特性因子인 後天因子를 遺傳相續하게 된다.

그러므로 人間에게 있어서 先天의 生日. 生時 因子는 日 基準 同調 因子特性에 따라 地球 自轉過程 및 自轉 週期의 人間同調 特性이 發現되는 것이고, 生年, 生月의 同調因子特性에 比해 3代 以內의 가까운 子孫에게 于先 遺傳相續된다.

또 人間에게 있어서 後天의 生日, 生時 因子는 달 基準同調 因子 特性에 따라 달의 公轉 過程과 地球 自轉週期의 人間同調特性이 地球 分割 Energy場 單位로 區別 發現되는 것인 까닭에, 달 公轉過程의 同調 Energy場을 「30日, Energy場」이라 하면 이를 地球分割 Energy場 單位인 「12 Energy場」 單位로 나눈 값 즉, {(30 × 6), (29 × 6)의 평균 월당 일수}일 Energy場/월 1周 ÷ 12 Energy場/地球 分割 단위 = 2.465일 Energy場 단위(≒ 2.5일)로

$$\frac{(6\times30),\ (6\times29)}{\text{月1周}} \div \frac{12E\text{場}}{\text{地球分割單位}} = 2.465\text{日}E\text{場單位}(\ \fallingdotseq\ 2.5\text{日})$$

로 地球 1 單位 Energy場에 同調關係하여 特性을 나타내고, 이것이 人間의 後天因子에 作用하여 特性 發現한다.

3) 先天命의 表示方法

先天命의 因子에서는 當該 干支에 遺傳相續된 先天의 因緣種子를 살피는 것으로서, 天干은 地氣 Energy 因子에 대한 天體 Energy 因子의 遺傳相續的 緣起因子가 表出된 特性이요, 地支에 나타나는 支藏干의 正氣는 地氣 Energy 因子에 대한 天體 Energy 因子의 遺傳 相續的 緣起因子가 內在된 特性이 된다.

例를 들어 甲子年 2月 15日 寅時生에 대한 生年의 先天命을 살펴보면, 甲子의 天干 「甲」은 地球 公轉 週期別 天體 Energy場 1 單位가 地球 Energy에 同調關係함으로써 形成되는 先天的 因子特性이 人間에 遺傳同調하여 나타나고 있음을 表示하며, 地支의 「子」는 先天因子 特性에 의하여 同調된 地氣 Energy 因子 모습을 表示하는 것이다.

따라서 子의 地氣 Energy 因子表象에 先天的 同調因子인 「甲」의 Energy 因子가 表出되어 있는 關係作用特性을 子$^{(甲)}$으로 表示하고, 子의 地氣 Energy 因子 內部에 先天的 同調因子인 「癸」의 Energy 因子가 內在되어 있는 關係作用特性을 子$_{(癸)}$로 表示하며, 이 두 因子의 特性을 동시에 나타내기 위하여,

$$子^{(甲)}_{(癸)}\ (因緣構成)$$

$$即,\ \oplus水^{(+木)}_{(-水)}\ (五行構成)\quad 또는\quad \oplus H^{(+N)}_{(-H)}\ (Energy\ 構成)$$

의 方法으로 表示한다. 여기서 甲癸 Energy 特性은 正五行 正氣 特性을 지니게 된다.

以下 生月, 生日, 生時 先天命의 表示方法도 위와 같다. 다만 生月, 生日, 生時에서 天體 先天 Energy 因子가 同調關係하는 特性은 生年에서의 時空間的 過程에서와 같은 公轉週期 單位 同調場 特性이 아니라는 것을 認識해야 한다.

即, 生月의 境遇에 있어서의 先天 同調場 因子特性은 地球公轉過程에서 關係하는 天體 同調場 因子特性을 意味하고, 生日의 境遇에 있어서의 先天 同調場 因子特性은 地球自轉週期 單位에 關係하는 天體 同調場 因子特性을 意味하며, 生

時의 境遇에 있어서의 先天 同調場 因子特性은 地球自轉 過程에서 關係하는 天體同調 Energy場 特性을 意味하는 까닭에, 同一한 天干 地支因子가 生年, 月, 日, 時에 重複 發現되는 境遇라도 그 因子特性은 크게 다르다는 것을 再認識해야 한다.

※ 生月의 先天命은 生年의 干支에서 生月數를 더하여 얻은 干支를 基準으로 위와 같은 方式을 表示하며, 生日의 先天命은 生月의 干支를 얻은 곳에서 生日數를 더하여 干支를 다시 얻어 위와 같이 表示하고, 生時의 先天命은 生日의 干支를 얻은 곳에서 生時數를 더하여 干支를 또 얻어 위와 같이 表示한다.

4) 先天 運氣의 表示方法

先天 運氣의 表示方法으로는 當該 天干 Energy가 當該 地支 Energy에 直接 同調關係 作用하여 緣起變易된 化氣 Energy 因子로 形態變易을 일으킬 때 이를 「先天 運氣 相 因子」로 表示하고, 當該 天干 Energy가 當該 地支 Energy와는 別途로 先天同質 Energy 特性의 地氣 同調場 Energy 因子를 新規 吸收함으로써, 그 基本的 先天性을 잃어버리지 않는 形態의 緣起 變易的 相續因子를 再創造해갈 때, 이를 「先天運氣의 性 特性 因子」라 하여, 두 가지 特性으로 區分表示하는 것을 原則으로 한다.

例, 生年의 干支가 甲子일 境遇, 先天 運氣 表示는

	(因緣 構成)		(五行 構成)		(Energy 構成)
相 因子	子$^{(甲己)}$	→	⊕水$^{(土)}$	→	⊕H$^{(T)}$
性 因子	寅$^{(甲己)}$	→	⊕木$^{(土)}$	→	⊕N$^{(T)}$

으로 한다. 여기서 (甲己)의 化氣는 他天氣 Energy 因子가 先天 Energy 因子의 同調作用을 받아 運氣化한 先天 Energy場 因子요, 寅$^{(甲己)}$는 先天의 甲木 Energy 因子가 地支의 先天同質 Energy 特性因子를 吸收 同調함으로써 새로운 緣起 變易的 Energy 相續因子를 再 創造하는 特性作用이다.

以下 生月, 生日, 生時, 先天運氣의 表示方法도 위와 같다. 다만 生年에서부터 生月數를 더해 生月干支를, 生月干支에서 生日數를 더해 生日干支를, 生日干支로부터 生時數를 더해 生時干支를 얻은 후 위와 같이 한다.

5) 先天 同調 Energy場의 表示方法

先天 Energy場은 地氣에 內在되거나 表出되어 作用하는 先天 Energy의 同調 Energy場을 論하는 것으로서, 先天의 直接同調에 의해 天體로부터 遺傳된 地支의 天氣 相續 內外 Energy 因子가 地氣의 緣起 變易 同調된 化氣 Energy場 因子로 形態 變易을 일으킬 때 이를 「先天相 Energy場 因子」라 이름하고, 當該 地氣에 表出 및 內在된 先天同調 Energy 因子가 當該 地支와는 別途의 先天同質 Energy 因子를 吸收 同調함으로써, 새로운 緣起 變易的 Energy 相續因子를 再創造하는 特性因子를 「先天性 Energy場 因子」라 이름한다.

生年의 干支가 甲子일 境遇 그 先天 Energy場 表示는

	(因緣 構成)		(五行 構成)		(Energy 構成)
相 Energy場 :	子 (戊癸) 25% (三合) 25%	→	⊕水 (火) 25% (水) 25%	→	⊕H (O) (H)
性 Energy場 :	寅 (甲己) 25% (三合) 25%	→	⊕木 (土) 25% (火) 25%	→	⊕N (T) (O)

으로 한다. 여기서

┌ 地氣 因子

子 (戊癸) → 地支에 內在된 天干 化氣 同調 Energy場 因子
(三合) → 地氣 同調 Energy場 特性 因子

寅 (甲己) → 地氣 同質 Energy 因子에 표출된 先天 化氣 同調 Energy場 因子
(三合) → 地氣 同質 Energy 因子의 地氣 同調 Energy場 特性 因子

└ 先天 同質 地氣

卽, 生月의 先天 Energy場은 生年의 干支부터 生月의 數를 더하여 얻은 干支를 基準으로 前記 生年 先天 Energy場 表示와 같은 方式을 表示하고, 生日의 先天 Energy場은 위에서 얻은 生月 干支에서부터 生日數를 더하여 얻은 干支를

基準으로 前記와 같이 表示하며, 生時의 先天 Energy場은 위에서 얻은 生日 干支에서부터 生時數를 더하여 얻은 干支를 基準으로 前記와 같이 表示한다.

※ 지금까지의 干支抽出이 月曆이나 日曆에 依하지 아니하고 表의 運行法則에 따르는 것은, 旣存 年・月・日・時의 月建 日辰 等은 每年 基準을 定함에 있어서 正月을 寅月로부터 始作하는 데 반해, 여기에서는 正月을 寅月이라는 月建의 特性에 基準하는 것이 아니고, 公轉과 自轉 간의 關係秩序에 따른 Energy場 變易原理에 그 基準原則을 두는 까닭이다.

※ 時運行 1周하여 日이 되고, 日 運行 秩序에 따라 月이 되며, 月 運行 秩序 따라 年이 된다.

6) 後天命의 表示方法

生年 生月에서 遺傳相續된 天體 Energy 및 地氣 Energy 因子는, 그 主體가 地球 公轉過程과 太陽 自轉過程에서 發生하는 同調場이 直接 그 主因子가 되어 人間子孫에게 同調發現되는 것이 原則이므로, 生年 生月에서는 대체적으로 先後天의 特性區別이 表出되지 아니하고 同時 同一的 特性으로 나타나게 마련이다.

이는 生日 生時의 日時 單位 Energy場에 作用하는 月(달)公轉 Energy場의 時 空間的 同調關係特性에 比해 生年 生月의 年月 單位 Energy場에 作用하는 月(달)公轉 Energy場의 時 空間的 同調關係特性이 보다 멀리 弱하게 內在되므로, 보다 가깝고 강하게 表出되는 生日 生時의 地球 달 同調關係特性을 後天의 主體로 定하고, 生年 生月의 地球 달 同調關係特性을 後天因子의 宗祖로 定한다.

卽 生年 生月은 先天命이 後天命의 祖가 되니 先天命 則 後天命이 된다.

例 1) 生年의 干支가 甲子일 境遇.

	(因緣 構成)		(五行 構成)		(Energy 構成)
先天命의 表示는	子$^{(甲)}_{(癸)}$	→	⊕水$^{(+木)}_{(-水)}$	→	⊕H$^{(+N)}_{(-H)}$

이므로 後天命의 表示 亦是 위와 같다.

例 2) 生月의 秩序가 2月일 境遇.

Energy 特性 流轉表에서 生年 甲子로부터 左旋하면서 2月을 進行한 Energy 特性은 乙丑이 된다. 卽, 生月의 先天命은, 乙丑 위상은

(因緣 構成)		(五行 構成)		(Energy 構成)
丑 (乙)/(己)	→	⊖土 (-木)/(-土)	→	$\ominus T_{丑}$ (-N)/(-T)

로 表示되므로, 後天命 亦是 위의 先天命의 영향을 받아 同一하다.

例 3) 生日의 秩序가 15日 境遇의 先天命 確認 : Energy 特性 流轉表에서 生月 秩序로부터 表出된 干支에서 生日數 15日을 進行하여 얻은 干支를 確認해보면 己卯의 干支가 된다. 卽, 生日의 先天命은 己卯 位相은

(因緣 構成)		(五行 構成)		(Energy 構成)
卯 (己)/(乙)	→	⊖木 (-土)/(-木)	→	⊖N (-T)/(-N)

로 表示하는 反面에 生日의 秩序가 15日인 境遇의 後天命 確認 : 先天命의 確認 方式과 同一하게 하되 生日數 15日을 月公轉 Energy場 12分割 單位日인 2.5日로 나눈 값, 卽 6을 生月 表出 干支로부터 헤아려 만나는 位相의 干支를 取하면 庚午가 된다.

따라서 生日 後天命은 庚午 位相은 즉

(因緣 構成)		(五行 構成)		(Energy 構成)
午 (庚)/(丁)	→	⊕火 (+金)/(-火)	→	⊕O (+C)/(-O)

로 表示한다.

例 4) 生時의 秩序가 寅時인 境遇의 先天命 確認 : 前記 例 3에서 確認된 生日 先天命 干支로부터 左旋하면서 태어난 生時의 秩序와 同調하는 干支因子를 찾는다. 寅時는 始作에서부터 3번째 秩序位相을 取하고 있으므로 生日 先天命 干支 己卯로부터 3번째 位相은 辛巳 干支가 된다. 卽, 生時의 先天命은 辛巳 位相은

(因緣 構成)		(五行 構成)		(Energy 構成)
巳 (辛)/(丙)	→	⊖火 (−金)/(+火)	→	⊖O (−C)/(+O)

로 表示되므로

生時의 秩序가 寅時인 境遇의 後天命 確認 : 先天命의 確認方法과 同一하게 生日 後天命 干支因子에서부터 寅時秩序의 位相干支를 찾는다. 生日 後天干支 庚午 因子로부터 寅時秩序를 헤아리면 壬申 干支의 位相因子가 確認된다. 卽, 生時의 後天命은 壬申 位相은

(因緣 構成)		(五行 構成)		(Energy 構成)
申 (壬)/(庚)	→	⊕金 (+水)/(+金)	→	⊕C (+H)/(+C)

로 表示한다.

7) 後天運氣의 表示方法

前記 6)의 境遇에서와 같이 生年 生月의 後天運氣는 先天運氣가 發現될 때에 함께 共存하는 一切場 形態가 되므로, 生年 生月에서는 後天運氣가 別個로 特性化하지 않고 先天運氣 則 後天運氣가 된다.

따라서 後天運氣가 展開되는 主特性 作用은 生日의 位相에서부터 始作하여 生時로 이어진다.

例 1) 生年干支가 甲子일 境遇 : 先天運氣는 甲子 位相에서

	(因緣 構成)		(五行 構成)		(Energy 構成)
相因子 :	子(甲己)	→	⊕水(土)	→	⊕H(T)
性因子 :	寅(甲己)		⊕木(土)		⊕N(T)

로 表示하므로 後天運氣 亦是 위와 같다.

例 2) 生月의 秩序가 2月일 境遇 : 先天運氣는 乙丑 位相은

	(因緣 構成)		(五行 構成)		(Energy 構成)
相因子 :	丑$^{(\text{乙庚})}$	→	⊖土$^{(\text{金})}_{(\text{丑})}$	→	⊖T$^{(C)}_{(\text{丑})}$
性因子 :	卯$^{(\text{乙庚})}$		⊖木$^{(\text{金})}$		⊖N$^{(C)}$

으로 表示하므로 後天運氣 亦是 위와 同一하다.

例 3) 生日의 秩序가 15日인 境遇 : (後天展開) 先天運氣는 己卯 位相은

	(因緣 構成)		(五行 構成)		(Energy 構成)
相因子 :	卯$^{(\text{甲己})}$	→	⊖木$^{(\text{土})}$	→	⊖N$^{(T)}$
性因子 :	未$^{(\text{甲己})}$	→	⊖土$^{(\text{土})}_{(\text{未})}$	→	⊖T$^{(T)}_{(\text{未})}$

로 表示되나,

後天運氣는 15日 ÷ 2.5日 = 6을 生月位相에서 더한다. 즉 生月 後天運氣로부터 6번째 位相은 庚午는

	(因緣 構成)		(五行 構成)		(Energy 構成)
相因子 :	午$^{(\text{乙庚})}$	→	⊕火$^{(\text{金})}$	→	⊕O$^{(C)}$
性因子 :	申$^{(\text{乙庚})}$	→	⊕金$^{(\text{金})}$	→	⊕C$^{(C)}$

로 表示한다.

例 4) 生時의 秩序가 寅時일 境遇 : (後天進行) 先天運氣는 辛巳 位相은

	(因緣 構成)		(五行 構成)		(Energy 構成)
相因子 :	巳$^{(\text{丙辛})}$	→	⊖火$^{(\text{水})}$	→	⊖O$^{(H)}$
性因子 :	酉$^{(\text{丙辛})}$	→	⊖金$^{(\text{水})}$	→	⊖C$^{(H)}$

로 되나

後天運氣는 生日 後天運氣 位相으로부터 3번째 位相이므로 壬申은

	(因緣 構成)		(五行 構成)		(Energy 構成)
相因子 :	申$^{(\text{丁壬})}$	→	⊕金$^{(\text{木})}$	→	⊕C$^{(N)}$
性因子 :	亥$^{(\text{丁壬})}$	→	⊖水$^{(\text{木})}$	→	⊖H$^{(N)}$

로 表示한다.

8) 後天同調 Energy場의 表示

後天運氣에서 얻어진 時 空間 因子特性이 天體 地氣의 時 空的 Energy 特性에 同調하여 어떤 合成 Energy場을 形成하는가? 하는 것을 把握하는 것으로서 子孫의 諸 特性을 나타내는 重要한 因子이다. 7)의 境遇와 같이 生年 生日에서는 先後天이 同一하고 生日에서 後天이 열리고 生時로 이어진다.

例 1) 生年 干支가 甲子日 境遇 : 先天 Energy場은

	(因緣 構成)		(五行 構成)		(Energy 構成)
相因子 :	子$^{(戊癸)}_{(三合)}$	→	⊕水$^{(火)}_{(水)}$	→	⊕H$^{(O)}_{(H)}$
性因子 :	寅$^{(甲己)}_{(三合)}$	→	⊕木$^{(土)}_{(火)}$	→	⊕N$^{(T)}_{(O)}$

로 表示되므로 後天 Energy場 亦是 위와 같다.

例 2) 生月 秩序가 2月 境遇 : 先天 Energy場은 乙丑 位相

	(因緣 構成)		(五行 構成)		(Energy 構成)
相因子 :	丑$^{(甲己)}_{(三合)}$	→	⊖土$_{(丑)}$$^{(土)}_{(金)}$	→	⊖T$^{(T)}_{(C)}$
性因子 :	卯$^{(乙庚)}_{(三合)}$	→	⊖木$^{(金)}_{(木)}$	→	⊖N$^{(C)}_{(N)}$

로 表示되므로, 後天 Energy場 亦是 위와 같다.

例 3) 生日 秩序가 15日인 境遇 : (後天展開) 先天 Energy場은 己卯 位相

	(因緣 構成)		(五行 構成)		(Energy 構成)
相因子 :	卯$^{(乙庚)}_{(三合)}$	→	⊖木$^{(金)}_{(木)}$	→	⊖N$^{(C)}_{(N)}$
性因子 :	未$^{(甲己)}_{(三合)}$	→	⊖土$_{(未)}$$^{(土)}_{(木)}$	→	⊖T$_{未}$$^{(T)}_{(N)}$

로 表示되나

後天 Energy場은 後天運氣의 特性作用이므로 後天運氣 庚午 因子의 Energy場이 된다. 즉

	(因緣 構成)		(五行 構成)		(Energy 構成)
相因子 :	午$^{(\text{丁壬})}_{(\text{三合})}$	→	$\oplus$火$^{(\text{木})}_{(\text{火})}$	→	$\oplus O^{(N)}_{(O)}$
性因子 :	申$^{(\text{乙庚})}_{(\text{三合})}$	→	$\oplus$金$^{(\text{金})}_{(\text{水})}$	→	$\oplus C^{(C)}_{(H)}$

로 表示한다.

例 4) 生時의 秩序가 寅時인 境遇 : (後天進行)

先天 Energy場은 辛巳 位相이므로

	(因緣 構成)		(五行 構成)		(Energy 構成)
相因子 :	巳$^{(\text{丙辛})}_{(\text{三合})}$	→	$\ominus$火$^{(\text{水})}_{(\text{金})}$	→	$\ominus O^{(H)}_{(C)}$
性因子 :	酉$^{(\text{丙辛})}_{(\text{三合})}$	→	$\ominus$金$^{(\text{水})}_{(\text{金})}$	→	$\ominus C^{(H)}_{(C)}$

로 表示되나

後天 Energy場 은 後天運氣의 特性作用이므로 後天運氣 壬申 因子의 Energy場이 된다. 즉

	(因緣 構成)		(五行 構成)		(Energy 構成)
相因子 :	申$^{(\text{乙庚})}_{(\text{三合})}$	→	$\oplus$金$^{(\text{金})}_{(\text{水})}$	→	$\oplus C^{(C)}_{(H)}$
性因子 :	亥$^{(\text{丁壬})}_{(\text{三合})}$	→	$\ominus$水$^{(\text{木})}_{(\text{木})}$	→	$\ominus H^{(N)}_{(N)}$

로 表示한다.

9) 人間 同調 Energy場 參考圖

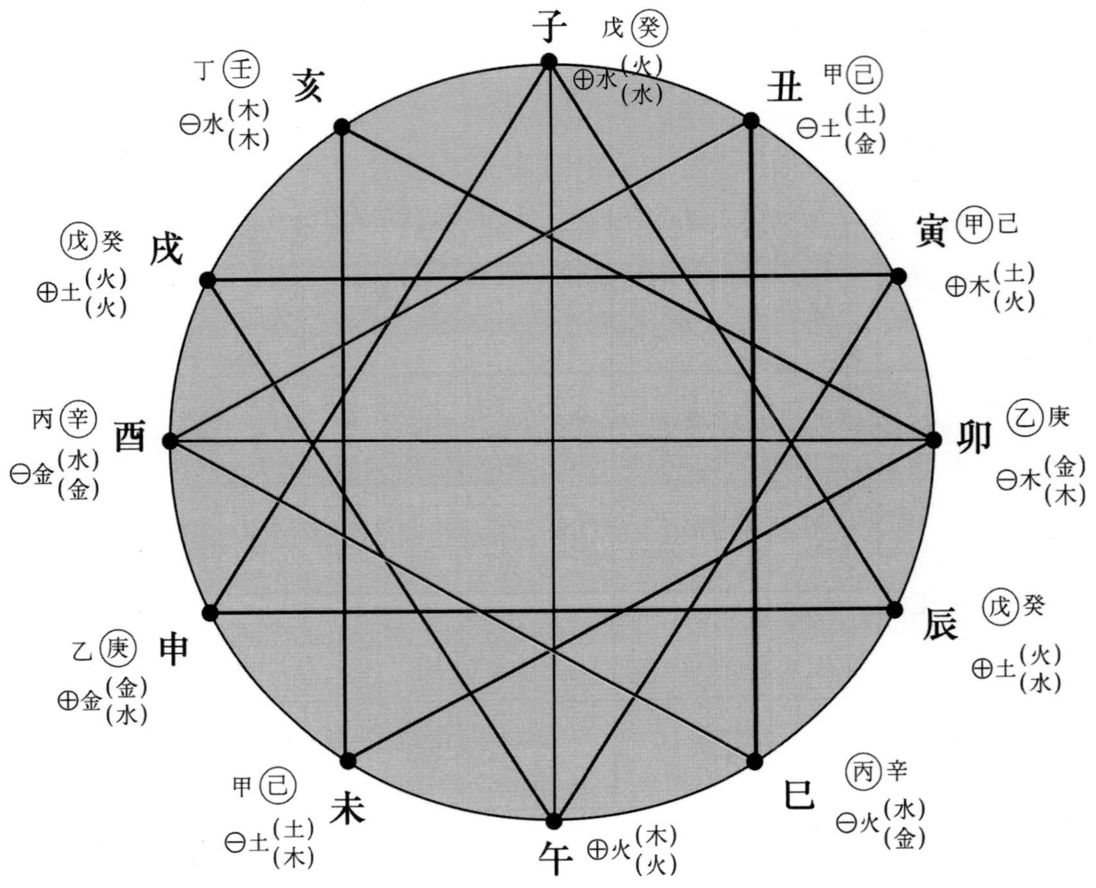

〈그림 3-26〉 人間 同調 Energy場 參考圖

제2절 人間 Energy 特性分析과 評價方法

1. 人間 Energy 特性發現과 그 流轉原則

1) 年運 Energy의 發現과 그 位相 決定

生年에 該當하는 年運別 位相 Energy場 特性이 年運 Energy로 發現되어 生年 位相이 決定된다.

例) 甲子生의 年運別 Energy場 位相은 甲子 位相이고 그 Energy 發現 亦是 甲子 Energy가 된다.

2) 月運 Energy의 發現과 그 位相決定

生年 位相 Energy 因子로부터 生月數를 더하여 얻은 位相 Energy가 月運 Energy 因子가 된다.

例 1) 甲子生 2月인 境遇 : 生年 甲子 位相 Energy 因子로부터 生月數 2를 더하면 乙丑 位相 Energy 因子가 되어 生月運 Energy가 發現된다.

例 2) 甲子生 1月인 境遇 : 生年 甲子 位相 Energy 因子로부터 生月數 1을 더하면 甲子 位相 Energy 因子가 되어 甲子 月運 Energy 發現이 되는 것이 아니고 甲子年 甲子月이 相互 位相沖, Energy 沖이 함께 일어나므로 甲子年運 位相 Energy의 反對 位相 Energy 因子인 庚午 位相 Energy 因子가 月運 Energy로 發現된다. 이때 甲子 月運 Energy 因子는 暗藏되어 그 25%의 勢力만 發露된다. 25%의 勢力 發露는 緣分 1個 因子 勢力과 同一하다.

3) 日運 Energy의 發現과 그 位相決定

生月 位相 Energy 因子로부터 生日數를 더하여 얻어진 位相의 Energy가 日運 Energy 因子로 發現된다.

例 1) 甲子年 2月 15日生인 境遇.

- 先天 生日運 Energy 因子 : 乙丑 生月 位相 Energy 因子로부터 15번째 位相인 己卯 Energy가 日運 Energy 因子로 發現된다.
- 後天 生日運 Energy 因子 : 乙丑 生月 位相 Energy 因子로부터 6번째 位相인 庚午 Energy가 日運 Energy 因子로 發現된다.

例 2) 甲子年 2月 13日生인 境遇 :

- 先天 生日運 Energy 因子 : 乙丑 生月 位相 Energy 因子로부터 13번째 位相 Energy인 丁丑 Energy 因子가 日運 Energy로 發現되나 地支位相의 自沖을 받아 乙丑의 反對 位相인 辛未 Energy로 位相變易 發現된다. 이때 丁丑 Energy는 乙丑과 天干地支가 동시에 自沖되지 않아 天干位相은 共生하고 地支位相만 自沖하므로 丁丑 Energy는 天干 Energy 25% + 地支暗藏 Energy 25%가 同時作用暗藏된다. 즉 全體的으로 50%의 丁丑 位相 Energy가 暗藏되어 있는 것으로 간주한다. 그리고 또 25%가 넘은 50%의 丁丑 日運暗藏 Energy는 時運 Energy 因子에도 作用하여 25%의 時運 暗藏 Energy 因子를 形成하게 된다.
- 後天 生日運 Energy 因子 : 乙丑 生月 位相 Energy 因子로부터 5번째 位相 Energy인 己巳 位相 Energy가 後天 生日運 Energy 因子로 發現된다.

例 3) 甲子年 1月 13日生인 境遇

- 先天 生日運 Energy 因子 : 甲子年 1月의 表出 月運 Energy 因子는 庚午位相 Energy 因子이므로, 庚午로부터 13번째인 壬午位相

Energy 因子가 地支 自沖을 받아 壬午位相의 反對位相 Energy인 戊子位相 Energy 因子가 日運 Energy 因子로 發現된다. 그러나 戊子位相 Energy 因子는 年運 位相 Energy 因子인 甲子 Energy에 地支 自沖하므로, 다시 戊子位相의 反對位相인 甲午位相 Energy 因子를 日運 Energy 因子로 變易 發現시킨다. 그러나 이 또한 月運 位相 Energy 因子인 庚午를 天地沖하게 되니, 또다시 庚子 → 丙午로 회돌이 하여 不安定해진다. 이때 壬午 Energy 因子는 日運 暗藏 Energy 因子가 되어 25%의 勢力을 지니게 되고, 戊子 Energy 因子는 또 회돌이가 되어 결국에는 甲子 位相 Energy 因子로 表出된 年運 Energy의 自沖을 받는다.

卽 先天 生日運 Energy 因子 :

① 壬午 Energy 暗藏 25% 勢力

② 戊子 Energy 暗藏 25% 勢力

③ 甲午 Energy 暗藏 25% 勢力

④ 甲午 → 庚子 → 丙午 → 壬子 → 戊午 → 甲子

⑤ 甲子 Energy 表出 空亡

- 後天 生日運 Energy 因子 : 生月位相 Energy 因子인 庚午 位相으로부터 5번째 位相인 甲戌 位相 Energy가 後天生日運 Energy 因子로 發現된다.

4) 時運 Energy의 發現과 그 位相決定

生日 位相 Energy 因子로부터 生時數를 더하여 얻어진 位相의 Energy가 時運 Energy 因子로 發現된다.

例 1) 甲子年 2月 15日 寅時生의 境遇

- 先天 生時運 Energy 因子 : 己卯生日 位相 Energy 因子로부터 3번째(寅時)位相인 辛巳 Energy가 先天時運 Energy 因子로 發現된다.

• 後天 生時運 Energy 因子 : 庚午 生日 位相 Energy 因子로부터 3번째(寅時) 位相인 壬申 Energy가 後天時運 Energy 因子로 發現된다.

例 2) 甲子年 1月 13日 寅時生의 境遇

生年 位相 Energy 因子 : 甲子 Energy, 表出發現 Energy 因子

生月 位相 Energy 因子 : 甲子 Energy, 暗藏 25% 勢力
庚午 Energy, 表出 發現 Energy 因子

生日 位相 Energy 因子 :

• 先天 : ① 壬午 Energy 暗藏 25% 勢力
② 戊子 Energy 暗藏 25% 勢力
③ 甲午 Energy 暗藏 6.25% 勢力
④ 終着甲子 Energy로 表出 空亡 Energy 因子가 된다.

• 後天 : 甲戌 Energy, 表出發現 因子

生時 位相 Energy 因子 : (例3)~3 參照)

• 先天 : ①로부터(壬午) 3번째 位相 甲申 Energy 暗藏 25% 勢力
②로부터(戊子) 3번째 位相 庚寅 Energy 暗藏 25% 勢力
③으로부터(甲午) 3번째 位相 丙申 Energy 暗藏 6.25% 弱勢
④로부터(甲午) 3번째 位相 丙申 Energy
⑤로부터(甲子) 丙寅 Energy 發

• 後天 : 甲戌로부터 3번째 位相 丙子 Energy 회돌이 表出 發現

2. 命運의 輪廻法則

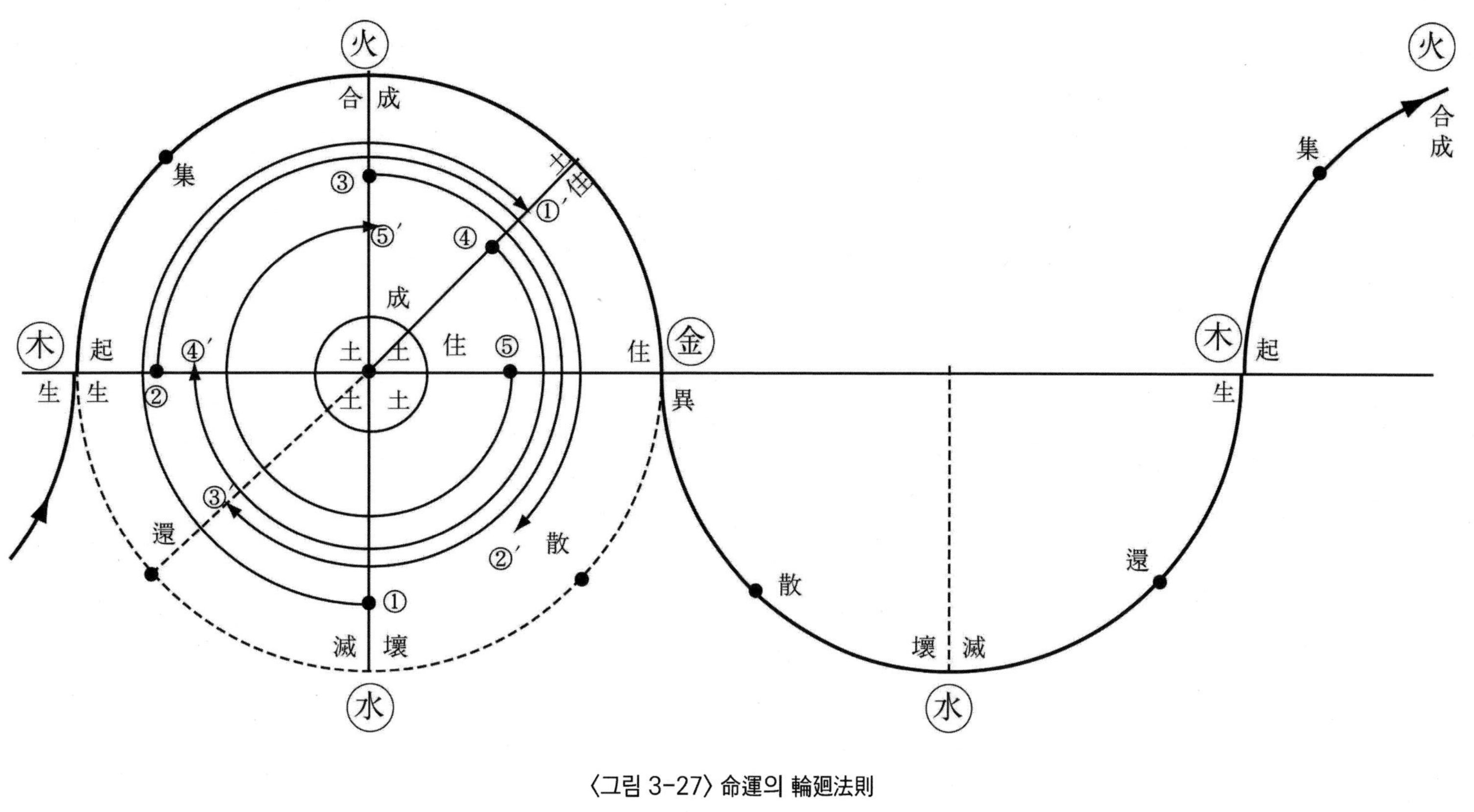

〈그림 3-27〉 命運의 輪廻法則

1) 年月日時 順序別 輪廻를 먼저 살피고 次後 全體的 輪廻相을 살펴본다.

陰陽이 相生되는 秩序는 가장 最善의 輪廻이다. 命運의 輪廻는 業因緣에 따른 斷滅性이 있으나, 善吉의 業報를 지닌 命運은 그 輪廻가 끊이지 아니한다.

①~①′ 起成 命運 輪廻 : 水 → 木 → 火 → 土 → 靑年期
②~②′ 成住 命運 輪廻 : 木 → 火 → 土 → 金 → 長年期
③~③′ 住滅 命運 輪廻 : 火 → 土 → 金 → 水 → 末年期
④~④′ 滅生 命運 輪廻 : 土 → 金 → 水 → 木 → 幼兒期
⑤~⑤′ 生起 命運 輪廻 : 金 → 水 → 木 → 火 → 少年期

2) 命運 輪廻法則의 解說

(1) 年·月·日·時別 輪廻法則과 그 五變易相

過, 現, 未 三世를 通하여 人間命運이 進行輪廻함에 있어서는 반드시 그 法則이 있게 마련인데, 이는 年·月·日·時別의 命運形成特性이 어떠한 秩序를 維持하면서 輪廻하는가에 따라 그 全體 命運의 性格과 形相特性이 달라지는 것이고, 또 이것은 年·月·日·時別 順次에 따른 命運秩序가 가장 理想的인 것이 된다.

이와 같은 輪廻相은 거의 모두가 다음 다섯 가지의 變易相에 準하여 進行되게 되어 있어서, 이의 法則에 따라 그 家門과 個人의 命運特性이 把握됨은 勿論 一生 全般과 祖上 및 子孫에게 있어서의 諸 人事에 이르기까지도 廣範圍한 分析을 可能케 해준다.

卽 起成命運 Energy場의 輪廻相은 그 家門과 個人의 命運이 最上昇의 豫備過程을 걸어가고 있음을 보여주는 것이고, 成住命運 Energy場의 輪廻相은 그 家門과 個人의 命運이 最上昇 過程에서 머물러 있음을 보여주는 것이고, 住滅命運 Energy場의 輪廻相은 그 家門과 個人의 命運이 最上昇 点으로부터 下降하고 있음을 보여주는 것이고, 滅生命運 Energy場의 輪廻相은 그 家門과 個人의 命運이 下降의 休眠期에서 蘇生하고 있음을 보여주는 것이고, 生起命運 Energy場의 輪廻相은 그 家門과 個人의 命運이 蘇生의 過程으로부터 躍進하고 있음을

보여주는 것이다.

따라서 起成命運 Energy場을 지닌 命運 輪廻相은 이른바 青年期의 旺盛한 氣運을 지니고 있다고 볼 수 있고, 成住命運 Energy場을 지닌 輪廻相은 中長年期의 最上昇 氣運을 지니고 있다고 볼 수 있고, 住滅命運 Energy場을 지닌 輪廻相은 中長年期를 넘어선 老年期의 衰退해져가는 氣運이라 볼 수 있고, 滅生命運 Energy場을 지닌 輪廻相은 오랜 休眠과 停滯에서 벗어나 이제 막 蘇生하는 幼兒期라 볼 수 있고, 生起命運 Energy場을 지닌 輪廻相은 幼兒期를 벗어난 少年期의 발랄한 氣運이라 볼 수 있다.

(2) 全體的 命運 Energy場과 그 輪廻法則

위의 五變易 輪廻秩序는 年・月・日・時別 順次에 의한 輪廻相이 가장 理想的 安定相이라 볼 수 있는데, 이와 같은 年・月・日・時別 順次에 의한 輪廻相은 그리 흔하게 나타나지를 않는 것이 대다수이다.

이러한 境遇 順次的 輪廻秩序에는 合致하지 않더라도 全體的 Energy場 흐름 特性이 五變易 輪廻相中 어느 한 틀을 維持하게 된다면, 이는 어려운 氣運의 흐름 속에서도 새로운 氣運의 秩序를 찾아갈 수 있는 매우 多幸한 輪廻相이 되었다고 말할 수 있다.

따라서 全體的 輪廻相 形成秩序도 次善이 될 수 있다.

3. 人間 Energy場(四柱)의 分布別 分析要領(性相 共히)

1) 全體 分布 Energy場의 五氣 流轉秩序와 命運輪廻를 살펴 그 吉凶을 把握한다.

年 E 場 $\xrightarrow{生}$ 月 E 場 $\xrightarrow{生}$ 日 E 場 $\xrightarrow{生}$ 時 E 場 $\xrightarrow{生}$ 後天日時 E 場

(生旺, 調候, 體質, 性情, 臟腑, 五體, 五官, 運勢를 分析)

例) 金 → 水 → 木 → 火 → 土 (陰陽을 함께 봄)

2) 全體 分布 Energy場의 因緣 同調干涉 關係를 살핀다(日을 爲主로 한 諸

同調 · 干涉 關係를 分析함).

3) 全體 分布 Energy場의 12緣起 衆生像을 살피고 五氣 流轉 및 命運秩序에 따른 衆生心 超越特性을 살핀다.
   - 五氣流轉 → 衆生像, 超越 ⇒ 菩薩行
   - 五氣停滯 → 衆生心 ⇒ 衆生像, 衆生道
4) 全體 分布 Energy場의 12 菩薩行을 살핀다.
   (超越智가 刑 · 沖 · 破 · 害 · 怨嗔 等의 諸 干涉 Energy場을 받지 않으면, 12處觀을 얻어 得命 得運한다.)
5) 年運, 月運, 日運, 時運別 Energy場과 祖上穴場 Energy場 및 生活空間 Energy場과의 相互 同調 干涉 關係를 細密히 分析 그 吉凶을 把握한다.

4. 核 Energy場 部位別 諸 人事宮의 特性
(年運別 方位別 穴場 Energy場 部位別 共히 同一)

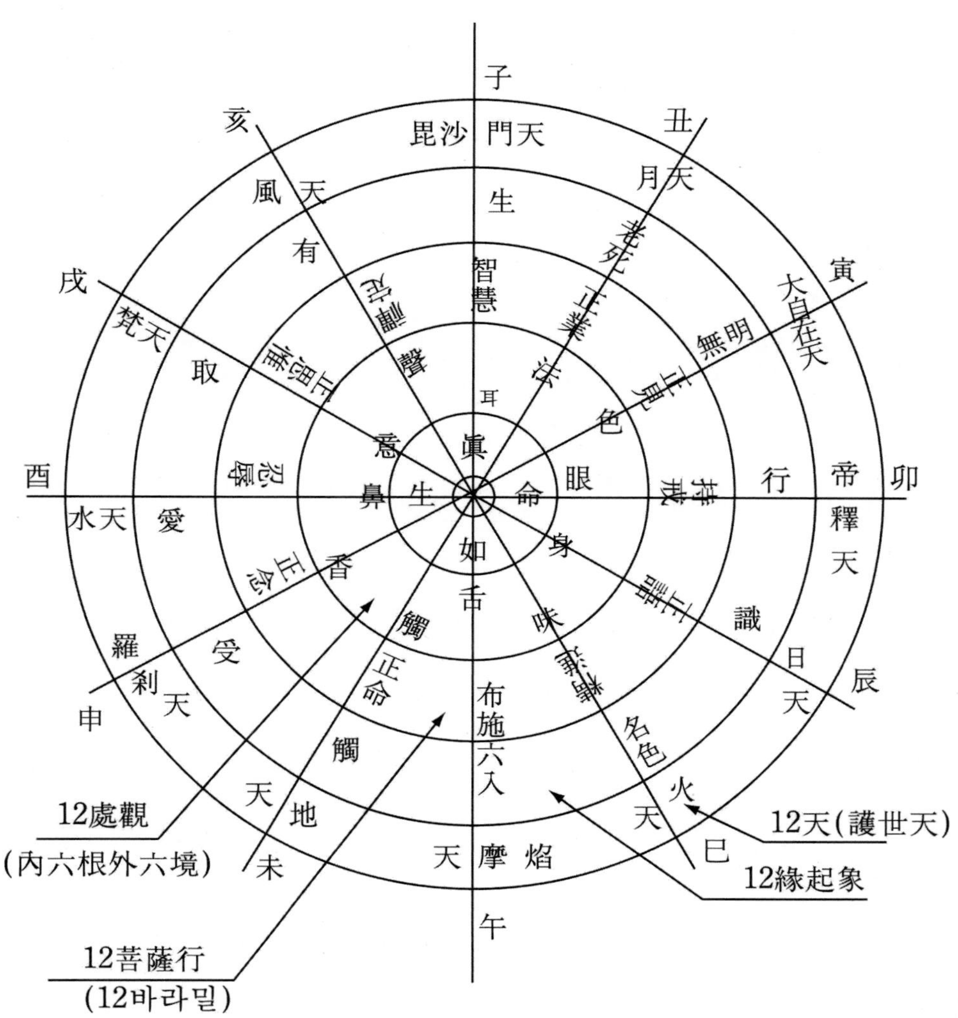

〈그림 3-28〉 無常界 十二 性相

5. 穴板의 同調 Energy場 分布에 대한 人事宮의 諸 原則

1) 諸 人事宮

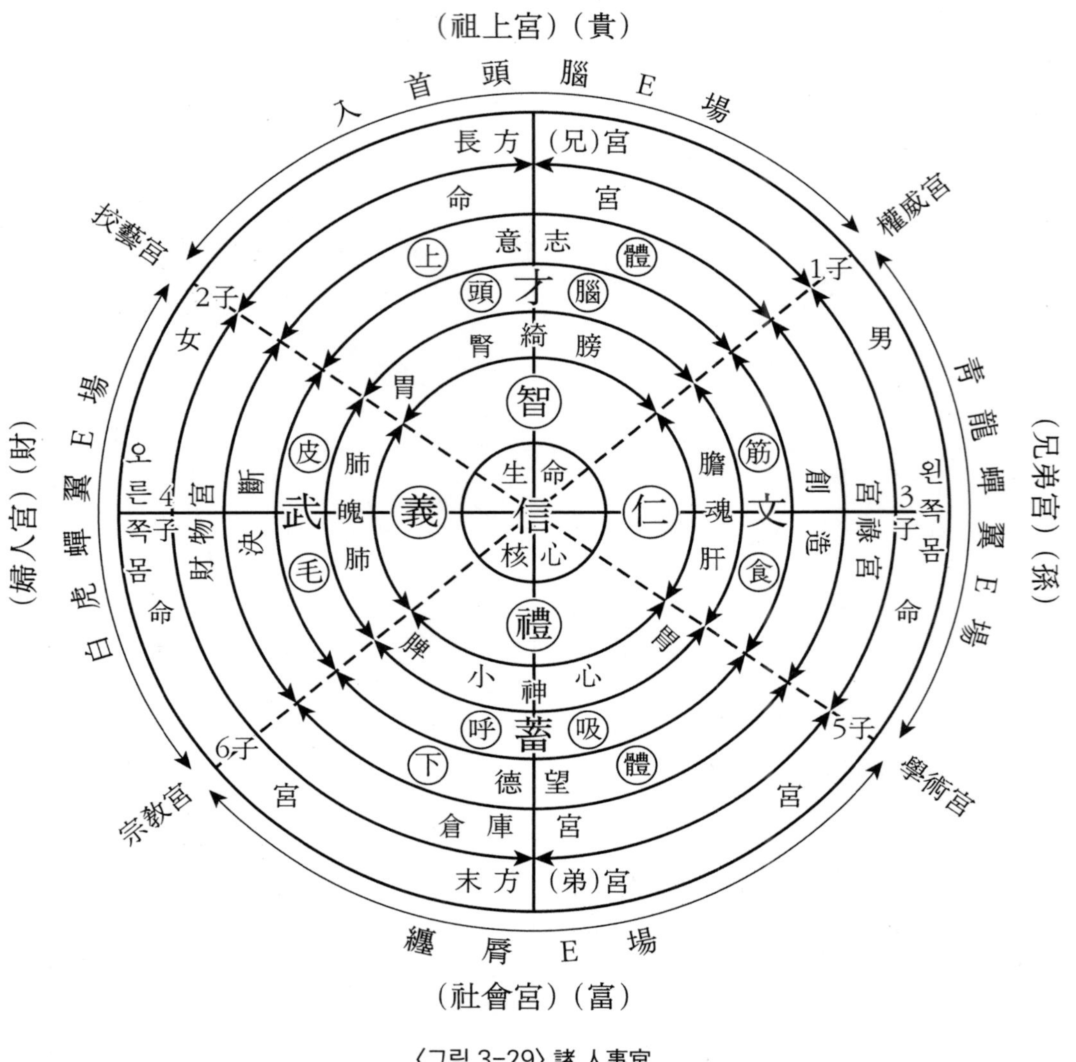

〈그림 3-29〉 諸 人事宮

2) 子孫 - 穴 Energy 同調帶

〈표 3-5〉 子孫 - 穴 Energy 同調帶

Energy場 同調帶 / 子孫 同調	穴 Energy體의 同調 發現 範圍	備 考
1世孫～2世孫	穴板內 一切 同調 Energy場	家系壽命參考
2世孫～3世孫	(穴板＋入首脈一節) 同調 Energy場	〃
3世孫～4世孫	(穴板＋入首脈一節＋來脈一節) 同調 Energy場	〃
4世孫～5世孫	(穴板＋入首脈一節＋來脈二節) 同調 Energy場	〃
5世孫～6世孫	(穴板＋入首脈一節＋來脈三節) 同調 Energy場	〃

6. 山脈(山穴) Energy體의 흐름作用과 人間 Energy體의 同調 流轉原理

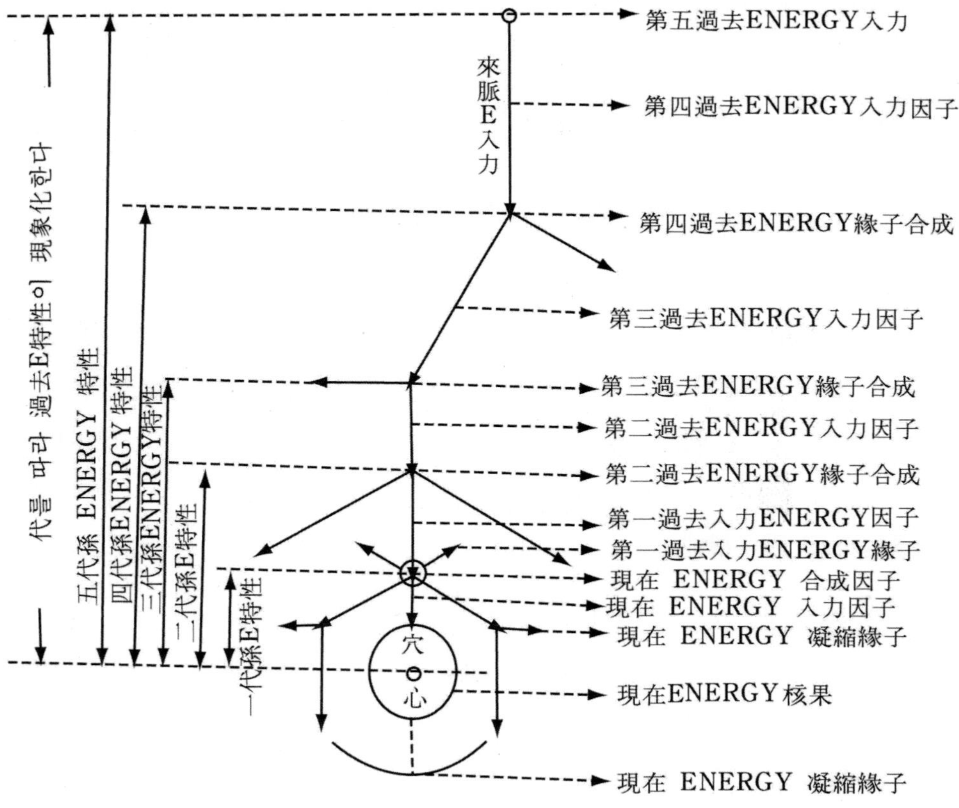

〈그림 3-30〉 山脈(山穴) Energy體의 흐름作用과 人間 Energy體의 同調 流轉原理

※ 本性 回歸同調 流轉作用

※ 山 存在의 緣起特性과 本質還元特性에 의하여 進行된다.

(1) 緣起特性 : 來脈入力 Energy는 周邊 緣分 Energy의 同調 및 干涉을 받아 새로운 Energy 特性을 創造한다(來脈 Energy＋靑・白 Energy ＋案山 Energy＋其他 Energy ＝ 穴心核果).

(2) 本質還元 特性 : 山 核果로부터 人間 Energy體가 同調되게 되면, 그 同調子孫은 代흐름에 따라 過去 Energy 入力因子의 特性 卽 現 核果의 잠재된 特性을 發現하면서 生命現象을 維持해간다.

7. 入胎 및 出生過程과 그 因子構成

1) 入胎過程과 그 因子構成

入胎 年・月・日・時는 入胎以前의 死亡祖上인 四代 또는 五代를 前後한 祖上의 穴 Energy 中 가장 同調的이고, 力量이 强한 穴場의 Energy 特性과 相互關係하게 된다.

따라서 入胎 年・月・日・時와 가장 同調的인 祖上 穴場의 部位別 Energy는 最適의 理想的인 相合 同調條件에서만 그 入胎 Energy 因子를 形成하게 된다.

卽 祖上 Energy場과 子孫 入胎 年・月・日・時 Energy場은 相互對稱 또는 三合同調 合成場 原理에 의하여, 그 入胎 Energy 因子가 形成된다(出生日數가 60甲의 陰數倍는 三合同調合成이고, 60甲의 陽數倍는 對稱同調合成이다).

2) 出生過程과 그 因子構成

出生日時는 入胎 年・月・日・時로부터 約 280日 前後가 된다. 이는 入胎 年・月・日・時에 同調된 祖上 Energy 因子가 出生 年・月・日・時의 時空間 Energy 因子와도 同調合成하지 않으면 아니 되는 條件이 있음을 意味한다.

卽 入胎 年・月・日・時에 同調된 祖上Energy 因子는 出生 年・月・日・時에 對해서도 함께 同調하게 되는데, 例를 들어

甲子年 丙寅月 壬午日 庚戌時에 入胎한 境遇,

여기에 同調된 祖上 Energy 因子는 出生 年・月・日・時인 276日(60甲 × 4.6)째인 甲子年, 乙亥月, 丙午日, 戊戌時와, 288日(60甲 × 4.8)째인 戊午日, 壬戌時, 그리고 300日(60甲 × 5)째인 今月 壬午日, 庚戌時 等과 同調 Energy 場을 形成하게 되고, 또 282日(60甲 × 4.7)째인 甲子年, 乙亥月, 壬子日, 甲辰時와, 294日(60甲 × 4.9)째인 今月 甲子日, 戊辰時… 等과 同調 Energy場을 얻어 出生日時를 決定하게 된다.

8. 地球 同調 Energy場의 因緣課

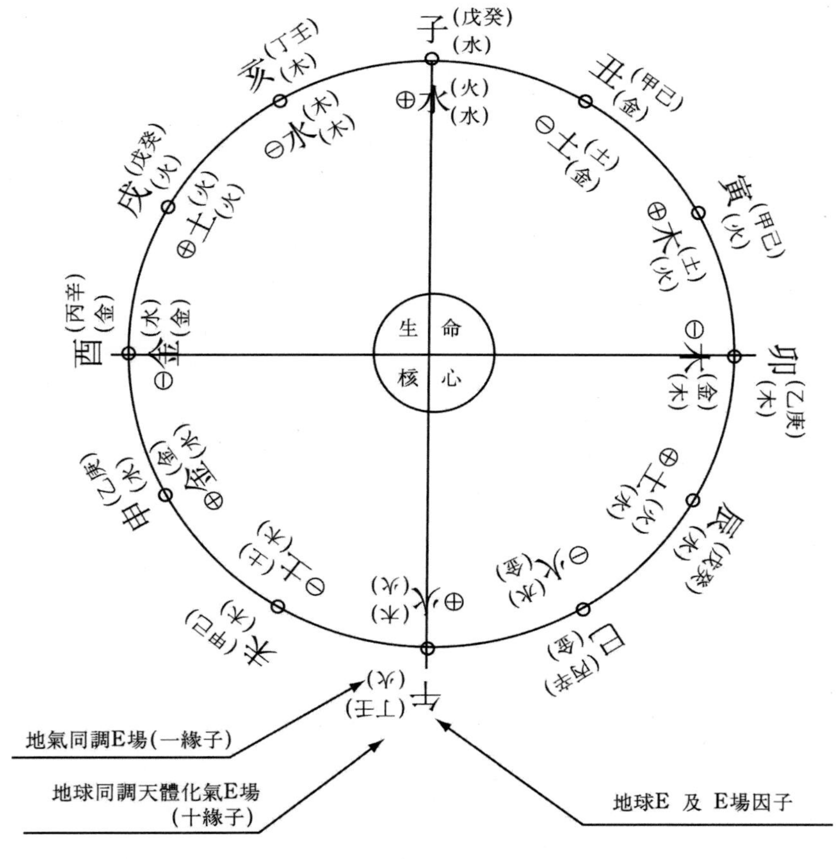

〈그림 3-31〉 地球 同調 Energy場의 因緣課

9. 六十甲子의 命運 및 同調場 表示

〈표 3-6〉 六十甲子의 命運 및 同調場 表示 예시

特性因子 / 六甲	(先後天) 命		(先後天) 運氣			(先後天) Energy 同調場		
			性			性		
			相			相		
			性			性		
			相			相		
			性			性		
			相			相		
			性			性		
			相			相		
			性			性		
			相			相		
			性			性		
			相			相		
			性			性		
			相			相		
			性			性		
			相			相		
			性			性		
			相			相		
			性			性		
			相			相		
			性			性		
			相			相		
			性			性		
			相			相		

9-1. 六十甲子의 命運 및 同調場 表示(甲子~乙亥)

〈표 3-7〉 六十甲子의 命運 및 同調場 表示(甲子~乙亥)

特性 因子 / 六甲	(先後天) 命		(先後天) 運氣			(先後天) E 同調場		
甲子	子$^{(甲)}_{(癸)}$	⊕水$^{(+木)}_{(-水)}$	性	寅$^{(甲己)}$	⊕木$^{(土)}$	性	寅$^{(甲己)}_{(三合)}$	⊕木$^{(土)}_{(火)}$
			相	子$^{(甲己)}$	⊕水$^{(土)}$	相	子$^{(戊癸)}_{(三合)}$	⊕水$^{(火)}_{(水)}$
乙丑	丑$^{(乙)}_{(己)}$	⊖土$_{丑}$$^{(-木)}_{(-土)}$	性	卯$^{(乙庚)}$	⊖木$^{(金)}$	性	卯$^{(乙庚)}_{(三合)}$	⊖木$^{(金)}_{(木)}$
			相	丑$^{(乙庚)}$	⊖土$_{丑}$$^{(金)}$	相	丑$^{(甲己)}_{(三合)}$	⊖土$_{丑}$$^{(土)}_{(金)}$
丙寅	寅$^{(丙)}_{(甲)}$	⊕木$^{(+火)}_{(+木)}$	性	巳$^{(丙辛)}$	⊖火$^{(水)}$	性	巳$^{(丙辛)}_{(三合)}$	⊖火$^{(水)}_{(金)}$
			相	寅$^{(丙辛)}$	⊕木$^{(水)}$	相	寅$^{(甲己)}_{(三合)}$	⊕木$^{(土)}_{(火)}$
丁卯	卯$^{(丁)}_{(乙)}$	⊖木$^{(-火)}_{(-木)}$	性	午$^{(丁壬)}$	⊕火$^{(木)}$	性	午$^{(丁壬)}_{(三合)}$	⊕火$^{(木)}_{(火)}$
			相	卯$^{(丁壬)}$	⊖木$^{(木)}$	相	卯$^{(乙庚)}_{(三合)}$	⊖木$^{(金)}_{(木)}$
戊辰	辰$^{(戊)}_{(戊)}$	⊕土$_{辰}$$^{(+土)}_{(+土)}$	性	辰$^{(戊癸)}$	⊕土$_{辰}$$^{(火)}$	性	辰$^{(戊癸)}_{(三合)}$	⊕土$_{辰}$$^{(火)}_{(水)}$
			相	辰$^{(戊癸)}$	⊕土$_{辰}$$^{(火)}$	相	辰$^{(戊癸)}_{(三合)}$	⊕土$_{辰}$$^{(火)}_{(水)}$
己巳	巳$^{(己)}_{(丙)}$	⊖火$^{(-土)}_{(+火)}$	性	丑$^{(甲己)}$	⊖土$_{丑}$$^{(土)}$	性	丑$^{(甲己)}_{(三合)}$	⊖土$_{丑}$$^{(土)}_{(金)}$
			相	巳$^{(甲己)}$	⊖火$^{(土)}$	相	巳$^{(丙辛)}_{(三合)}$	⊖火$^{(水)}_{(金)}$
庚午	午$^{(庚)}_{(丁)}$	⊕火$^{(+金)}_{(-火)}$	性	申$^{(乙庚)}$	⊕金$^{(金)}$	性	申$^{(乙庚)}_{(三合)}$	⊕金$^{(金)}_{(水)}$
			相	午$^{(乙庚)}$	⊕火$^{(金)}$	相	午$^{(丁壬)}_{(三合)}$	⊕火$^{(木)}_{(火)}$
辛未	未$^{(辛)}_{(己)}$	⊖土$_{未}$$^{(-金)}_{(-土)}$	性	酉$^{(丙辛)}$	⊖金$^{(水)}$	性	酉$^{(丙辛)}_{(三合)}$	⊖金$^{(水)}_{(金)}$
			相	未$^{(丙辛)}$	⊖土$_{未}$$^{(水)}$	相	未$^{(甲己)}_{(三合)}$	⊖土$_{未}$$^{(土)}_{(木)}$
壬申	申$^{(壬)}_{(庚)}$	⊕金$^{(+水)}_{(+金)}$	性	亥$^{(丁壬)}$	⊖水$^{(木)}$	性	亥$^{(丁壬)}_{(三合)}$	⊖水$^{(木)}_{(木)}$
			相	申$^{(丁壬)}$	⊕金$^{(木)}$	相	申$^{(乙庚)}_{(三合)}$	⊕金$^{(金)}_{(水)}$
癸酉	酉$^{(癸)}_{(辛)}$	⊖金$^{(-水)}_{(-金)}$	性	子$^{(戊癸)}$	⊕水$^{(火)}$	性	子$^{(戊癸)}_{(三合)}$	⊕水$^{(火)}_{(水)}$
			相	酉$^{(戊癸)}$	⊖金$^{(火)}$	相	酉$^{(丙辛)}_{(三合)}$	⊖金$^{(水)}_{(金)}$
甲戌	戌$^{(甲)}_{(戊)}$	⊕土$_{戌}$$^{(+木)}_{(+土)}$	性	寅$^{(甲己)}$	⊕木$^{(土)}$	性	寅$^{(甲己)}_{(三合)}$	⊕木$^{(土)}_{(火)}$
			相	戌$^{(甲己)}$	⊕土$_{戌}$$^{(土)}$	相	戌$^{(戊癸)}_{(三合)}$	⊕土$_{戌}$$^{(火)}_{(火)}$
乙亥	亥$^{(乙)}_{(壬)}$	⊖水$^{(-木)}_{(+水)}$	性	卯$^{(乙庚)}$	⊖木$^{(金)}$	性	卯$^{(乙庚)}_{(三合)}$	⊖木$^{(金)}_{(木)}$
			相	亥$^{(乙庚)}$	⊖水$^{(金)}$	相	亥$^{(丁壬)}_{(三合)}$	⊖水$^{(木)}_{(木)}$

9-2. 六十甲子의 命運 및 同調場 表示(丙子~丁亥)

〈표 3-8〉 六十甲子의 命運 및 同調場 表示(丙子~丁亥)

特性因子 / 六甲	(先後天) 命		(先後天) 運氣			(先後天) E 同調場		
丙子	子(丙)(癸)	⊕水(+火)(-水)	性	巳(丙辛)	⊖火(水)	性	巳(丙辛)(三合)	⊖火(水)(金)
			相	子(丙辛)	⊕水(水)	相	子(戊癸)(三合)	⊕水(火)(水)
丁丑	丑(丁)(己)	⊖土丑(-火)(-土)	性	午(丁壬)	⊕火(木)	性	午(丁壬)(三合)	⊕火(木)(火)
			相	丑(丁壬)	⊖土丑(木)	相	丑(甲己)(三合)	⊖土丑(土)(金)
戊寅	寅(戊)(甲)	⊕木(+土)(+木)	性	戌(戊癸)	⊕土戌(火)	性	戌(戊癸)(三合)	⊕土戌(火)(火)
			相	寅(戊癸)	⊕木(火)	相	寅(甲己)(三合)	⊕木(土)(火)
己卯	卯(己)(乙)	⊖木(-土)(-木)	性	未(甲己)	⊖土未(土)	性	未(甲己)(三合)	⊕土未(土)(木)
			相	卯(甲己)	⊖木(土)	相	卯(乙庚)(三合)	⊖木(金)(木)
庚辰	辰(庚)(戊)	⊕土辰(+金)(+土)	性	申(乙庚)	⊕金(金)	性	申(乙庚)(三合)	⊕金(金)(水)
			相	辰(乙庚)	⊕土辰(金)	相	辰(戊癸)(三合)	⊕土辰(火)(水)
辛巳	巳(辛)(丙)	⊖火(-金)(+火)	性	酉(丙辛)	⊖金(水)	性	酉(丙辛)(三合)	⊖金(水)(金)
			相	巳(丙辛)	⊖火(水)	相	巳(丙辛)(三合)	⊖火(水)(金)
壬午	午(壬)(丁)	⊕火(+水)(-火)	性	亥(丁壬)	⊖水(木)	性	亥(丁壬)(三合)	⊖水(木)(木)
			相	午(丁壬)	⊕火(木)	相	午(丁壬)(三合)	⊕火(木)(火)
癸未	未(癸)(己)	⊖土未(-水)(-土)	性	子(戊癸)	⊕水(火)	性	子(戊癸)(三合)	⊕水(火)(水)
			相	未(戊癸)	⊖土未(火)	相	未(甲己)(三合)	⊖土未(土)(木)
甲申	申(甲)(庚)	⊕金(+木)(+金)	性	寅(甲己)	⊕木(土)	性	寅(甲己)(三合)	⊕木(土)(火)
			相	申(甲己)	⊕金(土)	相	申(乙庚)(三合)	⊕金(金)(水)
乙酉	酉(乙)(辛)	⊖金(-木)(-金)	性	卯(乙庚)	⊖木(金)	性	卯(乙庚)(三合)	⊖木(金)(木)
			相	酉(乙庚)	⊖金(金)	相	酉(丙辛)(三合)	⊖金(水)(金)
丙戌	戌(丙)(戊)	⊕土戌(+火)(+土)	性	巳(丙辛)	⊖火(水)	性	巳(丙辛)(三合)	⊖火(水)(金)
			相	戌(丙辛)	⊕土戌(水)	相	戌(戊癸)(三合)	⊕土戌(火)(火)
丁亥	亥(丁)(壬)	⊖水(-火)(+水)	性	午(丁壬)	⊕火(木)	性	午(丁壬)(三合)	⊕火(木)(火)
			相	亥(丁壬)	⊖水(木)	相	亥(丁壬)(三合)	⊖水(木)(木)

9-3. 六十甲子의 命運 및 同調場 表示(戊子~己亥)

〈표 3-9〉 六十甲子의 命運 및 同調場 表示(戊子~己亥)

特性 因子 六甲	(先後天) 命		(先後天) 運氣			(先後天) E 同調場		
戊子	子$^{(戊)}_{(癸)}$	⊕水$^{(+土)}_{(-水)}$	性	辰$^{(戊癸)}$	⊕土$_{辰}{}^{(火)}$	性	辰$^{(戊癸)}_{(三合)}$	⊕土$_{辰}{}^{(火)}_{(水)}$
			相	子$^{(戊癸)}$	⊕水$^{(火)}$	相	子$^{(戊癸)}_{(三合)}$	⊕水$^{(火)}_{(水)}$
己丑	丑$^{(己)}_{(己)}$	⊖土$_{丑}{}^{(-土)}_{(-土)}$	性	丑$^{(甲己)}$	⊖土$_{丑}{}^{(土)}$	性	丑$^{(甲己)}_{(三合)}$	⊖土$_{丑}{}^{(土)}_{(金)}$
			相	丑$^{(甲己)}$	⊖土$_{丑}{}^{(土)}$	相	丑$^{(甲己)}_{(三合)}$	⊖土$_{丑}{}^{(土)}_{(金)}$
庚寅	寅$^{(庚)}_{(甲)}$	⊕木$^{(+金)}_{(+木)}$	性	申$^{(乙庚)}$	⊕金$^{(金)}$	性	申$^{(乙庚)}_{(三合)}$	⊕金$^{(金)}_{(水)}$
			相	寅$^{(乙庚)}$	⊕木$^{(金)}$	相	寅$^{(甲己)}_{(三合)}$	⊕木$^{(土)}_{(火)}$
辛卯	卯$^{(辛)}_{(乙)}$	⊖木$^{(-金)}_{(-木)}$	性	酉$^{(丙辛)}$	⊖金$^{(水)}$	性	酉$^{(丙辛)}_{(三合)}$	⊖金$^{(水)}_{(金)}$
			相	卯$^{(丙辛)}$	⊖木$^{(水)}$	相	卯$^{(乙庚)}_{(三合)}$	⊖木$^{(金)}_{(木)}$
壬辰	辰$^{(壬)}_{(戊)}$	⊕土$_{辰}{}^{(+水)}_{(+土)}$	性	亥$^{(丁壬)}$	⊖水$^{(木)}$	性	亥$^{(丁壬)}_{(三合)}$	⊖水$^{(木)}_{(木)}$
			相	辰$^{(丁壬)}$	⊕土$_{辰}{}^{(木)}$	相	辰$^{(戊癸)}_{(三合)}$	⊕土$_{辰}{}^{(火)}_{(水)}$
癸巳	巳$^{(癸)}_{(丙)}$	⊖火$^{(-水)}_{(+火)}$	性	子$^{(戊癸)}$	⊕水$^{(火)}$	性	子$^{(戊癸)}_{(三合)}$	⊕水$^{(火)}_{(水)}$
			相	巳$^{(戊癸)}$	⊖火$^{(火)}$	相	巳$^{(丙辛)}_{(三合)}$	⊖火$^{(水)}_{(金)}$
甲午	午$^{(甲)}_{(丁)}$	⊕火$^{(+木)}_{(-火)}$	性	寅$^{(甲己)}$	⊕木$^{(土)}$	性	寅$^{(甲己)}_{(三合)}$	⊕木$^{(土)}_{(火)}$
			相	午$^{(甲己)}$	⊕火$^{(土)}$	相	午$^{(丁壬)}_{(三合)}$	⊕火$^{(木)}_{(火)}$
乙未	未$^{(乙)}_{(己)}$	⊖土$_{未}{}^{(-木)}_{(-土)}$	性	卯$^{(乙庚)}$	⊖木$^{(金)}$	性	卯$^{(乙庚)}_{(三合)}$	⊖木$^{(金)}_{(木)}$
			相	未$^{(乙庚)}$	⊖土$_{未}{}^{(金)}$	相	未$^{(甲己)}_{(三合)}$	⊖土$_{未}{}^{(土)}_{(木)}$
丙申	申$^{(丙)}_{(庚)}$	⊕金$^{(+火)}_{(+金)}$	性	巳$^{(丙辛)}$	⊖火$^{(水)}$	性	巳$^{(丙辛)}_{(三合)}$	⊖火$^{(水)}_{(金)}$
			相	申$^{(丙辛)}$	⊕金$^{(水)}$	相	申$^{(乙庚)}_{(三合)}$	⊕金$^{(金)}_{(水)}$
丁酉	酉$^{(丁)}_{(辛)}$	⊖金$^{(-火)}_{(-金)}$	性	午$^{(丁壬)}$	⊕火$^{(木)}$	性	午$^{(丁壬)}_{(三合)}$	⊕火$^{(木)}_{(火)}$
			相	酉$^{(丁壬)}$	⊖金$^{(木)}$	相	酉$^{(丙辛)}_{(三合)}$	⊖金$^{(水)}_{(金)}$
戊戌	戌$^{(戊)}_{(戊)}$	⊕土$_{戌}{}^{(+土)}_{(+土)}$	性	戌$^{(戊癸)}$	⊕土$_{戌}{}^{(火)}$	性	戌$^{(戊癸)}_{(三合)}$	⊕土$_{戌}{}^{(火)}_{(火)}$
			相	戌$^{(戊癸)}$	⊕土$_{戌}{}^{(火)}$	相	戌$^{(戊癸)}_{(三合)}$	⊕土$_{戌}{}^{(火)}_{(火)}$
己亥	亥$^{(己)}_{(壬)}$	⊖水$^{(-土)}_{(+水)}$	性	未$^{(甲己)}$	⊖土$_{未}{}^{(土)}$	性	未$^{(甲己)}_{(三合)}$	⊖土$_{未}{}^{(土)}_{(木)}$
			相	亥$^{(甲己)}$	⊖水$^{(土)}$	相	亥$^{(丁壬)}_{(三合)}$	⊖水$^{(木)}_{(木)}$

9-4. 六十甲子의 命運 및 同調場 表示(庚子～辛亥)

〈표 3-10〉 六十甲子의 命運 및 同調場 表示(庚子～辛亥)

特性 因子 / 六甲	(先後天) 命		(先後天) 運氣			(先後天) E 同調場		
庚子	子$^{(庚)}_{(癸)}$	⊕水$^{(+金)}_{(-水)}$	性	申$^{(乙庚)}$	⊕金$^{(金)}$	性	申$^{(乙庚)}_{(三合)}$	⊕金$^{(金)}_{(水)}$
			相	子$^{(乙庚)}$	⊕水$^{(金)}$	相	子$^{(戊癸)}_{(三合)}$	⊕水$^{(火)}_{(水)}$
辛丑	丑$^{(辛)}_{(己)}$	⊖土$_{丑}{}^{(-金)}_{(-土)}$	性	酉$^{(丙辛)}$	⊖金$^{(水)}$	性	酉$^{(丙辛)}_{(三合)}$	⊖金$^{(水)}_{(金)}$
			相	丑$^{(丙辛)}$	⊖土$_{丑}{}^{(水)}$	相	丑$^{(甲己)}_{(三合)}$	⊖土$_{丑}{}^{(土)}_{(金)}$
壬寅	寅$^{(壬)}_{(甲)}$	⊕木$^{(+水)}_{(+木)}$	性	亥$^{(丁壬)}$	⊖水$^{(木)}$	性	亥$^{(丁壬)}_{(三合)}$	⊖水$^{(木)}_{(木)}$
			相	寅$^{(丁壬)}$	⊕木$^{(木)}$	相	寅$^{(甲己)}_{(三合)}$	⊕木$^{(土)}_{(火)}$
癸卯	卯$^{(癸)}_{(乙)}$	⊖木$^{(-水)}_{(-木)}$	性	子$^{(戊癸)}$	⊕水$^{(火)}$	性	子$^{(戊癸)}_{(三合)}$	⊕水$^{(火)}_{(水)}$
			相	卯$^{(戊癸)}$	⊖木$^{(火)}$	相	卯$^{(乙庚)}_{(三合)}$	⊖木$^{(金)}_{(木)}$
甲辰	辰$^{(甲)}_{(戊)}$	⊕土$_{辰}{}^{(+木)}_{(+土)}$	性	寅$^{(甲己)}$	⊕木$^{(土)}$	性	寅$^{(甲己)}_{(三合)}$	⊕木$^{(土)}_{(火)}$
			相	辰$^{(甲己)}$	⊕土$_{辰}{}^{(土)}$	相	辰$^{(戊癸)}_{(三合)}$	⊕土$_{辰}{}^{(火)}_{(水)}$
乙巳	巳$^{(乙)}_{(丙)}$	⊖火$^{(-木)}_{(+火)}$	性	卯$^{(乙庚)}$	⊖木$^{(金)}$	性	卯$^{(乙庚)}_{(三合)}$	⊖木$^{(金)}_{(木)}$
			相	巳$^{(乙庚)}$	⊖火$^{(金)}$	相	巳$^{(丙辛)}_{(三合)}$	⊖火$^{(水)}_{(金)}$
丙午	午$^{(丙)}_{(丁)}$	⊕火$^{(+火)}_{(-火)}$	性	巳$^{(丙辛)}$	⊖火$^{(水)}$	性	巳$^{(丙辛)}_{(三合)}$	⊖火$^{(水)}_{(金)}$
			相	午$^{(丙辛)}$	⊕火$^{(土)}$	相	午$^{(丁壬)}_{(三合)}$	⊕火$^{(木)}_{(火)}$
丁未	未$^{(丁)}_{(己)}$	⊖土$_{未}{}^{(-火)}_{(-土)}$	性	午$^{(丁壬)}$	⊕火$^{(木)}$	性	午$^{(丁壬)}_{(三合)}$	⊕火$^{(木)}_{(火)}$
			相	未$^{(丁壬)}$	⊖土$_{未}{}^{(木)}$	相	未$^{(甲己)}_{(三合)}$	⊖土$_{未}{}^{(土)}_{(木)}$
戊申	申$^{(戊)}_{(庚)}$	⊕金$^{(+土)}_{(+金)}$	性	辰$^{(戊癸)}$	⊕土$^{(火)}$	性	辰$^{(戊癸)}_{(三合)}$	⊕土$_{辰}{}^{(火)}_{(水)}$
			相	申$^{(戊癸)}$	⊕金$^{(火)}$	相	申$^{(乙庚)}_{(三合)}$	⊕金$^{(金)}_{(水)}$
己酉	酉$^{(己)}_{(辛)}$	⊖金$^{(-土)}_{(-金)}$	性	丑$^{(甲己)}$	⊖土$_{丑}{}^{(土)}$	性	丑$^{(甲己)}_{(三合)}$	⊖土$_{丑}{}^{(土)}_{(金)}$
			相	酉$^{(甲己)}$	⊖金$^{(土)}$	相	酉$^{(丙辛)}_{(三合)}$	⊖金$^{(水)}_{(金)}$
庚戌	戌$^{(庚)}_{(戊)}$	⊕土$_{戌}{}^{(+金)}_{(+土)}$	性	申$^{(乙庚)}$	⊕金$^{(金)}$	性	申$^{(乙庚)}_{(三合)}$	⊕金$^{(金)}_{(水)}$
			相	戌$^{(乙庚)}$	⊕土$_{戌}{}^{(金)}$	相	戌$^{(戊癸)}_{(三合)}$	⊕土$_{戌}{}^{(火)}_{(火)}$
辛亥	亥$^{(辛)}_{(壬)}$	⊖水$^{(-金)}_{(+水)}$	性	酉$^{(丙辛)}$	⊖金$^{(水)}$	性	酉$^{(丙辛)}_{(三合)}$	⊖金$^{(水)}_{(金)}$
			相	亥$^{(丙辛)}$	⊖水$^{(水)}$	相	亥$^{(丁壬)}_{(三合)}$	⊖水$^{(木)}_{(木)}$

9-5. 六十甲子의 命運 및 同調場 表示(壬子～癸亥)

〈표 3-11〉 六十甲子의 命運 및 同調場 表示(壬子～癸亥)

特性 因子 / 六甲	(先後天) 命		(先後天) 運氣			(先後天) E 同調場		
壬子	子$^{(壬)}_{(癸)}$	⊕水$^{(+水)}_{(-水)}$	性	亥$^{(丁壬)}$	⊖水$^{(木)}$	性	亥$^{(丁壬)}_{(三合)}$	⊖水$^{(木)}_{(木)}$
			相	子$^{(丁壬)}$	⊕水$^{(木)}$	相	子$^{(戊癸)}_{(三合)}$	⊕水$^{(火)}_{(水)}$
癸丑	丑$^{(癸)}_{(己)}$	⊖土$_{丑}{}^{(-水)}_{(-土)}$	性	子$^{(戊癸)}$	⊕水$^{(火)}$	性	子$^{(戊癸)}_{(三合)}$	⊕水$^{(火)}_{(水)}$
			相	丑$^{(戊癸)}$	⊖土$_{丑}{}^{(火)}$	相	丑$^{(甲己)}_{(三合)}$	⊖土$_{丑}{}^{(土)}_{(金)}$
甲寅	寅$^{(甲)}_{(甲)}$	⊕木$^{(+木)}_{(+木)}$	性	寅$^{(甲己)}$	⊕木$^{(土)}$	性	寅$^{(甲己)}_{(三合)}$	⊕木$^{(土)}_{(火)}$
			相	寅$^{(甲己)}$	⊕木$^{(土)}$	相	寅$^{(甲己)}_{(三合)}$	⊕木$^{(土)}_{(火)}$
乙卯	卯$^{(乙)}_{(乙)}$	⊖木$^{(-木)}_{(-木)}$	性	卯$^{(乙庚)}$	⊖卯$^{(金)}$	性	卯$^{(乙庚)}_{(三合)}$	⊖木$^{(金)}_{(木)}$
			相	卯$^{(乙庚)}$	⊖木$^{(金)}$	相	卯$^{(乙庚)}_{(三合)}$	⊖木$^{(金)}_{(木)}$
丙辰	辰$^{(丙)}_{(戊)}$	⊕土$^{(+火)}_{(+土)}$	性	巳$^{(丙辛)}$	⊖火$^{(水)}$	性	巳$^{(丙辛)}_{(三合)}$	⊖水$^{(水)}_{(金)}$
			相	辰$^{(丙辛)}$	⊕土$_{辰}{}^{(水)}$	相	辰$^{(戊癸)}_{(三合)}$	⊕土$_{辰}{}^{(火)}_{(水)}$
丁巳	巳$^{(丁)}_{(丙)}$	⊖火$^{(-火)}_{(+火)}$	性	午$^{(丁壬)}$	⊕午$^{(木)}$	性	午$^{(丁壬)}_{(三合)}$	⊕火$^{(木)}_{(火)}$
			相	巳$^{(丁壬)}$	⊖火$^{(木)}$	相	巳$^{(丙辛)}_{(三合)}$	⊖火$^{(水)}_{(金)}$
戊午	午$^{(戊)}_{(丁)}$	⊕火$^{(+土)}_{(-火)}$	性	戌$^{(戊癸)}$	⊕土$_{戌}{}^{(火)}$	性	戌$^{(戊癸)}_{(三合)}$	⊕土$_{戌}{}^{(火)}_{(火)}$
			相	午$^{(戊癸)}$	⊕火$^{(火)}$	相	午$^{(丁壬)}_{(三合)}$	⊕火$^{(木)}_{(火)}$
己未	未$^{(己)}_{(己)}$	⊖土$_{未}{}^{(-土)}_{(-土)}$	性	未$^{(甲己)}$	⊖土$_{未}{}^{(土)}$	性	未$^{(甲己)}_{(三合)}$	⊖土$_{未}{}^{(土)}_{(木)}$
			相	未$^{(甲己)}$	⊖土$_{未}{}^{(土)}$	相	未$^{(甲己)}_{(三合)}$	⊖土$_{未}{}^{(土)}_{(木)}$
庚申	申$^{(庚)}_{(庚)}$	⊕金$^{(+金)}_{(+金)}$	性	申$^{(乙庚)}$	⊕金$^{(金)}$	性	申$^{(乙庚)}_{(三合)}$	⊕金$^{(金)}_{(水)}$
			相	申$^{(乙庚)}$	⊕金$^{(金)}$	相	申$^{(乙庚)}_{(三合)}$	⊕金$^{(金)}_{(水)}$
辛酉	酉$^{(辛)}_{(辛)}$	⊖金$^{(-金)}_{(-金)}$	性	酉$^{(丙辛)}$	⊖金$^{(水)}$	性	酉$^{(丙辛)}_{(三合)}$	⊖金$^{(水)}_{(金)}$
			相	酉$^{(丙辛)}$	⊖金$^{(水)}$	相	酉$^{(丙辛)}_{(三合)}$	⊖金$^{(水)}_{(金)}$
壬戌	戌$^{(壬)}_{(戊)}$	⊕土$_{戌}{}^{(+水)}_{(+土)}$	性	亥$^{(丁壬)}$	⊖水$^{(木)}$	性	亥$^{(丁壬)}_{(三合)}$	⊖水$^{(木)}_{(木)}$
			相	戌$^{(丁壬)}$	⊕土$_{戌}{}^{(木)}$	相	戌$^{(戊癸)}_{(三合)}$	⊕土$_{戌}{}^{(火)}_{(火)}$
癸亥	亥$^{(癸)}_{(壬)}$	⊖水$^{(-水)}_{(+水)}$	性	子$^{(戊癸)}$	⊕子$^{(火)}$	性	子$^{(戊癸)}_{(三合)}$	⊕水$^{(火)}_{(水)}$
			相	亥$^{(戊癸)}$	⊖水$^{(火)}$	相	亥$^{(丁壬)}_{(三合)}$	⊖水$^{(木)}_{(木)}$

10. 人間 Energy 特性 分析表

〈표 3-12〉 人間 Energy 特性 分析表

生成特性 / 生成條件		先天命	後天命	先天運氣		後天運氣		先天E同調場		後天E同調場	
				性因子	相因子	性因子	相因子	性因子	相因子	性因子	相因子
生年位相 (　)	因緣構成										
	五行構成										
	E構成										
生月位相 (　)	因緣構成										
	五行構成										
	E構成										
生日位相 (先天　) (後天　)	因緣構成										
	五行構成										
	E構成										
生時位相 (先天　) (後天　)	因緣構成										
	五行構成										
	E構成										

〈표 3-13〉例 1 : 甲子年 2月 15日 寅時生의 Energy 特性發現

生成條件 / 生成特性		生年位相(甲子)			生月位相(乙丑)			生日位相 {先天(己卯) 後天(庚午)}			生時位相 {先天(辛巳) 後天(壬申)}		
		因緣構成	五行構成	E 構成	因緣構成	五行構成	E 構成	因緣構成	五行構成	E 構成	因緣構成	五行構成	E 構成
先天命		子$^{(甲)}_{(癸)}$	⊕水$^{(+木)}_{(-水)}$	⊕H$^{(+N)}_{(-H)}$	丑$^{(乙)}_{(己)}$	⊖土$_{丑}$$^{(-木)}_{(-土)}$	⊖T$^{(-N)}_{(-T)}$	卯$^{(己)}_{(乙)}$	⊖木$^{(-土)}_{(-木)}$	⊖N$^{(-T)}_{(-N)}$	巳$^{(辛)}_{(丙)}$	⊖火$^{(-金)}_{(+火)}$	⊖O$^{(-C)}_{(+O)}$
後天命		上同	上同	上同	上同	上同	上同	午$^{(庚)}_{(丁)}$	⊕火$^{(+金)}_{(-火)}$	⊕O$^{(+C)}_{(-O)}$	申$^{(壬)}_{(庚)}$	⊕金$^{(+水)}_{(+金)}$	⊕C$^{(+H)}_{(+C)}$
先天運氣	性 因子	寅$^{(甲己)}$	⊕木$^{(土)}$	⊕N$^{(T)}$	卯$^{(乙庚)}$	⊖木$^{(金)}$	⊖N$^{(C)}$	未$^{(甲己)}$	⊖土$_{未}$$^{(土)}$	⊖T$_{未}$$^{(T)}$	酉$^{(丙辛)}$	⊖金$^{(水)}$	⊖C$^{(H)}$
	相 因子	子$^{(甲己)}$	⊕水$^{(土)}$	⊕H$^{(T)}$	丑$^{(乙庚)}$	⊖土$_{丑}$$^{(金)}$	⊖T$_{丑}$$^{(C)}$	卯$^{(甲己)}$	⊖木$^{(土)}$	⊖N$^{(T)}$	巳$^{(丙辛)}$	⊖火$^{(水)}$	⊖O$^{(H)}$
後天運氣	性 因子	寅$^{(甲己)}$	⊕木$^{(土)}$	⊕N$^{(T)}$	卯$^{(乙庚)}$	⊖木$^{(金)}$	⊖N$^{(C)}$	申$^{(乙庚)}$	⊕金$^{(金)}$	⊕C$^{(C)}$	亥$^{(丁壬)}$	⊖水$^{(木)}$	⊖H$^{(N)}$
	相 因子	子$^{(甲己)}$	⊕水$^{(土)}$	⊕H$^{(T)}$	丑$^{(乙庚)}$	⊖土$_{丑}$$^{(金)}$	⊖T$_{丑}$$^{(C)}$	午$^{(乙庚)}$	⊕火$^{(金)}$	⊕O$^{(C)}$	申$^{(丁壬)}$	⊕金$^{(木)}$	⊕C$^{(N)}$
先天 同調 E場	性 因子	寅$^{(甲己)}_{(三合)}$	⊕木$^{(土)}_{(火)}$	⊕N$^{(T)}_{(O)}$	卯$^{(乙庚)}_{(三合)}$	⊖木$^{(金)}_{(木)}$	⊖N$^{(C)}_{(N)}$	未$^{(甲己)}_{(三合)}$	⊖土$_{未}$$^{(土)}_{(木)}$	⊖T$_{未}$$^{(T)}_{(N)}$	酉$^{(丙辛)}_{(三合)}$	⊖金$^{(水)}_{(金)}$	⊖C$^{(H)}_{(C)}$
	相 因子	子$^{(戊癸)}_{(三合)}$	⊕水$^{(火)}_{(水)}$	⊕H$^{(O)}_{(H)}$	丑$^{(甲己)}_{(三合)}$	⊖丑$^{(土)}_{(金)}$	⊖T$_{丑}$$^{(T)}_{(C)}$	卯$^{(乙庚)}_{(三合)}$	⊖木$^{(金)}_{(木)}$	⊖N$^{(C)}_{(N)}$	巳$^{(丙辛)}_{(三合)}$	⊖火$^{(水)}_{(金)}$	⊖O$^{(H)}_{(C)}$
後天 同調 E場	性 因子	寅$^{(甲己)}_{(三合)}$	⊕木$^{(土)}_{(火)}$	⊕N$^{(T)}_{(O)}$	卯$^{(乙庚)}_{(三合)}$	⊖木$^{(金)}_{(木)}$	⊖N$^{(C)}_{(N)}$	未$^{(甲己)}_{(三合)}$	⊖土$_{未}$$^{(土)}_{(木)}$	⊖T$_{未}$$^{(T)}_{(N)}$	酉$^{(丙辛)}_{(三合)}$	⊖金$^{(水)}_{(金)}$	⊖C$^{(H)}_{(C)}$
	相 因子	子$^{(戊癸)}_{(三合)}$	⊕水$^{(火)}_{(水)}$	⊕H$^{(O)}_{(H)}$	丑$^{(甲己)}_{(三合)}$	⊖丑$^{(土)}_{(金)}$	⊖T$_{丑}$$^{(T)}_{(C)}$	卯$^{(乙庚)}_{(三合)}$	⊖木$^{(金)}_{(木)}$	⊖N$^{(C)}_{(N)}$	巳$^{(丙辛)}_{(三合)}$	⊖火$^{(水)}_{(金)}$	⊖O$^{(H)}_{(C)}$

〈표 3-14〉 例 2 : 乙亥年 11月 20日 戌時生의 Energy 特性 發現

生成條件 / 生成特性		生年位相(乙亥)			生月位相(乙酉)			生日位相 {先天(甲辰) 後天(壬辰)}			生時位相 {先天(甲寅) 後天(壬寅)}		
		因緣構成	五行構成	E 構成	因緣構成	五行構成	E 構成	因緣構成	五行構成	E 構成	因緣構成	五行構成	E 構成
先天命		亥$^{(乙)}_{(壬)}$	⊖水$^{(-木)}_{(+水)}$	⊖H$^{(-N)}_{(+H)}$	酉$^{(乙)}_{(辛)}$	⊖金$^{(-木)}_{(-金)}$	⊖C$^{(-N)}_{(-C)}$	辰$^{(甲)}_{(戊)}$	⊕土$_{辰}$$^{(+木)}_{(+土)}$	T$_{辰}$$^{(+N)}_{(+T)}$	寅$^{(甲)}_{(甲)}$	⊕木$^{(+木)}_{(+木)}$	⊖N$^{(+N)}_{(+N)}$
後天命								辰$^{(壬)}_{(戊)}$	⊕土$_{辰}$$^{(+水)}_{(+土)}$	T$_{辰}$$^{(+H)}_{(+T)}$	寅$^{(壬)}_{(甲)}$	⊕木$^{(+水)}_{(+木)}$	⊕N$^{(+H)}_{(+H)}$
先天運氣	性 因子	卯$^{(乙庚)}$	⊖木$^{(金)}$	⊖N$^{(C)}$	卯$^{(乙庚)}$	⊖木$^{(金)}$	⊖N$^{(C)}$	寅$^{(甲己)}$	⊕木$^{(土)}$	⊕N$^{(T)}$	寅$^{(甲己)}$	⊕木(土)	⊕N$^{(T)}$
	相 因子	亥$^{(乙庚)}$	⊖水$^{(金)}$	⊖H$^{(C)}$	酉$^{(乙庚)}$	⊖金$^{(金)}$	⊖C$^{(C)}$	辰$^{(甲己)}$	⊕土$_{辰}$$^{(土)}$	⊕T$_{辰}$$^{(T)}$	寅$^{(甲己)}$	⊕木(土)	⊕N$^{(T)}$
後天運氣	性 因子							亥$^{(丁壬)}$	⊖水$^{(木)}$	⊖H$^{(N)}$	亥$^{(丁壬)}$	⊖水$^{(木)}$	⊖H$^{(N)}$
	相 因子							辰$^{(丁壬)}$	⊕土$_{辰}$$^{(木)}$	⊕T$_{辰}$$^{(N)}$	寅$^{(丁壬)}$	⊕木$^{(木)}$	⊕N$^{(N)}$
先天同調E場	性 因子	卯$^{(乙庚)}_{(三合)}$	⊖木$^{(金)}_{(木)}$	⊖N$^{(C)}_{(N)}$	卯$^{(乙庚)}_{(三合)}$	⊖木$^{(金)}_{(木)}$	⊖N$^{(C)}_{(N)}$	寅$^{(甲己)}_{(三合)}$	⊕木$^{(土)}_{(火)}$	⊕N$^{(T)}_{(O)}$	寅$^{(甲己)}_{(三合)}$	⊕木$^{(土)}_{(火)}$	⊕N$^{(T)}_{(O)}$
	相 因子	亥$^{(丁壬)}_{(三合)}$	⊖水$^{(木)}_{(木)}$	⊖H$^{(N)}_{(N)}$	酉$^{(丙辛)}_{(三合)}$	⊖金$^{(水)}_{(金)}$	⊖C$^{(H)}_{(C)}$	辰$^{(戊癸)}_{(三合)}$	⊕土$_{辰}$$^{(火)}_{(水)}$	⊕T$_{辰}$$^{(O)}_{(H)}$	寅$^{(甲己)}_{(三合)}$	⊕木$^{(土)}_{(火)}$	⊕N$^{(T)}_{(O)}$
後天同調E場	性 因子							亥$^{(丁壬)}_{(三合)}$	⊖水$^{(木)}_{(木)}$	⊖H$^{(N)}_{(N)}$	亥$^{(丁壬)}_{(三合)}$	⊖水$^{(木)}_{(木)}$	⊖H$^{(N)}_{(N)}$
	相 因子							辰$^{(戊癸)}_{(三合)}$	⊕土$_{辰}$$^{(火)}_{(水)}$	⊕T$_{辰}$$^{(O)}_{(H)}$	寅$^{(甲己)}_{(三合)}$	⊕木$^{(土)}_{(火)}$	⊕N$^{(T)}_{(O)}$

〈표 3-15〉 例 3 : 壬辰年 12月 5日 丑時生의 Energy 特性 發現

生成條件 / 生成特性		生年位相(壬辰)			生月位相(癸卯)			生日位相 {先天(丁未) 後天(甲辰)}			生時位相 {先天(戊申) 後天(乙巳)}		
		因緣構成	五行構成	E 構成	因緣構成	五行構成	E 構成	因緣構成	五行構成	E 構成	因緣構成	五行構成	E 構成
先天命		辰(壬)(戊)	⊕土辰(+水)(+土)		卯(癸)(乙)	⊖木(-水)(-木)		未(丁)(己)	⊖土(-火)(-土)		申(戊)(庚)	⊕金(+土)(+金)	
後天命								辰(甲)(戊)	⊕土辰(+木)(+土)		巳(乙)(丙)	⊖火(-木)(+火)	
先天運氣	性 因子	亥(丁壬)	⊖水(木)		子(戊癸)	⊕水(火)		午(丁壬)	⊕火(木)		辰(戊癸)	⊕土辰(火)	
	相 因子	辰(丁壬)	⊕土辰(木)		卯(戊癸)	⊖木(火)		未(丁壬)	⊖土未(木)		申(戊癸)	⊕金(火)	
後天運氣	性 因子							寅(甲己)	⊕木(土)		卯(乙庚)	⊖木(金)	
	相 因子							辰(甲己)	⊕土辰(土)		巳(乙庚)	⊖火(金)	
先天同調E場	性 因子	亥(丁壬)(三合)	⊖水(木)(木)		子(戊癸)(三合)	⊕水(火)(水)		午(丁壬)(三合)	⊕火(木)(火)		辰(戊癸)(三合)	⊕土辰(火)(水)	
	相 因子	辰(戊癸)(三合)	⊕土(火)(水)		卯(乙庚)(三合)	⊖木(金)(木)		未(甲己)(三合)	⊕土未(土)(木)		申(乙庚)(三合)	⊕金(金)(水)	
後天同調E場	性 因子							寅(甲己)(三合)	⊕木(土)(火)		卯(乙庚)(三合)	⊖木(金)(木)	
	相 因子							辰(戊癸)(三合)	⊕土辰(火)(水)		巳(丙辛)(三合)	⊖火(水)(金)	

〈표 3-16〉 例 4 : 甲申年 12月 24日 戌時生의 Energy 特性 發現

生成條件 / 生成特性		生年位相(甲申)			生月位相(乙未)			生日位相 {先天(戊午) 後天(甲辰)}			生時位相 {先天(戊辰) 後天(甲寅)}		
		因緣構成	五行構成	E 構成	因緣構成	五行構成	E 構成	因緣構成	五行構成	E 構成	因緣構成	五行構成	E 構成
先天命		申(甲)(庚)	⊕金(+木)(+金)		未(乙)(己)	⊖土未(-木)(-土)		午(戊)(丁)	⊕火(+土)(-火)		辰(戊)(戊)	⊕土辰(+土)(+土)	
後天命								辰(甲)(戊)	⊕土辰(+木)(+土)		寅(甲)(甲)	⊕木(+木)(+木)	
先天運氣	性 因子	寅(甲己)	⊕木(土)		卯(乙庚)	⊖木(金)		戌(戊癸)	⊕土戌(火)		辰(戊癸)	⊕土辰(火)	
	相 因子	申(甲己)	⊕金(土)		未(乙庚)	⊖土未(金)		午(戊癸)	⊖火(火)		辰(戊癸)	⊕土辰(火)	
後天運氣	性 因子							寅(甲己)	⊕木(土)		寅(甲己)	⊕木(土)	
	相 因子							辰(甲己)	⊕土辰(土)		寅(甲己)	⊕木(土)	
先天 同調 E 場	性 因子	寅(甲己)(三合)	⊕木(土)(火)		卯(乙庚)(三合)	⊖木(金)(木)		戌(戊癸)(三合)	⊕土戌(火)(火)		辰(戊癸)(三合)	⊕土辰(火)(水)	
	相 因子	申(乙庚)(三合)	⊕金(金)(水)		未(甲己)(三合)	⊖土未(土)(木)		午(丁壬)(三合)	⊕火(木)(火)		辰(戊癸)(三合)	⊕土辰(火)(水)	
後天 同調 E 場	性 因子							寅(甲己)(三合)	⊕木(土)(火)		寅(甲己)(三合)	⊕木(土)(火)	
	相 因子							辰(戊癸)(三合)	⊕土辰(火)(水)		寅(甲己)(三合)	⊕木(土)(火)	

〈표 3-17〉 例 5 : 戊子年 3月 5日 寅時生의 Energy 特性 發現

生成條件 / 生成特性		生年位相(戊子)			生月位相(庚寅)			生日位相 {先天(甲午) 後天(辛卯)}			生時位相 {先天(丙申) 後天(癸巳)}		
		因緣構成	五行構成	E 構成	因緣構成	五行構成	E 構成	因緣構成	五行構成	E 構成	因緣構成	五行構成	E 構成
先天命		子(戊)(癸)	⊕水(+土)(-水)		寅(庚)(甲)	⊕木(+金)(+木)		午(甲)(丁)	⊕火(+木)(-火)		申(丙)(庚)	⊕金(+火)(+金)	
後天命								卯(辛)(乙)	⊖木(-金)(-木)		巳(癸)(丙)	⊖火(-水)(+火)	
先天運氣	性 因子	辰(戊癸)	⊕土辰(火)		申(乙庚)	⊕金(金)		寅(甲己)	⊕木(土)		巳(丙辛)	⊖火(水)	
	相 因子	子(戊癸)	⊕水(火)		寅(乙庚)	⊕木(金)		午(甲己)	⊖火(土)		申(丙辛)	⊕金(水)	
後天運氣	性 因子							酉(丙辛)	⊖金(水)		子(戊癸)	⊕水(火)	
	相 因子							卯(丙辛)	⊖木(水)		巳(戊癸)	⊖火(火)	
先天同調E場	性 因子	辰(戊癸)(三合)	⊕土辰(火)(水)		申(乙庚)(三合)	⊕金(金)(水)		寅(甲己)(三合)	⊕木(土)(火)		巳(丙辛)(三合)	⊖火(水)(金)	
	相 因子	子(戊癸)(三合)	⊕水(火)(水)		寅(甲己)(三合)	⊕木(土)(火)		午(丁壬)(三合)	⊕火(木)(火)		申(乙庚)(三合)	⊕金(金)(水)	
後天同調E場	性 因子							酉(丙辛)(三合)	⊖金(水)(金)		子(戊癸)(三合)	⊕水(火)(水)	
	相 因子							卯(乙庚)(三合)	⊖木(金)(木)		巳(丙辛)(三合)	⊖火(水)(金)	

〈표 3-18〉 例 6 : 壬子年 7月 20日 丑時生의 Energy 特性 發現

生成條件 / 生成特性		生年位相(壬子)			生月位相(戊午)			生日位相 {先天(丁丑) 後天(乙丑)}			生時位相 {先天(戊寅) 後天(丙寅)}		
		因緣構成	五行構成	E 構成	因緣構成	五行構成	E 構成	因緣構成	五行構成	E 構成	因緣構成	五行構成	E 構成
先天命		子(壬)(癸)	⊕水(+水)(-水)		午(戊)(丁)	⊕火(+土)(-火)		丑(丁)(己)	⊖土丑(-火)(-土)		寅(戊)(甲)	⊕木(+土)(+木)	
後天命								丑(乙)(己)	⊖土丑(-木)(-土)		寅(丙)(甲)	⊕木(+火)(+木)	
先天運氣	性 因子	亥(丁壬)	⊖水(木)		戌(戊癸)	⊕土戌(火)		午(丁壬)	⊕火(木)		戌(戊癸)	⊕土戌(火)	
	相 因子	子(丁壬)	⊕水(木)		午(戊癸)	⊕火(火)		丑(丁壬)	⊖土丑(木)		寅(戊癸)	⊕木(火)	
後天運氣	性 因子							卯(乙庚)	⊖木(金)		巳(丙辛)	⊖火(水)	
	相 因子							丑(乙庚)	⊖土丑(金)		寅(丙辛)	⊕木(水)	
先天同調E場	性 因子	亥(丁壬)(三合)	⊖水(木)(水)		戌(戊癸)(三合)	⊕土(火)(火)		午(丁壬)(三合)	⊕火(木)(火)		戌(戊癸)(三合)	⊕土戌(火)(火)	
	相 因子	子(戊癸)(三合)	⊕水(火)(水)		午(丁壬)(三合)	⊕火(木)(火)		丑(甲己)(三合)	⊖土丑(土)(金)		寅(甲己)(三合)	⊕木(土)(火)	
後天同調E場	性 因子							卯(乙庚)(三合)	⊖木(金)(木)		巳(丙辛)(三合)	⊖火(水)(金)	
	相 因子							丑(甲己)(三合)	⊖土丑(土)(金)		寅(甲己)(三合)	⊕木(土)(火)	

〈표 3-19〉 例 7 : 甲寅年 11月 19日 亥時生의 Energy 特性 發現

生成特性 ＼ 生成條件		生年位相(甲寅)			生月位相(甲子)			生日位相 {先天(壬午) 後天(辛未)}			生時位相 {先天(癸巳) 後天(壬午)}		
		因緣構成	五行構成	E 構成	因緣構成	五行構成	E 構成	因緣構成	五行構成	E 構成	因緣構成	五行構成	E 構成
先天命		寅(甲)(甲)	⊕木(+木)(+木)		子(甲)(癸)	⊕水(+木)(-水)		午(壬)(丁)	⊕火(+水)(-火)		巳(癸)(丙)	⊖火(-水)(+火)	
後天命								未(辛)(己)	⊖土未(-金)(-土)		午(壬)(丁)	⊕火(+水)(-火)	
先天運氣	性 因子	寅(甲己)	⊕木(土)		寅(甲己)	⊕木(土)		亥(丁壬)	⊖水(木)		子(戊癸)	⊕水(火)	
	相 因子	寅(甲己)	⊕木(土)		子(甲己)	⊕水(土)		午(丁壬)	⊕火(木)		巳(戊癸)	⊖火(火)	
後天運氣	性 因子							酉(丙辛)	⊖金(水)		亥(丁壬)	⊖水(木)	
	相 因子							未(丙辛)	⊖土未(水)		午(丁壬)	⊕火(木)	
先天同調E場	性 因子	寅(甲己)(三合)	⊕木(土)(火)		寅(甲己)(三合)	⊕木(土)(火)		亥(丁壬)(三合)	⊖水(木)(木)		子(戊癸)(三合)	⊕水(火)(水)	
	相 因子	寅(甲己)(三合)	⊕木(土)(火)		子(戊癸)(三合)	⊕水(火)(水)		午(丁壬)(三合)	⊕火(木)(火)		巳(丙辛)(三合)	⊖火(水)(金)	
後天同調E場	性 因子							酉(丙辛)(三合)	⊖金(水)(金)		亥(丁壬)(三合)	⊖水(木)(木)	
	相 因子							未(甲己)(三合)	⊖土未(土)(木)		午(丁壬)(三合)	⊕火(木)(火)	

〈표 3-20〉 例 8 : 庚戌年 1月 18日 申時生의 Energy 特性 發現

生成條件 / 生成特性		生年位相(庚戌)			生月位相(庚戌 → 丙辰)			生日位相 {先天(癸酉) 後天(壬戌)			生時位相 {先天(辛巳) 後天(庚午)		
		因緣構成	五行構成	E 構成	因緣構成	五行構成	E 構成	因緣構成	五行構成	E 構成	因緣構成	五行構成	E 構成
先天命		戌(庚)(戊)	⊕土戌(+金)(+土)		辰(丙)(戊)	⊕土辰(+火)(+土)		酉(癸)(辛)	⊖金(-水)(-金)		巳(辛)(丙)	⊖火(-金)(+火)	
後天命								戌(壬)(戊)	⊕土戌(+水)(+土)		午(庚)(丁)	⊕火(+金)(-火)	
先天運氣	性 因子	申(乙庚)	⊕金(金)		巳(丙辛)	⊖火(水)		子(戊癸)	⊕水(火)		酉(丙辛)	⊖金(水)	
	相 因子	戌(乙庚)	⊕土戌(金)		辰(丙辛)	⊕土辰(水)		酉(戊癸)	⊖金(火)		巳(丙辛)	⊖火(水)	
後天運氣	性 因子							亥(丁壬)	⊖水(木)		申寅變(乙庚)	⊕金(金) ⊕木	自沖丙午 巳⊖火
	相 因子							戌(丁壬)	⊕土戌(木)		午(乙庚)	⊕火(金)	
先天同調E場	性 因子	申(乙庚)(三合)	⊕金(金)(水)		巳(丙辛)(三合)	⊖火(水)(金)		子(戊癸)(三合)	⊕水(火)(水)		酉(丙辛)(三合)	⊖金(水)(金)	
	相 因子	戌(戊癸)(三合)	⊕土戌(火)(火)		辰(戊癸)(三合)	⊕土辰(火)(水)		酉(丙辛)(三合	⊖金(水)(金)		巳(丙辛)(三合)	⊖火(水)(金)	
後天同調E場	性 因子							亥(丁壬)(三合)	⊖水(木)(木)		申(乙庚)(三合)	⊕金(金)(水)	自沖變 ⊖火(水)(金)
	相 因子							戌(戊癸)(三合)	⊕土(火)(火)	丙辰變 ⊕土(火)(火)	午(丁壬)(三合)	⊕火(木)(火)	戌沖丙辰變 甲子變時 ⊕水(火)(水)

〈표 3-21〉例 9 : 甲午年 1月 15日 辰時生의 Energy 特性 發現

生成條件 / 生成特性		生年位相(甲午)			生月位相(庚子)			生日位相 {先天(甲寅) 後天(乙巳)}			生時位相 {先天(戊午) 後天(己酉)}		
		因緣構成	五行構成	E 構成	因緣構成	五行構成	E 構成	因緣構成	五行構成	E 構成	因緣構成	五行構成	E 構成
先天命		午(甲)(丁)	⊕火(+木)(-火)		子(庚)(癸)	⊕水(+金)(-水)		寅(甲)(甲)	⊕木(+木)(+木)		午(戊)(丁)	⊕火(+土)(-火)	
後天命								巳(乙)(丙)	⊖火(-木)(+火)		酉(己)(辛)	⊖金(-土)(-金)	
先天運氣	性 因子	寅(甲己)	⊕木(土)		申(乙庚)	⊕金(金)		寅(甲己)	⊕木(土)		戌(戊癸)	⊕土戌(火)	
	相 因子	午(甲己)	⊕火(土)		子(乙庚)	⊕水(金)		寅(甲己)	⊕木(土)		午(戊癸)	⊕火(火)	
後天運氣	性 因子							卯(乙庚)	⊖木(金)		丑(甲己)	⊖土丑(土)	
	相 因子							巳(乙庚)	⊖火(金)		酉(甲己)	⊖金(土)	
先天同調E場	性 因子	寅(甲己)(三合)	⊕木(土)(火)		申(乙庚)(三合)	⊕金(金)(水)		寅(甲己)(三合)	⊕木(土)(火)		戌(戊癸)(三合)	⊕土戌(火)(火)	
	相 因子	午(丁壬)(三合)	⊕火(木)(火)		子(戊癸)(三合)	⊕水(火)(水)		寅(甲己)(三合)	⊕木(土)(火)		午(丁壬)(三合)	⊕火(木)(火)	
後天同調E場	性 因子							卯(乙庚)(三合)	⊖木(金)(木)		丑(甲己)(三合)	⊖土丑(土)(金)	
	相 因子							巳(丙辛)(三合)	⊖火(水)(金)		酉(丙辛)(三合)	⊖金(水)(金)	

※ 生年甲午가 自衝的으로 生月因子는 庚子가 되고, 生時因子는 다시 生年과 回沖後 生月과 回沖한다.

〈표 3-22〉 例 10 : 戊辰年 12月 4日 戌時生의 Energy 特性 發現

生成條件 / 生成特性		生年位相(戊辰)			生月位相(己卯)			生日位相 {先天(壬午) 後天(丙戌)			生時位相 {先天(壬辰) 後天(丙申)		
		因緣構成	五行構成	E 構成	因緣構成	五行構成	E 構成	因緣構成	五行構成	E 構成	因緣構成	五行構成	E 構成
先天命		辰(戊)(戊)	⊕土辰(+土)(+土)		卯(己)(乙)	⊖木(-土)(-木)		午(壬)(丁)	⊕火(+水)(-火)		辰(壬)(戊)	⊕土辰(+水)(+土)	
後天命								戌(丙)(戊)	⊕土戌(-火)(+土)		申(丙)(庚)	⊕金(-火)(+金)	
先天運氣	性 因子	辰(戊癸)	⊕土辰(火)		未(甲己)	⊖土未(土)		亥(丁壬)	⊖水(木)		亥(丁壬)	⊖水(木)	
	相 因子	辰(戊癸)	⊕土辰(火)		卯(甲己)	⊖木(土)		午(丁壬)	⊕火(木)		辰(丁壬)	⊕土辰(木)	
後天運氣	性 因子							巳(丙辛)	⊖火(水)		巳(丙辛)	⊖火(水)	
	相 因子							戌(戊癸)	⊕土戌(火)		申(丙辛)	⊕金(水)	
先天同調E場	性 因子	辰(戊癸)(三合)	⊕土辰(火)(水)		未(甲己)(三合)	⊖土未(土)(木)		亥(丁壬)(三合)	⊖水(木)(木)		亥(丁壬)(三合)	⊖水(木)(木)	
	相 因子	辰(戊癸)(三合)	⊕土辰(火)(水)		卯(乙庚)(三合)	⊖木(金)(木)		午(丁壬)(三合)	⊕火(木)(火)		辰(戊癸)(三合)	⊕土辰(火)(水)	
後天同調E場	性 因子							巳(丙辛)(三合)	⊖火(水)(金)		巳(丙辛)(三合)	⊖火(水)(金)	
	相 因子							戌(戊癸)(三合)	⊕土戌(火)(火)		戌(戊癸)(三合)	⊕土戌(火)(火)	

〈표 3-23〉 例 11 : 乙卯年 10月 19日 丑 時生의 Energy 特性 發現

生成條件 / 生成特性		生年位相(乙卯)			生月位相(甲子)			生日位相 {先天(壬午) 後天(辛未)			生時位相 {先天(癸未) 後天(壬申)		
		因緣構成	五行構成	E 構成	因緣構成	五行構成	E 構成	因緣構成	五行構成	E 構成	因緣構成	五行構成	E 構成
先天命		卯(乙)(乙)	⊖木(-木)(-木)		子(甲)(癸)	⊕水(+木)(-水)		午(壬)(丁)	⊕火(+水)(-火)		未(癸)(己)	⊖土未(-水)(-土)	
後天命								未(辛)(己)	⊖土未(-金)(-土)		申(壬)(庚)	⊕金(+水)(+金)	
先天運氣	性 因子	卯(乙庚)	⊖木(金)		寅(甲己)	⊕木(土)		亥(丁壬)	⊖水(木)		子(戊癸)	⊕水(火)	
	相 因子	卯(乙庚)	⊖木(金)		子(甲己)	⊕水(土)		午(丁壬)	⊕火(木)		未(戊癸)	⊖土未(火)	
後天運氣	性 因子							酉(丙辛)	⊖金(水)		亥(丁壬)	⊖水(木)	
	相 因子							未(丙辛)	⊖土未(水)		申(丁壬)	⊕金(木)	
先天同調E場	性 因子	卯(乙庚)(三合)	⊖木(金)(木)		寅(甲己)(三合)	⊕木(土)(火)		亥(丁壬)(三合)	⊖水(木)(木)		子(戊癸)(三合)	⊖水(火)(水)	
	相 因子	卯(乙庚)(三合)	⊖木(金)(木)		子(戊癸)(三合)	⊕水(火)(水)		午(丁壬)(三合)	⊕火(木)(火)		未(甲己)(三合)	⊖土未(土)(木)	
後天同調E場	性 因子							酉(丙辛)(三合)	⊖金(水)(金)		亥(丁壬)(三合)	⊖水(木)(木)	
	相 因子							未(甲己)(三合)	⊖土未(土)(木)		申(乙庚)(三合)	⊕金(金)(水)	

〈표 3-24〉 例 12 : 辛未年 12月 6日 午 時生의 Energy 特性 發現

生成條件 / 生成特性		生年位相(辛未)			生月位相(壬午)			生日位相 {先天(丁亥) 後天(己丑)			生時位相 {先天(癸巳) 後天(己丑)		
		因緣構成	五行構成	E 構成	因緣構成	五行構成	E 構成	因緣構成	五行構成	E 構成	因緣構成	五行構成	E 構成
先天命		未(辛)(己)	⊖土未(-金)(-土)		午(壬)(丁)	⊕火(+水)(-火)		亥(丁)(壬)	⊖水(-火)(+水)		巳(癸)(丙)	⊖火(-水)(+火)	
後天命								丑(己)(己)	⊖土丑(-土)(-土)		丑(己)(己)	⊖土丑(-土)(-土)	
先天運氣	性 因子	酉(丙辛)	⊖金(水)		亥(丁壬)	⊖水(木)		午(丁壬)	⊕火(木)		子(戊癸)	⊕水(火)	
	相 因子	未(丙辛)	⊖土未(水)		午(丁壬)	⊕火(木)		亥(丁壬)	⊖水(木)		巳(戊癸)	⊖火(火)	
後天運氣	性 因子							丑(甲己)	⊖土丑(土)		丑(甲己)	⊖土丑(土)	
	相 因子							丑(甲己)	⊖土丑(土)		丑(甲己)	⊖土丑(土)	
先天同調E場	性 因子	酉(丙辛)(三合)	⊖金(水)(金)		亥(丁壬)(三合)	⊖水(木)(木)		午(丁壬)(三合)	⊕火(木)(火)		子(戊癸)(三合)	⊕水(火)(水)	
	相 因子	未(甲己)(三合)	⊖土未(土)(木)		午(丁壬)(三合)	⊕火(木)(火)		亥(丁壬)(三合)	⊖水(木)(木)		巳(丙辛)(三合)	⊖火(水)(金)	
後天同調E場	性 因子							丑(甲己)(三合)	⊖土丑(土)(金)		丑(甲己)(三合)	⊖土丑(土)(金)	
	相 因子							丑(甲己)(三合)	⊖土丑(土)(金)		丑(甲己)(三合)	⊖土丑(土)(金)	

※ 生日 後天이 生年과 自衡故로 己丑이됨. 그러나 곧 生時와 對稱 回沖하여 空亡.

〈표 3-25〉例 13 : 己卯年 11月 26日 寅 時生의 Energy 特性 發現

生成條件 / 生成特性		生年位相(己卯) 因緣構成	生年位相(己卯) 五行構成	生年位相(己卯) E 構成	生月位相(己丑) 因緣構成	生月位相(己丑) 五行構成	生月位相(己丑) E 構成	生日位相 {先天(甲寅) 後天(戊戌)} 因緣構成	生日位相 五行構成	生日位相 E 構成	生時位相 {先天(丙辰) 後天(庚子)} 因緣構成	生時位相 五行構成	生時位相 E 構成
先天命		卯$^{(己)}_{(乙)}$	⊖木$^{(-土)}_{(-木)}$		丑$^{(己)}_{(己)}$	⊖土$_{丑}{}^{(-土)}_{(-土)}$		寅$^{(甲)}_{(甲)}$	⊕木$^{(+木)}_{(+木)}$		辰$^{(丙)}_{(戊)}$	⊕土$_{辰}{}^{(+火)}_{(+土)}$	
後天命								戌$^{(戊)}_{(戊)}$	⊕土$_{戌}{}^{(+土)}_{(+土)}$		子$^{(庚)}_{(癸)}$	⊕水$^{(+金)}_{(-水)}$	
先天運氣	性 因子	未$^{(甲己)}$	⊖土$_{未}{}^{(土)}$		丑$^{(甲己)}$	⊖土$_{丑}{}^{(土)}$		寅$^{(甲己)}$	⊕木$^{(土)}$		巳$^{(丙辛)}$	⊖火$^{(水)}$	
	相 因子	卯$^{(甲己)}$	⊖木$^{(土)}$		丑$^{(甲己)}$	⊖土$_{丑}{}^{(土)}$		寅$^{(甲己)}$	⊕木$^{(土)}$		辰$^{(丙辛)}$	⊕土$_{辰}{}^{(水)}$	
後天運氣	性 因子							戌$^{(戊癸)}$	⊕土$_{戌}{}^{(火)}$		申$^{(乙庚)}$	⊕金$^{(金)}$	
	相 因子							戌$^{(戊癸)}$	⊕土$_{戌}{}^{(火)}$		子$^{(乙庚)}$	⊕水$^{(金)}$	
先天同調E場	性 因子	未$^{(甲己)}_{(三合)}$	⊖土$_{未}{}^{(土)}_{(木)}$		丑$^{(甲己)}_{(三合)}$	⊖土$_{丑}{}^{(土)}_{(金)}$		寅$^{(甲己)}_{(三合)}$	⊕木$^{(土)}_{(火)}$		巳$^{(丙辛)}_{(三合)}$	⊖火$^{(水)}_{(金)}$	
	相 因子	卯$^{(乙庚)}_{(三合)}$	⊖木$^{(金)}_{(木)}$		丑$^{(甲己)}_{(三合)}$	⊖土$_{丑}{}^{(土)}_{(金)}$		寅$^{(甲己)}_{(三合)}$	⊕木$^{(土)}_{(火)}$		辰$^{(戊癸)}_{(三合)}$	⊕土$_{辰}{}^{(火)}_{(水)}$	
後天同調E場	性 因子							戌$^{(戊癸)}_{(三合)}$	⊕土$_{戌}{}^{(火)}_{(火)}$		申$^{(乙庚)}_{(三合)}$	⊕金$^{(金)}_{(水)}$	
	相 因子							戌$^{(戊癸)}_{(三合)}$	⊕土$_{戌}{}^{(火)}_{(火)}$		子$^{(戊癸)}_{(三合)}$	⊕水$^{(火)}_{(水)}$	

〈표 3-26〉例 14 : 甲申年 2月 15日 午 時生의 Energy 特性 發現

生成條件 / 生成特性		生年位相(甲申)			生月位相(乙酉)			生日位相 {先天(己亥) 後天(庚寅)}			生時位相 {先天(乙巳) 後天(丙申)}		
		因緣構成	五行構成	E 構成	因緣構成	五行構成	E 構成	因緣構成	五行構成	E 構成	因緣構成	五行構成	E 構成
先天命		申(甲)(庚)	⊕金(+木)(+金)		酉(乙)(辛)	⊖金(-木)(-金)		亥(己)(壬)	⊖水(-土)(+水)		巳(乙)(丙)	⊖火(-木)(+火)	
後天命								寅(庚)(甲)	⊕木(+金)(+木)		申(丙)(庚)	⊕金(+火)(+金)	
先天運氣	性 因子	寅(甲己)	⊕木(土)		卯(乙庚)	⊖木(金)		未(甲己)	⊖土未(土)		卯(乙庚)	⊖木(金)	
	相 因子	申(甲己)	⊕金(土)		酉(乙庚)	⊖金(金)		亥(甲己)	⊖水(土)		巳(乙庚)	⊖火(金)	
後天運氣	性 因子							申(乙庚)	⊕金(金)		巳(丙辛)	⊖火(水)	
	相 因子							寅(乙庚)	⊕木(金)		申(丙辛)	⊕金(水)	
先天 同調 E 場	性 因子	寅(甲己)(三合)	⊕木(土)(火)		卯(乙庚)(三合)	⊖木(金)(木)		未(甲己)(三合)	⊖土未(土)(木)		卯(乙庚)(三合)	⊖木(金)(木)	
	相 因子	申(乙庚)(三合)	⊕金(金)(水)		酉(丙辛)(三合)	⊖金(水)(金)		亥(丁壬)(三合)	⊖水(木)(木)		巳(丙辛)(三合)	⊖火(水)(金)	
後天 同調 E 場	性 因子							申(乙庚)(三合)	⊕金(金)(水)		巳(丙辛)(三合)	⊖火(水)(金)	
	相 因子							寅(甲己)(三合)	⊕木(土)(火)		申(乙庚)(三合)	⊕金(金)(水)	

〈표 3-27〉 例 15 : 乙未年 5月 4日 辰 時生의 Energy 特性 發現

生成條件 / 生成特性		生年位相(乙未)			生月位相(己亥)			生日位相 {先天(壬寅) 後天(庚子)}			生時位相 {先天(丙午) 後天(甲辰)}		
		因緣構成	五行構成	E 構成	因緣構成	五行構成	E 構成	因緣構成	五行構成	E 構成	因緣構成	五行構成	E 構成
先天命		未$^{(乙)}_{(己)}$	⊖土$_{未}$$^{(-木)}_{(-土)}$		亥$^{(己)}_{(壬)}$	⊖水$^{(-土)}_{(+水)}$		寅$^{(壬)}_{(甲)}$	⊕木$^{(+水)}_{(+木)}$		午$^{(丙)}_{(丁)}$	⊕火$^{(+火)}_{(-火)}$	
後天命								子$^{(庚)}_{(癸)}$	⊕水$^{(+金)}_{(-水)}$		辰$^{(甲)}_{(戊)}$	⊕土$_{辰}$$^{(+木)}_{(+土)}$	
先天運氣	性 因子	卯$^{(乙庚)}$	⊖木$^{(金)}$		未$^{(甲己)}$	⊖土$_{未}$$^{(土)}$		亥$^{(丁壬)}$	⊖水$^{(木)}$		巳$^{(丙辛)}$	⊖火$^{(水)}$	
	相 因子	未$^{(乙庚)}$	⊖土$_{未}$$^{(金)}$		亥$^{(甲己)}$	⊖水$^{(土)}$		寅$^{(丁壬)}$	⊕木$^{(木)}$		午$^{(丙辛)}$	⊕火$^{(水)}$	
後天運氣	性 因子							申$^{(乙庚)}$	⊕金$^{(金)}$		寅$^{(甲己)}$	⊕木$^{(土)}$	
	相 因子							子$^{(乙庚)}$	⊕水$^{(金)}$		辰$^{(甲己)}$	⊕土$_{辰}$$^{(土)}$	
先天 同調 E場	性 因子	卯$^{(乙庚)}_{(三合)}$	⊖木$^{(金)}_{(木)}$		未$^{(甲己)}_{(三合)}$	⊖土$_{未}$$^{(土)}_{(木)}$		亥$^{(丁壬)}_{(三合)}$	⊖水$^{(木)}_{(木)}$		巳$^{(丙辛)}_{(三合)}$	⊖火$^{(水)}_{(金)}$	
	相 因子	未$^{(甲己)}_{(三合)}$	⊖土$_{未}$$^{(土)}_{(木)}$		亥$^{(丁壬)}_{(三合)}$	⊖水$^{(木)}_{(木)}$		寅$^{(甲己)}_{(三合)}$	⊕木$^{(土)}_{(火)}$		午$^{(丁壬)}_{(三合)}$	⊕火$^{(木)}_{(火)}$	
後天 同調 E場	性 因子							申$^{(乙庚)}_{(三合)}$	⊕金$^{(金)}_{(水)}$		寅$^{(甲己)}_{(三合)}$	⊕木$^{(土)}_{(火)}$	
	相 因子							子$^{(戊癸)}_{(三合)}$	⊕水$^{(火)}_{(水)}$		辰$^{(戊癸)}_{(三合)}$	⊕土$_{辰}$$^{(火)}_{(水)}$	

〈표 3-28〉 例 16 : 癸巳年 6月 1日 申 時生의 Energy 特性 發現

生成條件 / 生成特性		生年位相(癸巳)			生月位相(戊戌)			生日位相 {先天(甲辰) 後天(甲辰)}			生時位相 {先天(壬子) 後天(壬子)}		
		因緣構成	五行構成	E 構成	因緣構成	五行構成	E 構成	因緣構成	五行構成	E 構成	因緣構成	五行構成	E 構成
先天命		巳(癸)(丙)	⊖火(-水)(+火)		戌(戊)(戊)	⊕土戌(+土)(+土)		辰(甲)(戊)	⊕土辰(+木)(+土)		子(壬)(癸)	⊕水(+水)(-水)	
後天命								辰(甲)(戊)	⊕土辰(+木)(+土)		子(壬)(癸)	⊕水(+水)(-水)	
先天運氣	性 因子	子(戊癸)	⊕水(火)		戌(戊癸)	⊕土戌(火)		寅(甲己)	⊕木(土)		亥(丁壬)	⊖水(木)	
	相 因子	巳(戊癸)	⊖火(火)		戌(戊癸)	⊕土戌(火)		辰(甲己)	⊕土辰(土)		子(丁壬)	⊕水(木)	
後天運氣	性 因子							寅(甲己)	⊕木(土)		亥(丁壬)	⊖水(木)	
	相 因子							辰(甲己)	⊕土辰(土)		子(丁壬)	⊕水(木)	
先天同調E場	性 因子	子(戊癸)(三合)	⊕水(火)(水)		戌(戊癸)(三合)	⊕土戌(火)(火)		寅(甲己)(三合)	⊕木(土)(火)		亥(丁壬)(三合)	⊖水(木)(木)	
	相 因子	巳(丙辛)(三合)	⊖火(水)(金)		戌(戊癸)(三合)	⊕土戌(火)(火)		辰(戊癸)(三合)	⊕土辰(火)(水)		子(戊癸)(三合)	⊕水(火)(水)	
後天同調E場	性 因子							寅(甲己)(三合)	⊕木(土)(火)		亥(丁壬)(三合)	⊖水(木)(木)	
	相 因子							辰(戊癸)(三合)	⊕土辰(火)(水)		子(戊癸)(三合)	⊕水(火)(水)	

〈표 3-29〉例 17 : 戊戌年 7月 7日 亥 時生의 Energy 特性 發現

生成條件 / 生成特性		生年位相(戊戌)			生月位相(甲辰)			生日位相 先天(庚戌) 後天(丙午)			生時位相 先天(辛酉) 後天(丁巳)		
		因緣構成	五行構成	E 構成	因緣構成	五行構成	E 構成	因緣構成	五行構成	E 構成	因緣構成	五行構成	E 構成
先天命		戌(戊)(戊)	⊕土戌(+土)(+土)		辰(甲)(戊)	⊕土辰(+木)(+土)		戌(庚)(戊)	⊕土戌(+金)(+土)		酉(辛)(辛)	⊖金(-金)(-金)	
後天命								午(丙)(丁)	⊕火(+火)(-火)		巳(丁)(丙)	⊖火(-火)(+火)	
先天運氣	性 因子	戌(戊癸)	⊕土戌(火)		寅(甲己)	⊕木(土)		申(乙庚)	⊕金(金)		酉(丙辛)	⊖金(水)	
	相 因子	戌(戊癸)	⊕土戌(火)		辰(甲己)	⊕土辰(土)		戌(乙庚)	⊕土戌(金)		酉(丙辛)	⊖金(水)	
後天運氣	性 因子							巳(丙辛)	⊖火(水)		午(丁壬)	⊕火(木)	
	相 因子							午(丙辛)	⊕火(水)		巳(丁壬)	⊖火(木)	
先天同調E場	性 因子	戌(戊癸)(三合)	⊕土戌(火)(火)		寅(甲己)(三合)	⊕木(土)(火)		申(乙庚)(三合)	⊕金(金)(水)		酉(丙辛)(三合)	⊖金(水)(金)	
	相 因子	戌(戊癸)(三合)	⊕土戌(火)(火)		辰(戊癸)(三合)	⊕土辰(火)(水)		戌(戊癸)(三合)	⊕土戌(火)(火)		酉(丙辛)(三合)	⊖金(水)(金)	
後天同調E場	性 因子							巳(丙辛)(三合)	⊖火(水)(金)		午(丁壬)(三合)	⊕火(木)(火)	
	相 因子							午(丁壬)(三合)	⊕火(木)(火)		巳(丙辛)(三合)	⊖火(水)(金)	

※ 先天 生日과 生年이 自衛故로 生月과 回沖 ⇒ 生時는 辛酉, 乙卯과 共存 또는 空亡.

〈표 3-30〉 例 18 : 甲寅年 1月 26日 丑 時生의 Energy 特性 發現

生成條件 / 生成特性		生年位相(甲寅)			生月位相(庚申)			生日位相 {先天(乙酉) 後天(己巳)}			生時位相 {先天(丙戌) 後天(庚午)}		
		因緣構成	五行構成	E 構成	因緣構成	五行構成	E 構成	因緣構成	五行構成	E 構成	因緣構成	五行構成	E 構成
先天命		寅(甲)(甲)	⊕木(+木)(+木)		申(庚)(庚)	⊕金(+金)(+金)		酉(乙)(辛)	⊖金(-木)(-金)		戌(丙)(戊)	⊕土戌(+火)(+土)	
後天命								巳(己)(丙)	⊖火(-土)(+火)		午(庚)(丁)	⊕火(+金)(-火)	
先天運氣	性 因子	寅(甲己)	⊕木(土)		申(乙庚)	⊕金(金)		卯(乙庚)	⊖木(金)		巳(丙辛)	⊖火(水)	
	相 因子	寅(甲己)	⊕木(土)		申(乙庚)	⊕金(金)		酉(乙庚)	⊖金(金)		戌(丙辛)	⊕土戌(水)	
後天運氣	性 因子							丑(甲己)	⊖土丑(土)		申(乙庚)	⊕金(金)	
	相 因子							巳(甲己)	⊖火(土)		午(乙庚)	⊕火(金)	
先天同調E場	性 因子	寅(甲己)(三合)	⊕木(土)(火)		申(乙庚)(三合)	⊕金(金)(水)		卯(乙庚)(三合)	⊖木(金)(木)		巳(丙辛)(三合)	⊖火(水)(金)	
	相 因子	寅(甲己)(三合)	⊕木(土)(火)		申(乙庚)(三合)	⊕金(金)(水)		酉(丙辛)(三合)	⊖金(水)(金)		戌(戊癸)(三合)	⊕土戌(火)(火)	
後天同調E場	性 因子							丑(甲己)(三合)	⊖土丑(土)(金)		申(乙庚)(三合)	⊕金(金)(水)	
	相 因子							巳(丙辛)(三合)	⊖火(水)(金)		午(丁壬)(三合)	⊕火(木)(火)	

〈표 3-31〉 例 19 : 庚申年 7月 24日 丑 時生의 Energy 特性 發現

生成條件 / 生成特性		生年位相(庚申)			生月位相(丙寅)			生日位相 {先天(己丑) 後天(乙亥)}			生時位相 {先天(庚寅) 後天(丙子)}		
		因緣構成	五行構成	E 構成	因緣構成	五行構成	E 構成	因緣構成	五行構成	E 構成	因緣構成	五行構成	E 構成
先天命		申(庚)(庚)	⊕金(+金)(+金)		寅(丙)(甲)	⊕木(+火)(+木)		丑(己)(己)	⊖土丑(-土)(-土)		寅(庚)(甲)	⊕木(+金)(+木)	
後天命								亥(乙)(壬)	⊖水(-木)(+水)		子(丙)(癸)	⊕水(+火)(-水)	
先天運氣	性 因子	申(乙庚)	⊕金(金)		巳(丙辛)	⊖火(水)		丑(甲己)	⊖土丑(土)		申(乙庚)	⊕金(金)	
	相 因子	申(乙庚)	⊕金(金)		寅(丙辛)	⊕木(水)		丑(甲己)	⊖土丑(土)		寅(乙庚)	⊕木(金)	
後天運氣	性 因子							卯(乙庚)	⊖木(金)		巳(丙辛)	⊖火(水)	
	相 因子							亥(乙庚)	⊖水(金)		子(丙辛)	⊕水(水)	
先天同調E場	性 因子	申(乙庚)(三合)	⊕金(金)(水)		巳(丙辛)(三合)	⊖火(水)(金)		丑(甲己)(三合)	⊖土丑(土)(金)		申(乙庚)(三合)	⊕金(金)(水)	
	相 因子	申(乙庚)(三合)	⊕金(金)(水)		寅(甲己)(三合)	⊕木(土)(火)		丑(甲己)(三合)	⊖土丑(土)(金)		寅(甲己)(三合)	⊕木(土)(火)	
後天同調E場	性 因子							卯(乙庚)(三合)	⊖木(金)(木)		巳(丙辛)(三合)	⊖火(水)(金)	
	相 因子							亥(丁壬)(三合)	⊖水(木)(木)		子(戊癸)(三合)	⊕水(火)(水)	

〈표 3-32〉例 20 : 乙酉年 7月 29日 巳 時生의 Energy 特性 發現

生成條件 / 生成特性		生年位相(乙酉)			生月位相(辛卯)			生日位相 {先天(己未) 後天(壬寅)}			生時位相 {先天(甲子) 後天(丁未)}		
		因緣構成	五行構成	E 構成	因緣構成	五行構成	E 構成	因緣構成	五行構成	E 構成	因緣構成	五行構成	E 構成
先天命		酉(乙)(辛)	⊖金(-木)(-金)		卯(辛)(乙)	⊖木(-金)(-木)		未(己)(己)	⊖土丑(-土)(-土)		子(甲)(癸)	⊕水(+木)(-水)	
後天命								寅(壬)(甲)	⊕木(+水)(+木)		未(丁)(己)	⊖土未(-火)(-土)	
先天運氣	性 因子	卯(乙庚)	⊖木(金)		酉(丙辛)	⊖金(水)		未(甲己)	⊖土未(土)		寅(甲己)	⊕木(土)	
	相 因子	酉(乙庚)	⊖金(金)		卯(丙辛)	⊖木(水)		未(甲己)	⊖土未(土)		子(甲己)	⊕水(土)	
後天運氣	性 因子							亥(丁壬)	⊖水(木)		午(丁壬)	⊕火(木)	
	相 因子							寅(丁壬)	⊕木(木)		未(丁壬)	⊖土未(木)	
先天同調E場	性 因子	卯(乙庚)(三合)	⊖木(金)(木)		酉(丙辛)(三合)	⊖金(水)(金)		未(甲己)(三合)	⊖土未(土)(木)		寅(甲己)(三合)	⊕木(土)(火)	
	相 因子	酉(丙辛)(三合)	⊖金(水)(金)		卯(乙庚)(三合)	⊖木(金)(木)		未(甲己)(三合)	⊖土未(土)(木)		子(戊癸)(三合)	⊕水(火)(水)	
後天同調E場	性 因子							亥(丁壬)(三合)	⊖水(木)(木)		午(丁壬)(三合)	⊕火(木)(火)	
	相 因子							寅(甲己)(三合)	⊕木(土)(火)		未(甲己)(三合)	⊖土未(土)(木)	

〈표 3-33〉 例 21 : 甲申年 3月 9日 午 時生의 Energy 特性 發現

生成條件 / 生成特性		生年位相(甲申)			生月位相(丙戌)			生日位相 {先天(甲午) 後天(己丑)}			生時位相 {先天(庚子) 後天(乙未)}		
		因緣構成	五行構成	E 構成	因緣構成	五行構成	E 構成	因緣構成	五行構成	E 構成	因緣構成	五行構成	E 構成
先天命		申(甲)(庚)	⊕金(+木)(+金)		戌(丙)(戊)	⊕土戌(+火)(+土)		午(甲)(丁)	⊕火(+木)(-火)		子(庚)(癸)	⊕水(+金)(-水)	
後天命								丑(己)(己)	⊖土丑(-土)(-土)		未(乙)(己)	⊖土未(-木)(-土)	
先天運氣	性 因子	寅(甲己)	⊕木(土)		巳(丙辛)	⊖火(水)		寅(甲己)	⊕木(土)		申(乙庚)	⊕金(金)	
	相 因子	申(甲己)	⊕金(土)		戌(丙辛)	⊕土戌(水)		午(甲己)	⊕火(土)		子(乙庚)	⊕水(金)	
後天運氣	性 因子							丑(甲己)	⊖土丑(土)		卯(乙庚)	⊖木(金)	
	相 因子							丑(甲己)	⊖土丑(土)		未(乙庚)	⊖土未(金)	
先天同調E場	性 因子	寅(甲己)(三合)	⊕木(土)(火)		巳(丙辛)(三合)	⊖火(水)(金)		寅(甲己)(三合)	⊕木(土)(火)		申(乙庚)(三合)	⊕金(金)(水)	
	相 因子	申(乙庚)(三合)	⊕金(金)(水)		戌(戊癸)(三合)	⊕土戌(火)(火)		午(丁壬)(三合)	⊕火(木)(火)		子(戊癸)(三合)	⊕水(火)(水)	
後天同調E場	性 因子							丑(甲己)(三合)	⊖土丑(土)(金)		卯(乙庚)(三合)	⊖木(金)(木)	
	相 因子							丑(甲己)(三合)	⊖土丑(土)(金)		未(甲己)(三合)	⊖土未(土)(木)	

〈표 3-34〉例 22 : 乙未年 10月 5日 子 時生의 Energy 特性 發現

生成條件 / 生成特性		生年位相(乙未)			生月位相(甲辰)			生日位相 {先天(戊申) 後天(乙巳)}			生時位相 {先天(甲寅) 後天(辛亥)}		
		因緣構成	五行構成	E 構成	因緣構成	五行構成	E 構成	因緣構成	五行構成	E 構成	因緣構成	五行構成	E 構成
先天命		未(乙)(己)	⊖土未(-木)(-土)		辰(甲)(戊)	⊕土辰(+木)(+土)		申(戊)(庚)	⊕金(+土)(+金)		寅(甲)(甲)	⊕木(+木)(+木)	
後天命								巳(乙)(丙)	⊖火(-木)(+火)		亥(辛)(壬)	⊖水(-金)(+水)	
先天運氣	性 因子	卯(乙庚)	⊖木(金)		寅(甲己)	⊕木(土)		辰(戊癸)	⊕土(火)		寅(甲己)	⊕木(土)	
	相 因子	未(乙庚)	⊖土未(金)		辰(甲己)	⊕土辰(土)		申(戊癸)	⊕金(火)		寅(甲己)	⊕木(土)	
後天運氣	性 因子							卯(乙庚)	⊖木(金)		酉(丙辛)	⊖金(水)	
	相 因子							巳(乙庚)	⊖火(金)		亥(丙辛)	⊖水(水)	
先天同調E場	性 因子	卯(乙庚)(三合)	⊖木(金)(木)		寅(甲己)(三合)	⊕木(土)(火)		辰(戊癸)(三合)	⊕土辰(火)(水)		寅(甲己)(三合)	⊕木(土)(火)	
	相 因子	未(甲己)(三合)	⊖土未(土)(木)		辰(戊癸)(三合)	⊕土辰(火)(水)		申(乙庚)(三合)	⊕金(金)(水)		寅(甲己)(三合)	⊕木(土)(火)	
後天同調E場	性 因子							卯(乙庚)(三合)	⊖木(金)(木)		酉(丙辛)(三合)	⊖金(水)(金)	
	相 因子							巳(丙辛)(三合)	⊖火(水)(金)		亥(丁壬)(三合)	⊖水(木)(木)	

〈표 3-35〉 例 23 : 己亥年 7月 17日 午 時生의 Energy 特性 發現

生成條件 / 生成特性		生年位相(己亥) 因緣構成	生年位相(己亥) 五行構成	生年位相(己亥) E 構成	生月位相(乙巳) 因緣構成	生月位相(乙巳) 五行構成	生月位相(乙巳) E 構成	生日位相 {先天(辛酉) 後天(辛亥)} 因緣構成	生日位相 {先天(辛酉) 後天(辛亥)} 五行構成	生日位相 {先天(辛酉) 後天(辛亥)} E 構成	生時位相 {先天(丁卯) 後天(丁巳)} 因緣構成	生時位相 {先天(丁卯) 後天(丁巳)} 五行構成	生時位相 {先天(丁卯) 後天(丁巳)} E 構成
先天命		亥$^{(己)}_{(壬)}$	⊖水$^{(-土)}_{(+水)}$		巳$^{(乙)}_{(丙)}$	⊖火$^{(-木)}_{(+火)}$		酉$^{(辛)}_{(辛)}$	⊖金$^{(-金)}_{(-金)}$		卯$^{(丁)}_{(乙)}$	⊖木$^{(-火)}_{(-木)}$	
後天命								亥$^{(辛)}_{(壬)}$	⊖水$^{(-金)}_{(+水)}$		巳$^{(丁)}_{(丙)}$	⊖火$^{(-火)}_{(+火)}$	
先天運氣	性 因子	未$^{(甲己)}$	⊖土$_{未}^{(土)}$		卯$^{(乙庚)}$	⊖木$^{(金)}$		酉$^{(丙辛)}$	⊖金$^{(水)}$		午$^{(丁壬)}$	⊕火$^{(木)}$	
	相 因子	亥$^{(甲己)}$	⊖水$^{(土)}$		巳$^{(乙庚)}$	⊖火$^{(金)}$		酉$^{(丙辛)}$	⊖金$^{(水)}$		卯$^{(丁壬)}$	⊖木$^{(木)}$	
後天運氣	性 因子							酉$^{(丙辛)}$	⊖金$^{(水)}$		午$^{(丁壬)}$	⊕火$^{(木)}$	
	相 因子							亥$^{(丙辛)}$	⊖水$^{(水)}$		巳$^{(丁壬)}$	⊖火$^{(木)}$	
先天同調E場	性 因子	未$^{(甲己)}_{(三合)}$	⊖土$_{未}$$^{(土)}_{(木)}$		卯$^{(乙庚)}_{(三合)}$	⊖木$^{(金)}_{(木)}$		酉$^{(丙辛)}_{(三合)}$	⊖金$^{(水)}_{(金)}$		午$^{(丁壬)}_{(三合)}$	⊕火$^{(木)}_{(火)}$	
	相 因子	亥$^{(丁壬)}_{(三合)}$	⊖水$^{(木)}_{(木)}$		巳$^{(丙辛)}_{(三合)}$	⊖火$^{(水)}_{(金)}$		酉$^{(丙辛)}_{(三合)}$	⊖金$^{(水)}_{(金)}$		卯$^{(乙庚)}_{(三合)}$	⊖木$^{(金)}_{(木)}$	
後天同調E場	性 因子							酉$^{(丙辛)}_{(三合)}$	⊖金$^{(水)}_{(金)}$		午$^{(丁壬)}_{(三合)}$	⊕火$^{(木)}_{(火)}$	
	相 因子							亥$^{(丁壬)}_{(三合)}$	⊖水$^{(木)}_{(木)}$		巳$^{(丙辛)}_{(三合)}$	⊖火$^{(水)}_{(金)}$	

※ 生日과 生年이 自衝 故로 生月과 回沖 生時는 丁巳와 癸亥가 共存 또는 空亡.

〈丑 3-36〉例 24 : 甲寅年 6月 10日 未 時生의 Energy 特性 發現

生成條件 / 生成特性		生年位相(甲寅)			生月位相(己未)			生日位相 {先天(戊辰) 後天(壬戌)}			生時位相 {先天(乙亥) 後天(己巳)}		
		因緣構成	五行構成	E 構成	因緣構成	五行構成	E 構成	因緣構成	五行構成	E 構成	因緣構成	五行構成	E 構成
先天命		寅(甲)(甲)	⊕木(+木)(+木)		未(己)(己)	⊖土未(-土)(-土)		辰(戊)(戊)	⊕土辰(+土)(+土)		亥(乙)(壬)	⊖水(-木)(+水)	
後天命								戌(壬)(戊)	⊕土戌(+水)(+土)		巳(己)(丙)	⊖火(-土)(+火)	
先天運氣	性 因子	寅(甲己)	⊕木(土)		未(甲己)	⊖土未(土)		辰(戊癸)	⊕土辰(火)		卯(乙庚)	⊖木(金)	
	相 因子	寅(甲己)	⊕木(土)		未(甲己)	⊖土未(土)		辰(戊癸)	⊕土辰(火)		亥(乙庚)	⊖水(金)	
後天運氣	性 因子							亥(丁壬)	⊖水(木)		丑(甲己)	⊖土丑(土)	
	相 因子							戌(丁壬)	⊕土戌(木)		巳(甲己)	⊖火(土)	
先天同調E場	性 因子	寅(甲己)(三合)	⊕木(土)(火)		未(甲己)(三合)	⊖土未(土)(木)		辰(戊癸)(三合)	⊕土辰(火)(水)		卯(乙庚)(三合)	⊖木(金)(木)	
	相 因子	寅(甲己)(三合)	⊕木(土)(火)		未(甲己)(三合)	⊖土未(土)(木)		辰(戊癸)(三合)	⊕土辰(火)(水)		亥(丁壬)(三合)	⊖水(木)(木)	
後天同調E場	性 因子							亥(丁壬)(三合)	⊖水(木)(木)		丑(甲己)(三合)	⊖土丑(土)(金)	
	相 因子							戌(戊癸)(三合)	⊕土戌(火)(火)		巳(丙辛)(三合)	⊖火(水)(金)	

〈표 3-37〉 例 25 : 丁巳年 3月 20日 戌 時生의 Energy 特性 發現

生成條件 / 生成特性		生年位相(甲寅)			生月位相(己未)			生日位相 先天(戊辰) 後天(壬戌)			生時位相 先天(乙亥) 後天(己巳)		
		因緣構成	五行構成	E 構成	因緣構成	五行構成	E 構成	因緣構成	五行構成	E 構成	因緣構成	五行構成	E 構成
先天命		巳(丁)(丙)	⊖火(-火)(+火)		未(己)(己)	⊖土未(-土)(-土)		寅(戊)(甲)	⊕木(+土)(+木)		子(戊)(癸)	⊕水(+土)(-水)	
後天命								寅(丙)(甲)	⊕木(+火)(+木)		子(丙)(癸)	⊕水(-火)(-水)	
先天運氣	性 因子	午(丁壬)	⊕火(木)		未(甲己)	⊖土未(土)		戌(戊癸)	⊕土戌(火)		辰(戊癸)	⊕土辰(火)	
	相 因子	巳(丁壬)	⊖火(木)		未(甲己)	⊖土未(土)		寅(戊癸)	⊕木(火)		子(戊癸)	⊕水(火)	
後天運氣	性 因子							巳(丙辛)	⊖火(水)		巳(丙辛)	⊖火(水)	
	相 因子							寅(丙辛)	⊕木(水)		子(丙辛)	⊕水(水)	
先天同調E場	性 因子	午(丁壬)(三合)	⊕火(木)(火)		未(甲己)(三合)	⊖土未(土)(木)		戌(戊癸)(三合)	⊕土戌(火)(火)		辰(戊癸)(三合)	⊕土辰(火)(水)	
	相 因子	巳(丙辛)(三合)	⊖火(水)(金)		未(甲己)(三合)	⊖土未(土)(木)		寅(甲己)(三合)	⊕木(土)(火)		子(戊癸)(三合)	⊕水(火)(水)	
後天同調E場	性 因子							巳(丙辛)(三合)	⊖火(水)(金)		巳(丙辛)(三合)	⊖火(水)(金)	
	相 因子							寅(甲己)(三合)	⊕木(土)(火)		子(戊癸)(三合)	⊕水(火)(水)	

〈표 3-38〉 例 26 : 甲午年 9月 9日 巳 時生의 Energy 特性 發現

生成條件 / 生成特性		生年位相(甲午)			生月位相(壬寅)			生日位相 {先天(庚戌) 後天(乙巳)			生時位相 {先天(乙卯) 後天(庚戌)		
		因緣構成	五行構成	E 構成	因緣構成	五行構成	E 構成	因緣構成	五行構成	E 構成	因緣構成	五行構成	E 構成
先天命		午$^{(甲)}_{(丁)}$	⊕火$^{(+木)}_{(-火)}$		寅$^{(壬)}_{(甲)}$	⊕木$^{(+水)}_{(+木)}$		戌$^{(庚)}_{(戊)}$	⊕土$_{戌}$$^{(+金)}_{(+土)}$		卯$^{(乙)}_{(乙)}$	⊖木$^{(-木)}_{(-木)}$	
後天命								巳$^{(乙)}_{(丙)}$	⊖火$^{(-木)}_{(+火)}$		戌$^{(庚)}_{(戊)}$	⊕土$_{戌}$$^{(+金)}_{(+土)}$	
先天運氣	性 因子	寅$^{(甲己)}$	⊕木$^{(土)}$		亥$^{(丁壬)}$	⊖水$^{(木)}$		申$^{(乙庚)}$	⊕金$^{(金)}$		卯$^{(乙庚)}$	⊖木$^{(金)}$	
	相 因子	午$^{(甲己)}$	⊕火$^{(土)}$		寅$^{(丁壬)}$	⊕木$^{(木)}$		戌$^{(乙庚)}$	⊕土$_{戌}$$^{(金)}$		卯$^{(乙庚)}$	⊖木$^{(金)}$	
後天運氣	性 因子							卯$^{(乙庚)}$	⊖木$^{(金)}$		申$^{(乙庚)}$	⊕金$^{(金)}$	
	相 因子							巳$^{(乙庚)}$	⊖火$^{(金)}$		戌$^{(乙庚)}$	⊕土$_{戌}$$^{(金)}$	
先天 同調 E場	性 因子	寅$^{(甲己)}_{(三合)}$	⊕木$^{(土)}_{(火)}$		亥$^{(丁壬)}_{(三合)}$	⊖水$^{(木)}_{(木)}$		申$^{(乙庚)}_{(三合)}$	⊕金$^{(金)}_{(水)}$		卯$^{(乙庚)}_{(三合)}$	⊖木$^{(金)}_{(木)}$	
	相 因子	午$^{(丁壬)}_{(三合)}$	⊕火$^{(木)}_{(火)}$		寅$^{(甲己)}_{(三合)}$	⊕木$^{(土)}_{(火)}$		戌$^{(戊癸)}_{(三合)}$	⊕土$_{戌}$$^{(火)}_{(火)}$		卯$^{(乙庚)}_{(三合)}$	⊖木$^{(金)}_{(木)}$	
後天 同調 E場	性 因子							卯$^{(乙庚)}_{(三合)}$	⊖木$^{(金)}_{(木)}$		申$^{(乙庚)}_{(三合)}$	⊕金$^{(金)}_{(水)}$	
	相 因子							巳$^{(丙辛)}_{(三合)}$	⊖火$^{(水)}_{(金)}$		戌$^{(戊癸)}_{(三合)}$	⊕土$_{戌}$$^{(火)}_{(火)}$	

〈표 3-39〉 例 27 : 丙戌年 5月 18日 亥 時生의 Energy 特性 發現

生成條件 / 生成特性		生年位相(丙戌)			生月位相(庚寅)			生日位相 {先天(丁未) 後天(丙申)}			生時位相 {先天(戊午) 後天(丁未)}		
		因緣構成	五行構成	E 構成	因緣構成	五行構成	E 構成	因緣構成	五行構成	E 構成	因緣構成	五行構成	E 構成
先天命		戌(丙)(戊)	⊕土$_{戌}$(+火)(+土)		寅(庚)(甲)	⊕木(+金)(+木)		未(丁)(己)	⊖土$_{未}$(-火)(-土)		午(戊)(丁)	⊕火(+土)(-火)	
後天命								申(丙)(庚)	⊕金(+火)(+金)		未(丁)(己)	⊖土$_{未}$(-火)(-土)	
先天運氣	性 因子	巳(丙辛)	⊖火(水)		申(乙庚)	⊕金(金)		午(丁壬)	⊕火(木)		戌(戊癸)	⊕土$_{戌}$(火)	
	相 因子	戌(丙辛)	⊕土$_{戌}$(水)		寅(乙庚)	⊕木(金)		未(丁壬)	⊖土$_{未}$(木)		午(戊癸)	⊕火(火)	
後天運氣	性 因子							巳(丙辛)	⊖火(水)		午(丁壬)	⊕火(木)	
	相 因子							申(丙辛)	⊕金(水)		未(丁壬)	⊖土$_{未}$(木)	
先天 同調 E 場	性 因子	巳(丙辛)(三合)	⊖火(水)(金)		申(乙庚)(三合)	⊕金(金)(水)		午(丁壬)(三合)	⊕火(木)(火)		戌(戊癸)(三合)	⊕土$_{戌}$(火)(火)	
	相 因子	戌(戊癸)(三合)	⊕土$_{戌}$(火)(火)		寅(甲己)(三合)	⊕木(土)(火)		未(甲己)(三合)	⊖土$_{未}$(土)(木)		午(丁壬)(三合)	⊕火(木)(火)	
後天 同調 E 場	性 因子							巳(丙辛)(三合)	⊖火(水)(金)		午(丁壬)(三合)	⊕火(木)(火)	
	相 因子							申(乙庚)(三合)	⊕金(金)(水)		未(甲己)(三合)	⊖土$_{未}$(土)(木)	

〈표 3-40〉 例 28 : 癸亥年 12月 1日 丑 時生의 Energy 特性 發現

生成條件 / 生成特性		生年位相(癸亥)			生月位相(甲戌)			生日位相 {先天(庚辰) 後天(庚辰)			生時位相 {先天(辛巳) 後天(辛巳)		
		因緣構成	五行構成	E 構成	因緣構成	五行構成	E 構成	因緣構成	五行構成	E 構成	因緣構成	五行構成	E 構成
先天命		亥(癸)(壬)	⊖水(-水)(+水)		戌(甲)(戊)	⊕土戌(+木)(+土)		辰(庚)(戊)	⊕土辰(+金)(+土)		巳(辛)(丙)	⊖火(-金)(+火)	
後天命								辰(庚)(戊)	⊕土辰(+金)(+土)		巳(辛)(丙)	⊖火(-金)(+火)	
先天運氣	性 因子	子(戊癸)	⊕水(火)		寅(甲己)	⊕木(土)		申(乙庚)	⊕金(金)		酉(丙辛)	⊖金(水)	
	相 因子	亥(戊癸)	⊖水(火)		戌(甲己)	⊕土戌(土)		辰(乙庚)	⊕土辰(金)		巳(丙辛)	⊖火(水)	
後天運氣	性 因子							申(乙庚)	⊕金(金)		酉(丙辛)	⊖金(水)	
	相 因子							辰(乙庚)	⊕土辰(金)		巳(丙辛)	⊖火(水)	
先天 同調 E場	性 因子	子(戊癸)(三合)	⊕水(火)(水)		寅(甲己)(三合)	⊕木(土)(火)		申(乙庚)(三合)	⊕金(金)(水)		酉(丙辛)(三合)	⊖金(水)(金)	
	相 因子	亥(丁壬)(三合)	⊖水(木)(木)		戌(戊癸)(三合)	⊕土戌(火)(火)		辰(戊癸)(三合)	⊕土辰(火)(水)		巳(丙辛)(三合)	⊖火(水)(金)	
後天 同調 E場	性 因子							申(乙庚)(三合)	⊕金(金)(水)		酉(丙辛)(三合)	⊖金(水)(金)	
	相 因子							辰(戊癸)(三合)	⊕土辰(火)(水)		巳(丙辛)(三合)	⊖火(水)(金)	

11. 簡便風易의 設計와 應用

※ 性相因子 同調 Energy場論에 衣한 人間 Energy 特性分析은 前記內容과 같이 그 理解度에 따라 매우 複雜하고 難解한 部分이 많다. 따라서 一常生活에서 容易하게 應用할 수 있는 簡便風易을 設計 應用케 하여 보다 쉽고 便利한 活用이 이루어지기를 바라면서 다음과 같이 簡便 風易設計를 展開한다.

〈風水地理 易理學 四柱의 適用〉

風水易學에서 四柱 年月日時는

人間이 태어난 시점의 太陽과 地球, 달의 相互 同調・干涉 Energy場에 影響을 받아 形成된 것으로 人間 生命 活動 100% 중 25%의 時空間 Energy場에 해당된다. 風水는 空間 스케줄을 보는 것이며 四柱는 타임 스케줄을 보는 것인데, 나머지 75%의 Energy場 - 靈魂因子, 種性因子, 地氣 同調 Energy 因子 - 와 因緣 同調하여 決定된다. 空間과 時間 計劃은 人生에서 매우 중요한 것으로서, 風水易學은 25%의 時空間 因子인 四柱 分析과 四柱 외의 因果 關係(75%)를 함께 糾明해볼 수 있다.

地球上의 모든 生命體는 消滅 進行 特性을 가지고 있고, 人間이 이 세상에 존재하며 그리는 궤적은 肉體的 存在의 特徵으로 드러나는 것이기 때문에 기본적으로 肉 리듬 75%, 靈 리듬 25%의 비율로 살펴볼 수 있다. 肉體的 리듬에 順應하면 타고난 四柱八字의 改善이 어렵다. 따라서 運命의 改善 改良을 위해서는 먼저 '나'라는 존재를 포함한 모든 生命의 消滅 進行過程을 이해하고 챙기는 것부터 시작되어야 한다. 좋은 四柱라 하더라도 混濁한 靈魂과 不實한 種子에서는 判斷이 흐려질 수 있고 그 力量을 제대로 發揮할 수 없다. 그러므로 靈 리듬 75%, 肉 리듬 25%의 비율로 改善 改良함이 필요하며 四柱가 좋지 않다면 음식과 집터 관리를 병행해야 한다. 특히 祖上을 火葬했을 경우는 기도와 수행으로 더욱 精進하여 本 마음을 일깨우고 25%의 靈魂因子를 開發하여 安定化함이 于先되어야 한다. 이 방법 외엔 四柱八字 運命의 改善 改良은 절대 불가능하다.

1) 風水四柱의 先天因子와 後天因子 구성

風水易學은 子孫이 태어난 年月日時(四柱)의 時空的 現象 條件에 따른 太陽 ↔ 地球 ↔ 달의 相互 同調 關係에 의해 크게 先天과 後天으로 나뉘어 天體 Energy場과 地球 Energy場의 合成運氣가 發顯되어 나타난다.

〈표 3-41〉 辰戌丑未 運氣

先天命運氣	後天命運氣
太陽과 地球의 E 同調 關係 (太陽 中心)	달과 地球의 E 同調 關係 (달 中心)
生 以後 ~ 平均 40세 以前의 時期	平均 40세 以後부터 人生 末年
運勢와 運命에 더 支配的	健康에 더 支配的
氣骨(⊕)	血肉(⊖)

先天命에는 後天命 氣運이 25~50% 影響을 미치고, 後天命 또한 先天 命運이 25~50% 影響을 미친다. 대개 25% 정도가 相互 影響을 받는데, 先·後天 運勢를 比較하여 先天보다 後天運勢가 上昇하면 後天運이 强하여 先天運에 최대 50%까지 影響을 미치게 된다(반대로 後天運보다 先天 運勢가 强하면 後天에도 50%의 影響을 끼친다). 卽, 先天四柱는 後天을 同伴한 先天이고, 後天四柱는 先天의 氣運을 根據로 한 後天이다. 後天四柱는 그 子孫의 未來를 의미하므로 先天四柱가 좋으면 種子因子가 强하여 未來를 열어줄 수 있다. 따라서 風水四柱는 先天四柱를 基盤하여 後天氣運을 再創造하기 위한 改善目的으로 分析돼야 한다.

2) 祖上 墓所의 영향

(1) 祖上 山所의 穴板 Eenrgy場 特性은 子孫의 四柱因子 特性에 絶對的 同調 關係 現象 作用을 일으킨다.

(2) 年 : 曾祖父母 以上의 윗대 祖上, 高祖父母 山所 Energy 및 그 Energy場의 影響이 더 많다.

月 : 祖父母 以上의 윗대 祖上 Energy 및 그 Energy場의 影響이 더 많다.
日 : 父母 以上의 윗대 祖上 Energy 및 그 Energy場의 影響이 많다.
時 : 未來 Energy場 同調可能因子(後代 穴場 因緣性, 집터, 일터, 묘터 Eenrgy場)를 일으킨다.

- 四柱의 先天因子 : 祖父母 또는 曾祖父母 以上의 山所에서 同調 相續받는 確率이 높다.
- 四柱의 後天因子 : 祖父母 또는 父母 山所에서 同調 相續받는 確率이 높다.

先天因子보다 後天因子의 四柱가 더 좋을 경우 : 특히 祖父, 父母의 山所를 더 좋은 곳으로 移葬하여 種性 Energy를 改善하거나, 陽宅 等의 環境 Energy場에 의한 運命의 改善 可能性이 크다.

3) 풍수사주의 선천과 후천 기준 및 특성

〈표 3-42〉 풍수사주의 선천과 후천 기준 및 특성

	年	月	日	時
根本特性	뿌리(根)	줄기(幹)	꽃(花)	열매(實)
運	運勢	健康	컨디션	
四神砂	入首頭腦	靑龍, 白虎	穴核	纏脣
先天 (~약 40세)	祖上, 父母	兄弟 〉配偶者	내 자신	子孫
	나의 初年 運勢		나의 中年 運勢	
後天 (약 40세~)	祖父, 父母	兄弟 〈 配偶者	내 자신	子孫
	나의 40代 以後 初盤 中年 運勢		나의 末年 運勢 (子孫 成功運)	

(1) 後天 時柱는 子息의 成功運 또는 나의 末年運이며 種子運이 아니다. 先天 時柱가 좋아야 子息을 낳는다. 先天 時柱가 年/月/日柱와 干涉할 境遇, 配偶者의 四柱(특히 時柱)와 同調(合)時 子孫生産이 可能하다.

(2) 내 四柱의 後天因子는 祖父四柱의 因子가 相續되기도 하며, 子孫의 四柱는 내 四柱의 後天 影響을 많이 받는다.

4) 풍수사주(年月日時)의 設計

(1) 風水易學의 時間 基準

① 時間帶의 基準 : 地球 15° 回轉 = 1時間

② 世界의 中心 子午線 : 영국의 그리니치 천문대를 基準으로 동쪽과 서쪽으로 각각 12時間씩 나뉜다.

③ 우리나라의 時間 : 일본을 지나는 東經 135°線을 標準子午線으로 하여 '韓國의 標準時'로 指定하여 使用하고 있다. 그러나 서울은 東經 127.5°에 위치하여 거리상 약 7.5° 差異가 發生하므로 대략 32분의 時間誤差가 發生한다. 따라서 한국의 地政學的 位置上 약 30분 늦게 해가 뜬다(15° = 1時間 → 7.5° = +30분).

→ 그러므로 우리나라의 子時는 23時~01時가 아닌 23시 32분~01시 31분이다. 風水易學에서는 Energy場의 相互 同調·干涉作用을 정확히 把握, 分析하기 위해 32분을 더하여 계산한다(서울기준)(썸머타임 참조).

地支	子	丑	寅	卯	辰	巳	午	未	申	酉	戌	亥
時	23:32 - 01:31	01:32 - 03:31	03:32 - 05:31	05:32 - 07:31	07:32 - 09:31	09:32 - 11:31	11:32 - 13:31	13:32 - 15:31	15:32 - 17:31	17:32 - 19:31	19:32 - 21:31	21:32 - 23:31

(2) 冊曆과 風易의 差異

冊曆 : 寅月을 始作月로 運行, 立春 基準

風易 : 子月을 始作月로 運行, 冬至 基準

地支	子 (冬至)	丑	寅 (立春)	卯	辰	巳	午	未	申	酉	戌	亥
月	11月	12月	1月	2月	3月	4月	5月	6月	7月	8月	9月	10月

Tip. 띠별 天干 보는 法

天干	庚	辛	壬	癸	甲	乙	丙	丁	戊	己
年度 끝자리	0	1	2	3	4	5	6	7	8	9

例) 1981年 닭띠(酉)의 境遇 : 年度 끝자리 1 → 辛 ⇒ 辛酉

(3) 先天四柱 計算 方法

四柱는 내가 태어난 時點의 時空間 Energy場이다. 風水易學은 人間이 태어난 時點의 年月日時에 內在된 太陽 ↔ 地球 ↔ 달의 相互 Energy場이 祖上의 種性因子와 山所의 地氣 同調 Energy 因子와 어떻게 同調, 干涉하고 있는가를 分析하는 것인데, 이는 다음과 같다.

① 太陽 ↔ 地球 ↔ 달은 서로 맞물려 自轉과 公轉을 反復하며 12마당 Energy場을 形成한다.

② 태어난 '年'은 相續的으로 '月' → '日' → '時'에 順次的으로 影響을 미침으로써 時空間 因子가 形成되고 이것이 곧 四柱의 特性因子로 決定된다. 이때 時空間 因子가 祖上 Energy場 特性과 相互 同調치 못하면 孕胎 또는 生産이 不可能해진다.

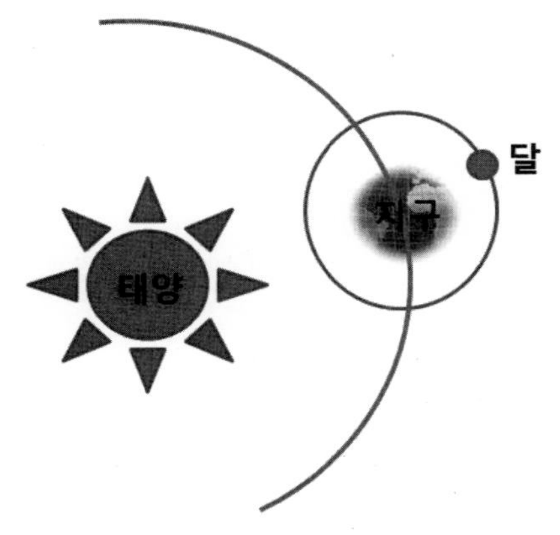

③ 年, 月, 日, 時는 十干 十二支의 合成構造 同調場에 의해 形成되며 甲子, 乙丑, 丙寅 等으로 時空間 特性因子化한다.

例 1) 乙卯年 4月 → 乙卯年 戊午月

- 年의 時空間 Energy 因子 : 乙卯年
- 月의 時空間 Energy 因子 : 乙卯年의 位相에서 月 時空間 Energy 因子가 形成된 時點까지 左旋 移動한다. (4月은 乙卯年 Circle에서 4번 左旋 移動 後 形成)

⇒ 乙卯(1) → 丙辰(2) → 丁巳(3) → 戊午(4) ⇒ 戊午月

〈 時空間 因子 形成圖 : 乙卯年 〉

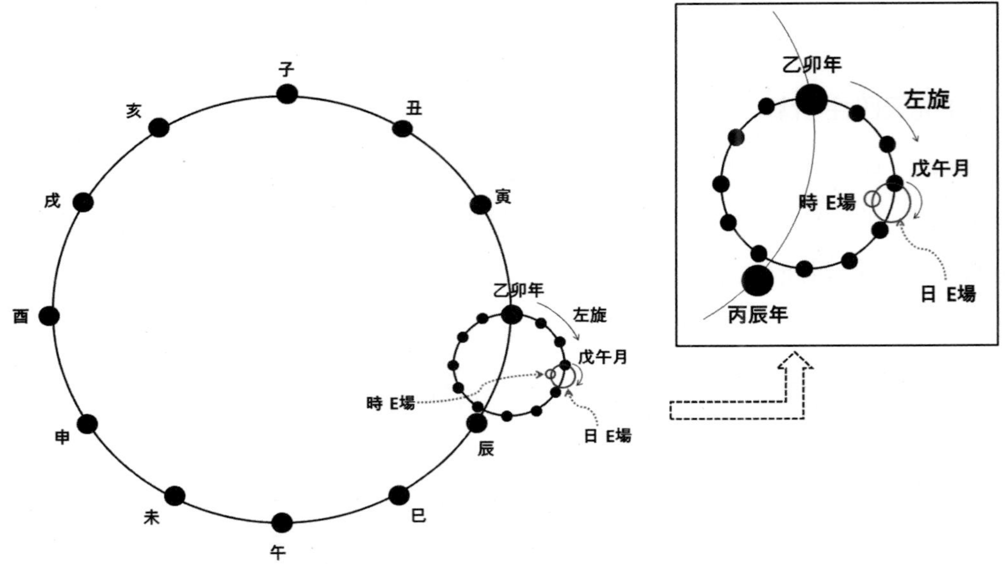

〈그림 3-32〉 時空間 因子 形成圖 : 乙卯年

例 2) 1971年 5월 6일 11시 10분(巳시)

- 年 : 辛亥年
- 月 : 辛亥年에서 始作하여(첫 번째로 하여) 5번째(5月)의 Energy 場을 더한다.
  - 天干 : 辛(1) → 壬(2) → 癸(3) → 甲(4) → 乙(5) : 乙月(天干 月柱 Energy場)
  - 地支 : 亥(1) → 子(2) → 丑(3) → 寅(4) → 卯(5) : 卯月(地支 月柱 Energy場)

⇒ 乙卯月

- 日 : 乙卯月에서 始作하여 6번째 Energy場(6日)이 日柱가 된다.
  - 天干 : 乙(1) → 丙(2) → 丁(3) → 戊(4) → 己(5) → 庚(6) - 庚日(天干 日柱 Energy場)
  - 地支 : 卯(1) → 辰(2) → 巳(3) → 午(4) → 未(5) → 申(6) - 申日(地支 日柱 Energy場) ⇒ 庚申日
- 時 : 巳時는 子時 基準으로 6번째 Energy場이므로 庚申에서 始作하여 6번째 Energy場이 된다.
  - 天干 : 庚(1) → 辛(2) → 壬(3) → 系(4) → 甲(5) → 乙(6) - 乙時(天干 時柱 Energy場)
  - 地支 : 申(1) → 酉(2) → 戌(3) → 亥(4) → 子(5) → 丑(6) - 丑時(地支 時柱 Energy場) ⇒ 乙丑時

⇒ 1971年 5月 6日 11時 10分(巳時)의 先天 四柱八字

〈先天〉

乙	庚	乙	辛
丑	申	卯	亥
時	日	月	年

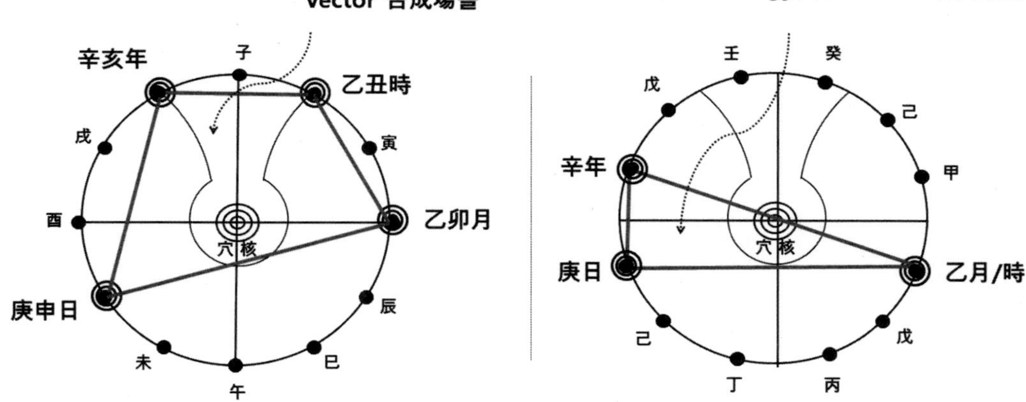

〈그림 3-33〉 天地氣 Energy場圖와 天運 Energy場圖

(4) 後天 四柱 計算 方法 : 地球 ↔ 달의 關係를 把握한다.

달의 公轉週期는 平均 29.5日(약 30日)이다. 12마당 Energy場의 變化週期를 分析해보려면 달의 公轉週期 30日을 12로 나눈다. 30日÷12 = 2.5

⇒ 各 E 因子는 2.5日을 기준으로 12번 變化한다. 달 Energy場은 日, 時에 影響을 미친다.

(年, 月은 太陽과 地球의 相互 關係의 의해 12마당 Energy場으로 이미 形成되었으므로 先·後天에 똑같이 適用한다.)

例) 1971年 5月 6日 11時 10分(巳時)의 後天 四柱八字

- 年 : 辛亥年
- 月 : 乙卯月(年과 月은 先天과 同一)
- 日 : 6日을 2.5로 나눈다. 약 2日이 된다.(반올림하여 計算할 것)
  - 天干 : 乙(1) → 丙(2) : 丙日(天干 日柱 Energy場)
  - 地支 : 卯(1) → 辰(2) : 辰日(地支 日柱 Energy場) ⇒ 丙辰日
- 時 : 巳時는 子時 基準으로 6번째 Energy場이므로 丙辰일에서 6번 移動한다.
  - 天干 : 丙(1) → 丁(2) → 戊(3) → 己(4) → 庚(5) → 辛(6) : 辛時(天干 時柱 Energy場)
  - 地支 : 辰(1) → 巳(2) → 午(3) → 未(4) → 申(5) → 酉(6) : 酉時(地支 時柱 Energy場)

  ⇒ 辛酉時

〈後天〉

辛	丙	乙	辛
酉	辰	卯	亥
時	日	月	年

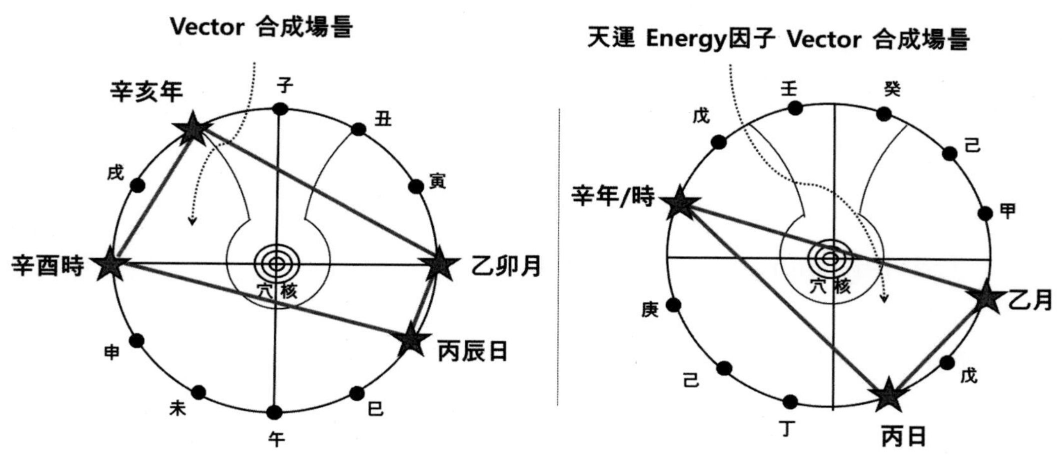

〈그림 3-34〉 天地氣 Energy場圖와 天運 Energy場圖

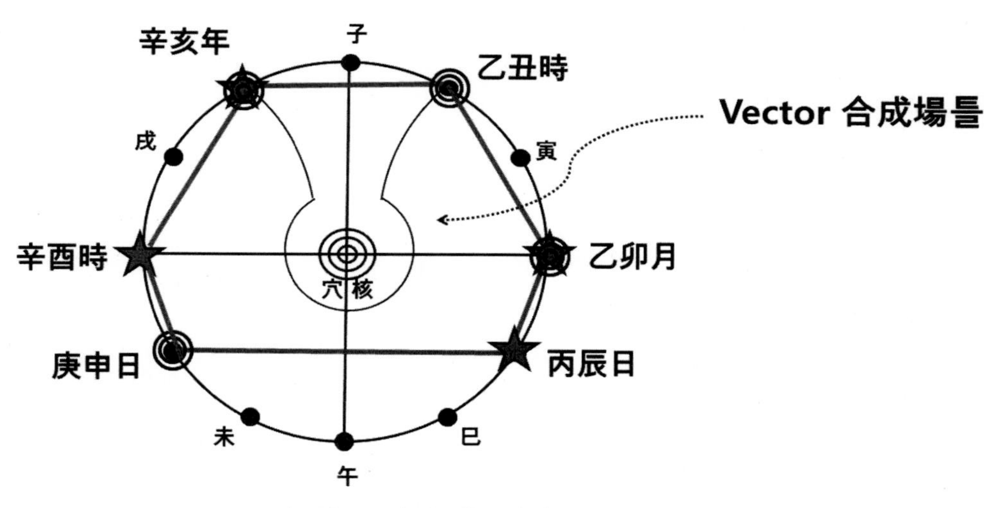

〈그림 3-35〉 先, 後天 合成 Energy場圖

※ 先, 後天 Energy場圖는 性品과 運命을 들여다보는 尺度이다. 圓滿한 것이 좋고 Energy場圖가 非對稱으로 날카롭게 形成될 境遇 四柱의 長點과 短點이 날카로운 因子의 特性으로 드러난다.

(5) 閏月 計算法

① 閏月 生成 原理

달 1회 公轉 29.5日 × 12달 = 약 354日로 地球 1회 公轉 365.25日과 약 11日의 差異가 생기기 때문에 發生한다. 이로 인해 19年 동안 7번의 閏月을 넣어 冊曆과 계절을 일치시킨다. 閏月은 정상적인 12달 외에 1月(3年=약33日)이 더 生成되어 Energy場이 겹치게 된다.

② 例를 들어 閏月 3月生이라면

閏 3月 15日 以前의 四柱는 正常 3月의 四柱로 계산하여 풀고, 閏 3月 16日 以後의 四柱는 先天은 그대로 3月 四柱로 計算하고, 後天은 正常 3月 75%와 그 다음 달인 4月의 Energy場을 25% 適用한다(閏月은 달의 影響에 의한 것이므로 後天四柱에서 더 많이 作用된다).

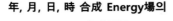

例 1) 丙辰年 閏 3月 10日 寅時

〈先天〉

己	丁	戊	丙
巳	卯	午	辰
時	日	月	年

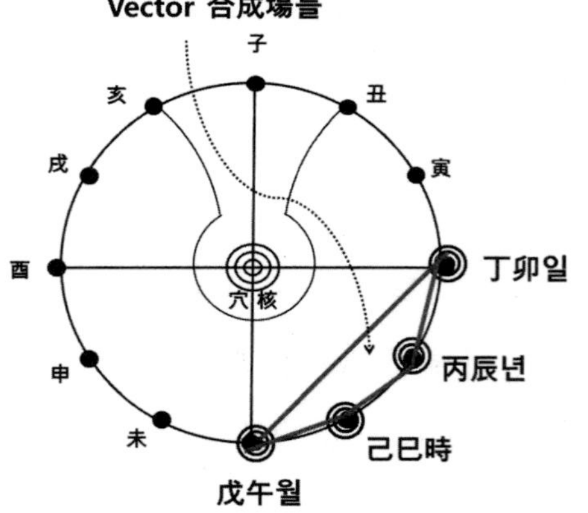

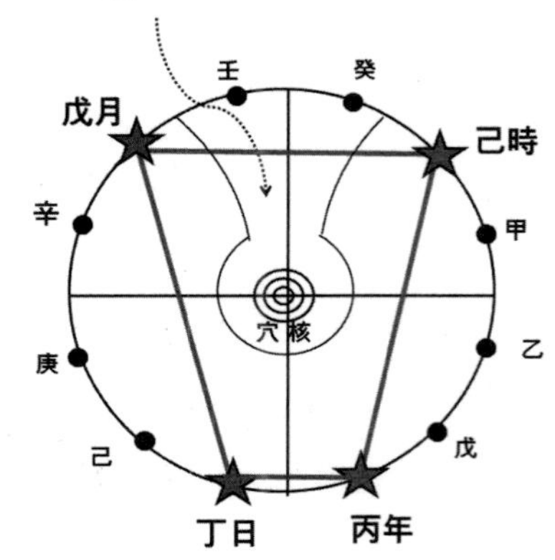

〈그림 3-36〉 天地氣 Energy場圖와 天運 Energy場圖

例 2) 丙辰年 閏3月 17日 寅時

〈先天〉

丙	甲	戊	丙
子	戌	午	辰
時	日	月	年

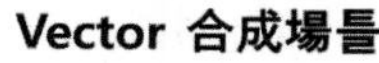

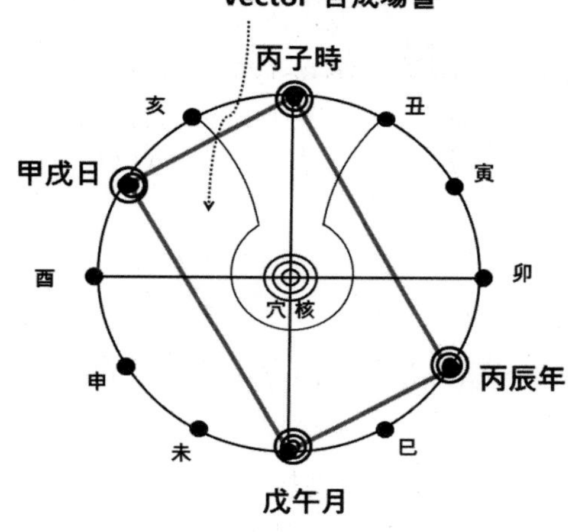

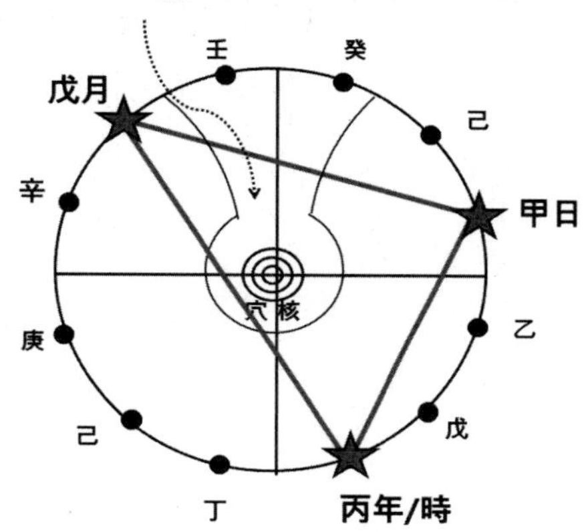

〈그림 3-37〉 天地氣 Energy場圖와 天運 Energy場圖

※ 丙 天運이 合居 同調 없이 自沖하면 亦是 壬 因子로 넘어간다.

〈後天〉

丙	甲	戊	丙
寅	子	午	辰
時	日	月	年

閏 3月(75% Energy場 影響)

丁	乙	己	丙
卯	丑	未	辰
時	日	月	年

4月(25% Energy場 影響)

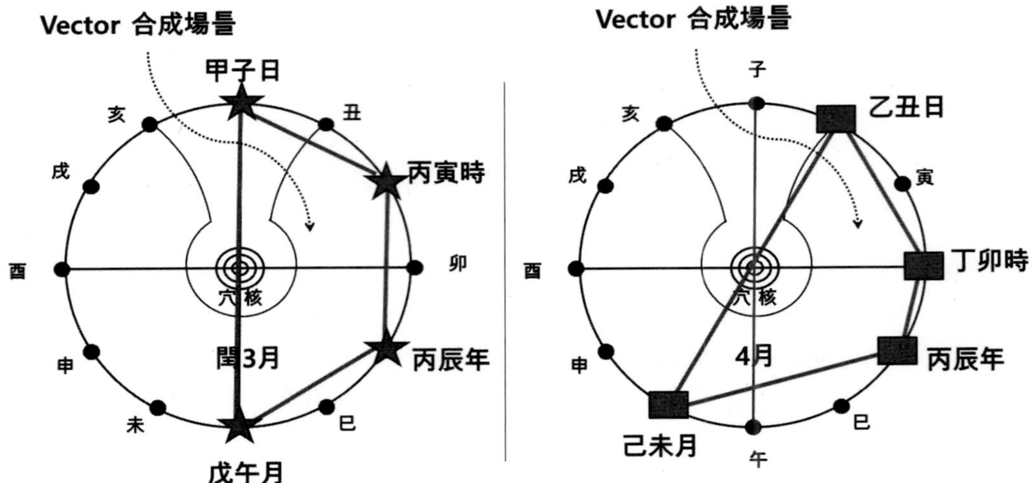

〈그림 3-38〉 天地氣 Energy場圖

→ 이를 合成하여 Energy場圖를 그려본다.

(◎ 先天 Energy場, ★ 後天 閏 3月Energy場, ■ 4月Energy場〉

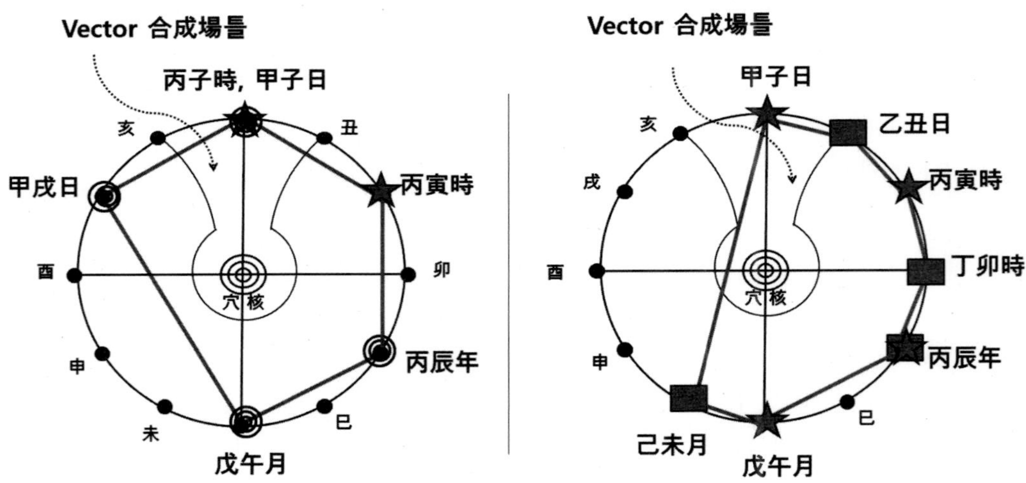

〈그림 3-39〉 先, 後天 合成 Energy場圖와 後天 閏 3月,4月 合成 Energy場圖

Vector 合成場들
丙子時, 甲子日
亥
乙丑日
甲戌日
丙寅時
酉
丁卯時
穴核
申
丙辰年
己未月
巳
戊午月

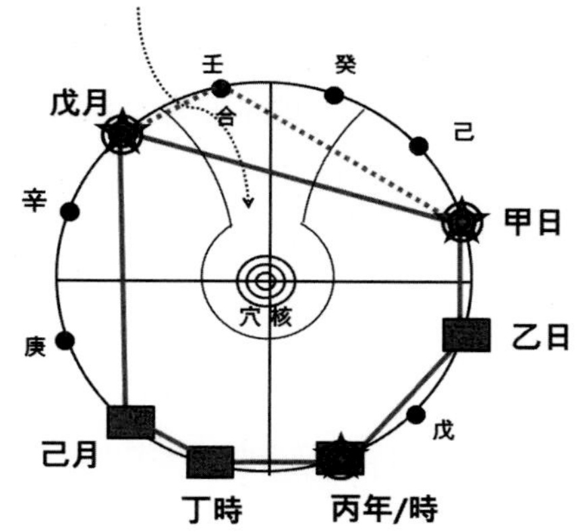

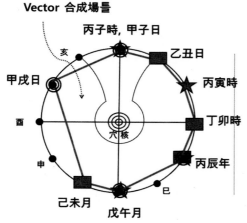

〈그림 3-40〉 全體 天地氣 合成 Energy場圖와 全體 天運 合成 Energy場圖

5) 풍수역학 분석방법(風易의 諸 特性分析은 穴場理論을 根本으로 함)

- 年月日時 Energy 因子가 相互 合居 同調했는가?
- 各各의 Energy 因子가 獨居했는가?
- 年月日時 Energy 因子가 相互 刑沖破害殺 干涉이 있는가?
- 年月日時 Energy 因子 合成의 Vector 合成場들이 圓滿한가?

(1) 風水易學은 日柱 中心(내 자신)으로 分析한다. 日柱가 가장 重要하다.
重要 順序 : 日柱 〉 年柱 〉 時柱 〉 月柱

(2) 年月日時 相互 同調/干涉 關係를 分析한다.

① 年月日時 同調(合) 關係

- 年/月 同調 : 初年 運勢가 좋다. 祖上德이 있다.
- 年/日 同調 : 父母運 吉(年柱 合居는 어릴 적 刺戟으로 組織生活에 能하다).
- 年/時 同調 : 祖上의 遺産相續이 可能하다(中吉).
- 月/日 同調 : 結婚運 吉.
- 月/時 同調 : 配偶者와 子孫間의 合으로 本人은 외롭다(小吉).

- 日/時 同調 : 子息運 吉, 本人이 運命을 主管한다(大吉). 末年 時柱 合居時 長壽.

② 年月日時 干涉(刑沖破害怨嗔) 關係

- 年柱 刑沖破害怨嗔 : 初年 싹을 자른다. 父母의 도움을 받기가 어려워 自手成家運이다. 苦盡甘來해야 하니 어렵다.
- 月柱 刑沖破害怨嗔 : 中途挫折. 青年時節에 꺾인다.
- 日柱 刑沖破害怨嗔 : 一生 苦難이 뒤따른다. 刑沖을 당하면 命 고비를 넘겨야 한다.
- 時柱 刑沖破害怨嗔 : 子孫 혹은 末年이 不幸하다.

- 年/月 干涉 : 父母, 兄弟 다툼으로 初年·中年 葛藤. 干涉時 衝擊이 가장 크며, 특히 過渡期(思春期)에 殺을 받는다.
- 年/日 干涉 : 早失父母할 수 있고(不孝子), 本人의 初年命運이 否塞해지면서 離鄕客地하기 쉽다. 一生 苦生한다.
- 年/時 干涉 : 祖上의 害, 不孝孫, 無德子孫, 末年苦生
- 月/日 干涉 : 兄弟·配偶者와 葛藤, 강한 刑沖破는 獨身 또는 離婚, 兄弟不運.
- 月/時 干涉 : 子孫과 環境의 不和, 末年 不和.
- 日/時 干涉 : 遺產, 강한 刑沖破는 無子 혹은 末年이 순탄치 않다. 子孫과 極甚한 葛藤, 本人業障이 무겁다(前生惡業).

③ 日/月 同宮 同局 : 男女問題가 發生할 수 있다.

④ ⊖因子 丑卯巳未酉亥 : 偏穴性

반드시 合居해야 한다. 合居치 않으면 事業失敗, 再婚, 離婚 등의 失敗가 있다. 그중 卯, 酉 因子가 강하다.

→ 乾命 : 財物, 女子關係
　坤命 : 男便, 出世

㉠ 年柱 干涉 : 祖上運이 弱하여 初年에 苦痛을 당하기 쉬우므로 홀로 일어서야 한다. 合居相生하면 初年苦生을 免한다. 獨居時 苦難이 있다.

㉡ 月柱 干涉 : 獨居時에는 父母와 일찍 헤어져 客地生活을 하거나 結婚을 늦게 한다.

㉢ 日柱 干涉 : 陰이 根本인 Energy場으로 가라앉는다. 非活動的이다. 不合居時 單純 昏懜하다. 특히 丑卯未酉 Energy 因子는 命 고비가 있다.

㉣ 時柱 干涉 : 子孫 敎育에 신경 써야 한다. 딸 確率이 크다. 時柱 干涉時 祖父母에 의해 子孫을 養育하거나 遊學 등으로 父母와 떨어져 사는 것이 낫다.

⑤ 備考

㉠ 年柱 : 年柱 干涉時 父母祖上運이 弱化되지 않으면 本人 初年運 困苦. 年柱 父母運 50%, 本人運 25~50%.

㉡ 月柱 : 人生全般으로 볼 때 兄弟運은 약 25~30%, 配偶者運은 약 70~75% 適用. 本人의 四柱이므로 月柱 干涉시 身體的으로는 本人에게, 運에 있어서는 妻·弟에게 禍가 미친다.

㉢ 日柱 : 中長年 一生運.

㉣ 時柱 : 末年 및 子息運氣.

(3) 年月日時 因子 同調·干涉場의 Vector 合成場들을 分析한다.

※ 四柱構成因子分析의 例

例 1) 甲寅年 5月 19日 申時

〈先天〉

- 圓形틀 : 最吉善

甲	丙	戊	甲
申	子	午	寅
時	日	月	年

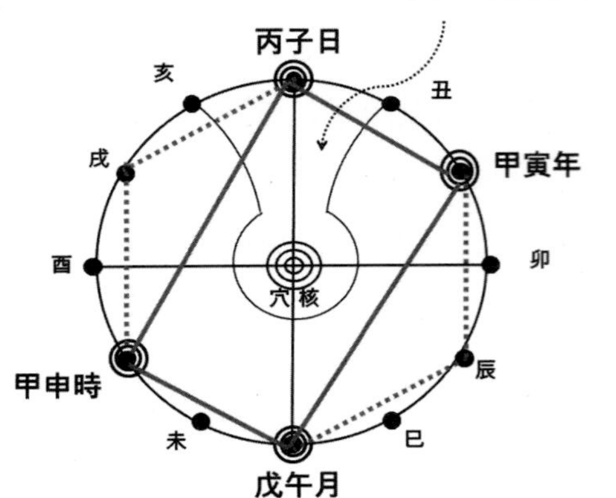

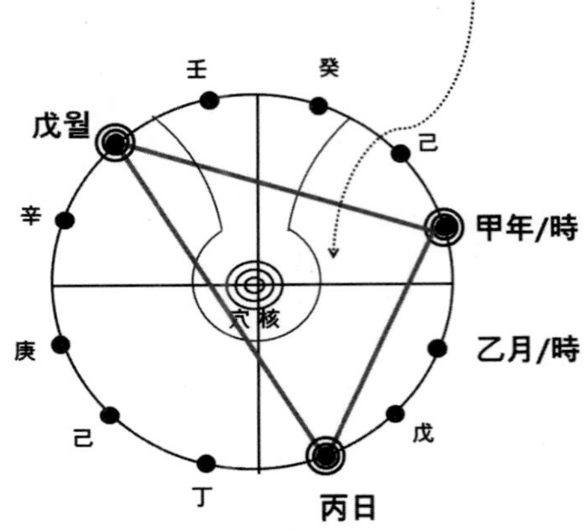

〈그림 3-41〉 天地氣 Energy場圖와 天運 Energy場圖

〈先天〉

癸	乙	戊	甲
酉	丑	午	寅
時	日	月	年

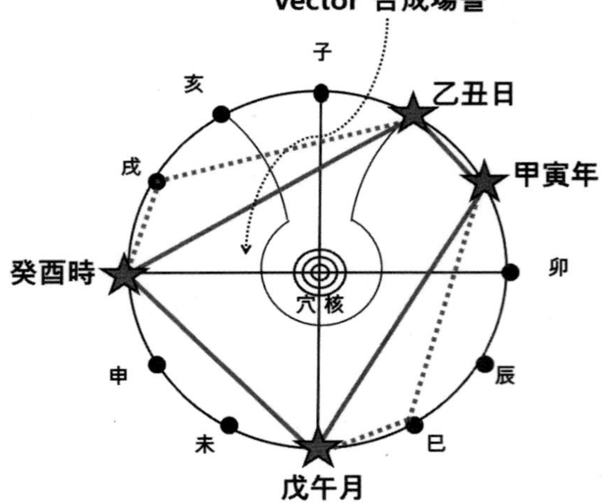

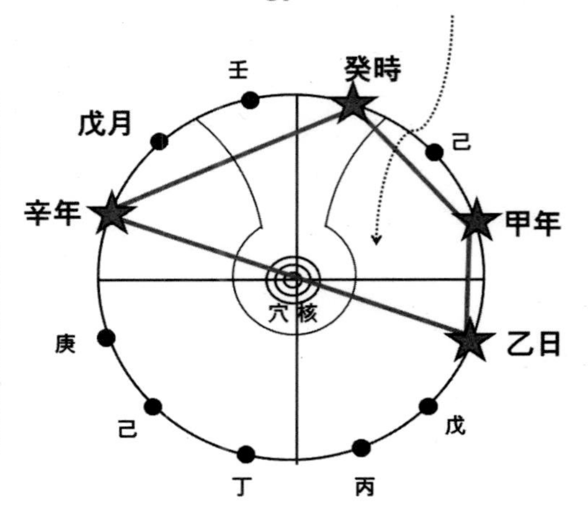

〈그림 3-42〉 天地氣 Energy場圖와 天運 Energy場圖

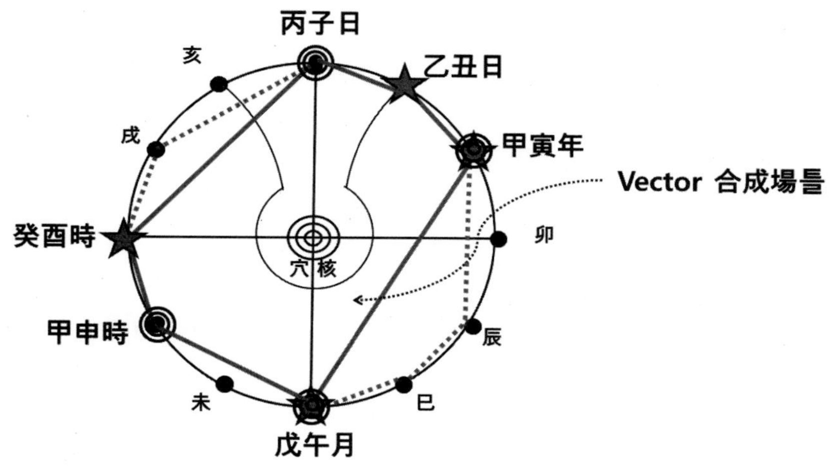

〈그림 3-43〉 先, 後天 合成 Energy場圖

例 2) 壬子年 4月 4日 卯時

〈先天〉

- 正四角들 : 次吉善

辛	戊	乙	壬
酉	午	卯	子
時	日	月	年

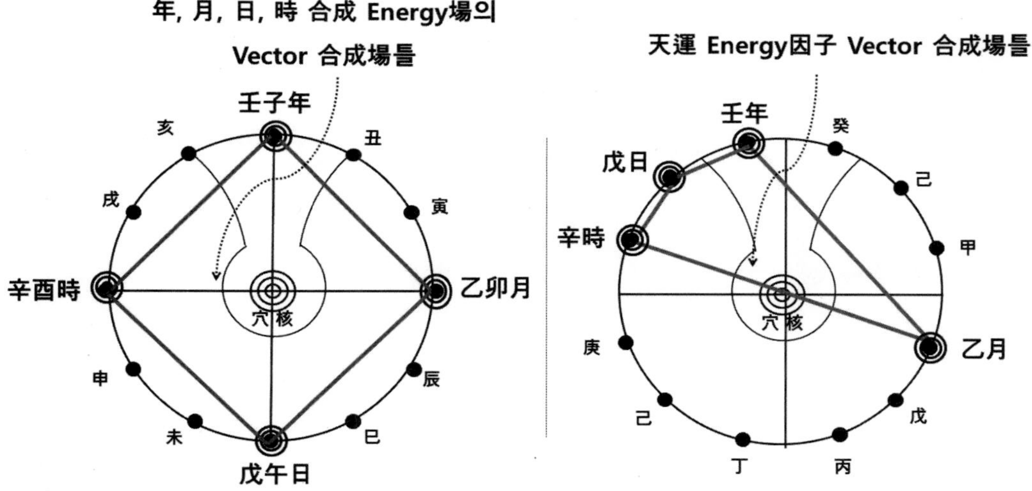

〈그림 3-44〉 天地氣 Energy場圖와 天運 Energy場圖

〈先天〉

己	丙	乙	壬
未	辰	卯	子
時	日	月	年

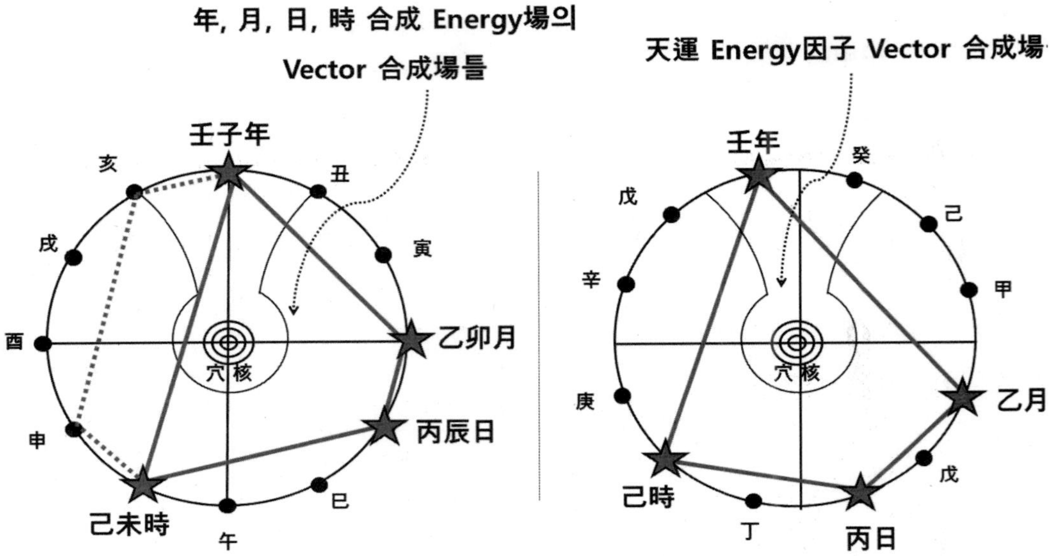

〈그림 3-45〉 天地氣 Energy場圖와 天運 Energy場圖

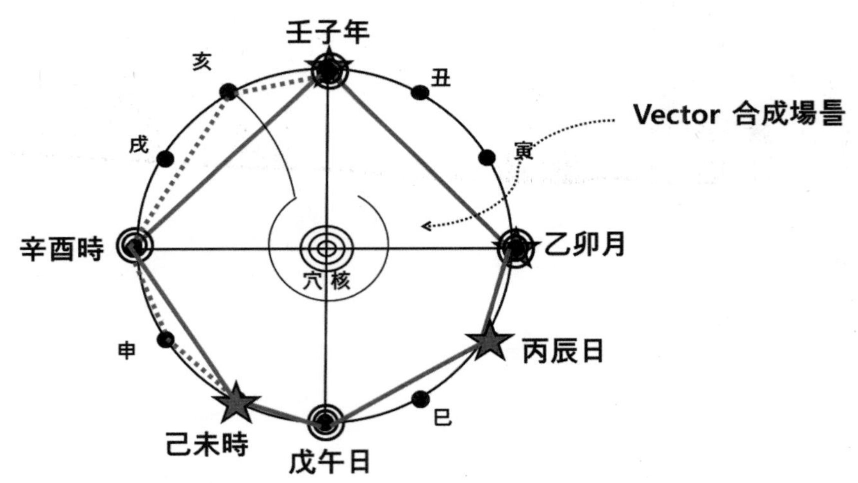

〈그림 3-46〉 先, 後天 合成 Energy場圖

例 3) 癸亥年 9월月 21日 丑時

〈先天〉

- 正△角틀 : 次吉善

壬	辛	辛	癸
辰	卯	未	亥
時	日	月	年

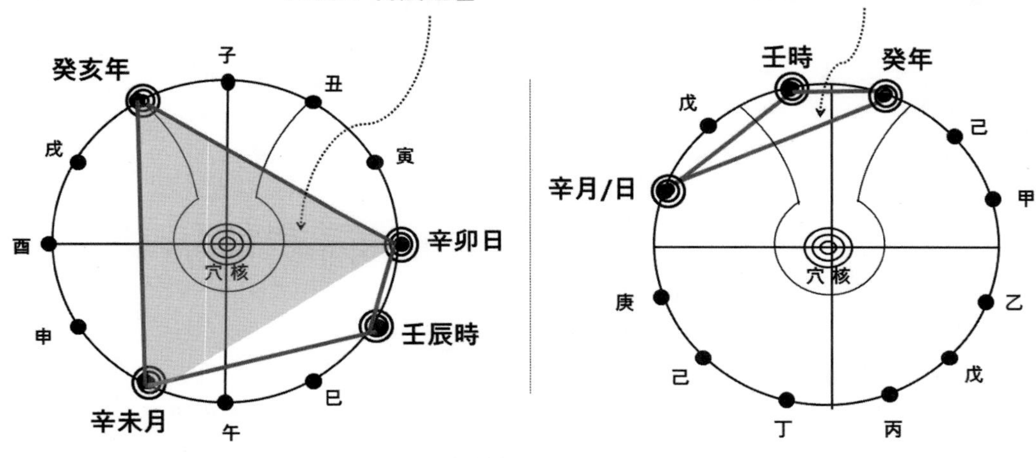

〈그림 3-47〉 天地氣 Energy場圖와 天運 Energy場圖

〈先天〉

- 正△角틀 : 次吉善

己	戊	辛	癸
卯	寅	未	亥
時	日	月	年

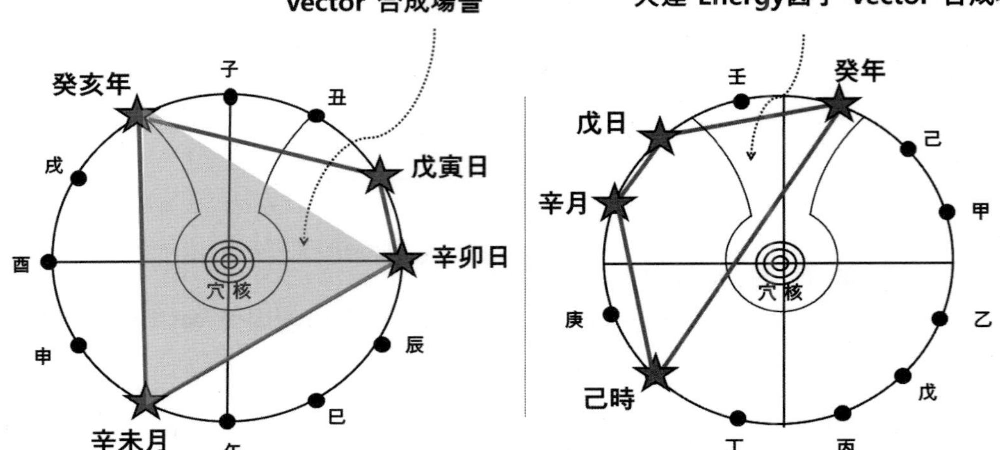

〈그림 3-48〉 天地氣 Energy場圖와 天運 Energy場圖

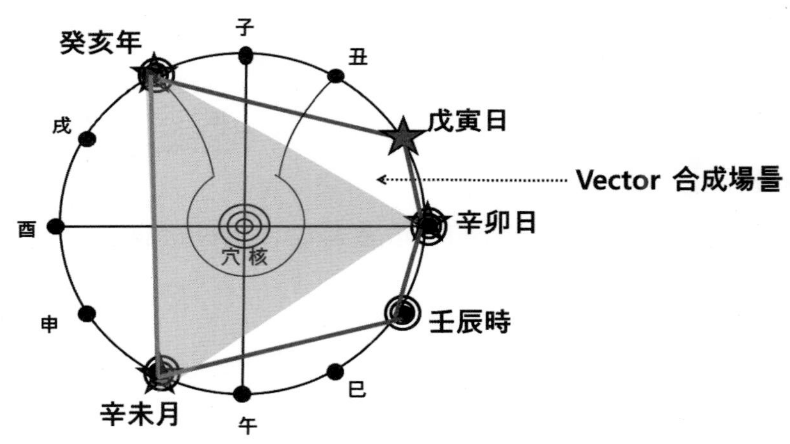

〈그림 3-49〉 先, 後天 合成 Energy場圖

6) 風水易學 四柱構成의 合理的 條件

(1) 穴場에 나타난 年月日時의 E場圖는

① 中心 根源氣 : 壬子/丙午 中心 縱格을 세우면 모든 四柱가 安定된다.

② 均衡的이어야 한다(玄水-朱火, 青木-白金). 前後左右上下 均衡 安定時 四柱의 未盡한 部分이 補完 安定된다.

③ 構造合(三合)

④ 配位合(陰陽合)

⑤ 五行 相生 同居

→ 四神砂 均衡 〉陰陽合 ≧ △合 〉五行 相生 〉局 同調

卽, ㉠ 五行이 圓滿하게 順行하는 것이 좋고

㉡ 刑沖(衝)破害怨嗔殺이 없어야 한다.

㉢ 太過 不及으로 인해 穴場의 均衡이 무너지면 안 된다.

㉣ 陰因子는 對峙의 性格이 강하여 消滅特性으로 進行하고 陽因子는 集合特性이 강하여 穴場을 凝縮하므로 風易上 對稱은 괜찮으나 對峙는 좋지 않다(巳亥 〉卯酉 〉丑未).

※ 時空間 因子가 合成되어 있는 風水易學은 本人 四柱의 後天 氣運을 淨化改善하고, 25%를 修整하여 人間 種性 種子를 再創造하기 위한 勞力으로 完成되었다.

나의 父母와 子孫은 時間差를 두고 드러날 뿐 '나'를 통해 因子化되어 있다. 未來는 現在를 相續하고 保全하려는 特性이 있으므로 祖上 → 本人 → 子孫은 過去, 現在, 未來가 되어 한 자리에 있음과 같다. 曾祖父의 생각을 모른다 하더라도 그분의 因子가 相續되어 내게 내려오며, 마찬가지로 나의 性相 因子는 子孫(특히 曾孫以下)에게 因子化되어 전해진다. 따라서 '나'의 四柱를 관찰할 때에는 3世는 1席으로 父母, 本人, 子孫의 四柱를 함께 관찰 分析하는 것이 좋고,

四柱의 리듬이 刑沖破害怨嗔殺로 부서질 경우 그 집안은 消滅 進行되는 것으로 解析할 수 있다. 반대로 四柱의 先後天 運(種性의 勢力)이 강하면 未來(後天 運勢)를 밝게 열어준다.

人間은 25%의 種子因子(陰宅), 25%의 時空間 環境因子(四柱, 陽宅), 25%의 Energy 因子(飮食 等), 25%의 靈魂因子로 構成되어 있으므로 四柱의 리듬이 無秩序하게 깨져있다면, 다른 因子를 통해 반드시 補完하고자 勞力해야 한다. 100% 改善은 어려울지라도 25%는 修整可能하다.

遺傳因子는 4~5代를 持續하므로 쉽게 바뀌지 않는다. 따라서 맑고 清淨하게 靈魂을 管理하여 子孫에게 相續하려는 意志가 隨伴되어야 한다.

7) 風易의 超越的 智慧

(1) 風易의 몸(相) Energy場 리듬 把握과 分析

(2) 風易의 몸·마음(性) 把握과 分析

(3) 風易의 몸·마음 合成分析에 따른 善惡吉凶改善의 智慧 發見

(4) 改善意志의 實踐과 廻向

(5) 菩薩緣覺 四柱의 再構成(아래 그림 參照 및 硏究精進할 것)

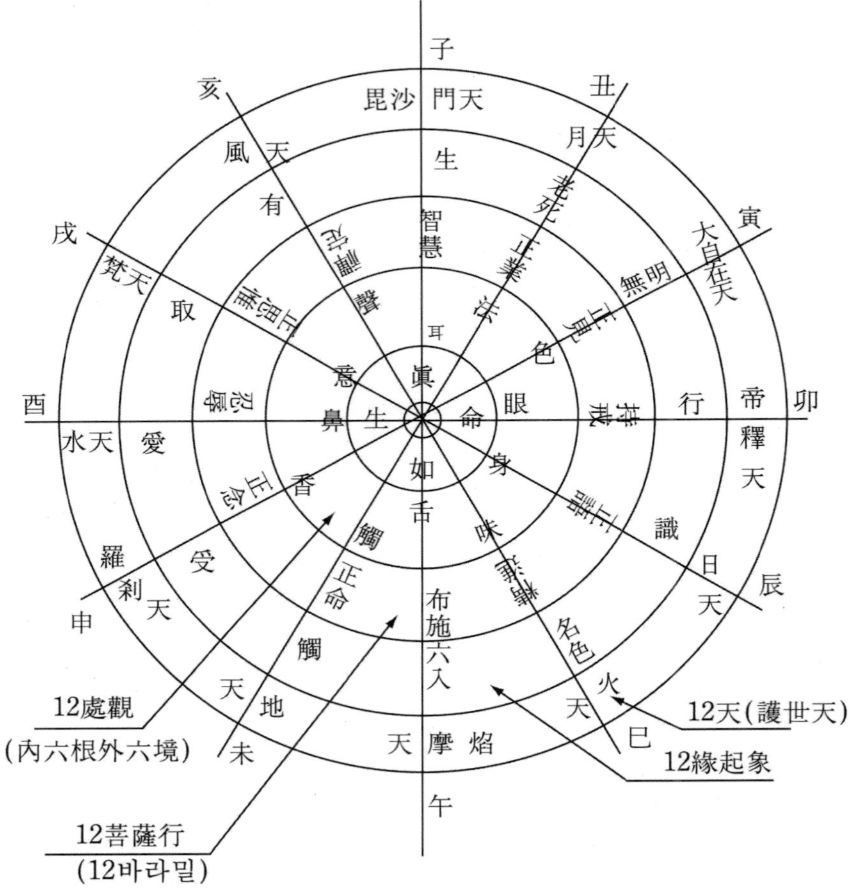

〈그림 3-50〉 無常界 十二 性相圖

※ 四柱는 運命이나, 靈魂의 智慧는 運命을 超越한다.

12. 六十甲子 Energy場 因子의 特性 分析

六十甲子 四柱人事 Energy場 因子의 特性은 當該 年月日時에 따라 當該 穴場 Energy 특성과 合成되어 當該 理事特發現象의 모습으로 同調醇化되어 發現된다.

- 先天命 → 40代까지의 氣骨 性相에 더 많은 영향을 끼치게 되고 後天命 因子와 合居한다.
- 後天命 → 40代 이후의 血肉 形用에 더 많은 영향을 끼치게 되고 先天命 因子를 同伴한다.
- 先後天命運 中 善吉命運은 于先發하고 次吉命運은 次先發한다.

年柱 人事宮 → 父母 祖上 幼少年期(初年)
月柱 人事宮 → 兄弟配位 初中年期
日柱 人事宮 → 本人의 青中壯年氣(一生)
時柱 人事宮 → 子孫宮을 주로 본다.
年月日時 玄水, 青木 暗藏時 → 主 子孫宮 暗藏(日柱) 또는
(申辰, 寅戌) 曾孫(月柱), 高孫(年柱)에도 暗藏됨

※ 다음 六十甲子 Energy場 因子의 特性分析은 四柱 個體因子 特性과 當該 穴場의 諸 特性이 함께 說明되고 있음을 留念하기 바란다(제1절 Energy 場 形成과 Energy 特性 流轉圖 참조).

1) 甲子 Energy場 因子의 特性分析(甲 浴宮 子 ⊕水 Energy場)

天體 Energy場 始初因子와 地氣 Energy場 始發인자의 和合이니 初場은 溫順 單調하여 純粹하다. 眞實하고 清淨하나 그 勢力은 發芽期와 成長初期라 할 수 있다.

先天의 大長木 種性이 맑은 金石水를 만났으니 시작은 항상 순조롭다.

初期 甲己 合 土氣와 地氣 子丑 合 土氣와 和合하여 石間水를 더욱 맑게 한다.

青木局 陽Energy場의 元祖와 來龍脈 正中 入首頭腦 Energy 子 水氣가 入力되어 外青龍 Energy場의 强健한 氣運과 內龍脈 Energy 因子의 正突한 氣運이 合一하여 相互 相生同調를 이룬다.

특히 地氣 中出 子 入力 Energy가 外青木 甲因子를 生助함으로써 穴場에 青蟬翼 寅木 因子를 內在시킨다.

後天 年柱에 나타나면 3·4代 祖上의 因緣 穴場이요, 日, 月柱에 나타나면 2·3代 祖上의 因緣 穴場이요, 時柱에 나타나면 父母의 因緣 穴場이 된다.

(先天 年柱 : 4·5代祖 因緣 / 月柱 : 3·4代祖 因緣 / 時柱 : 2·3代祖 因緣 穴場이 된다.)

甲子의 前生은 癸亥(卯未)水에서 비롯되니 前生 亥卯未 木根水와 現生 申子辰 金石水가 그 本이 되고 來生 乙丑水가 웅덩이를 만든다. 子水生 甲木하니 孝心이 하늘에 닿고 그 功德으로 來世의 乙丑 陷穽 늪을 子丑 合 土로 구원한다. 故로 癸亥 甲子 乙丑은 過現未 三世의 金木水 因緣 因子이다.

따라서 甲子 年柱 또는 甲子 日柱 四柱는 前, 後期 모두 土中水이나 前半은 淸淨水요, 後半은 濕地水로 名譽가 汚染될까 두렵다.

※ 甲子 年運 : 土旺 運

前半期(1, 2, 3, 4, 5, 6월) : 甲己 合 土 運 支配

後半期(7, 8, 9, 10, 11, 12월) : 子丑 合 土 運 支配

(1) 甲子 Energy場이 年柱에 因緣할 境遇

天體 陽 青木 Energy場이 地氣 陽 玄水 Energy體와 相互 相生的 關係에서 浴宮을 因緣으로 한 初年 父母 祖上의 關係的 命運이다.

孝誠과 智慧로움으로 父母 祖上을 섬기니 그 犧牲的 意識이 아름답다.

獨居한즉, 始天始地의 胎動氣運이 虛弱해지기 쉽고

合居한즉, 보기 드문 孝子이다.

刑殺을 当한즉, 甲子 刑 乙卯 (△) / 丁卯 (△) / 己卯 (△) / 辛卯 (×) / 癸卯 (△)로서 冷子水가 虛弱한 卯根을 괴롭히매 初年 肝膽이 苦難을 겪는다. 父母祖

上의 精神健康이 걱정된다.

破殺을 当한즉, 甲子 破 乙酉 (△) / 丁酉 (△) / 己酉 (△) / 辛酉 (×) / 癸酉 (△)가 되어 冷子水에 軟金이 녹아내리니 肺大腸을 操心하라.

害殺을 当한즉, 甲子 害 乙未 (△) / 丁未 (△) / 己未 (△) / 辛未 (×) / 癸未 (△)가 怨嗔과 重擘되니 初年 父母와 葛藤이 아니면 腎膀胱, 脾胃의 健康이 우려된다.

沖殺을 当한즉, 甲子 沖 甲子 (△) / 丙子 (△) / 戊子 (×) / 庚子 (×) / 壬子 (△)로서 沖殺 이후의 回生與否에 따라 早失父母거나 離鄕客地하고, 不緣이면 腎膀 子宮病을 操心하라.

玄水 中心 Energy 入力 入首가 青木 Energy場의 隱隱한 纏護 育成을 얻은 格이니 智慧로운 德行으로 正度의 信念과 意志를 實踐하라.

(2) 甲子 Energy場이 月柱에 因緣할 境遇

天體 陽 青木 Energy場이 地氣 陽 玄水 Energy體와 相互 相生的 關係에서 浴宮을 因緣으로 形成된 兄弟 配位의 關係的 命運이다. 맑고 清淨한 靈魂과 智慧를 지닌 兄弟 配位를 만나게 되니 多幸 安寧하다.

獨居한즉, 持續的이지 못하여 小吉하고

合居한즉, 初中年 兄弟 配位宮이 大吉하다.

刑을 当한즉, 兄弟 配位로 하여금 父母 子孫과 本人의 人格 또는 健康에 障碍가 發生할 수 있으니 配位宮의 合居를 얻으라.

沖殺을 当한즉, 配位宮의 健康과 腎膀胱의 관리에 유념하라.

破殺을 当한즉, 兄弟 配位로 하여금 父母 子孫과의 關係를 和睦케 하고 本人과의 和愛를 위해 配位宮의 合居因子를 만나라.

害殺을 当한즉, 兄弟 配位와 相互 尊重하여 언제나 謙遜하고 讓步하라.

怨嗔殺을 当한즉, 兄弟 配位와 相互 尊重하고 항상 配慮하며 사랑하라.

不緣이면 心身의 障碍를 걱정해야 한다.

(3) 甲子 Energy場이 日柱에 因緣할 境遇

天體 陽 靑木 Energy場이 地氣 陽 玄水 Energy體와 相互 相生的 關係에서 浴宮을 因緣으로 形成된 中壯年 一生의 命運이다. 孝誠心이 남과 다르고 人品이 智慧로우며 父母 兄弟 配位 子孫과 두루 和合하는 比較的 成功하는 運勢를 지녔다.

獨居한즉, 小吉하여 發展이 弱하고

合居한즉, 大吉하여 그 이름이 名振四海한다.

刑殺을 當한즉, 財物과 家族不和가 念慮되고

沖殺을 當한즉, 精神健康과 腎膀 子宮이 걱정된다.

破殺을 當한즉, 事業運이 밝지 못하며 肺大腸이 念慮되고

害殺을 當한즉, 脾胃 子宮 膀胱을 操心하라(怨嗔殺과 重擘되니 특히 操心).

怨嗔殺을 當한즉, 精神的 不安定을 管理해야 하고 언제나 光明한 智慧로 世上을 바르게 살피는 것이 重要하다.

(4) 甲子 Energy場이 時柱에 因緣할 境遇

天體 陽 靑木 Energy場이 地氣 陽 玄水 Energy體와 相互 相生的 關係에서 浴宮을 因緣으로 形成된 子孫과 末年의 命運이 된다. 孝誠스러운 子孫을 期待할 수 있겠고, 末年 祖上의 爲先事業에 成功한다.

獨居한즉, 小吉한 子孫과 末年의 命運이요

合居한즉, 大吉 大發하는 子孫과 末年의 命運이 된다.

刑殺을 當한즉, 子孫의 入胎와 出産에 障碍가 發生하고 子宮 腎 膀胱 精子 健康에 각별 管理가 必要하다.

沖殺을 當한즉, 刑破殺과 더불어 亦是 腎膀 子宮 精子의 得病을 操心하라.

破殺을 當한즉, 亦是 刑殺과 거의 同一하며 子孫의 일로 家破財敗가 發生이 能하다.

害殺을 當한즉, 怨嗔殺과 重擘하므로 脾胃 腎膀病을 操心하고 正正堂堂하라.

怨嗔殺을 當한즉, 亦是 害殺과 重擘하니 精神健康安定이 重要하고 末年 癡呆를 操心하라.

2) 丙子 Energy場 因子의 特性分析(丙 胎宮 子 ⊕水 Energy場)

(1) 丙子 Energy場이 年柱에 因緣할 境遇

天體 陽 朱火 Energy場이 地氣 陽 玄水 Energy體와 相互 對稱的 相剋 關係에서 胎宮을 因緣으로 形成된 初年의 父母 祖上間 關係的 命運이 되었다. 父母祖上의 健康이 念慮되고 早失父母하거나 離鄕客地하여 出世하는 境遇도 있다.

獨居한즉, 小吉 小益하고 小發하며

合居한즉, 大吉 早達한다. 智慧롭고 聰明하며 少年 出世運이다.

刑殺을 맞한즉, 丙子 刑 乙卯 (△) / 丁卯 (△) / 己卯 (△) / 辛卯 (×) / 癸卯 (×)가 되어 初年 肝膽의 疾病을 操心해야 하고 父母 祖上과 離別커나 父母 祖上의 財敗 人敗가 걱정된다.

沖殺을 맞한즉, 丙子 沖 甲子 (△) / 丙子 (△) / 戊子 (△) / 庚子 (×) / 壬子 (×)가 되어 早失父母커나 心腎의 疾病을 얻기 쉽고, 不緣이면 離鄕客地 命運이 된다.

破殺을 맞한즉, 丙子 破 乙酉 (△) / 丁酉 (△) / 己酉 (△) / 辛酉 (×) / 癸酉 (×)가 되어 家敗, 財敗하거나 肺大腸의 得病을 操心하라.

害殺을 맞한즉, 丙子 害 乙未 (△) / 丁未 (△) / 己未 (△) / 辛未 (×) / 癸未 (×)가 되고 怨嗔과 重擊하니 父母癡呆가 아니면 初年情緖의 不安과 頭腦活動의 不安定이 온다.

怨嗔殺을 맞한즉, 亦是 害殺과 重擊하니 그 凶禍가 脾胃, 腦, 腎, 子宮에서 發生한다.

(2) 丙子 Energy場이 月柱에 因緣할 境遇

天體 陽 朱火 Energy場이 地氣 陽 玄水 Energy體와 相互 對稱的 相剋 關係에서 胎宮을 因緣으로 形成된 兄弟 配位宮과의 關係的 命運이다. 兄弟 配位의 祖上 間 關係性이 圓滿치 못한 因緣性은 있으나 子孫宮은 有利한 智慧로운 兄弟 配位宮 命運이 된다.

獨居한즉, 兄弟 配位의 孝誠이 不足하고 壬子 年月日時에는 心腎, 膀胱, 子宮을 操心하라.

合居한즉, 賢母良妻, 養父를 얻게 되고 智慧롭고 光明한 靈魂活動으로 中年이 吉하다.

刑殺을 当한즉, 兄弟 配位나 中年의 心腎, 膀胱, 子宮病이 걱정되고 특히 腦髓 健康을 操心하라. 肝膽에 冷이든을 注意하라.

沖殺을 当한즉, 腎膀, 子宮, 骨髓의 疾病을 操心하고 벼슬길의 忍耐心을 振作시켜라.

破殺을 当한즉, 財敗를 操心하고 肺大腸, 腎膀胱, 子宮, 骨을 有意하라. 兄弟配位와 和睦하라.

害殺을 当한즉, 精神的 健康을 有意하고 兄弟 配位의 各別한 配慮를 要한다.

怨嗔殺을 当한즉, 配位 兄弟間 葛藤을 없이 하고 情緒的 管理를 사랑과 베풂으로 함께하라.

(3) 丙子 Energy場이 日柱에 因緣할 境遇

天體 陽 朱火 Energy場이 地氣 陽 玄水 Energy體와 相互 對稱的 相剋 關係에서 胎宮을 因緣으로 中壯年 一生 命運을 지녔다. 下剋上의 氣質的 性向이 强하고 性相의 葛藤的 構造가 一生을 支配한다.

獨居한즉 祖上에 孝道하고 天性을 받들 것이며

合居한즉, 周邊의 上下 도움으로 크게 發展하게 된다. 每事에 集中力이 뛰어나고 光明正大하며 뜻한 바를 일구어감이 밝고 智慧롭다.

刑殺을 받은즉, 家事가 難解하고 每事間의 成就가 不利롭다. 腎心의 不安이 念慮된다.

沖殺을 当한즉, 情緒的 不安定이 一生을 함께하고 腎膀胱 子宮의 發病을 操心하라.

破殺을 当한즉, 一生 財敗, 人敗를 注意하며 三毒心을 警戒하라. 貪嗔痴 三毒이 가장 큰 問題로다.

害殺을 当한즉, 怨嗔과 同居하니 他人을 더욱 아낄 것이며, 怨嗔殺을 当한즉 모두를 사랑하라.

(4) 丙子 Energy場이 時柱에 因緣할 境遇

天體 陽 朱火 Energy場이 地氣 陽 玄水 Energy體와 相互 對稱的 相剋 關係에서 胎宮을 因緣하여 子孫과 末年의 命運이 되었다. 비록 子孫의 意味가 지나쳐 祖上을 거스르는 일은 있으나 智慧롭고 英特하여 每事 判斷이 明確하다.

獨居한즉, 才士에 머무르고 小吉 小就하며

合居한즉, 英敏 俊秀한 子孫의 大成就가 末年의 家運을 빛내리라.

刑殺을 받은즉, 子孫의 父母別離가 아니면 離鄕客地하고 末年의 家敗가 두렵다.

沖殺을 當한즉, 子孫 失敗가 따르고 末年 心腎이 不調하며

破殺을 當한즉, 亦是 父母가 別離한다.

害殺을 當한즉, 怨嗔殺과 重複하고

怨嗔殺을 얻은즉, 亦是 害殺과 重複하여 子孫의 情緖와 末年 心腎이 不安定하다.

3) 戊子 Energy場 因子의 特性分析(戊 胎宮 子 ⊕水 Energy場)

(1) 戊子 Energy場이 年柱에 因緣할 境遇

天體 陽 中圓 Energy場이 地氣 陽 玄水 Energy體와 相互 相剋的 關係에서 胎宮을 因緣하여 形成된 初年과 父母祖上의 關係的 命運이 되었다. 父母祖上의 蔭德이 없으니 初年에 父母와 別離하여 離鄕客地함이 自手成家에 吉하다.

獨居한즉, 英敏함이 小材로 끝나고

合居한즉, 그 英特함이 少年 早達의 大吉함을 가져오거나, 父母 祖上께 크게 孝道한다.

刑殺을 當한즉, 戊子 刑 乙卯 (×) / 丁卯 (△) / 己卯 (△) / 辛卯 (△) / 癸卯 (△)로서 父母 祖上의 不德 不利커나 腎膀胱 疾患이 念慮된다.

沖殺을 當한즉, 戊子 沖 甲子 (×) / 丙子 (△) / 戊子 (△) / 庚子 (△) / 壬子 (×)로서 腎膀胱 子宮 發病을 操心해야 하고 官運의 持續性을 圖謀하라.

破殺을 當한즉, 戊子 破 乙酉 (×) / 丁酉 (△) / 己酉 (△) / 辛酉 (△) / 癸酉 (△)로서 家事나 財物의 損失運을 操心하라. 敬畏心을 잃지 말라.

害殺을 当한즉, 戊子 害 乙未 (×) / 丁未 (△) / 己未 (△) / 辛未 (△) / 癸未 (△)로서 怨嗔이 重複되니 腎膀胱 子宮의 發病을 操心하라.

怨嗔殺을 当한즉, 戊子 怨 乙未 (×) / 丁未 (△) / 己未 (△) / 辛未 (△) / 癸未 (△)로서 亦是 害殺과 重複되니 每事를 敬畏心으로 利他하라.

(2) 戊子 Energy場이 月柱에 因緣할 境遇

天體 陽 中圓 Energy場이 地氣 陽 玄水 Energy體와 相互 相剋的 關係에서 胎宮을 因緣으로 形成된 初中年 兄弟 配位의 關係的 命運이다. 兄弟 配位宮이 英特 多産하나 父母間 葛藤이 克復해야 할 命題이다.

獨居한즉, 兄弟 配位가 小吉하고

合居한즉, 兄弟 配位宮이 大吉 大成한다.

刑殺을 当한즉, 兄弟 配位宮의 困境이 따르고

沖殺을 当한즉, 兄弟 配位의 持續的 忍耐와 修行이 必要하다. 恒常心을 기르라.

破殺을 当한즉, 兄弟 配位와의 和睦을 돈독히 하고 항상 他人을 配慮하라.

害殺을 当한즉, 怨嗔과 重擘하니 腎膀胱 子宮病을 操心하고

怨嗔殺을 当한즉, 亦是 害殺과 重擘하니 남을 사랑하고 夫婦間의 愛情을 두텁게 하라.

(3) 戊子 Energy場이 日柱에 因緣할 境遇

天體 陽 中圓 Energy場이 地氣 陽 玄水 Energy體와 相互 相剋的 關係에서 胎宮을 因緣하여 形成된 中壯年 一生의 命運이다. 비록 父母 祖上의 蔭德은 不足하나 每事에 智慧롭고 그 意味가 中心을 잃지 않으면서 큰 뜻을 이루어간다.

獨居한즉, 小吉 小取하고

合居한즉, 一生 富貴를 大成케 한다.

刑殺을 当한즉, 家族事가 여의치 않거나 財物의 損失이 發生한다. 腎膀胱子宮의 發病을 操心하고 肝膽을 아끼라.

沖殺을 当한즉, 恒常心을 기르고 每事 始終을 如意케 할 것이며 亦是 腎膀胱 子宮의 發病을 操心해야 할 것이다.

破殺을 當한즉, 家族關係를 圓滿히 할 것이며 財産管理를 忠實히 하라.

害殺을 當한즉, 怨嗔과 重擘하니 心身을 가지런히 다스리고 每事에 愼重 謙遜하라.

怨嗔殺을 當한즉, 亦是 害殺과 同一하다.

(4) 戊子 Energy場이 時柱에 因緣할 境遇

天體 陽 中圓 Energy場이 地氣 陽 玄水 Energy體와 相互 相剋的 關係에서 胎宮을 因緣하여 子孫과 末年의 命運을 得하였다.

英敏明快하나 父母 祖上의 蔭德이 不足하고 內外 合一이 不調하다.

獨居한즉, 子孫의 心身이 不安하고

合居한즉, 英特 多能한 子孫이 出生한다. 兄弟 子孫의 發展이 保障되고 末年의 周邊環境이 매우 安定的이다.

刑殺을 當한즉, 子孫의 情緖가 不安커나 家族과 離別하기 쉽고

沖殺을 當한즉, 子孫의 腎膀胱 子宮 發病이 아니면 生産이 不利하다.

破殺을 當한즉, 子孫의 生産이 家財와 不利한 形勢를 만들기 쉽고

不緣이면 子孫과 別離하는 因緣이로다.

害殺을 當한즉, 怨嗔과 重擘하니 子孫의 情緖와 腦 健康을 操心하고

怨嗔殺을 當한즉, 亦是 害殺과 同一하다.

4) 庚子 Energy場 因子의 特性分析(庚 死宮 子 ⊕水 Energy場)

(1) 庚子 Energy場이 年柱에 因緣할 境遇

天體 陽 白金 Energy場이 地氣 陽 玄水 Energy體와 相互 相生的 關係에서 死宮을 因緣하여 形成된 初年과 父母祖上의 關係的 命運이다. 父母祖上의 蔭德이 白金과 玄水에 關係하니 富貴가 初年과 父母에게서 發現한다.

獨居한즉, 父母祖上의 蔭德이 크게 發現함이 不足하고

合居한즉, 初年蔭德發應이 旺强하다.

刑을 當한즉 庚子 刑 乙卯 (△) / 丁卯 (×) / 己卯 (△) / 辛卯 (×) / 癸卯 (△)로서 初年의 父母祖上關係運이 惡化된다. 父母兄弟와 別離하기 쉽고 時柱

에서 因緣할 境遇 子孫緣이 不利하다.

沖을 当한즉, 庚子 沖 甲子 (×) / 丙子 (×) / 戊子 (△) / 庚子 (△) / 壬子 (△)가 되어 初年의 父母祖上運이 매우 不利해진다. 早失父母커나 異鄕客地運

破殺을 当한즉, 庚子 破 乙酉 (△) / 丁酉 (×) / 己酉 (△) / 辛酉 (×) / 癸酉 (△)로서 初年家産이 破하기 쉽고, 不緣이면 初年에나 父母의 健康이 不利하다.

怨害殺을 当한즉, 庚子 怨害 乙未 (△) / 丁未 (×) / 己未 (△) / 辛未 (×) / 癸未 (△)로서 父母祖上과의 葛藤이 깊어지고 相互 不便한 因緣으로 하여금 性情의 不安定이 撥路한다. 初年 修行이 남달리 要求되고 合居할지라도 初年謙遜과 謹身이 絶對 必要하다.

(2) 庚子 Energy場이 月柱에 因緣할 境遇

天體 陽 白金 Energy場이 地氣 陽 玄水 Energy體와 相互 相生的 關係에서 死宮을 因緣하여 形成된 初年 兄弟 配位와의 關係的 命運이다. 兄弟 配位의 因緣이 吉하고 中年 運勢가 比較的 順坦하다.

獨居한즉, 小吉하고

合居한즉, 中年 配位宮이 大吉하다.

刑殺을 当한즉, 兄弟 配位 因緣이 不吉하고 中年破産을 警戒해야 한다.

沖殺을 当한즉, 家族運이 不吉하고 中年의 肝膽 健康을 操心하라.

破殺을 当한즉, 經濟的 損失이 兄弟 配位로부터 發生하고 肺大腸을 操心하라.

怨害殺을 当한즉, 兄弟 配位와의 葛藤이 尤甚하고 一生 他人과의 和合이 話頭가 되어야 한다.

(3) 庚子 Energy場이 日柱에 因緣할 境遇

天體 陽 白金 Energy場이 地氣 陽 玄水 Energy體와 相互 相生的 關係에서 死宮을 因緣으로 하여 形成된 一生 壯年의 關係的 命運이 되었다. 비록 天體 Energy場이 地氣 Energy體를 相生하고는 있으나 그 安定處가 不安한 死宮에 놓여 있음으로 해서 祖上과 父母와의 關係가 圓滿함이 없고 不利하다.

獨居한즉, 父母 蔭德이 不利하고 小吉하며

合居한즉, 自手成家커나 周邊 도움으로 크게 成就함이 있다.

刑殺을 当한즉, 人敗, 財敗가 함께 오며

沖殺을 当한즉, 一生 本業이 不利하여 專業하거나 不緣이면 短命을 操心하라.

破殺을 当한즉, 亦是 財敗, 人敗를 操心하고 金木病을 警戒하라.

怨害殺을 当한즉, 家族 間의 不和를 恒常 操心하고 腎膀子宮을 圓滿히 管理하라.

(4) 庚子 Energy場이 時柱에 因緣할 境遇

天體 陽 白金 Energy場이 地氣 陽 玄水 Energy體와 相互 相生的 關係에서 死宮을 因緣으로 하여 形成된 子孫과 末年의 命運이 되었다. 父母祖上의 蔭德에 子孫運이 因緣하였으나 死宮에 빠진 祖上運을 得한 바 圓滿한 祖上緣이 아닌 不利한 子孫命이다.

獨居한즉, 子孫宮이 小吉하고

合居한즉, 子孫宮이 大吉하다.

刑殺을 当한즉, 家族과의 不運이 아니면 子孫과 別離하여 破産한다.

沖殺을 当한즉, 子孫因緣이 不足하고 腦健康과 末年命運을 操心하라.

破殺을 当한즉, 亦是 子孫運이 不利하고 末年 財産을 操心하라.

怨害殺이 子孫宮에 同席하면 末年이나 子孫緣이 恒常 不利하다.

5) 壬子 Energy場 因子의 特性分析(壬 旺宮 子 ⊕水 Energy場)

(1) 壬子 Energy場이 年柱에 因緣할 境遇

天體 陽 玄水 Energy場이 地氣 陽 玄水 Energy體와 相互 同調關係에서 旺宮을 因緣으로 形成된 初年의 父母祖上과의 關係的 命運이 되었다. 天地 玄水가 同宮에서 旺하니 父母 子孫이 함께 强健 賢明하고 每事 圓滿하다.

獨居한즉, 少年時節 福祿이요

合居한즉, 一生 福祿으로 連結된다.

刑殺을 当한즉, 壬子 刑 乙卯 (△) / 丁卯 (△) / 己卯 (△) / 辛卯 (△) / 癸卯 (△)로서 比較的 他 Energy場 間의 刑殺보다 조금은 약한 듯하나 보이지 않

는 內傷(속골병)이 크고 肝膽이 困宮하다.

沖殺을 當한즉, 壬子 沖 甲子 (△) / 丙子 (×) / 戊子 (×) / 庚子 (△) / 壬子 (△)가 되어 庚午 (△) / 壬午 (△) / 甲午 (△) / 丙午 (×) / 戊午 (×) 가 된다. 自沖 後 回生 즉 吉하고 不緣인즉 不利하다. 腎膀子宮病을 操心하고 精神을 올바로 安定케 하라.

破殺을 當한즉, 壬子 破 乙酉 (△) / 丁酉 (△) / 己酉 (△) / 辛酉 (△) / 癸酉 (△)로서 比較的 溫順한 破殺인 듯하나 그 持續性은 害惡이 크다. 父母와의 別離運을 操心하며 肺大腸을 强健케 하라.

怨害殺을 當한즉, 壬子 怨害 乙未 (△) / 丁未 (△) / 己未 (△) / 辛未 (△) / 癸未 (△)로서 祖上과의 葛藤을 恒常 念慮하라. 和睦해야 吉하다.

(2) 壬子 Energy場이 月柱에 因緣할 境遇

天體 陽 玄水 Energy場이 地氣 陽 玄水 Energy體와 相互 同調關係에서 旺宮을 因緣으로 形成된 初中年 兄弟 配位와의 關係的 命運이다. 强旺하고 智慧로운 意志와 判斷으로 兄弟 配位의 靈肉的 能力이 極大化하였다.

獨居한즉, 初中年 官貴運이 小吉하고

合居한즉, 夫婦의 生産能力이 大吉하다. 兄弟 配位가 安寧되고 初中年 官貴運이 大吉하다.

刑殺을 當한즉, 家族間의 平和가 不安하고 夫婦의 肝膽을 恒常 操心하라.

沖殺을 當한즉, 命宮이 自沖하니 精神的 肉體的 事故를 操心하고 官貴運의 中斷을 對備하라. 分別心이 持續的으로 善吉해야 한다.

破殺을 當한즉, 初中年 夫婦宮이 不安하고 肝膽肺大腸이 不和하니 恒常 操心하라.

怨害殺을 當한즉, 家族間의 葛藤이 尤甚하니 細心한 家族配慮가 恒常 必要하다.

(3) 壬子 Energy場이 日柱에 因緣할 境遇

天體 陽 玄水 Energy場이 地氣 陽 玄水 Energy體와 相互 同調關係에서 旺

宮을 因緣으로 形成된 中壯年 一生의 本人命運이 되었다. 靈肉的 智慧와 體力이 强健 明瞭하다. 生産能力이 旺盛하고 極貴의 命運을 지녔다.

獨居한즉, 極貴함이 半減하고 小吉하며

合居한즉, 一生이 大吉 圓滿하다.

刑殺을 当한즉, 一生이 家族과 不便하고 肝膽이 不安하니 操心하라.

沖殺을 当한즉, 一生이 不安定하고 精神的 肉體的 變化가 甚하다. 自沖 後 刑破가 되면 命宮이 不安하고 腎膀을 操心해야 한다.

破殺을 当한즉, 一生 家族과 財物이 不安하고

怨害殺을 当한즉, 情緒的 不安이 一生을 괴롭힌다. 子-巳, 子-未殺은 怨嗔과 害殺을 同伴하므로 一生을 修行과 積德으로 安定하라.

(4) 壬子 Energy場이 時柱에 因緣할 境遇

天體 陽 玄水 Energy場이 地氣 陽 玄水 Energy體와 相互 同調的 關係에서 旺宮을 因緣하여 形成된 子孫과 末年의 關係的 命運이다. 智慧와 健康이 出衆한 子孫이 保障되고 末年이 强健하다.

獨居한즉, 子孫과 末年이 小吉하고

合居한즉, 子孫 多男하고 末年 平和롭다.

刑殺을 当한즉, 家族運이 不幸하거나 子孫의 破家運이며 肝膽을 操心하라.

沖殺을 当한즉, 子孫福이 없으며 末年 健康을 操心하라.

破殺을 当한즉, 家族과 別離하는 子孫運을 지니게 되고 末年 財運이 흩어진다.

怨害殺을 当한즉, 子孫의 情緒的 不安定이 오거나 脾胃病을 操心해야 하고 末年 癡呆현상이나 性格 障礙를 操心하라.

6) 乙丑 Energy場 因子의 特性分析(乙 衰亡宮 丑 ⊖土 Energy場)

天體 ⊖青木 Energy場이 地氣 ⊖中圓濕土에 衰宮을 因緣하여 共生하고자 하나 始初는 草木 旺生하여도 從來 陰濕氣에 의해 견디지 못하고 썩게 된다.

年柱에 들면 早失父母하거나 祖上無德이요, 不緣이면 初年 病苦와 厄難을 면치 못한다.

月柱에 들면 兄弟 不運을 면치 못하고, 中年 健康(腎臟, 膀胱, 肝膽 膵臟〈糖尿〉)에 문제가 있거나 妻宮의 不安을 얻게 된다.

日柱에 들면 平生 健康을 操心하여야 한다. 陷穽(健康, 事業, 財産 문제)에 빠지기 쉽다. 處處에 陷穽 厄難 아니면 事故가 두렵다.

時柱에 들면 子孫運이 否塞(無子)하거나, 未來 不運을 면치 못한다.

獨居한즉, 無子孫이다. 子丑, 巳酉丑 또는 自沖 後 合居한즉 有利하다.

乙丑 運이 回生 同調하기 위해서는 乙庚 合 金 후 子丑 合 土하거나, 巳酉丑 三合을 得하면 可하다.

乙丑 Energy場은 來龍脈이 靑龍 左側으로 入力되어 後室 부인의 長孫이 되므로 後室長孫이면 生存이 可能하다.

※ 年月日時別 當該 人事宮의 刑沖破害怨嗔을 操心하라.

- 年月日時別 當該宮에
  刑殺을 当한즉, 乙丑 刑 甲戌(△), 乙未(△) / 丙戌(△), 丁未(△) / 戊戌(△), 己未(△) / 庚戌(△), 辛未(×) / 壬戌(△), 癸未(△) 三刑殺로서 早失父母커나 自手成家運이다. 年月日時에 따라 當該 因緣間의 刑殺 凶禍가 發生한다.
- 年月日時別 當該宮에
  沖殺을 当한즉, 乙丑 沖 乙丑 → 辛未 (×) / 丁丑 → 癸未 (△) / 己丑 → 乙未 (×)/ 辛丑 → 丁未 (×) / 癸丑 → 己未 (△)가 되어 自沖 後 合居한즉 回生하고, 獨居刑破害怨嗔 즉, 不吉 不利하다. 腎心을 操心하라.
- 年月日時別 當該宮에
  破殺을 当한즉, 乙丑 破 甲辰 (△) / 丙辰 (△) / 戊辰 (×) / 庚辰 (△) / 壬辰 (△)이 되어 脾心이 虛弱하고 性格障礙가 念慮된다. 當該 人事宮에 人敗, 財敗를 操心하라.
- 年月日時別 當該宮에
  怨害殺을 当한즉, 乙丑 怨害 甲午 (△) / 丙午 (△) / 戊午 (×) / 庚午 (△) / 壬午 (△)가 되어 家族間의 精神的 財貨的 葛藤이 尤甚해진다.

7) 丁丑 Energy場 因子의 特性分析(丁 庫藏宮 丑 ⊖土 Energy場)

⊖朱丁火 天體 Energy場이 ⊖中圓濕土 庫藏宮을 因緣하여 火生氣로 따뜻하게 하니 先天의 蔭德으로 起死回生한다.

年柱에 들면 父母回生 運이요. 月柱에 들면 兄弟回生 運이요.

日柱에 들면 本人回生 運이요. 時柱에 들면 子孫回生 運이다.

萬若各處에서 刑沖破害殺이 들면 이는 命 고비가 아니면, 祖上 無德이다.

丁丑 Energy場은 마치 火爐의 잿불 속에 있는 약한 불과 같다. 自手成家하며 노력 후 吉하다. 自沖 後 合居커나 合居한즉 吉하다.

回生因子는 癸, 壬, 子, 巳, 酉, 未, 午 因子이다.

丁丑은 午火와 怨嗔인데, 丁火/午火가 늪에 빠진 丑을 깨우친다.

※ 年月日時別 刑沖破害怨嗔을 當該 人事別로 操心하라.

- 年月日時別 當該宮에
  刑殺을 당한즉, 丁丑 刑 甲戌 (△) 가 되고 乙未 (△) 가 되니 丙戌 (△), 丁未 (△) / 戊戌 (△), 己未 (△) / 庚戌 (×), 辛未 (×) / 壬戌 (△), 癸未 (×) 丑戌未 臟腑의 疾病을 操心하라. 脾胃가 虛弱하다.
- 年月日時別 當該宮에
  沖殺을 당한즉, 丁丑 沖 乙丑 (△) → 辛未 (×) / 丁丑 (△) → 癸未 (×) / 己丑 (△) → 乙未 (△) / 辛丑 (×) → 丁未 (△) / 癸丑 (×) → 己未 (△) 가 되어 當該 人事宮에 脾胃의 太過 不及病이 發生한다.
- 年月日時別 當該宮에
  破殺을 당한즉, 丁丑 破 甲辰 (△) / 丙辰 (△) / 戊辰 (△) / 庚辰 (×) / 壬辰 (△)가 되어 財敗 病敗를 操心하라.
- 年月日時別 當該宮에
  怨害殺을 당한즉, 丁丑 怨害 甲午 (△) / 丙午 (△) / 戊午 (△) / 庚午 (×) / 壬午 (△)가 되어 怨害 및 擘殺이니 當該 人事宮의 心小腸을 操心하라.

8) 己丑 Energy場 因子의 特性分析(己 庫藏宮 丑 ⊖土 Energy場)

天體 ⊖玄水 己(丑) Energy場이 ⊖中圓濕土와 庫藏宮을 因緣하여 同質로 結合하니 陰濕이 旺盛하다.

獨居하면 疾病이 끊이지 않고, 後妻의 長孫(乙丑과 大同小異)이 아니면 敗亡이다(後室 次孫이 長孫 代行이면 後室 次孫도 生存 可能하다).

合居한즉 免凶한다.

回生因子는 甲己合 土, 子丑合 土, 巳酉 合 또는 午, 未 因子이다.

年柱에 들면 初年厄難이요, 月柱에 들면 中年厄難이고, 日柱에 들면 平生厄難, 時柱에 들면 子孫厄難이다. 巳酉丑, 子丑合居커나 自沖한 後 合居 回生함이 吉하고 刑沖破害 즉 不吉하다.

※ 年月日時別 當該 人事의 沖破害怨嗔을 操心하라.

- 年月日時別 當該 人事宮에
  刑殺을 当한즉, 己丑 刑 甲戌 (△), 乙未 (△) / 丙戌 (△), 丁未 (△) / 戊戌 (△), 己未 (△) / 庚戌 (△), 辛未 (×) / 壬戌 (△), 癸未 (△)가 되어 他殺에 比해 그 害惡이 적은 便이나 合居치 못하면 家族運이 不利하다.
- 年月日時別 當該 人事宮에
  沖殺을 当한즉, 己丑 沖 乙丑 (△) → 辛未 (×) / 丁丑 (△) → 癸未 (△) / 己丑 (△) → 乙未 (△) / 辛丑 (△) → 丁未 (△) / 癸丑 (△) → 己未 (△) 가 되어 自沖 後 合居한즉 轉禍爲福, 自手成家하고, 獨居刑破害怨嗔즉 不吉하다.
- 年月日時別 當該 人事宮에
  破殺을 当한즉, 己丑 破 甲辰 (△) / 丙辰 (△) / 戊辰 (△) / 庚辰 (△) / 壬辰 (△)으로서 比較的 弱한 破殺이나 家族의 和睦이 不利하고 家敗가 不安하다.
- 年月日時別 當該 人事宮에
  怨害殺을 当한즉, 己丑 怨害 甲午 (△) / 丙午 (△) / 戊午 (△) / 庚午 (△) / 壬午 (△)가 되어 性格障礙가 걱정되고, 年月日時別 當該 人事宮의 心小

腸을 操心하라.

9) 辛丑 Energy場 因子의 特性分析(辛 養生宮 丑 ㊀土 Energy場)

㊀白辛金 天體 Energy場이 ㊀中圓濕 丑土를 養宮을 因緣하여 金生水로 生玄水를 淨化시킴으로써 初年苦生 後 安定한다. 亦是 後室 長孫 運이다.

年月日時柱가 合居치 않으면 病苦와 厄難이 따른다.

丑 因子는 洩氣하거나 合을 해야 回生 可能한데 回生因子는 子丑合 土, 巳酉合 또는 午, 未 因子이다. 合居하거나 自沖 後 合居 回生 즉 有利하다.

- 年月日時別 當該 人事宮에
  刑殺을 当한즉, 辛丑 刑 甲戌 (×), 乙未 (×) / 丙戌 (×), 丁未 (×) / 戊戌 (△), 己未 (△) / 庚戌 (△), 辛未 (△) / 壬戌 (△), 癸未 (△)로서 胃脾臟系의 疾病을 操心하라.
- 年月日時別 當該 人事宮에
  沖殺을 当한즉, 辛丑 沖 乙丑 (×) → 辛未 (△) / 丁丑 (×) → 癸未 (△) / 己丑 (△) → 乙未 (×) / 辛丑 (△) → 丁未 (×) / 癸丑 (△) → 己未 (△)가 되어 家族關係가 不安定하고 脾臟系가 念慮된다. 自手成家커나 後孫이 不利하다.
- 年月日時別 當該 人事宮에
  破殺을 当한즉, 辛丑 破 甲辰 (×) / 丙辰 (×) / 戊辰 (△) / 庚辰 (×) / 壬辰 (△)이 되어 家破 不名譽를 操心하라.
- 年月日時別 當該 人事宮에
  怨害殺을 当한즉, 辛丑 怨害 甲午 (×) / 丙午 (×) / 戊午 (△) / 庚午 (×) / 壬午 (△)로서 情緒的 不安定을 操心하라.

10) 癸丑 Energy場 因子의 特性分析(癸 冠帶宮 丑 ㊀土 Energy場)

㊀玄水 天體 淸淨水를 地氣 ㊀濕土와 冠帶宮에서 만난 격이니 子丑 合에 이르면 小吉하고 獨居刑沖破害 즉 不吉凶厄이다.

年月日時別 病苦와 厄難이 極甚하지 않으나 亦是 後妻 長孫運이다.
回生因子는 戊癸合火, 子丑合土, 巳酉合, 未, 午 因子이다.

※ 年月日時別 當該 人事의 沖破害怨嗔을 操心하라.

- 年月日時別 當該 人事宮에
  刑殺을 당한즉, 癸丑 刑 甲戌 (△), 乙未 (△) / 丙戌 (×), 丁未 (×) / 戊戌 (△), 己未 (×) / 庚戌 (△), 辛未 (△) / 壬戌 (△), 癸未 (△)가 되어 年月日時柱別 各各의 當該 人事에 脾胃의 太過 不及이 온다.
- 年月日時別 當該宮에
  沖殺을 당한즉, 癸丑 沖 乙丑 (△) → 辛未 (△) / 丁丑 (×) → 癸未 (△) / 己丑 (×) → 乙未 (△) / 辛丑 (△) → 丁未 (×) / 癸丑 (△) → 己未 (×) 가 되어 亦是 脾胃의 太過 不及이 發生한다. 自沖 後 合居한즉 轉禍爲福이 된다.
- 年月日時別 當該 人事宮에
  破殺을 당한즉, 癸丑 破 甲辰 (△) / 丙辰 (×) / 戊辰 (△) / 庚辰 (△) / 壬辰 (△)으로서 財敗 人敗가 年月日時別 當該 人事宮을 따라온다.
- 年月日時別 當該 人事宮에
  怨害殺을 당한즉, 癸丑 怨害 甲午 (△) / 丙午 (×) / 戊午 (△) / 庚午 (△) / 壬午 (△)가 되어 重擘殺, 年月日時別 當該 人事宮의 心小腸을 操心하라.

11) 甲寅 Energy場 因子의 特性分析(甲 祿馬宮 寅 ⊕木 Energy場)

(1) 甲寅 Energy場이 年柱에 因緣할 境遇

甲 陽木 Energy場과 寅 陽木 Energy場이 因緣하니 長木 樹林이 숲을 이룬다. 祖上樹林이 昌盛하니 種性 種子 因子가 旺强하고 勢力이 좋다. 다만 숲이 다양하니 蓄妾이 病이다. 木은 茂盛하면 病이 된다. 甲寅生, 甲寅 日柱는 숲이 빽빽하여 공기 소통이 안 되어 답답하다. 心臟, 肺臟에 病이 온다.

(2) 甲寅 Energy場이 月柱에 因緣할 境遇

月柱는 兄弟와 妻宮으로서 兄弟가 茂盛한 격이니 强健한 兄弟가 多出한다. 刑(巳), 沖(申), 破(亥), 自沖, 回沖이 되면 病이 든다. 怨害殺 亦是 心身을 괴롭히니 恒常 初期에 檢診하고 마음을 다스리라.

(3) 甲寅 Energy場이 日柱에 因緣할 境遇

木宮이 長木 樹林이니 뜻이 크고 意志가 旺盛하나 獨居하면 小成就요, 合居하면 大成就의 協力者가 된다. 蓄妾이 病이다. 操心하라.

甲寅 日柱는 主人은 되지 못하여 恒常 協力해야 하므로, 午 因子와 同業하면 吉하다.

寅이 合을 得하면 本人이 成功하고, 獨居하면 팀이 成功한다.

(4) 甲寅 Energy場이 時柱에 因緣할 境遇

子孫의 生命力과 種子밭이 豊盛하니 强健 多男 種子 因緣이로다. 獨居하면 出世孫이요, 合居하면 孝子 功德으로 家門 光榮이 온다. 末年 榮華이다.

寅 合 午, 戌, 亥, 卯, 辰이면 出世는 하되 融通性이 없다.

刑沖破害殺을 당하면 初期 發見이 어려워 큰 病이 난다. 恒常 早期에 檢診하라.

참고) 甲寅은 長木樹林인 데 반해 丙寅은 불타는 茂盛한 木이므로 末年은 쓰러지기 쉽다. 命이 短縮된다.

※ 年月日時別 當該 人事宮의 刑沖破害怨嗔殺을 操心하라.

- 年月日時別 當該 人事宮에
  刑殺을 当한즉 甲寅 刑 乙巳 (△) 와 甲申 (△) / 丁巳 (×), 丙申 (×) / 己巳 (△), 戊申 (×) / 辛巳 (×), 庚申 (×) / 癸巳 (△), 壬申 (△)로서 大長木이 巳火의 불에 타고 强白金의 刑破重擘殺에 그 苦難이 尤甚하다.
- 年月日時別 當該 人事宮에
  沖殺을 当한즉, 甲寅 沖 甲寅 (△)과 庚申 (×) / 丙寅 (×), 壬申 (△) / 戊寅 (△), 甲申 (△) / 庚寅 (×), 丙申 (×) / 壬寅 (△), 戊申 (×)이 되어 結

局에는 回擊의 重擘殺을 當하여 그 害惡이 尤甚하다. 주로 肝膽肺大腸을 傷할 수 있고 특히 膽道의 疾病을 操心하라.

- 年月日時別 當該 人事宮에
  破殺을 当한즉, 甲寅 破 乙亥 (△) / 丁亥 (×) / 己亥 (×) / 辛亥 (×) / 癸亥 (△)가 되어 心身에 太過 不及 現像이 나타난다(肝膽心小).
- 年月日時別 當該 人事宮에
  害殺을 当한즉, 甲寅 害 乙巳 (△) / 丁巳 (×) / 己巳 (△) / 辛巳 (×) / 癸巳 (△)로서 亦是 心身, 肝膽에 虛病現像이 나타난다.
- 年月日時別 當該 人事宮에
  怨嗔殺을 当한즉, 甲寅 怨 乙酉 (△) / 丁酉 (×) / 己酉 (×) / 辛酉 (×) / 癸酉 (△)로서 心身이 因苦해진다.

12) 丙寅 Energy場 因子의 特性分析(丙 生宮 寅 ⊕木 Energy場)

(1) 丙寅 Energy場이 年柱에 因緣할 境遇

天體 丙陽 朱火 Energy場과 地氣 寅陽 青木 Energy體가 相互 長生宮에서 因緣한 成長木의 Energy 및 그 Energy場으로서 곧고 强忍한 氣質에 의거한 權威的 存在를 의미한다.

年柱에 投出하면 强大한 祖上 Energy의 영향력으로 初年 健康과 强忍한 精神을 發露시킨다. 祖上 德이 크지 않으면 불에 탄 신세이다.

合居시 中年 이후나 末年에 크게 富로서 昌盛한다.

年柱 獨居시 意志가 太强하여 失敗하기 쉽고, 自手成家한다.

(2) 丙寅 Energy場이 月柱에 因緣할 境遇

月柱에 投出하면 兄弟 健康과 意志가 初中年까지 나타난다. 不然이면 妻宮의 健康이나, 無緣이면 持病을 지닌다.

合居시 孝子 또는 本人 子孫이 兄弟 妻子와 더불어 大昌한다(家族企業).

獨居시 兄弟德이 不足하고 妻宮이 不利하다.

(3) 丙寅 Energy場이 日柱에 因緣할 境遇

日柱에 投出하면 一生 健康한 意志로 줄기찬 推進力을 지닌 (事業家)氣質이다. 不運을 만나면 成敗가 交叉된다.

合居시 父母에 孝道하고 兄弟間에 友愛가 있으며 子孫을 사랑한다. 家族을 돕기 위한 줄기찬 意志와 努力이 있다.

日柱 獨居시 妥協 不可的 過慾으로 妥協이 不可하여 禍가 되기 쉽고, 節制가 힘들다. 事業意慾은 强하다.

自沖시 生命 苦悲가 있다. 그렇지 않으면 事業 苦悲도 된다.

丙寅 日柱는 더불어 成就코저 하지 않으면 大運을 만나지 못한다.

四柱에 寅午戌, 申子辰이 있으면 좋다. 그러나 本人 日柱에 子/午가 있지 않고 時柱에 있으면 本人이 아닌 子息을 위해 산다.

(4) 丙寅 Energy場이 時柱에 因緣할 境遇

子孫의 健康이 絶倫하다. 逆이면 丙火에 불탄 長木이 되기 쉽다. 남을 돕고 살면 성공한다.

合居시 子孫 勤勉하고 成就慾이 强하여 中年 이후나 末年에 크게 富로서 昌盛한다. 末年 榮華가 있다.

그러나 獨居時에는 子孫은 强健하나 過慾者가 되기 쉽다.

※ 年月日時別 當該 人事宮의 刑沖破害怨嗔殺을 操心하라.

- 年月日時別 當該 人事宮에
  刑殺을 当한즉, 丙寅 刑 乙巳 (△) 와 甲申 (△) / 丁巳 (×), 丙申 (△) / 己巳 (△), 戊申 (×) / 辛巳 (×), 庚申 (×) / 癸巳 (×), 壬申 (△)의 三刑殺과 破害重剋의 殺이 드니 心身의 刑厄을 免키 어렵다.
- 年月日時別 當該 人事宮에
  沖殺을 当한즉, 丙寅 沖 甲寅 (△) 으로서 庚申 (×) / 丙寅 (△) 自沖 後 壬申 (×) / 戊寅 × 自沖 甲申(△) / 庚寅 (×) 自沖 丙申 (×) / 壬寅 (△) 自沖 戊申(×)가 되어 亦是 青白의 葛藤으로 인한 心身의 消失이 온다.

• 年月日時別 當該 人事宮에
破殺을 当한즉, 丙寅 破 乙亥 (△) / 丁亥 (△) / 己亥 (△) / 辛亥 (×) / 癸亥 (×)가 되어 先破凶하고 後吉 合居하니 初場은 因苦하다. 水木에 病이 든다.

• 年月日時別 當該 人事宮에
害殺을 当한즉, 丙寅 害 乙巳 (△) / 丁巳 (△) / 己巳 (△) / 辛巳 (×) / 癸巳 (×)로서 刑殺과 重擘하니 水火 心身의 苦難이 온다(先身苦 後心苦).

• 年月日時別 當該 人事宮에
怨嗔殺을 当한즉, 丙寅 怨 乙酉 (△) / 丁酉 (△) / 己酉 (×) / 辛酉 (×) / 癸酉 (△)가 되어 心身을 傷한다(先心傷 後身傷).

13) 戊寅 Energy場 因子의 特性分析(戊 生宮 寅 ⊕木 Energy場)

(1) 戊寅 Energy場이 年柱에 因緣할 境遇

戊(戌) 城土 天體 Energy場이 地氣 陽靑木 Energy體에 長生宮으로 因緣 化合하니 寅(甲) 大木이 成長하고 그 長木 氣勢가 威力的이다.

年柱에 合居하면 旭日昇天格이요, 强健한 氣像이 하늘을 찌른다.

獨居하면 初事風霜이요, 刑沖破害殺을 받으면 지병을 얻는다(주로 肝, 膽, 心臟病).

沖을 만난즉, 戊寅 年柱가 寅 → 申 自沖하여 庚金이 되면 早失父母하거나 初年苦生이 있다.

(2) 戊寅 Energy場이 月柱에 因緣할 境遇

月柱에 合居하면 兄弟德을 입고 夫婦運이 좋으며, 中年 好運으로 大成한다.

獨居하면 兄弟 風波가 많고 夫婦宮이 좋지 않으며, 刑沖破害殺을 받으면 兄弟 또는 中年 病苦이다.

(3) 戊寅 Energy場이 日柱에 因緣할 境遇

日柱 合居하면 웅지를 품는 大人格이요, 크게 일을 도모한다.

獨居하면 固執不通, 거만하기 쉽고, 자존심이 드높다.

(4) 戊寅 Energy場이 時柱에 因緣할 境遇

時柱 合居하면 子孫과 末年이 함께 榮華롭다.

獨居하면 子孫과 末年의 건강이 絶倫하고 刑沖破害殺에 의한 疾病을 操心해야 한다.

※ 年月日時別 當該 人事宮의 刑沖破害怨嗔殺을 操心하라.

- 年月日時別 當該 人事宮에
  刑殺을 當한즉, 戊寅 刑 乙巳 (×) 와 甲申 (△) / 丁巳 (×)와 丙申 (△) / 己巳 (△)와 戊申 (△) / 辛巳 (△) 와 庚申 (△) / 癸巳 (×)와 壬申 (×) 로서 三刑을 當하니 肝膽肺大腸이 차례로 危險하다. 不緣이면 人敗이다.
- 年月日時別 當該 人事宮에
  沖殺을 當한즉, 戊寅 沖 甲寅 (△) → 庚申 (△) / 丙寅 (△) → 壬申 (×) / 戊寅 (△) → 甲申 (△) / 庚寅 (△) → 丙申 (△) / 壬寅 (×) → 戊申 (△)가 되어 金剋木의 現像이 되었다. 肝膽을 操心하라.
- 年月日時別 當該 人事宮에
  破殺을 當한즉, 戊寅 破 乙亥 (×) / 丁亥 (×) / 己亥 (△) / 辛亥 (△) / 癸亥 (×)가 되어 先凶後吉의 象이다. 肝腎과 膽膀의 葛藤이니 過勞를 操心하라.
- 年月日時別 當該 人事宮에
  害殺을 當한즉, 戊寅 害 乙巳 (×) / 丁巳 (×) / 己巳 (△) / 辛巳 (△) / 癸巳 (×)로서 刑殺과 重擘하는 害殺이니 그 苦厄이 至難하다.
- 年月日時別 當該 人事宮에
  怨嗔殺을 當한즉, 戊寅 怨 乙酉 (×) / 丁酉 (×) / 己酉 (△) / 辛酉 (△) / 癸酉 (×)로서 肺와 膽의 葛藤이다. 명예와 재산의 選擇問題가 恒常 苦難을 일으킨다.

14) 庚寅 Energy場 因子의 特性分析(庚 胎宮 寅 ⊕木 Energy場)

(1) 庚寅 Energy場이 年柱에 因緣할 境遇

天性 强陽 白金의 Energy場과 地氣 强陽 靑木 Energy體가 相互 胞宮에서 因緣을 만난 大長木으로 金克木하여 運命의 苦悲가 있으니 반드시 再生되어야 吉하다.

合居하면 應變에 강하고 組織 活動力이 뛰어나 組織 構成員으로 成功하고 頭腦도 明晳, 强健하여 自己 自身을 잘 變化 適用시킨다.

年柱에 獨居하면 不具나 持病을 만나기 쉽다. 刑沖破害殺을 당하면 夭折, 夭死, 持病을 얻을 수 있다. 肝膽을 操心하라.

(2) 庚寅 Energy場이 月柱에 因緣할 境遇

月柱에 合居하면 中年運이 吉하고 兄弟, 夫婦宮이 좋다. 그러나 獨居하면 兄弟, 夫婦宮, 中年運이 弱하다.

(3) 庚寅 Energy場이 日柱에 因緣할 境遇

日柱에 合居하면 日就月將하고 意志强健하며 公職의 首長이 된다. 事業家로도 大成한다.

獨居하면 適應能力은 좋으나 그 運勢가 弱하고 倨慢하다. 自手成家한다.

刑沖破害殺을 받으면 一生 起伏이 크고 반드시 健康에 異狀이 發生한다. 不具 아니면 精神的, 肉體的 문제점을 갖는다. 나무가 殺을 맞았으니 온전하지 않다.

(4) 庚寅 Energy場이 時柱에 因緣할 境遇

時柱에 독거하면 子孫末年이 외롭고 得病하기 쉬우며 肝膽이 虛하다(中風操心).

合居하면 富貴榮華가 있으나 刑沖破害殺을 받으면 病魔와 싸운다.

※ 年月日時別 當該 人事宮의 刑沖破害怨嗔殺을 操心하라.

- 年月日時別 當該 人事宮에
  刑殺을 当한즉, 庚寅 刑 乙巳 (△)와 甲申 (×) / 丁巳 (×)와 丙申 (×) / 己巳 (△)와 戊申 (△) / 辛巳 (×)와 庚申 (×) / 癸巳 (△)와 壬申 (△) 三刑 重擘害가 되어 肝膽을 恒常 操心하라. 人敗 財敗 家敗 操心.
- 年月日時別 當該 人事宮에
  沖殺을 当한즉, 庚寅 沖 甲寅 (×) → 庚申 (×) / 丙寅 (×) → 壬申 (△) / 戊寅 (△) → 甲申 (×) / 庚寅 (×) → 丙申 (×) / 壬寅 (△) → 戊申 (△) 金木相剋의 自沖이 되어 亦是 肝膽을 操心하라.
- 年月日時別 當該 人事宮에
  破殺을 当한즉, 庚寅 破 乙亥 (△) / 丁亥 (×) / 己亥 (△) / 辛亥 (×) / 癸亥 (△)가 되어 家敗, 財敗, 人敗를 警戒하라.
- 年月日時別 當該 人事宮에
  害殺을 当한즉 庚寅 害 乙巳 (△) / 丁巳 (×) / 己巳 (△) / 辛巳 (×) / 癸巳 (△)로서 刑殺과 重擘하니 肝膽을 操心 管理하라.
- 年月日時別 當該 人事宮에
  怨嗔殺을 当한즉 庚寅 怨嗔 乙酉 (△) / 丁酉 (×) / 己酉 (△) / 辛酉 (×) / 癸酉 (△)가 되어 障礙나 肝膽을 操心하고 財運의 障礙를 念慮하라.

15) 壬寅 Energy場 因子의 特性分析(壬 病宮 寅 ⊕木 Energy場)

(1) 壬寅 Energy場이 年柱에 因緣할 境遇

天性 旺 玄水 Energy場과 地氣 大長木 Energy體가 相互 病宮에서 因緣하였으므로 旺盛한 大長木의 氣像이긴 하나 內傷이 안타깝다.

年柱에 居하면 初年 發展이 旺盛하여 日日發展하며 成功을 期約하고, 成就慾이 强하다. 靑雲의 큰 뜻을 품는다. 지나친 意欲으로 靈肉의 病苦가 걱정이다.

合居하면 財運과 出世運이 旺盛하여 富貴功名을 이룬다. 그러나 人情이 없다.

獨居하면 氣像이 雄大하나 孤獨하기 쉽고 倨慢에 빠지기 쉽다. 早熟하여 일찍 落花할 수 있고, 不緣이면 父母兄弟를 剋하기 쉽다.

刑沖破害殺을 当하면 早期 折木하여 肝膽病으로 인해 持病을 얻거나 불구가 될 수 있다. 日柱와 自沖하면 短命運도 있다.

合居 후 刑沖破害殺을 当하면 破害가 약해진다. 不然이면 早失父母, 離鄕客地運이다.

(2) 壬寅 Energy場이 月柱에 因緣할 境遇

月柱에 居하면 兄弟 妻宮이 强健하고 初中年 運勢가 旺盛해진다.

合居하면 中年强運으로 父母 遺業을 잇지 않으면 兄弟 妻宮의 도움으로 크게 成就한다. 大富 大貴格이다.

獨居하면 中年한때가 一場春夢이요, 倨慢과 自尊心이 太强하여 인간관계에 실수하기 쉽다.

刑沖破害殺을 당하면 中年에 持病을 얻거나 肝膽을 損傷하기 쉽다. 合居 後 殺을 当하면 그 害가 弱해진다.

月柱가 日柱와 自沖하면 短命하기 쉽다(日月 回沖이 가장 强하다).

(3) 壬寅 Energy場이 日柱에 因緣할 境遇

日柱에 居하면 旭日昇天하는 氣像이나 소득이 적다. 君子風이다.

合居하면 父母兄弟 子息과 더불어 크게 일을 도모하고 成就하여 그 보람을 함께 누린다(大人君子, 名譽를 위해 살 것).

獨居하면 江邊孤木이요, 그 뜻은 크니 따르는 이는 많다.

刑沖破害殺을 当하면 一生 苦難과 持病이 있다. 合居 후 당하면 그 被害가 弱해지나 免하기는 어렵다.

日柱가 自沖 혹은 回沖하면 短命하기 쉽다. 不然이면 早失父母한다.

(4) 壬寅 Energy場이 時柱에 因緣할 境遇

時柱에 居하면 子孫 强健하고 末年이 健康하나 人格管理와 身邊管理를 소홀히 하면 안 된다.

合居하면 좋은 子孫을 얻어 富貴榮華를 末年까지 이어가며 長壽한다.

時柱가 年柱와 合居하면 末年이 華麗하다(富貴功名).

獨居하면 末年 倨慢이 凶스럽고, 子孫健康이 太强하기 쉽다.

刑沖破害殺을 当하면 子孫이 夭折하기 쉽고 末年健康이 꺾인다. 合居 後 当하면 그 殺이 弱해진다.

※ 年月日時別 當該 人事宮의 刑沖破害怨嗔殺을 操心하라.

- 年月日時別 當該 人事宮에
  刑殺을 当한즉, 壬寅 刑 乙巳 (△)와 甲申 (△) / 丁巳 (△)와 丙申 (×) / 己巳 (△)와 戊申 (×) / 辛巳 (△)와 庚申 (△) / 癸巳 (△)와 壬申 (△)로서 三刑殺이 되니 先寅木을 操心하고 後 申金을 操心하라.
- 年月日時別 當該 人事宮에
  沖殺을 当한즉, 壬寅 沖 甲寅 (△) → 庚申 (△) / 丙寅 (×) → 壬申 (△) / 戊寅 (×) → 甲申 (△) / 庚寅 (△) → 丙申 (×) / 壬寅 (△) → 戊申 (×)으로서 亦是 寅木의 太虛가 發生한다. 先肝膽 後肺大腸.
- 年月日時別 當該 人事宮에
  破殺을 当한즉, 壬寅 破 乙亥 (△) / 丁亥 (△) / 己亥 (△) / 辛亥 (△) / 癸亥 (△)가 되어 先凶後吉로서 相互 合破가 作用하니 當該 臟腑를 操心하라.
- 年月日時別 當該 人事宮에
  害殺을 当한즉, 壬寅 害 乙巳 (△) / 丁巳 (△) / 己巳 (△) / 辛巳 (△) / 癸巳 (△)로서 刑殺과 重擘하니 肝膽이 걱정이다.
- 年月日時別 當該 人事宮에
  怨嗔殺을 当한즉, 壬寅 怨嗔 乙酉 (△) / 丁酉 (△) / 己酉 (△) / 辛酉 (△) / 癸酉 (△)로서 比較的 弱小한 怨嗔殺이나 亦是 寅木과 酉金의 葛藤이 크다.

16) 乙卯 Energy場 因子의 特性分析(乙 冠帶宮 卯 ⊖木 Energy場)

天乙陰木 Energy場의 因緣 和合에 의한 草花性 E 因子로서 純陰木性의 柔

軟한 ⊖木 Energy場이다. 草花 滿發한 故로 벌, 나비가 드나듦이 한결 즐겁고 어린 싹(年柱)의 成長 勢力은 가히 땅을 뚫는다.

天陰 乙木을 얻었으니 그 雜草性은 乙, 丁, 己, 辛, 癸 중 으뜸이다.

刑沖破害殺을 당할지라도 크게 滅하지 않는 特性이 있는 반면 合居하면 크게 成하나 一場春夢格이다.

(1) 乙卯 Energy場이 年柱에 因緣할 境遇

初年 새싹은 아름다우나 일찍이 散漫키 쉽고 茂盛期가 오면 그 散氣를 주체치 못하여 奔走하고 가난하다. 早熟하기 그지없다.

合居하면 건강과 아이디어로 早達하고(亥卯未 - 人氣運)

獨居하면 일찍이 洛花하고, 不緣이면 祖上의 偏祖運(祖母祖父 中 偏父)을 免키 어렵다. 異腹兄弟運이 있다.

刑을 当한즉, 乙卯 Energy가 癸子因子를 만나면 子卯刑殺로 草花가 冷水를 만난 격이다. 子卯 刑은 父母 품에서는 德이다. 先吉後凶이다.

乙卯生은 庚戌(日柱) 配匹을 만나는 것이 최고 좋다.

(2) 乙卯 Energy場이 月柱에 因緣할 境遇

初年 早熟運이요, 合居한즉 奔走多事로 中年 人氣運으로 잠시 成功하고 色難을 免한다. 그러나 精神 散漫性이 있다.

獨居한즉, 男女 奔走 多難이다. 色難運, 桃花殺이 있어 꽃밭에서 헤어나지 못한다.

(3) 乙卯 Energy場이 日柱에 因緣할 境遇

一生 人氣職으로 大成하나 奔走多事하여 一家 從事가 어렵다. 俳優, 政治人, 藝術人, 小說家, 發明家가 좋다. 創作 能力이 좋으나 끈기가 없고 集中力이 不足하다.

合居하면 企劃力, 創意力이 뛰어나고 文藝創作과 人氣職이 優秀하다.

獨居한즉, 再婚運이 强하고 不緣이면 前生 色業이 持續된다. 配匹을 만날 때 반드시 怨嗔破殺을 避하고 對稱 因緣이나 卯戌合을 찾아라.

(4) 乙卯 Energy場이 時柱에 因緣할 境遇

子息은 女息福이 아니면 特殊教育이 必要한 子息을 두기 쉽다. 精神이 散漫하고 不安定이 온다. 精氣가 弱하다.

後天에 居한즉, 合居하면 女福이요, 獨居하면 女難이나 不然이면 破産者가 되기 쉽다.

※ 年月日時別 當該 人事宮의 刑沖破害怨嗔殺을 操心하라.

- 年月日時別 當該 人事宮에
  刑殺을 当한즉, 乙卯 刑 甲子 (×) / 丙子 (△) / 戊子 (×) / 庚子 (△) / 壬子 (△)로서 乙卯 ⊖木이 冷寒水에 의해 病이 든다.
- 年月日時別 當該 人事宮에
  沖殺을 当한즉, 乙卯 沖 乙卯 (△) → 辛酉 (×) / 丁卯 (△) → 癸酉 (△) / 己卯 (×) → 乙酉 (△) / 辛卯 (×) → 丁酉 (△) / 癸卯 (△) → 己酉 (×)가 된다. 肝肺가 對峙하니 相互 操心하라.
- 年月日時別 當該 人事宮에
  破殺을 当한즉, 乙卯 破 甲午 (△) / 丙午 (△) / 戊午 (×) / 庚午 (△) / 壬午 (△)가 되니 家敗 財敗를 恒常 警戒하라. 肝心에 傷處를 操心하라.
- 年月日時別 當該 人事宮에
  害殺을 当한즉, 乙卯 害 甲辰 (△) / 丙辰 (△) / 戊辰 (△) / 庚辰 (△) / 壬辰 (△)가 되니 肝膽의 實病을 警戒하고 恒常 光明하게 살라.
- 年月日時別 當該 人事宮에
  怨嗔殺을 当한즉, 乙卯 怨嗔 甲申 (×) / 丙申 (△) / 戊申 (×) / 庚申 (△) / 壬申 (△)가 되니 恒常 容恕하고 이해하라. 大腸과 肝病을 操心할 것.

17) 丁卯 Energy場 因子의 特性分析(丁 病宮 卯 ⊖木 Energy場)

天性 丁(巳, 午)火 Energy場의 緣分을 득한 故로 丁(午) Energy場 因緣에

서는 地表 亥水를 만나야 메마르지 아니하고, 丁(巳)火 Energy場 因緣에서는 草木이 일시에 불타버리니 火의 前生 業障이 된다.

불에 타는 葛藤과 불타버린 허망함이 늘 不安과 不滿足 運을 만든다.

자체 獨立이 어렵고 巳午 火 緣分과 더불어 人生을 設計하는 것이 현명하고 不然이면 亥卯未 合居하거나 卯戌 合居로 도모함이 이롭다.

刑沖破害殺을 만나는 것이 境遇別로 매우 이로울 때도 있다.

- 丁卯의 刑殺 : 自刑, 癸子刑 + 巳火, 午火
- 丁卯의 沖殺 : 丁卯 自沖 → 酉 + 亥卯未, 巳戌 合居
- 丁卯의 破殺 : 丙午, 甲午 + 亥水 또는 未土
- 丁卯의 害殺 : 甲辰, 丙辰 + 巳火
- 丁卯의 怨嗔殺 : 甲丙戊庚壬申 + 未土

沖刑殺인 卽 草木이 相互 勢力에 자라다가 녹아내리는 현상이니 八字를 고치는 大變化를 겪게 된다. 子刑 中에는 冷水帶에서 草根이 病드는 格이다.

破殺인 卽, 불에 타면 一時 犧牲이나 차후 새싹이 돋아나는 거름이 되고, 不緣이면 햇살에 그 뿌리까지 말라 죽는다. 그러나 亥水를 얻으면 살아난다.

害殺인 卽, 젖은 辰土가 濕을 재촉하니 草根의 安寧이 괴롭다(吉中凶, 凶中吉).

※ 年月日時別 當該 人事宮의 刑沖破害怨嗔殺을 操心하라.

- 年月日時別 當該 人事宮에
  刑殺을 当한즉, 丁卯 刑 甲子 (△) / 丙子 (×) / 戊子 (△) / 庚子 (×) / 壬子 (△)가 되니 貴孫財의 損傷을 操心하라. 不緣이면 肝腎子宮의 損傷을 念慮하라.
- 年月日時別 當該 人事宮에
  沖殺을 当한즉, 丁卯 沖 乙卯 (△) / 丁卯 (×) / 己卯 (△) / 辛卯 (×) / 癸卯 (×)가 되니 家敗 財敗 名敗를 操心하라. 肝膽을 健康케 하라.
- 年月日時別 當該 人事宮에
  破殺을 当한즉, 丁卯 破 甲午 (△) / 丙午 (×) / 戊午 (△) / 庚午 (×) / 壬午 (△)가 되니 家敗 名 共히 破함을 警戒하라. 不緣이면 肝心病을 操心

하라.

- 年月日時別 當該 人事宮에
  害殺을 当한즉, 丁卯 害 甲辰 (△) / 丙辰 (×) / 戊辰 (△) / 庚辰 (×) / 壬辰 (△)가 되니 性情을 가다듬고 肝膽病을 操心하라.
- 年月日時別 當該 人事宮에
  怨嗔殺을 当한즉, 丁卯 怨嗔 甲申 (△) / 丙申 (×) / 戊申 (△) / 庚申 (×) / 壬申 (△)가 되어 마음을 다치기 쉽고 家庭運이 不安하다.

18) 己卯 Energy場 因子의 特性分析(己 病宮 卯 ⊖木 Energy場)

天性 己(未)土 Energy場의 緣分을 득한 故로 ⊖木으로 燥土에 草木根을 내리니 初年安定이 困難하다. 일찍이 刑沖破害殺을 만나면 早失父母가 아니면 健康을 다친다. 不緣이면 繼父, 繼母이거나 異腹兄弟運이 많다.

合居한즉, 왕성한 草木運으로 화려한 人生을 맞고(人氣職)

獨居한즉, 그 발전이 들녘에 燥根草木運이 되어 열매를 맺지 못한다. 소나기나 보슬비의 因緣을 만나야 한다.

(1) 己卯 Energy場이 年柱에 因緣할 境遇

年柱에 因緣한즉, 初年 父母運이 不實하여 父母 不運이거나 子孫 不運이다.
合居하면 人氣職에서 早達하고, 獨居하면 그 運이 多難하다.

(2) 己卯 Energy場이 月柱에 因緣할 境遇

月柱에 因緣한즉, 中年 草花이니 花無十日紅이다.
合居한즉, 화려한 中年이요, 獨居한즉 色難을 免키 어렵다.

(3) 己卯 Energy場이 日柱에 因緣할 境遇

日柱에 因緣한즉, 一生이 草花木 運이니 피고지고 열매 맺기를 거듭한다.
合居(卯戌, 亥卯)한즉 一生 人氣運이요, 獨居한즉 每事 奔走 多難하다.

(4) 己卯 Energy場이 時柱에 因緣할 境遇

時柱에 因緣한즉, 子孫 奔奔이요. 本妻에서 子孫보기 어려우니 後妻에서 子息을 얻어라.

合居한즉, 子孫 人氣職이거나 末年 人氣요, 獨居한즉 子孫 근심이라.

不緣이면 末年 離別數이다.

※ 年月日時別 當該 人事宮의 刑冲破害怨嗔殺을 操心하라.

- 年月日時別 當該 人事宮에
  刑殺을 当한즉, 己卯 刑 甲子 (△) / 丙子 (△) / 戊子 (△) / 庚子 (△) / 壬子 (△)가 되니 子寒冷水에 卯木이 刑을 當한다. 肝膽膀胱子宮을 操心하라.
- 年月日時別 當該 人事宮에
  冲殺을 当한즉, 己卯 沖 乙卯 (△) → 辛酉 (△) / 丁卯 (△) → 癸酉 (×) / 己卯 (△) → 乙酉 (△) / 辛卯 (△) → 丁酉 (△) / 癸卯 (×) → 己酉 (△)로 되니 先 ⊖木 實病이요, 後 ⊖木 虛病이다. 肝肺을 操心하라.
- 年月日時別 當該 人事宮에
  破殺을 当한즉, 己卯 破 甲午 (△) / 丙午 (△) / 戊午 (△) / 庚午 (△) / 壬午 (△)가 되어 家敗 財敗를 操心하라. 肝心의 病이 걱정된다.
- 年月日時別 當該 人事宮에
  害殺을 当한즉, 己卯 害 甲辰 (△) / 丙辰 (△) / 戊辰 (△) / 庚辰 (△) / 壬辰 (△)가 되니 當該 人事間의 葛藤을 念慮하라. 木病 操心.
- 年月日時別 當該 人事宮에
  怨嗔殺을 当한즉, 己卯 怨嗔 甲申 (△) / 丙申 (△) / 戊申 (△) / 庚申 (△) / 壬申 (△)가 되니 亦是 性情을 가다듬고 三毒(貪瞋痴)을 잘 다스리라.

19) 辛卯 Energy場 因子의 特性分析(辛 胎宮 卯 ⊖木 Energy場)

天性 ⊖金 Energy場과 因緣한 ⊖木 草花 Energy場인 故로 吉辛金은 草花에 묻힌 寶石像의 相生的 孝가 되나 凶辛金은 草花를 베는 서릿발 같은 칼날이다.

前者는 操心과 人德으로 그 特性을 밝혀가나, 後者는 葛藤과 변화로서 그 特性을 나타낸다.

合居하면 그 人德이 크게 일어나고, 獨居하면 그 그릇이 朝變夕改한다. 安定을 찾으려면 亥卯未, 辛丁己, 卯戌의 時節 因緣을 만나야 한다.

刑沖을 当하면 生活安定이 不望이요.

破害를 당하면 多少間의 困難을 거쳐 安定을 찾기도 한다.

夫婦 葛藤이 잦고 不緣이면 事業 葛藤이다.

乙卯나 癸卯와는 다른 조심스러운 色難이다.

(1) 辛卯 Energy場이 年柱에 因緣할 境遇

年柱에 들면 일찍이 早失父母하든가 祖父 父親 二代 내에 異腹運이요, 不緣이면 後家孫이거나 養子孫이다.

合居한즉 初年 不運이 吉로 변하고,

(年柱에 丙戌을 만나면 지혜로운 祖上의 陰德을 입는다.)

獨居한즉, 初年不運을 면치 못한다(人, 家庭 敗).

刑沖이 들면 早期 父母離別이거나 早色難이요(夫婦離別).

破害가 들면 一時 家財 蕩盡하고

回沖이 들면 魂魄이 飛散한다.

(2) 辛卯 Energy場이 月柱에 因緣할 境遇

月柱에 因緣한즉, 兄弟 異腹運 이거나 兄弟 離別하니 필히 自手成家가 吉運이다. 或이나 父母 恩德이 有한 卽, 夫婦 離別數요, 不緣이면 中年 破散 후 再起한다.

辛陰金의 肅殺之氣가 發動하면(丙辛, 巳酉丑 年月日時) 再生하고 不合이면 苦難이다.

(3) 辛卯 Energy場이 日柱에 因緣할 境遇

日柱에 因緣한즉, 一生이 풀잎 끝에 바람 잘 날이 없고 하고픈 事緣은 많고 많다. 크게 發心하여도 그 뿌리가 간데없고 試行은 많아도 익은 열매가 적다. 命運이 普施 積善運이니 宗教人이 되든가 社會福祉 事業이 적합하다(小說家, 空想家, 文藝 創作).

一夫一妻 因緣이 여의치 못하고, 白虎 虛像과 青龍 虛像의 꿈을 일찍이 終決하지 못하는 不實現 前生 多難(苦難) 業障이다.

合居한즉, 丙戌, 亥, 未, 巳가 있으면 治癒된다.

日柱에 丙戌을 만나면 그 才能이 極大하나 넘칠까 두렵다.

(4) 辛卯 Energy場이 時柱에 因緣할 境遇

時柱에 因緣하면 子孫 出生 後 父母 離別運이요, 不緣이면 子孫의 運이 多難하다.

獨居하면 딸부자, 丙戌亥未가 존재하면 아들이 있다.

아들 存在 時 家庭 不和運이 나오기 쉬우므로 祖母가 子孫을 키우든가, 早期 遊學을 보내는 것이 對策이다.

時柱에 丙戌을 만나면 子孫이 才士이다.

※ 年月日時別 當該 人事宮의 刑沖破害怨嗔殺을 操心하라.

- 年月日時別 當該 人事宮에
  刑殺을 当한즉, 辛卯 刑 甲子 (×) / 丙子 (×) / 戊子 (△) / 庚子 (×) / 壬子 (△)가 되어 膀胱子宮에 冷寒이 들고 肝膽이 困窮해진다.
- 年月日時別 當該 人事宮에
  沖殺을 当한즉, 辛卯 沖 乙卯 (×) → 辛酉 (×) / 丁卯 (×) → 癸酉 (△) / 己卯 (△) → 乙酉 (×) / 辛卯 (×) → 丁酉 (×) / 癸卯 (△) → 己酉 (△)가 되어 ⊖木 ⊖金이 相爭하니 各別 操心해야 한다.
- 年月日時別 當該 人事宮에
  破殺을 当한즉, 辛卯 破 甲午 (×) / 丙午 (×) / 戊午 (△) / 庚午 (×) / 壬午 (△)가 되니 ⊖木病을 操心하라. 破家 財敗를 警戒하라.
- 年月日時別 當該 人事宮에
  害殺을 当한즉, 辛卯 害 甲辰 (×) / 丙辰 (×) / 戊辰 (△) / 庚辰 (×) / 壬辰

(△)가 되니 肝胃의 疾病을 操心하라.

• 年月日時別 當該 人事宮에
  怨嗔殺을 当한즉, 辛卯 怨嗔 甲申 (×) / 丙申 (×) / 戊申 (△) / 庚申 (×) / 壬申 (△)가 되니 ⊖木에 病이 들기 쉽다. 心身을 安定시켜라.

20) 癸卯 Energy場 因子의 特性分析(癸 生宮 卯 ⊖木 Energy場)

癸陰水 天體 Energy場의 緣分作用에 의해 初期는 癸 中 子水의 刑殺을 받게 되나 後期에 들면 癸 中 亥水의 同調를 받게 되어 半吉半凶한다.

①天 ①地하니 獨自的 善 Energy場을 만들기 어렵고 반드시 同調場을 얻거나 合居하여 因緣할 때 비로소 善吉해진다.

(1) 癸卯 Energy場이 年柱에 因緣할 境遇

初年이 偏祖나 偏祖母의 영향으로 困苦하지 않으면 偏父母의 因緣이 된다. 早期 離鄕客地하여 自手成家하지 못하면 初年 家産을 흘려버린다.

獨居하면 父母 無緣이요 初年 失敗하며(事業失敗, 離婚, 再婚)

合居하면 人氣 職種에서 早達한다.

(2) 癸卯 Energy場이 月柱에 因緣할 境遇

月柱에 因緣할 境遇(대체로 異腹兄弟) 中年運이 困苦하지 않으면 兄弟 別離커나 不緣이면 離婚數다.

獨居하면 夫婦 不然이요 家敗水다.

合居한즉, 中年 自手成家하고 人氣를 누린다.

(3) 癸卯 Energy場이 日柱에 因緣할 境遇

一生 偏祖의 因緣果를 얻은 故로

獨居한즉, 一生 虛送歲月하고 多事多難하여 所得없이 奔走하다.

合居한즉, 大企劃家, 小說家, 藝術人, 政治家, 宗敎人, 福祉事業家로 成功한다.

(4) 癸卯 Energy場이 時柱에 因緣할 境遇

子孫에 因果하는 偏祖 Energy場 不實로 女息運이 强하고 不緣이면 末年 孤寒한 人生이다.

獨居한즉, 末年 困窮치 않으면 子孫 無德이요.

合居한즉, 女息 大昌運이거나 늦은 아들 運이다. 늦게 人氣를 얻으니 死後 名譽를 얻을 수도 있다. 才能 子孫이 出生한다.

※ 年月日時別 當該 人事宮의 刑沖破害怨嗔殺을 操心하라.

- 年月日時別 當該 人事宮에
  刑殺을 當한즉, 癸卯 刑 甲子 (△) / 丙子 (×) / 戊子 (△) / 庚子 (△) / 壬子 (△)가 되니 ⊖木의 疾病을 操心하라. 膀胱子宮病이 念慮된다.
- 年月日時別 當該 人事宮에
  沖殺을 當한즉, 癸卯 沖 乙卯 (△) → 辛酉 (△) / 丁卯 (×) → 癸酉 (△) / 己卯 (×) → 乙酉 (△) / 辛卯 (△) → 丁酉 (×) / 癸卯 (△) → 己酉 (×)가 되니 ⊖木病이 두렵다. 肝膽 操心.
- 年月日時別 當該 人事宮에
  破殺을 當한즉, 癸卯 破 甲午 (△) / 丙午 (×) / 戊午 (△) / 庚午 (△) / 壬午 (△)가 되니 財敗, 人敗를 操心하라. 肝心病이 念慮된다.
- 年月日時別 當該 人事宮에
  害殺을 當한즉, 癸卯 害 甲辰 (△) / 丙辰 (×) / 戊辰 (△) / 庚辰 (△) / 壬辰 (△)가 되니 肝胃를 操心하라. 申子辰의 卯 干涉殺이다.
- 年月日時別 當該 人事宮에
  怨嗔殺을 當한즉, 癸卯 怨 甲申 (△) / 丙申 (×) / 戊申 (△) / 庚申 (△) / 壬申 (△)가 되니 ⊖木病을 操心하고 心身을 安定시키라. 怨嗔하면 得病한다. 申子辰의 卯 干涉殺이다.

21) 甲辰 Energy場 因子의 特性分析(甲 衰亡宮 辰 ⊕土 Energy場)

天體 靑木 始發 Energy場의 緣分으로 얻은 靑木 末端 地氣 Energy場으로서

丙巳 朱火 右端 Energy場의 강력한 凝縮을 기뻐한다.

天體, 地氣 공히 青木 Energy場 特性인 까닭에 進取的 氣像과 勤勉誠實한 人格構造를 가지고 있다.

獨居한 境遇일지라도 青木 Energy場을 충분히 담당하고 있으며

合居할지라도 辰酉 合金을 완성하든가, 申子辰으로 玄水 Energy場을 더욱 善美 强大하게 한다.

(1) 甲辰 Energy場이 年柱에 因緣할 境遇

青木 1~3월 春氣 發露가 青春을 북돋우니 그 자라는 새싹이 가히 자랑스럽다.

獨居한즉, 初年 運勢가 알맞게 출발하고 지나침이 없으나 寅卯辰을 連(年 : 辰, 月 : 寅, 日 : 卯)하여 因緣하게 되면 青木 太過氣가 되어 매우 치우친 出世慾이거나 成就慾에 사로잡힌다.

合居한즉, 玄水(申子辰) 또는 白金(辰酉合金) Energy場을 성실하게 돕고 朱火(辰午) Energy場의 安定을 함께 얻는다. 비교적 人生 出發이 순조롭고 그 氣像이 굳세다.

沖을 当한즉, 祖上과의 因緣이 부족하여 離鄕客地한다.

(2) 甲辰 Energy場이 月柱에 因緣할 境遇

中年 또는 妻宮 및 兄弟宮에 青木 肩部 天體 Energy場 因緣을 얻은 故로 肩部 Energy場과 股部 Energy場이 中年 進取力을 增大시킨다.

出世意志와 推進力이 3, 4月 春節 氣像과 如意하다.

年柱 또는 日, 時柱에 玄水 Energy場을 얻게 되면 官祿이 日就月將하는 命運이요, 朱火 Energy場을 얻게 되면 필히 事業에 日就月將하는 命運이요, 白金 Energy場을 얻게 되면 그 出世 手段 手腕이 가히 追從을 불허할 것이요, 青木 Energy場을 重峰하면 지나친 出世慾으로 落馬(中風, 肝硬化, 短命)한다. 때문에 刑沖破害殺을 만나면 그 氣勢가 특히 사나움을 드세우고 凶像(凶禍)을 드러낸다.

年柱에서 刑沖破害殺과 因緣한즉, 일찍이 父母離別 혹은 自手成家 運이요,

日柱에서 刑沖破害殺과 因緣한즉, 一生 奔忙 空虛한 命運이요,

時柱에서 刑沖破害殺과 因緣한즉, 子孫과 中途 折腰 혹은 末年 中風 不具 命運이다.

* 刑沖破害殺의 因緣

- 刑 : 丙・丁・辰 - 言說의 禍(舌禍), 心火病 행위의 禍(추진력 太强)
- 自刑 : 辰-辰 / 酉-酉 / 午-午 / 亥-亥 / 巳-巳
  辰-辰(命運的 衝擊), 巳-巳(身體的 衝擊)
- 沖 : 庚戊, 辰(甲庚沖, 甲戊沖, 辰自沖)
- 破 : 壬・丑(甲-壬(亥) → 寅亥破, 辰丑破)
- 害 : 辛亥, 辛卯
- 怨嗔 : 亥

(3) 甲辰 Energy場이 日柱에 因緣할 境遇

一生 青木 肩部 天體 Energy場이 保護하는 青股 地氣 Energy場인 故로 그 勢力과 크기 및 容量은 어떠한 青木 Energy場보다도 강하다고 볼 수 있다.

甲寅 青木 Energy場이 비록 强大하나 肩部에 치우침이 있고, 肘股部에까지 미치지를 못함이 아쉬우나 甲辰 Energy場은 뿌리 깊은(寅→辰) 堅實한 青木 Energy場 完成이다.

進就力이 강하고 그 成就慾이 確固하여 每事 業務가 如一하게 日就月將 走馬加鞭格이다. 단, 相生 均衡을 要한다.

日柱에 合居한즉, 그 氣象이 明決하고 說得力이 뛰어나며 進就力과 成就能力이 倍加한다. 日柱가 年과 合居하면 父母成功이요, 月柱와 合居하면 兄弟 成功이고, 時柱와 合居한즉, 子孫 功德이 아니면 末年 積德者다.

獨居한즉, 意慾만큼의 成事는 難望이나 一生 困窮함을 능히 免케 된다.

刑沖할 境遇, 自刑殺인 故로 年月日時에서 甲辰 - 庚辰을 만나면 極凶하다. 言行이 火急하거나 無意識 中 失言 失行을 種種 드러낸다.

破할 境遇, 辰丑 破殺로서 甲辰 - 辛丑이 가장 큰 破 Energy場이 되며 出世途中 落馬한다.

害殺을 만나면, 辰亥 怨嗔害殺이니 甲辰 - 辛亥 年月日時가 大凶格이다.

辰亥 怨嗔은 夫婦間에 疑心하는 疑心病이다.

卯辰害殺은 같은 靑木이기 때문에 辰亥 怨嗔보다 被害가 더 적으나, 제일 가까운 사람이 나를 害하는 格이다. 그러나 辰亥는 怨嗔이면서 害殺이므로 그 害惡이 더 크다.

(4) 甲辰 Energy場이 時柱에 因緣할 境遇

末年 또는 子息宮의 靑木 氣像이 旺盛하니 健康運과 子孫運이 뛰어나다. 長壽 命運이며 朱火宮의 因緣을 得하거나 玄水宮의 因緣을 得할 時는 그 發運勢가 하늘을 찌른다. 다만 지나친 健康으로 五慾 管理에 疏忽하여 人生을 그르칠까 두렵다.

刑沖破害殺을 만난즉 그 勢力이 半減하고, 合居한즉 天地間에 두려움이 없다.

※ 年月日時別 當該 人事宮의 刑沖破害怨嗔殺을 操心하라.

- 年月日時別 當該 人事宮에
  刑殺을 当한즉, 甲辰 刑 甲辰 (△) / 丙辰 (△) / 戊辰 (△) / 庚辰 (×) / 壬辰 (△)가 되니 ⊕木과 ⊕土病이다. 肝膽脾胃를 함께 操心하라.
- 年月日時別 當該 人事宮에
  沖殺을 当한즉, 甲辰 沖 甲辰 (△) → 庚戌 (×) / 丙辰 (△) → 壬戌 (△) / 戊辰 (△) → 甲戌 (△) / 庚辰 (×) → 丙戌 (△) / 壬辰 (△) → 戊戌 (△)이 되니 自刑 自沖이 重擘하였다. 脾胃病을 操心하라.
- 年月日時別 當該 人事宮에
  破殺을 当한즉, 甲辰 破 乙丑 (△) / 丁丑 (△) / 己丑 (△) / 辛丑 (×) / 癸丑 (△)이요.
- 年月日時別 當該 人事宮에
  害殺을 当한즉, 甲辰 害 乙卯 (△) / 丁卯 (△) / 己卯 (△) / 辛卯 (×) / 癸卯 (△)가 되니 靑木間 相互 干涉이다. 申子辰의 卯 干涉殺이다. ⊖木病을 操心하라.

• 年月日時別 當該 人事宮에
怨嗔殺을 当한즉, 甲辰 怨 乙亥 (△) / 丁亥 (△) / 己亥 (△) / 辛亥 (×) / 癸亥 (△)가 되니 青白間의 干涉殺이다. 脾胃大腸을 操心하라.

22) 丙辰 Energy場 因子의 特性分析(丙 冠帶宮 辰 ⊕土 Energy場)

天體 朱火 Energy場의 因緣과 和合한 青木 股部 Energy場인 故로 木生火 朱補 青木의 猛烈性 Energy場이다. 甲辰 Energy場과 더불어 青木 Energy場으로서는 대표되는 青木 反應 氣運이다.

* 甲辰 : 權威的 進取的, 丙辰 : 저돌성, 健康의 化身
* 辰+子 : 子 因子가 日柱 또는 時柱에 있어야 한다.
  月柱에 존재하면 發福이 持續되지 않는다.
* 辰이 酉와 만나면 商才가 뛰어나다.
  巳와 만나면 學文運이 뛰어나다.
  未와 만나면(日柱, 時柱) 未盡하다.
  寅과 만나면 青木이 드세다(太過 禍).
  午와 만나면 丙과 合宮이므로 창고, 마무리가 뛰어나다.
* 丙辰 - 乙丑, 己丑, 癸丑, 辛丑을 만나면 陷穽運
  月柱 丑 : 夫人 또는 男便, 兄弟 잃음.
  日柱 丑 : 一生 陰鬱, 不具(精神 혹은 肉體), 修行者
  時柱 丑 : 無子
* 害殺을 받으면 怨嗔과 비슷한 運
  丙辰 : 乙卯, 己卯, 辛卯, 癸卯
  丙辰 : 乙亥, 己亥, 辛亥, 癸亥

(1) 丙辰 Energy場이 年柱에 因緣할 境遇

年柱에 合居한즉 初年運이 旺盛하고 祖上의 厚德한 因緣을 얻은 緣故로 健康과 福祿이 매우 희망적이다.

申, 子, 酉, 巳, 未, 寅과 合居하니 月日時柱에 子 因緣을 돕게 되면 當該 柱

運은 日就月將한다.

獨居한즉 運이 半減한다.

刑을 만난즉, 初年 衝擊이 너무 크고 父母 生死를 가르지 않으면 自身의 命 고비다(丙辰 - 壬辰)(丙辰 - 丙辰).

沖을 만난즉, 刑과 同一하다.

(2) 丙辰 Energy場이 月柱에 因緣할 境遇

月柱에 合居한즉 兄弟 또는 夫婦運이 旺盛하나 日柱나 時柱에서 中心 合을 얻지 못하면 오히려 分運하기 쉽다.

獨居한즉, 中年運은 旺盛하나 그 勢合이 不利하여 크게 成就함이 없다.

刑을 만난즉, 中年 또는 夫婦宮이 크게 한번 轉變하고 沖을 만나도 이와 같다.

破를 만난즉, 辰破丑으로부터 크게 웅덩이에 빠질 運이 中年에서 기다린다.

害를 만난즉, (辰 害 卯)(辰 怨嗔 亥)로 공히 葛藤構造를 피할 수 없다.

* 先天 刑沖破害怨嗔 : 兄弟가 먼저 干涉을 받고 後 夫婦 干涉殺
  後天 刑沖破害怨嗔 : 夫婦가 먼저 干涉을 받고 後 兄弟가 干涉받는다.

(3) 丙辰 Energy場이 日柱에 因緣할 境遇

日柱에 合居한 卽 一生 奔走히 活動하여 所期의 成果를 구하나 子, 申, 巳, 午, 寅, 酉와 合居하여 成果를 꼭 分配받아야 한다(獨食은 禁物).

刑, 沖을 받은즉, 一生 不明하고 命 苦悲를 넘지 않으면 一生 奔忙하다.

(沖 : 丙辰-丙辰, 丙辰-壬辰) (刑 : 丙辰 - 己丑/乙丑/辛丑/癸丑)

破殺을 받은즉, 一生 難事요 持病을 얻지 않으면 困苦함을 면치 못한다.

(破 : 丙辰 - 己丑/乙丑/辛丑/癸丑)

害殺 및 怨嗔은 一生 葛藤的 構造 生活이다.

- 丙辰 : 乙卯, 己卯, 辛卯, 癸卯
- 丙辰 : 乙亥, 己亥, 辛亥, 癸亥

(4) 丙辰 Energy場이 時柱에 因緣할 境遇

時柱에 合居한卽, 子孫運이 大昌하고 末年運이 康寧하다. 亦是 分配構造이다.
刑, 沖을 받은즉, 子孫의 不運이 아니면 末年 不運이요
(沖 : 丙辰-丙辰, 丙辰-壬辰) (刑 : 丙辰 - 己丑/乙丑/辛丑/癸丑)
破殺을 만난즉, 亦是 子孫 不利이요 末年 不安이다.
(破 : 丙辰 - 己丑/乙丑/辛丑/癸丑)
害殺 怨嗔을 만난즉, 子孫의 精神的 肉體的 葛藤을 免키 어렵다.
- 丙辰 : 乙卯, 己卯, 辛卯, 癸卯
- 丙辰 : 乙亥, 己亥, 辛亥, 癸亥

※ 年月日時別 當該 人事宮의 刑沖破害怨嗔殺을 操心하라.

- 年月日時別 當該 人事宮에
  刑殺을 当한즉, 丙辰 刑 甲辰 (△) / 丙辰 (△) / 戊辰 (△) / 庚辰 (×) / 壬辰 (×)가 되니 自刑 自沖이 重擘하여 脾胃心小腸이 傷한다. 胃實 卽 腎虛가 된다.
  〈沖殺과 共함〉
- 年月日時別 當該 人事宮에
  破殺을 当한즉, 丙辰 破 乙丑 (△) / 丁丑 (△) / 己丑 (△) / 辛丑 (×) / 癸丑 (×)가 되니 亦是 脾胃의 病이 된다.
- 年月日時別 當該 人事宮에
  害殺을 当한즉, 丙辰 害 乙卯 (△) / 丁卯 (△) / 己卯 (△) / 辛卯 (×) / 癸卯 (×)가 되니 木實病이면 脾胃病이요, 木土 虛病이면 腎膀病이다.
- 年月日時別 當該 人事宮에
  怨嗔殺을 当한즉, 丙辰 怨 乙亥 (△) / 丁亥 (△) / 己亥 (△) / 辛亥 (×) / 癸亥 (×)가 되니 葛藤과 怨望을 操心하라.

23) 戊辰 Energy場 因子의 特性分析(戊 冠帶宮 辰 ⊕土 Energy場)

天體 中圓 Energy場이 地氣 ⊕青土 Energy體와 相互 冠帶宮에서 因緣 和合

한 故로 天地同調가 秩序롭고 同類 同質性이다.

(1) 戊辰 Energy場이 年柱에 因緣할 境遇

戊辰 合居時(壬丁癸, 巳未申子酉午)

初年 發展運이 旺盛하고 月日時에 따른 發應이 各各 그 特性을 갈이 하여 진취롭다. 月柱에 子, 巳, 午, 酉를 因緣하면 夫婦 兄弟 運의 發展이요, 日柱에 因緣하면 一生 榮華를 保障한다. 다만 未申이 因緣케 된 日/時柱는 그 運勢가 奔走多事하다.

獨居한즉, 그 推進力은 旺盛하나 每事 여의하니 성사됨이 없고 龍頭蛇尾가 되기 쉽다.

初年에 刑沖을 당한즉, 戊辰 刑(甲辰, 壬辰), 沖(戊辰)으로 그 初年의 命 고비가 아니면 일찍이 舌禍로 葛藤한다.

破殺을 当한즉, 戊辰 破(己丑, 乙丑)로서 亦是 初年 命 고비를 면치 못하거나, 丑의 當該年 人事亂을 免키 어렵다.

害殺을 当한즉, 戊辰 害(乙卯, 己卯)로서 家庭 變故 아니면 健康에 變故를 면치 못한다.

怨嗔을 만난즉, 戊辰 怨嗔(乙亥, 己亥, 癸亥)로서 干涉과 葛藤이 害殺과 비슷하다.

(2) 戊辰 Energy場이 月柱에 因緣할 境遇

立體 Energy場인 故로 月柱에 合居한즉, 日就月將 上昇運을 얻은 격이요, 獨居한즉, 그 氣像은 雄大하나 龍頭蛇尾格이 되고 만다.

合居運과 獨居運이 서로 크게 다른 것도 立體 Energy場인 戊辰에서 緣由된다.

刑沖을 받은즉, 戊辰 刑(甲辰, 戊辰, 壬辰)으로 그 害惡이 口舌과 續斷이 항상 禍根이다.

破殺을 만난즉, 중요한 青壯年 時節을 주춤, 주저앉게 만든다.

害殺을 만난즉, 戊辰 害(乙卯, 己卯, 癸卯)로서 亦是 葛藤과 干涉은 怨嗔과 비슷하다.

怨嗔殺을 만난즉, 戊辰 怨嗔(乙亥, 己亥, 癸亥)로서 亦是 葛藤과 干涉은 害殺과 相以하다.

(3) 戊辰 Energy場이 日柱에 因緣할 境遇

一生 推進力과 事件 展開力이 뛰어나다.

合居한즉, 그 成果가 필히 大成功을 保障하고

獨居한즉, 그 成果가 微微하다. 戊辰은 雄大한 立體임으로 獨居하면 八風의 害가 오히려 크다.

刑沖破害를 当한즉 그 副作用이 一生을 끊이지 않고 Energy 消耗性이 강해 病故를 免치 못한다. 不緣이면 不運의 연속이다.

* 辰丑破殺 : 健康 風波 - 身
  辰卯害殺 : 人生 家庭 風波 - 財
  辰亥怨嗔 : 마음 風波 - 心

(4) 戊辰 Energy場이 時柱에 因緣할 境遇

合居한즉, 子孫運이 大昌하고,

獨居한즉, 子孫運이 極凶하다.

刑沖破害殺을 받은즉 當該 人事運이 極凶할 것이며 怨嗔 亦是 上記와 같다.

24) 庚辰 Energy場 因子의 特性分析(庚 養生宮 辰 ⊕土 Energy場)

天體 Energy 庚金 因緣에 의해 形成된 辰木地氣 Energy場의 形態이다.

庚 中 申金 Energy場과 三合 同調的 相互 緣分으로 인해 甲丙戊庚壬의 因緣中 가장 均衡安定이 우수한 Energy場이라 할 수 있다. 入首頭腦 Energy場의 基本同調를 得한 青木 Energy場인 故로 入力安定과 青白安定을 具體化하려는 根本意志가 강하다. 年月日時別 各其의 合居 特性이 다르기는 하나 大體的으로 合居한 Energy場은 그 威勢가 高揚하다. 代身에 刑沖破害를 만난즉, 그 下降干涉 Energy場은 他 Energy場보다 훨씬 크게 나타난다고 볼 수 있다.

(1) 庚辰 Energy場이 年柱에 因緣할 境遇

初年 安定 青木 Energy場이니 幼年時節 安定이 確保되고 均衡 잡힌 思考와 行動方式이 節度가 있다.

合居한즉, 中年까지의 運이 순조롭고 뜻한 바 意志가 매우 理想的이다.

獨居한즉, 青雲의 큰 꿈이 구름 따라 어지럽다.

刑沖을 만난즉, 初年運이 否塞해지고,

破殺을 만난즉, 初年 人材가 破綻난다.

害殺을 만난즉, 亦是 葛藤과 干涉이다.

(2) 庚辰 Energy場이 月柱에 因緣할 境遇

中年 發展運이니 合居한즉, 兄弟同業이나 夫婦事業이 一翼 繁昌하고 青中年 事業이 繁昌한다.

合居한즉, 周邊과 大和合을 成事케 하고,

獨居한즉, 그 꿈의 實現이 멀고 奔走 多忙하다.

刑沖을 만난즉, 中年 挫折이요,

破殺을 만난즉, 中年 落馬運이다.

害殺을 만난즉, 한때 쉬어감을 두려워 말라.

(3) 庚辰 Energy場이 日柱에 因緣할 境遇

天上 白金 陽 Energy場에 인연한 青木 股部 Energy場인 故로 Energy 均衡 意志가 胎生的이다. 더욱이 日柱에 因緣하였으므로 均衡安定 希求 意慾이 대단히 강하다고 할 수 있다. 특히 庚辰 Energy場의 辰 地氣 Energy場은 庚金 白虎 Energy場과 存在構造 安定餘件과 存在 活動 作用能力을 함께 갖춘 强健한 性情과 關係를 지닌 境遇가 많다.

合居한즉, 더욱 强健 意慾志的이고(巳, 申, 子, 午, 酉, 戌)

獨居한즉, 青雲의 큰 뜻만이 一生을 애태운다.

刑沖破害怨嗔殺을 만나면 基 葛藤意志가 마치 용트림을 하는 듯 고통을 만나기도 한다.

* 庚金은 地支 申金과 그 特性이 같으므로 申辰合이 되는 것과 같다.
(甲戌도 寅戌合과 같다.)

* 庚辰 日柱이면 武將

* 甲戌, 戊辰 : 午火 指向性
庚辰, 戊申 : 子水 指向性

* 辰 : 日 自沖은 命 고비가 있다.

(4) 庚辰 Energy場이 時柱에 因緣할 境遇

日柱에 因緣할 境遇와 比較할 때 보다 效率的인 Energy場 集合現象이 發達할 수도 있다. 즉 日柱에 壬子 또는 丙子 因子를 만나는 境遇가 그러하다고 볼 수 있다.

合居(子申巳午酉)한즉, 一身 一生이 剛健 순탄하고 子孫 및 末年 福이 善吉하다.

獨居(丑亥卯)할 境遇라도 運命의 起伏은 크나 그 意志는 좀처럼 꺾이지 않는다.

刑沖을 만난즉, 自刑 自沖으로 意志가 꺾이거나 本意가 아닌 失手를 저질러 口舌數나 訟事에 휘말릴 수 있다.

破殺을 만난즉, 辰破 丑殺로서 몸의 疾病을 얻거나 마음을 다칠 수 있다.

害殺을 만난즉, 辰-卯 害殺로서 精神的 葛藤 要素가 되어 子孫의 精神健康이 不利할 수 있고,

怨嗔을 만난즉(辰-亥), 靈肉의 不安定을 뛰어 넘기가 어려워 子孫이 없거나, 子孫이 있어도 不利하다.

* 庚辰 時柱에는 壬子 日柱가 제일 좋다.
丙子인 境遇 子午를 얻은 格이 된다(旭日昇天格).

* 酉 日柱를 만나면 慾心 太過로 善惡 分別心이 적다.

* 甲寅+庚辰 : 出世를 위한 執着이 극히 太强하여 性品의 問題가 있다.

25) 壬辰 Energy場 因子의 特性分析(壬 庫藏宮 辰 ⊕土 Energy場)

先天 天體 玄水 Energy場 因緣에 의해 形成된 青股部 Energy場으로서 水生木 通氣 Energy임은 勿論 壬旺子水 Energy場과 三合 安定構造 秩序를 成就코저 하는 强力한 安定希求 Energy場이라 볼 수 있다. 즉, 生旺庫의 三合構造 中 申生地 Energy場을 흡수코저 하는 勞力이 發生함으로 壬辰 Energy場 因子 特性은 比較的 進取的이면서 安定 希求를 위하여서는 周邊因子를 攝藏하려는 意志가 매우 강하다. 勤勉誠實하고 進取的인 頭領格이다.

壬辰 : 怨嗔 - 亥
害殺 - 卯(女子問題)
破殺 - 丑
局 同調 - 寅, 三合 - 申子
(局 同調는 三合이 있으면 좋으나 없으면 太過된다.)
朱火 正合 - 午, 朱火 右合 - 巳, 朱火 左合 - 未

(1) 壬辰 Energy場이 年柱에 因緣할 境遇

年柱에 合居하면 일찍이 强健 精進形이 되어 早達運을 맞이하고 獨居하면 그 運이 半減한다.

刑沖을 만나면 辰-辰 自刑沖으로 早失父母하거나 離鄕客地運이요 不緣이면 身體的 不調를 얻게 된다.

破殺을 만나면 初年 持病을 얻는다. 父母兄弟 離別數이다.

害殺을 만나면 性格의 편협함이 있고 怨嗔을 만나면 夫婦 離別치 않으면 家族 葛藤이다.

(2) 壬辰 Energy場이 月柱에 因緣할 境遇

月柱에 合居하면 兄弟 妻福에 의해 성공하고 獨居하면 兄弟 妻宮이 不利하여 財敗가 아니면 離別 또는 病苦이다.

刑沖을 동시에 만나면 辰-辰 自刑沖으로 兄弟 妻宮이나 財宮에 不利한 損敗

數요, 破殺을 만나면 分明 離別數이거나 妻宮 疾病이다. 不然이면 本人이 苦生한다.

害殺을 만나면 離別 또는 破産數요 怨嗔을 만나면 夫婦 葛藤이 아니면 精神障碍이다.

(3) 壬辰 Energy場이 日柱에 因緣할 境遇

天體 壬玄陽水 Energy場이 子 旺地에서 因緣한 故로 地氣 Energy場 長木과는 三合 關係에서 相互同調한다.

年柱와 日柱가 이러한 境遇 知慧力과 靈的 能力이 出重함은 물론 萬人의 頭領格 特性을 基本으로 하고 있다고 볼 수 있다.

壬辰은 壬子 日柱 因緣과 더불어 뛰어난 指導者相이라고 할 수 있다.

合居한 境遇 一生 指導力이 旺盛하고 뛰어난 說得話法과 非常한 推進力으로 成功한다. 年, 月보다는 時柱와 合居함이 보다 效率的인 人生이라 할 수 있다.

獨居하면 그 吉이 半減한다.

刑, 沖을 만나면 壬辰 自沖 壬辰(墓) 〉 甲辰(衰) 〉 丙辰(帶) 〉 戊辰(帶) 〉 庚辰(養)

破殺을 만나면 壬辰 - 乙丑(衰 〉 己丑(墓) 〉 辛丑(養)

害殺을 만나면 壬辰 - 乙卯(官), 丁卯(病), 己卯(病), 辛卯(胞), 癸卯(生)

怨嗔을 만나면 壬辰 - 乙亥(死), 丁亥(胎), 己亥(胎), 辛亥(浴), 癸亥(旺, ⊕ ⊖ 夫婦關係)

(4) 壬辰 Energy場이 時柱에 因緣할 境遇

子孫과 末年宮에 壬旺地 子水가 辰 靑木과 因緣하여 三合構造를 得하였으므로 小福者는 登科요, 大福者는 兄弟 登科運이다.

合居한즉, 家內의 榮華가 있고

獨居한즉, 靑雲의 높은 뜻이 苦難 속에 힘겨워진다.

刑沖을 살한즉, 壬辰 - 丙辰 自沖刑 / 戊辰 自沖刑 / 壬辰 自沖刑

自刑, 自沖으로 그 刑殺이 極甚하다. 短命 또는 子孫敗다.

破殺을 당한즉, 壬辰 - 己丑, 癸丑 相破하여 子孫이 父母兄弟 祖上과 末年 不吉한 緣을 맺는다.

害殺을 당한즉, 壬辰 - 己卯, 癸卯 相害로서 或性의 過猶不及한 特性이 늘 함께 있다.

怨嗔을 당한즉, 壬辰 - 己亥, 癸亥 相怨하여 子孫과 또는 末年에 家族과 不吉한 因緣을 맺게 된다.

26) 乙巳 Energy場 因子의 特性分析(乙 浴宮 巳 ⊖火 Energy場)

(1) 乙巳 Energy場이 年柱에 因緣할 境遇

乙靑 陰木 天體 Energy場이 地氣 ⊖朱火 Energy體와 相互 浴宮에서 因緣한 朱火 右端 Energy 因子인 故로 靑木 Energy體의 穴 保護와 凝縮 Energy 特性을 그 根本으로 하고 있다.

巳 地宮은 乙 天體의 浴地處인 故로 生氣 Energy가 發達하고 乙 天木 중 딸 卯陰木은 巳火의 相生處가 되어 卯巳 相互의 生氣를 發한다. 早達的 特性이 마치 巳火에 불붙은 草木과 같으니 그 管理가 그릇되면 早期 退化할 憂慮가 있다. 끈기와 인내를 길러줌이 可하다.

合居한즉, 乙巳 - 丁酉, 丙申, 丙辰 / 丁丑, 戊申, 戊辰 / 辛酉, 庚申, 庚辰 / 辛丑, 壬申, 壬辰으로서 學問에 밝고 총명함을 지니며 每事 決斷力으로 周邊과 對話하는 能力家이다.

獨居한즉, 意慾은 强하나 그 實踐이 뒤따르지 못하거나 學業 成就는 可하나 그 쓰임이 未及해진다.

寅巳申 三刑殺을 만난즉, 그 靈肉의 障碍가 아니면 事事件件이 障碍를 안게 된다.

自沖을 만난즉, 心小腸의 障碍가 아니면 學業을 中途에서 멈추게 된다.

破殺을 만난즉, 乙巳 - 甲申, 戊申으로 그 害惡은 刑破 同時 同度하듯 더욱 심하다.

害殺을 만난즉, 乙巳 - 丙寅, 戊寅 害殺 同時 同度 吉凶

怨嗔殺을 만난즉, 乙巳 - 丙戌 / 戊戌로 火生 戊土 中 - 午巳 : 比劫 / 酉戌 :

傷害한다.

(2) 乙巳 Energy場이 月柱에 因緣할 境遇

中年 또는 兄弟宮에 因緣한 天乙 陰木 Energy場과 地球 朱火 Energy體 間의 同調關係로서 비록 巳宮이 乙天木의 浴地에 該當하나 陰木 生火하여 그 內的 調和는 특히 中年期 學究的 氣質이 强하고 每事 積極的이나 內外에 明快함이 不足하다.

合居한즉, 乙巳 合 乙酉, 乙丑, 甲申 / 丁酉, 丁丑, 丙申 / 癸酉, 癸丑, 壬申으로 卯辰과 더불어 크게 學問과 因緣한다(甲申은 一時 苦痛을 同伴한다).

獨居한즉, 一時 學問과 因緣할 뿐 크게 發展치 못함이 아쉽다.

刑을 当한즉, 乙巳 刑 寅申이니 어떠한 境遇라도 刑獄의 苦難과 如一한 苦痛을 一時 겪게 된다.

沖을 当한즉, 乙巳 自沖 乙巳 / 己巳 / 辛巳 또는 乙巳 沖 剋 辛亥 / 己亥 / 丁亥로서 그 凶事는 지대하다. 虛症이 생겨서 補巳해야 한다. 특히 心腎病을 持病으로 얻기 쉽다.

破殺을 当한즉, 乙巳 破 丙申 / 戊申 / 甲申으로서 破産, 破家, 破身의 逆境을 한번 겪고 일어선다.

害殺, 怨嗔殺을 만난즉, 乙巳 害 子戌(巳戌)/子寅(寅巳, 子巳)로서 그 凶事는 當該 年月日時에 發露한다.

(3) 乙巳 Energy場이 日柱에 因緣할 境遇

天靑乙 陰木 Energy場이 巳火 浴地宮에 因緣된 故로 乙木 相生 巳火하여 그 陰火勢力은 隱旺 旺盛하다. 一生 學問宮이 열렸으니

合居한즉, 大學者 運이요.

獨居한즉, 小學人 運이다.

乙巳 合居 乙酉, 乙丑 / 丁酉, 丁丑 / 己酉, 己丑 / 癸酉, 癸丑 또는 甲辰 / 丙辰 / 戊辰 / 庚辰 全 合이요, 丙申 / 戊申 / 庚申 / 壬申은 先凶後吉이다. 刑殺이 있어 半合이 된다.

刑殺을 만난즉, 乙巳 刑 甲寅, 甲申 / 戊寅, 戊申 / 丙寅, 丙申 三刑이 되어 그 害惡은 一生 凶事가 떠나지 않는다. 該當 年月日時를 만난즉 直時 發露한다.

沖을 만난즉, 乙巳 沖 丁巳 / 己巳 / 辛巳로서 心身의 不安과 疾病을 招來한다. 一生 持病이다. 특히 巳亥 自沖 年月日時를 操心하라. 破殺을 당한다.

破殺을 만난즉, 乙巳 破 甲申 / 丙申 / 戊申으로 亦是 그 害惡은 一生을 두고 따라다닌다. 刑殺과 同行한 故로 官訟이 있거나 夫婦宮 또는 父母 子息宮에까지 그 禍가 미친다.

害殺을 当한즉, 乙巳 害 甲寅 / 丙寅 / 戊寅 / 庚寅으로 木火와 相生하는 것이 아니라 消滅되는 까닭에 그 害惡 亦是 一生 成就運을 막는다.

怨嗔을 만나면 乙巳 怨嗔 甲戌 / 丙戌 / 戊戌 / 庚戌 / 壬戌로서 一生 불편한 心事가 늘 따라다닌다. 庚戌과 壬戌은 弱하다.

(4) 乙巳 Energy場이 時柱에 因緣할 境遇

天乙 青木 Energy場이 地氣 巳火 浴地宮에 因緣한 時柱이므로 先天命에 들면 子孫宮이 英特하고 學問이 早達하며 進取的 氣像을 얻는다. 後天命에 들면 末年 學問이 높아지고 亦是 進取的 思考와 行業을 지낸다.

合居한즉, 乙巳 合 甲辰, 丙申 / 丙辰, 庚申 / 戊辰, 壬申 / 庚辰, 戊申으로 巳辰은 前吉하나 巳申은 後吉하다. 또는 乙巳 合 乙酉, 乙丑 / 丁酉, 丁丑 / 己酉, 己丑 / 癸酉, 癸丑으로 半合을 維持한다. 즉, 末年 吉運이거나 子息宮이 吉格이다. 단, 巳酉丑 强金氣가 初, 中年에 들어 그 一時的 害惡이 있기 쉬우니 操心을 要한다.

獨居한즉, 進取的 氣像이 엷어지고 虛慾, 虛榮의 誘惑에 빠지기 쉽다. 子息運이 弱하여 딸만 있기 쉽다.

刑害殺을 当한즉, 乙巳 刑害 甲寅, 甲申 / 丙寅, 丙申 / 戊寅, 戊申의 三刑殺로서 一生 每事 障碍가 따라다닌다.

自刑 亦是 一生 中 該當 年月日時마다 그 害惡이 發露한다. 破産, 破家, 破身, 破念을 主害로 본다.

破殺 亦是 乙巳 破 甲申 / 丙申 / 戊申으로서 刑破가 함께하니 그 害惡은 刑害와 同一하다. 단, 刑害는 精神的 害惡이 더 크고, 刑破는 身體的 害惡이 더 크다.

先凶後吉

怨嗔을 当한즉, 乙巳 怨 甲戌 100% / 丙戌 100% / 戊戌 100% / 庚戌 75% / 壬戌 75%로서 合居하면 學問運이요, 獨居하면 性格이 銳敏하여 管理가 중요하다. 藝術, 技術, 文學으로 成功한다.

27) 丁巳 Energy場 因子의 特性分析(丁 旺宮 巳 ⊖火 Energy場)

天朱 丁火 Energy場이 地氣 巳朱陰火 Energy場과 旺宮에서 因緣한 故로 天火, 地火가 太康한 Energy場 因子이다. 따라서 他 年月日時 또는 世運에서 合居, 相合, 相生케 되면 그 火勢는 强力 極大하게 되어 太强해진다.

除洩이 發生치 못하면 心臟, 小腸病 또는 水(腎, 膀胱, 子宮), 木(肝膽), 金(肺, 大腸)病을 얻을 수 있다.

獨居하면 五行 均衡이 깨지게 되고, 刑沖破害怨嗔을 얻으면 亦是 禍가 動하여 病이 된다.

丁巳 合居 乙巳, 乙丑, 甲辰 / 丁巳, 丁丑, 丙辰 / 己巳, 己丑, 戊辰, 壬辰

丁巳 刑殺 甲寅, 甲申 / 庚寅, 庚申 / 丙寅, 丙申 / 戊寅, 戊申 또는 巳 自沖 辛巳 / 丁巳 / 己巳 / 乙巳 / 癸巳

丁巳 害殺 甲寅, 甲子 / 庚寅, 庚子 / 丙寅, 丙子 / 戊寅, 戊子 → 先凶後吉

丁巳 衝殺 丁亥 / 己亥 / 辛亥 / 癸亥

丁巳 破殺 戊申 / 甲申 / 庚申 / 丙申

丁巳 怨嗔 甲戌 / 丙戌 / 戊戌 / 庚戌

(1) 丁巳 Energy場이 年柱에 因緣할 境遇

天火, 地火가 旺盛한 氣運이 되어 初年에 動하였으니 祖上의 火氣가 일찍이 强盛하였다.

合居하여 年柱가 月柱에서 動하면 初中年의 運勢가 積極的이고, 文武에 調達할 것이며, 日柱와 合居하면 一生 文武에서 榮華를 누린다. 時柱와 合居할 境遇 子孫이 靈敏하고 活動家를 얻는다.

獨居한즉, 初年運이 一時 밝아지나, 一生을 持續치 못하고 中途 落馬運이다.

丁巳 刑殺 甲寅, 甲申 / 丙寅, 丙申 / 戊寅, 戊申 / 庚寅, 庚申 / 壬寅(丁壬合으로 半吉)으로 그 凶이 初年을 애태운다.

丁巳 沖殺 乙亥 / 丁亥 / 己亥 / 癸亥 相沖으로서 自沖相沖은 初年뿐만 아니라 거의 平生을 持病과 함께 苦難으로 지내게 된다.

破殺을 当한즉, 丁巳 破殺 甲申 / 丙申 / 戊申 / 庚申으로 亦是 平生을 先凶後吉 속에서 지낸다.

害殺을 当한즉, 丁巳 害殺 甲寅 / 丙寅 / 戊寅 / 庚寅으로 刑害 同居凶이 되니 그 害惡이 크게 作用한다.

怨嗔殺을 当한즉, 丁巳 怨嗔 甲戌 / 丙戌 / 戊戌 / 庚戌로서 情緒的 缺陷을 안고 산다.

(2) 丁巳 Energy場이 月柱에 因緣할 境遇

天陰 朱火 Energy場이 地氣 巳火 Energy體에 官宮 旺宮을 形成한 中年 또는 妻弟 運으로 合居한즉, 그 氣像이 朱火長天으로 마치 타오르는 山火를 바라보는 듯하다. 年月日時世運의 重複을 만나면 惑 太過한 性情과 慾望을 꺼린다.

丁巳 合居 乙酉, 乙丑, 甲辰 / 丁酉, 丁丑, 丙辰 / 己酉, 己丑, 戊辰, 壬辰이요, 辛酉, 辛丑, 庚辰 / 癸酉, 癸丑 / 庚辰은 半吉하다.

辰巳 合居時 巳酉丑 혹은 申子辰이 있을 境遇 日就月將 速成運이다.

丁巳 + 甲申, 丙申, 戊申, 壬申 / 乙卯, 丁卯, 己卯은 刑破半合으로 先凶後吉이다. 그러나 丁巳 + 辛卯, 癸卯는 火克金으로 부딪히니 그 效果가 半減된다.

丁巳 + 甲午, 丙午, 戊午 → 火氣 太過하여 心小腸病, 高血壓, 中風

獨居한즉, 中年 한때 妻宮이 외롭거나 疾病으로 인해 運을 持續치 못함이 안타깝다.

丁巳 + 乙未, 丁未, 己未 → 吉獨 / 丁巳 + 甲子, 庚子, 壬子 → 凶毒

刑沖破害怨嗔殺을 만난즉, 그 凶禍가 더욱 심하다.

丁巳 刑殺 甲申, 庚申 / 甲寅, 庚寅 → 刑殺이 强하다. 壬申, 丙申, 戊申 / 壬寅, 丙寅, 戊寅 → 半吉, 半合으로 中年 刑破殺에 關係

丁巳 沖殺의 境遇 丁巳 自沖으로 沖 後 回生 不可하면 身苦, 心苦의 兩苦災難이다(腎小腸心臟 病).

丁巳 害殺 甲寅, 庚寅 / 甲子, 庚子 → 害殺 强. 戊寅, 丙寅, 壬寅 / 壬子, 戊子, 丙子 → 害殺 弱. 夫婦不和運으로 半吉, 半合으로서 中年 挫折運이다.

丁巳 怨嗔 甲戌, 庚戌 → 怨嗔殺 强 / 丙戌, 戊戌, 壬戌 → 怨嗔殺 弱

中年 또는 夫婦緣이 不運하다.

(3) 丁巳 Energy場이 日柱에 因緣할 境遇

天陰 丁火 Energy場이 朱火 地氣 巳火 Energy場에 旺宮因緣으로 合性된 日柱인 故로 天上天下 火氣 衝天의 氣運이 一生을 支配한다.

合居한즉, 天地 大運이 下臨한 格이요,

丁巳 合居 乙酉, 丁酉, 己酉 / 乙丑, 丁丑, 己丑 → 合居 强

辛酉, 癸酉 / 辛丑, 癸丑 → 合居 弱

丁巳 合居 甲辰, 丙辰, 戊辰, 壬辰 → 그 氣像과 運勢가 一生 活潑하다.

丁巳 合居 甲午, 丙午, 戊午, 壬午 → 同宮合이 되나 火 太過하여 不合理.

獨居할지라도 그 氣魄이 强旺하다. 다만 運勢上 差別이 있을 따름이다.

丁巳 獨居 乙未, 丁未, 己未 / 辛未, 癸未 → 運勢 半減(火克金, 水剋火)

丁巳 獨居 甲子, 丙子, 戊子, 壬子 / 乙卯, 丁卯, 己卯로서 不安 中 活潑 運勢이다. 대신에 刑沖破害怨嗔을 씌한즉, 그 苦難은 더욱 凶極함을 지닌다.

丁巳 刑殺 丙寅, 戊寅, 庚寅 → 刑殺 强하여 害惡이 加重된다.

甲申, 丙申, 戊申, 庚申 一生 不運의 連續이다.

甲寅, 壬寅 / 壬申 → 木生火, 丁壬合木으로 刑殺 弱

丁巳 沖殺 丁巳, 己巳, 辛巳, 癸巳로서 心 空亡하여 腎, 膀胱, 肝, 膽, 脾, 胃, 肺, 大腸 등 全身에 虛熱症을 가져오므로 連續 得病이다.

丁巳 破殺 丙申, 戊申, 庚申 → 破殺 强 / 甲申, 壬申 → 破殺 弱. 財敗 後 人敗의 發生을 가끔 당한다.

丁巳 害殺 丙寅, 戊寅, 庚寅 / 丙子, 戊子, 庚子 → 害殺 强. 甲寅, 壬寅 / 甲子, 壬子 → 害殺 弱. 一生 運勢가 순탄치 못하다.

丁巳 怨嗔殺 丙戌, 戊戌, 庚戌로서 父母, 兄弟, 夫婦, 子孫 등과 不未運이 된다.

(4) 丁巳 Energy場이 時柱에 因緣할 境遇

天陰 朱火 Energy場이 地氣 旺 巳宮에 因緣한 天地 盛夏之氣로서 時柱에 往往하니 그 子孫과 末年은 火旺한 運勢가 되었다.

合居한즉, 火旺 炎昇格이요,

丁巳 合居	乙酉	乙丑	乙卯	甲辰	甲申
	丁酉	丁丑	丁卯	丙辰	丙申 (△)
	己酉	己丑	己卯	戊辰	戊申 (△)
	辛酉	辛丑	辛卯 (△)	壬辰	壬申 (△)
	癸酉 (△)	癸丑 (△)	癸卯 (△)	庚辰 (△)	庚申

으로서 大吉하다(學問, 事業, 官貴運).

비록 獨居할지라도 半吉을 얻은 格이다.

刑沖破害怨嗔을 만나면 그 害惡이 至大하고 心身의 大病을 얻을까 두렵다.

丁巳 刑殺 丙寅 (×), 丙申 (×) / 戊寅 (×), 戊申 (×) / 庚寅 (×), 庚申 (×) / 甲寅 (△), 甲申 (△) / 壬寅 (△), 壬申 (△) 三刑殺로서 그 害惡이 至大하다. 主病, 財敗, 家敗, 夫婦別離

丁巳 沖殺 乙巳, 丁巳, 己巳, 辛巳, 癸巳 → 回生 不能이면 持病을 얻거나 夭折한다.

丁巳 破殺 甲申, 丙申, 戊申, 庚申, 壬申 → 陰陽合이 不能이면 家敗 또는 人敗이다.

丁巳 害殺 甲寅, 丙寅, 戊寅, 庚寅, 壬寅 → 每事 中途 難關이거나 夫婦葛藤 또는 事故다.

丁巳 怨嗔 甲戌, 丙戌, 戊戌, 庚戌, 壬戌 → 葛藤 속에 火生土하여 發展. 家族運이 不利하고 變易 特性이 强하다.

28) 己巳 Energy場 因子의 特性分析(己 旺宮 巳 ⊖火 Energy場)

天中 陰土 Energy場이 地氣 巳宮에서 旺하였으므로 그 巳地 火氣는 炎昇之勢力의 强力한 朱火 Energy場이 되었다. 다만 이 强火가 朱火 中心에서 離脫하여 盛한 故로 正常 正格 光明 陽突하지 못하고 多少間의 偏斜된 不吉을 일으킨다

고 할 수 있다.

合居한즉, 그 勢力은 더욱 거세지나 金火를 만들어 쇠불의 勢力은 좀처럼 鎭靜되지 않는다.

己巳 合居 乙酉, 丁酉, 己酉, 辛酉, 癸酉 / 乙丑, 丁丑, 己丑, 辛丑, 癸丑 / 甲申, 丙申, 戊申, 庚申, 壬申(△)으로서 盛火格이 되고 獨居한즉, 天中 火氣에 意志해 自發的 朱火氣를 維持한다.

刑殺을 당한즉, 天中地火의 刑殺火가 되어 마치 불속의 쇳물과 같아 前後 進行을 예측키 어려워 盛火가 갑자기 突變할 態勢이다.

己巳 刑殺 丙申, 甲申, 庚申, 壬申, 甲申(△) / 丙寅, 戊寅, 庚寅, 壬寅, 甲寅(△)으로서 自體病이거나 相剋病이 있다.

己巳 沖殺 自沖 乙巳, 丁巳, 己巳, 辛巳, 癸巳로서 沖殺 後 回生不能이면 滅火格이 된다. 亦是 自體病이 아니면 相剋病이 된다. 혹 子母病이 되기도 한다.

己巳 破殺 丙申, 戊申, 庚申, 壬申, 甲申(△)으로서 刑殺과 同一하다.

己巳 害殺 丙寅, 戊寅, 庚寅, 壬寅, 甲寅(△)으로서 刑殺과 同一하다.

己巳 怨嗔殺 丙戌, 戊戌, 庚戌, 壬戌, 甲戌(△)로서 相互 怨嗔 生病한다.

自體 相剋일 境遇 : 我剋者病 또는 我剋者의 我剋者病

自體 相互 平氣일 境遇 : 相互 我剋者 또는 剋我者

自體 相生일 境遇 : 相生者의 我剋者病

(1) 己巳 Energy場이 年柱에 因緣할 境遇

初年 또는 遠祖宮에 因緣한 朱火 右端 Energy場이 玄水 左端 己丑 Energy場과 庫藏星으로 同調하는 旺地 Energy場인 關係로 比較 合理 理性과 끊임없는 窮究意慾으로 일찍이 學問과 因緣하는 좋은 運命을 맞게 된다. 分析的이며 예리한 判斷 能力이 함께하기도 한다.

合居할 境遇 辰, 酉, 丑, 申으로 早達 學問하거나 明晳한 頭腦를 所有하고

獨居할 境遇 運命의 起伏이 强하다.

刑을 당한즉, 己丑巳 刑 甲寅(△), 丙寅, 戊寅, 庚寅, 壬寅 / 甲申(△), 丙申, 戊申, 庚申, 壬申으로서 그 凶禍(初年 疾病, 父子 不和)가 極甚하다. 過慾者가 되기 쉽다.

沖을 만난즉, 己丑巳 沖 乙巳, 丁巳, 己巳, 辛巳, 癸巳로서 早失家族, 父母 養父運이거나 離鄕客地한다.

破殺을 만난즉, 己丑巳 破 甲申(△), 丙申, 戊申, 庚申, 壬申으로서 刑破合의 合成運이 되어 初年 不安定하고 情緖的 葛藤과 自己 混亂을 겪는다. 暴惡性이 强하다.

害殺을 만난즉, 己丑巳 害 甲寅(△), 丙寅, 戊寅, 庚寅, 壬寅의 刑害合殺로서 初年 精神이 不安하고 自己 葛藤을 克服하지 못한다. 過慾者가 되기 쉽다.

怨嗔殺을 만난즉, 己丑巳 怨 甲戌(△), 丙戌, 戊戌, 庚戌, 壬戌로서 初年 父母 子息間의 불편한 關係가 아니면 早失父母하기 쉽다. 일찍이 父母 離別 遊學함이 理想的이다. 初年에는 비뚤어진다.

(2) 己巳 Energy場이 月柱에 因緣할 境遇

天中軸 陰土 Energy場이 地中 巳旺地에서 同調 因緣한 中年 및 夫妻宮의 運勢인故로 合居한즉 旺盛한 學問 成就慾과 뛰어난 글재주를 驅使할 수 있다. 일찍이 年柱(初年)에서 合居할 境遇보다는 다소 무르익은 月柱(中年)에 該當하는 學業從事 因緣이 된다.

合居한즉, 己巳 合 乙酉, 丁酉, 己酉, 辛酉, 癸酉(△) / 甲辰, 丙辰, 戊辰, 庚辰, 壬辰 으로서 大昌運이다.

獨居한즉, 그 뜻의 이룸이 어렵고 成就에 있어서 障碍가 種種 發生한다.

己巳 獨居 甲子(△, 甲己合土), 丙子, 戊子 庚子, 壬子로서 無情之象이다.

刑沖破害怨嗔을 만나면 오히려 凶禍가 더더욱 크게 일어난다.

己巳 刑殺 甲寅, 丙寅, 戊寅, 庚寅, 壬寅 / 甲申, 丙申, 戊申, 庚申, 壬申 으로서 三刑殺 破殺을 당한다.

己巳 自沖 乙巳, 丁巳, 己巳, 辛巳, 癸巳 로서 夫婦離別이거나 中年 挫折이다.

己巳 破殺 壬申, 丙申, 戊申, 庚申, 甲申(△)으로서 中年의 配位宮에서 刑殺과 同一하다.

己巳 害殺 甲寅, 丙寅, 戊寅, 庚寅, 壬寅으로서 亦是 中年 및 配位宮에서 刑殺과 同一하다.

己巳 怨嗔殺 甲戌, 丙戌, 戊戌, 庚戌, 壬戌로서 中年 또는 夫婦宮의 葛藤運

이다.

(3) 己巳 Energy場이 日柱에 因緣할 境遇

天軸 己土 Energy場이 地氣 巳火 Energy 因子와 旺地에서 同調 因緣한 緣故로 年月日時 中 日柱에 因緣함이 가장 旺盛한 陰火 Energy場이 되었다. 一生을 學問과 社會活動 특히 硏究 敎授職에서 能力을 發揮할 수 있다고 본다. 窮究心뿐만 아니라 社交的 側面에서도 남다른 特技를 지닌 八方美人格이다.

合居한즉, 學問과 檢, 警職 또는 醫師로서의 資質이 뛰어나다. 同火格을 逢한즉 太過慾이 虛慾이 되기 쉽다.

獨居한즉, 一生 野人으로 道學이 아니면 訓長職에서 一生을 보낸다.

刑을 当한즉, 己巳 刑殺 甲寅(△), 丙寅, 戊寅, 庚寅, 壬寅 / 甲申(△), 丙申, 戊申, 庚申, 壬申 三刑殺로서 寅申 兩靑, 兩白이 刑하여 비뚤어졌으니 그 害惡이 每事를 따라다닌다. 차라리 軍, 警職, 牧畜業에 從事함이 이롭다.

沖을 当한즉, 自沖(回沖)하여 乙巳, 丁巳, 己巳, 辛巳, 癸巳로서 心, 小腸 系列이 不安定하고 一生을 正常的 學業 成就에 不安을 맞는다.

破殺을 얻은즉, 己巳 破殺 甲申(△), 丙申, 戊申, 庚申, 壬申으로서 一生을 困苦케 되거나 외롭다.

害殺을 만난즉, 己巳 害殺 甲寅(△), 丙寅, 戊寅, 庚寅, 壬寅으로서 寅刑殺과 同一하니 靑木의 Energy體가 虛弱하다.

怨嗔을 만난즉, 己巳 怨嗔 甲戌(△), 丙戌, 戊戌, 庚戌, 壬戌로서 學問障碍가 아니면 情緖 不安하다.

(4) 己巳 Energy場이 時柱에 因緣할 境遇

亦是 天軸 己丑 Energy場이 地氣 巳火 Energy場과 時地에서 同調한 末年과 子孫의 運勢인 故로 그 進取 意慾과 學究熱은 더욱더 發展한다. 心强하고 上體가 發達하였으며 每事 外向的 思考로서 行動한다.

合居한즉(巳酉丑 意志), 더욱 旺盛한 推進力이요, 理財 分析力이나 理致判斷에 매우 밝다. 正義롭고 分別心이 뛰어나 萬人의 指導者相이다. 聰明한 子孫을

두기도 한다.

獨居한즉, 그 意志 達成이 中途에서 挫折키 쉽고 每事에 龍頭蛇尾格인 計劃이 되기 쉽다.

刑을 만난즉, 己巳 刑殺 甲寅(△), 丙寅, 戊寅, 庚寅, 壬寅 / 甲申(△), 丙申, 戊申, 庚申, 壬申 三刑殺로서 每事 完成이 어렵고, 恒常 障碍가 뒤따른다(運과 性格의 障碍).

沖을 만난즉, 自沖運과 健康沖이 함께 發生하므로 어떠한 境遇라 할지라도 人敗가 아니면 財敗의 고비를 넘길 수밖에 없다.

己巳 自沖 乙巳, 丁巳, 己巳 辛巳, 癸巳.

破殺을 만난즉, 己巳 破殺 甲申(△), 丙申, 戊申, 庚申, 壬申 刑殺을 同伴하므로 그 害惡이 倍加한다. 단, 甲申 + 己巳는 二合運(甲己合土)이므로 그 害가 半減한다.

害殺을 만난즉, 己巳 害殺 甲寅(△), 丙寅, 戊寅, 庚寅, 壬寅 刑殺을 同伴하므로 亦是 破殺과 同一하다.

怨嗔을 만난즉, 己巳 怨嗔 甲戌(△), 丙戌, 戊戌, 庚戌, 壬戌로서 情緖的 缺陷이나 學術的 障碍가 따른다.

29) 辛巳 Energy場 因子의 特性分析(辛 死宮 巳 ⊖火 Energy場)

天體 白金 中心 Energy場이 巳地氣 死宮에서 同調한 因緣으로 비록 死地宮이나 辛酉 白金氣가 새로운 酉金으로 同調 改革되는 까닭에 前生은 葛藤이나 後生은 再創造的 Energy場이 된다(先凶後吉).

年 : 初年 先凶後吉은 無德 祖上(墓)이거나 絶敗運이요,
月 : 中年 先凶後吉은 日柱가 不利하면 絶敗運이요,
日 : 先凶後吉은 配位 不利하거나 絶敗運이요,
時 : 先凶後吉은 子孫 不利하거나 絶敗運이다.

(1) 辛巳 Energy場이 年柱에 因緣할 境遇

年柱에 居하면 理財에 밝고 學者로서의 資質이 뛰어나다. 火克金의 初年運이

결국 氣管支 또는 心臟疾患을 일으키기 쉽다.

刑을 싫한즉, 辛巳 刑殺 甲寅, 丙寅, 戊寅, 庚寅, 壬寅 / 甲申, 丙申, 戊申, 庚申, 壬申으로 三刑殺 또는 破, 害殺을 兼하니 極凶하다(주로 木金病이 發生).

沖을 싫한즉, 辛巳 自沖 乙巳, 丁巳, 己巳, 辛巳, 癸巳로서 일단 自沖은 心臟疾患이다(主 火病).

破殺을 싫한즉, 辛巳 破殺 甲申, 丙申, 戊申, 庚申, 壬申으로 刑殺을 同伴한 吉凶이 상반한다(主 金病).

害殺을 싫한즉, 辛巳 害殺 甲寅, 丙寅, 戊寅, 庚寅, 壬寅으로서 刑殺 同伴의 極凶이다(主 木病).

怨嗔을 싫한즉, 辛巳 怨嗔 甲戌, 丙戌, 戊戌, 庚戌, 壬戌로서 初年 情緖的 缺陷을 얻지 않으면 性格이 偏狹한 人格者가 된다.

(2) 辛巳 Energy場이 月柱에 因緣할 境遇

中年 또는 妻兄弟宮에서 天白 Energy場 辛과 朱火 右端 Energy場 巳가 相互 同調하였는 故로 비록 天白 Energy場이 地氣 朱火 死絶地에서 만났으되 辛金의 屬性이 巳朱火를 그리는 緣故로 그 運勢와 力量은 매우 進取的이고 窮究的 氣像이다. 따라서 學問과 研究職에서 中年을 보내지 않으면 貴金屬 系列에서 크게 業種을 成功시킬 수 있다.

合居한즉, 日就月將이요, 獨居한즉, 一時 成就로 끝날 것이다.

刑을 싫한즉, 辛巳 刑殺 甲寅, 丙寅, 戊寅, 庚寅, 壬寅 / 甲申, 丙申, 戊申, 庚申, 壬申 三刑殺로서 破, 害, 刑 三刑殺을 지닌 中年 運이다.

沖을 만난즉, 辛巳 自沖/回沖 乙巳, 丁巳, 己巳, 辛巳, 癸巳 自刑 및 回沖이 되어 先 心, 小腸病, 後 腎, 子宮, 膀胱病이다.

破殺을 만난즉, 辛巳 破殺 甲申, 丙申, 戊申, 庚申, 壬申으로 刑破를 同伴한 先凶後吉運이다(主 金病).

害殺을 만난즉, 辛巳 害殺 甲寅, 丙寅, 戊寅, 庚寅, 壬寅으로서 刑害를 同伴한 中年 障碍다.

怨嗔殺을 만난즉, 辛巳 怨嗔 甲戌, 丙戌, 戊戌, 庚戌, 壬戌로서 怨嗔 後 回生不能이면 精神的 障碍를 克復해야 할 運勢이다.

(3) 辛巳 Energy場이 日柱에 因緣할 境遇

日柱 因緣의 特性은 年, 月, 時柱를 두루 通하고 있는 一生 特性 因子로서 각각의 主勢에 25% 정도의 强力한 因緣 特性을 關係하고 있다고 보아야 한다. 비록 巳 地氣宮이 死絶地이긴 하나 이는 辛金의 再生을 위한 强力한 朱火宮인 동시에 辛金 天白 Energy場의 直系孫인 酉金의 生氣地이기도 한 까닭에, 酉金을 生産하는 基礎根源 Energy場이 되고 있다.

一生을 進取的이고 活動的이면서 언제나 學問 窮究가 아니면 事業 前線에서 能動的 改革的 性向을 發揮한다.

合居한즉, 學問과 事業分野에서 大成할 것이요

獨居한즉, 그 成就가 적을 것이다.

刑을 当한즉, 辛巳 刑殺 甲寅, 丙寅, 戊寅, 庚寅, 壬寅 / 甲申, 丙申, 戊申, 庚申, 壬申으로서 一生 三刑殺과 破害殺로 인해 中途에서 失敗數와 挫折을 겪지 않을 수가 없다. 年柱와 因緣한즉, 早失父母가 아니면 持病이요, 月柱에 因緣한즉, 兄弟, 妻弟宮이 困難하다. 時柱에 因緣한즉, 子孫이 아니면 末年이 困窮하다.

沖을 만난즉, 辛巳 自沖/回沖 乙巳, 丁巳, 己巳, 辛巳, 癸巳로서 亦是 命 고비가 아니면 持病이요.

破殺을 만난즉, 辛巳 破殺 甲申, 丙申, 戊申, 庚申, 壬申으로서 苦難과 財敗, 家敗, 人敗運이요.

害殺을 만난즉, 辛巳 害殺 甲寅, 丙寅, 戊寅, 庚寅, 壬寅으로 肝, 膽, 血管系 持病이 있다.

怨嗔을 만난즉, 辛巳 怨嗔 甲戌, 丙戌, 戊戌, 庚戌, 壬戌로서 精神的 衝擊事가 늘 一生을 뒤따르게 된다.

(4) 辛巳 Energy場이 時柱에 因緣할 境遇

先天命에 因緣한 時柱 特性은 子孫의 運勢 因緣을 決定짓게 되는 것이고, 後天命에 因緣한 時柱 特性은 壽命 疾病과 末年 運勢를 決定하게 된다.

따라서 本命 辛巳 因子 Energy場이 先天命에 因緣케 됨으로써 白金 酉操金 Energy場이 强力한 子孫 因緣으로 作用케 된다. 强力한 學問 探究力과 意慾的

生命力을 지닌 强健한 子孫의 因緣을 얻게 된다. 研究職 또는 事業家, 醫, 藝術學 系列 劍, 警 等의 分野에서 從事하는 孫命이다. 後天命에 入居한즉, 末年이 華麗하며, 窮究的 學問業績을 남길 수 있다.

合居한즉, 그 運勢가 倍增하며

獨居한즉, 一時 成功을 約束할 수 있다(辛巳는 自體 安定 Energy場을 가지고 있다).

刑殺을 当한즉, 辛巳 刑殺 甲寅, 丙寅, 戊寅, 庚寅, 壬寅 / 甲申, 丙申, 戊申, 庚申, 壬申으로서 子孫의 命이 위태롭고 필히 末年 命 고비가 있다(주로 肝, 膽, 相火病).

沖을 当한즉, 辛巳 自沖/回沖 乙巳, 丁巳, 己巳, 辛巳, 癸巳로서 子孫 無得이거나 持病 孫命이 되고, 末年 心, 小腸 循環期 系列에서 發病 死亡하기 쉽다. 合居 시 改命이 可하다.

破殺을 만난즉, 辛巳 破殺 甲申, 丙申, 戊申, 庚申, 壬申으로 子孫 無得이거나 强力한 改命運을 만나니 命 고비를 얻지 않으면 財運의 고비가 있다(寅巳 : 肝膽病).

害殺을 만난즉, 辛巳 害殺 甲寅, 丙寅, 戊寅, 庚寅, 壬寅으로 亦是 持病孫得이요, 末年健康 고비요, 肝, 膽病이 온다.

怨嗔을 만난즉, 辛巳 怨嗔 甲戌, 丙戌, 戊戌, 庚戌, 壬戌로서 一生 子孫과 不緣이요, 末年 持病運이다.

30) 癸巳 Energy場 因子의 特性分析(癸 胎宮 巳 ⊖火 Energy場)

(1) 癸巳 Energy場이 年柱에 因緣할 境遇

天癸 玄水 Energy場과 朱火 右端 Energy場의 同調 因緣 E 關係로서 天癸 玄水 Energy場은 地氣 子水 Energy場 因子를 生起한 後 玄水宮에서 旺하고 未宮에서 庫藏하여 巳地火에서 胎動하니 그 相互 同調가 希望的이다.

비록 天癸의 아들이 朱巳火宮과 다소 無情키는 하여도 當該 因子 間에는 不便함이 별로 없다.

合居한즉, 그 獨自的 意志가 더욱 旺盛하며 初年 學問이 一家를 이루고자 努

力한다.

獨居한즉, 初年 意慾의 旺盛은 있으나, 그 進就가 오래 가기 어렵다.

刑을 当한즉, 癸巳 刑殺 甲寅, 丙寅, 戊寅(△), 庚寅, 壬寅 / 甲申, 丙申, 戊申(△), 庚申, 壬申으로서 三刑破 害殺로서 初年 病弱運이 아니면 精神的 障碍를 얻는다.

沖을 当한즉, 癸巳 自沖/回沖 乙巳, 丁巳, 己巳, 辛巳, 癸巳로서 自沖 및 回沖으로 心腎의 疾患을 얻든가, 命 고비 또는 學問의 고비를 겪는다.

破殺을 当한즉, 癸巳 破殺 甲申, 丙申, 戊申(△), 庚申, 壬申으로 亦是 刑破巳申病이 되며, 家産을 破하지 않으면 疾病 또는 學問의 고비를 넘긴다.

害殺을 当한즉, 癸巳 害殺 甲寅, 丙寅, 戊寅(△), 庚寅, 壬寅으로 寅巳 刑害病이니 陽木의 病이 아니면 相火의 病이 된다.

怨嗔을 当한즉, 癸巳 怨嗔 甲戌, 丙戌, 戊戌(△), 庚戌, 壬戌이 되어 初年의 健康이 不利하고 情緖的 缺陷을 얻는다.

(2) 癸巳 Energy場이 月柱에 因緣할 境遇

中年 天癸 玄水 Energy場이 巳 地氣에서 胎動함에 따라 癸의 子인 子 地氣 Energy와 비록 無情因緣을 지녔을지라도 天癸水의 孫인 丑 地氣와는 比較的 安定된 三合因緣을 지니고 있는 까닭에 그中 半氣運이 活発하다고 볼 수 있다. 妻弟宮에서 生命力이 있으므로 合居한즉 强建 活潑할 것이다.

刑殺을 当한즉, 癸巳 刑殺 甲寅, 丙寅, 戊寅, 庚寅, 壬寅 / 甲申, 丙申, 戊申, 庚申, 壬申으로 三刑殺과 破殺이 겹쳐 그 凶害가 至大하고 中年에 반드시 身, 情, 財 中 한곳의 凶事를 겪게 된다.

沖殺을 当한즉, 癸巳 自沖/回沖 乙巳, 丁巳, 己巳, 辛巳, 癸巳로 命 고비가 中年이 아니면 그 配偶者에 있고, 兄弟가 없으면 危難을 던다. 不緣이면 八字를 고치거나 財敗를 겪는다.

破殺을 当한즉, 癸巳 破殺 甲申, 丙申, 戊申(△), 庚申, 壬申 亦是 刑殺을 同伴하므로 그 害惡이 中年 十年을 支配한다.

害殺을 当한즉, 癸巳 害殺 甲寅, 丙寅, 戊寅(△), 庚寅, 壬寅(甲, 丙, 戊, 庚, 壬)寅陽木에 病이 들고 결국 陰火病을 얻게 된다.

怨嗔을 当한즉, 癸巳 怨嗔 甲戌, 丙戌, 戊戌(△), 庚戌, 壬戌로 一生을 葛藤 속에서 家族關係가 圓滿치 못하고 情緒的 不安을 얻는다.

(3) 癸巳 Energy場이 日柱에 因緣할 境遇

天體 玄水 陰 Energy場 因子가 地氣 陰朱火 Energy場과 因緣 同調한 緣故로 地氣 巳地는 天癸水의 胎宮이 되면서 더욱 巳火의 勢力이 一生 一代에 生命力을 불어 넣고 있다.

合居한즉, 一生은 改革的 思考와 行動으로 그 뜻을 成就할 것이며, 獨居한즉, 뜻은 높으나 成就가 不足하다.

刑을 받은즉, 癸巳 刑殺 甲寅, 丙寅, 戊寅, 庚寅, 壬寅이 되어 軍警檢 系列 및 加刑者이다. 監査, 監督職이 아니면 그 日常이 매우 障碍롭다. 精神的, 肉體的 不安定이 恒常 뒤따른다.

沖을 받은즉, 癸巳 自沖/回沖 乙巳, 丁巳, 己巳, 辛巳, 癸巳로서 寅(甲) 臟腑에 病이 始作하여 辛金 臟腑病으로 轉移된 後 巳火病을 얻게 된다.

破殺을 받은즉, 癸巳 破殺 甲申, 丙申, 戊申(△), 庚申, 壬申으로 마치 刑殺上의 破殺格이 되어 刑破의 苦痛을 동시에 얻게 되니 크게 어려워진다. 辛金 臟腑病 發 後 巳火病이 든다.

害殺을 받은즉, 癸巳 害殺 甲寅, 丙寅, 戊寅(△), 庚寅, 壬寅으로 亦是 刑害가 同伴하였으니 一生 동안 事事件件 刑害의 苦痛을 당한다.

怨嗔을 받은즉, 癸巳 怨嗔 甲戌, 丙戌, 戊戌(△), 庚戌, 壬戌로 一生을 怨望과 葛藤으로 보낸다.

(4) 癸巳 Energy場이 時柱에 因緣할 境遇

時柱의 因緣은 주로 子孫과 末年運에 속한 故로 비록 胎宮에 居한 因緣關係라 할지라도 生産能力과 末年 活動能力은 뛰어난 運勢이다. 첫째 子孫이 딸의 確率이요, 이후 아들 運이 열려있다.

合居한즉, 每事에 能動的이요, 窮究心이 强하여 向學에도 成就가 있다. 節制能力, 探究心이 强하고 子孫이 學者運이 있다.

獨居한즉, 孤獨한 成就가 一時 持續되거나 末年 推進 氣像을 드러낸다(半成就).

刑을 받은즉, 癸巳 刑殺 甲寅, 丙寅, 戊寅(△), 庚寅, 壬寅으로 子孫 失敗殺이거나 不遇한 靈肉을 生産하고 末年에 刑獄의 禍를 당하기 쉽다.

沖을 받은즉, 癸巳 自沖/回沖 乙巳, 丁巳, 己巳, 辛巳, 癸巳로서 亦是 子孫 失敗가 아니면 末年 命運의 不利益을 招來한다.

破殺을 받은즉, 癸巳 破殺 甲申, 丙申, 戊申(△), 庚申, 壬申으로 刑殺과 함께 얻게 되는 破殺인 緣故로 癸巳와 戊申 合水 破殺을 除外하고는 모두가 不利하다(子孫 不利, 末年 不利).

害殺을 받은즉, 癸巳 害殺 甲寅, 丙寅, 戊寅(△), 庚寅, 壬寅으로 亦是 刑殺을 同伴한 害殺이 되어 癸巳와 戊寅, 戊癸合을 除外하고는 모두가 不利하다.

怨嗔을 받은즉, 癸巳 怨嗔 甲戌, 丙戌, 戊戌(△), 庚戌, 壬戌로 亦是 癸巳와 戊戌, 戊癸合을 除外하고는 子孫과 不緣이요, 末年이 恨歎스럽다.

31) 甲午 Energy場 因子의 特性分析(甲 死宮 午 ⊕火 Energy場)

(1) 甲午 Energy場이 年柱에 因緣할 境遇

陽天 青甲 Energy場 緣分이 地氣 朱火 正午 Energy場과 死地宮에서 遭遇하는 故로 天甲의 孫인 地氣 寅陽 天木은 午火를 만나 크게 因緣功德을 쌓으나 甲의 旺地인 卯 陰木과는 相破의 惡緣을 쌓고 있다. 따라서 天 甲木이 寅 木宮에서 生을 열 境遇에는 午 地火는 크게 盛火하고 天 甲木이 卯 地宮에서 旺할 때는 그 午 地火가 크게 衰하게 된다. 즉 甲午의 天 甲木은 地氣 寅木을 相逢하면 大發火요, 地氣 卯木을 相逢하면 大敗火가 된다. 初年에 寅木(戌金)을 만나면 初年 大發이요, 初年에 卯木을 만나면 初年 大敗數가 發生한다. 주로 財産이 아니면 夫婦運에서 大成大敗가 決定된다. 父母運도 決定된다.

合居한즉, 初年 父母祖上德이 中壯年을 이어가고 獨居한즉 初年 父母德이 짧게 끝난다.

刑을 받은즉, 甲午 自刑殺 甲午, 丙午, 戊午, 庚午, 壬午로 午-午는 自刑이다. 初年 訟事나 財運의 敗가 아니면 早失父母할 命이다.

沖을 받은즉, 甲午 沖殺 甲午-子 / 丙午-子 / 戊午-子 / 庚午-子 / 壬午-子로서 沖 亦是 이와 同一하다. 子는 沖으로 보지 않고 對稱으로 본다.

破殺을 当한즉, 甲午 破殺 乙卯, 丁卯, 己卯, 辛卯, 癸卯로 妻財宮이 깨어지니 初 早婚이 아니면 再嫁 因緣이요, 不緣이면 父母 別離거나 初年 困窮하다.

害殺을 얻은즉, 甲午 害殺 乙丑, 亥 / 丁丑, 亥 / 己丑, 亥 / 辛丑, 亥 / 癸丑, 亥로서 午亥, 午丑이니 初年 奉仕와 犧牲으로 前生 業力을 蕩滅해야 한다.

怨嗔殺을 만난즉, 甲午 怨嗔殺 乙丑, 丁丑, 己丑, 辛丑, 癸丑으로 亦是 午丑 怨害殺이니 初年 父母運이 困窮치 않으면 妻弟가 無德이다.

(2) 甲午 Energy場이 月柱에 因緣할 境遇

初中年 및 妻弟運을 主管하는 Energy場인 故로 先天命은 二十-三十代를, 後天命은 四十-五十代를 主管하는 것이 一般이다.

青甲木이 午朱火를 生旺케 하는 根源 相生運에 따라 木火 上昇期를 맞게 된다.

비록 甲木이 午 地宮에서 死滅함은 初는 滅하여 後生午火케 함이니 一時 障礙는 祖上 또는 妻宮 祖弟에 있고 後吉運 發火는 반드시 保障된다.

合居한즉, 더욱 活動的이고 勢發하여 每事 推進力이 走馬加鞭이다. 事業的 判斷力이 뛰어나 每事 經營하는 바가 成功한다.

獨居한즉, 一時 發應이요, 勞力에 비해 成就가 不足하다.

刑沖을 当한즉, 刑沖이 同居하니 이를 当하면 그 害惡이 마치 配位를 잃는 損失이 至大하다. 午 ↔ 午 後 子 → 午 하므로 그 殘餘 午火 亦是 간 곳이 없다. 主擊者 子水 亦是 그 衝擊이 크므로 回生치 못하면 힘을 잃는다.

破殺을 만난즉, 반드시 中年 財敗가 아니면 配位의 變故가 생긴다.

害殺과 怨嗔을 만난즉, 怨嗔과 同居하므로 亦是 一生 집안이 不便하다. 不緣이면 困窮과 疾病이 交行한다.

(3) 甲午 Energy場이 日柱에 因緣할 境遇

天 青木 陽甲 Energy場이 地氣 朱火 正午 Energy에서 死하니 그 午朱는 더욱 旺盛한 氣運을 얻었다. 다만 天性이 死滅하는 故로 祖上運이 衰弱하는 境遇가

아니면 先生 因緣이 不安하다.

合居한즉, 持續的 水木氣의 因緣을 얻으면 朱火 活動과 庫藏運이 旺盛케 되고 獨居한즉, 朱火運이 早衰하여 大成치를 못한다.

刑沖을 받은즉(午午, 午子), 甲午 自沖 自刑의 同伴으로 橫厄이 一生 週期(自沖 自刑 週期)를 따라 일어난다. 乾命은 女難 妻宮殺이요, 不緣이면 財敗運 또는 健康 不運이다. 坤命은 自身의 健康 不運이 아니면 財敗數요, 不緣이면 改嫁運을 免치 못한다.

破殺을 얻은즉(午卯), 改嫁運이 아니면 亦是 財敗數요, 兄弟運이 異腹이다.

害, 怨嗔殺을 받은즉(午丑), 怨害 同居殺이니 父母兄弟와 離別數가 아니면 子孫 因緣이 不備하다.

(4) 甲午 Energy場이 時柱에 因緣할 境遇

天 靑甲 Energy場이 時地氣 午朱火에서 死滅한 故로 祖上德이 不運한 子孫 因緣이 長子에 남아 있으므로 次子運이 아니면 生女 後 生男한다.

合居한즉, 一生 子孫의 榮華요, 財産과 德望이 豊富하다.

獨居한즉(酉, 亥), 子孫과 末年에 끊어지지 않는 吉運들이 綿綿이 이어간다. 다만 그 吉勢가 合居時와는 보다 弱小할 뿐이다.

刑沖을 받은즉, 子孫과 末年命에 不吉한 斷折運이 쌓였으니 刑沖 後 回生치 못하면 그 凶은 크게 作用한다.

破殺을 当한즉, 父母祖上 및 妻弟因緣이 不運을 免치 못하거나 不緣이면 破家 破産 色難이 이어진다. 또는 不緣이면 必히 그 因緣은 子孫에게도 이어진다.

害怨嗔殺을 만난즉, 子孫 失敗나 末年 持病을 得할 運이요. 不緣이면 父母兄弟와 不吉한 因緣의 運命人이 되며 離鄕客地거나 自手成家 後 晩年 孝道하는 늦은 孝孫을 보게 된다.

32) 丙午 Energy場 因子의 特性分析(丙 旺宮 午 ⊕火 Energy場)

(1) 丙午 Energy場이 年柱에 因緣할 境遇

天朱 丙火 Energy場이 地氣 朱火 Energy場에서 旺하고 그 勢力이 莫强하니

天火 地火가 絶頂을 오르고 있다고 본다. 年初에 어린 나이로 그 火氣가 强盛하니 白虎 玄水에 均衡 Energy場이 補完되지 않으면 肺大腸의 病을 得하기 쉽고, 靑木이 不實하게 되니 肝膽의 虛症을 얻기 쉬우며 朱火가 炎上하면 亦是 心小腸의 火實症을 얻기 쉽다.

初年運이 强하긴 하나 太過한즉 離鄕客地運이다.

合居한즉, 勢旺하여 좋은 祖上의 恩惠를 많이 얻게 되고

獨居한즉, 祖上 初年德이 持續되기 어렵다.

刑沖을 당한즉(午午, 午子), 早失父母커나 離鄕客地하고 그 刑沖이 月柱와 因緣하면 祖 ↔ 妻弟宮이 不吉하고 日柱와 因緣하면 本人과 不吉하고 時柱와 因緣하면 子孫宮이 不吉하다. 本是 朱火 Energy場은 ⊖相對 Energy場인 故로 人事에서는 女便에 該當된다고 볼 수 있다.

破殺을 만난즉, 亦是 刑沖 人事敗에 가늠하는 家敗 財敗가 各各의 年月時에 따라 나타난다.

害怨嗔을 만난즉(午丑), 父母別離커나 父母犧牲을 同伴하며 늘 子孫과 父母가 不和한다.

(2) 丙午 Energy場이 月柱에 因緣할 境遇

天地 Energy場 和合 同調에 의한 中年 妻財命運이 되는 故로 젊은 血氣가 旺盛하고 意欲이 强盛하면 每事 積極的이고 對人 親和的인 故로 成敗를 떠나서 그 過程이 熱誠的이다.

따라서 年日時 合居 中 年柱에서 合居한즉 初年 父母祖上 恩德으로 젊음을 마음껏 꽃피울 수 있고 日柱에서 合居한즉 一生을 意欲과 實踐的 삶으로 의미 있게 보낼 수 있다(價値로운 삶). 日就月將한다. 다만 그 成就를 위해서는 반드시 同伴者가 必要하니 그가 妻宮이라면 크나큰 福祿을 얻은 者라 할 것이다.

時柱에서 合居한즉, 子息宮이 華麗할 것이다. 다만 日時에 合居한즉 血壓管理가 어려우니 操心할 일이다. 기쁨이 넘치면 항상 心火가 不安하니라. 五慾七情之中道最善也.

獨居한즉, 中年 一時 强運을 만나고 刑沖을 만난즉 年日時柱別 心身苦痛을 避하기 어렵다. 不緣이면 妻財宮에서 損失이 온다.

破殺을 만난즉, 亦是 妻財宮에 큰 損失이 到來하니 當該 年月日時를 操心하라.

害怨嗔殺을 만난즉, 丙午 害怨嗔 乙丑(△)/丁丑(△)/己丑(△)/辛丑(△)/癸丑(×)으로 怨嗔害殺이 함께하니 또한 當該 年月日時를 두려워하고 每事 남과 다투지 마라.

(3) 丙午 Energy場이 日柱에 因緣할 境遇

天陽 丙朱火 Energy場이 地陽 午朱火 Energy場과 旺地에서 因緣和合한 緣故로 그 陽火의 勢力은 昇天 尖銳하다. 玄水 靑木 白金의 不及因緣이 多少 아쉽긴 하나 그 衝天하는 勢力은 能히 每事를 일으키고도 남음이 있다.

특히 日柱에 因緣하므로 因해 合居한즉 名振四海하고 비록 獨居의 身世일지라도 勢力은 범상치 아니하다. 다만 獨居시 周邊을 헤아림이 不足하고 깊은 思慮가 없음이 아쉽다.

刑沖을 만난즉(午午, 午子), 一時에 沒入하니 當該 年月日時가 重複하면 크게 大敗하거나 아니면 몸에 大病이 든다.

破殺을 만난즉(午卯酉), 卯酉 年月日時에 敗退하고 不緣이면 家敗 離散이 일어난다.

害殺을 만난즉(午丑), 에너지 損失이 크고 함께 破殺을 당한즉 家敗 財敗를 免키 어렵다. 怨嗔과 同伴하니 怨害의 害가 當該 年月日時를 따라 끊이지 않는다.

(4) 丙午 Energy場이 時柱에 因緣할 境遇

子孫宮과 末年宮에 天火 地火가 相互 旺盛하니 子孫宮(次男宮)은 하늘이 내린 財庫를 管理하고(天倉 管理人) 末年宮은 하늘이 아는 富를 蓄積하는 大活動家이다.

獨居한즉(丑亥酉未巳卯), 그 運氣가 急擊히 下降함이 缺點이나 世運到來 時節因緣을 잘 活用한다면 一生 困苦함은 充分히 免할 수 있는 中格 以上의 命運이다.

合居한즉(午未合, 寅午戌), 그 名運이(寅午戌合이면 長男 可) 名振四海하는 子孫을 두지 않으면 自身의 末年에 分明 榮華가 기다린다.

刑沖을 당한즉(子午沖 午午刑), 그 害惡이 形言키 어려운 刑殺 沖殺을 堪當해야 하니 當該 年月日時를 항상 操心치 않으면 안 된다. 특히 子孫宮이 無緣이거나 不運이 겹친다.

破殺을 얻은즉(午卯), 家事가 悲運하고 財敗가 아니면 夫婦가 離別한다. 亦是 子孫宮이 不利하거나 不運하다(障礙性).

害殺을 当한즉(午丑 害怨), 怨嗔과 同席하므로 一生 子孫과 不和치 않으면 子孫에게 무거운 惡業障을 넘겨주게 되니 일찍이 善業을 닦아 未來의 惡業障을 消滅케 하는 知慧人이 되어야 한다.

33) 戊午 Energy場 因子의 特性分析(戊 旺宮 午 ⊕火 Energy場)

(1) 戊午 Energy場이 年柱에 因緣할 境遇

丙午 Energy場 因子와 同一한 地支 Energy場 宮에서 旺盛한 同調 立體性 集合 Energy場이다. 天戊土性의 Energy場이 地午火性의 Energy場과 初年과 祖上에서 旺盛하니 先天運氣는 祖上 蔭德이 强旺하여 心臟 小腸이 强健하고 活達 明朗하여 人關係가 좋고 勤勉하다. 언제나 自主的이고 獨立的이나 細密한 配慮와 思考가 부족함이 아쉽다.

丙午生에 비하여 오히려 건강한 體質이다.

合居한즉, 妻弟宮이나 子孫宮이 이롭고 日柱와 合居한즉 一生을 活動하는 勤實한 일꾼으로 늘 바쁜 生活家이다.

獨居한즉, 初年 强健 活潑하나 持續的 發展이 어렵고 後天 因緣에서도 亦是 持續性이 없다.

刑沖을 当한즉(午-午 自刑, 自沖), 同一 年月日時가 因苦하고 生死를 넘나드는 惡運이 到來한다. 心小腸(火病, 巳午未)에 入病하여 肺, 大腸(金病, 寅卯辰)을 따라 腎臟, 膀胱, 脾臟, 胃腸(土病), 肝腸, 膽囊의 臟腑를 流周한다. 財敗가 아니면 身病이요, 不然이면 配位者에 變故가 發生할 수 있다.

破殺을 当한즉(午未), 先財敗 後 人敗요, 不然이면 離別數이다. 財妻(男)敗, 先財敗 後 人敗가 있다.

害殺과 怨嗔殺을 当한즉(午丑), 合殺하니 그 害惡이 初年 또는 中年運을 停

滯케 한다.

(2) 戊午 Energy場이 月柱에 因緣할 境遇

妻弟宮에 天城土와 地中火가 同調하니 中年이 强盛하고 그 勢力이 하늘에 미친다. 일찍이 事業과 利財에 分明한 特性을 얻었다.

合居한즉, 社會活動이 大發할 것이요, 合居 因緣에 따라 父母孝行이 빛나고 善配位 因緣과 子孫 因緣이 더욱 좋아진다. 事業時 吉運의 同業人을 만나면 大成하고 善孫에 의해 家勢가 發展한다.

獨居한즉, 初中年 戊午因子人은 비록 大成就는 없어도 小成功은 約束이 된다.

刑沖을 만난즉, 그 害惡이 泰山波濤 같다. 回沖을 만나면 中年 健康 上 持病이 念慮되고, 沖 後 再生이 發生하면 申子辰에서 起死回生한다.

破殺을 만난즉, 中年과 配位宮에 家敗, 財敗가 각각 年月日時를 따라 發生한다.

害怨嗔殺을 살한즉, 兩殺이 同席하는 故로 그 害惡은 中年 疾病이나 妻財宮의 損失을 가져온다.

(3) 戊午 Energy場이 日柱에 因緣할 境遇

天城土 戊Energy場이 地正火 午Energy體와 旺地에서 同調한 故로 地氣 朱火 Energy 및 그 Energy場의 勢力은 立體的 集合 Energy場 特性으로 變하여 强大善美한 Energy場 形態가 되었다.

특히 日柱에서 旺한 緣故로 重厚强盛한 朱火 特性이 一生를 이어가고 또 그 餘力이 子孫에게까지 相續 因緣化하는 만나기 어려운 Energy場 因緣이다.

合居한즉, 父母·兄弟·妻·子息이 한결같이 合勢 同調하니 그 뜻이 家族과 함께 한다. 日就月將한다.

芸術性이 强하고 財庫를 항상 튼튼히 管理하며 妻德과 兄弟 子孫이 두루 平和와 富를 함께 누린다(藝術性과 感性은 右腦, 白虎).

獨居한즉, 一生의 成就가 多少 不滿足하나 그 뜻은 잃지 않는다.

刑沖을 살한즉, 오히려 그 害惡이 天地를 振動하며 무너지는 소리가 大門 밖에까지 흘러나온다. 主 財敗, 妻敗, 病敗, 孫敗이다.

破殺을 맞은즉, 妻財宮에 病破가 들고 不緣이면 子孫宮에 疾病이 든다.

害怨嗔殺을 当한즉, 兩殺을 동시에 만나 一生를 두고 恩怨關係를 정리하지 못하고 평생 業障이 되어 一生을 보내야 한다.

本 命運者는 命運에서 積善積德으로 業障消滅치 않으면 暗運이 到來 時 그 氣力이 衰하여 命을 잇기 어렵다.

(4) 戊午 Energy場이 時柱에 因緣할 境遇

先後天 時柱 因緣에 天城土 Energy場이 地朱火 午宮에서 旺한 故로 先天因緣時는 子孫의 無量한 功德果요, 後天에 因緣時는 末年功德이 無量하니 當 時柱 命運은 壬子, 丙午 兩大 時柱의 命運과 버금간다.

合居한즉, 一生이 勤勉誠實하고 忍耐가 至極하여 반드시 大目標를 成就한다. 名振四海하며 그 財庫가 하늘에 닿는다.

獨居한즉, 다만 그 發應時間만이 寅午戌, 申子辰 年運에 局限될 뿐이지 亦是 吉運이라 할 수 있다.

刑沖을 当한즉, 大吉運과는 正反對로 人敗, 財敗, 孫敗를 피할 길이 없으나 修行精進하고 積善積德하여 惡運을 고요히 觀照하여 善業善生하면 반드시 避凶道를 成就할 수 있다.

破殺을 만난즉, 그 財敗나 破家運을 免할 길이 없으나 賢子의 道를 行한 者는 분명히 避凶이 可能하다.

害怨嗔殺을 当한즉, 亦是 子孫과 末年宮에 父母兄弟와 葛藤을 免키 어려우니 이를 아는 자는 避凶할 것이요, 不智不識者는 惡運을 걸어갈 것이다.

34) 庚午 Energy場 因子의 特性分析(庚 浴宮 午 ⊕火 Energy場)

(1) 庚午 Energy場이 年柱에 因緣할 境遇

天庚 白金 Energy場이 地午 朱火 Energy場에 浴宮에서 同調하는 因緣인 故로 相互 葛藤과 和解가 함께 共存共發하는 先凶後吉의 業緣을 지니고 있다. 初年에 父母祖上과 不便한 因緣이 되기 쉽고 中年에 이르러 吉運의 緣을 얻게 된다.

獨居한즉(午亥), 初年運이 크게 밝지 못하고 祖上의 不緣이거나 自手成家를 하게 된다.

合居한즉, 初年이 轉禍爲福의 運勢를 얻어 改革的이면서 理財에 밝은 積極的 活動家가 된다.

刑沖을 当한즉(午午), 初年에 早失父母하거나 四顧無親이 되기 쉽다. 일찍이 苦難을 当하면 自手成家한다.

破殺을 当한즉(午卯), 일찍이 早失父母이거나 不緣이면 養父養母를 둔다. 즉 離父離母를 둔다.

害怨嗔殺을 만난즉(午丑), 父母祖上과 不緣이요, 父母 疾病이 아니면 本人의 病苦다. 離鄕客地하면 刑沖破害怨嗔의 害惡을 덜고 命고비를 넘길 수 있다.

※ 白金과 朱火의 葛藤이니 女難과 財難은 必히 따른다.

(2) 庚午 Energy場이 月柱에 因緣할 境遇

天上 白金 Energy場이 地 朱火 午 Energy場과 沐浴宮에서 相剋 同調하였으니 初期場은 相剋不利하나 後期場은 轉禍爲福格이다.

合居한즉(子寅辰申戌未 - 寅午戌, 午未), 中年 財貨가 滿發한다.

年日과 合居한즉, 父母祖上의 蔭德으로 夫婦宮이 圓滿 和愛롭고 家事가 넉넉할 것이요

時宮과 合居한즉(寅午戌), 厚德한 子孫을 얻어 末年의 福緣이 保障된다.

獨居한즉(午亥), 一時 財德을 얻을 것이다. 妻弟宮이 朱午火神의 陰德을 얻었으니 配位 日柱가 相合하면 中富格의 家庭은 充分하다.

刑沖을 当한즉(午午), 刑殺 沖殺이 一時에 몰려오니 地火剋天金의 妻財損이 아니면 크게 精神的 傷痕을 얻거나 不緣이면 心小腸 또는 肺大腸 病患을 避하기 어렵다.

破殺을 当한즉(午卯), 庚午 破 己卯(△) 乙卯(△) 丁卯(×) 辛卯(×) 癸卯(△)로 財敗 家敗가 겹친다.

害怨嗔殺(午丑)을 当한즉, 一時에 侵入하니 庚午 丁丑의 因緣은 避身함이 마땅하다. 先天의 刑沖破害怨嗔殺은 家敗, 財敗가 主요, 後天 刑沖破害怨嗔殺은 健康의 厄難이 主가 된다.

(3) 庚午 Energy場이 日柱에 因緣할 境遇

天上 白金 陽 Energy場이 地 午火 浴宮에서 相剋同調하는 一生運이니 性相의 葛藤은 避할 수 없으나 後事의 圓滿을 위해 담금질함이니 先은 凶하나 後事는 必히 大吉하다.

合居한즉(午-寅戌未), 祖孫間의 差別相이 轉禍爲福하여 善果報로 이어지고 마치 祖上의 채찍질이 子孫을 일깨우는 듯 奮發한다.

年月과 合居하면 祖上妻弟(財)가 一生의 울타리요(相續運)

年時가 合居하면 子孫의 빼어남이 祖上 蔭德에서 起因한다.

月時가 合居하면 賢母良妻에서 孝孫이 태어난다.

獨居한즉, 그 吉福이 半減한다.

刑沖을 当한즉, 그 凶事는 刑殺 沖殺을 함께 받는 바이니 立見橫厄이다.

年柱와 刑沖하면 父母祖上과 別離하고

月柱와 刑沖하면 妻弟가 夭折하며

時柱와 刑沖하면 子孫 夭折한다. 不緣이면 本宮이 夭折할 수도 있다.

朱火 纒脣이 刑沖을 当한 故로 心小腸이 敗하고 次로 脾胃가 敗하며 次로 金木이 發病한다.

破殺을 当한즉, 亦是 上記와 如하니 財敗가 아니면 家敗를 当한다.

害殺怨嗔殺을 当한즉, 一時에 만나니 一生을 恩怨으로 父母, 兄弟, 妻子 因緣을 만들게 된다.

(4) 庚午 Energy場이 時柱에 因緣할 境遇

① 先天 命運일 경우

時柱에 天白 陽 庚金이 地朱 午火에 浴宮의 因緣으로 相剋同調한 緣故로 子孫宮이 華麗光明하고 厚德하다. 一女 이후 子는 必히 榮達富貴한다.

合居한즉, 三代의 福祿이 保障된다.

獨居한즉, 비록 獨居일지라도 子孫宮의 福祿이 平上으로 確保된다.

② 後天 命運일 경우

亦是 六十代 이후 福祿이 確實히 保障된다.

合居할 경우 必히 名振四海하는 社會人物이 된다.

獨居할 경우 비록 獨居일지라도 末年 財物은 놓치지 않는다.

刑沖殺을 받은즉, 庚午 刑沖 丙午(×) 甲午(×) 戊午(△) 壬午(×)로서 그 害惡은 立見絶亡한다. 특히 先天 時柱에 因緣할 時는 子孫이 없거나 苦痛의 對象이다. 後天에 因緣할 時는 末年 短命運이 아니면 財敗 妻敗를 먼저 본다.

破殺을 当한즉, 庚午 破殺 乙卯(△×) 丁卯(×) 己卯(△) 辛卯(×) 癸卯(△)로서 家敗 財敗가 아니면 精神的 肉體的 不實子孫을 둔다(庚己는 土生金으로 生하니 害가 덜하다). 不緣이면 末年 損敗가 크다.

害怨嗔殺을 当한즉, 庚午 害怨 乙丑(△) 丁丑(×) 己丑(△) 辛丑(×) 癸丑(△)으로 子孫으로 인해 家族關係가 항상 葛藤한다.

※ 諸殺은 回生치 못하면 積善積德으로 풀거나 아니면 當該 年月日時에 土地神에 獻財함이 最吉이다.

35) 壬午 Energy場 因子의 特性分析(壬 胎宮 午 ⊕火 Energy場)

天玄水 中心 Energy場이 地中 朱火 中心에서 胎宮에서 生하는 特性으로서 天地가 相互 中心軸을 趣向하는바 天地 陰陽이 相配하고 水昇火降이 圓滿해지는 陽明 Energy場 氣運이다. 일찍이 水火旣濟를 얻었으니 年月日時 特性에 따라 그 勢力을 크게 얻는다.

天體 Energy場 同調 特性者는 一生 頭領人格을 얻을 것이요, 地氣 Energy場 同調 特性者는 一生 社會 活動力에서 成功하는 人格者가 될 것이다.

즉 天干에 乙癸己 壬甲庚의 合成 Energy場은 相互同調하고 地支에 寅午戌 辰申子는 相互同調한다.

따라서 壬午 Energy場 因子 特性의 人格者는 필히 祖上과 子孫의 德興을 既約한다고 할 수 있다.

비교적 明堂 發應의 子孫이라 할 수 있다.

(1) 壬午 Energy場이 年柱에 因緣할 境遇

天壬玄水 Energy場과 地午朱火 Energy場의 胎宮同調 現象이 祖上位에서 發顯한 故로 일찍이 父母祖上의 蔭德이 높고 크다. 初年孝誠이 至極하고 이마의 眉間이 밝고 시원한 人格으로 智慧와 社會性이 早期에 빛난다.

合居한즉, 寅午戌 子申辰 壬庚甲 乙辛己로 合居한즉 初年運이 大發하여 事業成就가 뛰어나며 그 이름이 少年 登科함과도 같이 調達한다. 後日 持續的 運이다.

獨居한즉, 孝誠이 뛰어나고 犧牲精神이 强하다.

刑殺을 当한즉, 壬午 刑沖 甲午 (△) / 丙午 (×) / 戊午 (×) / 庚午 (△) / 壬午 (×) 로서 그 害惡이 刑沖을 함께 倍加시킨다. 早失父母가 아니면 不具人이다. 身體的 缺陷을 얻는다.

破殺을 当한즉, 午卯 破 乙卯 (△) / 丁卯 (△) / 己卯 (×) / 辛卯 (△) / 癸卯 (×)로서 亦是 그 害惡이 至大하나 午火가 甲寅木의 生助에 의해 旺하니 그 根本 甲木旺地인 卯宮이 결국 犧牲하여 돕는다. 즉, 先凶後吉한다. 破財, 破家, 破人 후 再起한다. 父母別離할 수 있다.

害殺과 怨嗔을 当한즉, 壬午害怨 乙丑 (△) / 丁丑 (△) / 己丑 (×) / 辛丑 (△) / 癸丑 (×)로서 怨害가 함께 同伴하는 苦痛을 일찍이 初年에 겪는다.

(2) 壬午 Energy場이 月柱에 因緣할 境遇

天地 和合 同調 Energy場 特性이 胎宮에서 玄朱 精神으로 主客神을 낳은 緣故로 中年 妻弟運이 確然하고 光明하며 일찍이 官財에 早達치 않으면 妻弟가 富貴格이라 周邊의 善 同志를 얻는 幸運을 얻는다.

合居한즉, 일찍이 官界나 財界에서 名聲을 얻게 되고 每事하는 일이 順調롭다.

獨居한즉, 一時 幸運은 얻으나 그 持續이 不利하고 뜻한 바가 순조롭지 못하다.

刑沖을 받은즉, 刑殺, 沖殺이 重殺格으로 壬午 刑殺 甲午 (△) / 丙午 (×) / 戊午 (×) / 庚午 (△) / 壬午 (×)로 重擊 後 回生치 못하면 人敗, 財敗가 立視하다.

破殺을 当한즉, 壬午破殺 乙卯 (△) / 丁卯 (×) / 己卯 (×) / 辛卯 (△) / 癸卯 (△) 亦是 破殺로서 先凶에서 生起하면 後日 木火運을 만날 때 發展運을 얻게

된다.

害怨嗔殺을 만난즉, 乙丑 (△) / 丁丑 (×) / 己丑 (×) / 辛丑 (△) / 癸丑 (△) 玄水 壬午運을 만날 때 비로소 回復한다.

(3) 壬午 Energy場이 日柱에 因緣할 境遇

天壬 玄水 Energy場이 地朱 午火 Energy場이 胎宮에서 직접 同調한 本堂(日柱 孫子代 相續 可能)因緣인 故로 일찍이 聰明한 頭腦와 社會性을 兼備한 出衆한 人格體이다. 每事 분명한 判斷能力과 社會性이 뛰어나고 利財가 아니면 公職의 頭領이 된다.

合居한즉, 計劃과 實行이 더욱 明了하여 每事 件件 失手가 없으며 光明正大하여 推進하는 每事가 항상 밝고 거룩하다. 大義 즉 大成하고 小義 즉 小滿足하니 크게 키우려 하면 크게 뜻함이 옳을 일이다.

獨居한즉, 壬午 獨居 酉亥하니 大成就는 不可하나 小果는 分明하다.

刑沖殺을 만난즉, 壬午 刑殺 甲午 (△) / 丙午 (×) / 戊午 (×) / 庚午 (△) / 壬午 (△)로서 吉 Energy場에 의해 速進하면 運勢의 刑沖이 兩大 惡殺을 一時에 本堂(日柱)에서 맞이한 結果이니 그 害惡은 이루 다 살릴 수가 없다.

年과 惡緣이면 父母 祖上에 不孝하고 月과 惡緣이면 妻弟 財宮에서 그 殺이 일어나고 日柱에서 惡緣이면 本命과 子息宮이 不利하다.

破殺을 만난즉, 壬午 破殺 乙卯 (△) / 丁卯 (×) / 己卯 (×) / 辛卯 (△) / 癸卯 (△)로서 財損이 아니면 改家運이다. 八字 改運命이다.

害怨嗔殺을 만난즉, 壬午 害怨 乙丑 (△) / 丁丑 (×) / 己丑 (×) / 辛丑 (△) / 癸丑 (△)로서 害怨 同時 殺運이 되어 每事 成就 直前에 干涉 Energy場이 發生한다. 害怨 同時殺은 더 질기고 평생 간다. 피를 말리는 運命이다.

(4) 壬午 Energy場이 時柱에 因緣할 境遇

天玄 陽水 壬Energy場이 地陽 火午 Energy場에서 胎宮因緣으로 同調한 子孫 또는 末年 因緣果이다. 따라서 子孫宮은 家門의 世俗 科程上 어느 때보다 子孫勢가 旺盛하고 活動現象이 두드러진다.

즉, 辰巳午未 年月日時를 만나는 時節 因緣을 따라 子孫活動이 昌盛해감을 예고한다고 할 수 있다.

合居한즉, 子寅辰未申戌을 만나게 되고, 年月日 因緣따라 大吉(日緣) 中吉(年緣) 小吉(月緣)로 評價 可能하며 때로는 年月이 바뀌는 境遇도 있다.

獨居한즉, 亥酉 因子를 年月日에 만나게 되니 祖上 配位 또는 本人 間의 後孫關係가 無情해진다.

時에 刑沖을 만난즉, 壬午 自刑沖인 丙午 陽火因子는 子孫을 剋하거나 不安定한 身體的, 精神的 不利 現象을 만들게 된다.

壬午 刑沖 甲午 (△) / 丙午 (×) / 戊午 (×) / 庚午 (△) / 壬午 (△)로서 甲午는 水生木하니 그 刑沖殺이 半減되지만 身體的으로 不利하다. 庚午는 金生水하고, 壬午는 같은 水局이므로 그 피해가 相對的으로 덜하나 水氣가 太過되어 殺을 받는다.

破殺을 만난즉, 壬午 破殺 乙卯 (△) / 丁卯 (×) / 己卯 (×) / 辛卯 (△) / 癸卯 (△)로서 年月日에서 만나게 되면 先 破 後 安定 不利를 얻는다. 즉, 年殺은 父母 祖上緣을 別離케 하거나 犧牲케 한다. 月 破殺은 配位害이나 兄弟를 別離케 하거나 犧牲케 한다. 日 破殺은 本人과 子孫因緣을 멀리하게 한다.

怨嗔과 害殺을 만난즉, 壬午 害怨 乙丑 (△, 水生木) / 丁丑 (×) / 己丑 (×) / 辛丑 (△, 金生水) / 癸丑 (△, 水 同局)으로서 害, 怨이 함께 이르니 子孫의 精神的(怨嗔), 肉體的(害殺) 不安定이 一生을 苦惱케 한다.

36) 乙未 Energy場 因子의 特性分析(乙 養生宮 未 ㊀土 Energy場)

(1) 乙未 Energy場이 年柱에 因緣할 境遇

天乙陰木 Energy場이 地火未土 Energy場과 養地에서 相互同調한 因緣으로 乙木이 地孫인 卯陰木과 合居 同調코저 하는 意志를 지녔다.

初年에 亥水를 얻은즉, 燥土에도 乙木 養生의 氣運이 充分하나 壬亥를 得하지 못하면 天乙木이 枯渴되는 不運을 겪는다.

合居한즉, 初年 乙未 Energy場은 合居하면 燥火土의 가뭄을 이겨낼 수 있다.

獨居한즉, 早發運을 벗어나기가 매우 힘들게 된다. 早失父母運이 아니면 離

鄕客地하거나 그 初年이 疾病 또는 不過함을 지니게 된다.

刑殺을 만난즉, 乙未 刑殺 甲戌 (△), 乙丑 (△) / 丙戌 (×), 丁丑 (×) / 戊戌 (×), 己丑 (×) / 庚戌 (△), 辛丑 (×) / 壬戌 (△), 癸丑 (△)

三刑破 合殺(未丑, 未戌)로서 그 初年은 매우 困窮함은 물론 健康上 많은 苦難을 겪게 된다(主 脾, 膵臟).

沖殺을 만난즉, 乙未 沖 乙未 (△) / 丁未 (×) / 己未 (×) / 辛未 (×) / 癸未 (△)

自沖殺로 인해 玄水 Energy場과 靑木 Energy場 間 過脈 斷絶이 發生하여 惡運의 늪에 빠진다. 특히 糖尿病이나 肝, 腎 病을 얻기 쉽다.

破殺을 당한즉, 乙未 破殺 甲戌, 丙戌, 戊戌, 庚戌, 壬戌로서 刑破 合殺을 당한다(主 脾胃病, 膵臟, 腎臟 病).

怨害를 당한즉, 乙未害怨 甲子 (△) / 丙子 (×) / 戊子 (×) / 庚子 (×) / 壬子 (△)로서 害怨을 동시에 만나 初年이 困苦하다.

※ 天乙靑木 Energy場은 燥土朱火를 直接 同調치 못하고 三合 同調에 의해서 그 同調가 可能하다.

(2) 乙未 Energy場이 月柱에 因緣할 境遇

天乙陰靑木 Energy場이 月柱 初年運을 만나 朱火地土 養地宮에서 因緣同調하는 故로 靑木 Energy場과 朱火 左端 Energy場과의 相合同調에는 多少間의 문제가 發生한다. 즉, 初中年 乙未 當該 運勢는 祖上의 蔭德이 不利한 形態에서 離鄕客地하거나 苦難의 過程을 堪耐하게 된다. 不緣이면 配位宮이 困窮하다.

合居한즉, 先天的 間接同調로 인한 困苦함이 풀리고 性品이 外向하여 他人과 對話 관계를 남달리 즐겨한다. 外交官, 宗敎人, 貿易 事業家 등에 因緣한다.

獨居한즉, 그 過運이 不實해지고 因苦함을 스스로 自招한다. 性品이 好防하여 거침이 없으나 人情이 冷徹치 못하여 자주 失手를 야기한다.

刑殺을 만난즉, 乙未 刑殺 甲戌, 乙丑 / 丙戌, 丁丑 / 戊戌, 己丑 / 庚戌, 辛丑 / 壬戌, 癸丑의 三刑殺이 되어 남을 財로 刑치 않으면 나를 財로 刑하게 하니 過去生에 지은 業障을 社會奉仕와 積善積德으로 풀어나감이 당연하다.

* 刑殺의 種類

官殺刑 : 營倉, 刑務所에 가는 것으로 제일 무섭다.

身殺刑 : 棍杖 맞는 것.

財殺刑 : 裁判에서 敗訴한다.

病殺刑 : 心身이 아프다.

沖殺을 당한즉, 乙未 (×) → 辛丑 / 丁未 (×) → 癸丑 / 己未 (△) → 乙丑 / 辛未 (×) → 丁丑 / 癸未 (△) → 己丑이 되어 亦是 二刑殺을 만나니 四面楚歌로다.

破殺을 당한즉, 乙未 破殺 甲戌, 丙戌, 戊戌, 庚戌, 壬戌 로서 亦是 二刑殺을 동반하니 그 害惡이 初中年이 아니면 配位이다. 人生을 어지럽힌다.

怨害殺을 동시에 당한즉, 乙未怨害 甲子 (△) / 丙子 (×) / 戊子 (×) / 庚子 (△) / 壬子 (△)로서 初中年運이 家族을 괴롭힌다. 土克水하여 夫婦 間의 葛藤이 생긴다.

(3) 乙未 Energy場이 日柱에 因緣할 境遇

乙天陰木 Energy場이 地朱未火 Energy場과 養宮에서 半同調한 因緣으로 天地同調가 원만스럽게 形成되었다. 그러나 朱火 Energy場의 左端勢力이 中年과 一生運을 접하여 朱火 中心勢力을 얻거나 他 Energy場과 合居치 못할 境遇 매우 不安定한 一生이 되기 쉽고, 男女 공히 陰陽에 隷屬되거나 被支配 人生이 되기 쉽다. 參謀形 또는 管理者形이긴 하나 社交的 對話的 外交特性이 强하다.

合居한즉, 그 能力이 急上昇하고 남다른 社會的 出世를 期約할 수도 있다. 다만 中心意志가 薄弱하여 偏見的 見解에 기울기 쉽고 남의 꼬임과 謀陷에 脆弱하여 그 꼬임에 잘 넘어간다.

獨居한즉, 一生을 떠돌이로 보내기 쉽고 恒常 空想的인 人生을 보내게 된다.

刑을 만난즉, 丑戌未 三刑殺로서 精神的, 肉體的 疾病에서 一生을 시달린다. 특히 腎水, 骨髓에 守寒 症狀이 자주 일어나고 情緒的 不安定이 두드러지게 나타나며 男女 공히 生殖機能이 허약하다.

沖을 당한즉, 亦是 燥土가 濕土로 바뀔 뿐 그 極端的 狀態는 변하지 않는다.

一生 龍頭蛇尾的 人生이 되기 쉽다.

破殺을 当한즉, 乙未 破殺 甲戌 (×) / 丙戌 (×) / 戊戌 (×) / 庚戌 (△) / 壬戌 (△)로서 甲丙戊戌破殺은 凶하나 庚壬戌破殺은 半吉하다. 家敗, 財敗를 면치 못한다.

怨害殺을 만난즉, 子未 怨害 甲子 (×) / 丙子 (×) / 戊子 (×) / 庚子 (△) / 壬子 (△)로서 破殺보다는 길고 약한 凶禍가 一生을 괴롭힌다.

(4) 乙未 Energy場이 時柱에 因緣할 境遇

乙天陰木 Energy場이 未地朱火 Energy場과 養宮에서 同調는 하였으나 그 時節 因緣과 陰陽因緣이 相互 不合理하여 子孫因緣이 밝지 못함은 물론 그 運勢 또한 不確實한 未濟格이다.

合居 因緣을 만난즉, 그 運勢가 맑고 明朗할 수 있고 늦게 子孫, 榮華를 얻을 수 있다.

獨居한즉, 그 빛은 뜬 구름 속에 숨은 햇살과도 같다.

乙未 刑沖殺을 当한즉,

〈丑戌刑沖〉		〈戌未刑破〉
乙丑 (△)		甲戌 (×)
丁丑 (×)		丙戌 (×)
己丑 (×)	→	戊戌 (×)
辛丑 (×)		庚戌 (△)
癸丑 (△)		壬戌 (△)

(末年 또는 子孫宮)의 三刑殺로서 그 害惡은 주로 身體에서 먼저 發生한 然後에 精神的 障碍로 나타난다.

一次 土太旺 三刑殺이니 土腸腑가 먼저 發病하고 二次 土克水하니 腎, 膀胱이 衝을 받아 生殖能力과 骨髓液의 不足이 뒤따른다.

三次 木克土하니 ⊖土旺氣에 ⊖木 肝氣가 이겨내지 못하고 四次로 火生土가 不可하니 ⊕火 心小腸이 病을 얻고 五次로 土生金이 不可하니 결국 ⊖土生⊕金 不能이 되어 大腸의 疾病까지 얻게 된다.

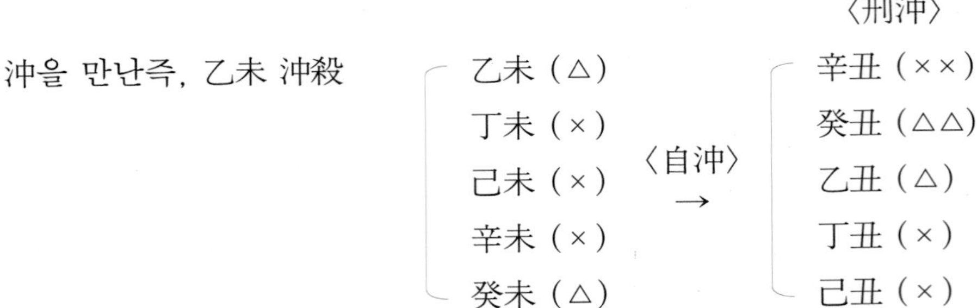

(未年 또는 子孫宮)으로서 亦是 ⊖土 太過가 되어 三刑殺과 相似한 境遇가 되고 만다.

破殺을 當한즉, 乙未 破殺 甲戌 (×) / 丙戌 (×) / 戊戌 (×) / 庚戌 (△) / 壬戌 (△) (未年 또는 子孫宮)으로서 주로 土金病이 連하여 發生한다.

害怨을 만난즉(子未), 子孫과의 害怨이 되며 子孫宮에 障碍가 나타나지 않으면 末年 精神的, 身體的 不安定을 얻는다.

37) 丁未 Energy場 因子의 特性分析(丁 冠帶宮 未 ⊖土 Energy場)

(1) 丁未 Energy場이 年柱에 因緣할 境遇

天朱陰火 Energy場이 地朱陰火 Energy場과 未己土에 冠帶宮으로 同調하는 因緣으로 비록 그 本色은 己未土性이나 局 同調 Energy場과 天體 陰火同調場의 醇化特性에 의해 己未土 地氣 Energy는 朱火土로 變色하였다.

따라서 性은 土色이요, 相은 火色이 된다. 故로 天地가 同居同調하고 朱火房에 均等安定코저 하나 未土의 性相이 葛藤하는 格이니 初年葛藤과 祖上 不安定을 念慮치 않을 수 없다. 일찍이 客氣(朱火)에 敏感하고 그 性品이 好湯하여 사람 사귐이 좋고 奉仕心이 강하다.

合居한즉, 政治, 行政, 外交業務에 밝고

獨居한즉, 初年 彷徨을 막을 길이 없다.

刑殺을 만난즉, 丑戌未 三刑破이요, 또한 戌未 破殺을 겪으니 初年 健康이 不利하지 않으면 父母別離가 있게 된다.

沖殺을 當한즉, 燥土가 부서져 濕土가 되는 듯 하나 결국 늪에 빠진 燥土는 氣盡하고 燥土를 얻는 濕土만이 有利할 뿐이로다(未沖丑, 未 - 燥土, 丑 - 濕土).

破殺을 만난즉, 刑殺과 重疊한 戌未이니 厄이 健康에 남게 마련이다. 다행히 白金入力 Energy場이 日柱가 된다면 技術人으로 苦盡甘來하리라.

怨害를 만난즉, 怨嗔과 重疊하니 初年 彷徨 후 安定된다. 日柱에 子午를 얻는 怨害殺은 남과 시비치 않으면 平和가 온다.

(2) 丁未 Energy場이 月柱에 因緣할 境遇

陰天朱火 Energy場이 地陰未火 左端에서 冠帶宮 因緣으로 和合한 中年 配位命運이니 中年 朱火가 正突 正位置 않으면서 相助하니 들뜬 마음을 가라앉히기가 가히 어렵다.

中年 남의 꾀에 操心하고, 남과 사귀되 愼重한 言行과 三思一行之道가 必要하다.

合居한즉, 配位宮이 平安 明朗하고 밝고 맑은 性品과 얼굴로 中年 美人이다.

獨居한즉, 事理分別心보다 感性이 앞서고 깊은 配慮보다는 卽興的이기 쉽다.

刑殺을 만난즉, 丑戌未 三刑殺로서

1차 土病이요(憂鬱病)

2차 土克水病이요(腎, 膀胱, 骨氣)

3차 木克土病이요(肝, 膽, 筋)

4차 火生土病이요(心虛)

5차 土生金病이다(金亂).

沖을 받은즉, 亦是 丑未土病이 드니 脾屬刻臟 糖尿病이다.

破殺을 当한즉, 亦是 戌未破刑殺로서 前記病이 도래키 쉽다(主 脾胃病).

害殺을 当한즉, 丁未 怨害 甲子 (△) / 丙子 (×) / 戊子 (×) / 庚子 (×) / 壬子 (△)로서 숨은 猜忌와 嫉妬가 있다.

怨嗔을 当한즉, 害殺과 同一하다. 怨嗔害가 重疊하면 一生의 猜忌 嫉妬가 있다.

(3) 丁未 Energy場이 日柱에 因緣할 境遇

丁未朱陰火 Energy場이 未地火陰 Energy場과 冠帶宮에서 因緣和合하였으므로 一生 화려한 思想과 簡潔한 行動으로 對人 好感을 얻는다.

合居한즉, 對人關係가 華麗하고 外交的 營業能力이 뛰어나며 一線 行政業務에 밝고 奉仕的 情神이 강하다.

다만, 獨居시에는 너무 單純하여 每事를 쉽게 생각하고 어려움을 피하다가 失手하기 쉽다.

刑을 받은즉, 丁未刑(丑, 戌)로서 三刑과 破殺을 함께 겪으니 그 害惡이 크다.

沖을 받은즉, 丁未 沖 → 癸丑으로 沖殺 後 즉시 丑濕에 묻히니 그 運勢는 극히 위태롭다. 반드시 脾胃病이 아니면 糖尿病이기 쉽다.

破殺을 当한즉, 破殺 亦是 丁未(戌)로서 脾胃가 不安치 않으면 心腎이 苦難을 당한다.

丁未 破殺 甲戌 (×) / 丙戌 (△) / 戊戌 (△) / 庚戌 (×) / 壬戌 (×) 로서 精神이 不安定하다. 머리가 아주 뛰어나지만 쉽게 삐진다.

怨害殺을 当한즉, 丁未怨害殺 甲子 (×) / 丙子 (△) / 戊子 (△) / 庚子 (×) / 壬子 (×)로서 一生 怨害 관계를 벗어버리지 못한다.

(4) 丁未 Energy場이 時柱에 因緣할 境遇

天陰火가 時柱 末年과 子孫宮에서 地陰火와 同調하는 故로 비록 子孫宮에 得男의 因緣은 薄弱하나 女孫 人品은 곱고 화려하다.

午未, 亥卯未 合을 만난즉, 出家한 美人의 子孫을 만나고, 後天에 因緣하면 末年 人品과 生活이 周遊天下하는 樂天家이다.

걱정이 별로 없고 執着 또한 없으니 天下道人이 부럽지 않다. 末年에 딸 子孫의 孝行을 기대해도 좋다.

合居한즉, 行政家, 外交官, 貿易人으로 크게 名振四海하고 愛國人이 될 수 있다.

獨居한즉, 꿈만 있고 實踐이 없으니 末年이 외롭다. 入道함이 좋다.

刑을 받은즉, 丁未 → 丑戌 三刑破殺로서 丑未刑殺은 腦髓와 脾臟을 다치고, 戌未刑破殺은 脾, 上胃와 精神을 다친다.

沖을 当한즉, 丁未 沖 乙丑 (○) / 丁丑 (△) / 己丑 (△) / 辛丑 (×) / 癸丑 (◉)으로 濕土에 빠지니 脾臟病이 든다.

破殺을 当한즉, 破殺 亦是 戌未刑破殺이니 丁未와 丙戌, 戊戌이 破한즉 脾胃

實熱病에 일생 시달린다.

害怨을 만난즉, 丁未 害怨 丙子, 戊子는 子孫과 末年에 苦難이 따른다.

※ 先天 時柱에 刑沖破害怨을 만나면 子孫은 不幸이요, 後天 時柱에 因緣하면 末年이 因苦하다.

38) 己未 Energy場 因子의 特性分析(己 冠帶宮 未 ⊖土 Energy場)

(1) 己未 Energy場이 年柱에 因緣할 境遇

天陰己未 Energy場이 初年 祖上宮에서 冠帶 地氣 未土 因子와 相互 同調한 緣故로 天體 Energy場과 地氣 Energy 因子 間에는 상당한 協同 Energy場이 形成되고 있다(立體 未土 Energy場 形成). 그러나 己未土 天體 Energy場의 旺地가 巳火에서 일어나는 관계로 巳午未 火局 Energy場은 점차적으로 太過勢가 되어 스스로 그 火土氣라 들뜨는 결과를 낳게 되어 결국 燥土가 되고 만다. 一時的 運勢의 上昇氣流로 初年의 活動은 매우 奔走하고 意慾的이나 龍頭蛇尾格이 十中八九요, 完全成就는 드물다.

合居한즉, 日柱 午火와 同調하여 일찍이 周遊天下하며 貿易이나 海外事業을 크게 일으키고 女人遍歷은 奔走하나 亦是 事業成就는 크다.

日柱에 卯木을 얻은즉, 평생 人氣職業에서 성공하나 家庭事는 紛亂하다.

獨居한즉, 꿈 많은 少年少女相이요, 크게 깨달음이 부족하다.

沖을 만난즉, 己未 沖 乙未 (△) → 乙丑 (△) / 丁未 (×) → 丁丑 (△) / 己未 (×) → 己丑 (×) / 辛未 (△) → 辛丑 (×) / 癸未 (△) → 癸丑 (△) 으로 燥土가 濕土로 전환되어 그 一生이 暗鬱하다.

刑을 받은즉, 己未未(丑,戌)로서 三刑殺이 되니 ⊖⊕土가 두루 四方에 흩어져 水氣를 메마르게 하고 火氣를 잠재우며 木氣를 抑壓한다.

破殺을 當한즉, 亦是 刑殺과 같아서 初年 父母別離가 아니면 身體的 不自由가 發生한다.

怨害를 만난즉, 子未殺로 未子運이 되거나 子未運을 떠날 수가 없다.

즉, 日/時 未子는 未子運이요, 年/日 未子는 子未運이니 一生을 子未 있게 보

낸 結報가 결국 末年을 외롭게 한다.

(2) 己未 Energy場이 月柱에 因緣할 境遇

月 中年 配位 또는 兄弟運으로서 天陰己土 Energy場이 地陰未土 Energy場과 官帶宮에서 비록 相互 同調는 하고 있으나 己未 天乾氣와 未火 燥土氣가 함께 어우러져 크게 메말라 가뭄이 들고 있는 形勢라 자칫하면 바람에 휘날리기 쉽고, 들려있는 관계로 마치 叚風이 穴場 纒脣側의 흙 모습과 大同小異한 모습이니, 보기는 아름답고 고와 보이나 그 실속은 여물지 못하다.

合居한즉, 草木(卯木)을 만나 흙의 風化가 더뎌질 것이요, 濕氣(玄水)를 득한즉 生命力을 구한다. 同宮의 合居 午火(午未合居, 午火有利)가 흙을 데워 熱을 보전함에는 이로우나 己未 燥土가 그 生命力을 持續키 위해서는 亦是 申酉金을 품거나 亥卯 濕草를 얻음만은 못하다.

獨居한즉(未 - 寅, 辰), 들뜬 마음과 몸이 安定치 못하여 늘 떠다닐 窮理만을 計劃하고 있으니 그 中年과 妻弟運이 매우 不安하다.

刑을 만난즉, 己未未 自刑 또는 三刑殺로서 破殺을 兼하고 自刑時는 己未 自沖 己未 즉 乙丑으로 變易 後 丑未刑殺로 돌아 自刑과 同一視한다.

丑戌未 三刑殺은

① 土太過病이요(土病, 脾胃病)

② 土克水病이요(水病, 腎, 膀胱病)

③ 木克土의 不剋病이요(剋을 못하는 病, 肝膽病)

④ 火生土의 洩氣病이요(火不及病, 心腸 虛弱)

⑤ 土生金의 不生病이라(肺, 大腸病)

精神과 肉體가 함께 病이 든다.

沖을 받은즉, 自刑殺과 같고

破殺을 얻은즉, 己未 破 甲戌 (△) / 丙戌 (△) / 戊戌 (△) / 庚戌 (△) / 壬戌 (×)로서 亦是 刑殺을 겸한다.

怨害殺을 만난즉, 己未未怨害 甲子 (△) / 丙子 (△) / 戊子 (△) / 庚子 (△)

/ 壬子 (×)로서 怨害殺이 동시에 일어나서 비교적 安定된 것 같으나, 姿媚가 있는 듯 滋味가 없고, 미워하는 자가 너무 많다.

(3) 己未 Energy場이 日柱에 因緣할 境遇

天陰己未 Energy場이 地陰未土 인자와 冠帶宮에서 相互 同調한 日柱인 故로 일생 己未 天陰 燥火와 未土 地陰 燥火로 들뜬 인생을 보내니 合居한즉 外交官 또는 海外事業으로 大成할 수 있으나 그 이름에 걸맞은 實速은 없다. 다만, 그 名譽는 크게 떨칠 수 있다.

亦是 午火를 만난다 할지라도 丙午火에 隷屬된 燥土이므로 함께 이로움은 있으나 獨立的 成就는 크게 이루지 못한다.

獨居한즉, 一生을 뜬구름 事業家나 김삿갓이 아니면 海外流浪兒가 되기 쉽다.

刑을 만난즉, 丑戌未 三刑殺과 戌未破殺을 함께 지녔으니 그 害惡이 一生을 그치지 아니한다. 특히 건강이 持病하고 그 性情은 항상 밝은 듯하나 陰鬱하다.

沖을 받은즉, 自沖과 回沖이니 自沖과 合居치 못하면 一生 늪에 빠진 人生이요, 回沖을 만난즉, 惱의 運行이 어렵다.

破殺 亦是 戌未破格으로 燥土가 城土에 부딪혀 부서지는 모습이니, 경쾌함은 있으나 신중함은 부족하다.

怨害殺을 만난즉, 子未怨害로서 一生을 남과 是非, 怨望을 끊이지 아니한다.

(4) 己未 Energy場이 時柱에 因緣할 境遇

天陰己未 Energy場이 時柱에서 冠帶因緣으로 地陰未土에서 同調하는 緣故로 子孫과 末年宮에서 매우 乾燥, 輕快(들뜬다)하다. 末年과 後孫이 不安定하여 家庭에 소홀하기 쉽고 他鄕客地遊行을 좋아하며 意志薄弱하여 남과 同業하기를 좋아한다. 꾐에 잘 빠지고 正見과 正思에 不明하여 恒常 本末이 여의치를 못하다.

合居한즉 海外事業이나 外交, 外部에 能手能爛한 氣質과 人氣를 지닌다. 지나간 길에 깊이 마음 상하지 않으니 과히 樂天家이다. 豪快하고 明朗한 반면 主觀이 흐리고 客神의 支配에 잘 이끌린다.

獨居한즉, 未寅(美人)의 고통이 따르고 未辰(未盡)함이 末年을 휘감는다.

刑을 받은즉, 丑戌未 三刑殺과 戌未破殺을 함께 지녔으니 先 人敗, 後 家庭敗한다.

持病이 끊이지 않으니

① ⊖土 太過病이요(脾胃 失症)

② ⊖土⊖水 相剋하여(土克水) 腎, 膀胱이 무너지고

③ ⊖木⊖土 相剋하여(木克土) 肝, 膽이 성치 못하고

④ 火生土의 相生이 不調이니 心小腸病을 同伴하고

⑤ 土生金이 不調하니 亦是 太過的 不及이다.

沖을 当한즉, 未 自沖하여 丑 늪에 빠지니 沖 中의 持難한 沖이로다. 沖도 서럽거늘 늪에 또 빠진 격이니 身苦와 心苦가 끊이지 않는 末年과 子孫의 運勢로다.

破殺을 받은즉, 亦是 刑破를 함께하니 戌未하면 술잔에 미치고 未戌하면 미친 듯 술을 찾는다.

害怨을 만난즉, 子未怨害殺이 同居하니 미워함과 陰害함이 末年을 괴롭힌다.

39) 辛未 Energy場 因子의 特性分析(辛 衰宮 未 ⊖土 Energy場)

(1) 辛未 Energy場이 年柱에 因緣할 境遇

天白陰金 Energy場이 地未左帶 Energy와 衰宮에서 相互 同調하는 因緣인 까닭에 白朱가 화합코저 그 意志를 바로 세웠으나 辛天金 Energy場에 地未陰火에서 녹아 없어진 性相이 되었다. 이는 그 相互 Energy場 性情은 和解스러우면서도 實相은 녹아 부서지는 결과가 되는 것이니 그 자체 존재는 百事가 朱火 左端의 意志에서 결정되고 만다. 즉, 獨自的 判斷構造가 虛弱하고 主體意志가 薄弱하다.

合居한즉, 일찍이 海外에서 크게 吉할 것이나 獨居한즉, 외로운 先天蒼空의 기러기 한 마리가 되고 만다.

刑을 만난즉, 丑戌未 三刑殺이 初路에 入居하니 早失父母가 아니면 身體的 不利를 얻는다.

沖을 만난즉, 그 自沖이 늪에 빠진 形象이니 날던 외기러기가 날개를 접는도다.

破殺을 만난즉, 辛未(戌未破殺) 甲戌 (×) / 丙戌 (△) / 戊戌 (△) / 庚戌 (△) / 壬戌 (△)로서 同種土性으로 克을 받았으니 多少間의 厄難은 있으나, 急死를 免한다. 다만 戌未兩土 氣運이 土克水하여 脾胃의 失症과 더불어 腎水를 말릴까 두렵다.

怨害殺을 만난즉, 辛未(子未怨嗔) 甲子 (×) / 丙子 (△) / 戊子 (△) / 庚子 (△) / 壬子 (△)로서 入穴氣脈에 辛未燥土를 적셔주면서도 그 불쾌를 드러내니 父母와 子息間이 相互 소, 닭 보듯 하는구나.

(2) 辛未 Energy場이 月柱에 因緣할 境遇

天陰金 Energy場이 地陰火土未宮에서 衰運을 만나니 그 中年運이 一時 衰함을 피할 길이 없다.

合居한즉, 亥卯午申을 만나 그 衰함이 잠시에 그칠 수 있으나 刑沖破害를 만나면 부실해진다.

獨居한즉, 그 衰氣의 進行은 持續的 可能性이 많아 亥卯午申 年月日時를 有益하게 利用치 않으면 半生은 人生彷徨을 免치 못한다.

自沖 또는 三刑殺을 만난즉, 丑戌未 三刑破殺이 함께하니 그 害惡은 中年 健康과 運勢를 크게 減少시킨다.

于先 脾胃에 失症을 有發하고, 다시 土克水하여 腎膀胱子宮을 치고, 또다시 木克土하여 木이 鬱하게 되어 肝膽이 상하고, 이어 火生土로 火의 洩氣現象이 形成된 후 土生金의 不能으로 肺大腸의 虛弱이 함께 나타난다.

破殺을 만난즉, 辛未破 亦是 刑殺을 同伴하여 그 害惡은 刑沖과 同一하다.

다만 自沖은 先當體已病이요, 刑 즉 相互病이며, 破 즉 被體已病이 먼저 일어난 후 土克水, 木克土, 火生土, 土生金으로 이어진다.

害怨殺을 만난즉, 辛未 怨害 甲子 (×) / 丙子 (×) / 戊子 (△) / 庚子 (△) / 壬子 (△)가 되어 合居가 共生을 抛棄하면 亦是 干涉運을 피할 수 없다.

月柱는 中年, 妻, 弟 運이니 合居가 共生치 못하면 中年 不幸일 可能性이 높다. 즉 亥水와 合居시 中年 내내 亥未치고(헤엄치고) 未亥결(未解決)이고, 卯와 合居시 中年 내내 未卯하나 卯未스럽고, 申金과 合居시 未래의 申념이니 현실이 아쉽거나 申망(信望)이 未辰(未盡)하고, 午火를 만난즉 正室의 位置를 不便케 한다.

(3) 辛未 Energy場이 日柱에 因緣할 境遇

中壯年을 거쳐 重要一生을 決定하는 本格 Energy場의 特性이 地氣宮에서 衰弱해지는 天體 Energy場 인인으로 形成되었다. 따라서 거의 一生運勢가 周流天下하면서 뜻의 同伴者를 구하고 있는 格이니 그 特性 또한 特異하다.

메이지 않는 豪放함이 있으면서도 홀로 도모치 못하는 運命이니 어차피 함께 도모함이 正法이다. 道人(구도자, 수행승려), 奉仕, 外交, 外務, 福祉, 公職, 營業에서 資質이 뛰어나니 항상 더불어 삶이 眞理이다.

合居한즉, 申午亥卯酉를 만나 크게 無慾的 大事를 成就할 수 있으나 獨居한즉, 巳辰寅을 만나 發展하는 듯하나 中途 不成이니 애초에 過程을 살펴 名譽를 구할 것이며 金錢的 利得을 圖謀치 말아야 한다.

刑을 만난즉, 辛未 刑 乙丑 (△), 甲戌 (×) / 丁丑 (×), 丙戌 (△) / 己丑 (△), 戊戌 (△) / 辛丑 (×), 庚戌 (×) / 癸丑 (△), 壬戌 (△) 로서 相互 刑破殺이 일어나 健康上 最惡이다. 먼저 ⊖土⊕土가 混在하여 그 失病이 卽現하고 이어서 土克水하여 ⊖⊕水가 공히 枯渴된다. 연이어 木克土하여 肝, 膽이 鬱하여 木病이 發露한다. 이를 收拾치 않으면 곧바로 火生土, 土生金하여 心火가 虛하고, 肺/大腸이 虛하여 숨이 막힌다.

沖殺을 만난즉, 亦是 自沖 후 刑을 만난 格이니 ⊖土가 相互 自沖하여 結局은 ⊖土失하고 土克水, 木克土, 火生土, 土生金으로 土病이 流週한다.

破殺을 만난즉, 亦是 刑沖과 동일한 甲戌 (×) / 丙戌 (△) / 戊戌 (△) / 庚戌 (×) / 壬戌 (△)로서 土 失病의 始作으로 金病에서 마감한다.

土病은 脾胃病이니 戊己 中央 黃土病으로 萬病의 根源이며 蔓生의 根源을 害하는 病이다.

害怨을 만난즉, 辛未 - 甲子 (×) / 丙子 (△) / 戊子 (△) / 庚子 (×) / 壬子 (△) 로 主靈이 흔들리고 主神이 彷徨키 쉽다.

(4) 辛未 Energy場이 時柱에 因緣할 境遇

天陰金氣 Energy場이 地陰燥土 Energy場과 衰宮에서 因緣化合 하였으니 陰輕重이 燥土에 묻혀 그 빛을 잃게 되었다. 子孫과 末年에 빛을 잃고 묻힌 身世가 되었으니 長孫은 不實하고 後室孫은 生한다. 陰地에 隱遁하면 末年이 平安할 것이요, 陽地에 드러나면 그 末年이 奔走키만 할 뿐이다.

合居한즉, 亥卯未는 奔走하고 未申은 苦惱가 많고

未寅, 未酉, 未辰은 일만 바쁠 뿐이고 午未合居가 最高이다.

獨居한즉, 辛未를 改善할 수 없는 未巳로서 다소의 安定은 있으나 亦是 環境不安이다.

刑沖을 当한즉, 二重殺로 함께 당하니 丑戌未의 受難이요

破殺을 当한즉, 亦是 太過性 土殺을 막을 길이 없다.

害怨을 만난즉, 辛未 害怨 甲子 (×) / 丙子 (△) / 戊子 (△) / 庚子 (×) / 壬子 (△)가 되어 中心 靈魂이 安定되지 못하고 때때로 흔들리며 混亂스럽다.

※ 末年과 子孫宮에 빛을 잃은 寶石이 되었으니 燥土病의 疾病으로부터 시달림을 당할 것이요. 連하여 土克水, 木克土, 火生土, 土生金 病의 流周가 發生한다. 특히 子孫宮이 不安하니 合居가 不完이면 後事가 平安치 못하다.

40) 癸未 Energy場 因子 特性 分析(癸 庫藏宮 未 ⊖土 Energy場)

(1) 癸未 Energy場이 年柱에 인연할 境遇

天陰癸水 Energy場이 地陰未土 인자에 葬宮의 인연으로 화합하였으니 未火燥土가 陰水를 만나 가문 날의 단비가 되었다. 그러나 天陰癸水는 庫藏에 갈무리된 身世가 되었으니 燥土에 빨려든 土克水의 현상이 되고 말았다.

獨居한즉, 이와 같고, 合居한즉 困苦한 幼年을 탈피하고 貴人의 도움으로 錦衣還鄉할 것이다.

刑을 만난즉, 癸未 刑 - 乙 　 甲

丁 丑 丙

己 戌 戊

辛 未 庚
癸 壬

三刑殺과 破殺이 同居함으로 于先 土太過 / 不及의 疾病이요,

沖을 만난즉, 癸未自沖으로 己丑土에 빠지니 陰濕土病인 脾胃, 膵臟病이 아니면 心身이 昏懵에 빠지는 結果가 된다.

破殺을 만난즉, 癸未 破 甲戌 (△) / 丙戌 (×) / 戊戌 (×) / 庚戌 (△) / 壬戌 (△) 로서 亦是 刑殺과 함께하니 그 害惡이 强하다. 다만 合居時에는 그 害惡이 半減한다.

怨害殺을 만난즉, 癸未 怨害 甲子 (△) / 丙子 (×) / 戊子 (×) / 庚子 (△) / 壬子 (△)로서 初年 내내 健康과 運勢가 不安定하다. 다만 合居한즉 怨害殺이 半減한다.

(2) 癸未 Energy場이 月柱에 因緣할 境遇

天陰癸水 Energy場이 地陰未土 燥氣 Energy 因子와 庫藏節에서 和合하였으니 中年 이전의 土克水 陰剋 현상이 그 勢力을 끝내지 못하고 持續되는 形局의 命運이 되었다.

아무리 初年 運이 戊癸合火를 이루어도 또한 亥卯午未申으로 合居한다 할지라도 中年 癸未 Energy場이 밝고 明了해지기는 매우 어렵다.

이는 合居 運이라 할지라도 初年의 午火는 未土를 더욱 乾燥케 할 것이요, 亥卯未로 合居할지라도 燥土에 자란 卯草가 旺盛키가 쉽지 않을 것임이 分明하고 申未로 合居한들 燥金氣와 合居한 燥土이니 亦是 乾燥하다.

또한 天體 Energy場이 合居하여 戊癸合火 壬癸合水 한다 한들, 戊癸合火하여 地氣燥土에 因緣한들 亦是 燥土氣를 强化시킬 뿐 安定케 하지를 못한다.

壬癸 同局 合水하여 地陰燥土에 因緣하여본들 水土가 同胞가 되기엔 너무 性格이 달라졌다. 따라서 初中年의 癸未 Energy場 인자는 離鄕客地하거나 早失父母하여 赤手空拳으로 自手成家할 수밖에 없는 運命이다.

日時에 合居한즉, 戊午 癸未 合居 運으로 自手成家할 수 있고 亥卯未 合居 運으로 人氣 職業에서 成就 가능하다.

刑을 십한즉, 三刑殺의 害惡을 免키 어렵고 自沖을 십한즉, 己丑에 빠지니 그

늪의 깊이를 헤아리기 어렵다.

破殺을 当한즉, 亦是 戌未 刑破殺로서 그 中年이 困苦함을 免치 못한다.

怨害殺을 만난즉, 亦是 燥土에 맑은 溪谷水가 相剋의 因緣을 벗어나기 어렵다. 이때 子水가 合居하거나 未土가 午火와 合居한즉 吉함이 있다.

(3) 癸未 Energy場이 日柱에 인연할 境遇

天陰癸水 Energy場이 地陰未土 Energy 인자와 相互 庫藏節에서 同調하였으니 一生 그 燥土가 多少間의 癸水를 안고 있으나 亦是 相剋的 葛藤(土克水)을 벗어날 수가 없다.

祖上의 變故가 없으면 본인의 健康이 圓滿치 않을 것이니 특히 濕에 찬 脾胃病은 冷水에 의해 깊어갈 수 있다.

獨居한즉, 脾濕冷病이요, 脾濕은 腎冷으로 이어져 心虛病에까지 이른다.

合居한즉, 亥卯, 午申(午未, 申未)을 얻은 것이니

癸未 -	甲午 (○)	甲申 (○)이거나	乙亥 (○)	乙卯 (○)으로서
	丙午 (△)	丙申 (△)	丁亥 (△)	丁卯 (△)
	戊午 (△)	戊申 (△)	己亥 (△)	己卯 (△)
	庚午 (○)	庚申 (○)	辛亥 (○)	辛卯 (○)
	壬午 (○)	壬申 (○)	癸亥 (○)	癸卯 (○)

일생 외교관(亥卯未 運), 福祉, 貿易, 行政家(午未申 運) 등으로 세상에 出하면 吉하다. 獨立的 삶이 困難하므로 항상 周邊과 相互 協同함이 吉하다.

刑을 받은즉, 丑戌未 三刑破殺을 당하니 脾胃病과 腎膀胱病, 肝膽病, 心小腸病을 조심해야 한다.

沖을 만난즉, 自沖에 의해 丑土에 빠지니 크게 一生을 困境 속에서 헤맨다.

破殺 亦是 刑과 더불어 發生하니 그 害惡이 길다.

害怨嗔을 함께 만나면 癸未 害怨 甲子 (△) / 丙子 (×) / 戊子 (×) / 庚子 (△) / 壬子 (△)로서 甲庚壬을 만나지 못하면 怨害의 苦痛이 一生을 그치지 않는다.

(4) 癸未 Energy場이 時柱에 인연할 境遇

天陰癸水 Energy場이 地陰未土에 藏하니 子孫의 生産能力과 末年의 生命氣運이 비교적 安定的이지를 못하다.

獨居한즉, 슬하에 男兒孫이 貴하고 先 女息運이 되기 쉬우니 配位가 合居치 못하면 無子이기 쉽다.

合居한즉, 外交通商, 貿易, 行政, 福祉 分野에서 매우 큰 成果를 얻을 수가 있다.

末年이나 子孫 中에 周遊天下運을 지닌 關係로 心行을 善用한즉 大丈夫의 氣像을 드높이고 不緣인즉 그 人格됨의 갈무리가 소홀해진다.

刑을 받은즉, 丑戌未 三刑殺을 동시에 짊어진즉 그 害惡이 너무 크며 短命人이 아니면 身體 不自由가 되기 쉽다.

破殺을 쓸한즉, 刑殺과 同乘하니 亦是 그 害惡은 莫甚하다.

害怨嗔殺을 만난즉, 末年에는 精神的 障碍가 아니면 膝下에 근심이 많다.

맑고 밝은 心性과 言行으로 末年을 이어가지 않으면 脾胃와 腦血管疾患에 露出되기가 쉽다. 中風, 糖尿, 膵臟 계통의 病을 주의해야 한다.

癸未 時柱가 脾濕한즉, 女人은 肉病이요, 男子는 糖尿, 腎臟, 膀胱 浮腫이 온다. 아니면 몸이 마른다.

41) 甲申 Energy場 因子 特性 分析(甲 胎宮 申 ⊕金 Energy場)

(1) 甲申 Energy場이 年柱에 因緣할 境遇

天陽甲陽木 Energy場이 地陰申陽金 Energy場 因子와 胞宮에서 相互 同調한 因緣으로 父母 祖上과 子孫間에는 地陰剋天陽하여 위로 하늘을 拒逆하는 不孝的 形象을 지니게 되었다.

그러나 그 性情은 大長木을 다듬어 큰 材木으로 쓰고자 하는 忠情이니 반드시 早失父母 離鄕客地運을 넘기면 分明 自手成家하여 家門에 孝事를 이룩한다.

天陽과 地陽의 强陽之氣로 남과 다투거나 論爭을 좋아하고 固執과 主體意志가 매우 강하다.

午未 火土의 纏脣 凝縮의 同調가 그 本源的 生命 現象임에도 他人과의 同居를

忌하는 잘못을 범한다. 午未가 空亡이 되어 初年之境에는 社會的 도움이 부족하니 自手成家하면서 小富貴를 得하니 初年 他人이 德을 입지 않음이 오히려 成就함이 크다.

獨居之命運이 合居한즉, 丙戊甲壬庚/午, 乙丁辛癸/未, 壬丙戊甲庚/子, 壬丙戊甲庚/辰, 甲丙戊庚壬/寅, 甲丙戊庚壬/戌, 午未子寅辰戌을 만나면 그 뜻과 氣槪를 크게 펼칠 수 있고, 특히 判斷力과 推進力이 뛰어나므로 그 能力을 必要로 하는 職種에서 大成한다. → 判事, 職場 內 리더, 重金屬 機械 系統(工業 系列), 宗教的 指導者, 軍人, 警察로 成就.

寅午戌을 만나면 空亡이 解制된다.

刑沖을 当한즉, 三刑破殺을 만나 그 하는 바가 百事無結이요 萬事不如하니 罪 없이 벌 받지 않기를 노력해야 한다.

三刑殺이 破殺과 同行한즉, 먼저 金木의 病이 들어 魂魄이 흔들리고 虛失을 오가면서 心小腸을 때린다. 肝膽心小腸이 虛失을 反復하는즉, 이하 臟腑인 水土臟腑가 그 기능과 使命을 잃게 된다.

害怨嗔을 만난즉, 甲申 害怨 乙亥 (×), 乙卯 / 丁亥 (×), 丁卯 / 己亥 (△), 己卯 / 辛亥 (△), 辛卯 / 癸亥 (△), 癸卯로서 每事가 不安定이요 腎水가 不便하여늘 膀胱腎臟의 疾病을 同伴하거나 精神的 不安定者 또는 腦髓에 不調和가 發生한다. 申亥害殺, 申卯怨嗔으로 破壞的이면서도 覺醒을 일으킨다.

(2) 甲申 Energy場이 月柱에 因緣할 境遇

天陽甲木 Energy場이 地陽申金 Energy 因子와 胞宮에서 相互 同調하니 그 中年의 下剋上을 免키가 어렵다. 妻弟運이 忍苦치 않으면 財運의 不安이 發生한다. 苦盡甘來하니 初中年에 離鄕客地하여 自手成家하면 大長木을 다듬는 큰 뜻을 펼 수 있다.

合居한즉, 甲申 合(子寅辰午戌未 ○, 巳 △) 하여 苦生 끝에 樂이 온다.

刑을 当한즉 甲申 刑 甲寅 (△), 乙巳 (△) / 丙寅 (△), 丁巳 (×) / 戊寅 (×), 己巳 (△) / 庚寅 (×), 辛巳 (×) / 壬寅 (△), 癸巳 (△)로서, 刑殺 → 刑破殺 → 三刑殺로 破殺 格으로 官災口舌이 中年 내내 끊이질 않고 寅木이 항상 虛症이 된다. 職業을 선택함에 愼重을 기하라.

檢判事, 軍, 醫師가 아니면 칼, 가위, 도끼를 잡는 職業(목수/목공/원예, 기계 장인, 공장 기술자)이 가능해지고 上職은 業障이 消滅되나 下職은 惡業을 쌓기 쉽다.

沖을 当한즉, 甲申自沖이 되어 庚寅 Energy場 因子로 變化되니 甲申 先天運과 庚寅 後天運이 相互 葛藤을 일으킨다.

甲庚이 衝突하여 後天이 先天을 制極하나 地氣 叛亂으로 先天 地氣가 後天 地氣를 制極하니 天地葛藤이 끊이질 않는다.

膽石 患者가 많고 膽道 狹窄이 잘 일어난다.

破殺을 当한즉, 甲申破(주로 丁巳, 辛巳)이니 刑破가 동시에 온다.

怨嗔殺을 만난즉, 中年 配位의 不安이 온다.

(3) 甲申 Energy場이 日柱에 因緣할 境遇

天陽甲木 Energy場이 일주 地陽金 Energy 인자와 亦是 胞宮에서 相互 同調하였는故로, 天陽靑木 Energy場과 地氣陽金 Energy 인자는 靑肩과 白腕間의 對稱 均衡 關係를 維持하려는 相剋的 同調형태를 一生 持續하게 된다.

따라서 비록 改革的인 意志와 創造的 精神은 뛰어난 一生이나 獨居時 그를 理解하고 同調하는 周邊은 小數이니 平生이 외롭고 孤單하다.

合居한즉 甲申 (甲-子/辰, 丙-子/辰, 戊-子/辰, 庚-子/辰, 壬-子/辰) 중 庚子, 庚辰 間의 極端的 改革意志를 제외하고는 두루 圓滿象을 이루니 父母, 兄弟, 妻子孫은 크게 일으켜가는 가정의 기둥이 되고 國家 社會에 크게 貢獻한다. 日柱가 甲申인 故로 庚申이 지닌 獨斷的 特性이 比較的 부드럽고 合理的이다.

沖을 받은즉, 甲申 自沖하야 庚寅으로 그 모습을 바꾸니 甲申의 改革意志가 한층 더 강하게 드러난다.

刑을 받은즉, 甲申 刑殺 乙巳 (△) / 丁巳 (×) / 己巳 (△) / 辛巳 (×) / 癸巳 (△)로 일부 약한 刑이긴 하나, 일단 刑殺을 받은 즉시 破殺로 變換됨으로 그 害는 막중하다.

亦是 甲申 刑殺 - 甲寅, 丙寅, 戊寅, 庚寅, 壬寅 中 (甲壬)寅의 다소 약한 刑殺을 제외하곤 모두가 그 改革性을 포기하지 못해 刑殺을 免키 어려워진다.

合居 同調 運勢의 寅申刑殺은 改革的 成就가 充分하다.

三刑殺을 当한즉, 四柱因子 자체 三刑 일진이 되면 이는 平生을 남과 爭鬪함으로 인해 勝敗를 거듭하는 一生이 된다. 判檢事, 辯護士가 아니면 一生 鬪士로서 보내야 할 命運이다. - 改革家, 進步派 또는 宗教 運動家, 技術人.

破殺을 만난즉, 刑破殺과 同一하여 寅木이 巳火와 申金에 시달려 一生 肝膽疾患에서 헤어나기 어렵다.

害殺을 만난즉, 申亥殺로 다른 餘他 害殺보다 더욱 두렵다.

怨嗔殺을 当한즉, 申卯怨嗔이 되어 一次 變革 후 安定的 葛藤

(4) 甲申 Energy場이 時柱에 因緣할 境遇

末年 또는 子孫 위상에 天陽甲木 Energy場이 地陽申金 Energy 인자와 胞宮에서 相互 同調한 緣故로 天地間의 青白同調는 애써 이루었으나 그 性品이 相對的으로 일시 衝突하니 先은 凶이요, 後事는 吉格이라.

內性이 外性을 剋하고 後人이 先人을 剋하며 子孫이 祖上을 剋한 格이 되어 多少間의 內外 祖孫의 葛藤이 表出된다. 修行者는 自己革新을 꾀하나 無明子는 固執과 强壓으로 그 末年을 후회한다.

獨居한즉 獨善이요, 合居한즉 合理的 改革家이다.

刑을 받은즉 子孫이 不利치 않으면 末年 孤獨이요.

三刑殺을 当한즉 肺大腸의 病苦亂이 아니면 末年 刑事的 困苦함을 当한다. 이는 본인의 過失이 큰 原因이니 남을 허물치 말라.

沖을 当한즉, 亦是 剋性이 무너지니 하루아침에 하늘을 휘젓는 도끼날이 땅위에 떨어져 뒹군 格이 된다.

破殺을 当한즉, 三刑殺과 同居하니 늙기도 서러운데 엎친 데 덮치는구나. 肺大腸에 熱이 오르고 肝膽에 虛症이 일어나니 心小腸은 實症으로 함께 헐떡인다.

害殺을 만난즉, 甲申 害 乙亥 (△) / 丁亥 (×) / 己亥 (△) / 辛亥 (×) / 癸亥 (△)로서, 六害 中 辰亥害殺 다음으로 凶害가 크다. 마치 잘 쓰던 도끼가 강물 속에 빠져 녹이 스는 형상이 되었다.

怨嗔을 만난즉, 甲申 怨嗔 乙卯 (△) / 丁卯 (△) / 己卯 (△) / 辛卯 (×) / 癸卯 (△)로서 辛卯怨嗔 大怨을 제외한 5怨은 少怨이니 先은 비록 强怨이나 後日에는 그 怨望이 약해진다.

대체적으로 時柱 甲申 空亡殺이 午未 日柱에 처한즉, 末年과 子孫의 희망이 약해지고, 대신 時柱 자체가 日柱의 空亡殺이 되면 이 또한 末年과 子孫宮에(甲戌 日柱) 뜻대로 풀려가지 않는다.

42) 丙申 Energy場 因子의 特性分析(丙 病宮 申 ⊕金 Energy場)

(1) 丙申 Energy場이 年柱에 因緣할 境遇

初年과 祖上宮에서 天陽丙火 Energy場이 地陽申金 Energy 因子와 病所 因緣으로 同調하니 비록 天朱火 Energy場으로 地白金 Energy를 凝縮한 相이 되었으나 그 內實인즉 天丙火가 地申金을 크게 劫迫하며 相剋同調하였다. 결국 天火는 地申에서 病이 들고 地申만 겨우 외로운 生命을 얻었다.

獨居한즉 初年에 父母祖上과 不善 因緣하니 離鄕客地함이 父母와 持續可能한 因緣을 남길 수 있다(自手成家形).

合居한즉, 甲戊庚辛, 子辰午未를 만나게 되어 苦生 끝에 樂을 기대할 수 있다.

刑殺을 만난즉, 丙申 刑 甲寅 乙巳 (△) / 丙寅 丁巳 (△) / 戊寅, 己巳 (△) / 庚寅, 辛巳 (×) / 壬寅, 癸巳 (×)의 刑破殺을 同伴하니 그 害惡이 팔다리가 부러지는 고통의 연속이다. 肝膽이 먼저 무너지니 中風이 빨리 오고 이어서 肺大腸이 虛弱하니 初年 健康이 不自由하다. 情緖的 不安과 嗔心에 甚大하니 對人關係가 偏狹하다.

沖殺을 만난즉, 丙申沖이 壬寅으로 再生하여 亦是 丙壬沖 寅申 相待하여 寅木을 괴롭힌다. 初年 肝膽과 肺大腸의 虛失症이 發生한다.

破殺을 만난즉, 丙申 破 乙巳 (△) / 丁巳 (△) / 己巳 (△) / 辛巳 (×) / 癸巳 (×)의 刑破殺이 되어 地申과 天丙이 地火와 天陰의 葛藤과 上昇하여 父母兄弟와 別居하거나 持病을 얻게 된다.

害殺을 만난즉, 丙申 害 乙亥 (△) / 丁亥 (△) / 己亥 (△) / 辛亥 (×) / 癸亥 (×)로서 막중한 정신적, 육체적 困難을 당한다.

불도끼가 큰 바다에 빠져들어 初年에 녹이 스니 부모의 持病이 아니면 本人의 持病이 된다.

怨嗔殺을 만난즉 丙申 怨嗔 乙卯 (△) / 丁卯 (△) / 己卯 (△) / 辛卯 (×) /

癸卯 (×)가 되어 祖孫 相互葛藤의 初年이 發生한다.

卯가 獨居하면 木病으로 癎疾이 온다.

(2) 丙申 Energy場이 月柱에 因緣할 境遇

天陽丙火 Energy場이 地陽申金 Energy 因子와 病宮에서 因緣和合하는 申金 妻弟(財)인 故로 天陽火氣가 地陽 中年 申金을 火克金하는 先 不利 後 改吉하는 特性이 되었다(敬畏心, 感謝, 報恩, 業障消滅, 明了識을 覺醒해야 한다).

合居한즉, 丙辛(合化水) 天體 Energy場 合이나 申子辰 午未申을 만나 크게 改革하고 떨쳐 일어날 수 있는 進取的 運勢가 될 수 있다.

獨居한즉, 初中運이 因苦하고 妻弟(財)運이 否塞하거나 不怨이면 中年 情緒(精神)나 心身에 病苦가 온다.

刑을 만난즉, 丙申 刑殺 甲寅 乙巳 (△) / 丙寅 丁巳 (△) / 戊寅 己巳 (△) / 庚寅 / 辛巳 (×) / 壬寅 / 癸巳 (×)의 三刑殺로서 破殺을 同伴하는 大凶이 中年을 휘감는다. 주로 寅木의 被害가 極甚하고 次로 申金이 녹아내리고 三次로 巳火가 서서히 꺼져 내린다. 陽木 膽 疾患을 忌할 것이요, 次로 大腸病, 三次로 心臟病을 操心해야 한다(특히 刑事件을 留意할 것).

沖을 만난즉, 丙申自沖 壬寅으로 轉變하나 丙壬沖 寅申沖으로 亦是 寅木(壬水)이 꺾인다.

破殺을 만난즉, 三刑殺을 同伴한 破殺인 故로 그 害惡이 하늘을 찌른다. 中年 破殺이 아니면 身病不具가 두렵다.

害殺을 만난즉, 丙申 害殺 乙亥 (△) / 丁亥 (△) / 己亥 (△) / 辛亥 (×) / 癸亥 (×)로서 天火에 멍든 申金이 깊은 물속에서 썩는 도끼와 같은 신세가 된다. 불 도끼가 바다에 빠져 中年에 녹이 쓰니 妻弟의 持病이 아니면 本人의 持病이 된다. 妻弟 別離數가 있다. 그러나 未인자(未申, 亥卯未)로 害殺을 풀 수 있다(申亥害殺은 癸亥 年月日時에 그 害惡을 감당하지 못한다).

怨嗔殺을 만난즉, 丙申 怨嗔 乙卯 (△) / 丁卯 (△) / 己卯 (△) / 辛卯 (×) / 癸卯 (×)가 되어 祖孫 相互 葛藤이 中年에 發生한다. 卯가 獨居하면 木病으로 眼病이 많이 온다.

※ 丙申 Energy因子의 同調因子는 子寅辰午戌로서 甲乙戊己의 天氣를 同伴하면 大吉하다.

(3) 丙申 Energy場이 日柱에 因緣할 境遇

亦是 天陽丙火 Energy場이 地陽申金 Energy 因子와 病宮에서 相互 同調한 一生의 主格運이 되었으니 天陽 先天 火氣가 地陽 後天 申金을 逼迫하는 一生이다.

獨居한즉, 先天 祖上의 蔭德이 不利하고 早失父母가 아니면 離鄕客地함이 쉽다. 丙火와 申金의 相剋함이 肺, 大腸을 干涉하니 항상 大腸系統, 皮膚, 기관지를 조심하라.

合居한즉, 甲戊己申子辰 同調하여 일찍이 自手成家할 수 있고 勤勉誠實하고 改革的 思考를 지닌다(申子辰의 子水가 지혜를 낳게 한다).

年柱에서 子水를 得한즉 初年 發達하고, 月柱에서 子水를 得한즉 中年이 發達하며, 時柱에서 子水를 得한즉 子孫 聰明하여 末年의 富貴를 얻는다.

刑破殺을 當한즉, 寅巳申 三刑과 巳申破殺 氣運이 함께 作用하여 一生이 困苦치 않으면 凶事나 訴訟件에 連累되거나 疾病으로 시달린다.

沖殺을 當한즉, 人生 고비를 건강과 재산으로 넘겨야 하니 年柱와 沖殺을 만나면 父母別離가 아니면 初年病故라. 月柱에서 沖殺을 만나면 夫婦離別이요, 時柱에서 沖殺을 만난즉 子孫과 無緣이기 쉽고 末年이 외롭다.

害殺을 만난즉, 丙申 害 乙亥 (△) / 丁亥 (△) / 己亥 (△) / 辛亥 (×) / 癸亥 (×)로서 불(火) 맞은 申金이 물속에서 담금질을 한다.

怨嗔殺을 만난즉 丙申 怨嗔 乙卯 (△) / 丁卯 (△) / 己卯 (△) / 辛卯 (×) / 癸卯 (×)로서 불 맞은 도끼가 풀밭에서 춤을 춘다.

(4) 丙申 Energy場이 時柱에 因緣할 境遇

天陽丙火 Energy場이 地陽申金 Energy 因子를 子孫과 末年命運에서 나타나니 亦是 先天(혹은 司天) 丙火氣와 司地申金氣가 相互 葛藤하는 形局이 되었다.

朱火 天體 Energy場이 白金 穴場 右腕을 깊숙이 凝縮하지 못하고 방일하게

늦추어 凝縮하는 꼴이 되었다. 즉 朱火 기운이 방만하여 白金 Energy 凝縮 集中이 불안한 결과이다.

獨居한즉, 子孫宮과 末年宮이 困苦치 않으면 疾病과 함께한다. 不緣이면 苦生運이다.

合居한즉, 甲戊乙己와 子寅辰午未戌을 득하여 丙火에 金을 녹이는 직업으로 成就한다.

刑破殺을 만난즉, 三刑과 破殺이 함께하니 子孫이 부실하지 않으면 末年 病故가 아니면 刑事的 事件으로 苦生한다. 주로 木病을 조심하고 타인 간의 다툼을 삼가라.

沖殺을 만난즉, 自沖 후 壬寅이 相沖하여 그 本身이 무너지는 격이니 특히 寅木(肝膽)을 보할지어다.

破殺 亦是 三刑과 함께하니 家敗, 財敗, 人敗를 子息宮과 末年宮에서 發生하니 유의함이 가하다.

害殺을 만난즉, 丙申 害殺 乙亥 (△) / 丁亥 (△) / 己亥 (△) / 辛亥 (×) / 癸亥 (×)로서 相互 相生하는 듯하나 大海水에 陽金이 녹이 슨 격이다.

怨嗔殺을 만난즉, 子孫과 父母間 怨嗔이거나 子孫과 妻弟間 不和이거나 子孫과 祖上間 怨嗔殺이 發生하면 人德과 俸祿은 無德無福하고 末年 怨嗔이 들면 세상 사람과 많은 怨恨을 산다.

43) 戊申 Energy場 因子의 特性分析(戊 病宮 申 ⊕金 Energy場)

前記한 丙申 Energy場 因子 特性과 大同小異하게 天陽戊土 Energy場이 地陽申金 Energy 因子와 病宮에서 相互同調하는 까닭에 天陽戊土 Energy場의 役割이 크게 地陽申金(白金) Energy 因子를 북돋우지는 못한다.

그러나 天陽戊土 Energy는 비록 病弱해졌다 할지라도 그 根本(五氣)은 生金特性을 지니고 있는 까닭에 丙火에 비해서 보다 溫和한 同調關係를 維持해주고 있다.

(1) 戊申 Energy場이 年柱에 因緣할 境遇

祖上因緣이 不足하여 自手成家하거나 父母가 病을 얻거나(得病) 離鄕客地하기 쉽다.

獨居한즉, 早失父母 또는 客地成家하고 世上의 財物이 없어진다.

合居한즉, 苦盡甘來하니 苦生 끝에 榮華가 온다.

月柱와 合居하면 配位나 兄弟의 德을 얻고 日柱와 合居한즉 初年苦生이나 中年成功하고 時柱와 合居한즉 子孫과 末年에 榮華가 있다.

刑을 当한즉, 亦是 三刑殺과 破殺을 重이하니 그 害惡이 너무 크다. 戊癸와 잠시 和解하는 듯 하나 이는 잠시일 뿐 從來는 刑破殺을 만날 수밖에 없다.

단 合居 同件 刑破殺은 申子辰巳酉丑의 도움으로 刑事職에서 그 成就를 期約할 수 있다. 이 亦是 가까운 祖上(近祖)의 蔭德이나 집터의 地氣가 同調될 시에 한한다.

破殺을 当한즉, 前記와 有以하고 身體的 苦痛이 더하며

害殺을 当한즉, 戊土의 剋水原理가 相互 反轉되었을 뿐 그 害惡은 大同小異하다.

怨嗔殺을 만난즉, 病弱한 戊土의 도움으로 草木의 生存에는 多少間의 容易함이 있으나 亦是 月柱에 怨嗔이면 配位나 兄弟宮이 不德이요, 日柱에 因緣하면 二夫從事요, 時柱에 因緣하면 男兒宮과 緣이 없다.

(2) 戊申 Energy場이 月柱에 因緣할 境遇

天陽戊土 Energy場이 地陽白金 Energy 因子와 妻弟緣이 되어 病宮에서 만난 故로 中年運勢가 困苦하다. 비록 天陽重土氣의 生助를 얻었으나 그 實勢가 虛弱하여 돕는 듯 마는 듯 그 持續的 意志가 不足하다.

따라서 獨居한즉, 妻弟의 도움이 貧困하고 中年 進路가 외롭다.

合居한즉, 戊乙己丁 申子辰 寅午戌의 도움을 입어 父母祖上(年柱 合)의 蔭德을 얻든가, 本人(日柱 合)의 信念과 意志가 確固해지던가 子孫과 末年(時柱 合)에서 榮華를 보든가 하여 自尊的 삶을 成就할 수 있다.

刑을 받은즉, 三刑殺과 破殺이 함께 重擊하니 그 害惡이 精神的 또는 肉體的

으로 적지 아니하다. 특히 三刑破殺과 重疊하는 年月日時에는 그 邪氣에 露出되지 않도록 고요히 時節 낚시를 드리워야 한다.

沖殺을 받은즉, 戊申 自沖 → 甲寅으로서 戊甲은 相生하나 寅申은 亦是 三刑과 對稱的 關係가 되어 半吉半凶을 거듭하니 결국은 相衰한다(서로 망한다).

年柱에서 因緣하면 初年 父母 別離하고 月柱에서 因緣하면 妻弟와 別離하고 日柱에 因緣한즉 本人의 挫折이 있고 時柱와 因緣한즉 子孫과 別離로다.

申金이 寅木과 相爭하니 陽金病이 아니면 陽木病이로다.

破殺을 만난즉, 위에 기록된 刑殺과 大同小異하고

害殺을 만난즉, 戊申 害 乙亥 (△) / 丁亥 (△) / 己亥 (△) / 辛亥 (×) / 癸亥 (△)로서 辛亥의 害殺이 가장 크다.

怨嗔殺을 만난즉 戊申 怨 乙卯 (△) / 丁卯 (△) / 己卯 (△) / 辛卯 (×) / 癸卯 (△)로서 辛卯怨嗔殺이 가장 두렵다.

(3) 戊申 Energy場이 日柱에 因緣할 境遇

天陽戊土 Energy場이 地氣 陽申金 Energy 因子와 病宮에서 因緣 和合한 緣故로 그 勢力이 强金 도끼에 부서진 城壁土와 같은 形局이 日柱에서 展開되었다.

平生 勞事 勤勉誠實하나 그 얻는 所得이 충분치 못하고 인격은 壯重하나 그 뜻한 바가 슬기를 잊어버리기 쉽다.

獨居한즉, 외롭고 孤寒하며 中級 武將이요

合居한즉, 申子辰 · 午寅戌로 그 勢力이 旺盛함을 一生 持續하니 큰 뜻을 가진 자는 크게 成就할 것이요, 小意를 품은 자는 地方의 管理이다. 주로 軍, 警, 劍, 判이나 再造業에도 大成한다.

刑을 当한즉, 戊申 刑 乙巳 (△), 甲寅 (×) / 丁巳 (×), 丙寅 (×) / 己巳 (×), 戊寅 (×) / 辛巳 (×), 庚寅 (△) / 癸巳 (△), 壬寅 (△)의 三刑殺로서 二重 破殺을 함께 同行하니 一生 害惡이 크게 두렵다.

三刑殺을 얻는 年月日時를 항상 豫備하지 않으면 갑자기 당하여 그 殺을 면하기는 쉽지 않다.

破殺을 当한즉, 위에서 論한 바와 같이 먼저 身體上 病苦가 먼저 오고(木病 → 金病 → 火病) 次로 家業과 出世에서 落馬한다.

沖殺을 받은즉, 戊申 自沖하여 甲寅으로 換生하니 生助者는 木星의 職業으로 成就가 있으나 自沖 年月日時에 當到하여 분명코 一時的 꺾임을 당한다. 미리 그 對策을 講究하라.

害殺을 만난즉, 戊申 害 乙亥 (△) / 丁亥 (×) / 己亥 (×) / 辛亥 (△) / 癸亥 (△)로서 害惡이 마치 水中 도끼가 녹이 슨 形局이라 모진 苦難이 一生을 따른다.

怨嗔殺을 만난즉, 戊申 怨 乙卯 (△) / 丁卯 (△) / 己卯 (△) / 辛卯 (×) / 癸卯 (△)로서 그 害惡은 마치 자라는 새싹을 도끼로 찍어내는 듯하도다.

(4) 戊申 Energy場이 時柱에 因緣할 境遇

天陽 戊土 Energy場이 地氣 陽金 Energy 因子와 病宮에서 因緣 和合하여 時柱를 形成하였으니 時宮은 子孫과 末年 運氣라 地氣와 戊土가 서로 相生 中에도 戊土를 得하게 되었으매 子孫과 末年의 근심이 떠나지 않는다.

獨居한즉, 子孫宮이 외롭거나 괴롭고 末年 孤獨이 떠나지 않는다.

合居한즉, 申子辰寅午戌 癸甲庚을 相逢하여 武將의 子孫을 얻거나 孝孫을 얻을 것이며 末年 事業運이 旺盛할 수 있다.

刑破殺을 받은즉, 寅巳申 三刑殺이 되어 그 害惡이 子孫과 末年을 뒤흔든다. 몸의 苦痛이 아니면 生活事의 難關과 訟事가 子孫과 末年을 괴롭힌다. 단, 子辰午戌을 만나면 社會的 指導者가 되어 富貴를 얻는다.

沖殺을 만난즉, 戊申 自沖 → 甲寅이 되어 生助를 얻으면 長子 失敗 후 좋은 孫을 얻을 것이요 生助를 잃으면 결국 無孫이 된다.

害殺을 만난즉, 申亥害殺로서 子孫의 疾病이 아니면 末年 健康이 不調하다.

怨嗔殺을 얻은즉, 申卯怨嗔으로 子孫과 末年 中 家族關係나 周邊 間에서 원만한 日常이 되지 못한다.

總體的으로 戊申 Energy場은 年月日時 중 어느 때이든 간에 獨居한즉 獨善과 我執이 강한 命이요, 合居한즉 强力한 意志의 所有者가 되어 일을 成就함에 주저하지 않는다. 언제나 哲學的 宗教的 意志가 강하고 末年 未來를 豫測하는 能力 또한 뛰어나다.

44) 庚申 Energy場 因子의 特性分析(庚 祿馬宮 申 ⊕金 Energy場)

(1) 庚申 Energy場이 年柱에 因緣할 境遇

天運 陽金 白庚(陽太過 金) Energy場이 地氣 陽金 白申 Energy 因子와 建祿官宮에서 相互同調하는 最上의 天地 合一的 同調가 形成되었다.

비록 天・地氣가 同時 同宮 金局에서 相互 同調한 緣故로 金性의 强健한 氣運이 白金에 몰려있음이 허물이긴 하나 義理가 강하고 뜻한바 意志가 굳건하여 한번 결심한 바를 기어이 成就해낸다.

初年 年柱에 그 뜻을 세우니 獨居한 者는 그 意志가 무너질까 두렵고 合居한 자는 그 意志가 넘칠까 두렵다.

初年 獨居는 父母祖上과 葛藤하니 孝心者는 成娶가 있고 不孝子는 早失父母가 아니면 異鄕客地한다.

合居者는 初年 心身의 修行이 절대 필요하고 修身齋家 연후면 반드시 大海에서 大魚를 낚는다.

月柱에서 同調하면 妻弟의 德이 있고 日柱에서 同調하면 一生 富貴가 따를 것이며 時柱에서 同調를 얻으면 未來의 棟梁을 얻는다.

刑을 받은즉, 初年 厄難이 아니면 早失父母하거나 異鄕客地하고

沖을 받은즉, 庚申 自沖 丙寅이 되니 亦是 初年 厄難(諸厄)을 免치 못한다.

破殺을 받은즉, 亦是 三刑殺의 重殺이 되어 初年 疾病을 감당키 어렵다.

不緣이면 父母祖上과 別離케 된다.

害殺을 받은즉, 庚申 害 乙亥 (△) / 丁亥 (×) / 己亥 (△) / 辛亥 (×) / 癸亥 (△)로서 初年건강에 차질이 發生한다.

怨嗔殺을 만난즉, 庚申 怨嗔 乙卯 (△) / 丁卯 (×) / 己卯 (△) / 辛卯 (×) / 癸卯 (△)로서 情緖的 發達에 障礙가 發生할 수 있다.

※ 怨嗔의 특징

① 남을 잘 怨望한다.

② 猜忌 嫉妬가 강하다.

③ 變德을 잘 부린다.

④ 自己 葛藤을 일으킨다.

⑤ 一貫性이 부족하다.

⑥ 남과 是非가 많다.

※ 修行者는 超越命이요, 怠慢者는 從運命이다.

고요히 생각하고 집중해서 살피며 깨달은 바를 챙기고 후일을 계획하라.

(2) 庚申 Energy場이 月柱에 因緣할 境遇

先天 陽白 庚金 Energy場이 中年 月建에서 上昇作用함으로써 强直한 性品과 剛氣가 태강하였다.

中年 配位宮이 强陽性으로 太强하니 本人과 配位間에 强陽氣象 다툼이 다소 念慮스럽다. 왜냐하면 配位가 强金일 境遇 日柱가 弱木되면 虛弱해지고 아니면 日柱가 盛火가 되면 火金다툼으로 配位가 虛弱해지기 때문에 配位의 生을 얻은 日柱 즉 子辰 日柱만이 온전한 平溫을 얻을 수 있다(壬子 〉辰).

따라서 獨居하면 周邊과 외롭고 獨善家가 되기 쉽고

合居한즉, 申子辰午戌寅으로 圓滿해질 수가 있다.

다만 寅木은 亦是 庚申金의 制剋의 대상으로 寅木 不備한즉 得病시 回復이 어렵고 寅木 有合이면 相爭하나 得病을 回復할 能力이 있다.

刑을 當한즉, 寅巳申 三刑殺로 精神的 肉體的 命運이 고비를 넘게 되고

沖殺을 만난즉, 自沖 庚申 → 甲寅의 相沖發生으로 결국 金克木의 命運이 되며, 相互 被害者가 된다.

破殺을 當한즉, 巳申破刑에 上乘惡化하여 고비를 넘겨야 할 命運이요

害怨을 만난즉, 庚申 害怨 乙卯亥 (△) / 丁卯亥 (×) / 己卯亥 (△) / 辛卯亥 (×) / 癸卯亥 (△)가 되어 該當年運이 到來하면 操心해야 한다.

害殺이 怨嗔보다 더 강하다. 刑과 破를 만나면 亦是 因苦해진다.

※ 中年運이 强健太過하므로 合居시는 中道的 삶을 영위해야 하고 獨居시는 부지런해야 하고, 刑沖破害怨嗔시는 中年을 특히 조심하여 配位와 兄弟나 財物과 善緣을 쌓아야 한다.

男子 月柱는 配位인 故로 女性, 財物로 본다.

女子 月柱는 配位가 男便이므로 名譽, 希望, 生産. 配位宮이 좋으면 男便出世도 시키고 男便德에 名譽도 얻는다.

(3) 庚申 Energy場이 日柱에 因緣할 境遇

日天性 陽 白金 Energy場이 日地氣 陽 白金 Energy體와 相互 官祿宮에서 同調하였으므로 太剛金이 되었다.

年月이 初中年宮이라고는 하나 日柱에 太剛金이 들면 그 性相이 함께 太剛하므로 이는 初中壯末年을 막론하고 두루 一生을 太剛格으로 運行케 된다.

獨居한즉, 한쪽으로 몰린 太剛金氣가 그 發路處를 찾지 못해 孤獨頑固 不通해지고 和協이 不可하다. 스스로 自己我執에서 執著하게 되므로 成就에 이르지 못하면 肝膽의 木病을 얻게 되거나 金病을 만날 수밖에 없다(事故).

合居한즉, 申子辰, 戊庚壬(癸), 子寅辰午申戌을 만나 天・地氣가 同調를 이루니 天性 陽金은 地氣 陽金을 도와서 天地에 비길 바 없는 改革的 正義를 具現시킨다.

强性의 性品을 지닌 만큼 크게 正義로워지고 크게 용감한 것이 특징이다(특히 男命일 境遇, 女性일 境遇 子寅辰을 同伴할 것).

年月日時柱에 刑殺을 당하면, 女命일 境遇 年月日時別로 크게 傷하고 男命일 境遇 年月日時別로 크게 制壓調節하게 된다.

破殺을 同伴하여 合居 回生치 못하면 반드시 일을 크게 그르치거나 身苦를 免키 어렵다(특히 女命일 境遇 더욱 심하다).

沖殺을 当한즉, 庚申 自沖 丙寅이 되어 丙庚, 寅申이 交替 相克하여 爭鬪하니 木病이 아니면 金病은 免키 어렵다.

破殺을 만난즉, 庚申 破 乙巳 (△) / 丁巳 (×) / 己巳 (△) / 辛巳 (×) / 癸巳 (△)로 刑破殺이 重複되니 大凶이다. 回生 不備면 一生 困難하다.

害殺을 만난즉, 庚申 害 乙亥 (△) / 丁亥 (×) / 己亥 (△) / 辛亥 (×) / 癸亥 (△)로 丁亥 辛亥를 만나면 極凶이 된다(庚申 害殺은 더욱 심하다).

怨嗔殺을 만나면 庚申 怨嗔 乙卯 (△) / 丁卯 (×) / 己卯 (△) / 辛卯 (×) / 癸卯 (△)로 亦是 丁卯 辛卯를 만나면 一生을 남을 미워하고 怨望한다(분풀이가

되므로 凶 중 吉)(庚寅 木은 庚申의 用處가 된다).

※ 白金氣가 日柱에서 太康한 것은 根源的으로 靑木을 劫迫함이니 이 亦是 강한 逆性을 免치 못한다. 坤命에 들면 그 逆함이 倍加하고 乾命에 들면 그 逆性이 크게 쓰여지기도 한다.

(4) 庚申 Energy場이 時柱에 因緣할 境遇

天性 陽金 Energy場이 地氣 陽金 Energy 因子와 時柱에서 官祿因緣 和合하였으니 子孫은 陽剛하고(先天) 末年이 强陽하니 吉運과 因緣하면 더욱 吉할 것이요(後天) 凶運과 因緣하면 더욱 凶한 것이다.

獨居한즉, 子孫이 太康 獨居性이요, 末年孤獨이라.

合居한즉, 申子辰, 戊庚壬癸, 子寅辰, 午申未, 申戌하니 亦是 吉運과 和合因緣하면 大吉成就하고 凶運과 因緣할지라도 그 견뎌냄이 용이할 것이다(剛性=耐性이 强함).

子孫은 큰 뜻을 품고(先天) 末年健康(末年) 亦是 保障을 얻게 된다.

刑을 당한즉 庚申 刑殺 甲寅 (×), 乙巳 (△) / 丙寅 (×), 丁巳 (×) / 戊寅 (△), 己巳 (△) / 庚寅 (△), 辛巳 (△) / 壬寅 (△), 癸巳 (△)가 되어 그 凶殺이 至大하다.

合居시는 剛性이 되고 獨居시는 凶性이 된다.

沖을 당한즉, 庚申 自沖 丙寅化身하여 年月日이 生助合居한즉 一時的 苦難이요, 不緣이면 그 强凶殺을 免치 못한다.

破殺을 만난즉, 庚申 破殺 乙巳 (△) / 丁巳 (×) / 己巳 (△) / 辛巳 (△) / 癸巳 (△)가 되어 刑破重複殺로 大凶殺이 되고 만다.

合居한즉, 回生하고 不緣인즉 大凶하다.

害殺을 당한즉, 庚申 害殺 乙亥 (△) / 丁亥 (×) / 己亥 (△) / 辛亥 (△) / 癸亥 (×)로 害殺 중 으뜸殺이 되어 바닷속 도끼 신세다.

怨嗔殺을 만난즉, 庚申 怨嗔 乙卯 (△) / 丁卯 (×) / 己卯 (△) / 辛卯 (△) / 癸卯 (△)로서 子孫宮과 末年宮이 不安하다.

※ 時柱에 因緣한 庚申 强陽金氣는 子孫에게는 剛陽性의 因子를 遺傳케 되고 自身의 末年에는 體質의 剛陽氣와 性品의 强固性이 때로는 不利한 命運을 만들게 된다.

※ 先天時柱에서 刑沖破害怨嗔殺이 回生치 못하면 精神的 肉體的 缺陷의 子孫運이요 後天時柱에 刑沖破害怨嗔殺이 回生치 못하면 末年 病苦를 免치 못한다.

※ 陽金이 太剛한즉 白金 逆性이 强旺하여 靑木 順性이 虛耗하게 된다. 이는 後天靑木의 氣運相續이 圓滿치 않게 됨을 의미하므로 孫勢가 不安해진다고 볼 수 있다.

45) 壬申 Energy場 인자의 特性分析(壬 生宮 申 ⊕金 Energy場)

(1) 壬申 Energy場이 年柱에 因緣할 境遇

天性 陽北 壬水 Energy場이 地氣 陽白 申金 Energy 因子와 長生宮에서 相互同調하는 故로 일찍이 祖上의 蔭德을 입거나 父母祖上을 平安强健케 해주는 健祿을 지니고 태어난 格이다.

獨居한즉, 그 吉함이 반감되고 本人의 命運이 洩氣되어 크게 일어남이 亂亡이고

合居한즉, 申子辰 壬/庚寅 (△), 午未戌, 丁壬乙이 되어 당해 月日時의 命運과 함께 크게 發展한다.

刑을 当한즉, 壬申 刑 甲寅 (△), 乙巳 (△) / 丙寅 (×), 丁巳 (△) / 戊寅 (×), 己巳 (×) / 庚寅 (△), 辛巳 (△) / 壬寅 (△), 癸巳 (△) 三刑破 重複殺이 되어 大凶大殺이 된다.

月日時에 合居因子를 득한즉 도끼자루를 쥔 身世요, 不合한즉 도끼날이 때와 장소를 不問하고 威脅한다.

破殺을 当한즉, 壬寅 破殺 乙巳 (△) / 丁巳 (△) / 己巳 (×) / 辛巳 (△) / 癸巳 (△) 刑破重複殺이 되어 그 害惡을 가늠키 어렵다.

獨居한즉 當該 年月日時가 不幸을 가늠하는 時期요, 合居한즉 當該 年月日時도 凶反吉反이 되어 轉禍爲福이 될 수도 있다.

害殺을 만난즉, 壬申 害殺 乙亥 (△) / 丁亥 (△) / 己亥 (△) / 辛亥 (△) / 癸亥 (△)로서 壬大水氣가 玄水와 同居한 因緣이 되어 極凶을 잠재운다.

怨嗔殺을 当한즉, 壬申 怨嗔 乙卯 (△) / 丁卯 (△) / 己卯 (△) / 辛卯 (△) / 癸卯 (△)로서 壬水의 生木氣가 殺을 緩和시켰다.

沖殺을 当한즉, 壬申 沖 戊寅 變位象하여 回生한즉 吉하고 不緣인즉 敗退한다.

※ 沖殺 : 命運殺

怨嗔殺, 害殺 : 精神的 殺

刑殺 : 身體的 殺. 刑殺은 몸부터 온다.

破殺 : 財物 殺(巳申破殺은 한번은 亡해야 한다)

※ 年柱의 壬申 Energy場은 初年 才能이 그 祖上을 기쁘게 하니 孝誠의 本分을 지니고 태어났다. 그러나 月日柱가 刑沖破害怨嗔하거나 獨居하면 그 좋은 天性도 모두 잃게 되나니 合居한즉 다행히 大事를 도모하되 不合者라 할지라도 合居 年月日時를 善用하고 空間的 得運 方法으로는 언제나 그 居處를 辰巳午未方에서 吉神을 照應케 하여야 한다.

※ 避殺法(裨補法)

- 時間 리듬을 맞출 것 : 生助 年月日時
- 空間 Energy場(陽宅地)을 確保할 것 : 生旺 四柱 Energy場을 確保할 것

(2) 壬申 Energy場이 月柱에 因緣할 境遇

天體 陽水 Energy場이 地氣 陽金 Energy 인자와 生地에서 相互因緣한 中年運인 故로 兄弟 配位宮의 性情이 良好하고 刑沖破害怨嗔을 만나지 않는즉, 配位나 兄弟宮은 安定하다고 볼 수 있다. 地氣 Energy 因子와 相生하므로 孝와 禮를 重視한다.

獨居한즉, 孤寒하고 合居한즉 犧牲的 人格體이다.

刑을 만난즉, 壬申 刑 甲寅 (△)으로서 乙巳 (△) / 丙寅 (×), 丁巳 (×) / 戊

寅 (△), 己巳 (△) / 庚寅 (△), 辛巳 (△) / 壬寅 (△), 癸巳 (△)와 더불어 年月日時別 因緣에 따라 그 害惡이 더욱 심하다.

沖을 만난즉, 申金 自沖 戊寅이 되어 相互 葛藤하므로 그 害惡은 回擊과도 同一한 意味가 된다.

破殺을 만난즉, 壬申 破 乙巳 (△) / 丁巳 (×) / 己巳 (△) / 辛巳 (△) / 癸巳 (△)로서 刑破殺을 동시에 当하게 되니 그 害惡 또한 더욱 심하다.

害殺을 만난즉, 壬申 害 乙亥 (△) / 丁亥 (×) / 己亥 (×) / 辛亥 (△) / 癸亥 (×)로서 兄弟나 配位에 中年 葛藤을 겪는다.

怨嗔殺을 만난즉, 壬申 怨嗔 乙卯 (△) / 丁卯 (△) / 己卯 (△) / 辛卯 (×) / 癸卯 (×)로서 配位와 兄弟가 葛藤한다.

(3) 壬申 Energy場이 日柱에 因緣할 境遇

天體 北 陽水 Energy場이 地氣 白 陽金 Energy體와 生地에서 相互 和合하여 因緣하였으니 一生 孝誠을 完成하고저 每事를 誠實히 살아간다.

年柱와 合居한즉, 父母에게 忠誠하고 月柱와 合居한즉 兄弟, 配位, 同志와 充實하고 時柱와 合居한즉 子孫에게 獻身한다.

刑을 当한즉, 自刑과 三刑이 함께 一生을 괴롭힌다.

沖을 当한즉, 自刑과 同一하여 壬申 自沖 戊寅生起하나 결국은 相互 消滅한다. 回擊 亦是 同一하다.

破殺을 当한즉, 壬申 破 乙巳 (△) / 丁巳 (×) / 己巳 (△) / 辛巳 (△) / 癸巳 (△)로서 一生을 人間, 財物, 事業, 出世 葛藤 속에서 苦痛을 堪耐한다.

害殺을 当한즉, 壬申 害 乙亥 (△) / 丁亥 (×) / 己亥 (×) / 辛亥 (△) / 癸亥 (×)로서 一生을 周邊과 葛藤치 않으면 몸이 괴롭다.

怨嗔殺을 만난즉, 壬申 怨嗔 乙卯 (△) / 丁卯 (×) / 己卯 (△) / 辛卯 (△) / 癸卯 (×)가 되어 一生이 財物과 妻에 葛藤이 있다.

※ 勤勉 誠實하나 年月日時가 合居치 못하면 一生이 困苦하다.

(4) 壬申 Energy場이 時柱에 因緣할 境遇

天玄 陽水 Energy場이 地白 陽金 Energy體와 生地에서 相互 相生하여 因緣 和合하였으므로 孝誠스러운 子孫을 얻거나 末年에 爲先事의 精誠된 人格을 갖춘다.

年柱와 合居하면 祖上에 忠誠하고

月柱와 合居하면 配位가 孝道를 받고

日柱와 和合하면 孝子孫을 얻는다.

獨居한즉, 一生 중 末年이 困苦하다.

刑을 받은즉, 三刑과 破殺이 合擊하여 나를 괴롭히지 않으면 子孫을 괴롭히고, 刑을 当한즉, 自沖 후 安定을 얻지 못해 子孫이나 末年이 不安하다.

破殺을 받은즉, 刑과 重擊하니 子孫을 치지 않으면 末年이 不安하다.

害殺을 当한즉, 亦是 강한 干涉이 되어 子孫의 情緒 影響이 아니면 末年 情神健康이 걱정된다.

怨嗔殺을 만난즉, 壬申, 丁卯, 癸卯의 干涉이 더욱 심하다. 子孫의 性情이 不安하고 末年 癡呆가 걱정된다.

※ 末年 刑沖破害怨嗔은 모두 癡呆 危險

46) 乙酉 Energy場 因子의 特性分析(乙 胎宮 酉 ⊖金 Energy場)

(1) 乙酉 Energy場이 年柱에 因緣할 境遇

天體 青 陰木 Energy場이 地氣 白 陰金 Energy體와 相互 相克關係에서 初年 胞宮 因緣을 維持함으로 初年 父母와 別離하거나 離鄕客地할 수 있는 運勢이다.

獨居한즉, 初年 매우 困苦해지고

合居한즉, 父母 別離와 離鄕客地이후 自手成家한다.

刑을 받은즉, 强力한 自刑殺이 되어 心身을 다치게 되며 初年 健康이 不利해진다(肺, 大腸).

沖을 받은즉, 重擊함으로 그 凶禍가 크다. 肺, 大腸, 肝을 操心해야 한다.

破殺을 当한즉, 乙酉 破 甲子 (△) / 丙子 (×) / 戊子 (×) / 庚子 (×) / 壬子

(△)로서 初年 兄弟 別離하거나 破婚이 올 수 있다.

怨嗔殺을 当한즉, 乙酉 怨嗔 甲寅 (△) / 丙寅 (×) / 戊寅 (×) / 庚寅 (×) / 壬寅 (△)으로서 初年 健康과 情緖管理가 중요하다.

害殺을 만난즉, 乙酉 害 甲戌 (△) / 丙戌 (×) / 戊戌 (×) / 庚戌 (△) / 壬戌 (△)로서 初年 情緖가 不安함을 걱정해야 한다.

(2) 乙酉 Energy場이 月柱에 因緣할 境遇

天體 陰 靑木 Energy場이 地氣 白 陰金 Energy體와 相互 相剋因緣하여 月柱에서 胞宮 因緣하였으므로 兄弟 配位가 初中年을 彷徨, 葛藤케 한다.

獨居한즉, 精神的, 肉體的, 健康이 不安定하고 合居한즉 强健, 迅速하여 每事를 確實 明了하게 處理한다.

刑을 받은즉, 自刑殺이 銳利하여 그 害惡이 몸과 마음을 함께 刑한다.

沖을 当한즉, 刑과 重擊함으로 그 害惡이 亦是 더욱 심하다. 肺, 大腸, 肝, 膽을 中年에 操心해야 한다.

破殺을 当한즉, 乙酉 破 甲子 (△) / 丙子 (×) / 戊子 (×) / 庚子 (×) / 壬子 (△)가 되어 靈肉이 공히 困苦해진다.

害殺을 만난즉, 乙酉 害 甲戌 (△) / 丙戌 (×) / 戊戌 (×) / 庚戌 (△) / 壬戌 (△)로서 重擊 이전에 兄弟 配位 葛藤이 나타난다.

怨嗔殺을 만난즉 乙酉 怨嗔 甲寅 (△) / 丙寅 (×) / 戊寅 (×) / 庚寅 (×) / 壬寅 (△)으로서 情緖의 不安定이 걱정된다.

(3) 乙酉 Energy場이 日柱에 因緣할 境遇

天體 陰 靑木 Energy場이 地氣 陰 白金 Energy體와 日柱에서 相剋으로 胞宮 因緣하였으므로 一生 父母와 不便으로 葛藤케 되니 離鄕客地하거나 自手成家함이 가하고 一生 꿈은 많으나 그 實現을 위해서는 忍耐와 努力이 절대 필요하다.

獨居한즉, 그 뜻이 정리되지 못하고 每事에 葛藤을 겪게 되며

合居한즉, 每事가 確實 明了 迅速하게 정리된다.

刑을 当한즉, 自刑殺이 되어 沖殺과 重擊하니 그 害惡이 肺, 大腸, 肝, 膽에까

지 이른다. 性情이 暴惡해지기 쉽고 급격히 사나워져 일을 처리하므로 그 변화를 예측하기가 어렵다.

沖殺 亦是 이와 同一하다.

破殺을 당한즉, 乙酉 破 甲子 (△) / 丙子 (×) / 戊子 (×) / 庚子 (×) / 壬子 (△)가 되어 一生 뜻한 바가 障礙를 만나거나 損失을 겪는다.

害殺을 만난즉, 乙酉 害 甲戌 (△) / 丙戌 (×) / 戊戌 (×) / 庚戌 (△) / 壬戌 (△)로서 一生을 每事 干涉鬼를 만난다.

怨嗔을 만난즉, 酉金과 寅卯木이 동시에 怨嗔하여 만나는 사람마다 不便한 관계가 되기 쉽다. 一生 마음을 너그러이 가지고 용서해야 잘 살 수 있다.

(4) 乙酉 Energy場이 時柱에 因緣할 境遇

天體 陰 靑木 Energy場이 地氣 陰金 Energy體와 時柱에서 相剋하며 胞宮으로 因緣하였으므로 子孫의 性情이나 末年이 不安定하다.

獨居한즉, 每事가 急하고 子孫 不安하며 合居한즉 子孫과 末年이 明確 明了하다.

刑을 당한즉, 子孫과 末年의 不祥事요 沖을 당한즉 刑沖殺이 重複된다.

破殺을 만난즉, 乙酉 破 甲子 (△) / 丙子 (×) / 戊子 (×) / 庚子 (×) / 壬子 (△)로서 子孫葛藤과 末年의 困苦함을 免치 못한다.

合居와 破殺이 同居한즉 免凶할 수 있다.

刑을 당하거나 沖을 당한즉 合居는 免凶이 늦어진다.

害殺을 만난즉 子孫과 末年의 情緖 不安定이 發生하고 後孫葛藤이 일어난다.

怨嗔殺을 만난즉 子孫과 不睦치 않으면 末年 困苦함이다.

※ 孝心을 근본으로 孝行을 實踐하여 孝道를 攄得한즉 每事에 열쇠는 얻어질 것이요, 不緣이면 每事가 不利해질 것이다.

47) 丁酉 Energy場 因子의 特性分析(丁 生宮 酉 ⊖金 Energy場)

(1) 丁酉 Energy場이 年柱에 因緣할 境遇

天體 陰 朱火 Energy場이 地氣 陰 白金 Energy體와 相互 相剋關係로 長生地에서 初年 因緣하였으므로 父母 祖上과의 葛藤 構造 속에서 成長하게 되는 情緒的 不安定과 身體的 不安 要素를 어찌할 수 없다.

獨居한즉, 肺, 大腸, 肝을 操心해야 하고 父母 祖上의 蔭德에 超然함이 마땅하다.

合居한즉, 祖上의 無 蔭德에 불구하고 爲先에 努力하여 孝行을 잃지 않고 明確 明了한 人格을 갖춘다.

刑을 만난즉, 丁酉 刑 乙酉 (×)로 癸卯 (×) / 丁酉 (×), 乙卯 (×) / 己酉 (△), 丁卯 (×) / 辛酉 (△), 己卯 (△) / 癸酉 (△), 辛卯 (△)으로 初年에 肺, 大腸, 肝, 膽을 傷한다.

沖을 當한즉, 亦是 刑과 重擊되어 그 害惡이 初年을 支配한다.

破殺을 當한즉, 丁酉 破 甲子 (×) / 丙子 (×) / 戊子 (△) / 庚子 (△) / 壬子 (△)가 되어 初年 父母 祖上과 別離하거나 心身을 傷한다.

害殺을 맞은즉, 丁酉 害 甲戌 (×) / 丙戌 (×) / 戊戌 (×) / 庚戌 (△) / 壬戌 (△)로서 祖上과 不和가 아니면 心身을 傷한다.

怨嗔을 만난즉 丁酉 怨嗔 甲寅 (△) / 丙寅 (△) / 戊寅 (△) / 庚寅 (×) / 壬寅 (△)이 되어 父母의 身苦가 아니면 初年 不利 運이다.

(2) 丁酉 Energy場이 月柱에 因緣할 境遇

天體 陰 朱火 Energy場이 地氣 陰 白金 Energy體와 相互 相剋關係로 長生地에서 初中年을 보내니 葛藤 속에서 兄弟 配位 因緣을 얻게 된다.

獨居한즉, 兄弟 配位가 無情하고 급한 性情으로 每事 愼重함을 要하고 合居한즉 兄弟 配位의 成就를 얻게 된다.

刑을 當한즉, 丁酉 刑 乙酉 (×)가 되어 辛卯 (△)로 변하니 丁酉 (×), 癸卯 (△) / 己酉 (△), 乙卯 (△) / 辛酉 (△), 丁卯 (×) / 癸酉 (△), 己卯 (×)이다. 肝, 膽, 肺, 大腸을 操心하라.

沖을 当한즉, 亦是 刑과 重擊殺이니 그 害는 刑과 同一하다. 夫婦 別離를 操心하라.

破殺을 当한즉, 丁酉 破 甲子 (×) / 丙子 (×) / 戊子 (△) / 庚子 (△) / 壬子 (△)로서 財敗가 아니면 失妻, 別離가 두렵다.

害殺을 만난즉, 丁酉 害 甲戌 (×) / 丙戌 (×) / 戊戌 (△) / 庚戌 (△) / 壬戌 (△)로서 夫婦 葛藤을 操心하고 安定을 얻을 것이며

怨嗔을 만난즉, 丁酉 怨嗔 甲寅 (×) / 丙寅 (×) / 戊寅 (△) / 庚寅 (△) / 壬寅 (△)으로서 亦是 夫婦 和睦이 必要하다.

※ 周邊을 늘 잘 챙기고 兄弟, 配位를 아끼고 사랑하며 理財에 지나치지 않으면 平安한 中年運을 맞이할 수 있다.

(3) 丁酉 Energy場이 日柱에 因緣할 境遇

天體 陰 朱火 Energy場이 地氣 陰 白金 Energy體와 相互 相剋關係構造로 長生宮에서 一生을 보내니 相剋 中 長生의 一生 즉 葛藤 속에 前進運 格이다.

獨居한즉, 困難한 日常의 運勢요 合居한즉 思考와 行動이 迅速 明了하다. 지나친 자기잣대에 依存하다가 他人의 怨聲을 듣기 쉬우니 항상 普遍的 價値를 重視하라.

刑殺을 当한즉, 一生이 괴롭고 百事가 障礙와 對峙함을 避치 못한다.

沖殺을 当한즉, 刑과 重擊되니 一生 苦難의 運勢요 肺, 大腸, 肝, 膽과 길고 긴 戰爭이 걱정된다.

破殺을 当한즉, 父母 兄弟 配位 子孫과 和睦함이 어렵다.

害殺을 만난즉, 一生 心身이 不安定하거나 持病을 지니고 간다.

怨嗔을 만난즉, 一生 다툼이 끊이지 않고 是非口舌이 事事件件 함께한다.

(4) 丁酉 Energy場이 時柱에 因緣할 境遇

天體 陰 朱火 Energy場이 地氣 陰 白金 Energy體와 相互 相剋關係로 長生宮에서 子孫과 末年을 맞으니 相克 中 長生의 靈肉葛藤的 子孫의 人格과 末年 運

을 걱정하지 않을 수 없다.

獨居한즉, 子孫의 情緒不安이 두렵고 末年 癡呆가 두렵다.

合居한즉, 銳利한 分析力과 迅速한 行動으로 每事를 明確히 處理하는 子孫의 人格과 末年을 保障받는다.

刑殺을 맞한즉, 子孫이나 末年의 病苦가 아니면 家庭과 財産 損失이요

沖을 맞한즉, 亦是 重擊殺이 子孫과 末年을 친다.

破殺을 받은즉, 祖上의 蔭德이 떠나고 子孫과 末年에서 不和 不便을 堪耐해야 한다.

害殺을 맞한즉, 子孫과 末年에서 心身 不安이 일어나고

怨嗔殺을 맞한즉, 子孫과 末年에 周邊 口舌과 怨恨이 두렵다.

48) 己酉 Energy場 因子의 特性分析(己 生宮 酉 ⊖金 Energy場)

(1) 己酉 Energy場이 年柱에 因緣할 境遇

天體 中圓 黃土 陰 Energy場이 地氣 白金 陰 Energy體와 相互 相生構造關係로 長生宮에서 初年을 因緣하였으니 父母祖上의 蔭德이 少年時節의 人格發達을 크게 돕고 있다.

獨居한즉, 크게 發達치 못하고 小吉하나 合居한즉 父母祖上의 恩惠가 크게 發展을 돕고 있다.

刑을 맞한즉, 自刑殺이 되어 己酉 刑 乙酉 (△) → 辛卯 (×) / 丁酉 (△) → 癸卯 (△) / 己酉 (△) → 乙卯 (△) / 辛酉 (×) → 丁卯 (△) / 癸酉 (×) → 己卯 (×)가 되어 肺, 大腸, 肝, 膽의 少年 疾病을 念慮케 한다. 不緣이면 祖上 不安定이 온다.

沖을 받은즉, 亦是 刑殺과 同一하여 重殺하므로 父母祖上의 不幸이 아니면 本人의 心身不安이다.

破殺을 맞한즉, 己酉 破 甲子 (△) / 丙子 (△) / 戊子 (△) / 庚子 (×) / 壬子 (×)가 되어 初年 心身의 障碍가 發生한다. 不緣이면 父母祖上과의 不運을 免키 어렵다.

害殺을 맞한즉, 己酉 害 甲戌 (△) / 丙戌 (△) / 戊戌 (△) / 庚戌 (×) / 壬戌

(×)로서 父母와의 初年 葛藤과 心身의 銳敏性이 疑心된다.

怨嗔殺을 当한즉, 己酉 怨 甲寅 (△) / 丙寅 (△) / 戊寅 (△) / 庚寅 (×) / 壬寅 (×)이 되어 父母祖上과의 異見不和가 많다.

※ 祖上과의 和睦이 가장 큰 成就原理요 根本이다.

(2) 己酉 Energy場이 月柱에 因緣할 境遇

天體 中圓 黃土 陰 Energy場이 地氣 白金 陰 Energy體와 相互 相生構造關係로 長生宮에서 初中年을 因緣하였으니 兄弟 配位가 安定되고 心身의 健康이 初中年을 保障한다.

獨居한즉, 小吉하고

合居한즉 兄弟 配位가 크게 安定되어 初中年 運勢가 大吉하다.

刑을 받은즉, 兄弟 配位宮이 不安 發生해지고 心身의 障碍가 걱정된다.

沖을 받은즉, 亦是 刑殺과 重擘하니 그 凶禍가 極甚하다. 肺, 大腸, 肝, 膽의 疾病을 操心해야 한다.

破殺을 맞은즉, 兄弟 配位의 心身이 不安하고 不緣이면 離別數로다.

害殺을 만난즉, 兄弟 配位가 不安定하고 初中年 心身이 虛弱해진다. 夫婦의 不和가 걱정된다.

怨嗔殺을 当한즉, 心身의 虛弱으로 특히 情緒的 葛藤이 極甚해진다. 他人이나 配位間의 不和가 걱정된다.

(3) 己酉 Energy場이 日柱에 因緣할 境遇

天體 中圓 黃土 陰 Energy場이 地氣 白金 陰 Energy體와 相互 相生關係構造로 長生宮에서 中壯年 一生을 보내게 되니 가장 重要한 時期에 天神 地神의 保護를 얻는도다.

每事를 單純 明快하게 判斷 決定할 수 있는 조금은 性急한 人格者이다.

獨居한즉, 我執이 강하고 性急하며 獨善的 氣質이 강하나

合居한즉, 銳利한 分析과 判斷力으로 每事를 迅速히 處理한다.

刑을 当한즉, 己酉 刑 己酉 自沖 乙卯 (△) / 辛酉 自沖 丁卯 (×) / 癸酉 自沖 己卯 (△) / 乙酉 自沖 辛卯 (×) / 丁酉 自沖 癸卯 (△)로서 一生을 不安定과 不言으로 一定職業을 成就하지 못한다. 不緣이면 肺, 大腸, 肝, 膽의 持病이다.

沖을 받은즉, 亦是 刑殺과 重殺되어 그 害惡이 刑殺과 同一하거나 더욱 極甚하다.

破殺을 받은즉, 己酉 破 甲子 (△) / 丙子 (△) / 戊子 (△) / 庚子 (×) / 壬子 (×)가 되어 一生運勢가 순조롭지 못하다.

害殺을 받은즉, 己酉 害 甲戌 (△) / 丙戌 (△) / 戊戌 (△) / 庚戌 (×) / 壬戌 (×)이 되어 中壯年 干涉運勢가 一生을 괴롭힌다. 너무 銳敏한 人格體다.

怨嗔殺을 当한즉, 己酉 怨 甲寅 (△) / 丙寅 (△) / 戊寅 (△) / 庚寅 (×) / 壬寅 (×)이 되어 一生 다툼과 父母 子孫 配位의 善緣이 不足하다. 口舌이 많다.

(4) 己酉 Energy場이 時柱에 因緣할 境遇

天體 中圓 黃土 陰 Energy場이 地氣 陰 Energy體와 相互 相生構造關係로서 長生宮을 이루어 子孫과 末年運을 얻었으니 子孫運이 英敏 榮利하고 末年이 明確 明瞭한 人格體로다.

獨居한즉, 小吉하고

合居한즉, 子孫과 末年 設計를 大吉 다행토록 한다.

刑을 当한즉, 그 害惡이 子孫과 末年을 不幸 不安케 하고

沖을 当한즉, 亦是 自沖殺이 되어 刑殺과 重擘케 된다. 子孫의 凶禍가 두렵고 末年 疾病이 걱정된다. 肺, 大腸, 肝, 膽을 操心하라.

破殺을 만난즉, 子孫과 末年 運勢가 因苦해지거나 心身의 持病이 걱정된다.

害殺을 만난즉, 子孫과 末年宮이 不安定하고 心身이 지나치게 銳敏함이 걱정된다.

怨嗔殺을 만난즉 子孫과 末年宮에서 口舌 是非가 共生하니 子孫의 心身을 安定시키고 末年 思考 行爲를 圓滿케 管理함이 人生 마감을 有益케 할 것이다.

49) 辛酉 Energy場 因子의 特性分析(辛 祿馬宮 酉 ⊖金 Energy場)

(1) 辛酉 Energy場이 年柱에 因緣할 境遇

天體 白金 陰 Energy場이 地氣 白金 陰 Energy體와 相互 葛藤과 相生構造 關係로서 建祿宮을 이루어 父母祖上과 初年을 因緣하였으니 初年의 肅殺燥金 氣運이 지나치게 銳利하여 몸을 傷하게 할까 두렵다.

獨居한즉, 性情이 凶暴해지기 쉽고 肅殺之氣가 發動하여 他方과 다툼이 크다. 忍耐가 不足하다.

合居한즉, 每事가 明快해지고 判斷이 明確 迅速하여 諸 業務의 能力을 上昇시킨다. 少年 才士가 出現可能하고 孝誠을 바탕으로 諸事를 處理한다. 다만 지나치게 銳敏한 心身의 構造가 되어 性情의 暴發이 念慮되고 肝, 膽의 疾病이 걱정된다.

刑을 当한즉, 辛酉 刑 辛酉 (×) ⇒ 丁卯 (×) / 癸酉 (△) ⇒ 己卯 (△) / 乙酉 (×) ⇒ 辛卯 (×) / 丁酉 (×) ⇒ 癸卯 (△) / 己酉 (△) ⇒ 乙卯 (△)로서 刑殺의 凶이 極甚하고,

沖을 받은즉, 亦是 刑殺과 重擘하여 그 凶禍가 刑殺과 同一하다. 初年 肝, 膽, 肺, 大腸의 疾病이 아니면 早失父母하거나 離鄕客地한다.

破殺을 받은즉, 初年 家事가 不安하고 害殺을 받은즉 初年 心身의 不安이나 父母 不安이요.

怨嗔殺을 받은즉, 初年 情緖와 父母와의 葛藤이다.

(2) 辛酉 Energy場이 月柱에 因緣할 境遇

天體 白金 陰 Energy場이 地氣 白金 陰 Energy體와 相互 相生과 葛藤構造 關係에서 建祿宮을 이루어 兄弟 配位 因緣을 선택케 하였으니 初中年 兄弟 配位의 肅殺燥金 運勢를 맞이한다.

善生을 努力하고 애쓰나 周邊環境이 여의치 못하고 특히 兄弟 配位의 情緖不安과 火急함이 걱정된다.

獨居한즉, 初中年의 葛藤과 苦惱요 合居한즉 初中年의 思考行爲가 簡潔 明確 迅速하다. 다만 지나친 自己 잣대에 의한 偏重된 判斷과 行爲가 걱정된다.

刑을 當한즉, 그 害惡이 重疊되고 得病하며 沖을 當한즉 辛酉 沖 辛酉 (△) ⇒ 丁卯 (△) / 癸酉 (△) ⇒ 己卯 (△) / 乙酉 (×) ⇒ 辛卯 (×) / 丁酉 (×) ⇒ 癸卯 (△) / 己酉 (△) ⇒ 乙卯 (△)로서 亦是 刑殺과 重疊殺이 일어난다.

破殺을 當한즉, 辛酉 破 甲子 (×) / 丙子 (×) / 戊子 (△) / 庚子 (△) / 壬子 (△)가 되어 初中年 兄弟 配位宮이 不安定하고

害殺을 當한즉, 辛酉 害 甲戌 (×) / 丙戌 (×) / 戊戌 (△) / 庚戌 (△) / 壬戌 (△)로서 初中年의 情緖가 不安定하다. 夫婦 不和 敏感 銳利하여 다투기 쉽다.

怨嗔殺을 當한즉, 辛酉 怨 甲寅 (×) / 丙寅 (×) / 戊寅 (×) / 庚寅 (△) / 壬寅 (△)으로서 周邊과 初中年의 葛藤的 關係로 夫婦 不和와 兄弟配位가 不安定하다.

(3) 辛酉 Energy場이 日柱에 因緣할 境遇

天體 白金 陰 Energy場이 地氣 白金 陰 Energy體와 相互 相生과 葛藤構造 關係가 되어 建祿宮을 이루면서 中壯年의 重要 一生을 보내는 運勢이다.

獨居한즉, 人格이 날카롭고 銳敏하여 和解能力이 不足하고 獨善的 氣質이 강하다. 忍耐가 不足하다.

合居한즉, 每事 理致가 지나칠 정도로 分明하다. 獨斷的 思考 判斷에 치우치기 쉽다. 한발 물러서서 每事를 處理한즉 萬事 圓滿하리라.

刑을 만난즉, 沖殺과 重擊하여 그 害惡이 極甚하여 家敗가 아니면 身苦이다. 肺, 大腸, 肝, 膽을 操心하라.

沖을 當한즉, 亦是 刑殺과 重擊하여 그와 同一한 運勢를 맞는다. 風波가 많다. 性情의 火急과 速斷 慣習으로 事故가 많음을 操心할 것.

破殺을 當한즉, 父母 兄弟 配位나 子孫과 不和하고 不睦하니 一生 忍苦하다. 忍耐하라.

害殺을 만난즉, 重要 件件이 干涉的이며 中壯年의 삶이 性急하여 순탄치 못하다.

怨嗔을 만난즉, 一生 怨望스러움이 많고 每事 圓滿結實이 어려운 障碍가 發生한다.

※ 右腦 기능의 異狀的 發達을 警戒하라.

(4) 辛酉 Energy場이 時柱에 因緣할 境遇

天體 白金 陰 Energy場이 地氣 白金 陰 Energy體와 相互 相生 干涉構造 關係 속에 建祿宮을 이루어 子孫運과 末年運을 形成하였으니 相生中의 干涉的 心身 管理가 많은 人格修行을 要求한다.

獨居한즉, 躁急한 性格과 獨善이 子孫宮과 末年宮을 支配하고

合居한즉, 英敏 銳利함이 지나쳐 子孫宮과 末年의 速斷 明瞭한 每事 處理가 過猶不及이 되기 쉽다.

刑殺을 当한즉, 子孫宮과 末年의 凶禍가 極甚하고 心身의 疾病이 謹審스럽다.

沖殺을 当한즉, 亦是 刑殺과 重擘殺이 되어 그 害惡이 刑과 如一 하고 肺, 大腸, 肝, 膽病이 매우 걱정된다. 子孫 入胎가 難望이로다.

破殺을 当한즉, 子孫과 末年宮에서 心身의 障碍가 發生하고 子孫과 末年의 肺, 大腸, 肝, 膽을 操心하라.

害殺을 当한즉, 子孫과 末年의 情緖不安이요, 怨嗔殺을 当한즉 子孫과 末年의 健康管理가 매우 重要하다.

※ 子孫宮이 虛弱하고 末年 魂魄이 不安하다.

50) 癸酉 Energy場 因子의 特性分析(癸 病宮 酉 ⊖金 Energy場)

(1) 癸酉 Energy場이 年柱에 因緣할 境遇

天體 玄水 陰 Energy場이 地氣 白金 陰 Energy體와 相互 相生構造關係 속에 病宮을 이루어 初年 父母 祖上運을 形成하였으니 子孫은 孝行코저 하나 父母 祖上이 病魔와 다투고 있어 初年 謹審과 걱정이 運命이로다.

獨居한즉, 父母運이 貧弱하고 心身 虛弱하며 合居한즉 英敏 少年이 되어 自手成家할 수 있다. 孝道를 다하려 하나 成果가 적다.

刑을 当한즉, 癸酉 刑 癸酉 (△) ⇒ 己卯 (×) / 乙酉 (△) ⇒ 辛卯 (△) / 丁酉 (×) ⇒ 癸卯 (△) / 己酉 (×) ⇒ 乙卯 (△) / 辛酉 (△) ⇒ 丁卯 (×)로서 初年 父

母가 不利不便커나 本人의 疾病이 따른다.

沖殺을 当한즉, 亦是 刑殺과 重擘하니 早失父母가 아니면 肺, 大腸, 肝, 膽을 操心하라.

破殺을 当한즉, 癸酉 破 甲子 (△) / 丙子 (×) / 戊子 (×) / 庚子 (△) / 壬子 (△)가 되어 初年 父母가 不便 不利해지고 本人의 心身이 不安定하다.

害殺을 받은즉, 癸酉 害 甲戌 (△) / 丙戌 (×) / 戊戌 (×) / 庚戌 (△) / 壬戌 (△)로서 初年 情緖가 不安定하거나 父母를 괴롭히고

怨嗔殺을 받은즉, 癸酉 怨 甲寅 (△) / 丙寅 (×) / 戊寅 (×) / 庚寅 (△) / 壬寅 (△)으로서 父母나 自身의 心身을 함께 괴롭히는 初年이 된다.

(2) 癸酉 Energy場이 月柱에 因緣할 境遇

天體 玄水 陰 Energy場이 地氣 白金 陰 Energy體와 相互 相生構造關係 속에 病宮을 이룬 채 兄弟 配位 因緣을 맞이하였으니 兄弟가 不實하고 配位가 不安定하다.

獨居한즉, 兄弟 配位가 獨斷的이요, 不安하며 合居한즉 兄弟 配位의 自立精神이 强하다. 初中年이 進取的이고 誠實하다.

刑殺을 当한즉, 初中年의 兄弟 配位宮이 家敗 財敗를 불러오고 不緣이면 肺, 大腸, 肝, 膽病이다.

沖殺을 当한즉, 亦是 刑殺과 重擘하여 家敗 財敗가 極甚하다. 不緣이면 兄弟 配位의 病苦를 招來한다.

破殺을 当한즉, 兄弟 配位의 葛藤的 不安이요. 身苦가 아니면 財物의 損壞로다.

害殺을 当한즉, 妻弟 配位의 情緖的 不安이요, 怨嗔을 만난즉 兄弟 配位의 産苦이다. 不緣이면 家産과 地位의 損失이 온다.

※ 子孫의 情緖不安과 末年 魂魄이 不安定하다.

(3) 癸酉 Energy場이 日柱에 因緣할 境遇

天體 玄水 陰 Energy場이 地氣 白金 陰 Energy體와 相互 相生構造關係에서

病宮을 이룬 채 本人의 中壯年 運勢를 因緣하였으니 性相的 葛藤과 靈肉的 乖離人格을 부단한 修行管理에 의해 改善 補完하지 않으면 아니 된다.

獨居한즉, 一生 我執과 獨善이요 合居한즉 誠實(誠實) 明瞭하며 孝行의 道理로 每事를 判斷 分析한다. 病的일 만큼 原理原則을 重視하거나 自己 信念에 치우친다.

刑殺을 當한즉, 靈肉的 思考行爲가 크게 乖離되고 信念과 義理가 무너져 背言과 義理不動의 人格者가 되어 人生을 失敗하기 쉽다.

沖을 當한즉, 刑殺과 重擊하니 그 害惡이 極甚하여 靈肉的 破綻이 發生하기 쉽다.

破殺을 當한즉, 一生 쌓은 名譽를 破殺의 年運 年月日時를 만나 一擧의 失手로 무너지게 한다. 富와 地位보다 더 名譽를 重視해야 한다.

害殺을 받은즉, 原則과 信念이 언제나 過猶不及이 되어 偏重되기 쉽다.

怨嗔을 만난즉, 魂魄이 不安하고 健康을 다치기 쉽다. 中道를 지켜라.

(4) 癸酉 Energy場이 時柱에 因緣할 境遇

天體 玄水 陰 Energy場이 地氣 白金 陰 Energy體와 相互 相生은 하였으나 그 安定處가 病宮이 되어 무너졌다. 子孫과 末年이 不利하며 精誠을 다하고 애는 쓰나 그 成果가 微弱하다.

獨居한즉, 每事가 成就 不足이고 干涉이 많으며 合居한즉 每事 誠實 合理的이고 子孫이 英敏하여 末年이 明快하다.

刑을 當한즉, 子孫의 右腦機能이 不安해지고 性情의 異狀現像과 子孫健康이 不安定하다. 末年 事故를 操心하라.

沖을 當한즉, 亦是 刑殺과 重擊하니 그 凶禍가 子孫과 末年을 강하게 두드린다.

破殺을 當한즉, 子孫과 末年 成就가 不足해지고 每事가 不振하다.

害殺을 當한즉, 子孫의 心身과 末年의 健康 財運이 貧弱해지고

怨嗔을 當한즉, 子孫의 情緖 不安과 末年의 癡呆를 操心하라.

51) 甲戌 Energy場 因子의 特性分析(甲 養生宮 戌 ⊕土 Energy場)

(1) 甲戌 Energy場이 年柱에 因緣할 境遇

天體 Energy場이 地氣 白金 戌土 Energy體와 相互 相剋構造關係 속에서 다행히 養地宮을 얻은 因緣으로 初年 葛藤運을 벗어나게는 되었다. 天體 Energy場이 不安定함은 祖上과의 葛藤이요, 初年 心身이 不安하다.

獨居한즉, 心身과 青白이 不安定이고 父母別離하며 合居한즉 青白이 安定되고 右腦活動이 旺盛해진다. 英敏하여 每事 處理가 매끄럽다.

刑을 當한즉, 父母 初年宮이 不利 不安해지고 甲戌 刑 乙丑 (△), 乙未 (△) / 丁丑 (△), 丁未 (△) / 己丑 (△), 己未 (△) / 辛丑 (×), 辛未 (×) / 癸丑 (△), 癸未 (△)의 三刑殺로서 脾胃系의 疾病이다. 肝, 腎의 病을 얻기 쉽다.

沖을 當한즉, 甲戌 沖 甲戌 (△) → 庚辰 (×) / 丙戌 (△) → 壬辰 (△) / 戊戌 (×) → 甲辰 (△) / 庚戌 (×) → 丙辰 (△) / 壬戌 (△) → 戊辰 (×)이 되어 家敗, 人敗를 겪거나 精神的 沖擊을 받는다.

破殺을 當한즉, 甲戌 破 乙未 (△) / 丁未 (△) / 己未 (△) / 辛未 (×) / 癸未 (△)로서 初年과 父母가 不利 不便해진다.

害殺을 當한즉, 甲戌 害 乙酉 (△) / 丁酉 (△) / 己酉 (△) / 辛酉 (×) / 癸酉 (△)가 되어 心身이 不安하고 身苦가 父母와 初年에 있다.

怨嗔殺을 받은즉, 甲戌 怨 乙巳 (△) / 丁巳 (△) / 己巳 (△) / 辛巳 (×) / 癸巳 (△)가 되어 情緖的 不安이 걱정된다.

(2) 甲戌 Energy場이 月柱에 因緣할 境遇

天體 青木 陽 Energy場이 地氣 白金 戌土 Energy體와 相互 相剋構造關係에서 다행히 陽地를 만난 兄弟 配位 因緣이니 先苦後吉하는 初中年이다.

獨居한즉, 因苦함이 길어지고 英敏함이 줄어든다.

合居한즉, 智慧롭고 明哲하여 每事 圓滿한 兄弟 配位를 만나니 家族이 安寧하도다.

刑殺을 當한즉, 兄弟 配位宮이 不安 不便하며

沖을 當한즉, 兄弟 配位宮이 空亡치 않으면 身苦가 따른다.

破殺을 当한즉, 家事 損失이 初中年을 괴롭히고, 不緣이면 夫婦關係가 不便하다.

刑殺과 重擘하니 配位宮에 疾病을 操心하라.

怨嗔을 맞은즉, 性情을 安定케 하라.

※ 理性的 判斷으로 夫婦宮을 安定케 하고 心身을 가다듬어 修行을 게을리 말라.

※ 害殺者는 先身苦 後心苦하고 怨殺者는 先心苦 後身苦한다.

(3) 甲戌 Energy場이 日柱에 因緣할 境遇

天體 靑木 陽 Energy場이 地氣 白金 戌土 Energy體와 相剋構造關係에서 다행스럽게 陽地를 얻었으니 中壯年 一生의 本人運勢가 比較的 葛藤과 障碍 속에 成就를 이루어내는 英敏한 人格體이다.

獨居한즉, 心身의 忍苦함과 葛藤的 情緖가 크고.

合居한즉, 每事 分析的이고 明瞭하여 思考行爲가 能率的이다.

刑殺을 받은즉, 心身이 不安定하고 每事의 進行에 障碍가 發生하거나 不緣이면 胃腸系列의 不安 不便으로 心腎의 病을 얻을 수 있다.

沖殺을 当한즉, 自沖的 判斷과 分析으로 每事 惡手를 發生시키기 쉽고, 亦是 脾胃 心腎의 疾病을 操心해야 한다.

破殺을 当한즉, 刑殺과 重擘하니 그 凶禍가 刑沖과 다름없다. 脾, 胃, 肝, 腎, 心病 操心.

害殺을 当한즉, 心身이 지나치게 英敏해지고 每事가 偏重되며, 圓滿思考를 잃는다.

怨嗔殺을 当한즉, 競爭, 警戒心이 지나쳐 他人 對人關係를 失敗하기 쉽다.

(4) 甲戌 Energy場이 時柱에 因緣할 境遇

天體 靑木 陽 Energy場이 地氣 白金 陽土 Energy體와 相互 相剋的 養宮을 構成한 時柱의 子孫과 末年因緣이니 子孫은 英敏하나 祖上德이 不利하고, 末年

은 明瞭하나 지나치기 쉽다.

獨居한즉, 子孫의 英敏함이 持續的이지 못하고 末年 智慧가 빛을 발하지 못한다.

合居한즉, 父母 祖上께 孝道 善行하는 明瞭한 子孫을 얻거나 末年이 安定的이다.

刑을 當한즉, 破殺과 重擊하여 心身의 障碍가 아니면 子孫과 末年이 不利하다.

沖殺을 當한즉, 自沖의 因子가 子孫과 末年에 居하니 父母 因緣이 不利한 孫을 얻거나 末年 心身이 忍苦해진다.

破殺을 얻은즉, 刑殺과 重擊하여 子孫의 生起가 不利커나 末年 子孫德이 不安하다.

害殺을 當한즉, 肝膽과 脾胃, 心腎을 操心해야 하고 子孫의 健康을 살펴야 한다.

怨嗔殺을 當한즉, 子孫의 精神 健康을 有意하고 末年 癡呆를 操心하라.

52) 丙戌 Energy場 因子의 特性分析(丙 庫藏宮 戌 ⊕土 Energy場)

(1) 丙戌 Energy場이 年柱에 因緣할 境遇

天體 朱火 陽 Energy場이 地氣 白金 戌土 Energy體와 相互 相生的 庫藏宮을 이루어 初年 父母運을 因緣하였으니 祖上의 蔭德이 未來의 跳躍을 위해 크게 凝結하는 中이로다.

獨居한즉, 그 融聚가 發起함이 적고

合居한즉, 少年 英達 發展함이 父母와 함께하는 運勢로다.

刑殺을 當한즉, 丙戌 刑 乙未 (△) / 丁未 (△) / 己未 (△) / 辛未 (×) / 癸未 (×)와 乙丑 (△) / 丁丑 (△) / 己丑 (△) / 辛丑 (×) / 癸丑 (×)의 三刑殺이 破殺과 重擊하여 父母別離가 아니면 水木火土의 身苦를 免키 어렵다.

沖殺을 當한즉, 丙戌 自沖 丙戌 (△) → 壬寅 (×) / 戊戌 (△) → 甲寅 (△) / 庚戌 (×) → 丙寅 (△) / 壬戌 (×) → 戊寅 (△) / 甲戌 (△) → 庚寅 (×)이 되어 父母나 初年 惡運을 免키 어렵다.

破殺을 當한즉, 丙戌 破 乙未 (△) / 丁未 (△) / 己未 (△) / 辛未 (×) / 癸未

(×)로서 刑殺과 重擘 亦是 그 害惡이 尤甚하다.

害殺을 받은즉, 丙戌 害 乙酉 (△) / 丁酉 (△) / 己酉 (△) / 辛酉 (×) / 癸酉 (×)가 되어 心身의 忍苦함을 初年 父母가 얻게 된다.

怨嗔殺을 当한즉, 丙戌 怨 乙巳 (△) / 丁巳 (△) / 己巳 (△) / 辛巳 (×) / 癸巳 (×)가 되어 心身이 虛弱하거나 父母와 初年 不和로다.

(2) 丙戌 Energy場이 月柱에 因緣할 境遇

天體 朱火 陽 Energy場이 地氣 白金 戌土 Energy體와 相互 相生的 庫藏宮을 이루어 初中年을 맞이하였으니 兄弟 配位의 因緣은 比較的 安定된 因緣構造를 形成하였다고 볼 수 있다.

獨居한즉, 誠實하나 그 成果가 微弱하고

合居한즉, 每事가 智慧롭고 愼重하여 일을 處理함에 失敗가 적다. 특히 白金의 根源的 思考가 朱火特性을 일으켜 세우니 그 底力은 결국 財政的 判斷을 이롭게 한다.

刑殺을 当한즉, 三刑과 破殺이 重擘되니 그 凶禍가 心身을 크게 괴롭힌다. 配位宮에 미치지 않으면 身苦를 免키 어렵다.

沖殺을 当한즉, 잠재된 知能이 沖擘을 받았으니 中年의 配位宮이 忍苦해지고

破殺을 当한즉, 刑殺과 重擘되어 亦是 그 凶禍가 配位宮을 破損치 않으면 身苦가 크다.

害殺을 当한즉, 公正性을 잃커나 心身이 忍苦해지고

怨嗔殺을 当한즉, 情緖的 障碍가 夫婦宮에 있다.

※ 初中年 脾胃 肝腎을 操心하고 配位의 心身 安定에 努力하라.

(3) 丙戌 Energy場이 日柱에 因緣할 境遇

天體 朱火 陽 Energy場이 地氣 白金 戌土 Energy體와 相互 相生的 庫藏宮을 이루어 中壯年 一生에 因緣하였으니 그 숨은 才能이 無窮無盡하다. 每事에 智慧가 밝고 誠實하여 그 뜻한 바를 成就해가는 原動力을 일으킨다.

獨居한즉, 能力의 限界가 가까워지고 小吉하며

合居한즉, 每事 計劃이 確實 明瞭하다. 每事 成就가 圓滿하니 일복이 넘치고 名振四海한다.

刑殺을 当한즉, 破殺과 重擘하여 百事不成키 쉽고 不緣이면 身苦가 中壯年을 괴롭힌다.

沖殺을 当한즉, 智慧가 自沖되어 每事 惡手를 이어가고 不緣이면 脾胃와 心腎의 病을 얻는다.

破殺을 当한즉, 亦是 刑殺과 重擘하여 그 凶禍가 一生을 놓아주지 않는다. 土病과 水火病 操心.

害殺을 받은즉, 心身의 不安定이요,

怨嗔殺을 받은즉, 情緖의 不安定이 一生을 괴롭힌다.

※ 成果를 탐하지 말고 名譽로운 成就에 滿足하라.

(4) 丙戌 Energy場이 時柱에 因緣할 境遇

天體 朱火 陽 Energy場이 地氣 白金 戌土 Energy體와 相互 相生的 庫藏宮을 이루어 子孫과 末年에 因緣하였으니 子孫은 英敏하여 慧를 밝히며 末年의 生活을 智慧롭게 이어간다.

獨居한즉, 末年의 精神 活動이 虛弱하다.

合居한즉, 子孫의 孝行을 기뻐하고 末年의 合理的 일처리가 순조롭다.

刑殺을 当한즉, 子孫의 頭腦健康이 不利 不便해지고 破殺과 重擘된즉 無子의 不幸도 걱정된다.

沖殺을 当한즉, 子孫의 心身에 自沖的 苦難이 到來한다. 末年 脾胃, 肝腎 操心.

破殺을 当한즉, 亦是 重擘殺이 되어 子孫宮에 空亡殺이 憂慮되고 末年 癡呆가 걱정된다.

害殺을 当한즉, 子孫이 虛弱하고 銳敏하여 末年 心身이 忍苦하다.

怨嗔殺을 当한즉, 情緖가 不安한 子孫과 末年宮이로다.

53) 戊戌 Energy場 因子의 特性分析(戊 庫藏宮 戌 ⊕土 Energy場)

(1) 戊戌 Energy場이 年柱에 因緣할 境遇

天體 中圓場土 Energy場이 地氣 白金 戌土 Energy體와 相互 比和的 庫藏宮을 이루어 初年 父母宮에 因緣하였으니 祖上의 蔭德이 厚德하고 初年 行實이 愼重하며 思慮가 깊다.

獨居한즉, 思考의 持續性이 欠如되거나 父母의 配慮가 不利해지고

合居한즉, 初年 父母運이 함께 밝고 그 聰明함이 더욱 增進된다.

刑殺을 받은즉, 戊戌 刑 乙未 (×) / 丁未 (△) / 己未 (△) / 辛未 (△) / 癸未 (△)와, 乙丑 (×) / 丁丑 (△) / 己丑 (△) / 辛丑 (△) / 癸丑 (△)의 三刑破殺이 되며 그 凶禍가 尤甚하다. 脾胃肝腎을 操心.

沖殺을 當한즉, 戊戌 沖 戊戌 (△) / 庚戌 (△) / 壬戌 (×) / 甲戌 (×) / 丙戌 (△)이 되어 甲寅 (×) / 丙寅 (△) / 戊寅 (△) / 庚寅 (△) / 壬寅 (×)의 葛藤構造를 形成하니 父母 祖上과 離別커나 身苦 心弱이 發生한다.

破殺을 當한즉, 亦是 刑殺과 重擧하여 脾胃 肝膽 心腸에 이르기까지 身苦를 걱정케 한다. 戊戌 破 乙未 (×) / 丁未 (△) / 己未 (△) / 辛未 (△) / 癸未 (×)는 刑殺과도 重擧되니 그 害惡이 크다.

害殺을 만난즉, 戊戌 害 乙酉 (×) / 丁酉 (△) / 己酉 (△) / 辛酉 (△) / 癸酉 (△)로서 心身이 不安定하고 肝膽 魂魄의 管理를 要한다.

怨嗔殺을 만난즉, 戊戌 怨 乙巳 (×) / 丁巳 (△) / 己巳 (△) / 辛巳 (△) / 癸巳 (△)가 되어 情緖的 不安定을 露出시킨다.

※ 脾胃 肝腎의 管理를 重要時하고 每事에 中庸을 지킬 것.

(2) 戊戌 Energy場이 月柱에 因緣할 境遇

天體 中圓場土 Energy場이 地氣 白金 戌土 Energy體와 相互 比和的 庫藏宮을 이루어 初中年 配位因緣을 만났으니 兄弟 配位가 厚德 誠實 智慧로우며 每事의 計劃과 判斷分別이 明確 明瞭하다.

獨居한즉, 그 明瞭함이 持續的이지 못하고

合居한즉, 兄弟 配位 初中이 함께 誠實 智慧롭다.

刑殺을 当한즉, 三刑破殺이 重擘하니 그 害惡이 脾胃 心腎에서 腦卒까지의 心身苦를 걱정해야 하고 특히 初中年 配位宮을 操心하라.

沖殺을 当한즉, 自沖 후 滅함이 弱小하나 配位宮의 病苦가 아니면 破家數로다.

破殺을 当한즉, 亦是 刑殺과 重擘되어 그 害惡이 尤甚하나 智慧를 잃지 않고 謹身修行하면 그 厄이 半減된다. 亦是 配位宮을 安寧케 하라.

害殺을 当한즉, 初中年 白金 氣象과 配位宮이 들썩이니 白金 上氣를 操心하라.

怨嗔殺을 当한즉 父母兄弟와 家族 葛藤을 操心하고 學問에 專念하고 人格修行을 게을리 말라.

(3) 戊戌 Energy場이 日柱에 因緣할 境遇

天體 中圓場土 Energy場이 地氣 白金 戌土 Energy體와 相互 比和的 庫藏宮을 이루어 中壯年 一生을 맞이하니 右白金의 愼重 厚德함과 聰明 智慧로움이 一生을 편안케 한다.

獨居한즉, 그 吉함이 半減하고

合居한즉, 勤勉誠實함이 聰明 智慧를 더하여 大吉해진다. 虛慾이 잔꾀를 일으키니 언제나 果實은 公評히 하라.

刑殺을 만난즉, 一切 大小事가 刑破 重擘殺에 무너지기 쉬우니 一生을 中道에서 벗어나지 말라. 脾胃 心腎을 操心하고 언제나 無理하지 말라.

沖殺을 当한즉, 一生 苦難이 그칠 날이 없고 每事가 中途에 허물어지기 쉬우니 恒常 思惟를 淸淨히 하고 謹身하라.

破殺을 当한즉, 亦是 刑破가 重擘하여 一生을 괴롭히니 心身을 安定케 하라.

害殺을 当한즉, 虛慾을 삼가고 怨嗔殺을 만난즉 他人을 配慮하고 다투지 말라.

(4) 戊戌 Energy場이 時柱에 因緣할 境遇

天體 中圓場土 Energy場이 地氣 白金 戌土 Energy體와 相互 比和的 關係에서 庫藏宮을 形成하고 子孫과 末年을 因緣하였으니 子孫은 英敏하고 末年은 安寧하다.

獨居한즉, 小吉하고 늦은 發應이나

合居한즉, 大吉하고 末年 福祿이로다.

刑殺을 당한즉, 子孫과 末年에 刑破가 重擊하여 生産에 失敗가 따르고

沖殺을 맞은즉, 亦是 一子는 失敗數요, 末年 癡呆를 操心해야 한다.

破殺을 만난즉, 刑破殺이 重擊하고 子孫과 末年이 不安 不便해진다.

害殺을 만난즉, 子孫의 白金 太過氣像이 念慮되고 末年 固執이 문제로다.

怨嗔殺을 당한즉, 子孫이 英敏하나 情緒的 不安定이요, 末年 是非가 心身을 괴롭힌다.

※ 時柱의 刑沖破害怨嗔殺은 子孫과 末年을 困窮케 하고 心身을 苦難케 한다.

54) 庚戌 Energy場 因子의 特性分析(庚 衰宮 戌 ⊕土 Energy場)

(1) 庚戌 Energy場이 年柱에 因緣할 境遇

天體 白金 陽 Energy場이 地氣 白金 戌土 Energy體와 相互 相生的 關係에서 初年衰宮을 因緣하였으니 孝道 忠誠心은 至極하나 그 드러나는 成果는 微弱하다.

獨居한즉, 聰明 智慧가 흐려지고 初年이 不振하며

合居한즉, 初年 才士요, 孝子 忠誠心이 每事를 成就케 한다.

刑殺을 당한즉, 庚戌 刑 乙未 (△) / 丁未 (×) / 己未 (△) / 辛未 (△) / 癸未 (△)와 乙丑 (△) / 丁丑 (×) / 己丑 (△) / 辛丑 (△) / 癸丑 (△)이 되어 破殺과 重擊하는 心身苦難이요 初年 不振하다.

沖殺을 당한즉, 庚戌 沖 甲戌 (×) → 庚寅 (△) / 丙戌 (×) → 壬寅 (△) / 戊戌 (△) → 甲寅 (×) / 庚戌 (△) → 丙寅 (×) / 壬戌 (△) → 戊寅 (△)이 되어 沖殺 後 持續的 相剋을 避하였다. 脾胃 實病 操心.

破殺을 당한즉, 庚戌 破 乙未 (△) / 丁未 (×) / 己未 (△) / 辛未 (△) / 癸未 (△)로서 刑殺과 重擊되니 亦是 初年 父母의 心身苦難이 成長을 괴롭힌다.

害殺을 당한즉, 庚戌 害 乙酉 (△) / 丁酉 (×) / 己酉 (△) / 辛酉 (△) / 癸酉 (△)로서 白金 實病이 되고

怨嗔殺을 当한즉, 庚戌 怨 乙巳 (△) / 丁巳 (×) / 己巳 (△) / 辛巳 (△) / 癸巳 (△)가 되어 心身의 平安이 不利하다.

(2) 庚戌 Energy場이 月柱에 因緣할 境遇

天體 白金 陽 Energy場이 地氣 白金 戌土 Energy體와 相互 相生的 關係에서 初中年 衰宮을 因緣하였으니 兄弟 配位의 精誠스러움이 크게 드러난다. 所得과 果實을 기대하기보다는 懃誠을 다해 努力하는 姿勢가 더욱 좋은 모습이다.

獨居한즉, 努力과 懃誠은 좋으나 所得이 充分치 못하고

合居한즉, 成就意志가 强하고 計劃的 思考와 實踐力이 緻密하여 每事의 始終이 確實 明瞭하다.

刑殺을 当한즉, 三刑破殺이 되어 智慧가 어두워지고 每事 障碍가 中年運과 兄弟 配位宮을 侵犯한다.

沖殺을 当한즉, 智慧가 自沖하니 明瞭함이 隨時로 無明해지고, 右腦의 頭痛을 呼訴한다.

破殺을 当한즉, 刑殺과 重剋하니 父母兄弟의 離別이 아니면 配位宮의 刑破로다.

害殺을 当한즉, 配位宮이 實病이 되어 寅卯木을 害코저 한다.

怨嗔殺을 만난즉, 夫婦 陰陽이 葛藤하고 日常事 平時間에 性情이 銳敏해진다.

(3) 庚戌 Energy場이 日柱에 因緣할 境遇

天體 白金 陽 Energy場이 地氣 白金 戌土 Energy體와 相互 相生的 關係에서 中年 一生을 衰運으로 設計되었으니 一生의 努力은 嘉尙하나 實質的 成就는 不足하다. 언제나 勤勉誠實하고 智慧롭게 산다.

獨居한즉, 一生의 努力人이요,

合居한즉, 成就를 分配할 줄 아는 智慧로운 삶으로 成功한다.

刑殺을 当한즉, 脾胃를 傷하거나 腎心에 病이 되고 訟事에 휘말리기 쉽다.

沖殺을 当한즉, 刑殺과 重擊하여 亦是 脾胃를 傷키 쉽고 心腎의 不安定이 항상 곁에서 쫓아다닌다.

害殺을 当한즉, 一生이 銳敏해지고 神經質的이 되기 쉬워 肝膽을 傷한다.

怨嗔殺을 当한즉, 戌巳가 되기 쉽고 巳戌에 물들기 쉬우며 學問에 事念하면 禍를 免할 수 있다.

(4) 庚戌 Energy場이 時柱에 因緣할 境遇

天體 白金 陽 Energy場이 地氣 白金 戌土 Energy體와 相互 相生的 關係 속에서 衰運으로 子孫과 末年宮을 因緣하게 되었다. 子孫은 英敏 智慧롭고 末年은 慧가 밝은 誠實한 人生을 살아간다.

獨居한즉, 밝고 誠實함이 持續的으로 이어가지 못하고 斷續的이 되고 만다.

合居한즉, 子孫이 圓滿 誠實하고 成就를 고르게 나눠주는 福된 末年을 살아간다.

刑殺을 当한즉, 子孫과 末年의 障碍요, 沖殺을 当한즉 亦是 子孫과 末年 命運의 斷折이 때를 따라 나타난다.

破殺을 当한즉, 刑殺과 重擘하여 子孫과 末年을 괴롭히니 靈肉의 不安이 함께한다.

害殺을 当한즉, 白金은 太過病이요, 靑木은 不及病이라. 子孫은 金病이요, 末年은 木病이로다.

怨嗔殺을 当한즉, 子孫의 情緖 不安과 末年의 魂魄 不安이 걱정된다.

55) 壬戌 Energy場 因子의 特性分析(壬 冠帶宮 戌 ⊕土 Energy場)

(1) 壬戌 Energy場이 年柱에 因緣할 境遇

天體 陽 玄水 Energy場이 地氣 白金 戌土 Energy體와 相互 相剋的 關係에서 冠帶宮을 形成하여 初年 父母運을 因緣하였다.

甲丙戊庚의 養藏庫衰宮의 他 天體 Energy場 因緣보다는 가장 安定된 冠帶宮을 因緣하여 和合된 天體 Energy場이다. 다만 初中年 父母 뜻을 거역하는 緣故로

獨居한즉, 父母가 不便하고

合居한즉, 英敏 誠實하다.

刑殺을 当한즉, 壬戌 刑 乙未 (△) / 丁未 (△) / 己未 (△) / 辛未 (△) / 癸未 (△)와, 乙丑 (△) / 丁丑 (△) / 己丑 (△) / 辛丑 (△) / 癸丑 (△)로서 비록 刑破 重擘하나 極刑은 免한다.

沖殺을 当한즉, 壬戌 沖 甲戌 (△) / 丙戌 (×) / 戊戌 (×) / 庚戌 (△) / 壬戌 (△)로서 相互 自沖 內沖 겹沖하니 陽土 陽水 陽木病이 初年과 父母에게 居한다.

破殺을 当한즉, 壬戌 破 乙未 (△) / 丁未 (△) / 己未 (△) / 辛未 (△) / 癸未 (△)로서 刑殺과 重擘하나 剋破殺은 免한다. 亦是 脾胃를 操心하라.

害殺을 当한즉, 壬戌 害 乙酉 (△) / 丁酉 (△) / 己酉 (△) / 辛酉 (△) / 癸酉 (△)로서 白金 太過 中 自害格이 되어 金木病이 동거한다.

怨嗔殺을 当한즉, 壬戌 怨 乙巳 (△) / 丁巳 (△) / 己巳 (△) / 辛巳 (△) / 癸巳 (△)로서 邪術的 特性이 初年을 가로막는다. 삿된 術數 잔꾀 操心.

(2) 壬戌 Energy場이 月柱에 因緣할 境遇

天體 陽 玄水 Energy場이 地氣 白金 戌土 Energy體와 相互 相剋的 關係에서 冠帶宮을 形成한 初中年 命運이 되니 兄弟 配位가 葛藤 속에서 圓滿을 찾아간다. 他戌 生 年月時보다 越等 優秀한 思考體系가 兄弟 配位關係를 向上시켜 간다.

獨居한즉, 다소의 賢明함이 어두워지고

合居한즉, 일을 處理함에 每事가 明快 確實하고 勤勉誠實함이 他의 標本이 될 수 있는 初中年 命運을 만들어간다.

刑을 当한즉, 比較的 他戌 土 Energy場보다는 多少間 緩和된 刑殺이나 亦是 重擘殺을 면할 수는 없다. 脾胃肝腎을 操心하고 家庭에 忠實하라.

沖殺을 当한즉, 相沖 自沖하여 陽土病과 陽水病을 操心하고 木의 肝膽 管理를 重히 하라.

破殺을 当한즉, 亦是 刑殺과 重擘하므로 家事數가 아니면 財敗나 健康에 衝擘이 온다.

害殺을 当한즉, 白金氣가 不安定하니 兄弟 配位가 太過하기 쉽고 金實 木虛가 되어 金木病을 操心할 일이다.

怨嗔殺을 当한즉, 性格의 一貫性이 不足하고 巳戌的(邪術的) 思考와 戌巳的

(術士的) 行爲가 兄弟 配位와 初中年宮을 侵犯한다.

(3) 壬戌 Energy場이 日柱에 因緣할 境遇

天體 陽 玄水 Energy場이 地氣 白金 戌土 Energy體와 相互 相剋的 關係에서 冠帶宮을 形成한 中壯年 命運이 되었으니 一生이 苦惱와 함께 成就를 獲得해 가는 智慧로운 努力家이다.

獨居한즉, 苦惱와의 싸움이 成就보다 앞서가고

合居한즉, 智慧롭고 誠實하여 敏捷한 頭腦活動으로 每事 成就가 保障된다.

刑을 当한즉, 破殺과 重擘하여 每事 成就가 中斷되고 心腎과 脾胃의 疾病을 一生 持病으로 함께하니 每事를 愼重히 判斷하고 健康管理에 專念하라.

沖殺을 当한즉, 自沖 內沖이 되어 上胃 下胃가 함께 虛弱해진다. 陽木을 操心하고 늘 살펴라. 지나침이 病이로다.

破殺을 当한즉, 亦是 刑殺과 重擘되니 中壯年 一生이 脾胃와 心身의 持病으로 苦生한다. 平素 生活 속에서 늘 謙遜 節制하고 管理하라.

害殺을 当한즉, 白金이 銳敏해짐에 神經性 疾病을 얻기 쉽고 知能的 不調和가 陽木을 괴롭히게 되어 魂魄 不安定을 맞는다.

怨嗔殺을 当한즉, 心腎이 不調하고 脾胃가 不安하여 一生 邪術에 물들기 쉽다. 正業을 지키고 正命으로 살아가라.

(4) 壬戌 Energy場이 時柱에 因緣할 境遇

天體 陽 玄水 Energy場이 地氣 白金 戌土 Energy體와 相互 相剋的 關係에서 冠帶宮을 形成한 子孫과 末年의 命運이 되었으니 子孫은 英敏 誠實하고 聰明하며 末年은 밝고 풍부한 삶을 살아간다.

獨居한즉, 그 吉함이 半減하고

合居한즉, 誠實 勤勉하고 孝心이 깊다. 每事의 始終이 如一하고 成就와 廻向이 明確 明快하다.

刑殺을 当한즉, 子孫이 不安하고 末年 疾病이요. 心腎과 脾胃가 子孫과 末年宮에서 不利해진다.

沖殺을 当한즉, 子孫은 精神的 不利者요, 末年 癡呆가 두렵다.

破殺을 当한즉, 刑殺과 重擘하니 子孫의 不利와 末年 不安定이 함께 온다.

害殺을 当한즉, 子孫의 健康이 걱정이요. 末年 肝膽 魂魄이 어지럽다.

怨嗔殺을 当한즉, 心身이 不安定한 子孫을 걱정해야 하고 末年 言行을 操心해야 한다.

56) 乙亥 Energy場 因子의 特性分析(乙 死宮 亥 ⊖水 Energy場)

(1) 乙亥 Energy場이 年柱에 因緣할 境遇

天體 陰 青木 Energy場이 地氣 陰 玄水 Energy體와 相互 相生的 關係에서 死宮을 因緣하여 形成된 初年 父母 命運인 故로 父母 祖上의 犧牲을 恒常 念慮하지 않을 수 없다.

獨居한즉, 早失父母가 아니면 離鄕客地해야 하고
合居한즉, 健康 長壽의 基礎體質을 다진다.

刑을 当한즉, 乙亥 刑 乙亥 (△) / 丁亥 (×) / 己亥 (△) / 辛亥 (×) / 癸亥 (△)가 되어 自刑 自沖殺을 동시에 얻게 된다. 心腎의 不調, 不整脈 發生.

沖을 当한즉, 乙亥 沖 乙亥 (△) / 丁亥 (×) / 己亥 (△) / 辛亥 (×) / 癸亥 (△)로서 自刑 自沖 同時殺이다. 父母의 有故가 아니면 初中年의 健康이 不利로다.

破殺을 当한즉, 乙亥 破 甲寅 (△) / 丙寅 (×) / 戊寅 (×) / 庚寅 (△) / 壬寅 (△)으로서 先凶後吉이니 初年은 家敗하나 漸次로 回復된다. 父母別離

害殺을 当한즉, 乙亥 害 甲申 (△) / 丙申 (×) / 戊申 (×) / 庚申 (△) / 壬申 (△)이 되어 初年 健康이 不利하지 않으면 父母 兄弟 因緣이 不利롭다.

怨嗔殺을 当한즉, 乙亥 怨 甲辰 (△) / 丙辰 (×) / 戊辰 (×) / 庚辰 (△) / 壬辰 (△)이 되어 父母와의 葛藤的 運命을 얻게 된다.

※ 根本的으로 父母 祖上의 犧牲위에 成長하는 命運이므로 孝誠 孝道의 人性教育이 가장 緊要하다. 心腎의 健康을 操心하라.

(2) 乙亥 Energy場이 月柱에 因緣할 境遇

天體 陰 青木 Energy場이 地氣 陰 玄水 Energy體와 相互 相生的 關係에서 死宮을 因緣으로 形成된 中年 兄弟配位 命運을 만들었다.

兄弟 配位의 精神的 健康이 念慮되고

獨居한즉, 辛亥 年月日時를 걱정치 않을 수 없다.

合居한즉, 兄弟 配位의 發展이요, 健康이 保障된다.

刑을 받은즉, 自刑自沖의 重擘殺이 되어 腎心의 障碍가 配位를 괴롭힌다.

沖을 받은즉, 亦是 刑과 重擘이니 兄弟 配位가 不安하다. 初中年 健康을 操心하라.

破殺을 当한즉, 肝膽을 操心하고 忍耐 謙遜하면 後日이 旣約된다.

害殺을 当한즉, 行實과 남의 怨聲을 操心하고 腎, 子宮, 肺大腸을 保護하라.

怨嗔殺을 当한즉, 夫婦關係를 愼重히 할 것이며 늘 언제나 남과 和解하며 다투지 말 것이다.

(3) 乙亥 Energy場이 日柱에 因緣할 境遇

天體 陰 青木 Energy場이 地氣 陰 玄水 Energy體와 相互 相生的 關係에서 死宮을 因緣으로 形成된 一生의 命運이다. 天性이 地相에서 消滅되었으니 光明함이 不足하고 相生的 天地 屬性이 陽明을 잃었다.

獨居한즉, 性相이 憂鬱하고 비록 健康하나 辛亥 年月日時엔 自沖殺을 免하기 어렵고 心腎의 持病을 操心해야 한다.

合居한즉, 無病長壽하며 性情이 너그럽고 밝은 命運이 된다.

刑을 当한즉, 自刑 自沖 重擘殺이 되어 心身의 急病을 操心해야 한다.

沖殺을 当한즉, 亦是 刑殺과 同一하며

破殺을 当한즉, 初年은 不利 不振하며 中年을 넘어서 中末年에야 好運을 만난다.

害殺을 当한즉, 몸마음과 본마음을 同居케 할 것이며

怨嗔殺을 当한즉, 남을 아끼며 내 몸처럼 할지니라.

(4) 乙亥 Energy場이 時柱에 因緣할 境遇

天體 陰 青木 Energy場이 地氣 陰 玄水 Energy體와 相互 相生的 關係에서 死宮을 因緣으로 形成된 子孫과 末年의 命運이다. 子孫이 明朗함을 잃기 쉽고 末年 性情이 憂鬱키 쉽다.

獨居한즉, 女息이 많고 末年 鬱症이 甚하다.

合居한즉, 明朗한 孫을 두고 末年 長壽하며 多産이다.

刑을 當한즉, 子孫이 貴하고 末年이 괴로우며 心腎의 病을 操心하라.

沖을 當한즉, 亦是 重擊殺이니 刑을 當한 듯 得孫 得命을 祈禱하라.

破殺을 當한즉, 子孫의 命運을 光明토록 祈禱할 것이며 末年 健康을 늘 걱정하라.

害殺을 當한즉, 子孫 健康과 末年 健康을 操心할 것이며

怨嗔殺을 當한즉, 子孫의 情緖를 밝게 할 것이며 末年 言行을 操心하라.

57) 丁亥 Energy場 因子의 特性分析(丁 胎宮 亥 ⊖水 Energy場)

(1) 丁亥 Energy場이 年柱에 因緣할 境遇

天體 陰 朱火 Energy場이 地氣 陰 玄水 Energy體와 相互 相剋的 關係에서 胎宮을 因緣으로 形成된 初年 父母의 關係的 命運이다.

父母 祖上의 犧牲을 바탕으로 成長키 쉬우며 일찍이 孝道의 眞理를 攄得치 못하면 心腎의 病을 얻기 쉽다.

獨居한즉, 初年運이 困苦하며 得病키 쉽고

合居한즉, 心腎이 安定되고 健康하다.

刑을 받은즉, 丁亥 刑 乙亥 (△) / 丁亥 (△) / 己亥 (△) / 辛亥 (×) / 癸亥 (×)로서 自沖殺과 重擊하니 癸亥 年月日時가 항상 두렵다.

破殺을 當한즉, 亦是 刑殺과 重擊하여 心腎을 괴롭히니 性情을 고요히 하고 火急한 行動을 삼가라.

破殺을 當한즉, 丁亥 破 甲寅 (△) / 丙寅 (△) / 戊寅 (△) / 庚寅 (×) / 壬寅 (△)으로 先凶後吉하니 父母 祖上께 孝道하고 心身을 安定케 하라.

害殺을 當한즉, 丁亥 害 甲申 (△) / 丙申 (△) / 戊申 (△) / 庚申 (×) / 壬申

(△)이 되어 깊은 강물에 빠져 버린 도끼가 된 殺이니 늘 境界하여 心身을 安定케 하라.

怨嗔殺을 当한즉, 丁亥 怨 甲辰 (△) / 丙辰 (△) / 戊辰 (△) / 庚辰 (×) / 壬辰 (△)이 되었으니 他人과의 다툼을 삼가고 誠實을 根本으로 하라.

(2) 丁亥 Energy場이 月柱에 因緣할 境遇

天體 陰 朱火 Energy場이 地氣 陰 玄水 Energy體와 相互 相剋的 關係에서 胎宮을 因緣하여 形成된 初中年 兄弟 配位의 命運이다.

일찍이 祖上과 不和하고 蔭德을 拒否하나 祖上은 孫을 위해 犧牲的이다.

獨居한즉, 父母 配位와 不和 不睦하고

合居한즉, 兄弟 配位가 和睦한 環境을 造成한다.

刑을 当한즉, 自沖殺과 重擘되어 心身이 忍苦해지고 癸亥 年月日時에 心, 小腸, 腎, 膀胱, 子宮을 操心하라.

沖을 当한즉, 亦是 刑沖 重擘殺이 되어 刑을 당한 境遇와 同一한 命運이 된다.

破殺을 当한즉, 先凶後吉하여 困難을 堪耐한즉 苦生 끝에 樂이 오니 破鏡을 맞을지라도 참고 견디라.

害殺을 当한즉 재주 많은 짐승이 깊은 물에 빠진 格이니 재주를 믿지 말고 謹身하라.

怨嗔殺을 当한즉, 家族과 和睦하고 性情을 고요히 할 것이며, 每事 忿怒를 자제하라. 不緣이면 心腎 中風病이 비켜가질 못한다.

(3) 丁亥 Energy場이 日柱에 因緣할 境遇

天體 陰 朱火 Energy場이 地氣 陰 玄水 Energy體와 相互 相剋的 關係에서 胎宮을 因緣하여 形成된 一生의 命運이 되었다. 父母 祖上님께 孝道함이 根本이 되어야 하고 性情의 火急함을 忍耐로서 다스리면 一生의 健康과 福祿이 保障된다.

獨居한즉, 父母 祖上이 不安定하고 心身의 一體性이 不調하다.

合居한즉, 天性과 地相이 和合하여 圓滿 厚德한 삶을 살아간다.

刑을 받은즉, 一生 心腎의 持病이요. 重擘殺을 当한즉 命의 苦悲를 操心하라.

沖殺을 받은즉, 刑殺과 同一하니 恒常 心身을 安定케 하고 眞實과 眞理를 좇아 살아감이 無慾的 삶의 平安이 되리라.

破殺을 当한즉, 先吉後凶이 되니 吉도 凶도 모두 心腎의 管理에서 生起하나니라.

害殺을 当한즉, 一生을 勤愼 操心할 것이며 心腎의 健康을 留念할 것이다.

怨嗔殺을 当한즉, 一生을 남과 다투지 말 것이며 怨望하거나 미워하지 말라.

(4) 丁亥 Energy場이 時柱에 因緣할 境遇

天體 陰 朱火 Energy場이 地氣 陰 玄水 Energy體와 相互 相剋的 關係에서 胎宮을 因緣하여 形成된 子孫과 末年의 命運이 되었다.

火急 極端的 性格과 心身이 不安定한 子孫이 出生하거나 末年 心腎의 病을 얻을 수 있으니 恒常 心身을 安定케 하라.

獨居한즉, 水火의 疾病을 지닐 수 있고

合居한즉, 無病長壽한다.

刑을 当한즉, 沖과 重擘하니 子孫의 入胎가 念慮롭고 末年 健康이 걱정된다.

沖을 当한즉, 亦是 重擘殺이 되었으니 火急한 言行을 삼가고 每事를 愼重히 할 것이며 心腎 管理를 각별히 하라.

破殺을 当한즉, 子孫의 幼年健康을 살필 것이며 末年 健康을 操心하라.

害殺을 当한즉, 肺大腸, 腎膀胱의 健康을 걱정해야 하고

怨嗔殺을 当한즉, 子孫의 情緖와 健康을 恒常 操心하라.

58) 己亥 Energy場 因子의 特性分析(己 胎宮 亥 ⊖水 Energy場)

(1) 己亥 Energy場이 年柱에 因緣할 境遇

天體 陰 中圓 Energy場이 地氣 陰 玄水 Energy體와 相互 相剋的 關係에서 胎宮을 因緣으로 한 初年 父母祖上의 關係的 命運이 되었다.

父母 祖上의 蔭德이 不足하고 天性과 地相이 葛藤하니 初年 父母運이 平坦치 못하다.

獨居한즉, 離鄕客地함이 오히려 吉하고 강물에 씻겨가는 燥土가 되지 않도록 恒常 境界하라.

合居한즉, 心身이 健康하고 明朗하다.

刑을 살한즉, 己亥 刑 乙亥 (×) / 丁亥 (△) / 己亥 (△) / 辛亥 (△) / 癸亥 (×)로 自沖 重擘殺이니 初年 父母의 心腎 不和를 操心할 것이며,

沖殺을 살한즉, 亦是 刑과 同一한 重擘殺이다.

破殺을 살한즉, 己亥 破 甲寅 (△) / 丙寅 (△) / 戊寅 (△) / 庚寅 (△) / 壬寅 (×)이 되어 先凶後吉의 命運이로되 肝腎을 恒常 操心하라.

害殺을 살한즉, 己亥 害 甲申 (△) / 丙申 (△) / 戊申 (△) / 庚申 (△) / 壬申 (×)으로 肺大腸, 腎膀胱의 相生病을 操心하라.

怨嗔殺을 살한즉, 己亥 怨 甲辰 (△) / 丙辰 (△) / 戊辰 (△) / 庚辰 (△) / 壬辰 (×)이 되어 初年의 情緖에 不安定이 일어날까 매우 걱정된다.

(2) 己亥 Energy場이 月柱에 因緣할 境遇

天體 陰 中圓 Energy場이 地氣 陰 玄水 Energy體와 相互 相剋的 關係에서 胎宮을 因緣으로 한 初中年의 兄弟 配位 命運이 되었다.

父母 祖上의 種子 相續이 葛藤的 構造로서 形成되었으니 兄弟 配位의 性相的 葛藤이 걱정된다.

獨居한즉, 水土의 葛藤이 極甚해지고

合居한즉, 兄弟 配位의 厚德함과 健康이 자랑스럽다.

刑殺을 살한즉, 自刑과 自沖이 重擘하니 心腎病으로 인한 命苦悲를 넘겨야 할 숙제가 남는다.

沖殺을 살한즉, 亦是 自沖과 重擘되니 그 凶禍의 苦悲를 安定과 忍耐로서 克復하라.

破殺을 살한즉, 先凶後吉하니 兄弟 配位의 葛藤을 슬기롭게 헤쳐가라.

害殺을 살한즉, 肺大腸과 腎膀胱을 操心하여 健康을 지킬 것이며

怨嗔殺을 살한즉, 兄弟 配位의 心身을 平安 淸靜케 保護해야 할 것이다.

(3) 己亥 Energy場이 日柱에 因緣할 境遇

天體 陰 中圓 Energy場이 地氣 陰 玄水 Energy體와 相互 相剋的 關係에서 胎宮을 因緣으로 形成된 一生의 命運이 되었다. 특히 中壯年의 特性이 되었으니 心身의 合一的 修行이 가장 소중하다.

獨居한즉, 心腎 不調에 의한 持病을 操心해야 하고

合居한즉, 厚德 仁慈하여 無病長壽한다.

刑을 当한즉, 一生의 健康管理가 話頭로 되어야 하고 心腎의 重點管理와 心身修行을 게을리 말아야 한다.

沖殺을 当한즉, 亦是 自沖 自刑의 重擊殺이 되니 恒常 操心 操心하여야 한다.

破殺을 当한즉, 肝, 腎의 不調和를 걱정해야 하고 禍를 내거나 놀라는 일이 없게 하라.

害殺을 当한즉, 肺大腸, 腎膀胱을 調和롭게 할 것이며 心身을 언제나 安定케 하라.

怨嗔殺을 当한즉, 他人과의 是是非非를 論치 말 것이며 亦是 心身의 安定만이 一生을 福되게 하는 秘結이로다.

(4) 己亥 Energy場이 時柱에 因緣할 境遇

天體 陰 中圓 Energy場이 地氣 陰 玄水 Energy體와 相互 相剋的 關係에서 胎宮을 因緣으로 形成된 子孫과 末年의 命運이다. 本마음과 몸마음의 合一的 修行이 절실한 子孫의 心身이다. 子孫教育에 留念해야 하고 末年의 精神 健康을 操心하라.

獨居한즉, 子孫의 心小腸 管理에 힘쓰고

合居한즉, 厚德 健康한 子孫을 얻는다.

刑殺을 当한즉, 自刑과 自沖이 重擊되니 子孫의 入胎가 不安 不調하며 生産機能과 成長能力이 크게 憂慮된다.

沖殺을 当한즉, 亦是 刑殺과 重擊하니 그 禍가 子孫과 末年 中風으로까지 이어질 수가 있다. 亥卯未, 戌亥 또는 亥子 合居 年月日時에 入胎 生産을 決定하라.

破殺을 当한즉, 子孫의 初年 健康을 留念할 것이며

怨嗔殺을 当한즉, 子孫의 靈的 不安定을 늘 걱정하며 教育하고, 末年 癡呆를 操心하라.

59) 辛亥 Energy場 因子의 特性分析(辛 浴宮 亥 ⊖水 Energy場)

(1) 辛亥 Energy場이 年柱에 因緣할 境遇

天體 陰 白金 Energy場이 地氣 陰 玄水 Energy體와 相互 相生的 關係에서 浴宮을 因緣으로 形成된 初年과 父母 祖上의 關係的 命運이다. 父母 祖上의 蔭德을 얻은 厚德한 人格으로서

獨居한즉, 單純 小吉하고

合居한즉, 活動 旺盛하며 强健 明朗하다.

刑殺을 当한즉, 辛亥 刑 乙亥 (×) / 丁亥 (×) / 己亥 (△) / 辛亥 (×) / 癸亥 (△)로 自沖과 重擘殺이 동시에 作用하니 初年 早失父母커나 離鄕客地함이 가장 두렵다.

自沖殺을 当한즉, 亦是 自刑과 重擘되니 心腎의 持病이 아니면 早失父母 離鄕客地함을 操心해야 한다.

破殺을 当한즉, 辛亥 破 甲寅 (×) / 丙寅 (△) / 戊寅 (△) / 庚寅 (×) / 壬寅 (△)으로서 先破後木하니 初年 苦生과 苦難 이후 크게 자람을 본다.

害殺을 当한즉, 辛亥 害 甲申 (×) / 丙申 (△) / 戊申 (△) / 庚申 (×) / 壬申 (△)으로서 父母의 健康과 初年의 肺大腸, 腎膀胱을 操心하라.

怨嗔殺을 当한즉, 辛亥 怨 甲辰 (×) / 丙辰 (△) / 戊辰 (△) / 庚辰 (×) / 壬辰 (△)으로서 初年 心身의 安定이 重要하고 脾胃, 腎膀胱을 操心하며 밝고 明朗함이 필요하다.

(2) 辛亥 Energy場이 月柱에 因緣할 境遇

天體 陰 白金 Energy場이 地氣 陰 玄水 Energy體와 相互 相生的 關係에서 浴宮을 因緣으로 形成된 初中年 兄弟 配位의 命運이다.

兄弟 配位가 厚德 强健하여 比較的 安定的인 人格體가 되었다.

獨居한즉, 小吉 小器하고

合居한즉, 厚德 穩和한 健實 人格體이다.

刑殺을 当한즉, 兄弟 配位宮이 重擘殺을 당한 格이 되어 不安 不實하다.

沖殺을 当한즉, 亦是 重擘되었으니 心腎의 疾病을 愼重히 걱정 對備하라.

破殺을 当한즉, 初中 兄弟 配位宮의 不和 不滿을 解消케 함을 게을리 말라.

害殺을 当한즉, 心身의 不安과 不實이 兄弟 配位宮을 떠나지 않는도다.

怨嗔殺을 当한즉, 亦是 兄弟 配位와의 葛藤이 相互 衝突하니 언제나 謙遜하고 讓報함이 가장 緊要하다.

(3) 辛亥 Energy場이 日柱에 因緣할 境遇

天體 陰 白金 Energy場이 地氣 陰 玄水 Energy體와 相互 相生的 關係에서 浴宮을 因緣으로 形成된 中年과 一生의 命運이 되었다. 女性的 銳敏함과 重厚함이 동시에 形成된 健實한 人格體이다.

獨居한즉, 心身의 安定이 不足하고

合居한즉, 一生 健康과 德스러움이 돋보인다.

刑殺을 받은즉, 自沖殺과 沖擘되어 그 凶禍가 心腎의 持病에까지 이른다.

沖殺을 받은즉, 亦是 刑殺과 重擘하니 一生의 心腎 持病을 忍耐와 安定으로 克服하라.

破殺을 当한즉, 初年 中年의 健康과 財物을 操心하고 腎肝의 疾病을 操心하라.

害殺을 받은즉, 肺大腸, 腎膀胱을 恒常 操心하여 傷寒病을 各別 有意하라.

怨嗔殺을 当한즉, 他人을 配慮하고 언제나 변함없는 마음으로 利他行을 닦아 나아가라. 내가 먼저 남을 걱정하라.

(4) 辛亥 Energy場이 時柱에 因緣할 境遇

天體 陰 白金 Energy場이 地氣 陰 玄水 Energy體와 相互 相生的 關係에서 浴宮을 因緣으로 形成된 子孫과 末年의 命運이다. 厚德 健康한 子孫을 얻을 수 있고 末年의 健康과 長壽가 保障된다.

獨居한즉, 自沖 自刑의 年月日時를 操心해야 하고(특히 入胎와 出生 日時)

合居한즉, 無病長壽의 厚德한 孫이 出生한다.

刑殺을 当한즉, 自沖殺과 重擘하니 子孫의 入胎와 出産이 念慮스럽다.

沖殺을 当한즉, 亦是 重擘 刑殺이 되니 丁亥와 辛亥가 가장 두렵다.

破殺을 当한즉, 子孫의 情緒가 걱정되고 末年 癡呆를 操心하라.

害殺을 当한즉, 子孫의 初年 健康을 操心하고 末年 肺大腸, 腎膀胱을 管理하라.

怨嗔殺을 当한즉, 子孫의 精神的 安定을 걱정하고 末年의 癡呆를 操心하라.

丁亥, 辛亥, 甲寅, 甲辰, 甲申 年月日時의 入胎나 出産을 삼가라.

60) 癸亥 Energy場 因子의 特性分析(癸 旺宮 亥 ㊀水 Energy場)

(1) 癸亥 Energy場이 年柱에 因緣할 境遇

天體 陰 玄水 Energy場이 地氣 陰 玄水 Energy體와 相互 同宮에서 旺地를 因緣으로 形成된 初年과 父母 祖上의 關係的 命運이다. 强健 重厚하고 無病長壽의 體質과 未來指向的 性品을 지닌 父母 祖上의 蔭德들이 初年의 좋은 人格體를 形成하였다.

獨居한즉, 沈鬱하기 쉽고 光明을 잃기 쉽다.

合居한즉, 健全 明朗하고 單純 率直하다.

刑殺을 当한즉, 癸亥 刑 乙亥 (△) / 丁亥 (×) / 己亥 (×) / 辛亥 (△) / 癸亥 (△)로서 자沖殺과 重擘되니 初年 健康이 아니면 父母 祖上의 命運이 危險하다.

沖殺을 当한즉, 亦是 刑殺과 重擘되어 初年과 父母 命運의 障碍가 크다.

破殺을 当한즉, 癸亥 破 甲寅 (△) / 丙寅 (×) / 戊寅 (△) / 庚寅 (△) / 壬寅 (△)이 되니 丙寅 年月日時의 家敗 財敗를 操心하라.

害殺을 当한즉, 癸亥 害 甲申 (△) / 丙申 (×) / 戊申 (△) / 庚申 (△) / 壬申 (△)이 되어 특히 丙申 年月日時의 肺大腸 腎膀胱을 操心하라.

怨嗔殺을 当한즉, 癸亥 怨 甲辰 (△) / 丙辰 (×) / 戊辰 (△) / 庚辰 (△) / 壬辰 (△)으로서 初年의 情緒管理가 重要하고 壬辰 末年 精神的 安定이 要求된다.

(2) 癸亥 Energy場이 月柱에 因緣할 境遇

天體 陰 玄水 Energy場이 地氣 陰 玄水 Energy體와 相互 同宮에서 旺地를 因緣으로 形成된 初中年 兄弟 配位의 命運이다. 厚德 健實한 兄弟 配位宮의 因緣

을 만났으니 多產 多情하고 無病長壽할 수 있다.

獨居한즉, 自刑 自沖 年月日時를 操心하고

合居한즉, 兄弟 配位의 溫厚 强健함이 한결 特異하다.

刑殺을 当한즉, 自沖殺과 重擘되니 兄弟 配位宮의 心腎 中風을 操心하라.

沖殺을 当한즉, 亦是 刑殺과 重擘하니 心身을 安定시키고 急激한 思考와 行動을 삼가라.

破殺을 当한즉, 兄弟 配位와 和睦하고 恒常 配慮하며 사랑할지니라.

害殺을 当한즉, 配位의 健康을 管理하라.

怨嗔殺을 当한즉, 兄弟 配位의 性情을 平安케 하여 心身의 平等을 찾게 하라.

(3) 癸亥 Energy場이 日柱에 因緣할 境遇

天體 陰 玄水 Energy場이 地氣 陰 玄水 Energy體와 相互 同宮에서 旺地 因緣으로 形成된 中壯年과 一生의 命運이다.

溫厚하고 健實한 人格을 形成하고 多情 多產의 性格과 體質을 지닌 歡迎받는 好感形이다. 다만 太過함을 境界하라.

獨居한즉, 丁亥 己亥 年月日時를 操心해야 하고

合居한즉, 厚德 穩和한 健全 人格體로 無病長壽한다.

刑殺을 当한즉, 自沖殺과 重擘되어 一生이 心腎의 持病으로 苦生한다.

沖殺을 当한즉, 亦是 刑殺과 重擘하니 一生을 心身 安定에 主力할 것이며, 恒常 平和롭고 고요한 生活을 즐겨야 한다.

破殺을 当한즉, 初盤部는 不利하나 後半部는 安寧하리니 積善功德으로 前生의 업장을 消滅하라.

害殺을 当한즉, 肺大腸, 腎膀胱의 管理에 主力할 것이며 性品을 平和롭게 하라.

怨嗔殺을 当한즉, 마음을 平溫케 하고 他人을 配慮하며 언제 어느 때나 平正心을 잃지 말라.

(4) 癸亥 Energy場이 時柱에 因緣할 境遇

天體 陰 玄水 Energy場이 地氣 陰 玄水 Energy體와 相互 同宮에서 旺地 因

緣으로 形成된 子孫과 末年의 命運이다. 健康한 子孫과 末年을 맞이할 수 있는 吉善의 命運이다.

獨居한즉, 小吉하고

合居한즉, 大吉한다. 다만 癸亥, 辛亥 年月日時의 太過運을 操心하여 中風을 境界하라.

合居한즉 無病長壽하고 溫順 多情하며 强健한 子孫과 末年의 因緣을 얻는다.

刑殺을 当한즉, 自沖 自刑의 重擘殺을 얻으니 子孫의 入胎가 不利하고 出生 亦是 不利하다.

沖殺을 当한즉, 亦是 子孫과 末年이 不利하고 他人과의 다툼이 심히 두렵다.

破殺을 当한즉, 子孫과 末年의 肝腎이 念慮되고 害殺을 当한즉 子孫의 肺大腸 腎膀胱을 操心해야 하고

怨嗔殺을 当한즉, 子孫의 情緖管理와 他人과의 平和를 重視하라.

제3절 祖上 Energy 特性發顯과 分析

1. 亡者의 死體 Energy 發顯特性

1) 亡者의 先天(胎生) Energy 發現特性

子孫의 四柱 Energy 特性把握과 同一한 方式에 依據, 亡者가 胎生時 先天으로부터 相續받은 Energy 特性을 把握함으로써 基本的인 亡者 Energy 因子를 確認한다.

2) 死亡 年齡에 따른 亡者 Energy 發現特性

人間의 一常壽命인 60~90歲의 平均 卽 75歲를 基準한 百分率 壽命을 計算하여 亡人의 年齡 Energy 特性으로 把握한다.

例) 死亡年齡이 75歲를 定命으로 하였다면,

$$\frac{\text{基準年齡 Energy 量}}{\text{死亡年齡 Energy 量}} \times 100\% = \frac{75}{75} \times 100\% = 100[\%]$$

※ 死亡 年齡에 따른 亡者 Energy 發現度는 100% 特性을 지녔다.

3) 亡者의 生前 Energy體 管理狀態에 따른 Energy 發現特性

(1) 靈魂 管理度는 : 100%, 80%, 60%, 40% 等으로 區別하고
(2) 肉體 管理度도 : 100%, 80%, 60%, 40% 等으로 區別한다.

4) 亡者의 死後 Energy體 保存狀態에 따른 Energy 發現特性

(1) 移葬에 따른 Energy體 保存度

死體基本 Energy × (1-損失Energy率) = 保存 Energy率(%) ⇒ 保存度

(2) 諸炎의 損失에 따른 保存度

$$\text{死體 基本 Energy} \times \left\{ 1 - \left(\begin{array}{l} \text{風炎 損失 Energy率} \\ \text{水炎 損失 Energy率} \\ \text{木炎 損失 Energy率} \\ \text{火炎 損失 Energy率} \end{array} \right) \right\}$$

= 保存 Energy率(%) ⇒ 保存度

2. 合墳과 雙墳의 Energy 發現特性

1) 合墳의 Energy 特性

亡者 個別 Energy 特性은 各各 다르게 作用하여 나타나더라도 穴 Energy 特性은 單墳의 境遇와 同一하므로, 合墳에서는 亡者個別 Energy 特性이 함께 發現되게 된다.

2) 雙墳의 Energy 特性

亡者의 各 Energy體가 穴場의 左右邊 쪽으로 치우쳐 位置하게 되든가 아니면 어느 한 位가 穴場 밖으로 나가 있게 되므로, 이들 Energy 特性은 自然不良하거나 한편으로 기울게 된다.

따라서 이러한 境遇에는 穴場 Energy 特性과 雙墳亡者 Energy 特性이 非穴性에 相當하는 損失을 보게 되거나 또는 半減되는 結果를 招來하게 된다(但 穴心이 大穴인 穴場에서는 例外로 볼 수가 있다).

3. 葬法의 良否에 의한 Energy 發現特性

1) 截穴의 良否에 의한 Energy 特性

穴核 中心을 正確하게 截穴한다고 하는 것은 매우 힘든 課題로서, 穴核 中心에서 얼마나 벗어났는가 하는 것을 안다는 것 亦是 至難한 課題이다.

2) 作業의 良否에 의한 Energy 特性

前記載穴보다 못지않게 重要한 것이 穿壙作業이요, 封墳作業이다. 더 넓게도 더 깊게도 더 얕게도 이 모두가 適定하지 못할 때는 穴場 Energy 및 亡人 Energy 發現은 엄청난 損失을 招來한다.

3) 葬法改良에 의한 祖上 Energy 特性改善

葬法의 良否에 따른 穴 Energy 및 亡人 Energy體 保存率은 그 比較差異가 大端히 크다고 볼 수 있다.

載穴의 不實에서 오는 穴 Energy 損失이라든가 雙墳에서 오는 穴 Energy 不及, 그리고 管理不實에서 오는 各種의 炎 干涉 Energy들은 結局 穴核 Energy와 亡人 Energy의 同調場 形成에 至大한 ⊖結果를 낳게 된다고 하겠다.

그러나 이들보다 못지않게 重要한 葬法形態의 하나가 다름 아닌 포크레인 作業方式이다.

이는 첫째로, 穴場을 振動케 하니 不可요. 둘째로, 穴板을 破壞케 하니 不可요. 셋째로, 精誠스럽지 못하니 不可하다.

따라서 葬法은 ① 載穴 ② 單合墳의 選擇 ③ 穿壙 및 회닫이의 作業方式 ④ 穴場 維持管理의 效率性 ⑤ 各種炎干涉 Energy에 대한 補完 및 改善 等 여러 부분에 對하여 合理的이고 理想的인 方法을 開發發展시킴으로써 보다 原理的이고 보다 最善인 葬法文化가 發展되어갈 수 있으리라 본다.

4. 子孫에 대한 祖上 穴場 Energy의 同調干涉 發現度

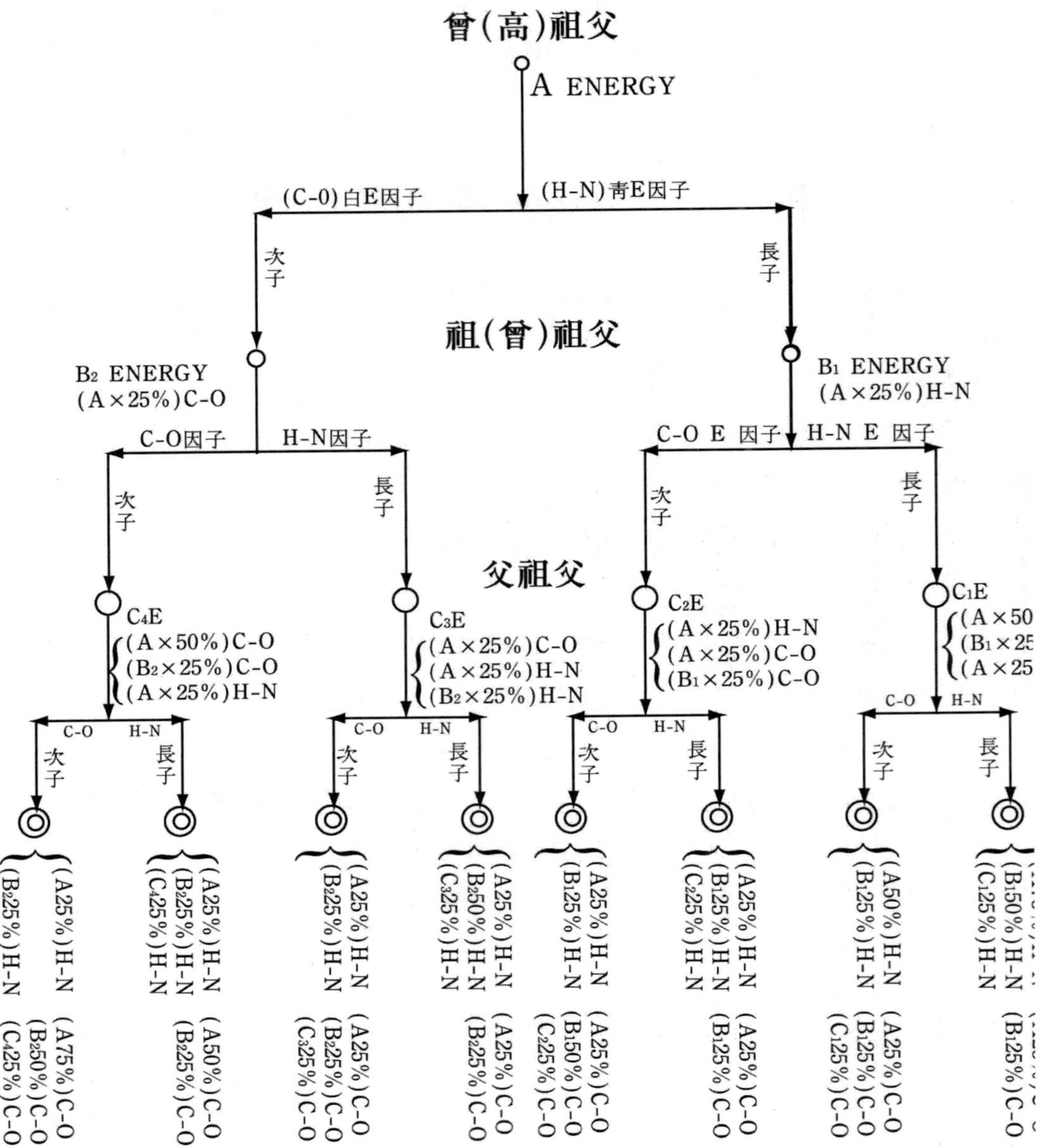

〈그림 3-51〉 子孫에 대한 祖上 穴場 Energy의 同調干涉 發現度

第3章 綜合評價를 爲한 諸 原則과 原理

제1절 天 · 地氣 Energy場의 理想的 安定特性原則

1. 地氣의 同調凝縮 安定 Energy場과 天氣의 同調 再凝縮 安定 Energy場

最善 同調 (圓 同調)	次善 同調 (四位와 三位 同調)	次次善 同調 (二位 同調) (二合과 相生 同調)

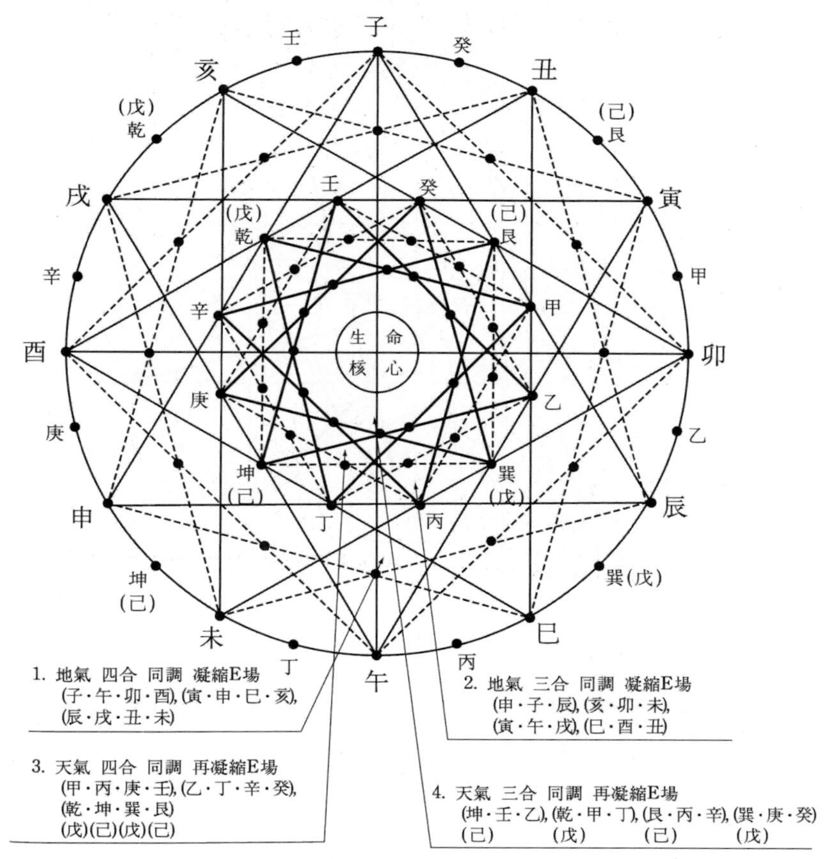

〈그림 3-52〉 地氣의 同調凝縮 安定 Energy場과 天氣의 同調 再凝縮 安定 Energy場

제2절 天 · 地氣 Energy의 核凝縮 同調 Energy場 形成原理

1. 原理圖

天 · 地氣 Energy의 最適安定核化 同調 Energy場은 三合 및 化氣同調形態를 形成하는 境遇이다.

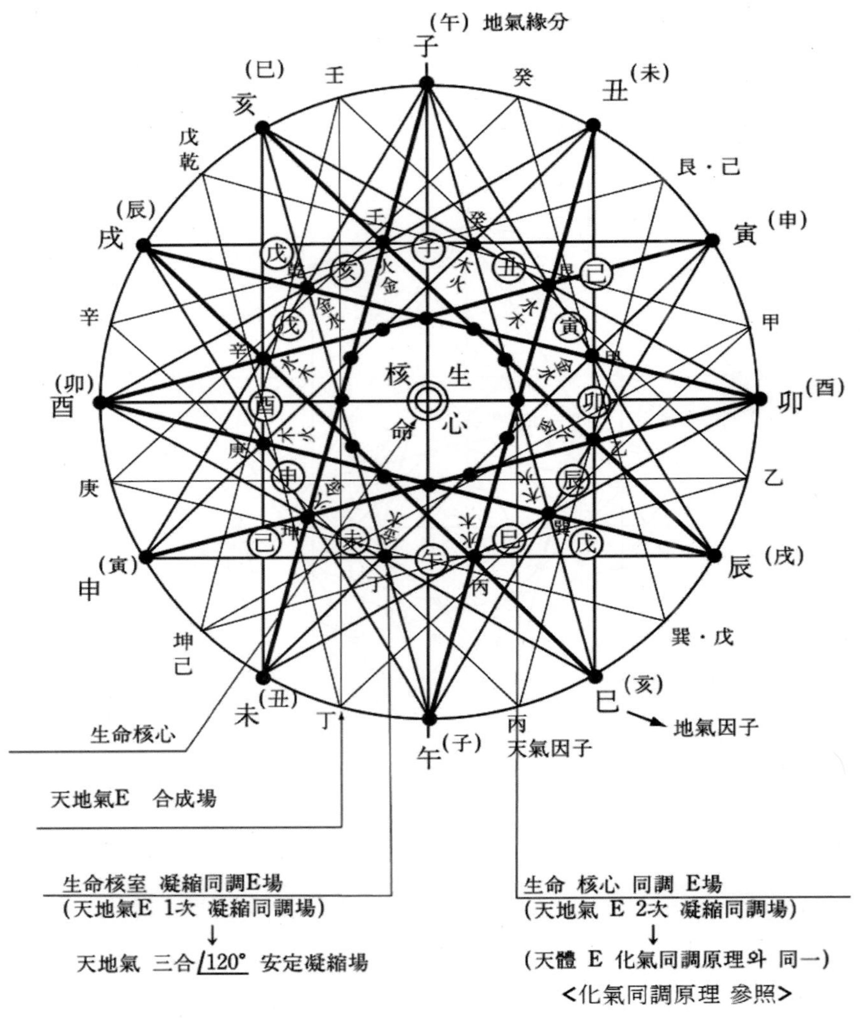

〈그림 3-53〉 地氣의 同調凝縮 安定 Energy場과 天氣의 同調 再凝縮 安定 Energy場

2. 天 · 地氣 同調 穴場의 核 凝縮秩序와 組織 構造圖

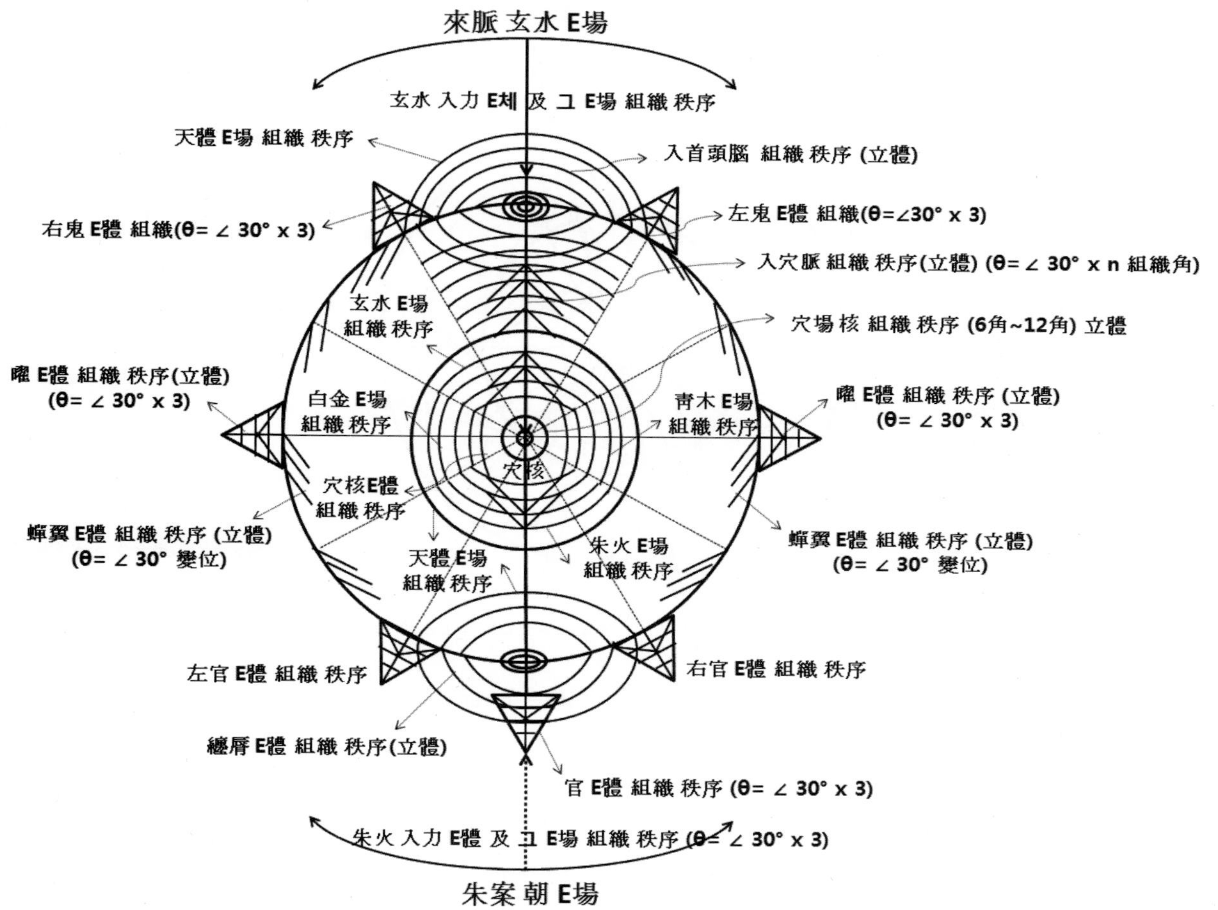

〈그림 3-54〉 天 · 地氣 同調 穴場의 核 凝縮秩序와 組織 構造圖

3. 天體 同調 地氣 穴場의 立體的 陰陽合 Energy와 그 Energy場 Vector圖

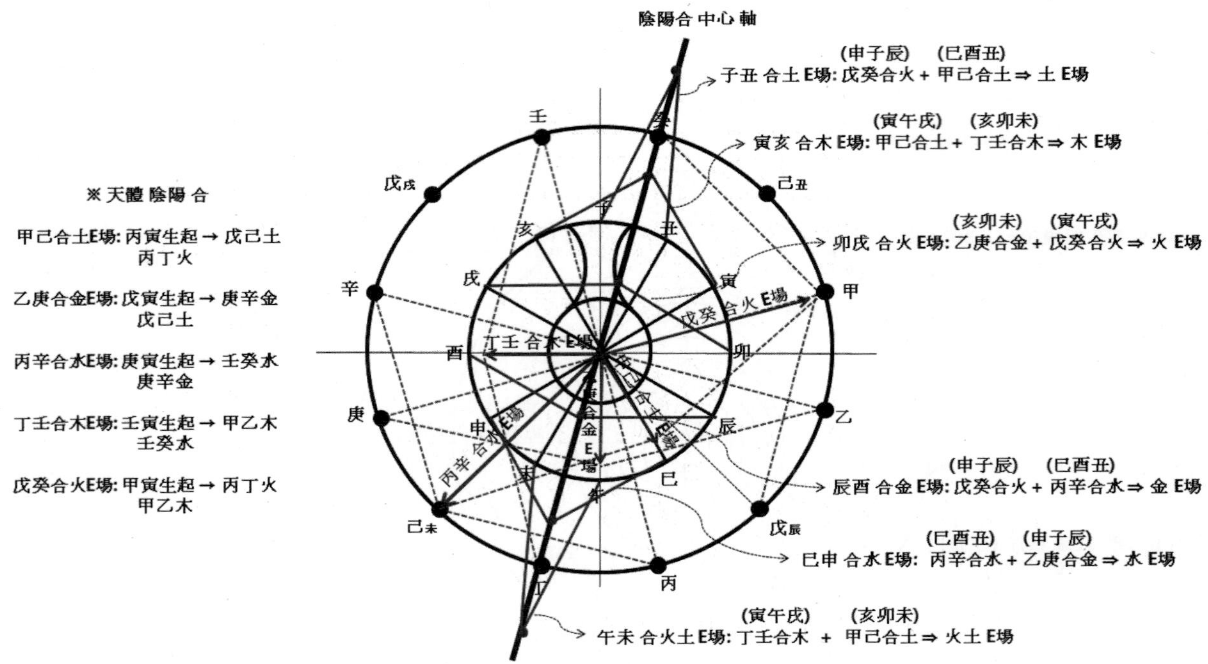

〈그림 3-55〉 天體 同調 地氣 穴場의 立體的 陰陽合 Energy와 그 Energy場 Vector圖

※ 貴 Energy體 發生 : 子, 午, 卯, 酉 및 申子辰 Energy場 形成時
 曜 Energy體 發生 : 寅辰, 戌申 青白 均衡 Energy場 形成時
 官 Energy體 發生 : 巳午未, 寅午戌 朱火 凝縮 Energy場 形成時
 卯酉 曜 Energy體 發生 : 子午卯酉 正變易 穴 Energy場 形成時

제3절 天體 Energy場 同調와 地氣 Energy場 同調關係

1. 相互 同調關係圖

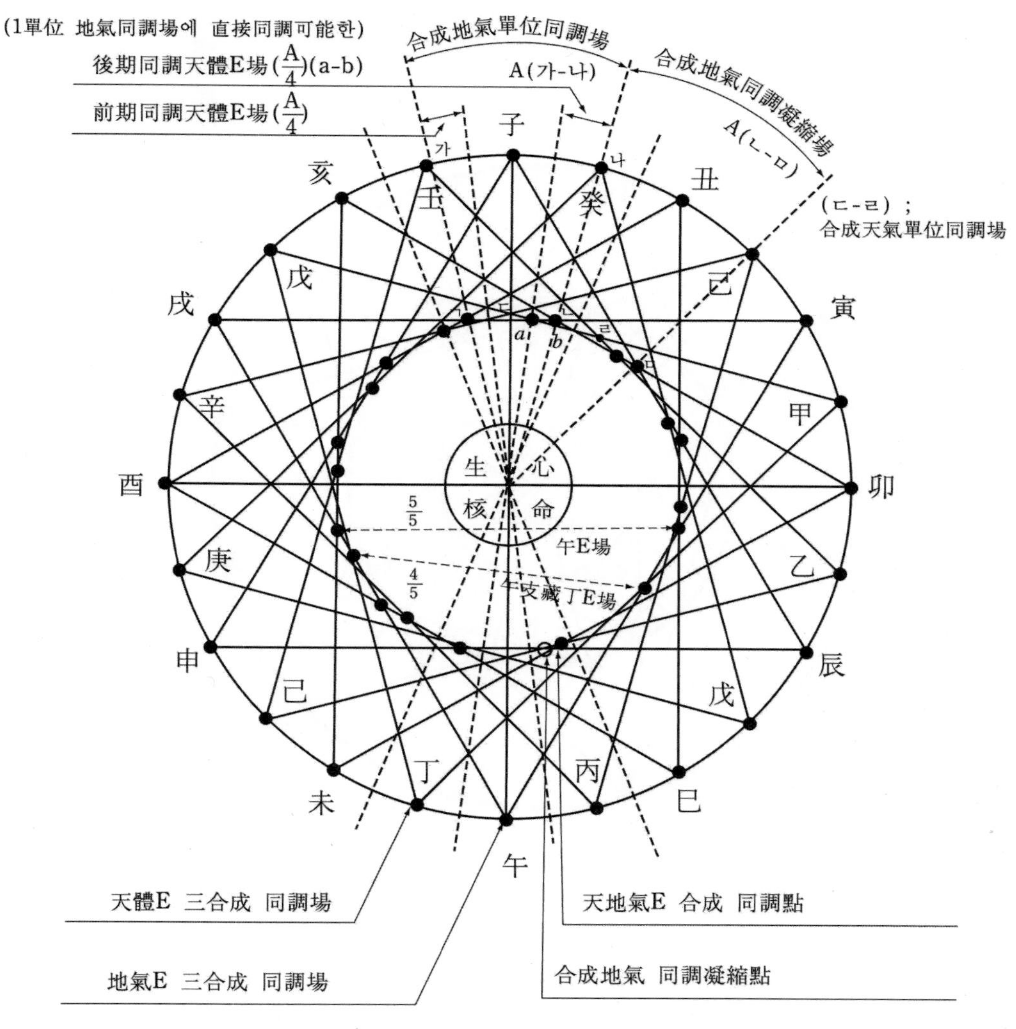

〈그림 3-56〉 相互 同調關係圖

※ 天體 Energy 同調場이 地氣 Energy 同調場에 合成同調할 때는, 地氣 Energy 同調場의 $\frac{1}{4}$ 範圍에서 緣分關係 同調한다.

2. 天體同調 地氣 穴場의 立體的 △合 Energy와 그 Energy場 Vector圖

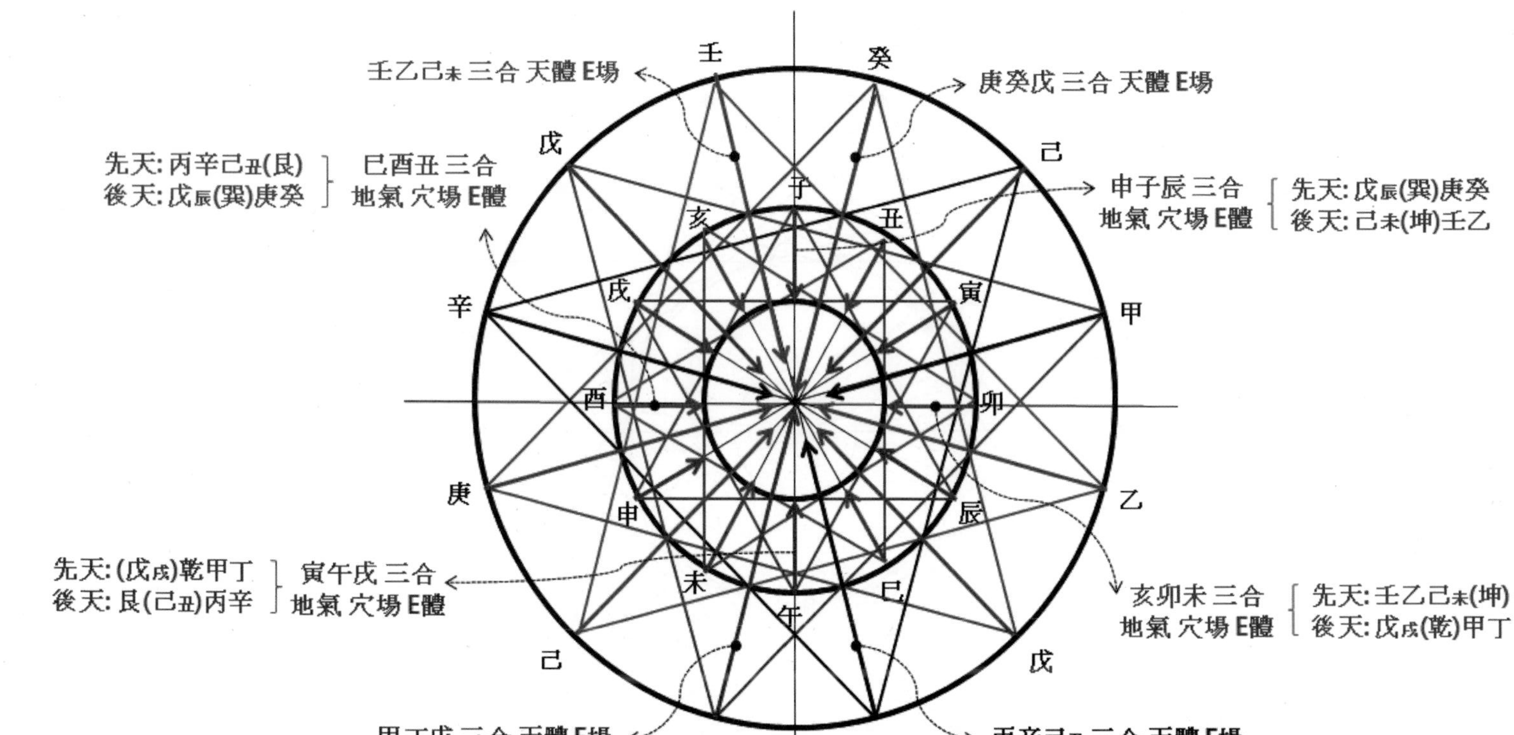

〈그림 3-57〉 天體同調 地氣 穴場의 立體的 △合 Energy와 그 Energy場 Vector圖

3. 天體 Energy場의 地氣 Energy 同調帶 形成原理

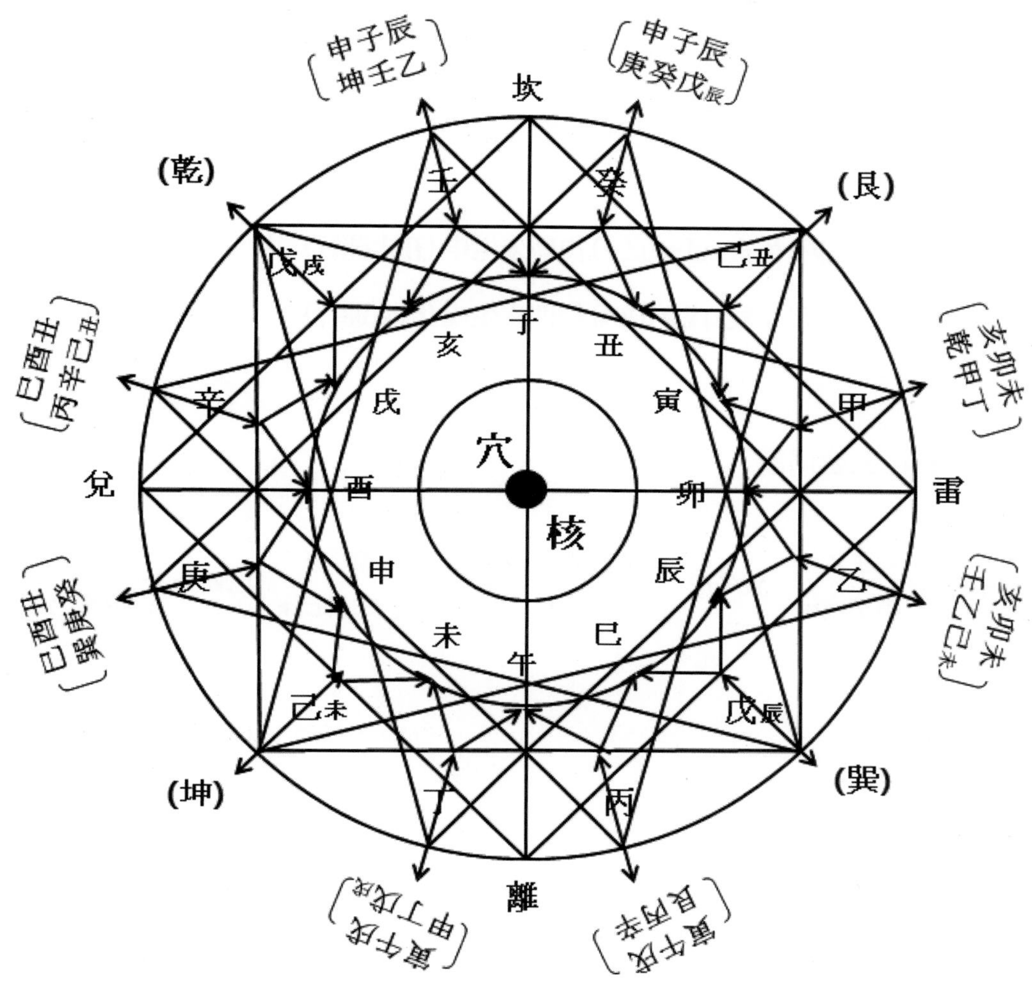

〈그림 3-58〉 天體 Energy場의 地氣 Energy 同調帶 形成原理圖

4. 對地氣天干同調와 最善 戊己

甲 → 寅, 卯	乙 → 卯, 辰	丙 → 巳, 午	丁 → 午, 巳	戊辰(巽) → 辰, 巳	戊戌(乾) → 戌, 亥
己丑(艮) → 丑, 寅	己未(坤) → 未, 申	庚 → 申, 酉	辛 → 酉, 戌	壬 → 亥, 子	癸 → 子, 丑

己丑(己丑)得卽丑生寅 己未(己未)得卽未生申(丑未運行)

戊辰(戊辰)得卽巳生辰 戊戌(戊戌)得卽亥生戌(巳亥運行)

5. 天 · 地氣 三合同調

申子辰	寅午戌	亥卯未	巳酉丑
坤壬乙	艮丙辛	乾甲丁	巽庚癸
庚癸戊辰	甲丁戊戌	壬乙己未	丙辛己丑

제4절 地氣藏天 Energy場의 同調 流轉原理

1. 原理 解說

天體 Energy場 同調와 地氣 Energy場 同調關係에서 보는 바와 같이 地氣同調 Energy場 속에는 天體 Energy場의 同調 相續緣分이 함께 作用하고 있다. 原則的으로는 木·火·土·金·水 五星 Energy場이 함께 內藏되는 것이나 同調緣分이 아닌 干涉緣分은 同質의 同調地氣 Energy場에 內藏 緣分化한다.

따라서

- 子 Energy場 中에는 $\frac{4}{5}$의 正氣 癸水 Energy와 $\frac{1}{5}$의 餘氣 壬水 Energy가 그 主特性으로 內藏된다.

이와 같은 原理에 따라,

- 丑 Energy場 中에는 $\frac{3}{5}$의 正氣 己土 Energy와 $\frac{1.5}{5}$의 餘氣 癸水 Energy 그리고 $\frac{0.5}{5}$의 中氣 辛金 Energy가 內藏된다.
- 寅 Energy場 中에는 $\frac{3}{5}$의 正氣 甲木 Energy와 $\frac{2}{5}$ 丙戊 Energy가 餘氣 및 中氣가 되어 同調 內藏된다.
- 卯 Energy場 中에는 $\frac{4}{5}$의 正氣 乙木 Energy와 $\frac{1}{5}$의 餘氣 甲木 Energy가 餘氣 同調하여 內藏된다.
- 辰 Energy場 中에는 $\frac{3}{5}$의 正氣 戊土 Energy와 $\frac{1.5}{5}$의 餘氣 乙木 Energy 그리고 $\frac{0.5}{5}$의 中氣 癸水 Energy가 同調 內藏된다.
- 巳 Energy場 中에는 $\frac{3}{5}$의 正氣 丙火 Energy와 餘氣 戊土 Energy, 그리고 $\frac{2}{5}$의 中氣 庚金 Energy가 同調內藏된다.

- 午 Energy場 中에는 $\frac{4}{5}$의 正氣 丁火 Energy와 $\frac{1}{5}$의 餘氣 丙火 Energy가 同調 內藏된다.
- 未 Energy場 中에는 $\frac{3}{5}$의 正氣 己土 Energy와 $\frac{1.5}{5}$의 餘氣 丁火 Energy 그리고 $\frac{0.5}{5}$의 中氣 乙木 Energy가 同調 內藏된다.
- 申 Energy場 中에는 $\frac{3}{5}$의 正氣 庚金 Energy와 $\frac{2}{5}$의 餘氣 己土 및 中氣 壬水 Energy가 同調 內藏된다.
- 酉 Energy場 中에는 $\frac{4}{5}$의 正氣 辛金 Energy와 $\frac{1}{5}$의 餘氣 庚金 Energy가 同調 內藏된다.
- 戌 Energy場 中에는 $\frac{3}{5}$의 正氣 戊土 Energy와 $\frac{1.5}{5}$의 餘氣 辛金 Energy 그리고 中氣 丁火 Energy가 同調 內藏된다.
- 亥 Energy場 中에는 $\frac{3}{5}$의 正氣 壬水 Energy와 $\frac{2}{5}$의 餘氣 戊土 Energy 및 中氣 甲木 Energy가 同調 內藏된다.

2. 支藏干의 同調解說(諸論)

〈표 3-43〉 支藏干의 同調解說(諸論)

地支	同調正氣	同調中期	同調餘氣	備考
子	24日 癸 20日 7分	戊庚癸	6日 壬乙己 10日 5分	申子辰
丑	18日 己 18日 2分半	3日 丙辛己 3日1分	9日 戊庚癸 9日 3分	巳酉丑
寅	18日 甲 16日 2分半	戊 12日 丙辛己 7日 2分半	12日 丙辛己 甲丁戊 7日 2分半	寅午戌
卯	24日 乙 20日 6分半	壬乙己	6日 甲丁戊 10日 5分半	亥卯未
辰	18日 戊 18日 6分	3日 戊庚癸 6日 1分	9日 壬乙己 9日 3分半	申子辰
巳	18日 丙(戊) 16日 5分	12日 戊庚癸 9日 3分半	18日 丙辛己 戊庚癸 5日 1分半	巳酉丑
午	24日 丁 10日 3分半	丙辛己 9日 3分半	6日 丙辛己 10日 3分半	寅午戌
未	18日 己 18日 6分	3日 壬乙己 3日 2分	9日 甲丁戊 9日 3分	亥卯未
申	18日 庚 16日 6分	12日 壬乙己 7日 2分	戊庚癸 壬乙己 7日 2分半	申子辰
酉	24日 辛 20日 6分半	丙辛己	6日 戊庚癸 10日 5分半	巳酉丑
戌	18日 戊 18日 6分	3日 甲丁戊 3日 2分	9日 丙辛己 9日 2分	寅午戌
亥	18日 壬 16日 5分	12日 甲丁戊 7日 1分	戊壬 同旺 18日 甲丁戊 7日 2分	亥卯未

제5절 化氣同調 天 · 地氣 Energy場 形成의 原理

1. 甲己 同居同期 位相 天體 Energy場의 化氣 同調場 (以下 天干 化氣 原理 同一) (乙庚, 丙辛, 丁壬, 戊癸)

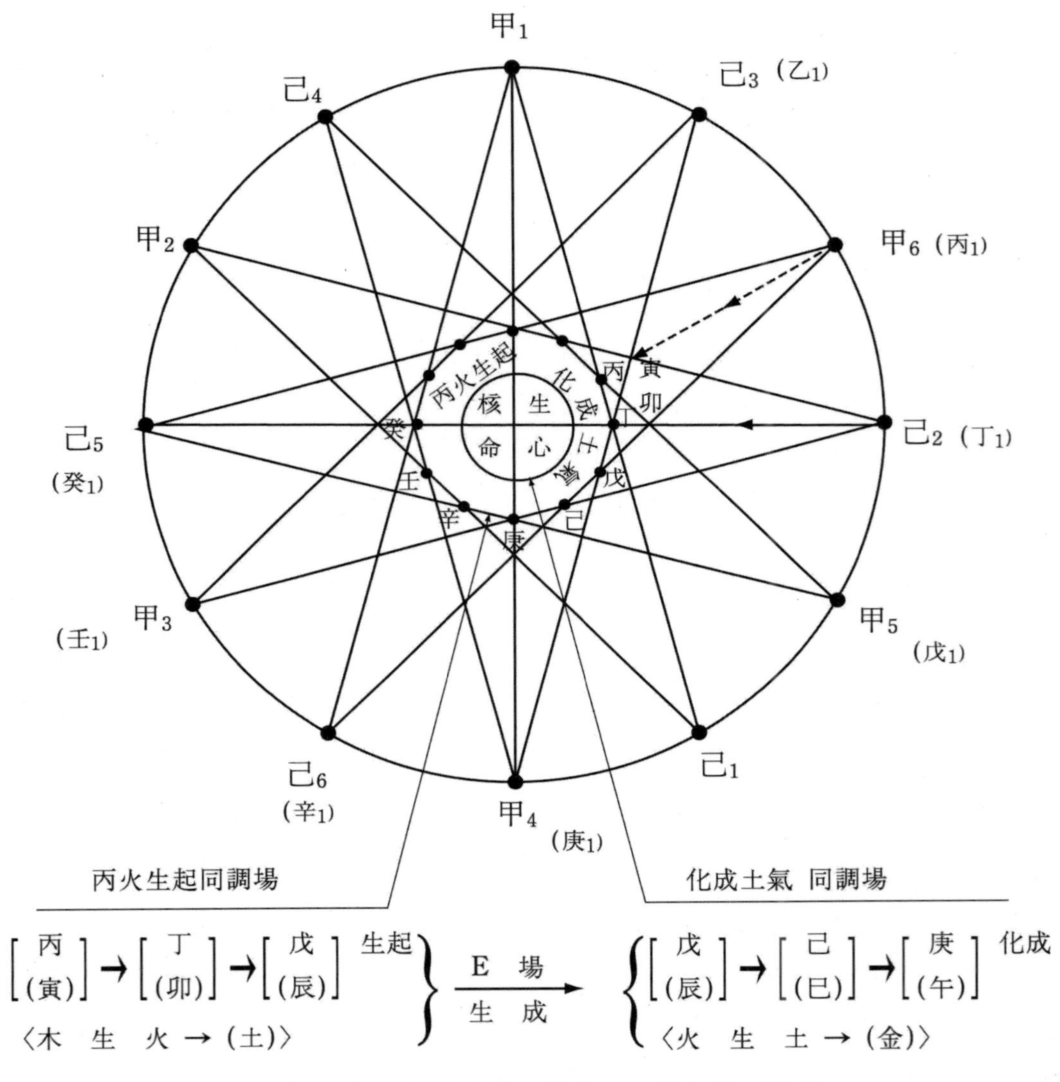

〈그림 3-59〉 同居同期 位相 天體 Energy場의 化氣 同調場

• 1의 解說(同一旬 中 同期 Energy場)

60甲子의 運行 秩序에 따라 甲-己는 同居同期位相으로, 丙寅始生起 火하고, 乙-庚은 同居同期位相으로, 戊寅始生起 土하고, 丙-辛은 同居同期位相으로, 庚寅始生起 金하고, 丁-壬은 同居同期位相으로, 壬寅始生起 水하고, 戊-癸는 同居同期位相으로, 甲寅始生起 木한다.

이러한 運行秩序는 (甲-己)(乙-庚)(丙-辛)(丁-壬)(戊-癸)을 各各 6個의 流轉同調 Energy場으로 形成시키면서 그 中心에 化氣의 核同調 Energy 場을 만들게 된다.

卽, 甲-己는 그 中心에 火生土의 化氣 Energy 同調場으로, 乙-庚은 그 中心에 土生金의 化氣 Energy 同調場으로, 丙-辛은 그 中心에 金生水의 化氣 Energy 同調場으로, 丁-壬은 그 中心에 水生木의 化氣 Energy 同調場으로, 戊-癸는 그 中心에 木生火의 化氣 Energy 同調場을 各各 化成케 하여 各 該當年의 基本 Energy場 特性으로 流轉秩序를 維持케 한다.

※ 天體 Energy 因子의 化氣原理

(1) 甲과 己의 Energy 因子는 同期位相으로 甲子 → 丙寅 ⇒ 土 化 Energy 場을 만들고 (木旺) → (火盛)

(2) 乙과 庚의 Energy 因子는 同期位相으로 丙子 → 戊寅 ⇒ 金 化 Energy 場을 만들고 (火旺) → (土盛)

(3) 丙과 辛의 Energy 因子는 同期位相으로 戊子 → 庚寅 ⇒ 水 Energy場을 만들고 (土旺) → (金盛)

(4) 丁과 壬의 Energy 因子는 同期位相으로 庚子 → 壬寅 ⇒ 木 Energy場을 만들고 (金旺) → (水盛)

(5) 戊과 癸의 Energy 因子는 同期位相으로 壬子 → 甲寅 ⇒ 火 Energy場을 만든다. (水旺) → (木盛)

2. 天體 및 地氣 Energy場의 化氣 同調原理

1) 天體 Energy場의 化氣同調

甲己 同居 Energy는 丙火生起 同調하여 合化土氣 生旺한다.
乙庚 同居 Energy는 戊土生起 同調하여 合化金氣 生旺한다.
丙辛 同居 Energy는 庚金生起 同調하여 合化水氣 生旺한다.
丁壬 同居 Energy는 壬水生起 同調하여 合化木氣 生旺한다.
戊癸 同居 Energy는 甲木生起 同調하여 合化火氣 生旺한다.

2) 地氣 Energy場의 化氣同調 原理

子丑 陰陽對座는「⊕水$^{(-水)}_{(水)}$ + ⊖土$^{(-土)}_{(金)}$」의 合成同調로 同屬 土한다.
寅亥 陰陽對座는「⊕木$^{(+木)}_{(火)}$ + ⊕水$^{(+水)}_{(木)}$」의 合成同調로 同眞 木한다.
卯戌 陰陽對座는「⊖木$^{(-木)}_{(木)}$ + ⊕土$^{(+土)}_{(火)}$」의 合成同調로 同歸 火한다.
辰酉 陰陽對座는「⊕土$^{(+土)}_{(水)}$ + ⊖金$^{(-金)}_{(金)}$」의 合成同調로 同屬 金한다.
巳申 陰陽對座는「⊖火$^{(+火)}_{(金)}$ + ⊕金$^{(+金)}_{(水)}$」의 合成同調로 同居 水한다.
午未 (太陽太陰)對座는「⊕火$^{(-火)}_{(火)}$ + ⊖土$^{(-土)}_{(木)}$」의 合成同調로 各 同居한다.

※ 子 + 丑 = 申(子)(辰) + 巳酉(丑) ⇒ 合化土

子와 丑이 합을 하는 것은 申子辰의 子辰과 巳酉丑의 丑이 합성하여 合化土로 바뀌었다.

子 + 丑 = 申子辰 + 巳酉丑 ⇒ 合化土
寅 + 亥 = 寅午戌 + 亥卯未 ⇒ 合化木
卯 + 戌 = 亥卯未 + 寅午戌 ⇒ 合化火
辰 + 酉 = 申子辰 + 巳酉丑 ⇒ 合化金
巳 + 申 = 巳酉丑 + 申子辰 ⇒ 合化水

※ 地氣五行 日月 合化 原則

◎ 天·地氣 Energy의 核凝縮 同調 Energy場 形成原理 參照

〈표 3-44〉 天體 Energy 因子와 地氣 Energy 因子의 和氣 早見表

化氣 E場	天體 E \ 地氣 E	子	丑	寅	卯	辰	巳	午	未	申	酉	戌	亥
土 E場	甲	生木土旺		補木土旺		保土土盛		先洩木 後 生木		申克甲		保土 土盛	
	己		補己 土盛		先克土 後 保己土盛		先克土 後 生己土旺		補土盛		己洩金		亥克己
木 → 火 → 土		水生木	土生土	木生火	先克土 後 木生火	土生土	先克土 後 火生土	先洩木 後 火生土	土生土	金克木	金克木	土生土	土克水
金 E場	乙		保乙金盛		補乙金盛		乙洩巳		保乙金盛		金克木 後 生木		亥生木 後 洩乙
	庚	水保金		庚用木		土生金旺		火生金		補金金旺		土生金旺	
火 → 土 → 金		水保金	土生金	木生火	木生火	土生金	木洩火 後 補火	火生土	土生金	金補金	木洩 後 生金	土生金	洩乙金
水 E場	丙	共生丙子		寅生丙		火土共生		補火火旺		火生金		火土共生	
	辛		丑生辛 後 洩金		辛用卯		巳克申		未生辛 後 洩金		補金水旺		金洩亥
土 → 金 → 水		水生水	土生金 後 土克水	水木共生	水木共生	土生金	火克金	火生土	土生金 後 土克水	金生水	金生水	土生金	金洩 後 水補水
木 E場	丁		丁洩丑		卯生丁		補火火旺		丁洩未		丁克酉		亥克丁
	壬	子補壬		壬寅共生		壬辰共生		壬午共生		申生壬		水土共生	
金 → 水 → 木		水生木	火洩土 後 生金	木補木	水生木 後 金水洩	土保木	火生木 後 木洩	木火共生	木洩土	金生水	火克金 後 生木	土生金水	水克火 後 水生木
火 E場	戊	戊淨子		戊寅共生		戊辰共生		午生戊		戊申共生		戊補戊	
	癸		丑克癸		癸洩卯		癸克巳		未克癸		酉生癸		癸亥補旺
水 → 木 → 火		水生木	土克水	木生火	水洩 後 木生火	火土共生	水克火 後 補火	火補火	土克水	金生水	金生水 後 火克金	火土共生	水生木

3. 天體 Energy場의 同調와 干涉

1) 同調 Energy場

甲(+木) Energy場 己(-土) Energy場	中正之 合化土 Energy場
乙(-木) Energy場 庚(+金) Energy場	仁義之 合化金 Energy場
丙(+火) Energy場 辛(-金) Energy場	威嚴之 合化水 Energy場
丁(-火) Energy場 壬(+水) Energy場	仁壽之 合化木 Energy場
戊(+土) Energy場 癸(-水) Energy場	無情之 合化火 Energy場

2) 干涉 Energy場

沖은 180° 위치에서 만나는 것을 말하고, 干涉場은 이것을 제외하고 만나는 것을 말한다($\theta=\angle 30°\times n$角 以外 角의 關係 E場들 ∠15°, ∠45°, ∠75° 등).

甲(丙)	乙	丙(戊)	丁(己)	戊	辛
沖↕干涉場	沖↕干涉場	沖↕干涉場	沖↕干涉場	沖↕干涉場	沖↕干涉場
庚	辛(己)	壬	癸	甲	丁

甲(+木) Energy場과 庚(+金) Energy場이 만나면 沖이 發顯되고
丙(+火) Energy場과 庚(+金) Energy場이 만나면 干涉場이 發顯된다.
乙(-木) Energy場과 辛(-金) Energy場이 만나면 沖이 發顯되고
乙(-木) Energy場과 己(-土) Energy場이 만나면 干涉場이 發顯된다.
丙(+火) Energy場과 壬(+水) Energy場이 만나면 沖이 發顯되고
戊(+土) Energy場과 壬(+水) Energy場이 만나면 干涉場이 發顯된다.
丁(-火) Energy場과 癸(-水) Energy場이 만나면 沖이 發顯되고
己(-火) Energy場과 癸(-水) Energy場이 만나면 干涉場이 發顯된다.
戊(+火) Energy場과 甲(+木) Energy場이 만나면 干涉場이 發顯된다.
辛(-金) Energy場과 丁(-火) Energy場이 만나면 干涉場이 發顯된다.

제6절 天·地氣 Energy의 同調 및 干涉 Energy場 Vector圖 解說

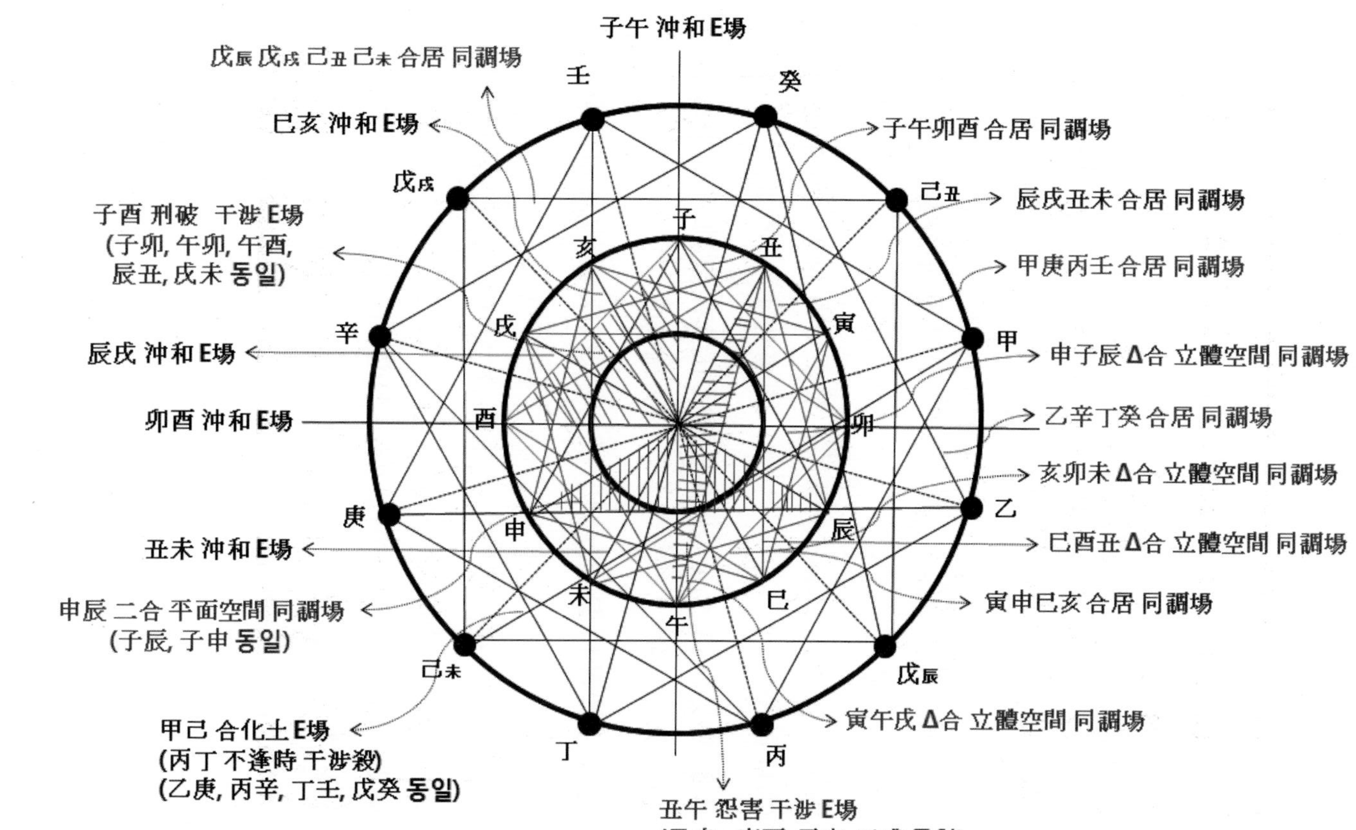

〈그림 3-60〉 天·地氣 Energy의 同調 및 干涉 Energy場 Vector圖

1. 天體 Energy場의 同調와 干涉

1) 四正位 天體 Energy場 同調와 干涉 解說

⊕Energy場 同調 → 壬丙 甲庚 ⊕Energy場 同調
(玄朱, 靑白)

⊖Energy場 同調 → 癸丁 乙辛 ⊖Energy場 同調
(玄朱, 靑白)

2) 四定位 天體 Energy場의 沖和와 沖和緣

(1) 壬丙癸丁 沖和 Energy場 $\xrightarrow[\text{은}]{\text{逢}}$ 乙辛甲庚 沖和 Energy場을 緣하여 同調한다.
(玄朱 同調場)

(2) 甲庚乙辛 沖和 Energy場 $\xrightarrow[\text{은}]{\text{逢}}$ 癸丁壬丙 沖和 Energy場을 緣하여 同調한다.
(靑白 同調場)

(3) 戊辰戊戌 沖和 Energy場 $\xrightarrow[\text{은}]{\text{逢}}$ 己丑己未 縱軸 沖和 Energy場을 緣하여 同調한다.
(⊕軸 Energy場)

(4) 己丑己未 沖和 Energy場 $\xrightarrow[\text{은}]{\text{逢}}$ 戊辰戊戌 橫軸 沖和 Energy場을 緣하여 同調한다.
(⊖軸 Energy場)

(5) 壬丙衝, 癸丁衝, 甲庚衝, 乙辛衝, 戊辰戊戌衝, 己丑己未衝은 沖和緣을 不逢時 相互 ⊕衝⊖沖한다.

(6) 同調와 干涉의 沖和角은 $\theta = \angle 180°$이다.

(7) 相互 勢力의 衝突은 ⊕衝殺이 되고, 相互 勢力의 離脫은 ⊖沖殺이 된다.

(8) ⊕干涉 病死角 $\theta = \angle 90°$와 ⊖干涉 衰病角 $\theta = \angle 90°$

干涉 ⊕場	甲은 壬水의 病死宮 庚은 丙火의 病死宮	戊丙은 甲木의 病死宮 壬은 庚金의 病死宮
干涉 ⊖場	乙은 丁火의 衰病宮 辛은 癸水의 衰病宮	己丁은 辛金의 衰病宮 癸는 甲木의 衰病宮

3) 天體의 陰陽 同調 Energy場과 그 緣分 解說

(1) 甲己合化土 Energy場 → 丙丁 Energy場 不逢不緣時 干涉殺(中正之道損壞殺)

(2) 乙庚合化金 Energy場 → 戊己 Energy場 不逢不緣時 干涉殺(仁義之道損壞殺)

(3) 丙辛合化水 Energy場 → 庚辛 Energy場 不逢不緣時 干涉殺(威嚴之道損壞殺)

(4) 丁壬合化木 Energy場 → 壬癸 Energy場 不逢不緣時 干涉殺(仁壽之道損壞殺)

(5) 戊癸合化火 Energy場 → 甲乙 Energy場 不逢不緣時 干涉殺(無情之道損壞殺)

4) 天體 Energy場의 生旺庫衰病死 地氣 因緣 Energy場 解說

(1) 甲 Energy場 → 亥生 卯旺 未庫(辰, 巳, 午 衰病死殺)

(2) 乙 Energy場 → 午生 寅旺 戌庫(丑, 子, 亥 衰病死殺)

(3) 戊丙 Energy場 → 寅生 午旺 戌庫(未, 申, 酉 衰病死殺)

(4) 己丁 Energy場 → 酉生 巳旺 丑庫(辰, 卯, 寅 衰病死殺)

(5) 庚 Energy場 → 巳生 酉旺 丑庫(戌, 亥, 子 衰病死殺)

(6) 辛 Energy場 → 子生 申旺 辰庫(未, 午, 巳 衰病死殺)

(7) 壬 Energy場 → 申生 子旺 辰庫(丑, 寅, 卯 衰病死殺)

(8) 癸 Energy場 → 卯生 亥旺 未庫(戌, 酉, 申 衰病死殺)

5) 天體 Energy場의 太過 不及殺 解說

(1) 甲乙 同居局 同調 : 青木 Energy場 太過 白金 Energy場 不及

(2) 丙丁 同居局 同調 : 朱火 Energy場 太過 玄水 Energy場 不及

(3) 戊辰戊戌 軸 同調 : 玄水 ⊕Energy場 不及 黃土 ⊕Energy場 太過

(4) 己丑己未 軸 同調 : 玄水 ⊖Energy場 不及 黃土 ⊖Energy場 太過

(5) 庚辛 同居局 同調 : 白金 Energy場 太過 青木 Energy場 不及

(6) 甲庚丙壬 ⊕四定位 Energy場 : 朱火(丙) Energy場 不緣則 刑破殺 (玄水 太過殺)

(7) 甲庚丙壬 ⊕四定位 Energy場 : 玄水(壬) Energy場 不緣則 刑破殺 (朱火 太過殺)

(8) 乙辛丁癸 ⊖四定位 Energy場 : 青木(乙) Energy場 不緣則 刑破殺 (白金 太過殺)

(9) 乙辛丁癸 ⊖四定位 Energy場 : 白金(辛) Energy場 不緣則 刑破殺 (青木 太過殺)

(10) 戊$_{辰}$己$_{未}$戊$_{戌}$己$_{丑}$(巽巳, 坤申, 乾亥, 艮寅) 四定位 Energy場

① 戊戌(乾亥) Energy場 不緣則 刑破殺(青木 太過殺)

② 戊辰(巽巳) Energy場 不緣則 刑破殺(白金 太過殺)

③ 己未(坤申) Energy場 不緣則 刑破殺(玄水 太過殺)

④ 己丑(艮寅) Energy場 不緣則 刑破殺(朱火 太過殺)

6) △合 天體 Energy場 同調와 干涉 解說

(1) 甲丁戊$_{戌}$ △合 同調 Energy場 : 寅午戌 地氣 立體 Energy場의 空間同調 安定緣分(朱火 太過殺 - 玄水 太虛殺)

(2) 庚癸戊$_{辰}$ △合 同調 Energy場 : 申子辰 地氣 立體 Energy場의 空間同調 安定緣分(玄水 太過殺 - 朱火 太虛殺)

(3) 壬乙己$_{未}$ △合 同調 Energy場 : 亥卯未 地氣 立體 Energy場의 空間同調 安定緣分(青木 太過殺 - 白金 太虛殺)

(4) 丙辛己$_{丑}$ △合 同調 Energy場 : 巳酉丑 地氣 立體 Energy場의 空間同調 安定緣分(白金 太過殺 - 青木 太虛殺)

(5) $\theta = \angle 120°$ △合 同調 Energy場은

① 地氣 立體 Energy場 形成의 最適 安定 空間 同調 Energy場

② 地氣 立體 Energy場의 質量的 善惡 特性 決定

(6) 甲緣寅孫 乙緣卯孫 丙緣午孫 丁緣巳孫 戊$_{辰}$緣辰孫 戊$_{戌}$緣戌孫 己$_{未}$緣

未孫　己丑緣丑孫 庚緣申孫　辛緣酉孫　壬緣子孫　癸緣亥孫

2. 天體 Energy場의 同調原理(穴場 內外局 Energy場 安定原理)

1) 四定位 Energy場의 同調原理 → 均衡安定原理

(1) 甲庚丙壬 四定位 Energy場 : 天體 陽 Energy場의 均衡安定 廻向意志에 따른 同調作用 特性場 形成原理

(2) 乙辛丁癸 四定位 Energy場 : 天體 陰 Energy場의 均衡安定 廻向意志에 따른 同調作用 特性場 形成原理

(3) 戊辰己未戊戌己丑 四定位 Energy場 : 甲庚丙壬 乙辛丁癸 四定位 Energy場의 相互關係 同調作用을 위한 運行軸 Energy場 形成原理

2) 三合位 Energy場의 同調原理 → 核 凝縮 安定原理

(1) 甲丁戊戌△合 Energy場 : 丁火 Energy場 中心의 核化 安定凝縮意志에 따른 核形成 安定原理

(2) 庚癸戊辰△合 Energy場 : 癸水 Energy場 中心의 核化 安定凝縮意志에 따른 核形成 安定原理

(3) 丙辛己丑△合 Energy場 : 辛金 Energy場 中心의 核化 安定凝縮意志에 따른 核形成 安定原理

(4) 壬乙己未△合 Energy場 : 乙木 Energy場 中心의 核化 安定凝縮意志에 따른 核形成 安定原理

3) 二合位 Energy場의 同調原理 → 陰陽和合 安定原理

(1) 甲己合化土 Energy場 : ⊕甲＋⊖己 Energy場의 丙寅 同期位相 安定意志에 따른 陰陽合成原理

(2) 乙庚合化金 Energy場 : ⊖乙＋⊕庚 Energy場의 戊寅 同期位相 安定意志에 따른 陰陽合成原理

(3) 丙辛合化水 Energy場 : ⊕丙+⊖辛 Energy場의 庚寅 同期位相 安定意志에 따른 陰陽合成原理

(4) 丁壬合化木 Energy場 : ⊖丁+⊕壬 Energy場의 壬寅 同期位相 安定意志에 따른 陰陽合成原理

(5) 戊癸合化火 Energy場 : ⊕戊+⊖癸 Energy場의 甲寅 同期位相 安定意志에 따른 陰陽合成原理

4) 天體 Energy場 同調와 干涉殺

(1) 甲青은 卯年卯月에 旺하여 辰巳午에 亡
(2) 乙青은 寅年寅月에 旺하여 亥子丑에 亡
(3) 戊丙은 午年午月에 旺하여 未申酉에 亡
(4) 己丁은 巳年巳月에 旺하여 寅卯辰에 亡
(5) 庚白은 酉年酉月에 旺하여 戌亥子에 亡
(6) 辛白은 申年申月에 旺하여 巳午未에 亡
(7) 壬玄은 子年子月에 旺하여 丑寅卯에 亡
(8) 癸玄은 亥年亥月에 旺하여 申酉戌에 亡

※ 陽天은 旺後 ∠90° 左旋亡
陰天은 旺後 ∠90° 右旋亡

3. 天體 Energy場의 干涉原理(穴場 內外局 Energy場 干涉原理)

1) 四定位 天體 Energy場의 干涉原理 → 正變易 不調의 干涉原理

(1) 壬丙 ⊕場 均衡의 不安定時 : 甲庚 相沖 干涉殺
(2) 甲庚 ⊕場 均衡의 不安定時 : 壬丙 相沖 干涉殺
(3) 癸丁 ⊖場 均衡의 不安定時 : 乙辛 相沖 干涉殺
(4) 乙辛 ⊖場 均衡의 不安定時 : 癸丁 相沖 干涉殺
(5) 戊$_{辰}$戊$_{戌}$ ⊕場 均衡의 不安定時 : 己$_{丑}$己$_{未}$ 相沖 干涉殺
(6) 己$_{丑}$己$_{未}$ ⊖場 均衡의 不安定時 : 戊$_{辰}$戊$_{戌}$ 相沖 干涉殺

2) 三合位 天體 Energy場의 干涉原理 → 聚集特性 不調의 干涉原理

(1) $\theta=\angle 30° \times 2$의 立體空間 凝縮安定 Energy場 破壞離脫時 : △合位 干涉殺
(2) $\theta=\angle 30° \times 4$의 平面空間 聚合安定 Energy場 破壞離脫時 : △合位 干涉殺
(3) $\theta=\angle 30°$의 立體 Energy體 中心 移動安定角 破壞離脫時 : △合位 干涉殺

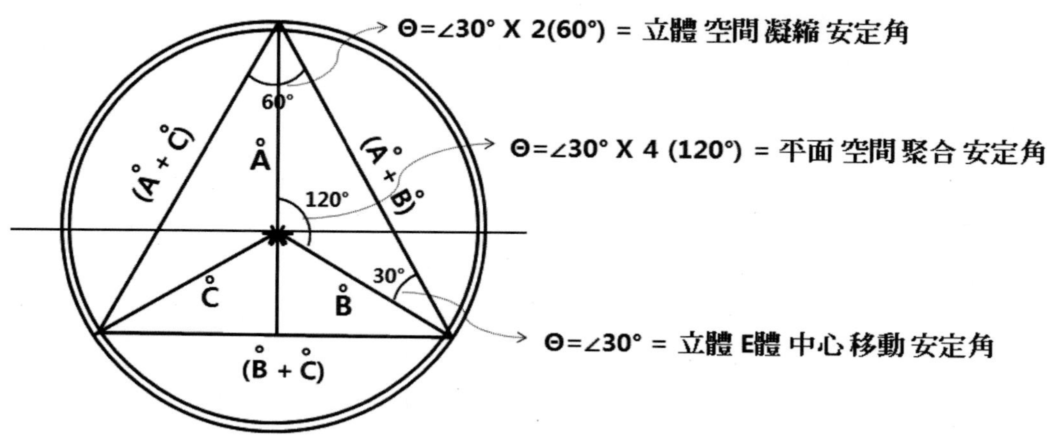

〈그림 3-61〉 三合位 天體 Energy場의 干涉原理

※ 天·地氣 △合位 Energy場의 干涉殺 發生原理
a. 立體空間 Energy場 凝縮安定의 不調
b. 平面空間 Energy場 聚合安定의 不調
c. 立體空間 Energy體 中心 移動安定의 不調

3) 二合位 天體 Energy場의 干涉原理 → 局配位 不調 干涉

(1) ⊕甲+⊖己 Energy場 : 陰陽配位 Energy場이 丙丁 生助 Energy場을 잃고 刑沖破(害怨嗔)殺을 당한 경우
(2) ⊕庚+⊖乙 Energy場 : 陰陽配位 Energy場이 戊己 生助 Energy場을 잃고 刑沖破(害怨嗔)殺을 당한 경우
(3) ⊕丙+⊖辛 Energy場 : 陰陽配位 Energy場이 庚辛 生助 Energy場을 잃고 刑沖破(害怨嗔)殺을 당한 경우

(4) ⊕壬＋⊖丁 Energy場 : 陰陽配位 Energy場이 壬癸 生助 Energy場을 잃고 刑沖破(害怨嗔)殺을 当한 경우

(5) ⊕戊＋⊖癸 Energy場 : 陰陽配位 Energy場이 甲乙 生助 Energy場을 잃고 刑沖破(害怨嗔)殺을 当한 경우

4. 地氣 Energy場의 同調原理

1) 四定位 Energy場의 同調原理 → 正變易 穴場 同調

(1) 子午卯酉 四正位 Energy場의 同調原理 : 地氣 穴核 Energy場의 縱軸中心 均衡安定과 橫軸 中心 均衡安定 維持 廻向意志

(2) 寅申巳亥 四孫位 Energy場의 同調原理 : 地氣 穴核 Energy場의 縱軸中心 均衡安定維持를 爲한 生助 生氣 Energy場 形成 廻向意志

(3) 辰戌丑未 四庫位 Energy場의 同調原理 : 地氣 穴核 Energy場의 均衡凝縮 安定維持를 爲한 運行秩序 廻向意志

2) △合位 Energy場의 同調原理 → 穴場 立體 Energy 同調

(1) 申子辰 △合位 Energy場 同調原理

① 玄水 入力 Energy 增幅意志

② 天・地氣 合成 立體 凝縮 穴核 Energy 形成意志

③ 入首頭腦 Energy體 形成意志

(2) 寅午戌 △合位 Energy場 同調原理

① 朱火 入力 反 Energy 增幅意志

② 天・地氣 合成 立體 凝縮 穴核 Energy 形成意志

③ 纏脣 Energy體 形成意志

(3) 巳酉丑 △合位 Energy場 同調原理

① 白金 入力 纏護 育成 凝縮 Energy 增幅意志
② 天・地氣 合成 立體 凝縮 穴核 Energy 形成意志
③ 白金蟬翼 Energy體 形成意志

(4) 亥卯未 △合位 Energy場 同調原理

① 青木 入力 纏護 育成 凝縮 Energy 增幅意志
② 天・地氣 合成 立體 凝縮 穴核 Energy 形成意志
③ 青木蟬翼 Energy體 形成意志

3) 二合位 Energy場의 同調原理 → 穴場 陰陽 同調

(1) 子丑合土 Energy場의 同調 : 玄水 中心 入力 Energy場의 配位決定意志
(2) 寅亥合木 Energy場의 同調 : 青白 入力 纏護 Energy場의 配位均衡安定意志
(3) 卯戌合火 Energy場의 同調 : 青白 育成 Energy場의 配位均衡安定意志
(4) 辰酉合金 Energy場의 同調 : 青木 凝縮 Energy場의 配位均衡安定意志
(5) 巳申合水 Energy場의 同調 : 白金 凝縮 Energy場의 配位均衡安定意志
(6) 午未合火土 Energy場의 同調 : 纏脣 Energy場의 配位決定意志

4) △合位 中 二合 Energy場의 同調原理

(1) 申子辰 中 (子+辰) (子+申) (申+辰)의 合水 Energy場 同調原理
玄水 入力 聚集 Energy 增幅 및 穴核 Energy 凝縮安定廻向意志
(2) 寅午戌 中 (午+寅) (午+戌) (寅+戌)의 合火 Energy場 同調原理
朱火 朝案 凝縮 Energy 增幅 및 穴核 Energy 凝縮安定廻向意志
(3) 亥卯未 中 (卯+未) (卯+亥) (亥+未)의 合木 Energy場 同調原理
青木 纏護 育成 凝縮 Energy 增幅 및 穴核 Energy 凝縮安定廻向意志
(4) 巳酉丑 中 (酉+丑) (酉+巳) (丑+巳)의 合金 Energy場 同調原理
白金 纏護 育成 凝縮 Energy 增幅 및 穴核 Energy 凝縮安定廻向意志

5. 地氣 穴場의 干涉原理와 그 現象

1) 天體 Energy場의 地氣 干涉現象과 그 原理

(1) 天體 Energy場의 同調는 주로 四神砂 Energy體 入力 Energy場과 內外局 上端部 立體 Energy體 또는 그 Energy場에 나타나는데, 이때 天體 運行秩序와 地氣 安定秩序間에는 多少의 消滅的 變易現象인 不安定特異의 干涉 Energy場이 發生하게 되어있다.

(2) 이러한 干涉 Energy場은 地表 Energy體 組織構成과 그 移動安定過程에서 가장 많이 나타나게 되는 聚氣山峰組織과 四神局 Energy場 및 穴場 凝縮過程의 干涉現象들이다.

2) 地氣 Energy場 相互間의 干涉現象

(1) 玄-朱間의 相互干涉

① 先到後着秩序의 不安定 : 子-午의 刑沖破 Energy場
② 玄-朱 Energy體 및 그 Energy場 不均衡 : 申子辰-寅午戌의 不安定
③ 玄-朱 間 風水의 不安定 : 亥子丑-巳午未의 怨害殺

(2) 靑-白間의 相互干涉

① 先到後着秩序의 不安定 : 卯-酉의 刑沖破 Energy場
② 靑-白 Energy體 및 그 Energy場 不均衡 : 亥卯未-巳酉丑, 寅辰戌申의 不安定
③ 靑-白 間 風水의 不安定 : 寅卯辰-申酉戌의 怨害殺

(3) 玄-靑, 玄-白 間의 相互干涉

① 靑・白 纏護 Energy 및 그 Energy場의 不實 및 不安定 : 靑・白 干涉殺 및 太過 不及殺
② 靑・白 育成 Energy 및 그 Energy場 不實 및 不安定 : 卯-酉 干涉殺 및

太過 不及殺

③ 青・白 穴 凝縮 Energy 및 그 Energy場의 不實 및 不安定 : 辰-申 干涉殺 및 太過 不及殺

3) 穴場과 穴板局에 나타나는 刑沖破害怨嗔 干涉現象

(1) 入首頭腦 또는 鬼 Energy體에 나타나는 刑沖破害怨嗔 干涉現象

① 本身龍脈 1, 6, 11, 16節 聚氣點 上에서 發生된 諸 干涉殺 相續에 의한 入首頭腦 및 鬼 Energy體의 刑沖破害怨嗔 干涉殺

② 申子辰 △合位 Energy場의 分烈에 의한(子 Energy場 變位) 入首頭腦 및 鬼 Energy體의 刑沖破害怨嗔 干涉殺

③ 風水 Energy場 干涉에 의한 入首頭腦 및 鬼 Energy體의 刑沖破害怨嗔 干涉殺(壬・癸・丙・丁 天 干涉殺)

(2) 入穴脈 또는 明堂 Energy體에 나타나는 刑沖破害怨嗔 干涉現象

① 本身龍脈 2, 7, 12, 17節 過峽 또는 來氣脈에 發生된 諸 干涉殺(山水風火方位) 相續에 의한 入穴脈 또는 明堂 Energy體의 刑沖破害怨嗔 干涉殺

② 子-午 同調 不均衡에 의한 刑沖破害怨嗔 干涉殺

③ 穴堂板에서 發生하는 山水風火方位의 干涉殺(壬・丙・癸・丁 天 干涉殺)

(3) 靑蟬翼 또는 靑曜 Energy體에 나타나는 刑沖破害怨嗔 干涉現象

① 來龍脈 3, 8, 13, 18節 聚氣 分擘 靑脈節上에서 發生된 諸 干涉殺 相續에 의한 蟬翼의 刑沖破害怨嗔 干涉殺

② 亥卯未, 寅辰 Energy場의 不實 또는 不均衡 干涉殺

③ 靑龍節脈 本身 同一 坐向 進行線上 變換點에서 發生된 諸 干涉殺 相續에 의한 靑蟬翼 Energy體의 纒護, 育成, 凝縮 特性 干涉殺

④ 穴堂板에서 發生하는 山水風火方位의 諸 干涉殺(艮・甲・乙・巽 天 干涉殺)

(4) 白蟬翼 또는 白曜 Energy體에 나타나는 刑沖破害怨嗔 干涉現象

① 來龍脈 4, 9, 14, 19節 聚氣 分擘 白脈節上에서 發生된 諸 干涉殺 相續에 의한 蟬翼의 刑沖破害怨嗔 干涉殺

② 巳酉丑, 戌申 Energy場의 不實 또는 不均衡 干涉殺

③ 白虎節脈 本身 同一 坐向 進行線上 變換點에서 發生된 諸 干涉殺 相續에 의한 白蟬翼 Energy體의 纏護, 育成, 凝縮 特性 干涉殺

④ 穴堂板에서 發生하는 山水風火方位의 諸 干涉殺(戊戌 · 戊辰 · 己丑 · 己未 天干涉殺)

(5) 纏脣 또는 官砂 Energy體에 나타나는 刑沖破害怨嗔 干涉現象

① 來龍脈 2, 7, 12, 17節 聚氣點 下端部에서 發生된 諸 干涉殺 相續에 의한 纏脣 Energy體의 刑沖破害怨嗔 干涉殺

② 寅午戌, 巳午未 Energy場의 不實 또는 太過不及 干涉殺

③ 朝案朱火 Energy體의 先到後着秩序破壞에 의한 纏脣 Energy場 凝縮特性 干涉殺

④ 穴板 下端部에서 發生하는 山水風火方位의 諸 干涉殺(丙 · 丁 · 壬 · 癸 天干涉殺)

(6) 穴場의 陰陽 同調不良에서 나타나는 諸 干涉殺

① 子丑 同調 不良 干涉殺
子 太過不及 : 子 自沖, 丑 太過不及 : 丑 自沖
子午 相沖 : 回沖殺, 丑未 相沖 : 回沖殺

② 寅亥 同調 不良 干涉殺
寅 太過不及 : 寅 自沖, 亥 太過不及 : 亥 自沖
寅申 相沖 : 回沖殺, 亥巳 相沖 : 回沖殺

③ 卯戌 同調 不良 干涉殺
卯 太過不及 : 卯 自沖, 戌 太過不及 : 戌 自沖
卯酉 相沖 : 回沖殺, 戌辰 相沖 : 回沖殺

④ 辰酉 同調 不良 干涉殺

辰 太過不及 : 辰 自沖,　酉 太過不及 : 酉 自沖

辰戌 相沖 : 回沖殺,　酉卯 相沖 : 回沖殺

⑤ 巳申 同調 不良 干涉殺

巳 太過不及 : 子 自沖,　申 太過不及 : 丑 自沖

巳亥 相沖 : 回沖殺,　申寅 相沖 : 回沖殺

⑥ 午未 同調 不良 干涉殺

午 太過不及 : 午 自沖,　未 太過不及 : 未 自沖

午子 相沖 : 回沖殺,　未丑 相沖 : 回沖殺

(7) 穴場의 △合 同調不良에서 나타나는 諸 干涉殺

① 申子辰 同調不良 干涉殺

未子辰 怨嗔殺, 酉子辰 破刑殺, 申子卯 刑破殺, 申子巳 刑破殺

② 寅午戌 同調不良 干涉殺

丑午戌 怨刑殺, 卯午戌 破刑殺, 寅午酉 怨刑殺, 寅午亥 破害殺

③ 巳酉丑 同調不良 干涉殺

午酉丑 怨刑殺, 辰酉丑 破害殺, 巳酉子 破害殺, 巳酉亥 怨刑殺

④ 亥卯未 同調不良 干涉殺

子卯未 怨刑殺, 戌卯未 破害殺, 亥卯午 破害殺, 亥卯申 怨害殺

(8) 穴場의 四位 同調不良에서 나타나는 諸 干涉殺

① 子午卯酉 同調不良 干涉殺

子午 相沖 干涉殺(子午 自沖 回沖殺), 卯酉 相沖 干涉殺(卯酉 自沖 回沖殺)

② 寅申巳亥 同調不良 干涉殺

寅申 相沖 干涉殺(寅申 自沖 回沖殺), 巳亥 相沖 干涉殺(巳亥 自沖 回沖殺)

③ 辰戌丑未 同調不良 干涉殺

辰戌 相沖 干涉殺(辰戌 自沖 回沖殺), 丑未 相沖 干涉殺(丑未 自沖 回沖殺)

(9) 穴場 Energy體 및 그 Energy場의 諸 干涉原理

① 刑 干涉 Energy體 및 그 Energy場 : $\theta = \angle 90°$의 山火風水方位殺(⊕殺)
② 沖 干涉 Energy體 및 그 Energy場 : $\theta = -\angle 180°$의 山火風水方位殺(沖殺)
③ 回沖 干涉 Energy體 및 그 Energy場 : $\theta = +\angle 180°$의 山火風水方位殺(衝殺)
④ 破 干涉 Energy體 및 그 Energy場 : $\theta = \angle 90°$의 山火風水方位殺(⊖殺)
⑤ 害 干涉 Energy體 및 그 Energy場 : $\theta = \angle 15°$의 山火風水方位殺(⊖殺)
⑥ 怨嗔 干涉 Energy體 및 그 Energy場 : $\theta = \angle 15°$의 山火風水方位殺(⊕殺)

6. 天 · 地氣 穴場의 同調干涉 Energy 入力秩序 原理와 그 意志

1) 入首頭腦 Energy體 및 鬼 Energy體(印星意志)

(1) 天 · 地氣 同調 및 來脈局 同調秩序 : 1, 6, 11, 16, 21, 26
(2) 入力秩序原理 : 入力 Energy 聚集特性 및 聚集 Energy 配分特性原理
(3) Energy體 形成意志 : 入力安定 및 供給 凝縮 安定意志
(4) Energy體 構造特性 : 立體圓形 內向構造積立特性 및 鬼 反 Energy 垂直特性

2) 入穴脈 Energy體(印官兩星意志)

(1) 天 · 地氣 同調 및 來脈局 同調秩序 : 2, 7, 12, 17, 22, 27
(2) 入力秩序原理 : 聚集 Energy 直進特性 및 朱火 Energy 同調特性原理
(3) Energy體 形成意志 : 穴核 Energy 供給安定 및 朱火 Energy 同調意志
(4) Energy體 構造特性 : 線形 積組 來氣特性

3) 靑蟬翼 Energy體 및 曜 Energy體(食傷意志)

(1) 天 · 地氣 同調 및 來脈局 同調秩序 : 3, 8, 13, 18, 23, 28
(2) 入力秩序原理 : 聚集 Energy 纏護 育成 및 靑木 Energy 凝縮 同調特性原理

(3) Energy體 形成意志 : 天·地氣 同調 Energy 左旋 凝縮 安定意志

(4) Energy體 構造特性 : 線形立體 左旋積組特性 및 曜 反 Energy 垂直特性

4) 白蟬翼 Energy體 및 曜 Energy體(財星意志)

(1) 天·地氣 同調 및 來脈局 同調秩序 : 4, 9, 14, 19, 24, 29

(2) 入力秩序原理 : 聚集 Energy 纒護 育成 및 白金 Energy 凝縮 同調特性原理

(3) Energy體 形成意志 : 天·地氣 同調 Energy 右旋 凝縮(青木 均衡) 安定意志

(4) Energy體 構造特性 : 線形立體 右旋積組特性 및 曜 反 Energy 垂直特性

5) 纏(氈)脣 Energy體 및 官 Energy體(官星意志)

(1) 天·地氣 同調 및 來脈局 同調秩序 : (2)′, (7)′, (12)′, (17)′, (22)′, (27)′

(2) 入力秩序原理 : 穴核 Energy 直接凝縮 朱火 反 Energy 同調原理(氈) 青白蟬翼 凝縮 Energy 朱火 同調 安定原理(纏)

(3) Energy體 形成意志 : 核 Energy 凝縮 安定 維持 容器 形成意志

(4) Energy體 構造特性 : 立體圓形 內向構造積立特性 및 官Energy 垂直特性

6) 穴核 Energy體 및 穴核 圓暈 Energy體(黃土 中性 及比 劫星意志)

(1) 天·地氣 同調 및 來脈局 同調秩序 : 5, 10, 15, 20, 25, 30

(2) 入力秩序原理 : 聚集 Energy 纒護同調 永久 核化 安定原理

(3) Energy體 形成意志 : 核化 Energy 永久停止 安定意志

(4) Energy體 構造特性 : 圓形立體 나이테 構造 積集特性

7) 界水 및 明堂 Energy體(貴客 吉鬼星意志)

(1) 天・地氣 同調 및 來脈局 同調秩序 : 風水 分界 및 融聚秩序

(2) 入力秩序原理 : 風水 Energy 供給調節 및 融聚 同調原理

(3) Energy體 形成意志 : Energy 値環同調 및 空間 Energy 會合意志

(4) Energy體 構造特性 : 環境 ⊖Energy場 値環構造特性 및 風水 ⊖Energy場 安定構造特性을 圓滿케 確保함으로써 穴核 Energy體를 保護 維持 增强케 한다.

7. 地氣 穴場의 沖和 Energy場 및 沖和緣 Energy場 解說

1) 四定位 Energy場의 刑破殺 解說

(1) 子午卯酉 四正位 Energy場 中 午 Energy場 不緣則 刑破殺
(子刑卯破, 子刑酉破 → ⊕玄水 太過殺, ⊕朱火 不及殺)

(2) 子午卯酉 四正位 Energy場 中 子 Energy場 不緣則 刑破殺
(午刑卯破, 午刑酉破 → ⊕朱火 太過殺, ⊕玄水 不及殺)

(3) 寅申巳亥 四孫位 Energy場 中 亥 Energy場 不緣則 刑破殺
(巳刑寅破, 巳刑申破, 申刑寅破 → ⊖玄水 不及殺, ⊖朱火 太過殺)

(4) 寅申巳亥 四孫位 Energy場 中 巳 Energy場 不緣則 刑破殺
(申刑寅破, 亥刑申破, 亥刑寅破 → ⊖朱火 不及殺, ⊖玄水 太過殺)

(5) 辰戌丑未 四庫位 Energy場 中 辰 Energy場 不緣則 刑破殺
(丑刑戌破, 丑刑未破, 戌刑未破 → 白金 太過殺, 青木 不及殺)

(6) 辰戌丑未 四庫位 Energy場 中 戌 Energy場 不緣則 刑破殺
(辰刑未破, 丑刑未破, 丑刑辰破 → 青木 太過殺, 白金 不及殺)

(7) 子午卯酉 Energy場 軸(貴命軸)은 → 戊辰戊戌己丑己未緣(富庫軸을 因緣함)

(8) 寅申巳亥 Energy場 軸(孫命軸)은 → 乙辛丁癸緣(貴命軸을 因緣함)

(9) 辰戌丑未 Energy場 軸(富命軸)은 → 甲庚丙壬緣(孫位軸을 因緣함)

2) 穴地氣 △合 立體 空間 Energy場의 同調 干涉 解說

(1) 申子辰 玄水 同調 △合 立體 空間 Energy場(玄水 太過殺, 朱火 不及殺)

① 主 玄水 Energy體 : 子 Energy 및 그 Energy場

㉠ 主 子 Energy 100%(玄水 本氣 Energy場 100%), △合 同調 Energy場 100%(增幅分) → Total 玄水 Energy場 200%

㉡ 子 Energy 同調 換算等價値 100% × 1/2 = 50% → Total 子 Energy體 150%

㉢ 朱午火 Energy場 緣分 體 25%, 場 50%

② △合 緣分 玄水 Energy體 : 申 中 子水 Energy 및 그 Energy場

㉠ 子 玄水 Energy場 緣分 25%(子 玄水 本氣 E 12.5%)(換算等價値)

△合 同調 增幅 Energy場 25%

子 玄水 Energy 增幅 換算等價値 25% × 1/2 = 12.5% → Total Energy體 25%, Energy場 50%

㉡ 寅 青木 Energy場 緣分 25%

㉢ 朱火 Energy場 增幅意志 12.5%

③ △合 緣分 玄水 Energy體 : 辰 中 子水 Energy 및 그 Energy場

㉠ 子 玄水 Energy場 緣分 25%(子 玄水 本氣 E 12.5%)(換算等價値)

△合 同調 增幅 Energy場 25%

子 玄水 Energy 增幅 換算等價値 25% × 1/2 = 12.5% → Total Energy體 25%, Energy場 50%

㉡ 戌 白金 Energy場 緣分 25%

㉢ 朱火 Energy場 增幅意志 12.5%

④ Total 子水 Energy體 200%, Total 子水 Energy場 300%

⑤ 申子辰 △合 同調 玄水 및 平面 空間 Energy體와 그 Energy場圖

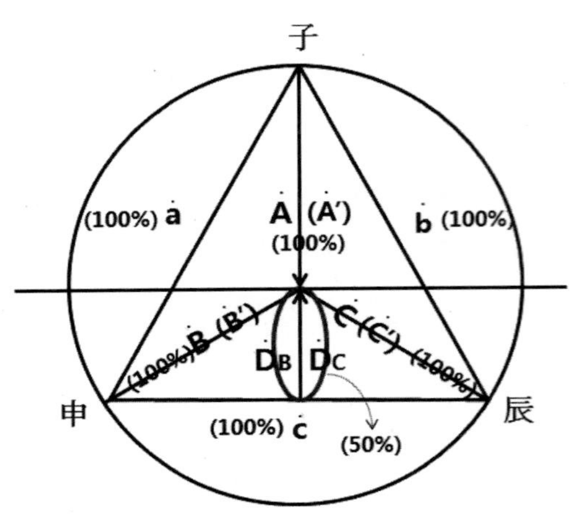

※ 注

- 申子辰 Δ合 立體 E場: $\dot{A}+\dot{B}+\dot{C} = 3\dot{A}$
- 申子辰 Δ合 平面 E場: $\dot{a}+\dot{b}+\dot{c}(2\dot{A}'+2\dot{B}'+2\dot{C}')$
- 申+辰 玄水 子 E場: $\dot{B}(\dot{B}')+\dot{C}(\dot{C}')$
- 申+辰 玄水 子 E體: $\dot{D}_B+\dot{D}_C = \frac{\dot{B}'}{2} + \frac{\dot{C}'}{2}$
- $\dot{A}$ = 立體 子水 E場 ($\dot{B}$ = 申, $\dot{C}$ = 辰)
- $\dot{A}'$ = 平面 子水 凝縮 E체($\dot{B}'$ = 申, $\dot{C}'$ = 辰)
- $\dot{D}_B$ = 申 E場의 子水 同調 E체
- $\dot{D}_C$ = 辰 E場의 子水 同調 E체
- $\dot{a}, \dot{b}, \dot{c}$ = 申子辰 Δ合時 各 平面 E場

〈그림 3-62〉 申子辰 △合 同調 玄水 및 平面 空間 Energy體와 그 Energy場圖

(2) 寅午戌 朱火 同調 △合 立體 空間 Energy場(朱火 太過殺, 玄水 不及殺)

- 위와 同一 方式 展開 -

(3) 巳酉丑 白金 同調 △合 立體 空間 Energy場(白金 太過殺, 靑木 不及殺)

- 위와 同一 方式 展開 -

(4) 亥卯未 靑木 同調 △合 立體 空間 Energy場(靑木 太過殺, 白金 不及殺)

- 위와 同一 方式 展開 -

3) 穴地氣 二合 平面 空間 Energy場의 同調 干涉 解說

(1) 申子辰 玄水 同調 二合 平面 空間 凝縮 Energy場 解說(相對 不及殺)

① (子+申) Energy場 同調 → 子 玄水 Energy場 200%($\dot{A}+\dot{B}$), 子 玄水 Energy體 150%($\dot{A}'+\dot{D}_B$) (靑木 不及殺)

㉠ 子 Energy體 및 그 Energy場 : 本氣 子 玄水 Energy場 100%($\dot{A}'$), Energy體 100%($\dot{A}$)

二合 同調 增幅 Energy場 50%, Energy體 25%

Total 合成 Energy場 150%, Energy體 125%

午朱火 Energy場 150% × 25/100% = 37.5%

ⓛ 申 Energy體 및 그 Energy場 : 子 玄水 二合 同調 Energy體 25%, Energy場 50%

午朱火 Energy場 12.5%

② (子+辰) Energy場 同調 → 子 玄水 Energy場 200%, 子 玄水 Energy體 150%(白金 不及殺)

\- 위와 동일 방식 전개 -

③ (辰+申) Energy場 同調 → 子 玄水 Energy場 100%, 子 玄水 Energy體 50%(玄朱 葛藤殺)

\- 위와 동일 방식 전개 -

(2) 寅午戌 朱火 同調 二合 平面 空間 凝縮 Energy場 解說(相對 不及殺)

\- 上記와 동일 방식 전개 -

(3) 巳酉丑 朱火 同調 二合 平面 空間 凝縮 Energy場 解說(相對 不及殺)

\- 上記와 동일 방식 전개 -

(4) 亥卯未 朱火 同調 二合 平面 空間 凝縮 Energy場 解說(相對 不及殺)

\- 上記와 동일 방식 전개 -

제6절 天 · 地氣 Energy場의 同調와 干涉特性

1. 地氣 三合 同調 Energy場(立體的 集中意志)

申 · 子 · 辰 : 三合 同調 水 Energy場(H Energy場)
寅 · 午 · 戌 : 三合 同調 火 Energy場(O Energy場)
亥 · 卯 · 未 : 三合 同調 木 Energy場(N Energy場)
巳 · 酉 · 丑 : 三合 同調 金 Energy場(C Energy場)

2. 地氣 二合 同調 Energy場(陰陽的 選擇意志)

子-丑 同調 土 Energy場
寅-亥 同調 木 Energy場
卯-戌 同調 火 Energy場
辰-酉 同調 金 Energy場
巳-申 同調 水 Energy場
午-未 同調 合 Energy場

3. 地氣 方局同調 四局勢 Energy場(勢同調 Energy場)(同類相從意志)

亥 · 子 · 丑 方局同調 玄水勢 Energy場
寅 · 卯 · 辰 方局同調 青木勢 Energy場
巳 · 午 · 未 方局同調 朱火勢 Energy場
申 · 酉 · 戌 方局同調 白金勢 Energy場

4. 五行 地氣의 合成同調 Energy와 그 特性

1) 三合 同調 Energy와 그 特性

(1) 子 水 Energy를 100으로 볼 때

申・子・辰이 三合되면 그 Energy 및 Energy場은 150%의 水旺氣로 發해진다.

(2) 卯木 Energy를 100으로 볼 때

亥・卯・未가 三合되면 그 Energy 및 Energy場은 150%의 木旺氣를 發하게 된다.

(3) 午火 Energy를 100으로 볼 때

寅・午・戌이 三合되면 그 Energy 및 Energy場은 150%의 火旺氣로 發하게 된다.

(4) 酉金 Energy를 100으로 볼 때

巳酉丑이 三合되면 그 Energy 및 Energy場은 150%의 金旺氣로 發하게 된다.

2) 二合同調 Energy와 그 特性

(1) 子 玄水 Energy를 100으로 볼 때

申辰 二合 Energy : 75%의 青白水 Energy 內在

子辰 二合 Energy : 125%의 青水 Energy 發

子申 二合 Energy : 125%의 白水 Energy 發

(2) 卯 青水 Energy를 100으로 볼 때

亥未 二合 Energy : 75%의 玄朱木 Energy 內在

卯未 二合 Energy : 125%의 朱木 Energy 發

卯亥 二合 Energy : 125%의 玄木 Energy 發

(3) 午 朱火 Energy를 100으로 볼 때

寅戌 二合 Energy : 75%의 青白火 Energy 內在

午寅 二合 Energy : 125%의 青火 Energy 發

午戌 二合 Energy : 125%의 白火 Energy 發

(4) 酉 白金 Energy를 100으로 볼 때

巳丑 二合 Energy : 75%의 玄朱金 Energy 內在

酉丑 二合 Energy : 125%의 玄金 Energy 發

酉巳 二合 Energy : 125%의 朱金 Energy 發

5. 地氣 方局勢 同調 Energy의 合成과 그 特性

1) 三方 局勢 同調 Energy 合成과 그 特性

(1) 子水 正位 Energy를 100으로 볼 때

亥子丑 三位 合成 Energy 및 그 Energy場은 200%의 水旺 Energy로 增加한다.

(2) 卯木 正位 Energy를 100으로 볼 때

寅卯辰 三位 合成 Energy 및 그 Energy場은 200%의 木旺 Energy로 增加한다.

(3) 午火 正位 Energy를 100으로 볼 때

巳午未 三位 合成 Energy 및 그 Energy場은 200%의 火旺 Energy로 增加한다.

(4) 酉金 正位 Energy를 100으로 볼 때

申酉戌 三位 合成 Energy 및 그 Energy場은 200%의 金旺 Energy로 增加한다.

2) 二方 局勢 同調 Energy 合成과 그 特性

(1) 子水 正位 Energy를 100으로 볼 때

亥子 二方合 Energy 및 그 Energy場 : 150%

丑子 二方合 Energy 및 그 Energy場 : 125%

丑亥 二方合 Energy 및 그 Energy場 : 75%

(2) 卯木 正位 Energy를 100으로 볼 때

寅卯 二方合 Energy 및 그 Energy場 : 150%

辰卯 二方合 Energy 및 그 Energy場 : 125%

寅辰 二方合 Energy 및 그 Energy場 : 75%

(3) 午火 正位 Energy를 100으로 볼 때

巳午 二方合 Energy 및 그 Energy場 : 150%

未午 二方合 Energy 및 그 Energy場 : 125%

巳未 二方合 Energy 및 그 Energy場 : 75%

(4) 酉金 正位 Energy를 100으로 볼 때

申酉 二方合 Energy 및 그 Energy場 : 150%

戌酉 二方合 Energy 및 그 Energy場 : 125%

申戌 二方合 Energy 및 그 Energy場 : 75%

6. 地氣 Energy場의 綜合特性 分析

◎ 子 地氣 Energy場의 綜合特性 分析

子(天體 緣分 E場)(⊙ ⊙ ⊙ ⊙) ⇒ 子(癸)(水,土,水,金木) ⇒ 子(戊癸)(水,土,水,金木)

⊙	⊙	⊙	⊙		子(癸)
E三	陰二	勢勢	五		申 子 亥 申寅
體合	陽合	安同	行		子 丑 子
安同	安同	定調	同		辰 丑
定調	定調	E	調		
E	E	場	E		
場	場		場		

以上의 原理에 따라,

子(癸 → 戊癸)(水, 土, 水, 金木)　丑(戊 → 戊癸)(金, 土, 水, 火金)　寅(甲 → 甲己)(火, 木, 木, 火水)

卯(乙 → 乙庚)(木, 火, 木, 火水)　辰(戊 → 戊癸)(水, 金, 木, 火金)　巳(丙 → 丙辛)(金, 水, 火, 木土)

午 (丁 → 丁壬) (火, 火, 火, 木土)	未 (己 → 甲己) (木, 土, 火, 火金)	申 (庚 → 乙庚) (水, 水, 金, 土水)
酉 (辛 → 丙辛) (金, 金, 金, 土水)	戌 (戊 → 戊癸) (火, 火, 金, 火金)	亥 (壬 → 丁壬) (木, 木, 水, 金木)

7. 地氣 干涉 Energy場

1) 地氣 相冲 干涉 Energy場

子	丑	寅	卯	辰	巳
↓	↓	↓	↓	↓	↓
冲 ↕ 干涉場	冲 ↕ 干涉場	冲 ↕ 干涉場	冲 ↕ 干涉場	冲 ↕ 干涉場	冲 ↕ 干涉場
↑	↑	↑	↑	↑	↑
午	未	申	酉	戌	亥

2) 地氣 相害 干涉 Energy場

子	丑	寅	卯	申	酉
害 ↕ 干涉場	害 ↕ 干涉場	害 ↕ 干涉場	害 ↕ 干涉場	害 ↕ 干涉場	害 ↕ 干涉場
未	午	巳	辰	亥	戌

3) 地氣 相破 干涉 Energy場

子	丑	寅	卯	巳	戌
破 ↕ 干涉場	破 ↕ 干涉場	破 ↕ 干涉場	破 ↕ 干涉場	破 ↕ 干涉場	破 ↕ 干涉場
酉	辰	亥	午	申	未

4) 地氣 相刑 干涉 Energy場

寅	巳	申	丑	戌	未	子	卯	辰·午·酉·亥
刑↓干涉場	刑↓干涉場	刑↓干涉場	刑↓干涉場	刑↓干涉場	刑↓干涉場	刑↓干涉場	刑↓干涉場	
巳	申	寅	戌	未	丑	卯	子	
侍勢之刑 干涉 E場			無恩之刑 干涉 E場			無禮之刑 干涉 E場		自刑之刑 干涉 E場

8. 諸 干涉場의 回生同調(天 · 地氣 Energy의 核凝縮 同調場 形成原理參照)

1) 地氣 相沖 干涉場의 回生 同調

子午 相沖이 亥丑이나 巳未를 만나면 起死回生함(卯酉喜神).

丑未 相沖이 子寅이나 午申를 만나면 起死回生함(辰戌喜神).

寅申 相沖이 丑卯나 未酉를 만나면 起死回生함(子午喜神).

卯酉 相沖이 寅辰이나 申戌를 만나면 起死回生함(子午喜神).

辰戌 相沖이 卯巳나 酉亥를 만나면 起死回生함(子午喜神).

巳亥 相沖이 辰午나 戌子를 만나면 起死回生함(寅申喜神).

2) 地氣 相害 干涉場의 回生 同調

子未 相害가 辰卯를 만나면 相助함.

丑午 相害가 酉戌를 만나면 相助함.

寅巳 相害가 戌酉를 만나면 相助함.

卯辰 相害가 未子를 만나면 相助함.

申亥 相害가 子未를 만나면 相助함.

酉戌 相害가 丑寅를 만나면 相助함.

3) 地氣 相破 干涉場의 回生同調

子酉 相破가 申丑을 만나면 免破 金水 生調한다.
丑辰 相破가 巳子를 만나면 免破 金水 生調한다.
寅亥 相破가 戌卯를 만나면 免破 木火 生調한다.
卯午 相破가 未寅을 만나면 免破 木火 生調한다.
巳申 相破가 酉辰을 만나면 免破 金水 生調한다.
戌未 相破가 午亥을 만나면 免破 木火 生調한다.

4) 地氣 相刑 干涉場의 回生同調

寅刑巳 干涉場은 丑午를 만나면 免刑 火金 同調한다.
巳刑申 干涉場은 酉辰를 만나면 免刑 金水 同調한다.
申刑寅 干涉場은 子辰午戌을 만나면 免刑 水火 共生한다.
丑刑戌 干涉場은 酉寅을 만나면 免刑 火金 同調한다.
戌刑未 干涉場은 午亥를 만나면 免刑 木火 同調한다.
未刑丑 干涉場은 亥卯酉巳를 만나면 免刑 金木 共生한다.
子刑卯 干涉場은 辰亥를 만나면 免刑 水木 同調한다.
卯刑子 干涉場은 亥辰을 만나면 免刑 水木 同調한다.
辰刑辰 干涉場은 寅午를 만나면 免刑 土火 回生한다.
午刑午 干涉場은 申辰을 만나면 免刑 火水 回生한다.
酉刑酉 干涉場은 亥未를 만나면 免刑 金木 回生한다.
亥刑亥 干涉場은 酉丑을 만나면 免刑 水金 回生한다.

9. 回沖剋 干涉場의 回生同調

1) 單擊沖

(1) 子-午 沖剋中 子擊沖(子重剋 干涉場)
(子-午) × 子 ⇒ 申,辰 또는 亥,丑 Energy場으로 回生同調

(2) 子-午 沖剋中 午擊沖(午重剋 干涉場)

(子-午) × 午 ⇒ 寅,戌 또는 巳,未 Energy場으로 回生同調

(3) 丑-未 沖剋中 丑擊沖(丑重剋 干涉場)

(丑-未) × 丑 ⇒ 巳,酉 또는 亥,子 Energy場으로 回生同調

(4) 丑-未 沖剋中 未擊沖(未重剋 干涉場)

(丑-未) × 未 ⇒ 亥,卯 또는 巳,午 Energy場으로 回生同調

(5) 寅-申 沖剋中 寅擊沖(寅重剋 干涉場)

(寅-申) × 寅 ⇒ 午,戌 또는 卯,辰 Energy場으로 回生同調

(6) 寅-申 沖剋中 申擊沖(申重剋 干涉場)

(寅-申) × 申 ⇒ 子,辰 또는 酉,戌 Energy場으로 回生同調

(7) 卯-酉 沖剋中 卯擊沖(卯重剋 干涉場)

(卯-酉) × 卯 ⇒ 亥,未 또는 寅,辰 Energy場으로 回生同調

(8) 卯-酉 沖剋中 酉擊沖(酉重剋 干涉場)

(卯-酉) × 酉 ⇒ 巳,丑 또는 申,戌 Energy場으로 回生同調

(9) 辰-戌 沖剋中 辰擊沖(辰重剋 干涉場)

(辰-戌) × 辰 ⇒ 申,子 또는 寅,卯 Energy場으로 回生同調

(10) 辰-戌 沖剋中 戌擊沖(戌重剋 干涉場)

(辰-戌) × 戌 ⇒ 寅,午 또는 申,酉 Energy場으로 回生同調

(11) 巳-亥 沖剋中 巳擊沖(巳重剋 干涉場)

(巳-亥) × 巳 ⇒ 酉,丑 또는 午,未 Energy場으로 回生同調

(12) 巳-亥 沖剋中 亥擊沖(亥重剋 干涉場)

(巳-亥) × 亥 ⇒ 卯,未 또는 子,丑 Energy場으로 回生同調

2) 重擊沖

(1) (子-午) 沖剋中 (子-午) 重擊回沖

(子-午) × (子-午) ⇒ (申,辰/寅,戌) 또는 (丑,未/卯,酉) Energy場으로 回生

(2) (丑-未) 沖剋中 (丑-未) 重擊回沖

(丑-未) × (丑-未) ⇒ (巳,酉/亥,卯) 또는 (子,午/辰,戌) Energy場으로 回生

(3) (寅-申) 沖剋中 (寅-申) 重擊回沖

(寅-申) × (寅-申) ⇒ (午,戌/子,辰) 또는 (巳,亥/卯,酉) Energy場으로 回生

(4) (卯-酉) 沖剋中 (卯-酉) 重擊回沖

(卯-酉) × (卯-酉) ⇒ (亥,未/巳,丑) 또는 (辰,戌/子,午) Energy場으로 回生

(5) (辰-戌) 沖剋中 (辰-戌) 重擊回沖

(辰-戌) × (辰-戌) ⇒ (申,子/寅,午) 또는 (卯,酉/丑,未) Energy場으로 回生

(6) (巳-亥) 沖剋中 (巳-亥) 重擊回沖

(巳-亥) × (巳-亥) ⇒ (酉,丑/卯,未) 또는 (午,子/申,寅) Energy場으로 回生

10. 天 · 地氣 Energy場의 諸 同調安定과 干涉回生

1) 建祿 同調 Energy場(天 · 地氣 Energy의 核凝縮 同調場 參照)

命運 및 Energy場에서 그 各各의 生日 位相干支의 「性」因子를 基準하여 觀察하되, 이와 同一한 地氣 「相」因子를 各 年月日時 位相中에서 만나게 될 때 이를 建祿同調場이라 하며, 官職의 福祿과 名譽를 얻고 出世의 순탄함을 얻는다.

卽, 甲(寅)日 位相 性因子에 寅 年月日時 相因子 逢

乙(卯)日 位相 性因子에 卯 年月日時 相因子 逢

丙(巳)戊日 位相 性因子에 巳 年月日時 相因子 逢

丁(午)己日 位相 性因子에 午 年月日時 相因子 逢

庚(申)日 位相 性因子에 申 年月日時 相因子 逢

辛(酉)日 位相 性因子에 酉 年月日時 相因子 逢

壬(亥)日 位相 性因子에 亥 年月日時 相因子 逢
癸(子)日 位相 性因子에 子 年月日時 相因子 逢

2) 沖剋 重合의 安定原理

∴ 子寅辰 - 午申戌 陽對位 沖剋 重合安定
　丑亥酉 - 未巳卯 陰對位 沖剋 重合安定
∴ 甲庚丙壬, 乙辛丁癸, 戊己戊己 沖剋 重合도 下와 同一

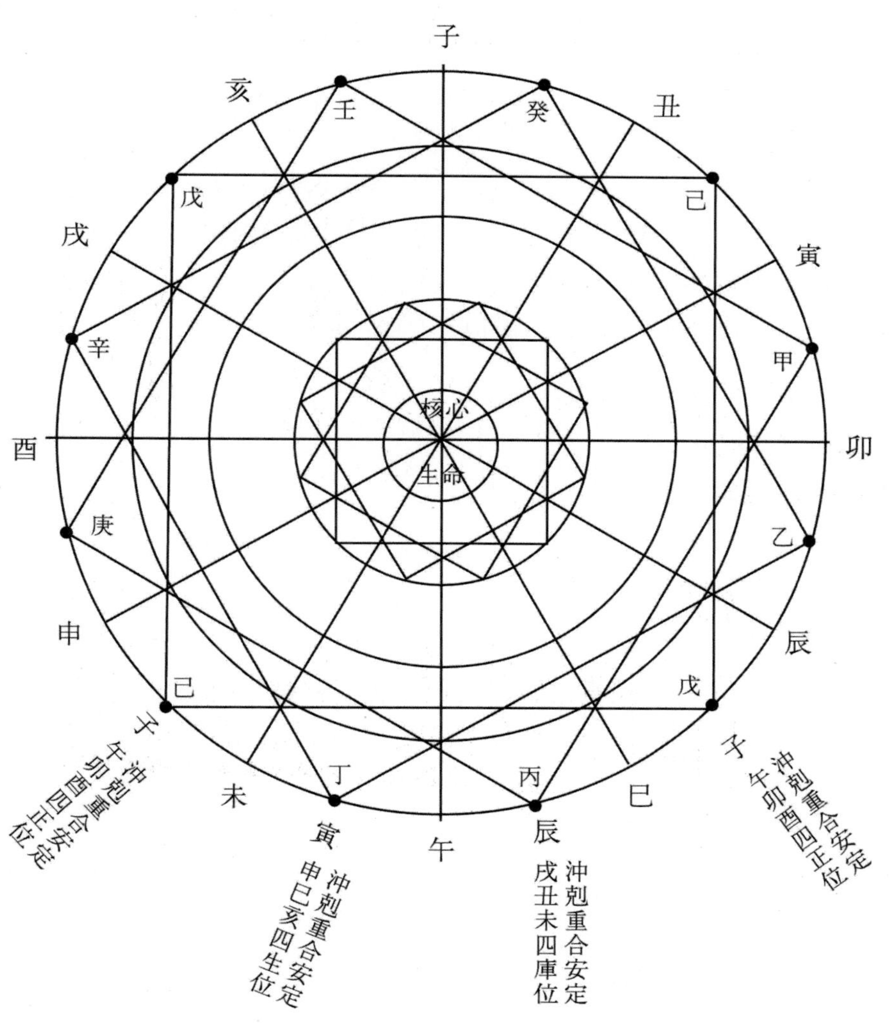

〈그림 3-63〉 沖剋 重合의 安定原理

3) 天 · 地氣 Energy의 三合 同調 및 三合間 同調

同調E / 同調場特性	地氣 E 三合同調 및 三合間 同調	天氣 E 三合同調
水木 E 場 同調	申・子・辰 - 亥・卯・未	艮(己) - 丙 - 辛
木火 E 場 同調	亥・卯・未 - 寅・午・戌	巽(戊) - 庚 - 癸
火金 E 場 同調	寅・午・戌 - 巳・酉・丑	坤(己) - 乙 - 壬
金水 E 場 同調	巳・酉・丑 - 申・子・辰	乾(戊) - 甲 - 丁

4) 怨嗔의 回生同調

子未 → 逢 申丑(庚癸) + 午亥〔乾(戊),丁〕同調 回生
丑午 → 逢 未寅(甲丁) + 巳子〔巽(戊),癸〕同調 回生
寅酉 → 逢 申丑(庚癸) + 卯戌〔乾(戊),甲〕同調 回生
卯申 → 逢 未寅(甲丁) + 辰酉〔巽(戊),庚〕同調 回生
辰亥 → 逢 卯戌〔乾(戊),甲〕+ 巳子〔巽(戊),癸〕同調 回生
巳戌 → 逢 辰酉〔巽(戊),庚〕+ 午亥〔乾(戊),丁〕同調 回生

5) 命運 Energy場의 五變易相

最適安定條件 ↑

(1) 起成 命運 Energy場 : 水 → 木 → 火 → 土 → (金)
(2) 成住 命運 Energy場 : 木 → 火 → 土 → 金 → (水)
(3) 住滅 命運 Energy場 : 火 → 土 → 金 → 水 → (木)
(4) 滅生 命運 Energy場 : 土 → 金 → 水 → 木 → (火)
(5) 生起 命運 Energy場 : 金 → 水 → 木 → 火 → (土)

※ 年・月・日・時 順序別 變易相을 優先 살피고, 次後 全體 變易相을 살피라.

6) 合成同調 凝縮場의 諸法則(諸 年運 擇日에 쓰라)

(1) 申子辰 合成場은「戊庚癸, 巳酉丑」合成場에 의하여 同調凝縮 旋回한다.
(2) 亥卯未 合成場은「壬乙己, 申子辰」合成場에 의하여 同調凝縮 旋回한다.
(3) 寅午戌 合成場은「甲丁戊, 亥卯未」合成場에 의하여 同調凝縮 旋回한다.
(4) 巳酉丑 合成場은「丙辛己, 寅午戌」合成場에 의하여 調凝縮 旋回한다.
(5) 子辰 合成場 癸戊, 丑巳와 半合 同調凝縮한다.
(6) 丑巳 合成場 己丙, 寅午와 半合 同調凝縮한다.
(7) 寅午 合成場 甲丁, 卯未와 半合 同調凝縮한다.
(8) 卯未 合成場 乙己, 辰申과 半合 同調凝縮한다.
(9) 辰申 合成場 戊庚, 巳酉와 半合 同調凝縮한다.
(10) 巳酉 合成場 丙辛, 午戌과 半合 同調凝縮한다.
(11) 午戌 合成場 丁戊, 未亥와 半合 同調凝縮한다.
(12) 未亥 合成場 己壬, 申子와 半合 同調凝縮한다.
(13) 申子 合成場 庚癸, 酉丑과 半合 同調凝縮한다.
(14) 酉丑 合成場 辛己, 戌寅과 半合 同調凝縮한다.
(15) 戌寅 合成場 戊甲, 亥卯와 半合 同調凝縮한다.
(16) 亥卯 合成場 壬乙, 子辰과 半合 同調凝縮한다.

7) 再同調 善 Energy場과 再干涉 惡 Energy場(命理論 참조)

(1) 生年月日時 因子의 再同調 Energy場

① 天乙貴人 Energy場 同調

甲戊庚日 ⇒ 丑未逢, 乙己日 ⇒ 子申逢, 丙丁日 ⇒ 亥酉逢, 辛日 ⇒ 午寅逢, 壬癸日 ⇒ 巳卯逢

② 天德貴人 Energy場 同調

日支	子	丑	寅	卯	辰	巳	午	未	申	酉	戌	亥
天德	巳	庚	丁	申	壬	辛	亥	甲	癸	寅	酉	乙

③ 月德貴人 Energy場 同調

日 支	申・子・辰	寅・午・戌	巳・酉・丑	亥・卯・未
月 德	壬	丙	庚	甲

④ 建祿 및 暗綠 Energy場 同調

日干	甲	乙	丙	丁	戊	己	庚	辛	壬	癸	
建祿	寅	卯	巳	午	巳	午	申	酉	亥	子	天干相續地氣因子
暗綠	亥	戌	申	未	申	未	巳	辰	寅	丑	地氣合化

⑤ 驛馬 Energy場 同調

日 支	申・子・辰	寅・午・戌	巳・酉・丑	亥・卯・未
驛 馬	寅	申	亥	巳

⑥ 金與 Energy場 同調

日 干	甲	乙	丙	丁	戊	己	庚	辛	壬	癸
金 與	辰	巳	未	申	未	申	戌	亥	丑	寅

⑦ 將星 Energy場 同調

日 支	申・子・辰	寅・午・戌	巳・酉・丑	亥・卯・未
將 星	子	午	酉	卯

⑧ 文昌星 Energy場 同調

日 干	甲	乙	丙	丁	戊	己	庚	辛	壬	癸
文昌星	巳	午	申	酉	申	酉	亥	子	寅	卯

⑨ 華蓋 Energy場 同調

年日支	寅・午・戌	申・子・辰	巳・酉・丑	亥・卯・未
華 蓋	戌	辰	丑	未

⑩ 陽刃(羊刃) Energy場 同調

日干	甲	丙·戊	庚	壬
陽刃	卯	午	酉	子

⑪ 天醫星(活人星) Energy場 同調

月支	子	丑	寅	卯	辰	巳	午	未	申	酉	戌	亥
天醫	亥	子	丑	寅	卯	辰	巳	午	未	申	酉	戌

⑫ 學堂貴人 Energy場 同調

木日 相逢 亥月時, 水土日 相逢 申月時

金日 相逢 巳月時, 火日 相逢 寅月時

⑬ 魁罡 Energy場 同調

庚辰, 壬辰, 庚戌, 戊戌

(2) 生年月日 因子의 再干涉場

① 基本 干涉場

㉠ 地氣 沖剋干涉 Energy場

子-午沖剋, 丑-未沖剋, 寅-申沖剋, 卯-酉沖剋, 辰-戌沖剋, 巳-亥沖剋

㉡ 天氣沖 干涉 Energy場

甲-庚沖 乙-辛沖, 丙-壬沖, 丁-癸沖

㉢ 天氣相剋 干涉 Energy場

戊-甲剋, 己-乙剋, 庚-丙剋, 辛-丁剋, 壬-戊剋, 癸-己剋

② 孤辰 寡宿殺 干涉 Energy場

年日支	寅·卯·辰	巳·午·未	申·酉·戌	亥·子·丑
孤辰	巳	申	亥	寅
寡宿	丑	辰	未	戌

③ 囚獄殺 干涉 Energy場

年 支	寅・午・戌	申・子・辰	巳・酉・丑	亥・卯・未
囚 獄	子	午	卯	子

④ 桃花殺 干涉 Energy場

年日支	寅・午・戌	申・子・辰	巳・酉・丑	亥・卯・未
桃 花	卯	酉	午	子

⑤ 沐浴殺 干涉 Energy場

日 干	甲	丙戊	庚	壬
沐 浴	子	卯	午	酉

⑥ 羊刃殺 干涉 Energy場

日 干	甲	丙・戊	庚	壬
羊 刃	卯	午	酉	子

⑦ 紅艶殺 干涉 Energy場

日 干	丙	辛	癸	丁	甲
紅 艶	寅	酉	申	未	午

⑧ 急脚殺 干涉 Energy場

日 支	亥・子・丑	寅・卯・辰	巳・午・未	申・酉・戌
急 脚	丑辰	亥子	卯未	寅戌

⑨ 魁罡殺 干涉 Energy場

庚辰, 壬辰, 戊戌, 庚戌

11. 天體運氣 Energy場의 合居同調와 刑 · 沖 · 破 · 害 · 怨嗔 干涉殺 Energy Vector圖

1) 天 · 地氣 立體 Energy體 및 그 Energy場 沖和 合成 Vector圖

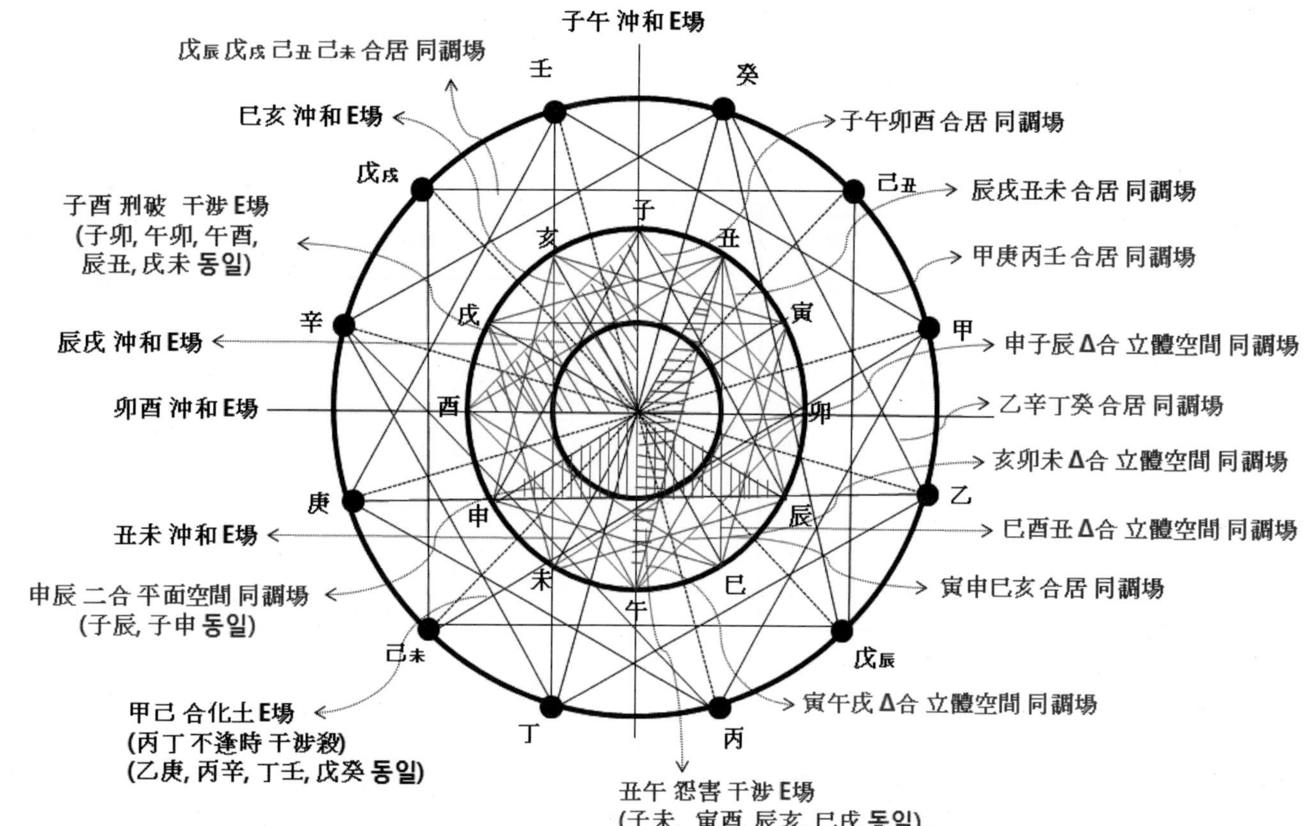

〈그림 3-64〉 天 · 地氣 立體 Energy體 및 그 Energy場 沖和 合成 Vector圖

2) 天 · 地氣 沖和 Energy體와 그 Energy場 形成原理

(1) △合 Energy場 Vector圖

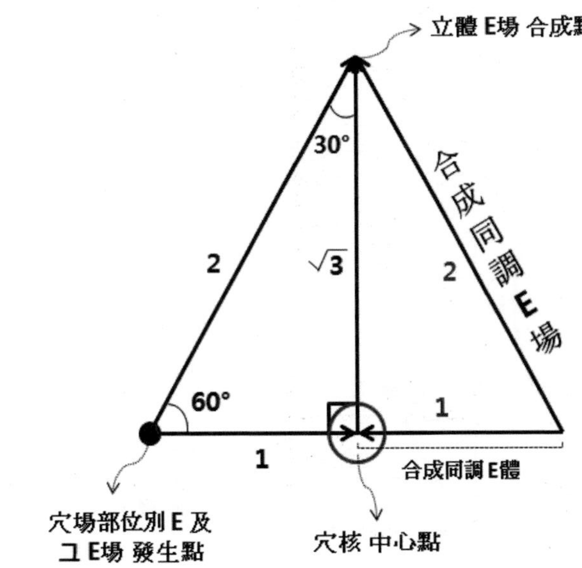

〈그림 3-65〉 △合 Energy場 Vector圖

(2) 四正位 沖和 刑破 Energy場 Vector圖

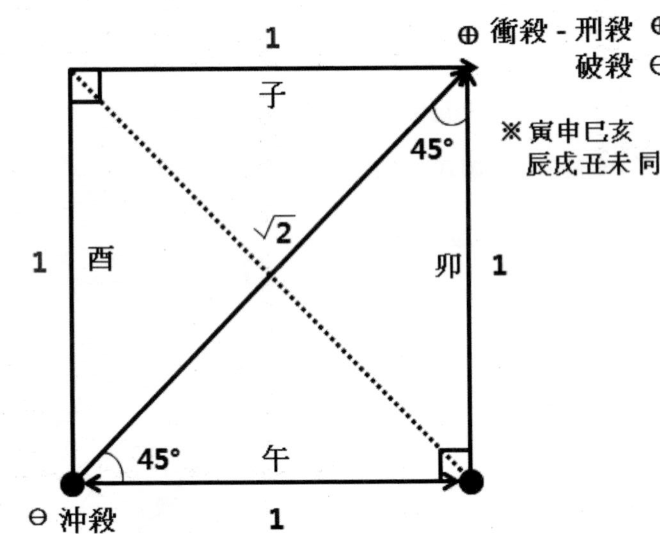

〈그림 3-66〉 四正位 沖和 刑破 Energy場 Vector圖

(3) 怨嗔害 干涉殺 Energy場 Vector圖

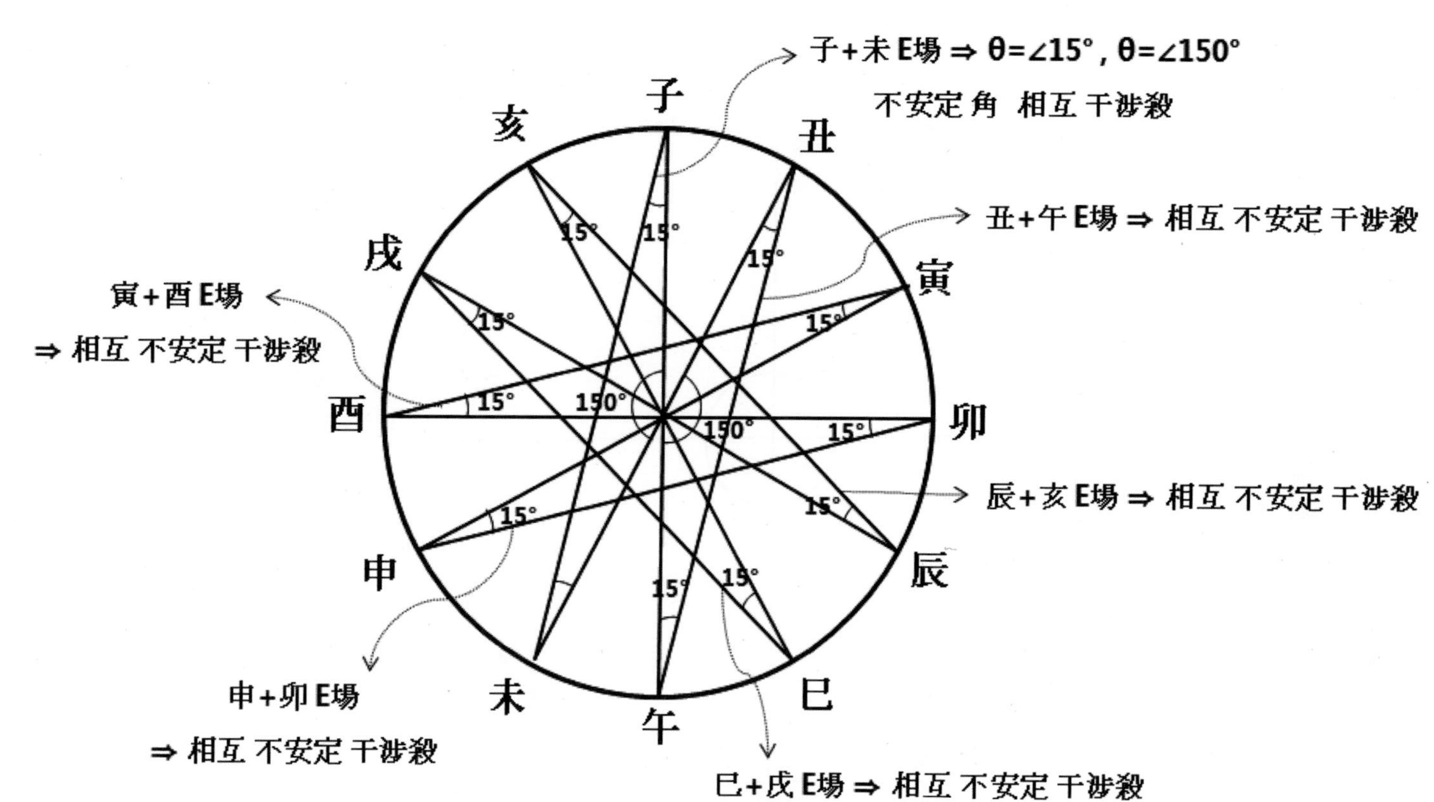

〈그림 3-67〉 怨嗔害 干涉殺 Energy場 Vector圖

제7절 穴 Energy場 特性의 人體 發顯原理

1. 同調 Energy場 特性의 人體 發顯

1) 十二定位 圓形同調 Energy場의 特性發顯

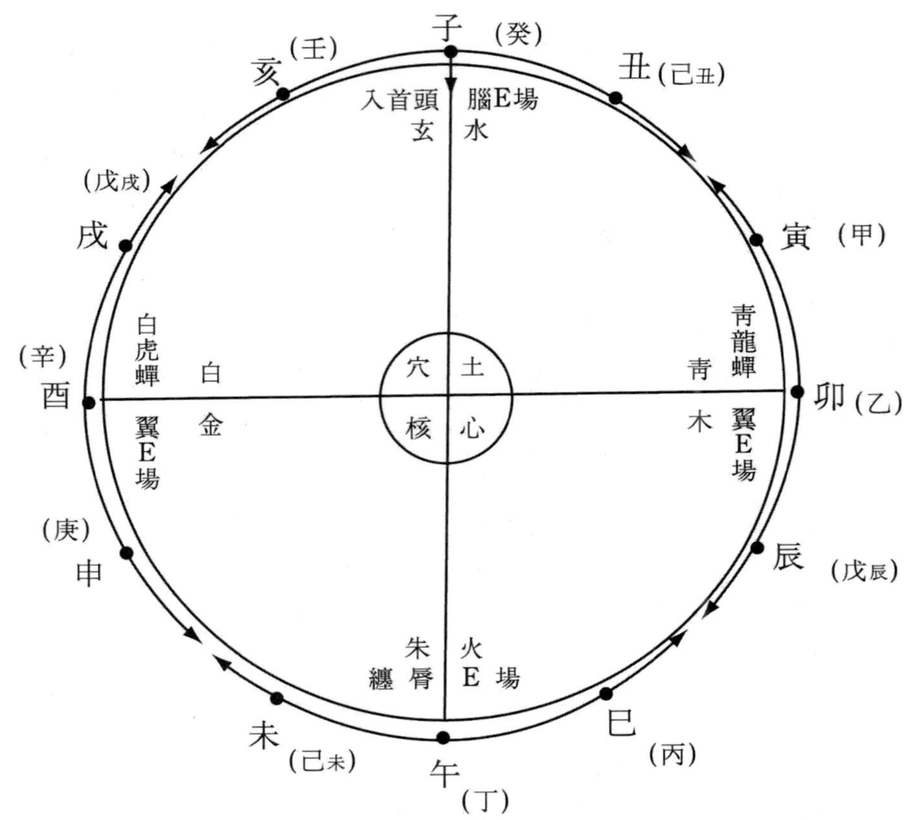

〈그림 3-68〉 十二定位 圓形同調 Energy場의 特性發顯

※ 十二定位 同調 Energy場의 凝縮構造 特性은 完全 全美한 圓滿圓形 位相의 構造들을 만들어낼 수는 없어도, 거의 圓滿에 가까운 理想的인 Energy場 特性을 發顯시킨다. 圓形同調 Energy場인 까닭에 內部的으로는 强力한 穴核心 Energy를 凝集하나, 外郭으로의 表出은 特異하게 드러내지 않는 가장 善美.强大한 人體 Energy場 發顯이 可能하다.

2) 八正位 同調 Energy場 特性의 發顯

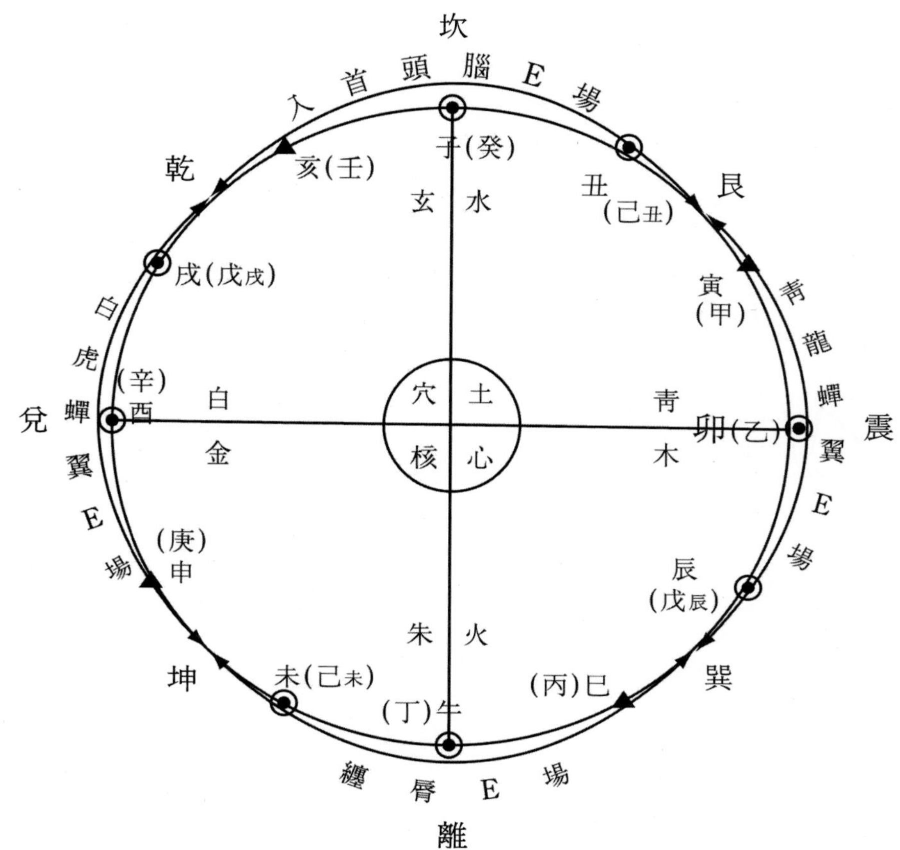

〈그림 3-69〉 八正位 同調 Energy場 特性의 發顯

(1) A形 秩序 Energy場 特性

子・午・卯・酉 – 辰・戌・丑・未 八正位 同調(圓形同調 Energy場 特性에는 미치지 못하나, 力量이 뛰어나다.) (正入力 正坐 Energy場)

(2) B形 秩序 Energy場 特性

寅・申・巳・亥 – 辰・戌・丑・未 八正位 同調

(右旋 入力坐 同調 Energy場)

(3) 子・午・卯・酉 – 寅・申・巳・亥 八正位 同調

(正入力 正坐 Energy場이나 多少間의 太過性이다.)

(4) 坎・離・震・兌・乾・坤・艮・巽 天運氣 八卦同調

3) 四正位 局同調 Energy場의 特性發顯

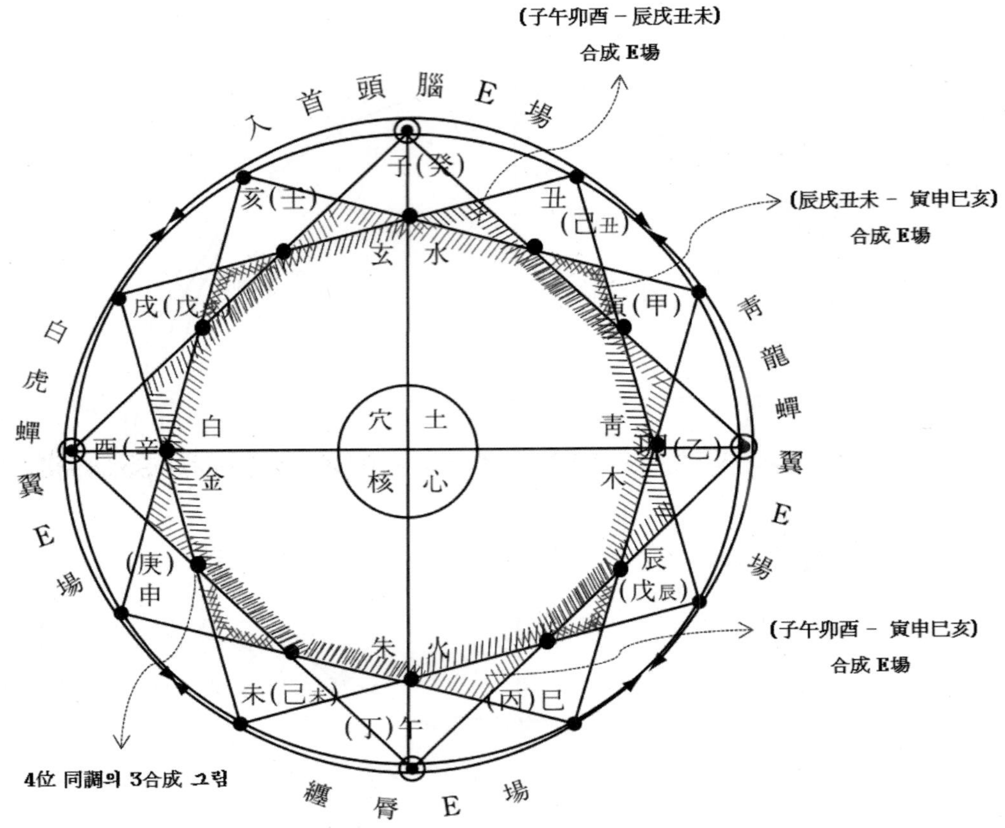

〈그림 3-70〉 四正位 局同調 Energy場의 特性發顯

(1) A形 秩序

子・午・卯・酉 四正位 Energy場

(生 : 辰・戌・丑・未, 補 : 寅・申・巳・亥)

(2) B形 秩序

寅・申・巳・亥 四孫位 Energy場

(補 : 子・午・卯・酉, 生 : 辰・戌・丑・未)

(3) C形 秩序

辰・戌・丑・未 四富位 Energy場

(補 : 寅・申・巳・亥, 生 : 子・午・卯・酉)

4) 三合位 局同調 Energy場의 特性發顯

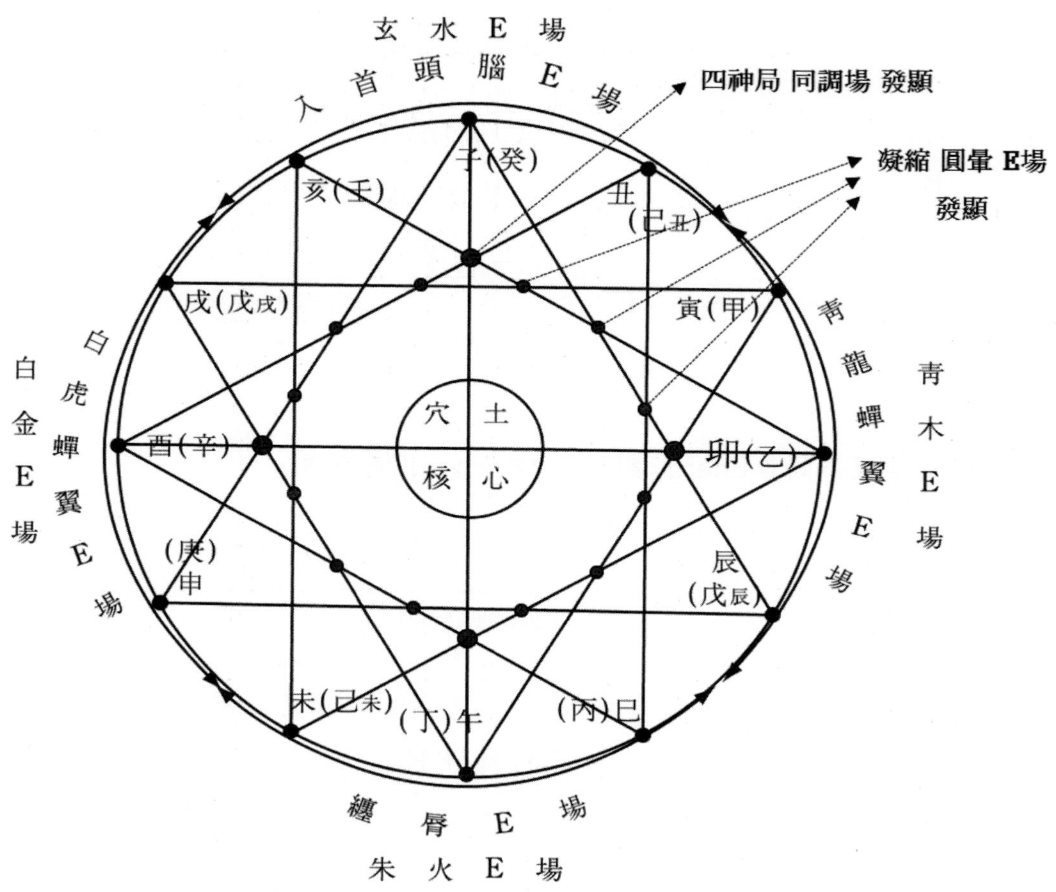

〈그림 3-71〉 三合位 局同調 Energy場의 特性發顯

(1) 玄武入力 局同調 Energy場(頭腦「水」Energy場 增强)

申　子　辰 ⇒ 直入坐 E 透出　(亥　子　丑)
(庚　癸　戊辰)　　　　　　　(壬)(癸)(己丑)　⇧

↓　↓　↓

白虎　頭腦　青龍
終端　入力　終端
E　E　E
透出　透出　透出

(入力鬼砂 E 場發達)

※ 生助 緣分 E場：

寅　午　戌　(纒脣 E場)
(甲)(丁)(戊戌)

※ 補助 緣分 E場：

亥　卯　未　(青蟬翼 E場)
(壬)(乙)(己未)

巳　酉　丑　(白蟬翼 E場)
(丙)(辛)(己丑)

(2) 青龍 蟬翼 局同調 Energy場(青龍「木」Energy場 增强)

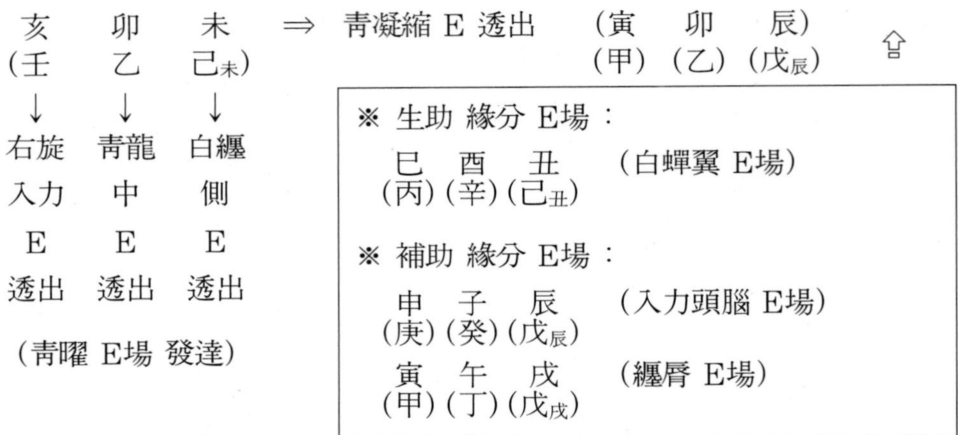

(3) 白虎 蟬翼 局同調 Energy場(白虎「金」Energy場 增强)

巳 酉 丑 ⇒ 白凝縮 E 透出 (申 酉 戌) ⇧
(丙 辛 己丑) (庚) (辛) (戊戌)

↓	↓	↓
靑纒	白虎	左旋
側	中	入力
E	E	E
透出	透出	透出

(白曜 E場 發達)

※ 生助 緣分 E場 :

亥 卯 未 (靑蟬翼 E場)
(壬) (乙) (己未)

※ 補助 緣分 E場 :

申 子 辰 (入力頭腦 E場)
(庚) (癸) (戊辰)

寅 午 戌 (纒脣 E場)
(甲) (丁) (戊戌)

(4) 纒脣 局同調 Energy場(朱「火」Energy場 增强)

寅 午 戌 ⇒ 案山纒脣 縱凝縮 E 透出 (巳 午 未) ⇧
(甲 丁 戊戌) (丙) (丁) (己未)

↓	↓	↓
靑龍	纒脣	白虎
始	中	始
E	E	E
透出	透出	透出

(纒脣官砂 E場 發達)

※ 生助 緣分 E場 :

申 子 辰 (入力頭腦 E場)
(庚) (癸) (戊辰)

※ 補助 緣分 E場 :

亥 卯 未 (靑蟬翼 E場)
(壬) (乙) (己未)

巳 酉 丑 (白蟬翼 E場)
(丙) (辛) (己丑)

5) 二合 同調 Energy場의 特性 發顯

(1) 天體 Energy場의 二合 同調 Energy場의 特性發顯

① 甲己 合化 Energy場은 丙丁 火 Energy 生起에 의하여 戊己 土 Energy가 旺盛하고,

② 乙庚 合化 Energy場은 戊己 土 Energy 生起에 의하여 庚辛 金 Energy가 旺盛하며,

③ 丙辛 合化 Energy場은 庚辛 金 Energy 生起에 의하여 壬癸 水 Energy 가 旺盛하고,

④ 丁壬 合化 Energy場은 壬癸 水 Energy 生起에 의하여 甲乙 木 Energy 가 旺盛하며,

⑤ 戊癸 合化 Energy場은 甲乙 木 Energy 生起에 의하여 丙丁 火 Energy 가 旺盛한다.

※ 同調 Energy場의 生起特性

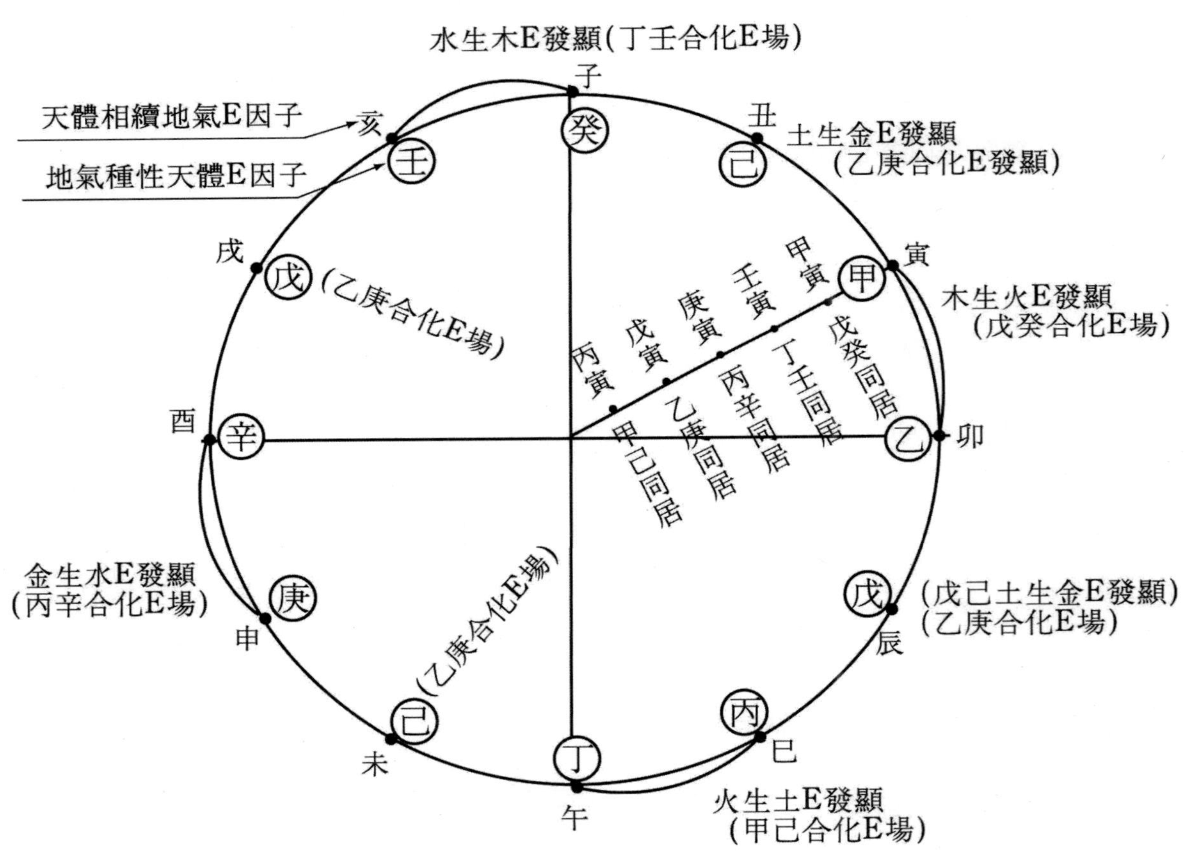

〈그림 3-72〉 同調 Energy場의 生起特性

(2) 地氣 Energy場의 二合 同調 Energy場의 特性發顯

① 陰陽 相合 同調 Energy場

子(戊癸)(申子辰) + 丑(甲己)(巳酉丑) ⇒ 合化土 Energy 發顯
(直 入力 Energy → 生 核土)

寅(甲己)(寅午戌) + 亥(丁壬)(亥卯未) ⇒ 合化木 Energy 發顯
(亥 入力 Energy → 生木 助火)

卯(乙庚)(亥卯未) + 戌(戊癸)(寅午戌) ⇒ 合化火 Energy 發顯
(靑正木 Energy → 生火 助土)

辰(戊癸)(申子辰) + 酉(丙辛)(巳酉丑) ⇒ 合化金 Energy 發顯
(白正金 Energy → 生金 助水)

巳(丙辛)(巳酉丑) + 申(乙庚)(申子辰) ⇒ 合化水 Energy 發顯
(巳合申 → 金生水)

午(丁壬)(寅午戌) + 未(甲己)(亥卯未) ⇒ 合化火土 Energy 發顯
(午合未 → 火土盛)

② 靑·相合 同調 Energy場

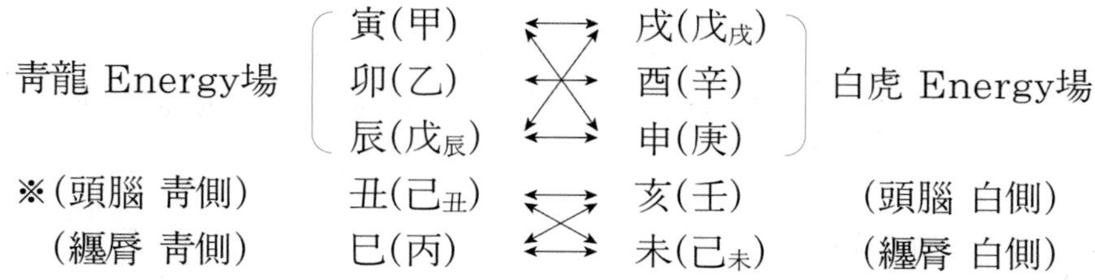

③ 玄·朱 相合同調 Energy場

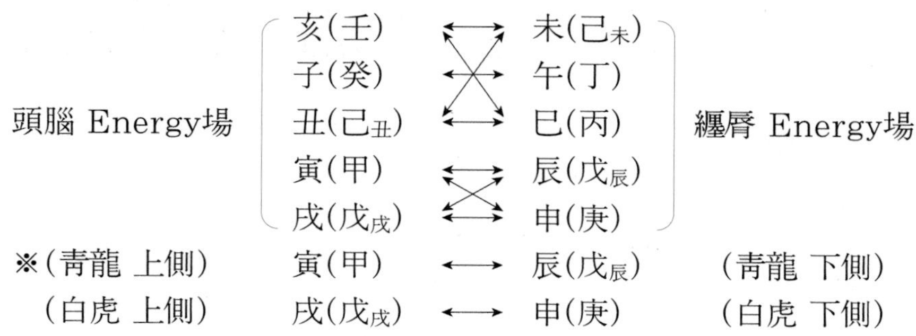

(3) 地氣 半合同調 Energy場의 特性發顯

① 頭腦 Energy場의 同調

亥(壬)右旋入 Energy 合	卯(乙)	: $_{水}$木$_{木}$ Energy場 發顯
	未(己$_{未}$)	: $_{水}$木$_{火}$ Energy場 發顯
子(癸)正入 Energy 合	辰(戊$_{辰}$)	: $_{水}$水$_{木}$ Energy場 發顯
	申(庚)	: $_{水}$水$_{金}$ Energy場 發顯
丑(己$_{丑}$)左旋入 Energy 合	巳(丙)	: $_{水}$金$_{火}$ Energy場 發顯
	酉(辛)	: $_{水}$金$_{金}$ Energy場 發顯

② 靑龍蟬翼 Energy場의 同調

寅(甲)靑始 Energy 合	午(丁)	: $_{木}$火$_{火}$ Energy場 發顯
	戌(戊$_{戌}$)	: $_{木}$火$_{金}$ Energy場 發顯
卯(乙)靑中 Energy 合	未(己$_{未}$)	: $_{木}$木$_{火}$ Energy場 發顯
	亥(壬)	: $_{木}$木$_{水}$ Energy場 發顯
辰(戊$_{辰}$)靑末 Energy 合	申(庚)	: $_{木}$水$_{金}$ Energy場 發顯
	子(癸)	: $_{木}$水$_{水}$ Energy場 發顯

③ 纏脣 Energy場의 同調

巳(丙)纏右 Energy 合	酉(辛)	: $_{火}$金$_{金}$ Energy場 發顯
	丑(己$_{丑}$)	: $_{火}$金$_{水}$ Energy場 發顯
午(丁)纏中 Energy 合	戌(戊$_{戌}$)	: $_{火}$火$_{金}$ Energy場 發顯
	寅(甲)	: $_{火}$火$_{木}$ Energy場 發顯
未(己$_{未}$)纏左 Energy 合	亥(壬)	: $_{火}$木$_{水}$ Energy場 發顯
	卯(乙)	: $_{火}$木$_{木}$ Energy場 發顯

④ 白虎蟬翼 Energy場의 同調

申(庚)白末 Energy 合	子(癸)	: $_{金}$水$_{水}$ Energy場 發顯
	辰(戊$_{辰}$)	: $_{金}$水$_{木}$ Energy場 發顯
酉(辛)白中 Energy 合	丑(己$_{丑}$)	: $_{金}$金$_{水}$ Energy場 發顯
	巳(丙)	: $_{金}$金$_{火}$ Energy場 發顯
戌(戊$_{戌}$)白始 Energy 合	寅(甲)	: $_{金}$火$_{木}$ Energy場 發顯
	午(丁)	: $_{金}$火$_{火}$ Energy場 發顯

6) 勢同調 Energy場의 特性發顯(同胞局)

(1) 入首 頭腦勢 同調 Energy場의 特性發顯

〔亥⊖(壬)・子⊕(癸)・丑⊖(己丑)〕合 局同調 "水" Energy場 發達

(2) 纒脣 朱火勢 同調 Energy場의 特性發顯

〔巳⊖(丙)・午⊕(丁)・未⊖(己未)〕合 局同調 "火" Energy場 發達

(3) 青龍 蟬翼勢 同調 Energy場의 特性發顯

〔寅⊕(甲)・卯⊖(乙)・辰⊕(戊辰)〕合 局同調 "木" Energy場 發達

(4) 白虎 蟬翼勢 同調 Energy場의 特性發顯

〔申⊕(庚)・酉⊖(辛)・戌⊕(戊戌)〕合 局同調 "金" Energy場 發達

7) 戊己局 同調 Energy場의 特性發顯

戊子→戊(辰) Energy場 發顯
戊辰→戊(辰) Energy場 發顯
戊申→戊(辰) Energy場 發顯

戊寅→戊(戌) Energy場 發顯
戊午→戊(戌) Energy場 發顯
戊戌→戊(戌) Energy場 發顯

己丑→己(丑) Energy場 發顯
己巳→己(丑) Energy場 發顯
己酉→己(丑) Energy場 發顯

己卯→己(未) Energy場 發顯
己未→己(未) Energy場 發顯
己亥→己(未) Energy場 發顯

※ 戊己局과 同調하는 地氣 Energy場 속에서, 天體 土氣 Energy場의 細部的 特性發顯을 把握하는 重要 事項이다.

8) 穴同調 Energy場의 相互 關係特性

(1) 勢同調 Energy場의 相互 關係特性(同胞局)

① 玄水勢 Energy場(入首頭腦勢 Energy場), ⊕Energy場

〔亥⊖(壬), 子⊕(癸), 丑⊖(己丑)〕 ⊕Energy場

配位 〔巳(丙), 午(丁), 未(己未)〕 ⊖Energy場

兄弟〔申(庚), 子(癸), 辰(戊辰)〕⊕Energy場
社會〔寅(甲), 午(丁), 戌(戊戌)〕⊖Energy場

② 朱火勢 Energy場(朱.案 纏脣勢 Energy場), ⊖Energy場

〔巳⊖(丙), 午⊕(丁), 未⊖(己未)〕⊖Energy場

配位〔亥(壬), 子(癸), 丑(己丑)〕⊕Energy場
兄弟〔寅(甲), 午(丁), 戌(戊戌)〕⊖Energy場
社會〔申(庚), 子(癸), 辰(戊辰)〕⊕Energy場

③ 靑木勢 Energy場(靑龍 蟬翼勢 Energy場), ⊕Energy場

〔寅⊕(甲), 卯⊖(乙), 辰⊕(戊辰)〕⊕Energy場

配位〔申(庚), 酉(辛), 戌(戊戌)〕⊖Energy場
兄弟〔亥(壬), 卯(乙), 未(己未)〕⊕Energy場
社會〔巳(丙), 酉(辛), 丑(己丑)〕⊖Energy場

④ 白金勢 Energy場(白虎 蟬翼勢 Energy場), ⊖Energy場

〔申⊕(庚), 酉⊖(辛), 戌⊕(戊戌)〕⊖Energy場

配位〔寅(甲), 卯(乙), 辰(戊辰)〕⊕Energy場
兄弟〔巳(丙), 酉(辛), 丑(己丑)〕⊖Energy場
社會〔亥(壬), 卯(乙), 未(己未)〕⊕Energy場

(2) 三合位 局同調 Energy場의 相互 關係特性

① 三合 玄水局 ⊕Energy場의 相互 關係特性

〔申(庚), 子(癸), 辰(戊辰)〕⊕Energy場

配位〔寅(甲), 午(丁), 戌(戊戌)〕⊖Energy場
兄弟〔亥(壬), 子(癸), 丑(己丑)〕⊕Energy場

社會〔巳(丙), 午(丁), 未(己$_{未}$)〕⊖Energy場

② 三合 朱火局 ⊖Energy場의 相互 關係特性

〔寅(甲), 午(丁), 戌(戊$_{戌}$)〕⊖Energy場

配位〔申(庚), 子(癸), 辰(戊$_{辰}$)〕⊕Energy場
兄弟〔巳(丙), 午(丁), 未(己$_{未}$)〕⊖Energy場
社會〔亥(壬), 子(癸), 丑(己$_{丑}$)〕⊕Energy場

③ 三合 靑木局 ⊕Energy場의 相互 關係特性

〔亥(壬), 卯(乙), 未(己$_{未}$)〕⊕Energy場

配位〔巳(丙), 酉(辛), 丑(己$_{丑}$)〕⊖Energy場
兄弟〔寅(甲), 卯(乙), 辰(戊$_{辰}$)〕⊕Energy場
社會〔申(庚), 酉(辛), 戌(戊$_{戌}$)〕⊖Energy場

④ 三合 白金局 ⊖Energy場의 相互 關係特性

〔巳(丙), 酉(辛), 丑(己$_{丑}$)〕⊖Energy場

配位〔亥(壬), 卯(乙), 未(己$_{未}$)〕⊕Energy場
兄弟〔申(庚), 酉(辛), 戌(戊$_{戌}$)〕⊖Energy場
社會〔寅(甲), 卯(乙), 辰(戊$_{辰}$)〕⊕Energy場

(3) 四定位 同調 Energy場의 相互 關係特性

① 四正位 同調 Energy場(穴⊖⊕ 五行의 原理)

〔子(癸)(水), 午(丁)(火)〕⊕Energy場

配位〔卯(乙), 酉(辛)〕⊖Energy場(木・金)
兄弟〔巳(丙), 亥(壬)〕〔丑(己$_{丑}$), 未(己$_{未}$)〕(水火 Energy場)
社會〔寅(甲), 申(庚)〕〔辰(戊$_{辰}$), 戌(戊$_{戌}$)〕(木金 Energy場)

〔卯(乙)(木), 酉(辛)(金)〕⊖Energy場

配位〔子(癸), 午(丁)〕⊕Energy場(水・火)
兄弟〔寅(甲), 申(庚)〕〔辰(戊$_{\text{辰}}$), 戌(戊$_{\text{戌}}$)〕(木金 Energy場)
社會〔巳(丙), 亥(壬)〕〔丑(己$_{\text{丑}}$), 未(己$_{\text{未}}$)〕(水火 Energy場)

② 四孫位 同調 Energy場(穴⊖⊕ 五行의 原理)

〔寅(甲)(木), 申(庚)(金)〕⊕Energy場

配位〔巳(丙), 亥(壬)〕⊖Energy場(火・水)
兄弟〔卯(乙), 酉(辛)〕〔辰(戊$_{\text{辰}}$), 戌(戊$_{\text{戌}}$)〕(木金 Energy場)
社會〔子(癸), 午(丁)〕〔丑(己$_{\text{丑}}$), 未(己$_{\text{未}}$)〕(水火 Energy場)

〔巳(丙)(火), 亥(壬)(水)〕⊖Energy場

配位〔寅(甲), 申(庚)〕⊕Energy場(木・金)
兄弟〔子(癸), 午(丁)〕〔丑(己$_{\text{丑}}$), 未(己$_{\text{未}}$)〕(水火 Energy場)
社會〔卯(乙), 酉(辛)〕〔辰(戊$_{\text{辰}}$), 戌(戊$_{\text{戌}}$)〕(木金 Energy場)

③ 四富位 同調 Energy場(穴⊖⊕ 五行의 原理)

〔辰(戊$_{\text{辰}}$)(木), 戌(戊$_{\text{戌}}$)(金)〕⊕Energy場

配位〔丑(己$_{\text{丑}}$), 未(己$_{\text{未}}$)〕⊖Energy場(水・火)
兄弟〔卯(乙), 酉(辛)〕〔寅(甲), 申(庚)〕(木金 Energy場)
社會〔子(癸), 午(丁)〕〔巳(丙), 亥(壬)〕(水火 Energy場)

〔丑(己$_{\text{丑}}$)(水), 未(己$_{\text{未}}$)(火)〕⊖Energy場

配位〔辰(戊$_{\text{辰}}$), 戌(戊$_{\text{戌}}$)〕⊕Energy場(木・金)
兄弟〔子(癸), 午(丁)〕〔巳(丙), 亥(壬)〕(水火 Energy場)
社會〔卯(乙), 酉(辛)〕〔寅(甲), 申(庚)〕(木金 Energy場)

(4) 二合 同調 Energy場의 相互關係 特性

① (子 · 丑)(癸 · 己丑) Energy場 同調關係

配位 : (午 · 未)(丁 · 己未) Energy場

兄弟 : (亥)(壬) Energy場

社會 : (申 · 巳)(庚 · 丙) Energy場

② (寅 · 亥)(甲 · 壬) Energy場 同調關係

配位 : (申 · 巳)(庚 · 丙) Energy場

兄弟 : (卯)(乙) Energy場

社會 : (午 · 未)(丁 · 己未) Energy場

③ (卯 · 戌)(乙 · 戊戌) Energy場 同調關係

配位 : (辰 · 酉)(戊辰 · 辛) Energy場

兄弟 : (寅)(甲) Energy場

社會 : (午 · 戌)(丁 · 戊戌) Energy場

④ (辰 · 酉)(戊辰 · 辛) Energy場 同調關係

配位 : (卯 · 戌)(乙 · 戊戌) Energy場

兄弟 : (寅)(甲) Energy場

社會 : (子 · 丑)(癸 · 己丑) Energy場

⑤ (巳 · 申)(丙 · 庚) Energy場 同調關係

配位 : (寅 · 亥)(甲 · 壬) Energy場

兄弟 : (酉)(辛) Energy場

社會 : (子 · 丑)(癸 · 己丑) Energy場

⑥ (午 · 未)(丁 · 己未) Energy場 同調關係

配位 : (子 · 丑)(癸 · 己丑) Energy場

兄弟 : (巳)(丙) Energy場

社會 : (寅 · 亥)(甲 · 壬) Energy場

(5) 半合 同調 Energy場의 相互關係 特性

① 水局 半合 同調場

(子・辰) (癸・戊$_{辰}$) Energy場 同調

配位 : (午・戌)(丁・戊$_{戌}$) Energy場

兄弟 : (寅)(甲) Energy場

社會 : (申)(庚) Energy場

(子・申) (癸・庚) Energy場 同調

配位 : (午・寅)(丁・甲) Energy場

兄弟 : (戌)(戊$_{戌}$) Energy場

社會 : (辰)(戊$_{辰}$) Energy場

(辰・申) (戊$_{辰}$・庚) Energy場 同調

配位 : (寅・戌)(甲・戊$_{戌}$) Energy場

兄弟 : (午)(丁) Energy場

社會 : (子)(癸) Energy場

② 木局 半合 同調場

(亥・卯) (壬・乙) Energy場 同調

配位 : (巳・酉)(丙・辛) Energy場

兄弟 : (丑)(己$_{丑}$) Energy場

社會 : (未)(己$_{未}$) Energy場

(亥・未) (壬・己$_{未}$) Energy場 同調

配位 : (巳・丑)(丙・己$_{丑}$) Energy場

兄弟 : (酉)(辛) Energy場

社會 : (卯)(乙) Energy場

(卯・未) (乙・己$_{未}$) Energy場 同調

配位 : (酉・丑)(辛・己$_{丑}$) Energy場

兄弟 : (巳)(丙) Energy場

社會 : (亥)(壬) Energy場

③ 火局 半合 同調場

(寅・午) (甲・丁) Energy場 同調

配位 : (申・子)(庚・癸) Energy場

兄弟 : (辰)(戊$_{辰}$) Energy場

社會 : (戌)(戊$_{戌}$) Energy場

(寅・戌) (甲・戊$_{戌}$) Energy場 同調

配位 : (申・辰)(庚・戊$_{辰}$) Energy場

兄弟 : (子)(癸) Energy場

社會 : (午)(丁) Energy場

(午・戌) (丁・戊$_{戌}$) Energy場 同調

配位 : (子・辰)(癸・戊$_{辰}$) Energy場

兄弟 : (申)(庚) Energy場

社會 : (寅)(甲) Energy場

④ 金局 半合 同調 Energy場

(巳・酉) (丙・辛) Energy場 同調

配位 : (亥・卯)(壬・乙) Energy場

兄弟 : (未)(己$_{未}$) Energy場

社會 : (丑)(己$_{丑}$) Energy場

(巳・丑) (丙・己丑) Energy場 同調

配位：(亥・未)(壬・己未) Energy場

兄弟：(卯)(乙) Energy場

社會：(酉)(辛) Energy場

(酉・丑) (辛・己丑) Energy場 同調

配位：(卯・未)(乙・己未) Energy場

兄弟：(亥)(壬) Energy場

社會：(巳)(丙) Energy場

2. 穴場의 構造와 風易의 構成 및 그 Energy 發現

1) 穴場과 風易의 構成

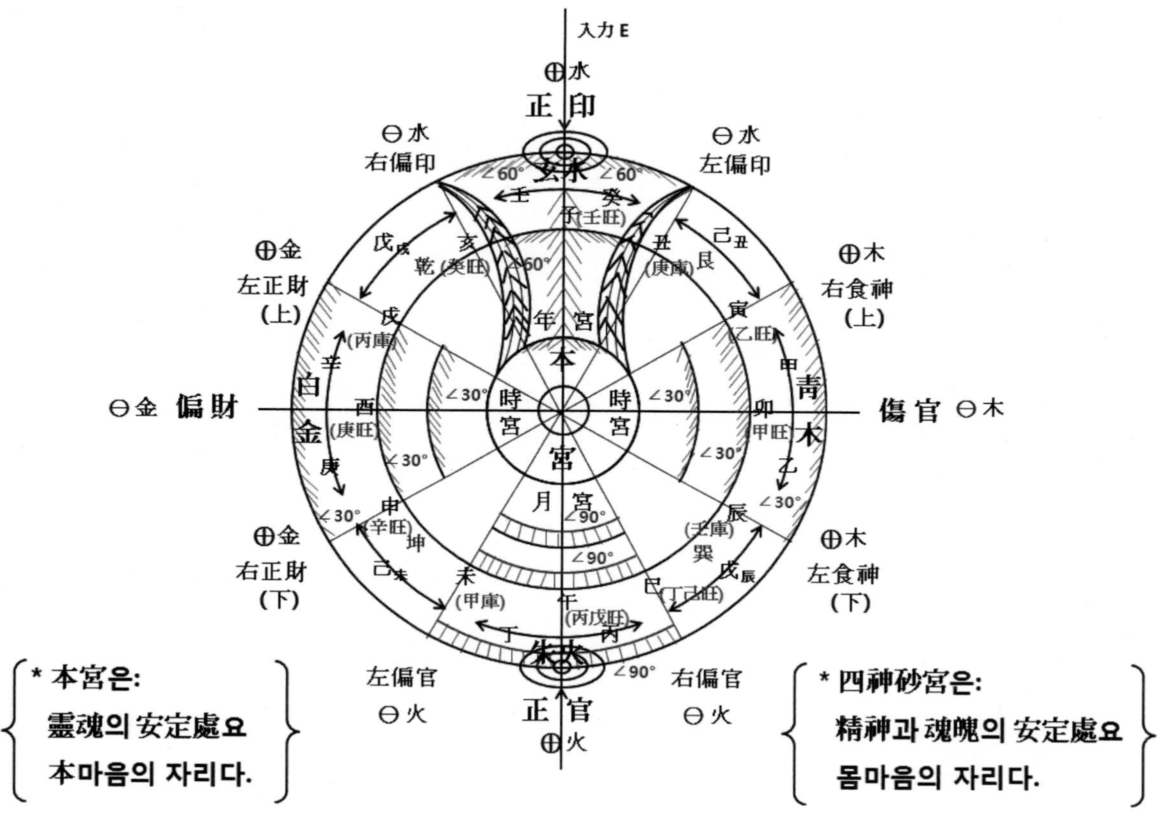

〈그림 3-73〉 穴場과 風易의 構成

※ (1) 基本的으로 穴核에는 本宮 則 日柱가 자리한다.

(2) 年柱는 年宮, 月柱는 月宮에 時柱는 時宮에 各各 자리한다.

(3) 入首 入力 Energy는 本宮의 印星으로 中左右印星으로 나누이고
朱火 反 Energy源은 官星이 되어 中左右官星으로 나누이고
青木 Energy는 食傷이 되어 中左右食傷으로 나누이며
白金 Energy는 財星이 되어 中左右財星으로 나누인다.

(4) 中宮(戊戌戊辰己未己丑)과 對稱은 比劫星이 된다.
乾 巽 坤 艮

2) 穴場의 年月日時 別 本宮 入宮 發現 特性表
(年月日時 入宮時 四神 Energy場間 關係特性 早見表)

〈표 3-45〉 穴場의 年月日時 別 本宮 入宮 發現 特性表

天干E		甲⊕木		乙⊖木		丙⊕火		丁⊖火		戊⊕土		己⊖土		庚⊕金		辛⊖金		壬⊕水		癸⊖水	
地支E	穴場	(食神)		(傷官)		(正官)		(偏官)		(戊辰戊戌)		(己丑己未)		(正財)		(偏財)		(正印)		(偏印)	
子 ⊕水 (正印)	玄水	比	印	比	印	比	官	比	官	比	財	比	財	比	食	比	食	比	比	比	比
	朱火	財	食	財	食	財	比	財	比	財	印	財	印	財	官	財	官	財	財	財	財
	青木	食	比	食	比	食	印	食	印	食	官	食	官	食	財	食	財	食	食	食	食
	白金	印	官	印	官	印	財	印	財	印	食	印	食	印	比	印	比	印	印	印	印
丑 ⊖水 (偏印)	玄水	比	印	比	印	比	官	比	官	比	財	比	財	比	食	比	食	比	比	比	比
	朱火	財	食	財	食	財	比	財	比	財	印	財	印	財	官	財	官	財	財	財	財
	青木	食	比	食	比	食	印	食	印	食	官	食	官	食	財	食	財	食	食	食	食
	白金	印	官	印	官	印	財	印	財	印	食	印	食	印	比	印	比	印	印	印	印
寅 ⊕木 (食神)	玄水	印	印	印	印	印	官	印	官	印	財	印	財	印	食	印	食	印	比	印	比
	朱火	食	食	食	食	食	比	食	比	食	印	食	印	食	官	食	官	食	財	食	財
	青木	比	比	比	比	比	印	比	印	比	官	比	官	比	財	比	財	比	食	比	食
	白金	官	官	官	官	官	財	官	財	官	食	官	食	官	比	官	比	官	印	官	印
卯 ⊖木 (食傷)	玄水																				
	朱火		寅卯辰 同宮으로 上記와 同一하나 다만 陰陽으로 區分되어 나타난다.																		
	青木																				
	白金																				
辰 ⊕木 (食神)	玄水																				
	朱火		食神 傷官 正印 偏印 比肩 劫財 正財 偏財 正官 偏官의 形態로 區分된다.																		
	青木																				
	白金																				
巳 ⊖火 (偏官)	玄水	官	印	官	印	官	官	官	官	官	財	官	財	官	食	官	食	官	比	官	比
	朱火	比	食	比	食	比	比	比	比	比	引	比	引	比	官	比	官	比	財	比	財
	青木	印	比	印	比	印	印	印	印	印	官	印	官	印	財	印	財	印	食	印	食
	白金	財	官	財	官	財	財	財	財	財	食	財	食	財	比	財	比	財	印	財	印

天干E 地支E	穴場	甲⊕木 (食神)		乙⊖木 (傷官)		丙⊕火 (正官)		丁⊖火 (偏官)		戊⊕土 (戊辰戊戌)		己⊖土 (己丑己未)		庚⊕金 (正財)		辛⊖金 (偏財)		壬⊕水 (正印)		癸⊖水 (偏印)	
午 ⊕火 (正官)	玄水																				
	朱火																				
	靑木																				
	白金		巳午未 同宮으로 上記와 同一하다.																		
未 ⊖火 (偏官)	玄水																				
	朱火																				
	靑木																				
	白金																				
申 ⊕金 (正財)	玄水	食	印	食	印	食	官	食	官	食	財	食	財	食	食	食	食	食	比	食	比
	朱火	官	食	官	食	官	比	官	比	官	印	官	印	官	官	官	官	官	財	官	財
	靑木	財	比	財	比	財	印	財	印	財	官	財	官	財	財	財	財	財	食	財	食
	白金	比	官	比	官	比	財	比	財	比	食	比	食	比	比	比	比	比	印	比	印
酉 ⊖金 (偏財)	玄水																				
	朱火		申酉戌 同宮으로 上記와 同一하다.																		
	靑木																				
	白金																				
戌 ⊕金 (正財)	玄水																				
	朱火		다만 陰陽으로 十神을 區別한다.																		
	靑木																				
	白金																				
亥 ⊖水 (偏印)	玄水	比	印	比	印	比	官	比	官	比	財	比	財	比	食	比	食	比	比	比	比
	朱火	財	食	財	食	財	比	財	比	財	印	財	印	財	官	財	官	財	財	財	財
	靑木	食	比	食	比	食	印	食	印	食	官	食	官	食	財	食	財	食	食	食	食
	白金	印	官	印	官	印	財	印	財	印	食	印	食	印	比	印	比	印	印	印	印
			亥子丑 同宮으로 上記와 同一하다. 다만 陰陽으로 十神을 區別한다.																		

※ 註解

(1) 年月日時別 入宮時

① 모든 天體 Energy는 自體 六神과 四神 Energy ⊖⊕ 六神 特性을 發現한다.

② 모든 地氣 Energy는 自體 六神과 四神 Energy ⊖⊕ 六神 特性을 發現한다.

③ 天體 合成 特性과 四神 特性은 合成되어 發現한다.

④ 天地 ⊖⊕ 不合 穴場部位 Energy 特性發現은 隱藏된다(例 甲丑乙子, 丙卯乙寅 等).

⑤ 穴 坐向 運用時 그 分金 使用은 天地 合居를 原則으로 한다.

(2) 天體 Energy場 入宮時 地氣 發現 生旺과 病死藏으로 災

① 甲 ⊕青木 入宮時 : 寅卯에서 官旺하나 巳午未에서 病死藏(⊕三災)(寅午戌)하고(甲三災)(甲午)

② 乙 ⊖青木 入宮時 : 卯寅에서 官旺하나 丑子亥戌에서 衰病死藏(⊖三災)(乙丑)(乙亥)하고(乙三災)

③ 丙(戊) ⊕朱火 入宮時 : 巳午에서 官旺하나 申酉戌(巳酉丑)에서 病死藏(⊕三災)(丙申)하고(丙戊三災)(寅午戌)

④ 丁(己) ⊖朱火 入宮時 : 午巳에서 官旺하나 辰卯寅丑에서 衰病死藏(⊖三災)(丁卯)하고(丁己三災)

⑤ 庚 ⊕白金 入宮時 : 申酉에서 官旺하나 亥子丑(申子辰)에서 病死藏(⊕三災)(庚子)하고(庚三災)(巳酉丑)

⑥ 辛 ⊖白金 入宮時 : 酉申에서 官旺하나 未午巳辰에서 衰病死藏(⊖三災)(辛巳)하고(辛三災)

⑦ 壬 ⊕玄水 入宮時 : 亥子에서 官旺하나 寅卯辰(亥卯未)에서 病死藏(⊕三災)(壬寅)하고(壬三災)

⑧ 癸 ⊖玄水 入宮時 : 子亥에서 官旺하나 戌酉申未에서 衰病死藏(⊖三災)(癸酉)한다(癸三災).

3) 中宮에 年月日時別 入宮時 四神 Energy 役割

(1) 天地 合居時 地氣 發現

例 1) 甲子 入宮時 地氣 發現

① 玄水 作用 : 加旺印食(水水生木) + 印星

② 朱火 作用 : 加旺官印(水生木生火) + 官星

③ 靑木 作用 : 加旺食印(水生木木) + 食星

④ 白金 作用 : 加印加食(金金水生木) + 財星

例 2) 丙午 入宮時 地氣 發現

① 玄水 作用 : 加旺官(水剋火水剋火) + 印星

② 朱火 作用 : 加火比(火同宮) + 官星

③ 靑木 作用 : 加印旺(木生火木生火) + 食星

④ 白金 作用 : 加旺財(火剋金火剋金) + 財星

例 3) 壬子 入宮時 地氣 發現

① 玄水 作用 : 加旺比(水同宮) + 印星

② 朱火 作用 : 加旺財(水剋火水剋火) + 官星

③ 靑木 作用 : 加印食(水生木水生木) + 食星

④ 白金 作用 : 加旺印(金生水金生水) + 財星

例 4) 甲申 入宮時 地氣 發現

① 玄水 作用 : 加印加食(水生木金生水) + 印星

② 朱火 作用 : 加食加官(木生火火剋金) + 官星

③ 靑木 作用 : 加比加財(木木金剋木) + 食星

④ 白金 作用 : 加官加比(金剋木金同) + 財星

例 5) 乙卯 入宮時 地氣 發現

① 玄水 作用 : 加印旺(水生木水生木) + 印星

② 朱火 作用 : 加食旺(木生火木生火) + 官星

③ 靑木 作用 : 加重比(木同宮) + 食星

④ 白金 作用 : 加官旺(金剋木) + 財星

例 6) 乙酉 入宮時 地氣 發現

① 玄水 作用 : 加印食(水生木金生水) + 印星

② 朱火 作用 : 加食官(木生火火剋金) + 官星

③ 靑木 作用 : 加比財(木同宮金剋木) + 食星

④ 白金 作用 : 加官比(金剋木金同宮) + 財星

例 7) 庚辰 入宮時 地氣 發現

① 玄水 作用 : 加食財(金生水土剋水) + 印星
② 朱火 作用 : 加官印(火剋金火生土) + 官星
③ 靑木 作用 : 加財官(金剋木木剋土) + 食星
④ 白金 作用 : 加比食(金同宮土生金) + 財星

※ 以上과 같은 原理로 六十甲子 年月日時가 入宮할 境遇 穴場 四神 ⊖⊕果에 따른 Energy場 特性이 時空別로 發現케 된다(勿論 年運別 穴場別 基本特性에 倍加하여 發現됨을 意味한다).

4) 風易의 構成과 運用原理

(1) 風易의 構成原理

① 四星과 祖上穴場 四果 因緣

先天四果

㉠ 年柱 構成 : 주로 五代祖, 高祖, 曾祖, 祖父母의 穴場 Energy 因緣으로서 子孫生前 가장 旺盛한 祖上穴場의 優性特性
㉡ 月柱 構成 : 주로 高祖 以下 子孫生前 亡祖 穴場 Energy場 特性
㉢ 日柱 構成 : 주로 曾祖父 以下 子孫生前 亡祖 穴場 Energy場 特性
㉣ 時柱 構成 : 주로 曾祖, 祖父母의 子孫生前 亡祖 穴場 特性(주로 入首頭腦와 靑蟬翼 Energy場 또는 ⊕Energy場 部位)

後天四果

㉠ 年柱 構成 : 주로 五代祖, 高祖, 曾祖, 祖父母의 穴場 Energy場 特性
㉡ 月柱 構成 : 주로 曾祖父母, 祖父母의 穴 Energy場 特性
㉢ 日柱 構成 : 주로 曾祖父母, 祖父母의 穴 Energy場 特性
㉣ 時柱 構成 : 주로 祖父母 또는 父母의 生前後 穴 Energy場 特性

② 四星의 天體 Energy場과 地氣 Energy場 因緣

㉠ 四星의 天干 Energy場 特性 : 주로 天體 Energy場과 四神 局 Energy場의 同調和合 因緣 特性

㉡ 四星의 地支 Energy場 特性 : 주로 穴場 四果 Energy場 特性 同調 因緣和合

③ 穴場 四果와 四星 六神(+神)

㉠ 玄水 Energy場
- 子 Energy場 : 正印(⊕玄水)
- 亥 Energy場 : 右偏印(陰偏印) 陰生陰
- 丑 Energy場 : 左偏印(陽偏印) 陽生陽

㉡ 朱火 Energy場
- 午 Energy場 : 正官(⊕朱火)
- 巳 Energy場 : 右偏官(陰偏官) ⊕剋⊕
- 未 Energy場 : 左偏官(陽偏官) ⊖剋⊖

㉢ 青木 Energy場
- 寅 Energy場 : 上食神(陽食神) ⊕生⊕
- 辰 Energy場 : 下食神(陰食神) ⊖生⊖
- 卯 Energy場 : 傷官(陰青木)

㉣ 白金 Energy場
- 戌 Energy場 : 上正財(陽正財) ⊕剋⊖
- 申 Energy場 : 下正財(陰正財) ⊖剋⊕
- 酉 Energy場 : 偏財(陰白金)

④ 穴場 四果와 四星 因緣合成 原理

㉠ 穴場 四果 特性의 優性 Energy場 于先으로 四星과 因緣

㉡ 穴場 四果의 ⊕Energy場 于先으로 四星과 因緣한다.

㉢ 穴場 四果의 ⊖Energy場은 次善으로 四星과 因緣한다.

㉣ 穴場 四果의 Energy場 發現은 年月日時別 流周 因緣秩序에 合一

㉤ 子寅辰午申戌은 陽突 四果 Energy場 特性 因緣合成

㉥ 丑亥酉未巳卯는 陰平 四果 Energy場 特性 因緣合成

ⓢ 胎生 Energy場은 年月日時別 穴場 流周 因緣과 善和合發現한다.

ⓞ 生後 Energy場은 年月日時別 穴場 四果 特性과 合成된다.

(2) 風易의 運用과 智慧

※ 몸마음에 이끌리면 命運에 支配되고, 본마음이 光明하면 善運命이 創造된다.

※
- 몸마음은 無明이요 본마음은 慧光이다.
- 몸마음은 Energy體 特性에 이끌리고
- 본마음은 靈魂의 圓滿性에 合一한다.

① 先後天 Energy場의 構成과 運用

㉠ 先天 Energy場의 構成과 運用

天體 Energy場과 地球核 Energy의 同調 Energy場 中 太陽同調 Energy場이 主가 되어 地氣生命 Energy體에 年月日時別로 供給되는 人間生命 Energy場의 發現 運行 特性을 因子化한 것이다. 주로 人間 先天生命 Energy場 特性으로서 一生前半의 基本的 氣骨 Energy場 特性을 發現시키고, 특히 人生 前半期의 Energy場 特性發現과 運行에 보다 强力한 役割을 한다.

- ⓐ 年柱 構成과 運用 : 六十甲子 中 生年의 干支를 因子化한다.
- ⓑ 月柱 構成과 運用 : 六十甲子 中 生月의 流周 因緣 干支를 因子化한다.
- ⓒ 日柱 構成과 運用 : 六十甲子 中 生日의 流周 因緣 干支를 因子化한다.
- ⓓ 時柱 構成과 運用 : 六十甲子 中 生時의 流周 因緣 干支를 因子化한다.

㉡ 先天 Energy場 因子 特性 運用과 智慧

靈魂 理性 精神 氣骨質 等의 根源 Energy場 全般 特性

ⓐ 年柱 特性 : 初年 父母 祖上間의 關係的 特性을 分析 活用한다.
ⓑ 月柱 特性 : 初中年 兄弟, 配位, 社會間의 關係的 特性을 分析 活用한다.
ⓒ 日柱 特性 : 中年 및 一生 前後半 本人의 諸般 特性을 分析 活用한다.
ⓓ 時柱 特性 : 子孫宮으로서 年, 月, 日宮과의 關係的 特性을 分析 活用한다.

ㄷ 先天 發現 四星因子의 運用秩序

例) 甲子年 三月 三日 寅時 및 乙丑年 三月 三日 寅時

ⓐ 年柱 發現 四星 因子 : 当該 年度 六十甲子의 因子發現.
例) 甲子年 乙丑年 等
ⓑ 月柱 發現 四星 因子 : 当該 年度로부터 始作하는 左旋流周의 当該月 發現因子. 例) 丙寅月 丁卯月 等
ⓒ 日柱 發現 四星 因子 : 当該 月柱 因子로부터 始作하는 左旋의 当該日 發現因子. 例) 戊辰日 己巳日 等
ⓓ 時柱 發現 四星 因子 : 当該 日柱 因子로부터 始作해 周하는 左旋의 当該時 發現因子. 例) 庚午時 辛未時 等

ㄹ 後天 Energy場의 構成과 運用

先天의 太陽 同調 Energy場을 根本 Energy場으로 하면서 月天體 Energy場이 地球核 Energy場 表皮作用과 어떠한 因緣 同調關係作用으로 人間生命 Energy體에 發現 運行케 되는가를 因子化한 것이다.

ⓐ 年柱 構成과 運用 : 先天의 生年 干支를 同一因子 特性으로 한다.
ⓑ 月柱 構成과 運用 : 역시 先天의 生月 干支를 同一因子 特性으로 한다.
ⓒ 日柱 構成과 運用 : 1個月 30日을 12單位 Energy場으로 分解하여 月柱를 始作으로 流周된 因緣 干支를 因子化 한다.
ⓓ 時柱 構成과 運用 : 日柱로부터 流周된 因緣 干支를 因子化한다.

㉤ 後天 Energy場 因子特性 運用과 智慧

精神 靈魂 血肉 等 生命活動의 全般的 後天生命 特性 因子

ⓐ 年柱 特性 : 先天特性과 同一하나 死後祖上의 關係的 特性도 內包

ⓑ 月柱 特性 : 역시 先天特性과 同一하나 死後近祖의 關係的 特性因子

ⓒ 日柱 特性 : 주로 40以後의 社會的 生命的 再創造 因子

ⓓ 時柱 特性 : 주로 末年의 健康과 子孫의 生命 再創造 特性 因子

㉥ 後天 發現 四星因子의 運用 秩序

ⓐ 年柱 發現 四星 因子 : 先天秩序와 同一. 当該 年度 六十甲子의 因子發現

例) 甲子年 乙丑年 等

ⓑ 月柱 發現 四星 因子 : 역시 先天秩序와 同一 發現因子 当該 年度의 四星으로부터 流周되는 左旋秩序의 当該월 因子

例) 丙寅月 丁卯月 等

ⓒ 日柱 發現 四星 因子 : 月柱 四星으로부터 始作하여 左旋하는 秩序를 따라 流周하는 先天일/2.5日의 当該일 發現因子

例) 丙寅日 自沖 壬申日, 丁卯日 自沖 癸酉日

ⓓ 時柱 發現 四星 因子 : 日柱 四星因子로부터 始作하여 左旋하는 秩序를 따라 流周하는 時刻順의 当該時 發現因子

例) 甲戌時 乙亥時 等

② 先後天 四星 Energy場 發現의 合成과 運用

㉠ 甲子年 3月 3日 寅時의 先後天 四星 合成

ⓐ 先天 四星 Energy場

年柱	甲子年	月柱	丙寅月	日柱	戊辰日	時柱	庚午時

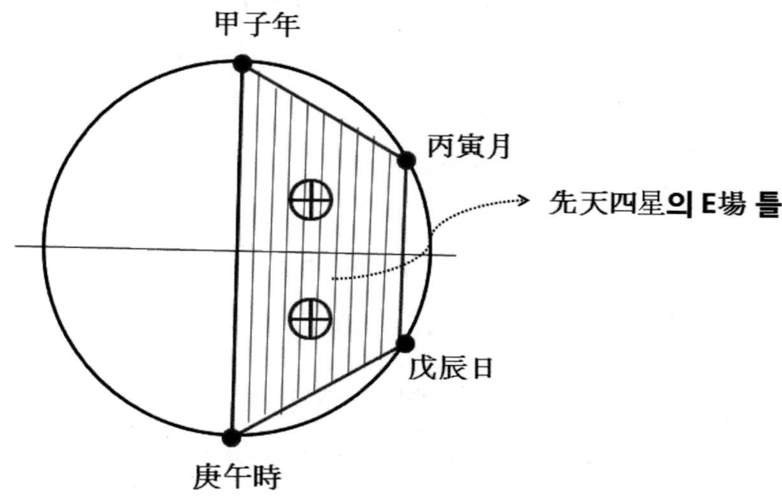

〈그림 3-74〉 甲子年 3月 3日 寅時의 先天 四星 Energy場圖

ⓑ 後天 四星 Energy場

年柱	甲子年	月柱	丙寅月	日柱	壬申日	時柱	甲戌時

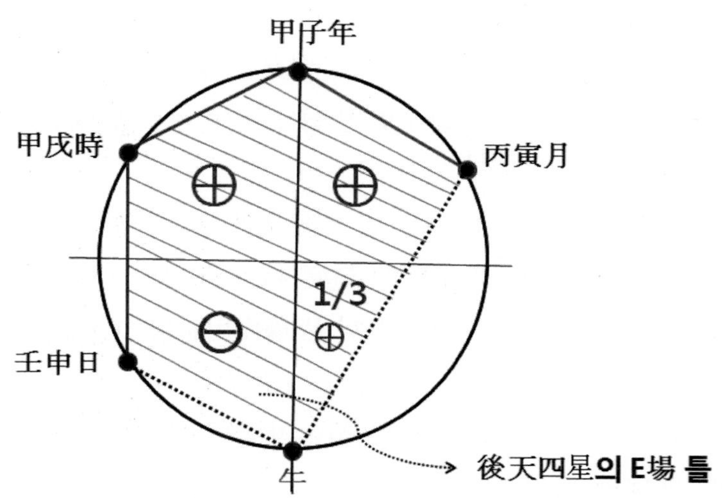

〈그림 3-75〉 甲子年 3月 3日 寅時의 後天 四星 Energy場圖

ⓒ 先後天 四星 Energy場 發現의 合成

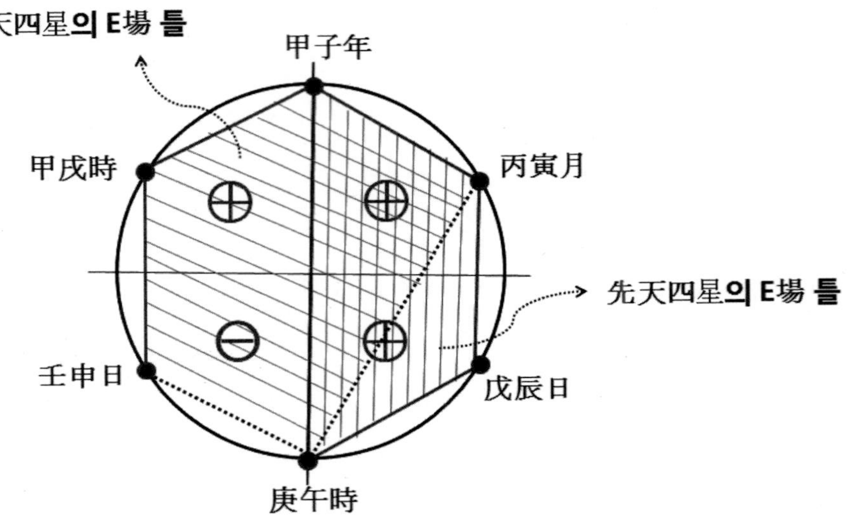

〈그림 3-76〉 甲子年 3月 3日 寅時의 先後天 四星 Energy場 發現의 合成圖

ⓛ 合成 四星(四果)의 運用秩序와 解釋

ⓐ 先天 四果의 Energy場은 先後天 全般의 一生 全體的 基本 理性, 靈魂, 氣骨質 等의 運勢的 現象을 發露하는 根本틀로서 後天 四果 Energy場 特性에도 지대한 影響力을 행사한다. 주로 40代 以前의 初中年 特性 因子에 더욱더 因緣 作用하며, 胎生的 氣質이 더욱 强하다.

ⓑ 後天 四果의 Energy場은 先天 四果의 根源적 特性을 바탕으로 肉質 血流 體形的 特性과 活動的 氣質 特性을 나타낸다. 주로 40代 以後의 長末年 特性 因子에 더욱더 因緣作用하며 後天的 生命活動 및 運勢에 더욱 强하다.

ⓒ 先後天 四果의 合成 形態 Energy場들을 分析함으로써 生命 活動 全般 運勢의 靈肉 理氣 形相用 全般을 把握할 수 있으며, 祖上 墓所 Energy場의 全體的 形態흐름을 確認할 수도 있다.

ⓓ 六十甲子 Energy場 因子의 固有 特性

各 年月日時別 12運星 生旺特性과 日地(支) 因子와의 生旺墓 特性

先後天別 및 合成 Energy場들間의 相互 刑沖破害干涉 및 同調特性 等에 의해서 具體的으로 細密히 觀察 解釋한다.

3. 穴同調 Energy場의 人體發顯 原理와 그 秩序

1) 主勢와 助勢 Energy場의 發顯原理

原則的으로 穴凝縮同調 Energy場이 核果로 되어있는 穴場에서의 主勢役割은 分明히 玄水入力 Energy場인 「子」正氣 Energy場이 그 主가 되고, 靑・白・案山 Energy場은 助勢役割 同調場으로서 그 副가 되는 것이 原則이다.

그러나 이러한 穴凝縮 同調 Energy場이 子孫의 人體同調 Energy場으로서 發顯됨에 있어서는 반드시 그러한 것만은 아니고, 穴板 中 가장 善美强大한 位相의 穴凝縮 Energy場이 그 發顯 主勢가 되는 까닭에, 대체적으로 四神砂 Energy場 中 어느 한 局 Energy場이 子孫人體 Energy場의 主 中心勢를 決定하여 發顯케 되고, 他局 Energy場은 助勢가 되어 發顯됨이 原理이다.

이러한 發顯原理는, 局同調 Energy場과 勢同調 Energy場에서 特히 두드러지게 나타나며, 半合局 同調 Energy場에서나 二合陰陽同調 Energy場에 있어서도 이는 마찬가지의 理致가 되고 있다.

2) 主勢와 助勢 Energy場의 發顯秩序

(1) 局同調 Energy場의 主勢와 助勢秩序

① 〈申・子・辰〉 水局同調 Energy場의 發顯秩序

〔子 Energy場〕: 玄水局의 正氣 Energy場이 主勢가 되어 發顯됨
〔申 Energy場〕: 白金局의 末端 Energy場이 助勢가 되어 發顯됨
〔辰 Energy場〕: 靑木局의 末端 Energy場이 助勢가 되어 發顯됨

② 〈寅・午・戌〉 火局同調 Energy場의 發顯秩序

〔午 Energy場〕: 朱火局의 正氣 Energy場이 主勢가 되어 發顯됨

〔寅 Energy場〕: 青木局의 始發 Energy場이 助勢가 되어 發顯됨
〔戌 Energy場〕: 白金局의 始發 Energy場이 助勢가 되어 發顯됨

③ 〈亥 · 卯 · 未〉 木局同調 Energy場의 發顯秩序

〔卯 Energy場〕: 青木局의 正氣 Energy場이 主勢가 되어 發顯됨
〔亥 Energy場〕: 玄水局의 右端 Energy場이 助勢가 되어 發顯됨
〔未 Energy場〕: 朱火局의 左端 Energy場이 助勢가 되어 發顯됨

④ 〈巳 · 酉 · 丑〉 金局同調 Energy場의 發顯秩序

〔酉 Energy場〕: 白金局의 正氣 Energy場이 主勢가 되어 發顯됨
〔巳 Energy場〕: 朱火局의 右端 Energy場이 助勢가 되어 發顯됨
〔丑 Energy場〕: 玄水局의 左端 Energy場이 助勢가 되어 發顯됨

(2) 勢同調 Energy場의 主勢와 助勢秩序

① 〈亥 · 子 · 丑〉 玄水勢 同調 Energy場의 發顯秩序

〔子 Energy場〕: 入首頭腦 玄水勢 Energy場의 正氣 ⊕Energy場
〔亥 Energy場〕: 入首頭腦 玄水勢 Energy場의 右旋氣 ⊖Energy場
〔丑 Energy場〕: 入首頭腦 玄水勢 Energy場의 左旋氣 ⊖Energy場

② 〈巳 · 午 · 未〉 朱火勢 同調 Energy場의 發顯秩序

〔午 Energy場〕: 纒脣 朱火勢 Energy場의 正氣 ⊕Energy場
〔巳 Energy場〕: 纒脣 朱火勢 Energy場의 右端氣 ⊖Energy場
〔未 Energy場〕: 纒脣 朱火勢 Energy場의 左端氣 ⊖Energy場

③ 〈寅 · 卯 · 辰〉 青木勢 同調 Energy場의 發顯秩序

〔卯 Energy場〕: 青龍 蟬翼 木勢 Energy場의 中氣 ⊖Energy場
〔寅 Energy場〕: 青龍 蟬翼 木勢 Energy場의 始發氣 ⊕Energy場
〔辰 Energy場〕: 青龍 蟬翼 木勢 Energy場의 終端氣 ⊕Energy場

④ 〈申 · 酉 · 戌〉 白金勢 同調 Energy場의 發顯秩序

〔酉 Energy場〕 : 白虎 蟬翼 金勢 Energy場의 中氣 ⊖Energy場

〔申 Energy場〕 : 白虎 蟬翼 金勢 Energy場의 終端氣 ⊕Energy場

〔戌 Energy場〕 : 白虎 蟬翼 金勢 Energy場의 始發氣 ⊕Energy場

4. 地氣藏天 Energy場의 發顯

1) 穴 地氣藏天 Energy場의 形成圖

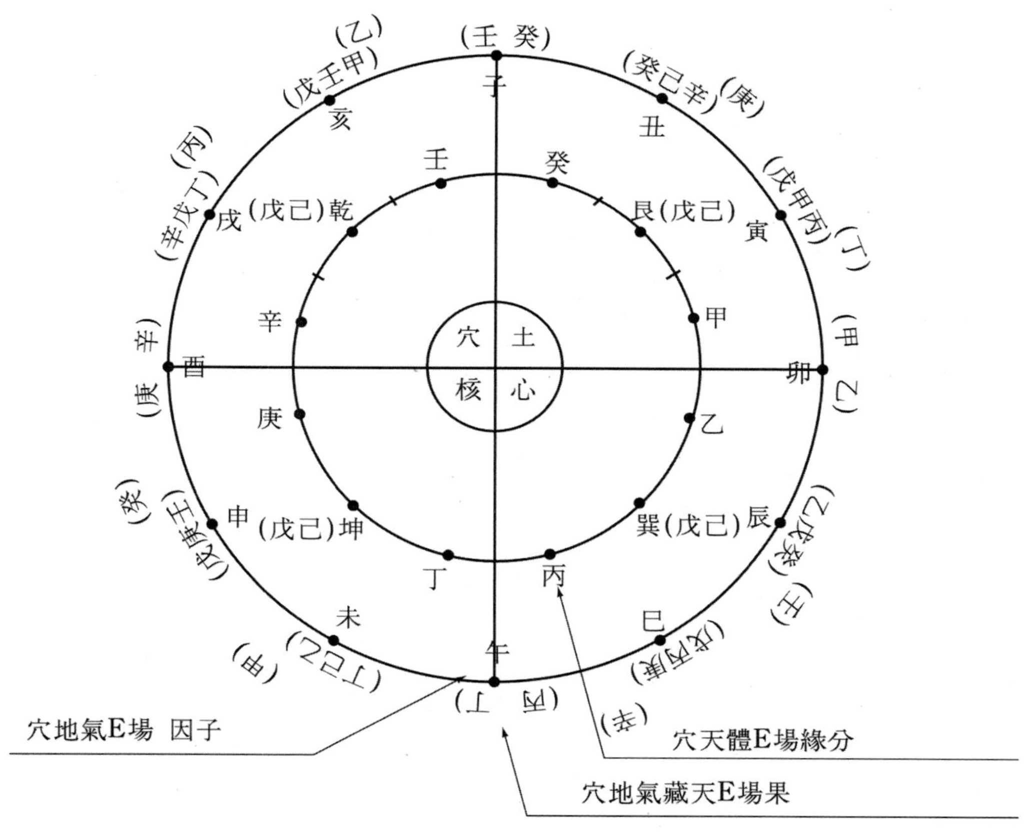

〈그림 3-77〉 穴 地氣藏天 Energy場의 形成圖

※ 註 (陰地藏 陰天同調, 陽地藏 陽天同調 原則下)

① 四正位 穴地氣 Energy場 因子에는 四正位 天體 Energy場 因子가 同時

共生 緣分藏이 된다.

子(壬癸共生), 午(丙丁共生), 卯(甲乙共生), 酉(庚辛共生)

② 辰·戌·丑·未 四富位 穴地氣 Energy場 因子에는 中央戊己 天體 Energy場 因子가 同時共生 緣分藏이 된다(但 陰陽地氣 因子에 따라 天體 Energy場 因子가 區別 同調함).

③ 寅·申·巳·亥 四孫位 穴地氣 Energy場 因子에는 天體主氣 Energy場이 緣分藏이 된다.

④ 同調 Energy場 因子는 局同調 主氣 Energy場 因子와 三合 同調 Energy場 主氣因子가 同時 緣分藏이 된다.

2) 穴 地氣藏天 Energy場의 形成原理

(1) 子 地氣藏天 Energy場의 形成原理

① 先天 餘氣藏天 Energy場 : $壬_{癸}$ Energy場

② 後天 正氣藏天 Energy場 : 壬·癸 共生 Energy場 ($癸^{壬}$)(正位正氣故)

③ 同調 顯氣藏天 Energy場

ⓐ 局同調 顯氣藏天 Energy場 : ($壬_{癸}$, $癸^{壬}$, $己_{丑}$) 主氣 Energy場 $癸^{壬}$

ⓑ 三合同調 顯氣藏天 Energy場 : (庚, $癸^{壬}$, $戊_{辰}$) 主氣 Energy場 $癸^{壬}$

∴ (壬, 癸) 合成 Energy場이 緣分因子가 되어 子 地氣 Energy場에 同調藏天하게 된다.

(2) 丑 地氣藏天 Energy場의 形成原理

① 先天 餘氣藏天 Energy場 : $癸^{壬}$ Energy場

② 後天 正氣藏天 Energy場 : $己_{丑}$ Energy場

③ 同調 顯氣藏天 Energy場

ⓐ 局同調 顯氣藏天 Energy場 : ($壬_{癸}$, $癸^{壬}$, $己_{丑}$) 主氣 Energy場 $癸^{壬}$

ⓑ 三合同調 顯氣藏天 Energy場 : ($丙_{丁}$, $辛^{庚}$, $己_{丑}$) 主氣 Energy場 $辛^{庚}$

∴ ($癸^{壬}$, $己_{丑}$, $辛^{庚}$) 合成 Energy場이 緣分因子가 되어 丑 地氣 Energy場에 同調藏天하게 된다.

(3) 寅 地氣藏天 Energy場의 形成原理

① 先天 餘氣藏天 Energy場 : 戊$_{己}$ Energy場

② 後天 正氣藏天 Energy場 : 甲 Energy場

③ 同調 顯氣藏天 Energy場

ⓐ 局同調 顯氣藏天 Energy場 : {(甲, 乙)^{甲}, 戊$_{辰}$} ⇒ 甲乙

ⓑ 三合同調 顯氣藏天 Energy場 : (甲, 丙$_{丁}$, 戊$_{辰}$)

∴ (戊$_{己}$, 甲$_{乙}$, 丙$_{丁}$) 合成 Energy場이 緣分因子가 되어 寅 地氣 Energy場에 同調藏天하게 된다.

(4) 卯 地氣藏天 Energy場의 形成原理

① 先天 餘氣藏天 Energy場 : 甲 Energy場

② 後天 正氣藏天 Energy場 : 甲, 乙^{甲} Energy場 ⇒ 甲・乙 共生(正位正氣故)

③ 同調 顯氣藏天 Energy場

ⓐ 局同調 顯氣藏天 Energy場 : {(甲, 乙)^{甲}, 戊$_{辰}$} ⇒ 乙^{甲}・甲・乙 共生

ⓑ 三合同調 顯氣藏天 Energy場 : (壬, 乙^{甲}, 己$_{未}$) ⇒ 乙^{甲}・甲・乙 共生

∴ (甲, 乙^{甲}) 合成 Energy場이 緣分因子가 되어 卯 地氣 Energy場에 同調藏天하게 된다.

(5) 辰 地氣藏天 Energy場의 形成原理

① 先天 餘氣藏天 Energy場 : 乙^{甲} Energy場

② 後天 正氣藏天 Energy場 : 戊$_{辰}$ Energy場

③ 同調 顯氣藏天 Energy場

ⓐ 局同調 顯氣藏天 Energy場 : {(甲,乙)^{甲}, 戊$_{辰}$} ⇒ 乙^{甲}

ⓑ 三合同調 顯氣藏天 Energy場 : (庚, 癸^{壬}, 戊$_{辰}$) ⇒ 癸^{壬}

∴ (乙^{甲}, 戊$_{辰}$, 癸^{壬}) 合成 Energy場이 緣分因子가 되어 辰 地氣 Energy場에 同調藏天하게 된다.

(6) 巳 地氣藏天 Energy場의 形成原理

① 先天 餘氣藏天 Energy場 : 戊$_{己}$ Energy場

② 後天 正氣藏天 Energy場 : 丙$_{丁}$ Energy場

③ 同調 顯氣藏天 Energy場

ⓐ 局同調 顯氣藏天 Energy場 : (丙$_{丁}$, 丁^{丙}, 己$_{未}$) ⇒ 丙 · 丁 共生

ⓑ 三合同調 顯氣藏天 Energy場 : (丙$_{丁}$, 辛^{庚}, 己$_{丑}$) ⇒ 庚 · 辛 共生

∴ (戊$_{己}$, 丙$_{丁}$, 庚$_{辛}$) 合成 Energy場이 緣分因子가 되어 巳 地氣藏天 Energy場이 形成 된다.

(7) 午 地氣藏天 Energy場의 形成原理

① 先天 餘氣藏天 Energy場 : 丙$_{丁}$ Energy場

② 後天 正氣藏天 Energy場 : 丁^{丙} Energy場 ⇒ 丙 · 丁 共生(正位 正氣故)

③ 同調 顯氣藏天 Energy場

ⓐ 局同調 顯氣藏天 Energy場 : (丙$_{丁}$, 丁^{丙}, 己$_{未}$) ⇒ 丙 · 丁 共生

ⓑ 三合同調 顯氣藏天 Energy場 : (甲, 丁^{丙}, 戊$_{戌}$) ⇒ 丙 · 丁 共生

∴ (丙$_{丁}$, 丁^{丙}) 合成 Energy場이 緣分因子가 되어 午 地氣藏天 Energy場이 形成된다.

(8) 未 地氣藏天 Energy場의 形成原理

① 先天 餘氣藏天 Energy場 : 丁^{丙} Energy場

② 後天 正氣藏天 Energy場 : 己$_{未}$ Energy場

③ 同調 顯氣藏天 Energy場

ⓐ 局同調 顯氣藏天 Energy場 : (丙$_{丁}$, 丁^{丙}, 己$_{未}$) ⇒ 丙 · 丁 共生

ⓑ 三合同調 顯氣藏天 Energy場 : (壬$_{癸}$, 乙^{甲}, 己$_{未}$) ⇒ 甲 · 乙 共生

∴ (丁^{丙}, 己$_{未}$, 乙^{甲}) 合成 Energy場이 緣分因子가 되어 未 地氣藏天 Energy場이 形成된다.

(9) 申 地氣藏天 Energy場의 形成原理

① 先天 餘氣藏天 Energy場 : 戊$_{己}$ Energy場

② 後天 正氣藏天 Energy場 : 庚 Energy場

③ 同調 顯氣藏天 Energy場

ⓐ 局同調 顯氣藏天 Energy場 : (庚, 辛^{庚}, 戊$_{戌}$) ⇒ 庚・辛 共生

ⓑ 三合同調 顯氣藏天 Energy場 : (庚, 癸^{壬}, 戊$_{辰}$) ⇒ 壬・癸 共生

∴ (戊$_{辰}$, 庚, 壬$_{癸}$) 合成 Energy場이 緣分因子가 되어 申 地氣藏天 Energy場이 形成된다.

(10) 酉 地氣藏天 Energy場의 形成原理

① 先天 餘氣藏天 Energy場 : 庚 Energy場

② 後天 正氣藏天 Energy場 : 辛^{庚} Energy場 ⇒ 庚・辛 共生

③ 同調 顯氣藏天 Energy場

ⓐ 局同調 顯氣藏天 Energy場 : (庚, 辛^{庚}, 戊$_{戌}$) ⇒ 庚・辛 共生

ⓑ 三合同調 顯氣藏天 Energy場 : (丙$_{丁}$, 辛^{庚}, 己$_{丑}$) ⇒ 庚・辛 共生

∴ (庚, 辛^{庚}) 合成 Energy場이 緣分因子가 되어 酉 地氣藏天 Energy場이 形成된다.

(11) 戌 地氣藏天 Energy場의 形成原理

① 先天 餘氣藏天 Energy場 : 辛^{庚} Energy場

② 後天 正氣藏天 Energy場 : 戊$_{戌}$ Energy場 ⇒ 庚・辛 共生

③ 同調 顯氣藏天 Energy場

ⓐ 局同調 顯氣藏天 Energy場 : (庚, 辛^{庚}, 戊$_{戌}$) ⇒ 庚・辛共生

ⓑ 三合同調 顯氣藏天 Energy場 : (甲, 丁^{丙}, 戊$_{戌}$) ⇒ 丙・丁 共生

∴ (辛$_{庚}$, 戊$_{戌}$, 丁^{丙}) 合成 Energy場이 緣分因子가 되어 戌 地氣藏天 Energy場이 形成된다.

(12) 亥 地氣藏天 Energy場의 形成原理

① 先天 餘氣藏天 Energy場 : 戊$_{己}$ Energy場

② 後天 正氣藏天 Energy場 : 壬$_{癸}$ Energy場

③ 同調 顯氣藏天 Energy場

ⓐ 局同調 顯氣藏天 Energy場 : (壬$_{癸}$, 癸^{壬}, 己$_{丑}$) ⇒ 壬 · 癸 共生

ⓑ 三合同調 顯氣藏天 Energy場 : (壬$_{癸}$, 乙^{甲}, 己$_{未}$) ⇒ 甲 · 乙 共生

∴ (戊$_{己}$, 壬^{癸} 甲$_{乙}$) 合成 Energy場이 緣分因子가 되어 亥 地氣藏天 Energy場이 形成된다.

5. 穴 地氣 및 藏天 Energy場의 陰陽秩序

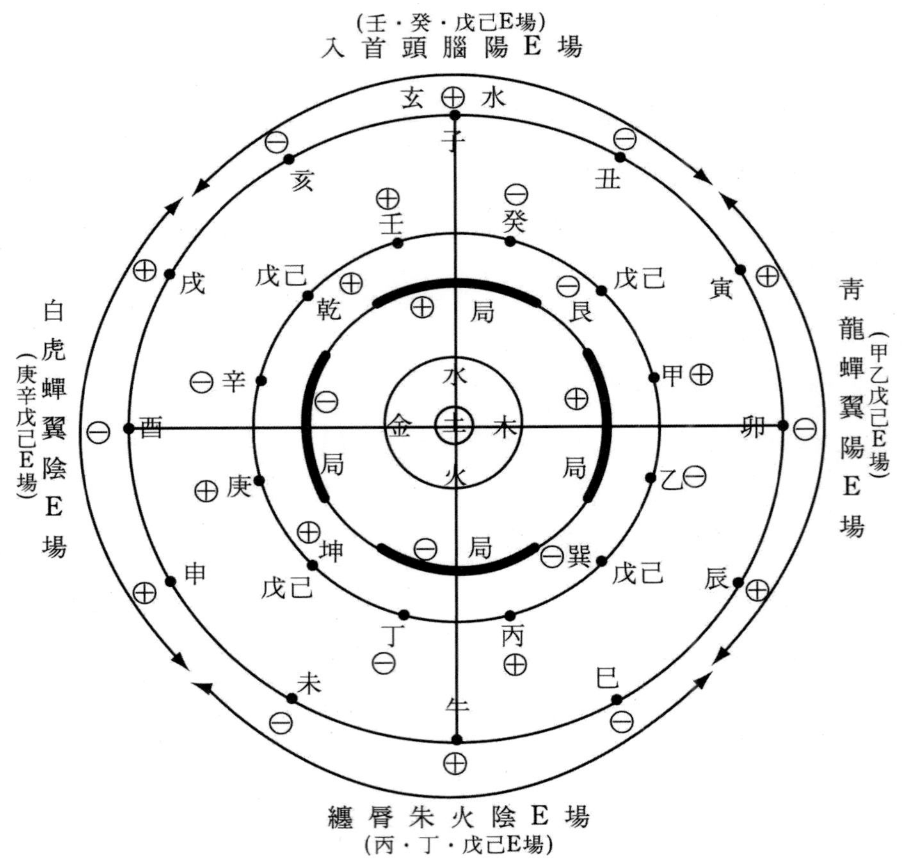

〈그림 3-78〉 穴 地氣 및 藏天 Energy場의 陰陽秩序

※ 註

① 穴地氣 Energy場의 陰陽秩序

子⊕ 丑⊖ 寅⊕ 卯⊖ 辰⊕ 巳⊖ 午⊕ 未⊖ 申⊕ 酉⊖ 戌⊕ 亥⊖

② 穴地氣 藏天 Energy場의 陰陽秩序

甲⊕ 乙⊖ 丙⊕ 丁⊖ 戊⊕ 己⊖ 庚⊕ 辛⊖ 壬⊕ 癸⊖

③ 局同調 Energy場의 陰陽秩序

(亥・子・丑) (壬・癸・己) - ⊕　　(寅・卯・辰) (甲・乙・戊) - ⊕

(巳・午・未) (丙・丁・己) - ⊖　　(申・酉・戌) (庚・辛・戊) - ⊖

④ 三合 同調 Energy場의 陰陽秩序

(申・子・辰) [坤 壬 乙 / (庚・壬・戊)] - ⊕　　(亥・卯・未) [乾 甲 丁 / (壬・乙・己)] - ⊕

(寅・午・戌) [艮 丙 辛 / (甲・丙・戊)] - ⊖　　(巳・酉・丑) [巽 庚 癸 / (丙・辛・己)] - ⊖

6. 穴 Energy場의 相互 干涉特性

1) 沖殺干涉 Energy場의 位相과 特性(直沖三殺)

(1) 子-午 縱干涉 Energy場

① 子 $\xrightarrow{\text{沖剋}}$ 午 Energy 穴場(纏脣 穴場 壞滅)

② 午 $\xrightarrow{\text{沖剋}}$ 子 Energy 穴場(入首頭腦 穴場 壞滅)

③ 子 $\xrightarrow{\text{沖剋}}$ 午 廻沖 Energy 穴場(頭・脣 共히 壞滅)(先午, 後子滅)

④ 午 $\xrightarrow{\text{沖剋}}$ 子 廻沖 Energy 穴場(頭・脣 共히 壞滅)(先子, 後午滅)

⑤ 子 自沖 Energy 穴場(入首頭腦 壞滅)

⑥ 午 自沖 Energy 穴場(纏脣 Energy場 壞滅)

(2) 卯-酉 橫干涉 Energy場

① 卯 $\xrightarrow{\text{沖剋}}$ 酉 Energy 穴場(白蟬翼 Energy場 壞滅)

② 酉 $\xrightarrow{\text{沖剋}}$ 卯 Energy 穴場(青蟬翼 Energy場 壞滅)

③ 卯 $\xrightarrow{\text{沖剋}}$ 酉 迴沖 Energy 穴場(先白 後青 共滅 Energy場)

④ 酉 $\xrightarrow{\text{沖剋}}$ 卯 迴沖 Energy 穴場(先青 後白 共滅 Energy場)

⑤ 卯 自沖 Energy 穴場(青蟬翼 壞滅 Energy場)

⑥ 酉 自沖 Energy 穴場(白蟬翼 壞滅 Energy場)

(3) 寅-申 橫相對 干涉 Energy場(青始-白末 Energy場)

① 寅 $\xrightarrow{\text{沖剋}}$ 申 Energy 穴場(白蟬翼 末端部 壞滅)

② 申 $\xrightarrow{\text{沖剋}}$ 寅 Energy 穴場(青蟬翼 始發部 壞滅)

③ 寅 $\xrightarrow{\text{沖剋}}$ 申 迴沖 Energy 穴場(先白末 後青始 共滅 Energy場)

④ 申 $\xrightarrow{\text{沖剋}}$ 寅 迴沖 Energy 穴場(先青始 後白末 共滅 Energy場)

⑤ 寅 自沖 Energy 穴場(青始發 Energy場 壞滅)

⑥ 申 自沖 Energy 穴場(白末端 Energy場 壞滅)

(4) 巳-亥 縱相對 干涉 Energy場(脣右-頭右 Energy場)

① 巳 $\xrightarrow{\text{沖剋}}$ 亥 Energy 穴場(入首頭腦 右側部 壞滅)

② 亥 $\xrightarrow{\text{沖剋}}$ 巳 Energy 穴場(纒脣 右側部 壞滅)

③ 巳 $\xrightarrow{\text{沖剋}}$ 亥 廻沖 Energy 穴場(先亥 後巳 共滅 Energy場)

④ 亥 $\xrightarrow{\text{沖剋}}$ 巳 廻沖 Energy 穴場(先巳 後亥 共滅 Energy場)

⑤ 巳 自沖 Energy 穴場(纏脣 右側部 Energy場 壞滅)

⑥ 亥 自沖 Energy 穴場(入首頭腦 右側部 Energy場 壞滅)

(5) 辰-戌 橫相對 干涉 Energy場(靑末-白始 Energy場)

① 辰 $\xrightarrow{\text{沖剋}}$ 戌 Energy 穴場(白蟬翼 始發部 壞滅)

② 戌 $\xrightarrow{\text{沖剋}}$ 辰 Energy 穴場(靑蟬翼 終端部 壞滅)

③ 辰 $\xrightarrow{\text{沖剋}}$ 戌 廻沖 Energy 穴場(先戌 後辰 共滅 Energy場)

④ 戌 $\xrightarrow{\text{沖剋}}$ 辰 廻沖 Energy 穴場(先辰 後戌 共滅 Energy場)

⑤ 辰 自沖 Energy 穴場(靑蟬翼 終端部 Energy場 壞滅)

⑥ 戌 自沖 Energy 穴場(白蟬翼 始發部 Energy場 壞滅)

(6) 丑-未 縱相對 干涉 Energy場(頭左-脣左 Energy場)

① 丑 $\xrightarrow{\text{沖剋}}$ 未 Energy 穴場(纏脣 左側端 壞滅)

② 未 $\xrightarrow{\text{沖剋}}$ 丑 Energy 穴場(入首頭腦 左端部 壞滅)

③ 丑 $\xrightarrow{\text{沖剋}}$ 未 廻沖 Energy 穴場(先未 後丑 共滅 Energy場)

④ 未 $\xrightarrow{\text{沖剋}}$ 丑 廻沖 Energy 穴場(先丑 後未 共滅 Energy場)

⑤ 丑 自沖 Energy 穴場(入首頭腦 左端部 Energy場 壞滅)

⑥ 未 自沖 Energy 穴場(纏脣 左端 Energy場 壞滅)

2) 沖剋 Energy場과 廻沖 Energy場의 解說

(1) 沖剋 Energy場(他方 山 · 水 · 風 三衝 沖殺)

穴 Energy場 中 180° 位相의 相互 Energy場 間에 形成되는 相對的 太强 太虛 關係 現象을 沖剋 Energy場이라고 한다.

① 四正位 Energy場의 相互沖剋 現象

沖剋
↓
㉠ 子 ⟶ 午 Energy場

子 - 午關係 穴 Energy場 均衡이 破壞되는 까닭에 子 Energy場은 申 · 辰이나 亥 · 丑 Energy場을 얻어 太强해지고, 午 Energy場은 空亡으로서, 寅 · 戌과 巳 · 未 Energy場 空亡을 동시에 만나게 되어 午 Energy場이 太虛하게 될 때 이를 子 沖剋 午 Energy場이라 한다.

沖剋
↓
㉡ 午 ⟶ 子 Energy場

위와 같은 原理에 따라
午 Energy場 加得, 寅 · 戌이나 巳 · 未 Energy場 → 午 Energy場 太强
子 Energy場 空亡加, 申 · 辰, 亥 · 丑 Energy場 空亡 → 子 Energy場 太虛

沖剋
↓
㉢ 卯 ⟶ 酉 Energy場

卯 Energy場 加得, 亥 · 未나 寅 · 辰 Energy場 → 卯 Energy場 太强
酉 Energy場 空亡加, 巳 · 丑, 申 · 戌 Energy場 空亡 → 酉 Energy場 太虛

沖剋
↓
㉣ 酉 ⟶ 卯 Energy場

酉 Energy場 加得, 巳.丑이거나 申.戌 Energy場 → 酉 Energy場 太强
卯 Energy場 空亡加, 亥.未, 寅.辰 Energy場 空亡 → 卯 Energy場 太虛

② 四孫位 Energy場의 相互沖剋 現象

㉠ 寅 $\xrightarrow{\text{沖剋}}$ 申 Energy場

寅 Energy場 加得, 卯・辰 Energy場 → 寅 Energy場 太强
申 Energy場 空亡加, 酉・戌 Energy場 空亡 → 申 Energy場 太虛

㉡ 申 $\xrightarrow{\text{沖剋}}$ 寅 Energy場

申 Energy場 加得, 酉・戌 Energy場 → 申 Energy場 太强
寅 Energy場 空亡加, 卯・辰 Energy場 空亡 → 寅 Energy場 太虛

㉢ 巳 $\xrightarrow{\text{沖剋}}$ 亥 Energy場

巳 Energy場 加得, 午・未 Energy場 → 巳 Energy場 太强
亥 Energy場 空亡加, 子・丑 Energy場 空亡 → 亥 Energy場 太虛

㉣ 亥 $\xrightarrow{\text{沖剋}}$ 巳 Energy場

亥 Energy場 加得, 子・丑 Energy場 → 亥 Energy場 太强
巳 Energy場 空亡加, 午・未 場 空亡 → 巳 Energy場 太虛

③ 四富位 Energy場의 相互沖剋 現象

㉠ 辰 $\xrightarrow{\text{沖剋}}$ 戌 Energy場

辰 Energy場 加得, 寅・卯 Energy場 → 辰 Energy場 太强
戌 Energy場 空亡加, 申・酉 Energy場 空亡 → 戌 Energy場 太虛

㉡ 戌 $\xrightarrow{\text{沖剋}}$ 辰 Energy場

戌 Energy場 加得, 申・酉 Energy場 → 戌 Energy場 太强
辰 Energy場 空亡加, 寅・卯 Energy場 空亡 → 辰 Energy場 太虛

㉢ 丑 $\xrightarrow{\text{沖剋}}$ 未 Energy場

丑 Energy場 加得, 亥 · 子 Energy場 → 丑 Energy場 太强

未 Energy場 空亡加, 巳 · 午 Energy場 空亡 → 未 Energy場 太虛

㉣ 未 $\xrightarrow{\text{沖剋}}$ 丑 Energy場

未 Energy場 加得, 巳 · 午 Energy場 → 未 Energy場 太强

丑 Energy場 空亡加, 亥 · 子 Energy場 空亡 → 丑 Energy場 太虛

(2) 自沖剋 Energy場(自方 山 · 水 · 風 三衝 沖殺)

自沖 Energy場이란 어떤 穴地氣 Energy場이 同一位相에서 同一地氣 Energy場을 만나게 되는 境遇. 旣存의 穴地氣 Energy場은 그 本來의 位相을 지키지 못하고 ∠180°의 反對 Energy場 位相에서 移動 安定을 取하고자 하는데, 이때 旣存 Energy場 位相에서는 穴地氣 空亡現象이 일어나는 Energy場 離脫作用이 發生하게 되고, 反對 Energy場 位相에서는 離脫된 穴地氣 Energy場이 그 特性을 ∠180° 轉換한 것과 같은 反對의 穴地氣 Energy場을 서서히 生成하게 된다.

이와 같은 同一位相에서의 同一特性 Energy場 沖剋現象을 自沖 Energy場이라 한다.

例) 子 $\xrightarrow{\text{自沖}}$ 子 Energy場 ⇒ 子 Energy場 空亡 午 Energy場 生起

午 $\xrightarrow{\text{自沖}}$ 午 Energy場 ⇒ 午 Energy場 空亡 子 Energy場 生起

卯 $\xrightarrow{\text{自沖}}$ 卯 Energy場 ⇒ 卯 Energy場 空亡 酉 Energy場 生起

酉 $\xrightarrow{\text{自沖}}$ 酉 Energy場 ⇒ 酉 Energy場 空亡 卯 Energy場 生起

以下 寅↔申, 巳↔亥, 辰↔戌, 丑↔未가 上記와 同一함.

(3) 廻沖剋 Energy場(雙方 山 · 水 · 風 三衝 沖殺)

廻沖 Energy場이란 ∠180° 位相의 相對的 關係에 있는 穴地氣 Energy場 均衡이 어떤 自沖的 動機에 의해 그 均衡이 무너지는 境遇, 이들 相對地氣 Energy場의 自沖的 干涉場은 穴地氣 相對 간의 平等的 安定關係를 破壞하여 沖剋 空亡의 Energy場 離脫現象을 일으키게 되는데, 이때 自沖剋 空亡位相에서의 地氣 離脫 Energy場은 相對地氣 位相에 再沖剋 干涉 Energy場을 再供給하게 되어 또다시 穴地氣 Energy場 離脫 空亡을 加速促進하게 된다.

이와 같은 重複的 沖剋干涉이 되풀이되면서 地氣 Energy場 離脫 空亡이 끊어지지 않고 持續되어 共滅하는 現象을 廻沖剋 Energy場이라 한다.

例) 子 $\xrightarrow{\text{廻沖}}$ 午 Energy場 ⇒ 子滅 午滅 Energy場. 子午 空亡

卯 $\xrightarrow{\text{廻沖}}$ 酉 Energy場 ⇒ 卯滅 酉滅 Energy場. 卯酉 空亡

寅 $\xrightarrow{\text{廻沖}}$ 申 Energy場 ⇒ 寅滅 申滅 Energy場. 寅申 空亡

巳 $\xrightarrow{\text{廻沖}}$ 亥 Energy場 ⇒ 巳滅 亥滅 Energy場. 巳亥 空亡

辰 $\xrightarrow{\text{廻沖}}$ 戌 Energy場 ⇒ 辰滅 戌滅 Energy場. 辰戌 空亡

丑 $\xrightarrow{\text{廻沖}}$ 未 Energy場 ⇒ 丑滅 未滅 Energy場. 丑未 空亡

3) 破干涉 Energy場의 位相과 特性(反背 剋衝 空亡)
(山 · 水 · 風의 破干涉 Energy場)(無記干涉 角 合成E場 틀)

(1) 子 $\xrightarrow{\text{破}}$ 酉 : ∠90° 陽 Energy 逆行 破干涉

主勢 入力來脈 또는 入首頭腦 Energy 및 그 Energy場이 白虎中心 Energy 및 그 Energy場을 ∠90° 位相角으로 破損케 하는 것(45° 無記干涉場 틀).

(酉 $\xrightarrow{\text{破}}$ 子 : 同一原理)

(2) 丑 $\xrightarrow{\text{破}}$ 辰 : ∠90° 陰 Energy 逆行 破干涉

入首頭腦의 左旋 Energy 및 그 Energy場이 青末 Energy 및 그 Energy場을 ∠90° 位相角으로 破損케 하는 것.

(辰 $\xrightarrow{\text{破}}$ 丑 : 同一原理)

(3) 寅 $\xrightarrow{\text{破}}$ 亥 : ∠90° 陽 Energy 逆行 破干涉

青始 Energy 및 그 Energy場이 入首頭腦의 右旋 Energy 및 그 Energy場을 ∠90° 位相角으로 破損케 하는 것(45° 無記干涉場 틈).

(亥 $\xrightarrow{\text{破}}$ 寅 : 同一原理)

(4) 卯 $\xrightarrow{\text{破}}$ 午 : ∠90° 陰 Energy 逆行 破干涉

青中 Energy 및 그 Energy場이 朱火 中心 Energy 및 그 Energy場을 ∠90° 位相角으로 破損케 하는 것(45° 無記干涉場 틈).

(午 $\xrightarrow{\text{破}}$ 卯 : 同一原理)

(5) 巳 $\xrightarrow{\text{破}}$ 申 : ∠90° 陰 Energy 逆行 破干涉

朱火右端 Energy 및 그 Energy場이 白金末端 Energy 및 그 Energy場을 ∠90° 位相角으로 破損케 하는 것(45° 無記干涉場 틈).

(申 $\xrightarrow{\text{破}}$ 巳 : 同一原理)

(6) 戌 $\xrightarrow{\text{破}}$ 未 : ∠90° 陽 Energy 逆行 破干涉

白金始發 Energy 및 그 Energy場이 朱火左端 Energy 및 그 Energy

場을 ∠90° 位相角으로 破損케 하는 것(45° 無記干涉場 틀).

(未 $\xrightarrow{\text{破}}$ 戌 : 同一原理)

4) 害干涉 Energy場의 位相과 特性(不均衡=비틀림)
(山 · 水 · 風의 害干涉 Energy場)(無記角 干涉 E場 틀)

(1) 子 $\xrightarrow{\text{害}}$ 未 : ∠30° 逆對稱 害干涉

玄水中心 Energy 및 그 Energy場과 朱火左端 Energy 및 그 Energy場이 ∠30° 位相角으로 相害하는 것(卽 朱火 Energy 中心이 ∠30° 左側 倚한 것과 同一).

(2) 丑 $\xrightarrow{\text{害}}$ 午 : ∠30° 逆對稱 害干涉

玄水左端 Energy 및 그 Energy場과 朱火中心 Energy 및 그 Energy場이 ∠30° 位相角으로 相害하는 것(卽 入首頭腦 Energy 中心이 ∠30° 左側 倚한 것과 同一).

(3) 寅 $\xrightarrow{\text{害}}$ 巳 : ∠90° 逆對稱 害干涉

靑始 Energy 및 그 Energy場과 朱火 右端 Energy 및 그 Energy場이 ∠90°位相角으로 相害하는 것(卽 朱火 Energy 中心이 ∠30° 右側 倚한 것과 同一).

(4) 卯 $\xrightarrow{\text{害}}$ 辰 : ∠30° 逆對稱 害干涉

靑木中心 Energy 및 그 Energy場과 靑木末端 Energy 및 그 Energy場이 ∠30° 位相角으로 相害하는 것(卽 靑末 Energy 및 그 Energy場이 ∠30° 背走함과 同一)

(5) 申 $\xrightarrow{\text{害}}$ 亥 : ∠90° 逆對稱 害干涉

白金末端 Energy 및 그 Energy場과 玄水右端 Energy 및 그 Energy

場이 ∠90° 位相角으로 相害하는 것(卽 入首頭腦 Energy 中心이 ∠30° 右側 倚한 것과 同一).

(6) 酉 $\xrightarrow{\text{害}}$ 戌 : ∠30° 逆對稱 害干涉

白金中心 Energy 및 그 Energy場과 白金始發 Energy 및 그 Energy 場이 ∠30° 位相角으로 相害하는 것(卽 白金中心 Energy 및 그 Energy 場이 ∠30° 頭起 背走함과 同一).

5) 刑干涉 Energy場의 位相과 特性(山 · 水 · 風의 刑干涉) (太過 · 不及 · 反背)(無記干涉角 合成 E場 들)

(1) 寅 $\xrightarrow{\text{刑}}$ 巳 : ∠90° 左旋 刑干涉

靑始木 Energy 및 그 Energy場이 朱火右端 Energy 및 그 Energy場을 ∠90° 位相角으로 刑干涉한다(卽 靑始 Energy 및 그 Energy場이 ∠90° 背走한 것과 同一).

(2) 巳 $\xrightarrow{\text{刑}}$ 申 : ∠90° 左旋 刑干涉

朱火右端 Energy 및 그 Energy場이 白金末端 Energy 및 그 Energy 場을 ∠90° 位相角으로 刑干涉한다(卽 朱火右端 Energy 및 그 Energy 場이 ∠90° 背走한 것과 同一).

(3) 申 $\xrightarrow{\text{刑}}$ 寅 : ∠180° 相 刑干涉

白金末端 Energy 및 그 Energy場과 靑木始發 Energy 및 그 Energy 場이 相互 ∠180° 位相角으로 相刑 하는 것(卽 相互背走).

(4) 丑 $\xrightarrow{\text{刑}}$ 戌 : ∠90° 右旋 刑干涉

玄水左端 Energy 및 그 Energy場이 白金始發 Energy 및 그 Energy 場을 ∠90° 位相角으로 刑干涉하는 것(卽 玄水 Energy 및 그 Energy場이 ∠90° 背走한 것과 同一).

(5) 戌 $\xrightarrow{\text{刑}}$ 未 : ∠90° 右旋 刑干涉

白金始發 Energy 및 그 Energy場이 朱火左端 Energy 및 그 Energy場을 ∠90° 位相角으로 刑干涉한다(卽 白金始發 Energy 및 그 Energy場이 ∠90° 背走한 것과 同一).

(6) 未 $\xrightarrow{\text{刑}}$ 丑 : ∠180° 相刑 干涉

朱火左端 Energy 및 그 Energy場과 玄水左端 Energy 및 그 Energy場이 相互 ∠180° 位相角으로 相刑하는 것(卽 相互背走한 것과 同一).

(7) 子 $\xrightarrow{\text{刑}}$ 卯 : ∠90° 相刑 干涉

玄水中心 Energy 및 그 Energy場과 靑木中心 Energy 및 그 Energy場이 相互 ∠90° 位相角으로 相刑하는 것(卽 相互 ∠90° 背走한 것과 同一).

(8) 辰 $\xrightarrow{\text{刑}}$ 辰 : 自刑干涉

同一位相에서 靑木末端을 刑하는 山 · 水 · 風 Energy 干涉.

(9) 午 $\xrightarrow{\text{刑}}$ 午 : 自刑干涉

同一位相에서 朱火中心 Energy 및 그 Energy場을 刑하는 山 · 水 · 風 Energy 干涉.

(10) 酉 $\xrightarrow{\text{刑}}$ 酉 : 自刑干涉

同一位相에서 白金中心 Energy 및 그 Energy場을 刑하는 山 · 水 · 風 Energy 干涉.

(11) 亥 $\xrightarrow{\text{刑}}$ 亥 : 自刑干涉

同一位相에서 玄水右端 Energy 및 그 Energy場을 刑하는 山 · 水 · 風 Energy 干涉.

6) 穴干涉 Energy場의 補完과 育成同調

(1) 衝殺 Energy場의 補完과 育成同調

① 子 ↔ 午 Energy場

衝↓

(癸 ↔ 丁)

◎ 補 Energy場
- 申・辰 - 寅・戌
- (庚・戊辰) - (甲・戊戌)

◎ 育成 同調 E場
- 亥・丑 - 巳・未
- (壬・己丑) - (丙・己未)

◎ 沖和 E場
- 卯 ↔ 酉
- (乙 ↔ 辛)

② 丑 ↔ 未 Energy場

衝↓

(己丑 ↔ 己未)

◎ 補 Energy場
- 巳・酉 - 亥・卯
- (丙・辛) - (壬・乙)

◎ 育成 同調 E場
- 亥・子 - 巳・午
- (壬・癸) - (丙・丁)

◎ 沖和 E場
- 辰 ↔ 戌
- (戊辰 ↔ 戊戌)

③ 寅 ↔ 申 Energy場

衝↓

(甲 ↔ 庚)

◎ 補 Energy場
- 午・戌 - 子・辰
- (丁・戊戌) - (癸・戊辰)

◎ 育成 同調 E場
- 卯・辰 - 酉・戌
- (乙・戊辰) - (辛・戊戌)

◎ 沖和 E場
- 巳 ↔ 亥
- (丙 ↔ 壬)

④ 卯 ↔ 酉 Energy場

衝
↓
(乙 ↔ 辛)

◎ 補 Energy場

亥·未 – 巳·丑
(壬·己$_{未}$) – (丙·己$_{丑}$)

◎ 育成 同調 E場

寅·辰 – 申·戌
(甲·戊$_{辰}$) – (庚·戊$_{戌}$)

◎ 沖和 E場

子 ↔ 午
(癸 ↔ 丁)

⑤ 辰 ↔ 戌 Energy場

衝
↓
(戊$_{辰}$ ↔ 戊$_{戌}$)

◎ 補 Energy場

申·子 – 寅·午
(庚·癸) – (甲·丁)

◎ 育成 同調 E場

寅·卯 – 申·酉
(甲·乙) – (庚·辛)

◎ 沖和 E場

丑 ↔ 未
(己$_{丑}$ ↔ 己$_{未}$)

⑥ 巳 ↔ 亥 Energy場

衝
↓
(丙 ↔ 壬)

◎ 補 Energy場

酉·丑 – 卯·未
(辛·己$_{丑}$) – (乙·己$_{未}$)

◎ 育成 同調 E場

午·未 – 子·丑
(丁·己$_{未}$) – (癸·己$_{丑}$)

◎ 沖和 E場

寅 ↔ 申
(甲 ↔ 庚)

(2) 破干涉 Energy場의 補完과 育成同調

① 子 ↔ 酉 破 干涉 Energy場
(癸 ↔ 辛)

◎ 補 Energy場
申・辰 － 巳・丑
(庚・戊$_{辰}$) －(丙・己$_{丑}$)

◎ 育成 同調 E場
亥・丑 － 申・戌
(壬・己$_{丑}$) －(庚・戊$_{戌}$)

② 丑 ↔ 辰 破 干涉 Energy場
(己$_{丑}$ ↔ 戊$_{辰}$)

◎ 補 Energy場
巳・酉 － 申・子
(丙・辛) －(庚・癸)

◎ 育成 同調 E場
亥・子 － 寅・卯
(壬・癸) －(甲・乙)

③ 寅 ↔ 亥 破 干涉 Energy場
(甲 ↔ 壬)

◎ 補 Energy場
午・戌 － 卯・未
(丁・戊$_{戌}$) －(乙・己$_{未}$)

◎ 育成 同調 E場
卯・辰 － 子・丑
(乙・戊$_{辰}$) －(癸・己$_{丑}$)

④ 卯 ↔ 午 破 干涉 Energy場
(乙 ↔ 丁)

◎ 補 Energy場
亥・未 － 寅・戌
(壬・己$_{未}$) －(甲・戊$_{戌}$)

◎ 育成 同調 E場
寅・辰 － 巳・未
(甲・戊$_{辰}$) －(丙・己$_{未}$)

⑤ 巳 ↔ 申 破 干涉 Energy場
(丙 ↔ 庚)

◎ 補 Energy場
酉・丑 - 子・辰
(辛・己$_{\text{丑}}$) - (癸・戊$_{\text{辰}}$)

◎ 育成 同調 E場
午・未 - 酉・戌
(丁・己$_{\text{未}}$) - (辛・戊$_{\text{戌}}$)

⑥ 戌 ↔ 未 破 干涉 Energy場
(戊$_{\text{戌}}$ ↔ 己$_{\text{未}}$)

◎ 補 Energy場
寅・午 - 亥・卯
(甲・丁) - (壬・乙)

◎ 育成 同調 E場
申・酉 - 巳・午
(庚・辛) - (丙・丁)

(3) 刑干涉 Energy場의 補完과 育成同調

① 寅 → 巳 破 干涉 Energy場
(甲 → 丙)

◎ 補 Energy場
午・戌 - 酉・丑
(丁・戊$_{\text{戌}}$) - (辛・己$_{\text{丑}}$)

◎ 育成 同調 E場
卯・辰 - 午・未
(乙・戊$_{\text{辰}}$) - (丁・己$_{\text{未}}$)

② 巳 → 申 破 干涉 Energy場
(丙 → 庚)

◎ 補 Energy場
酉・丑 - 子・辰
(辛・己$_{\text{丑}}$) - (癸・戊$_{\text{辰}}$)

◎ 育成 同調 E場
午・未 - 酉・戌
(丁・己$_{\text{未}}$) - (辛・戊$_{\text{戌}}$)

③ 申 ↔ 寅 破 干涉 Energy場
(庚 ↔ 甲)

◎ 補 Energy場
子・辰 - 午・戌
(癸・戊$_{辰}$) - (丁・戊$_{戌}$)

◎ 育成 同調 E場
酉・戌 - 卯・辰
(辛・戊$_{戌}$) - (乙・戊$_{辰}$)

④ 丑 → 戌 破 干涉 Energy場
(己$_{丑}$ → 戊$_{戌}$)

◎ 補 Energy場
巳・酉 - 寅・午
(丙・辛) - (甲・丁)

◎ 育成 同調 E場
亥・子 - 申・酉
(壬・癸) - (庚・辛)

⑤ 戌 → 未 破 干涉 Energy場
(戊$_{戌}$ → 己$_{未}$)

◎ 補 Energy場
寅・午 - 亥・卯
(甲・丁) - (壬・乙)

◎ 育成 同調 E場
申・酉 - 巳・午
(庚・辛) - (丙・丁)

⑥ 未 → 丑 破 干涉 Energy場
(己$_{未}$ → 己$_{丑}$)

◎ 補 Energy場
亥・卯 - 巳・酉
(壬・乙) - (丙・辛)

◎ 育成 同調 E場
巳・午 - 亥・子
(丙・丁) - (壬・癸)

⑦ 子 ↔ 卯 相刑 干涉 Energy場
(癸 ↔ 乙)

◎ 補 Energy場
申・辰 - 亥・未
(庚・戊$_{辰}$) - (壬・己$_{未}$)

◎ 育成 同調 E場
亥・丑 - 寅・辰
(壬・己$_{丑}$) - (甲・戊$_{辰}$)

⑧ 辰 ↔ 辰 自刑 干涉 Energy場(戊 Energy場 生起)
(戊辰 ↔ 戊辰)

◎ 補 Energy場 ⎧ 申・子 - 申・酉
⎩ (庚・癸) - (庚・辛)

◎ 育成 同調 E場 ⎧ 寅・卯 - 寅・午
⎩ (甲・乙) - (甲・丁)

⑨ 午 ↔ 午 自刑 干涉 Energy場(子 Energy場 生起)
(丁 ↔ 丁)

◎ 補 Energy場 ⎧ 寅・戌 - 亥・丑
⎩ (甲・戊戌) - (壬・己丑)

◎ 育成 同調 E場 ⎧ 巳・未 - 申・辰
⎩ (丙・己未) - (庚・戊辰)

⑩ 酉 ↔ 酉 自刑 干涉 Energy場(卯 Energy場 生起)
(辛 ↔ 辛)

◎ 補 Energy場 ⎧ 巳・丑 - 寅・辰
⎩ (丙・己丑) - (甲・戊辰)

◎ 育成 同調 E場 ⎧ 申・戌 - 亥・未
⎩ (庚・戊戌) - (壬・己未)

⑪ 亥 ↔ 亥 自刑 干涉 Energy場(巳 Energy場 生起)
(壬 ↔ 壬)

◎ 補 Energy場 ⎧ 卯・未 - 午・未
⎩ (乙・己未) - (丁・己未)

◎ 育成 同調 E場 ⎧ 子・丑 - 酉・丑
⎩ (癸・己丑) - (辛・己丑)

(4) 害干涉 Energy場의 補完과 育成同調

① 子 ↔ 未 相害 干涉 Energy場
(癸 ↔ 己未)

◎ 補 Energy場
申 · 辰 - 亥 · 卯
(庚 · 戊辰) - (壬 · 乙)

◎ 育成 同調 E場
亥 · 丑 - 巳 · 午
(壬 · 己丑) - (丙 · 丁)

② 丑 ↔ 午 相害 干涉 Energy場
(己丑 ↔ 丁)

◎ 補 Energy場
巳 · 酉 - 寅 · 戌
(丙 · 辛) - (甲 · 戊戌)

◎ 育成 同調 E場
亥 · 子 - 巳 · 未
(壬 · 癸) - (丙 · 己未)

③ 寅 ↔ 巳 相害 干涉 Energy場
(甲 ↔ 丙)

◎ 補 Energy場
午 · 戌 - 酉 · 丑
(丁 · 戊戌) - (辛 · 己丑)

◎ 育成 同調 E場
卯 · 辰 - 午 · 未
(乙 · 戊辰) - (丁 · 己未)

④ 卯 ↔ 辰 相害 干涉 Energy場
(乙 ↔ 戊辰)

◎ 補 Energy場
亥 · 未 - 申 · 子
(壬 · 己未) - (庚 · 癸)

◎ 育成 同調 E場
寅 · 辰 - 寅 · 卯
(甲 · 戊辰) - (甲 · 乙)

⑤ 申 ↔ 亥 相害 干涉 Energy場
(庚 ↔ 壬)

◎ 補 Energy場
子・辰 - 卯・未
(癸・戊$_{辰}$) - (乙・己$_{未}$)

◎ 育成 同調 E場
酉・戌 - 子・丑
(辛・戊$_{戌}$) - (癸・己$_{丑}$)

⑥ 酉 ↔ 戌 相害 干涉 Energy場
(辛 ↔ 戊$_{戌}$)

◎ 補 Energy場
巳・丑 - 寅・午
(丙・己$_{丑}$) - (甲・丁)

◎ 育成 同調 E場
申・戌 - 申・酉
(庚・戊$_{戌}$) - (庚・辛)

(5) 怨嗔干涉 Energy場의 補完과 育成同調

① 子 - 未 怨嗔 干涉 Energy場

◎ 補 Energy場
申・辰 - 亥・卯
(庚・戊$_{辰}$) - (壬・乙)

◎ 育成 同調 E場
亥・丑 - 巳・午
(壬・己$_{丑}$) - (丙・丁)

② 丑 - 午 怨嗔 干涉 Energy場

◎ 補 Energy場
巳・酉 - 寅・戌
(丙・辛) - (甲・戊$_{戌}$)

◎ 育成 同調 E場
亥・子 - 巳・未
(壬・癸) - (丙・己$_{未}$)

③ 寅 - 酉 怨嗔 干涉 Energy場

◎ 補 Energy場
午・戌 - 巳・丑
(丁・戊$_{戌}$) - (丙・己$_{丑}$)

◎ 育成 同調 E場
卯・辰 - 申・戌
(乙・戊$_{辰}$) - (庚・戊$_{戌}$)

④ 卯 - 申 怨嗔 干涉 Energy場

◎ 補 Energy場 ⎧ 亥・未 - 子・辰
⎩ (壬・己未) - (癸・戊辰)

◎ 育成 同調 E場 ⎧ 寅・辰 - 酉・戌
⎩ (甲・戊辰) - (辛・戊戌)

⑤ 辰 - 亥 怨嗔 干涉 Energy場

◎ 補 Energy場 ⎧ 申・子 - 卯・未
⎩ (庚・癸) - (乙・己未)

◎ 育成 同調 E場 ⎧ 寅・卯 - 子・丑
⎩ (甲・乙) - (癸・己丑)

⑥ 巳 - 戌 怨嗔 干涉 Energy場

◎ 補 Energy場 ⎧ 酉・丑 - 寅・午
⎩ (辛・己丑) - (甲・丁)

◎ 育成 同調 E場 ⎧ 午・未 - 申・酉
⎩ (丁・己未) - (庚・辛)

(6) 自沖干涉 Energy場의 補完과 育成同調

① 子 ← 子 干涉 Energy場(子 自沖, 午 生起)
(癸 ← 癸)

同一極性의 同質 Energy場이 同一位相에서 合成하는 境遇는 마치 相互 自沖하는 것과 같은 現象을 發生시키면서 180° 反對 位相(午 位相)에서 最終安定을 取하고저 한다.

그러나 이러한 自沖的 Energy는 一但 그 衝擊 Energy 干涉場에 의해 相互 간의 勢力的 갈등을 일으키다가 安定位相을 구축하게 되는 까닭에, 本來의 全體 Energy 勢力場을 그대로 維持하지는 못하고 25% 內外의 Energy場 減少狀態에서 子 - 午 相對 Energy場으로서의 位相變位를 確保코저 한다.

그런데 이러한 子-午 相對 Energy場은 반드시 相互 相沖的 Energy場

干涉을 일으키게 되어 結果的으로는 25%~50% 程度의 Energy場 減少가 發生하게 되므로, 이를 補完 育成시키는 保護 Energy場이나 育成 同調 Energy場이 子-午 Energy를 運行시켜 安定 Energy場을 再構築하지 않으면 아니 된다.

卽, ◎ 補 Energy場 ⎧ 申・辰 - 寅・戌
⎩ (庚・戊$_{辰}$) - (甲・戊$_{戌}$)

◎ 育成 同調 E場 ⎧ 亥・丑 - 巳・未
⎩ (壬・己$_{丑}$) - (丙・己$_{未}$)

② 丑 ← 丑 干涉 Energy場(丑 自沖, 未 生起)
(己$_{丑}$ ← 己$_{丑}$)

◎ 補 Energy場 ⎧ 巳・酉 - 亥・卯
⎩ (丙・辛) - (壬・乙)

◎ 育成 同調 E場 ⎧ 亥・子 - 巳・午
⎩ (壬・癸) - (丙・丁)

③ 寅 ← 寅 干涉 Energy場(寅 自沖, 申 生起)

◎ 補 Energy場 ⎧ 午・戌 - 子・辰
⎩ (丁・戊$_{戌}$) - (癸・戊$_{辰}$)

◎ 育成 同調 E場 ⎧ 卯・辰 - 酉・戌
⎩ (乙・戊$_{辰}$) - (辛・戊$_{戌}$)

④ 卯 ← 卯 干涉 Energy場(卯 自沖, 酉 生起)

◎ 補 Energy場 ⎧ 亥・未 - 巳・丑
⎩ (壬・己$_{未}$) - (丙・己$_{丑}$)

◎ 育成 同調 E場 ⎧ 寅・辰 - 申・戌
⎩ (甲・戊$_{辰}$) - (庚・戊$_{戌}$)

⑤ 辰 ← 辰 干涉 Energy場(辰 自沖, 戌 生起)

◎ 補 Energy場
- 申・子 - 寅・午
- (庚・癸) - (甲・丁)

◎ 育成 同調 E場
- 寅・卯 - 申・酉
- (甲・乙) - (庚・辛)

⑥ 巳 ← 巳 干涉 Energy場(巳 自沖, 亥 生起)

◎ 補 Energy場
- 酉・丑 - 卯・未
- (辛・己$_{\text{丑}}$) - (乙・己$_{\text{未}}$)

◎ 育成 同調 E場
- 午・未 - 子・丑
- (丁・己$_{\text{未}}$) - (癸・己$_{\text{丑}}$)

⑦ 午 ← 午 干涉 Energy場(午 自沖, 子 生起)

◎ 補 Energy場
- 寅・戌 - 申・辰
- (甲・戊$_{\text{戌}}$) - (庚・戊$_{\text{辰}}$)

◎ 育成 同調 E場
- 巳・未 - 亥・丑
- (丙・己$_{\text{未}}$) - (壬・己$_{\text{丑}}$)

⑧ 未 ← 未 干涉 Energy場(未 自沖, 丑 生起)

◎ 補 Energy場
- 亥・卯 - 巳・酉
- (壬・乙) - (丙・辛)

◎ 育成 同調 E場
- 巳・午 - 亥・子
- (丙・丁) - (壬・癸)

⑨ 申 ← 申 干涉 Energy場(申 自沖, 寅 生起)

◎ 補 Energy場
- 子・辰 - 午・戌
- (癸・戊$_{\text{辰}}$) - (丁・戊$_{\text{戌}}$)

◎ 育成 同調 E場
- 酉・戌 - 卯・辰
- (辛・戊$_{\text{戌}}$) - (乙・戊$_{\text{辰}}$)

⑩ 酉 ← 酉 干涉 Energy場(酉 自沖, 卯 生起)

◎ 補 Energy場
巳・丑 - 亥・未
(丙・己$_{丑}$) - (壬・己$_{未}$)

◎ 育成 同調 E場
申・戌 - 寅・辰
(庚・戊$_{戌}$) - (甲・戊$_{辰}$)

⑪ 戌 ← 戌 干涉 Energy場(戌 自沖, 辰 生起)

◎ 補 Energy場
寅・午 - 申・子
(甲・丁) - (庚・癸)

◎ 育成 同調 E場
申・酉 - 寅・卯
(庚・辛) - (甲・乙)

⑫ 亥 ← 亥 干涉 Energy場(亥 自沖, 巳 生起)

◎ 補 Energy場
卯・未 - 酉・丑
(乙・己$_{未}$) - (辛・己$_{丑}$)

◎ 育成 同調 E場
子・丑 - 午・未
(癸・己$_{丑}$) - (丁・己$_{未}$)

※ 註

以上에서 諸 同調干涉의 Energy場을 살펴본 바와 같이, 補 Energy場이나 沖和 Energy場은 主가 三合同調 Energy場이거나 四正位 同調 Energy場 또는 二合同調 Energy場인 關係로 크게 吉할 수 있는 反面, 育成同調 Energy場은 勢同調 Energy場이 主가 되므로 자칫 太過할 境遇 지나치게 치우칠 수 있는 경향이 있으므로 細心히 觀察하여 把握함이 重要하다.

(7) 穴 同調 및 穴 干涉 Energy場의 早見表

〈표 3-46〉 穴 同調 및 穴 干涉 Energy場의 早見表

同調 및 干涉場 \ 穴 Energy場		子	丑	寅	卯	辰	巳	午	未	申	酉	戌	亥
同調E場	四位同調	午 卯酉	未 辰戌	申 巳亥	酉 子午	戌 丑未	亥 寅申	子 卯酉	丑 辰戌	寅 巳亥	卯 子午	辰 丑未	巳 寅申
	三合同調	申.辰	巳.酉	午.戌	亥.未	申.子	酉.丑	寅.戌	亥.卯	子.辰	巳.丑	寅.午	卯.未
	二合同調	丑	子	亥	戌	酉	申	未	午	巳	辰	卯	寅
	半合同調	申 辰	巳 酉	午 戌	亥 未	申 子	酉 丑	寅 戌	亥 卯	子 辰	巳 丑	寅 午	卯 未
	勢同調	亥 丑	亥 子	卯 辰	寅 辰	寅 卯	午 未	巳 未	巳 午	酉 戌	申 戌	申 酉	子 丑
	五氣同調	寅	寅 申	子 丑	巳	巳 午	卯 辰	辰	申 酉	丑 未	亥 未	亥	酉
干涉E場	沖干涉	午	未	申	酉	戌	亥	子	丑	寅	卯	辰	巳
	破干涉	酉	辰	亥	午	丑	申	卯	戌	巳	子	未	寅
	刑干涉	卯	戌	巳	子	辰	申	午	丑	巳	酉	丑	亥
	害干涉	未	午	巳	辰	卯	寅	丑	子	亥	戌	酉	申
	怨嗔干涉	未	午	酉	申	亥	戌	丑	子	卯	寅	巳	辰
	五氣干涉	巳 戌	卯	未	丑	亥	子	申	寅	午	卯	子	午 戌
其他E場	沖和E場		未		酉					申	卯		
	無記E場	未		申		亥	亥	亥	丑			戌	巳
穴場位相		玄水 中	玄水 左	青木 始	青木 中	青木 末	朱火 右	朱火 中	朱火 左	白金 末	白金 中	白金 始	玄水 右

제8절 穴核 Energy 算出과 그 應用

1. 穴核 Energy

穴核 基本 Energy는 穴板 部位別 Energy의 總和로서 다음과 같은 穴同調 凝縮 Energy가 形成된다.

$$\text{穴核 } E_0^{(f,x)} = \left\{ \text{入首頭腦 Energy 水}_{(a)}^{(f_H,\, x_H)} \right\} + \left\{ \begin{matrix} \text{青龍 Energy 木}^{(f_N,\, x_N)} \\ \text{白虎 Energy 金}^{(f_C,\, x_C)} \end{matrix} \right\}$$

$$+ \left\{ \text{穴心室 Energy 土}^{(f_T,\, x_T)} \right\} + \left\{ \text{纏脣 Energy 火}^{(f_O,\, x_O)} \right\}$$

$$+ \text{기타 補助 緣分 Energy}$$

1) 設定된 基本 穴核 $E_0^{(f,x)}$에서

(1) (f)는 穴板 部位別 凝縮同調 Energy場으로부터 供給되는 力學的 Energy 또는 物理的 Energy에 대한 善惡·美醜, 大小·强弱, 長短·吉凶 程度의 값을 나타내는 것이다.

(2) (x)는 穴板 部位別 凝縮同調 Energy場으로부터 供給되는 易理的 Energy 特性의 關係값을 말한다.

(3) 力學的 또는 物理的 Energy 特性에 對해서는

$$f = \left\{ \begin{array}{ll} \bullet\ \text{善·美·强·大·長·吉의 同調 Energy場} & : +5 \\ \bullet\ \text{惡·醜·弱·小·短·凶의 干涉 Energy場} & : -5 \\ \bullet\ \text{無記의 Energy場} & : \ \ 0 \end{array} \right\}$$

으로 하여 그 同調 程度値를 나타내고

(4) 易理的 穴場 部位 Energy 特性에 對해서는

x = {
- 穴場 부위 玄武 水, 青龍 木, 朱雀 火, 白虎 金의 基本 Energy 價 ⇒ (生 : +4, 剋 : -4)
- 穴場 부위 玄武 水, 青龍 木, 朱雀 火, 白虎 金의 周邊 土 Energy 價 ⇒ (生 : +1, 剋 : -1)
- 합성 穴土 易理的 Energy 價 ⇒ (生 : +5, 剋 : -5)

}

로 하여 그 易理的 同調値를 나타낸다.

2. 穴의 坐向別 方位 Energy 特性

穴場 部位別 方位 Energy 特性을 把握하여 各 部位別 穴場 Energy 特性과 合成한다.

1) 方位 Energy 特性을 (y)로 表示한다.
2) 그 값은 上記 '1. - 1) - (4)'의 方式에 準한다.
3) $E_0^{(f,x)+(y)} = E_0^{(f,x,y)}$로 穴核 Energy를 合成表示한다.

3. 使用時 또는 使用年數에 따른 年運別 穴場 Energy 特性因子를 (Z)로 表示하고 그 값의 決定은 '1. -1) - (4)'의 算出方式에 準하여 '2. -3)'과 合成한다. 卽, $E_0^{(f,x,y)+z} = E_0^{(f,x,y,z)}$로 나타난다.

4. 따라서 穴場의 合成 穴核 Energy는

$$E_0^{(f,x,y,z)} = \left\{ 水^{(f_H,x_H,y_H,z_H)}_{(f_H,x_H)} \right\} + \left\{ \begin{matrix} 木^{(f_N,x_N,y_N,z_N)} \\ 金^{(f_C,x_C,y_C,z_C)} \end{matrix} \right\} + \left\{ 土^{(f_T,x_T,y_T,z_T)} \right\} + \left\{ 火^{(f_O,x_O,y_O,z_O)} \right\}$$

로 合成 표시한다.

5. 다음으로 亡人의 合成 Energy를 把握한다.

亡人의 合成 Energy E_M은 다음 各 因子를 合成한다.

1) 人體 Energy : 生年・生月・生日・生時의 Energy 特性 原因子 → a
2) 死亡年運 Energy : 死亡 年・月・日・時의 Energy 特性 緣子 → b
3) 葬日 Energy : 葬事 年・月・日・時의 Energy 特性 緣子 → c
4) 年齡 Energy 常數 : 死亡年齡 Energy의 比率로서 90歲를 1로 基準한 값 → K

6. 위의 亡人 E_M를 '4.'의 穴核 Energy에 合成한다.

卽, 合成 綜合 $E_\triangle$는 $E_\triangle = E_0^{(f,x,y,z)} + E_M^{(a,b,c)K} = E_0^{K(f,x,y,z,a,b,c)}$로 表示 相生 相剋의 關係와 善・惡・美・醜, 大・小・强・弱, 長・短, 吉・凶의 詳細한 分析 Energy를 合成 算出한다.

※ ① 相生相剋은 (陰陽生合・陰相剋)을 우선 算定하고
② 善惡美醜大小强弱 등은 圓滿安定을 最善으로 하여, $\theta = \angle 30° \times n$ 秩序를 最吉로 한다.

제9절 穴場의 核 Energy場 發生原理와 그 發現秩序

1. 穴場의 核 Energy場 發生原理(本 原理는 四柱因子 發生原理와 同一)

- 天體 Energy場 同調
- 地氣 核 Energy場 發生
- 天地 Energy場 同調 透出
- 祖上 Energy場 發生 同調
- 祖孫 Energy場 同調 發現
- 年運別 同調 Energy場 發現

※ 當該 年月日時에 當該 穴場 發應하고 當該 祖孫 同調하면 當該 力量 理事 發現한다.

1) 天體 Energy場 前半期 同調 照臨(天鬼 貴人)

(1) 天體 Energy場의 五運氣 發生原理

※ 地氣 生命 活動秩序角 : 地氣 存在 形成角 $\theta=\angle 30° \times n$ (△, 六角)

※ 天體 Energy場 相生相剋秩序 : 五角 540°

1邊角 108°

五變 1角 36°

※ 理想的 最小安定 立體構造角 $\theta=\angle 60°$ △角形

따라서 三角構造 立體角 총화는 180°

그중 最安定 立體角은 $\theta=\angle 60°$

(不備 條件일 경우 不安定 立體構造 E體)

(2) 穴場 發應同調

① 甲己之年 土運 同調

穴核心 - 戊(乾巽)己(艮坤) 乙辰 辛戌 癸丑 丁未 穴場 土運 同調

甲己方 穴場 -（乾甲丁 亥卯未）（坤壬乙 申子辰）（艮丙辛 寅午戌）土運 同調

② 乙庚之年 金運 同調

穴核心 - 坤申 庚酉 辛戌 穴場 金運 同調

乙庚方 穴場 -（坤壬乙 申子辰）（巽庚癸 巳酉丑）金運 同調

③ 丙辛之年 水運 同調

穴核心 - 乾亥 壬子 癸丑 穴場 水運 同調

丙辛方 穴場 -（艮丙辛 寅午戌）水運 同調

④ 丁壬之年 木運 同調

穴核心 - 艮寅 甲卯 乙辰 穴場 木運 同調

丁壬方 穴場 -（乾甲丁 亥卯未）（坤壬乙 申子辰）木運 同調

⑤ 戊癸之年 火運 同調

穴核心 - 巽巳 丙午 丁未 穴場 火運 同調

戊癸方 穴場 -（乾甲丁 亥卯未）（巽庚癸 巳酉丑）火運 同調

2) 地氣 核 Energy場 後半期 發生原理(地鬼 貴人)

(1) 陰陽合 年月日時：陰陽合之穴場 同調秩序

（子丑之年 子丑穴場）（寅亥之年 寅亥穴場）（卯戌之年 卯戌穴場）（辰酉之年 辰酉穴場）（巳申之年 巳申穴場）（午未之年 午未穴場）同調發現

(2) 三合 年月日時：三合年月 三合穴場 同調秩序

（申子辰年 申子辰穴場）（寅午戌年 寅午戌穴場）（亥卯未年 亥卯未穴場）（巳酉丑年 巳酉丑穴場）同調發現

3) 天地氣 同調 Energy場의 前後期 發生原理
(天干地支 合居 同調場 → 十二方位 Energy場)

(1) 乾(戊戌)甲丁 年月日時 乾甲丁 亥卯未 穴場同調 Energy場 發生
(2) 坤(己未)壬乙 年月日時 坤壬乙 申子辰 穴場同調 Energy場 發生
(3) 艮(己丑)丙辛 年月日時 艮丙辛 寅午戌 穴場同調 Energy場 發生
(4) 巽(戊辰)庚癸 年月日時 巽庚癸 巳酉丑 穴場同調 Energy場 發生

2. 當該 年月 當該 祖孫 當該 穴場 當該 發應

1) 當該 年月日時

(1) 五十土運之年(脾胃氣)

① 甲己之年 : 乾亥 甲卯 丁未 年月日時, 甲己合 年月, 寅亥 卯戌 午未合 年月
② 甲己合化土運年과의 因緣之年 : 戊己, 辰戌丑未之年月, 子丑合 年月

(2) 一六水運之年(腎膀子宮三焦氣)

① 丙辛之年 : 艮寅 丙午 辛戌 年月, 丙辛合 年月, 寅亥 卯戌 午未合 年月
② 丙辛合化水運年과의 因緣之年 : 壬子 乾亥 癸丑 年月, 申子辰(三合), 巳申(陰陽合) 年月

(3) 二七火運之年(心小心胞氣)

① 戊癸之年 : 乾亥 甲卯 丁未 巽巳 庚酉 癸丑 年月, 寅亥 卯戌 午未 巳申 辰酉 子丑 年月
② 戊癸合化火運年과의 因緣之年 : 丙午 丁未 巽巳 年月, 寅午戌 卯戌 午未合 年月

(4) 三八木運之年(肝膽筋氣)

① 丁壬之年 : 乾亥 甲卯 丁未, 坤申 壬子 乙辰 年月, 寅亥 卯戌 午未 巳申 子丑 辰酉 年月

② 丁壬合化木運年과의 因緣之年 : 艮寅 甲卯 乙辰 年月, 亥卯未 寅亥合 年月

(5) 四九金之年(肺大皮氣)

① 乙庚之年 : 坤申 壬子 乙辰 巽巳 庚酉 癸丑 年月, 巳申 子丑 辰酉 年月

② 乙庚合化金運年과의 因緣之年 : 坤申 庚酉 辛戌 年月, 巳酉丑 辰酉合 年月

2) 當該 祖孫

(1) 祖上 Energy場

曾祖, 祖父, 父母 順 山 Energy場 發應
年月日時別 祖上 同調 Energy場 發現

(2) 子孫 Energy場

生年月日時가 歲運 年月日時와 二重疊時 安全, 三重疊時는 太過殺 穴場運이 又 重疊時는 亦是 一時 不及殺

※ 天(歲運)地(穴運)人(四星) 重合時 太過 則 不及

3) 當該 穴場

(1) 天體 五運 照臨
(2) 地氣 穴場 五運

4) 當該 穴場 命運과 當該 理事 發現

(1) 當該 穴場 命運 發應
(2) 當該 穴場 所管 發應

※ 四星穴場

年柱 : 玄水, 頭腦, 局勢

月柱 : 朱火, 纏脣, 風水

月柱 : 皇土, 穴核, 天照

時柱 : 蟬翼, 界水, 明崗

(⊕男 ⊖女)

3. 穴場의 到來秩序 原理

※ 年月日時生別 勢運 穴場 發應(蔭德)秩序

基本發應(同氣感應) 原則

- 當該年生 當該年月 當該穴場 當該理事 發現
- 當該 年月日生 當該 年月日 → 當該 發應

1) 玄水 Energy場 感應秩序(發應順別)(貴官祿智靈 主管)(年柱特發同調)

(1) 壬子 年月日時生 穴場 發應秩序

壬子 年月日時 壬子 部位 穴 Energy場 壬子 理事 發應

(2) 坤(己)壬乙 年月日時生 穴場 發應秩序

坤壬乙 年月日時 坤壬乙 三合部位 坤壬乙 三合 理事 發應

(3) 申子辰 年月日時生 穴場 發應秩序

申子辰 年月日時 申子辰 三合部位 申子辰 三合 理事 發應

(4) 丁壬木 年月日時生 穴場 發應秩序

丁壬合木 年月日時 丁壬合木 部位 穴場 丁壬合木 理事 發應

(5) 子丑合土 年月日時生 穴場 發應秩序

子丑合土 年月日時 子丑合土 部位 穴場 子丑合土 理事 發應

(6) 甲己 丁壬 乙庚合 年月日時生 穴場 發應秩序

甲己 丁壬 乙庚合 年月日時生 甲己 丁壬 乙庚合 穴部位 甲己 丁壬 乙庚合 性 理事 發應

(7) 丙辛 巳申合水 年月日時生 穴場 發應秩序

丙辛 巳申合水 年月日時 丙辛 巳申合水 部位 丙辛 巳申合水 理事 發應

(8) 辰酉合金 年月日時生 穴場 發應秩序

辰酉合金 年月日時 辰酉合金 穴場 部位 辰酉合金 理事 發應

2) 朱火 Energy場 感應秩序(管庫社會名譽 主管)(月柱特發同調)

(1) 丙午 年月日時生 穴場 發應秩序

丙午 年月日時 丙午 部位 穴 Energy場 丙午 理事 發應

(2) 艮(己)丙辛 年月日時生 穴場 發應秩序

艮丙辛 年月日時 艮丙辛 三合穴場 艮丙辛 三合 理事 發應

(3) 寅午戌 年月日時生 穴場 發應秩序

寅午戌 年月日時 寅午戌 三合穴場 寅午戌 三合 理事 發應

(4) 丙辛合水 年月日時生 穴場 發應秩序

丙辛合水 年月日時 丙辛合水 穴場 部位 丙辛合水 理事 發應

(5) 午未合火土 年月日時生 穴場 發應秩序

午未合火土 年月日時 午未合火土 部位 穴場 午未合火土 理事 發應

(6) 甲己 丙辛合 年月日時生 穴場 發應秩序

甲己 丙辛合 年月日時 甲己 丙辛合 穴場部位 甲己 丙辛合 理事 發應

(7) 戊癸 卯戌合火 年月日時生 穴場 發應秩序

戊癸 卯戌合火 年月日時 戊癸 卯戌合火 穴場 部位 戊癸 卯戌合火 理事 發應

(8) 寅亥合木 年月日時生 穴場 發應秩序

寅亥合木 年月日時 寅亥合木 穴場 部位 寅亥合木 理事 發應

3) 靑木 Energy場 感應秩序(成就, 意志, 能力, 貴官祿權 主帝)(⊕時柱特發同調)

(1) 甲卯 年月日時生 穴場 發應秩序

甲卯 年月日時 甲卯 部位 穴 Energy場 甲卯 理事 發應

(2) 乾甲丁 年月日時生 穴場 發應秩序

乾甲丁 年月日時 乾甲丁 三合部位 乾甲丁 三合 理事 發應

(3) 亥卯未 年月日時生 穴場 發應秩序

亥卯未 年月日時 亥卯未 三合部位 亥卯未 三合 理事 發應

(4) 甲己合土 年月日時生 穴場 發應秩序

甲己合土 年月日時 甲己合土 部位 穴場 甲己合土 理事 發應

(5) 卯戌合火 年月日時生 穴場 發應秩序

卯戌合火 年月日時 卯戌合火 部位 穴場 卯戌合火 理事 發應

(6) 戊癸 甲己 丁壬合 年月日時生 穴場 發應秩序

戊癸 甲己 丁壬合 年月日時生 戊癸 甲己 丁壬合 穴部位 戊癸 甲己 丁壬合性 理事 發應

(7) 丁壬 寅亥合木 年月日時生 穴場 發應秩序

丁壬 寅亥合木 年月日時 丁壬 寅亥合木 穴場 部位 丁壬 寅亥合木 理事 發應

(8) 午未合火土 年月日時生 穴場 發應秩序

午未合火土 年月日時 午未合火土 穴場 部位 午未合火土 理事 發應

4) 白金 Energy場 感應秩序(武富藝技, 手段)(⊖時柱特發同調)

(1) 庚酉 年月日時生 穴場 發應秩序

庚酉 年月日時 庚酉 部位 穴 Energy場 庚酉 理事 發應

(2) 巽(戊)庚癸 年月日時生 穴場 發應秩序

巽庚癸 年月日時 巽庚癸 三合穴場 巽庚癸 三合 理事 發應

(3) 巳酉丑 年月日時生 穴場 發應秩序

巳酉丑 年月日時 巳酉丑 三合穴場 巳酉丑 三合 理事 發應

(4) 乙庚合金 年月日時生 穴場 發應秩序

乙庚合金 年月日時 乙庚合金 穴場 部位 乙庚合金 理事 發應

(5) 辰酉合金 年月日時生 穴場 發應秩序

辰酉合金 年月日時 辰酉合金 部位 穴場 辰酉合金 理事 發應

(6) 戊癸 乙庚合 年月日時生 穴場 發應秩序

戊癸 乙庚合火金 年月日時 戊癸 乙庚合火金 穴場部位 戊癸 乙庚合火金 理事 發應

(7) 乙庚 辰酉合金 年月日時生 穴場 發應秩序

乙庚 辰酉合金 年月日時 乙庚 辰酉合金 穴場 部位 乙庚 辰酉合金 理事 發應

(8) 巳申 辰酉 子丑合 年月日時生 穴場 發應秩序

巳申 辰酉 子丑合化 年月日時 巳申 辰酉 子丑合化 穴場 部位 巳申 辰酉 子丑合化 理事 發應

※ 草家三間 三位一體 因緣論

① 人間因緣

② 空間因緣 → 理事無碍 成就原理

③ 時間因緣

※ 黃土 Energy場 感應秩序(日柱意志 特發同調)

5) 左玄水(⊕偏印) 癸丑 Energy場 感應秩序(成就, 意志能力, 貴官祿權 豫備能力)

(1) 癸丑 年月日時生 穴場 發應秩序

癸丑 年月日時 癸丑 部位 穴 Energy場 癸丑 理事 發應

(2) 巽(戊辰)庚癸 年月日時生 穴場 發應秩序

巽庚癸 年月日時 巽庚癸 三合部位 巽庚癸 三合 理事 發應

(3) 巳酉丑 年月日時生 穴場 發應秩序

巳酉丑 年月日時 巳酉丑 三合部位 巳酉丑 三合 理事 發應

(4) 戊癸合火 年月日時生 穴場 發應秩序

戊癸合火 年月日時 戊癸合火 部位 穴場 戊癸合火 理事 發應

(5) 子丑合土 年月日時生 穴場 發應秩序

子丑合土 年月日時 子丑合土 部位 穴場 子丑合土 理事 發應

(6) 戊癸 乙庚 火金合 年月日時生 穴場 發應秩序

戊癸 乙庚 火金合 年月日時生 戊癸 乙庚 火金合 穴場 部位 戊癸 乙庚 火金合 合性 理事 發應

(7) 丙辛 巳申合木 年月日時生 穴場 發應秩序

丙辛 巳申合木 年月日時 丙辛 巳申合木 穴場 部位 丙辛 巳申合木 理事 發應

(8) 辰酉合金 年月日時生 穴場 發應秩序

辰酉合金 年月日時 辰酉合金 穴場 部位 辰酉合金 理事 發應

6) 右玄水(㊀偏印) 乾亥 Energy場 感應秩序(武富藝技, 妻財, 白金 豫備能力)

(1) 乾(戊戌)亥 年月日時生 穴場 發應秩序

乾亥 年月日時 乾亥 部位 穴 Energy場 乾亥 理事 發應

(2) 乾甲丁 年月日時生 穴場 發應秩序

乾甲丁 年月日時 乾甲丁 三合穴場 乾甲丁 三合 理事 發應

(3) 亥卯未 年月日時生 穴場 發應秩序

亥卯未 年月日時 亥卯未 三合穴場 亥卯未 三合 理事 發應

(4) 戊癸合火 年月日時生 穴場 發應秩序

戊癸合火 年月日時 戊癸合火 穴場 部位 戊癸合火 理事 發應

(5) 寅亥合木 年月日時生 穴場 發應秩序

寅亥合木 年月日時 寅亥合木 部位 穴場 寅亥合木 理事 發應

(6) 戊癸 甲己 丁壬 年月日時生 穴場 發應秩序

戊癸 甲己 丁壬 年月日時 戊癸 甲己 丁壬 穴場 部位 戊癸 甲己 丁壬 理事 發應

(7) 丙辛 巳申合木 年月日時生 穴場 發應秩序

丙辛 巳申合木 年月日時 丙辛 巳申合木 穴場 部位 丙辛 巳申合木 理事 發應

(8) 卯戌 午未合 年月日時生 穴場 發應秩序

卯戌 午未合 年月日時 卯戌 午未合 穴場 部位 卯戌 午未合 理事 發應

7) 左朱火(㊉偏官) 丁未 Energy場 感應秩序
(外交 外務, 相談, 契約, 管庫, 社會 經濟活動)

(1) 丁未 年月日時生 穴場 發應秩序

丁未 年月日時 癸丑 部位 穴 Energy場 丁未 理事 發應

(2) 乾(戊戌)甲丁 年月日時生 穴場 發應秩序

乾(戊戌)甲丁 年月日時 乾(戊戌)甲丁 三合部位 乾(戊戌)甲丁 三合 理事 發應

(3) 亥卯未 年月日時生 穴場 發應秩序

亥卯未 年月日時 亥卯未 三合部位 亥卯未 三合 理事 發應

(4) 丁壬合木 年月日時生 穴場 發應秩序

丁壬合木 年月日時 丁壬合木 部位 穴場 丁壬合木 理事 發應

(5) 午未合火土 年月日時生 穴場 發應秩序

午未合火土 年月日時 午未合火土 部位 穴場 午未合火土 理事 發應

(6) 戊癸 甲己 丁壬 木火土合 年月日時生 穴場 發應秩序

戊癸 甲己 丁壬 木火土合 年月日時生 戊癸 甲己 丁壬 木火土合 穴場 部位 戊癸 甲己 丁壬 木火土合 合性 理事 發應

(7) 戊癸 午未合火土 年月日時生 穴場 發應秩序

戊癸 午未合火土 年月日時 戊癸 午未合火土 穴場 部位 戊癸 午未合火土 理事 發應

(8) 寅亥 卯戌 午未 合 年月日時生 穴場 發應秩序

寅亥 卯戌 午未 合 年月日時 寅亥 卯戌 午未 合 穴場 部位 寅亥 卯戌 午未 合 理事 發應

8) 右朱火(⊖偏官) 巽巳 Energy場 感應秩序(靑木 凝集能力, 文人, 社會, 管庫)

(1) 巽巳 年月日時生 穴場 發應秩序

巽巳 年月日時 巽巳 部位 穴 Energy場 巽巳 理事 發應

(2) 巽(戊辰)庚癸 年月日時生 穴場 發應秩序

巽(戊辰)庚癸 年月日時 巽(戊辰)庚癸 三合穴場 巽(戊辰)庚癸 三合 理事 發應

(3) 巳酉丑 年月日時生 穴場 發應秩序

巳酉丑 年月日時 巳酉丑 三合穴場 巳酉丑 三合 理事 發應

(4) 戊辰癸合火 年月日時生 穴場 發應秩序

戊辰癸合火 年月日時 戊辰癸合火 穴場 部位 戊辰癸合火 理事 發應

(5) 巳申(刑破)合水 年月日時生 穴場 發應秩序

巳申合水 年月日時 巳申合水 部位 穴場 巳申合水 理事 發應

(6) 戊癸 乙庚 合 年月日時生 穴場 發應秩序

戊癸 乙庚 合化 年月日時 戊癸 乙庚 合化 穴場 部位 戊癸 乙庚 合化 理事 發應

(7) 戊癸 卯戌合火 年月日時生 穴場 發應秩序

戊癸 卯戌合火 年月日時 戊癸 卯戌合火 穴場 部位 戊癸 卯戌合火 理事 發應

(8) 巳申 辰酉 子丑合 年月日時生 穴場 發應秩序

巳申 辰酉 子丑合 年月日時 巳申 辰酉 子丑合 穴場 部位 巳申 辰酉 子丑 合 理事 發應

※ 穴場配位 相生相剋 因緣果報

- 三大 必須 因緣

① 人間因緣 : 人氣同調 - 人間關係 Energy場(木火期 Energy)(朱火配位同調)

② 空間因緣 : 地氣同調 - 明堂 Energy場(水土期 Energy) → 正常發福, 異常發凶(穴場黃土同調)

③ 時間因緣 : 時氣同調 - 歲運同調 Energy場(火金期 Energy)(玄水木金同調)

※ 現在 世間 時節運 : 初가을(消滅過程 中 生起 火金期)

9) 左靑木(下靑木) 乙辰 Energy場 感應秩序 (左腕, 靑朱關門, 官貴 關門, 生産, 收拾管理 能力)

(1) 乙辰 年月日時生 穴場 發應秩序

乙辰 年月日時 乙辰 部位 穴 Energy場 乙辰 理事 發應

(2) 坤(己未)壬乙 年月日時生 穴場 發應秩序(官祿 品性)

坤(己未)壬乙 年月日時 坤(己未)壬乙 三合穴場 坤(己未)壬乙 三合 理事 發應

(3) 申子辰 年月日時生 穴場 發應秩序(官貴祿 品格)

申子辰 年月日時 申子辰 三合穴場 申子辰 三合 理事 發應

(4) 乙庚合金 年月日時生 穴場 發應秩序(官財 活動의 均衡維持)

乙庚合金 年月日時 乙庚合金 穴場 部位 乙庚合金 理事 發應

(5) 辰酉合金 年月日時生 穴場 發應秩序(官祿財祿의 安定維持)

辰酉合金 年月日時 辰酉合金 部位 穴場 辰酉合金 理事 發應

(6) 甲己(土) 丁壬(木) 乙庚(金) 合 年月日時生 穴場 發應秩序(官富祿 安定能力)

甲己(土) 丁壬(木) 乙庚(金) 合化 年月日時 甲己(土) 丁壬(木) 乙庚(金) 合化 穴場 部位 甲己(土) 丁壬(木) 乙庚(金) 合化 理事 發應

(7) 丁壬 寅亥 合木 年月日時生 穴場 發應秩序(官祿 健康)

丁壬 寅亥 合木 年月日時 丁壬 寅亥 合木(青木 穴板) 部位 丁壬 寅亥 合木(青木 官祿 健康) 理事 發應

(8) 巳申(水) 子丑(土) 辰酉(金) 合 年月日時生 穴場 發應秩序(安定 維持能力)

巳申(水) 子丑(土) 辰酉(金) 合 年月日時 巳申(水) 子丑(土) 辰酉(金) 合 穴場 部位 巳申(水) 子丑(土) 辰酉(金) 合 理事 發應

10) 右青木(上青木) 艮寅 Energy場 感應秩序
(上肩 青木 Energy 供給能力, 官貴富祿 成就意志)

(1) 艮寅 年月日時生 穴場 發應秩序(左肩, 官祿 登貴 健康 進取 能力)

艮寅 年月日時 艮寅 部位 穴 Energy場 艮寅 理事 發應

(2) 艮(己丑)丙辛 年月日時生 穴場 發應秩序(官富財才 品性)

艮(己丑)丙辛 年月日時 艮(己丑)丙辛 三合部位 艮(己丑)丙辛 三合 理事 發應

(3) 寅午戌 年月日時生 穴場 發應秩序(官氣發生 富財 品性)

寅午戌 年月日時 寅午戌 三合部位 寅午戌 三合 理事 發應

(4) 甲己合土 年月日時生 穴場 發應秩序(官祿 安定 維持力)

甲己合土 年月日時 甲己合土 部位 穴場 甲己合土 理事 發應

(5) 寅亥合木 年月日時生 穴場 發應秩序(官貴 意志)

寅亥合木 年月日時 寅亥合木 部位 穴場 寅亥合木 理事 發應

(6) 甲己(土) 丙辛(水) 合 年月日時生 穴場 發應秩序(財庫 安定意志)

甲己 丙辛 合化 年月日時生 甲己 丙辛 合化 穴場 部位 甲己 丙辛 合化 合性 理事 發應

(7) 丁壬 寅亥 合木 年月日時生 穴場 發應秩序(官貴 進取意志)

丁壬 寅亥 合木 年月日時 丁壬 寅亥 合木 穴場 部位 丁壬 寅亥 合木 理事 發應

(8) 寅亥(木) 午未(火土) 卯戌(火) 合 年月日時生 穴場 發應秩序(官富 成就意志 活動能力)

寅亥 午未 卯戌 木火土合 年月日時 寅亥 午未 卯戌 木火土合 穴場 部位 寅亥 午未 卯戌 木火土合 理事 發應

※ 天體 陰陽 + 地氣 陰陽 → 穴場 配屬

天地 陰陽 配位 → 六十甲子

同一 陰陽 天地 同調 Energy場 → 壬子 丙午 癸丑 丁未

※ 最善 發現 因子

壬子, 丙午 玄朱 中發	癸丑, 丁未 玄朱 左發	癸亥, 丁巳 玄朱 右發
	己丑, 己未 玄朱 左發	
己卯, 己酉 青白 中發	戊辰, 戊戌 青白 左發	甲寅, 庚申 青白 右發
	乙卯, 辛酉 青白 左發	

11) 左白金 辛戌 Energy場 感應秩序(正財星, 武富藝技, 財테크能力, 善女人)

(1) 辛戌 年月日時生 穴場 發應秩序(右肩)

辛戌 年月日時 辛戌 部位 穴 Energy場 辛戌 理事 發應

(2) 艮(己丑)丙辛 年月日時生 穴場 發應秩序(財祿 品性)

艮(己丑)丙辛 年月日時 艮(己丑)丙辛 三合穴場 艮(己丑)丙辛 三合 理事 發應

(3) 寅午戌 年月日時生 穴場 發應秩序(財祿 品格, 能力發揮)

寅午戌 年月日時 寅午戌 三合穴場 寅午戌 三合 理事 發應

(4) 丙辛合水 年月日時生 穴場 發應秩序(財테크, 蓄積)
丙辛合水 年月日時 丙辛合水 穴場 部位 丙辛合水 理事 發應

(5) 卯戌合火 年月日時生 穴場 發應秩序(財技, 妙術格, 蓄財, 手腕)
卯戌合火 年月日時 卯戌合火 部位 穴場 卯戌合火 理事 發應

(6) 甲己 丙辛 合 年月日時生 穴場 發應秩序(財武 品性)
甲己 丙辛 合化 年月日時 甲己 丙辛 合化 穴場 部位 甲己 丙辛 合化 理事 發應

(7) 乙庚 辰酉 合金 年月日時生 穴場 發應秩序(青白 均等意志, 均衡能力. ※ 肅殺之氣)
乙庚 辰酉 合金 年月日時 乙庚 辰酉 合金 穴場 部位 乙庚 辰酉 合金 理事 發應

(8) 寅亥 午未 卯戌 合 年月日時生 穴場 發應秩序(重厚 愼重格이 要求, 忍耐後 達人格)
寅亥 午未 卯戌 合 年月日時 寅亥 午未 卯戌 合 穴場 部位 寅亥 午未 卯戌 合 理事 發應

12) 右白金 坤申 Energy場 感應秩序(正財星, 武富藝技, 收藏能力)

(1) 坤申 年月日時生 穴場 發應秩序(富財女 關, 必須 時空因緣)
坤申 年月日時 坤申 部位 穴 Energy場 坤申 理事 發應

(2) 坤(己未)壬乙 年月日時生 穴場 發應秩序(哲學家, 指導力)
坤(己未)壬乙 年月日時 坤(己未)壬乙 三合部位 坤(己未)壬乙 三合 理事 發應

(3) 申子辰 年月日時生 穴場 發應秩序(指導格, CEO 能力)
申子辰 年月日時 申子辰 三合部位 申子辰 三合 理事 發應

(4) 甲己合土 年月日時生 穴場 發應秩序(收藏能力)
甲己合土 年月日時 甲己合土 部位 穴場 甲己合土 理事 發應

(5) 巳申(刑破)合水 年月日時生 穴場 發應秩序(武藝技 能力, 軍警, 檢判, 醫)
巳申(刑破)合水 年月日時 巳申(刑破)合水 部位 穴場 巳申(刑破)合水 理

事 發應

(6) 甲己 丁壬 乙庚 合 年月日時生 穴場 發應秩序(旺金 虛木 實土 心性安定)

甲己 丁壬 乙庚 合化 年月日時生 甲己 丁壬 乙庚 合化 穴場 部位 甲己 丁壬 乙庚 合化 合性 理事 發應

(7) 乙庚 辰酉 合金 年月日時生 穴場 發應秩序(金旺 故 修行 忍耐 必要, 肅殺之格)

乙庚 辰酉 合金 年月日時 乙庚 辰酉 合金 穴場 部位 乙庚 辰酉 合金 理事 發應

(8) 巳申 子丑 辰酉 合 年月日時生 穴場 發應秩序(武藝技醫檢判警)

巳申 子丑 辰酉 合 年月日時 巳申 子丑 辰酉 合 穴場 部位 巳申 子丑 辰酉 合 理事 發應

〈표 3-47〉 十二運星 因緣에 따른 穴場發應原理(風易運星)

日柱	穴場 Energy場 發應
壬子日生	(地) 申(生)子(旺)辰(庫)年 申子辰穴 申子辰發(玄水旺運氣發) (天) 坤壬乙年 坤壬乙穴 坤壬乙發(金水運氣發)
丙午日生	(地) 寅(生)午(旺)戌(庫) 寅午戌穴 寅午戌發(朱火旺運氣發) (天) 艮丙辛年 艮丙辛穴 艮丙辛發(木火運氣發)
甲卯日生	(地) 亥卯未年 亥卯未穴 亥卯未發(青木旺運氣發) (天) 乾甲丁年 乾甲丁穴 乾甲丁發(金水木運氣發)
庚酉日生	(地) 巳酉丑年 巳酉丑穴 巳酉丑發(白金旺運氣發) (天) 巽庚癸年 巽庚癸穴 巽庚癸發(木火金運氣發)
癸丑日生	(地) 巳酉丑年 巳酉丑穴 巳酉丑發(水金旺運氣發) (天) 巽庚癸年 巽庚癸穴 巽庚癸發(木火金水運氣發)
乾亥日生 (戊癸)	(地) 亥卯未年 亥卯未穴 亥卯未發(金水木旺運氣發) (天) 乾甲丁年 乾甲丁穴 乾甲丁發(金木火運氣發)
巽巳日生 (丁戊)	(地) 巳酉丑年 巳酉丑穴 巳酉丑發(木火金旺運氣發) (天) 巽庚癸年 巽庚癸穴 巽庚癸發(木金水運氣發)
丁未日生	(地) 亥卯未年 亥卯未穴 亥卯未發(火水木旺運氣發) (天) 乾甲丁年 乾甲丁穴 乾甲丁發(金水火運氣發)
艮寅日生 (甲己)	(地) 寅午戌 寅午戌穴 寅午戌發(木火旺運氣發) (天) 艮丙辛年 艮丙辛穴 艮丙辛發(木火金運氣發)
乙辰日生	(地) 申子辰年 申子辰穴 申子辰發(金水木旺運氣發) (天) 坤壬乙年 坤壬乙穴 坤壬乙發(金木水運氣發)
坤申日生 (己庚)	(地) 申子辰年 申子辰穴 申子辰發(金水旺運氣發) (天) 坤壬乙年 坤壬乙穴 坤壬乙發(金水運氣發)
辛戌日生	(地) 寅午戌 寅午戌穴 寅午戌發(木火旺運氣發) (天) 艮丙辛年 艮丙辛穴 艮丙辛發(木火金運氣發)

※ 穴場穴核黃土 Energy場 特發同調

4. 十二運星 ⊖⊕配位 風易運星

壬子⊕運 配 丙午⊖運 位　　甲卯⊕運 配 庚酉⊖運 位
癸丑⊕運 配 巽巳⊖運 位　　乾亥⊕運 配 丁未⊖運 位
艮寅⊕運 配 辛戌⊖運 位　　乙辰⊕運 配 坤申⊖運 位

子午卯酉 ⊕天旺官 ⊖天生官
寅申巳亥 ⊕天生官 ⊖天旺官
辰戌丑未 ⊖⊕庫藏

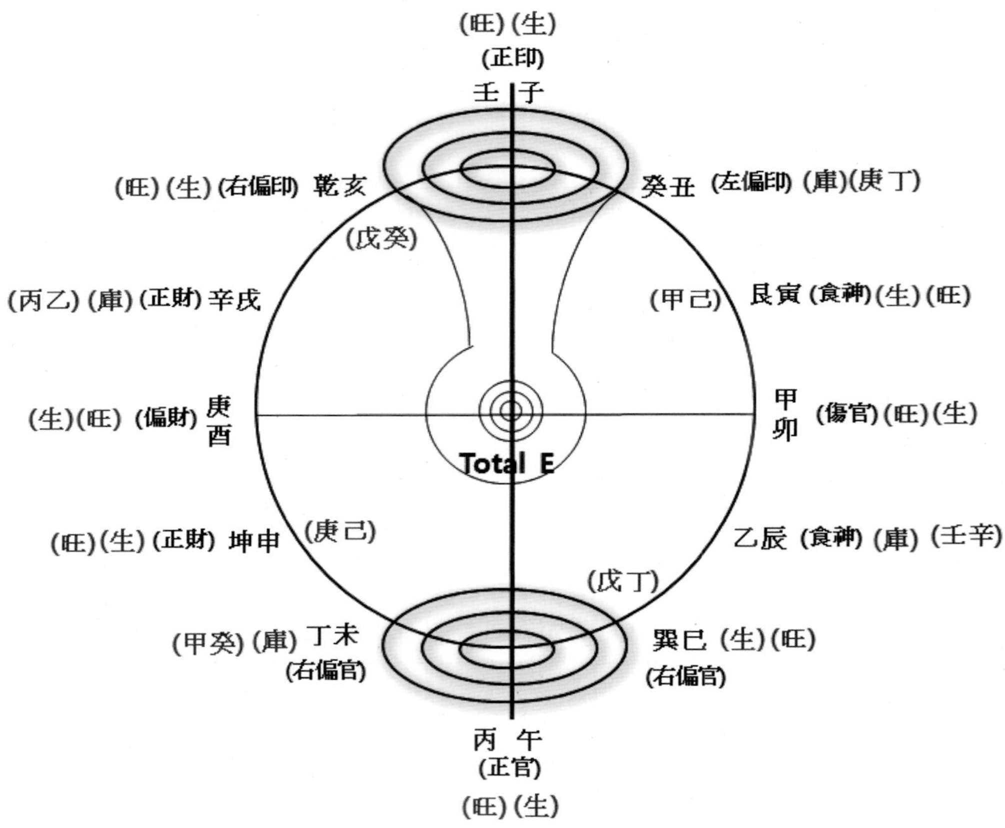

〈그림 3-79〉 十二運星 ⊖⊕配位 風易運星

5. 六十甲子別 穴場因緣 發應原理

(1) 甲子乙丑 年月日生 玄青同調 同宮相生

⊕木浴 ⊖木衰宮 : 生旺年月 穴場發應(生年月 乾亥丙午, 旺年月 卯壬寅丁巳)

(2) 丙寅丁卯 年月日生 朱木同調 同宮相生

⊕火生 ⊖火病宮 : 生旺年月 穴場發應(生年月 艮寅庚酉, 旺年月 午乙巳甲)

(3) 戊辰己巳 年月日生 核青 核朱 配位同調

⊕土帶 ⊖土旺宮 : 生旺年月 穴場發應(生年月 艮寅庚酉, 旺年月 午乙巳巳辰己)

(4) 庚午辛未 年月日生 白朱同調 配位同調

⊕金浴 ⊖金衰宮 : 生旺年月 穴場發應(生年月 巽巳壬子, 旺年月 酉丙申丁申)

(5) 壬申癸酉 年月日生 玄白同調 同宮相生

⊕水生 ⊖水病宮 : 生旺年月 穴場發應(生年月 坤申甲卯, 旺年月 子辛亥庚)

(6) 甲戌乙亥 年月日生 青白青玄同調 相對配位

⊕木養 ⊖木死宮 : 生旺年月 穴場發應(生年月 乾亥丙午, 旺年月 卯戊寅癸乾)

(7) 丙子丁丑 年月日生 朱玄同調 相對配位

⊕火胎 ⊖火藏宮 : 生旺年月 穴場發應(生年月 艮寅庚酉, 旺年月 午壬巳癸)

(8) 戊寅己卯 年月日生 核青同調 同宮相生

⊕核生 ⊖核病宮 : 生旺年月 穴場發應(生年月 艮寅庚酉, 旺年月 午甲艮巳甲乙)

(9) 庚辰辛巳 年月日生 金青朱同調 相生配位

⊕金養 ⊖金死宮 : 生旺年月 穴場發應(生年月 巽巳壬子, 旺年月 酉乙申丁)

(10) 壬午癸未 年月日生 核青同調 相對配位

⊕水胎 ⊖水藏宮 : 生旺年月 穴場發應(生年月 坤申甲卯, 旺年月 子丙亥丁

(11) 甲申乙酉 年月日生 青白同調 相對配位

⊕木胞 ⊖木胞宮 : 生旺年月 穴場發應(生年月 乾亥丙午, 旺年月 卯辛

坤寅庚)

(12) 丙戌丁亥 年月日生 朱白朱玄同調 相對配位

⊕火藏 ⊖火胞宮 : 生旺年月 穴場發應(生年月 艮寅庚酉, 旺年月 午戊巳癸乾)

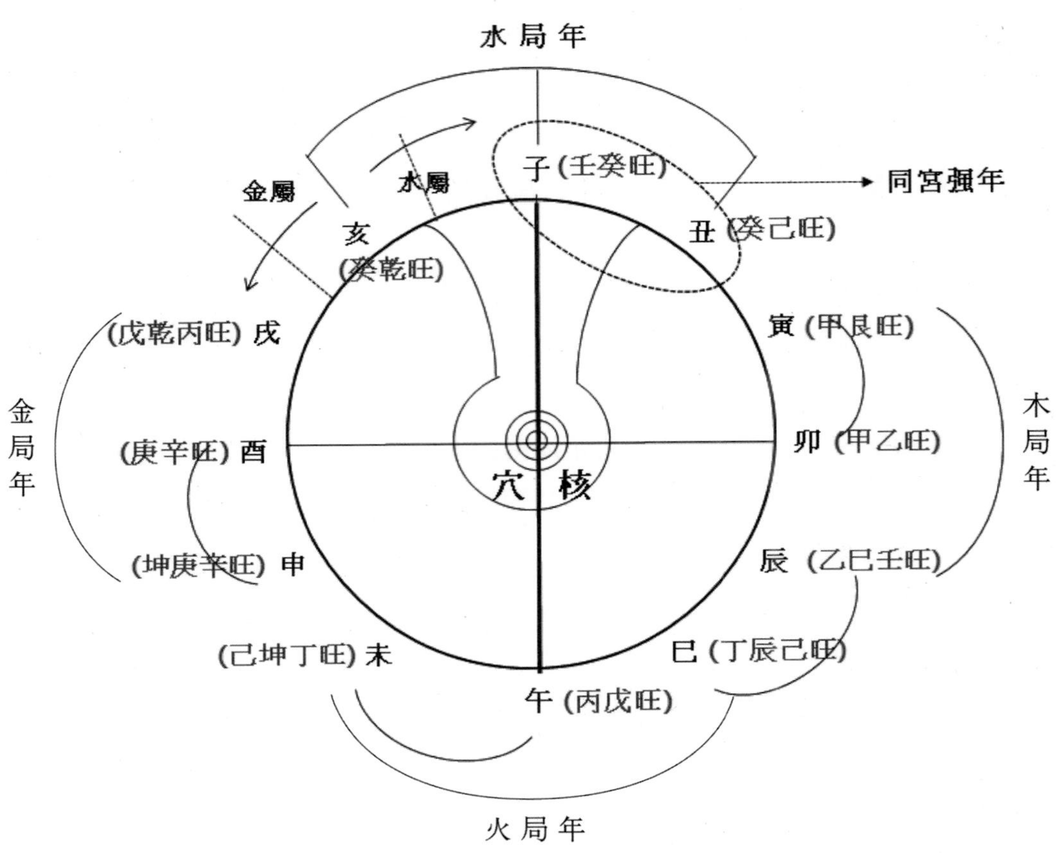

〈그림 3-80〉 六十甲子別 穴場因緣 發應原理

※ 十二宮 前生錄

胞宮 : 種子生氣因緣
胎宮 : 種子孕育因緣
養宮 : 前生報恩因緣
生宮 : 種子生産因緣

} 積業期

浴宮 : 換生因緣

帶宮 : 業障生成
祿宮 : 業障蕩滅 } 前業發福債務
旺宮 : 善果報恩

衰宮 : 報恩過果
病宮 : 過用應報 } 罪業果
死宮 : 果報消滅

藏宮 : 積善積德庫

(13) 戊子己丑 年月日生 核玄同調 入穴相生
⊕土胎 ⊖土藏宮 : 生旺年月 穴場發應
(生年月 艮寅庚酉, 旺年月 丙午丁巳癸庚酉)

(14) 庚寅辛卯 年月日生 白青同調 相對同宮配位
⊕金胞 ⊖金胞宮 : 生旺年月 穴場發應
(生年月 巽巳壬子, 旺年月 庚酉坤申丙午甲卯乙)

(15) 壬辰癸巳 年月日生 玄青朱同調 相生配位
⊕水庫 ⊖水胎宮 : 生旺年月 穴場發應
(生年月 坤申甲卯, 旺年月 壬子乾亥庚酉戊丁)
└ 戊癸

(16) 甲午乙未 年月日生 青朱同調 相生同宮
⊕木死 ⊖木養宮 : 生旺年月 穴場發應
(生年月 乾亥丙午, 旺年月 甲卯艮寅丙午甲卯丁)
└ 甲己

(17) 丙申丁酉 年月日生 朱白同調 生剋相對
⊕火病 ⊖火生宮 : 生旺年月 穴場發應
(生年月 艮寅庚酉, 旺年月 丙午巽巳壬子庚酉坤申)
└ 戊辰乙丁

(18) 戊戌己亥 年月日生 核白玄同調 相生配位

⊕土藏 ⊖土胎宮 : 生旺年月 穴場發應

(生年月 艮寅庚酉, 旺年月 丙戊午丁巳巽巳甲卯癸壬)

(19) 庚子辛丑 年月日生 白玄同調 相生配位

⊕金死 ⊖金養宮 : 生旺年月 穴場發應

(生年月 巽巳壬子, 旺年月 庚酉坤申壬子癸)
└→ 己庚丁

(20) 壬寅癸卯 年月日生 玄青同調 同宮相生

⊕水病 ⊖水生宮 : 生旺年月 穴場發應

(生年月 坤申甲卯, 旺年月 壬子癸亥乾亥丙午甲卯乙)

(21) 甲辰乙巳 年月日生 青朱同調 相生配位

⊕木衰 ⊖木浴宮 : 生旺年月 穴場發應

(生年月 乾亥丙午, 旺年月 甲卯艮寅壬子庚酉戊丁)
└→ 甲己丑

(22) 丙午丁未(朱火 Energy場) 年月日生 朱火同宮 相生配位

⊕火旺 ⊖火冠帶宮 : 生旺年月 穴場發應

(生年月 艮寅庚酉, 旺年月 丙午丁巳丁未)

(23) 戊申己酉(土金 Energy場) 年月日生 白穴同調 相生同宮

⊕土病 ⊖土生宮 : 生旺年月 穴場發應

(生年月 艮寅庚酉, 旺年月 丙(戊)午巽巳坤申庚酉)

(24) 庚戌辛亥(金水 Energy場) 年月日生 白玄同調 相生配位

⊕金衰 ⊖金浴宮 : 生旺年月 穴場發應

(生年月 巽巳壬子甲卯, 旺年月 庚酉坤申癸亥)

(25) 壬子癸丑(水旺 Energy場) 年月日生 玄水同宮 相生配位

⊕水旺 ⊖土冠帶宮 : 生旺年月 穴場發應

(生年月 坤申甲卯, 旺年月 壬子乾亥)

(26) 甲寅乙卯(木旺 Energy場) 年月日生 青木同宮 合局配位(木太過)

⊕木祿 ⊖木祿宮 : 生旺年月 穴場發應

(生年月 乾亥丙午癸亥, 旺年月 甲卯艮寅乙辰)

(27) 丙辰丁巳(木火 Energy場) 年月日生 朱青同調 關門配位
⊕火冠帶 ⊖火旺宮 : 生旺年月 穴場發應
(生年月 艮寅庚酉, 旺年月 丙午丁巳巽巳)

(28) 戊午己未(火土 Energy場) 年月日生 朱穴同調 相生拜位
⊕土旺 ⊖土冠帶宮 : 生旺年月 穴場發應
(生年月 艮寅庚酉, 旺年月 丙午戊午巽巳丁巳)

(29) 庚申辛酉(金旺 Energy場) 年月日生 白金同宮 合居配位(金太過)
⊕金祿 ⊖金祿宮 : 生旺年月 穴場發應
(生年月 巽巳丁巳己巳壬子, 旺年月 辛戌庚酉坤申)

(30) 壬戌癸亥(金水 Energy場) 年月日生 玄白同調 相生配位(右天關門)
⊕水冠帶 ⊖水旺宮 : 生旺年月 穴場發應
(生年月 坤申甲卯, 旺年月 壬子癸亥)

※ 山殺穴場은 必然 山殺 後 風水殺

※ 穴場發現 最善 因果(風易)

① 壬子穴場 壬子年月 壬子日生 壬子發現
(丁壬穴場 丁壬年月 丁壬日生 丁壬發現)

② 丙午穴場 丙午年月 丙午日生 丙午發現
(丙辛穴場 丙辛年月 丙辛日生 丙辛發現)

③ 甲卯穴場 甲卯年月 甲卯日生 甲卯發現
(甲己穴場 甲己年月 甲己日生 甲己發現)

④ 庚酉穴場 庚酉年月 庚酉日生 庚酉發現
(乙庚穴場 乙庚年月 乙庚日生 乙庚發現)

⑤ 癸丑穴場 癸丑年月 癸丑日生 癸丑發現
(戊癸穴場 戊癸年月 戊癸日生 戊癸發現)

⑥ 艮寅穴場 艮寅年月 艮寅日生 艮寅發現
(甲己穴場 甲己年月 甲己日生 甲己發現)

⑦ 乙辰穴場 乙辰年月 乙辰日生 乙辰發現
(乙庚穴場 乙庚年月 乙庚日生 乙庚發現)

⑧ 巽巳穴場 巽巳年月 巽巳日生 巽巳發現
(戊癸穴場 戊癸年月 戊癸日生 戊癸發現)

⑨ 丁未穴場 丁未年月 丁未日生 丁未發現
(丁壬穴場 丁壬年月 丁壬日生 丁壬發現)

⑩ 坤申穴場 坤申年月 坤申日生 坤申發現
(甲己穴場 甲己年月 甲己日生 甲己發現)

⑪ 辛戌穴場 辛戌年月 辛戌日生 辛戌發現
(丙辛穴場 丙辛年月 丙辛日生 丙辛發現)

⑫ 乾亥穴場 乾亥年月 乾亥日生 乾亥發現
(戊癸穴場 戊癸年月 戊癸日生 戊癸發現)

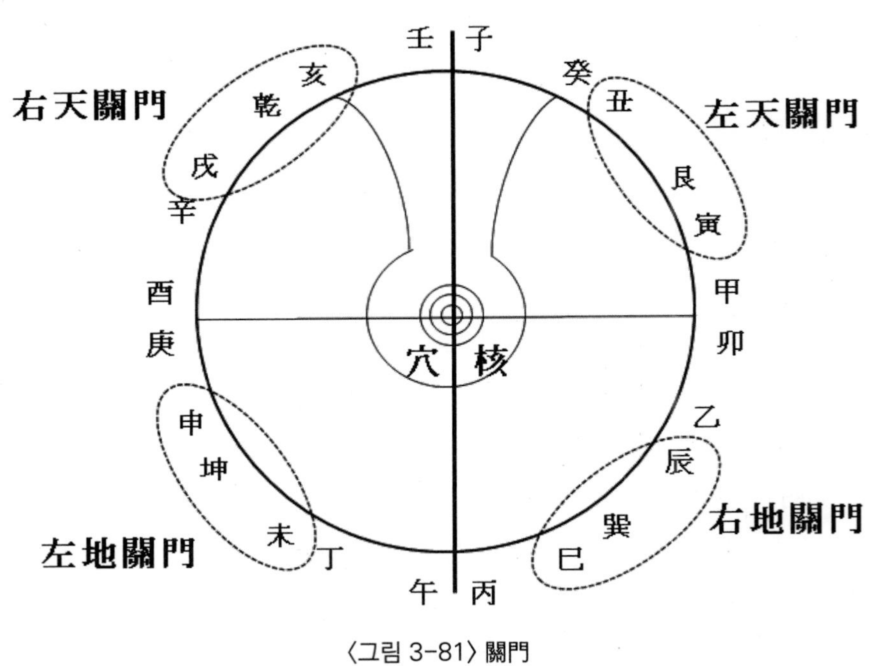

〈그림 3-81〉 關門

※ 穴場 發應 秩序 原理

一型 : 年月生起 日旺發現 時庫收藏(本人旺發 子孫遲發)

二型 : 年月旺發 日生起 上時庫收藏(本人初發 祖上旺發 子孫遲發)
三型 : 年月收庫藏 日旺發現 時生起上(祖蔭德 本人旺發 子孫初發)
四型 : 年月生起 日庫收藏 時旺發現(初年苦生 祖上農事 子孫旺發)
五型 : 年月旺發 日庫藏 時生起(祖上榮華 本人沈滯 子孫初發)
六型 : 年月庫藏 日生起 時旺發現(祖上沈滯 本人勞力 子孫旺發

- 金水發應 : 申子辰生 申子辰年 申子辰穴 申子辰發(白玄穴場發應)
→ 貴福祿 官運祿 命祿
坤申生起 壬子發現 乙辰收藏(丁己庚)
- 木火發應 : 寅午戌生 寅午戌年 寅午戌穴 寅午戌發(青朱穴場發應)
→ 財福祿 社會祿
艮寅生起 丙午發現 辛戌收藏(甲己癸)
- 水木發應 : 亥卯未生 亥卯未年 亥卯未穴 亥卯未發(玄青穴場發應)
→ 名藝祿 人氣祿
乾亥生起 甲卯發現 丁未收藏(戊癸辛壬)
- 火金發應 : 巳酉丑生 巳酉丑現 巳酉丑穴 巳酉丑發(朱白穴場發應)
→ 武財技祿
巽巳生起 庚酉發現 癸丑收藏(戊乙丙)

水木 穴場 : 種子優先
火金 穴場 : 田宅優先
木火 穴場 : 成長能力
金水 穴場 : 企劃能力
水火 穴場 : 出世能力
木金 穴場 : 多才多能(葛藤)

6. 刑·衝·沖·破·害·怨嗔 殺의 原理

1) ⊕衝殺 Energy

枝龍 橈棹 支脚殺로 인한 山殺 水殺 風殺(三殺 又는 三災殺)의 刑破殺

(1) 衝殺 Energy角(衝擊殺) : $\theta=\angle\oplus180°$ 相衝殺(一方 太過 又는 不及時 發生)
壬子 ↔ 丙午殺, 甲卯 ↔ 庚酉殺, 艮寅 ↔ 坤申殺, 巽巳 ↔ 乾亥殺
乙辰 ↔ 辛戌殺, 癸丑 ↔ 丁未殺

(2) 刑破殺 Energy角 : $\theta=\angle\oplus90°$ 相交殺(一方 側面 擊碎殺)
壬子-甲卯, 壬子-庚酉, 丙午-甲卯, 丙午-庚酉, 艮寅-乾亥, 艮寅-巽巳, 巽巳-坤申, 坤申-乾亥, 乙辰-癸丑, 辛戌-丁未, 癸丑-辛戌, 乙辰-丁未

(3) 怨害殺 Energy角(崩漏殺, suction) : $\theta=\angle30°$, $\theta=\angle60°$ 割剪殺
壬子-丁未, 癸丑-丙午, 艮寅-庚酉, 甲卯-坤申, 乙辰-乾亥, 巽巳-辛戌, 癸丑-乾亥, 巽巳-丁未, 艮寅-乙辰, 坤申-辛戌, 甲卯-乙辰, 庚酉-辛戌

2) ⊖沖殺 Energy

枝橈支에 의한 山水風殺이 아니라 相對配位 Energy體(枝橈支)의 反背 飛走에 의한 ⊖山水風 空亡殺. 沖 又는 沖沖殺(回沖殺)

(1) 自沖殺 Energy角 : $\theta=\angle\ominus180°$
壬子 背走 壬子 沖, 丙午 背走 丙午 沖, 甲卯 背走 甲卯 沖, 庚酉 背走 庚酉 沖, 艮寅 背走 艮寅 沖, 乙辰 背走 乙辰 沖, 辛戌 背走 辛戌 沖, 坤申 背走 坤申 沖. 乾亥 背走 乾亥 沖, 癸丑 背走 癸丑 沖, 巽巳 背走 巽巳 沖, 丁未 背走 丁未 沖

(2) $\theta=\angle\ominus90°$ 刑破沖殺

(3) 沖沖(四沖殺) Energy角
子午回沖 - 壬子 背走 壬子 空亡 加 丙午 背走 丙午 空亡(玄朱空亡)

卯酉回沖 – 甲卯 背走 甲卯 空亡 加 庚酉 背走 庚酉 空亡(青白空亡)
寅申回沖 – 艮寅 背走 艮寅 空亡 加 坤申 背走 坤申 空亡(青肩白腕空亡)
辰戌回沖 – 乙辰 背走 乙辰 空亡 加 辛戌 背走 辛戌 空亡(青腕白肩空亡)
亥巳回沖 – 乾亥 背走 乾亥 空亡 加 巽巳 背走 巽巳 空亡(玄朱右官空亡)
丑未回沖 – 癸丑 背走 癸丑 空亡 加 丁未 背走 丁未 空亡(玄朱左官空亡)

7. 衝(⊕)極 卽 衝衝, 重衝擊 卽 沖(⊖)回沖殺

1) 四正貴節의 刑沖破害殺

(1) 子午卯酉 四正位 中 子玄 空亡(殺)時 : 午卯刑破 午酉刑破 卯酉刑破沖害殺
(2) 子午卯酉 四正位 中 午朱 空亡(殺)時 : 子卯刑破 子酉刑破 卯酉刑破沖害殺
(3) 子午卯酉 四正位 中 卯青 空亡(殺)時 : 子酉刑破 午酉刑破 子午刑破沖害殺
(4) 子午卯酉 四正位 中 酉白 空亡(殺)時 : 子卯刑破 午卯刑破 子午刑破沖害殺

2) 四孫生節의 刑沖破害殺

(1) 寅申巳亥 四定位 中 寅木 空亡(殺)時 : 申巳刑破 申亥刑破 巳亥刑破沖害殺
(2) 寅申巳亥 四定位 中 申金 空亡(殺)時 : 寅巳刑破 寅亥刑破 巳亥刑破沖害殺
(3) 寅申巳亥 四定位 中 巳火 空亡(殺)時 : 寅亥刑破 申亥刑破 寅申刑破沖害殺
(4) 寅申巳亥 四定位 中 亥水 空亡(殺)時 : 寅巳刑破 申巳刑破 寅申刑破沖害殺

3) 四庫富節의 刑沖破害殺

(1) 辰戌丑未 四定位 中 辰木± 空亡(殺)時 : 戌丑刑破 戌未刑破 丑未刑破沖害殺
(2) 辰戌丑未 四定位 中 戌金± 空亡(殺)時 : 辰丑刑破 未辰刑破 丑未刑破沖害殺
(3) 辰戌丑未 四定位 中 丑水± 空亡(殺)時 : 未辰刑破 戌未刑破 戌辰刑破沖害殺

(4) 辰戌丑未 四定位 中 未火$_{土}$ 空亡(殺)時 : 辰丑刑破 丑戌刑破 戌辰刑破沖害殺

4) 局 太過殺

(1) 亥子丑 水局 太過 穴場 : 朱火局 空亡 午火沖殺
(2) 巳午未 火局 太過 穴場 : 玄水局 空亡 子水沖殺
(3) 寅卯辰 木局 太過 穴場 : 白金局 空亡 酉金沖殺
(4) 申酉戌 金局 太過 穴場 : 青木局 空亡 卯木沖殺
(5) 丑艮寅 左天關 太過 穴場 : 未坤申 右地關門 空亡沖殺
(6) 戌乾亥 右天關 太過 穴場 : 辰巽巳 左地關門 空亡沖殺
(7) 辰巽巳 左地關 太過 穴場 : 戌乾亥 右天關門 空亡沖殺
(8) 未坤申 右地關 太過 穴場 : 丑艮寅 左天關門 空亡沖殺

5) 刑沖破害殺의 醇化制殺法

(1) 四位同調法
(2) 三合同調法
(3) 陰陽同調法
(4) 合居同調法
(5) 五行同調法
(6) 局同調時는 均衡條件을 要한다.

6) 穴場配位殺

(1) 壬子癸丑 玄水配位 太過時 丙午丁未 朱火配位 空亡殺
(2) 艮寅乾亥 天關配位 太過時 坤申巽巳 地關配位 空亡殺
(3) 甲卯辛戌 青白配位 太過時 庚酉乙辰 白青配位 空亡殺(短縮)
(4) 乙辰庚酉 青白配位 太過時 甲卯辛戌 白青配位 空亡殺(不及)
(5) 巽巳坤申 地關配位 太過時 乾亥艮寅 天關配位 空亡殺
(6) 以下 反對關係의 境遇 同一形態 空亡殺

제10절 穴場의 絶對方位 Energy場(根本 穴 Energy場) 特性과 相對方位 Energy場(佩鐵 方位 地磁氣 Energy場) 特性과의 合成原理

1. 根本方位와 相對方位의 槪念

1) 根本方位(絶對方位)의 槪念

天體 Energy場과 地氣 Energy場의 相互 同調作用에 의한 生成穴場은 全的으로 그 根源 來龍脈 Energy體의 生成秩序에 따른 穴場特性이 된다. 즉, 地球核Energy 마그마가 隆起 噴出되는 過程에 形成되는 天地 同調 Energy場 形態는 十二方位 單位 Energy場 形成秩序를 좇아 山脈이 形成되고 亦是 이 十二方位 Energy場 形成秩序에 따라서 穴場도 形成될 수밖에 없다. 따라서 이와 같이 形成된 穴場의 方位는 來龍脈 秩序에 絶對的으로 依存할 수밖에 없고, 때문에 이렇게 形成된 穴場方位는 山脈秩序의 根本方位 형성 특성을 따를 수밖에 없다. 이러한 산맥 형성 특성의 기본구조 Energy體 絶對方位라 定義한다.

2) 相對方位(佩鐵方位)의 槪念

상대방위는 절대방위와 달리 地球와 天體 Energy場 同調關係에서 發生된 地球自轉 Energy場에 의한 地磁氣 Energy場 方位槪念과 天體軸인 北極星과 南極星을 軸으로 한 天體 Energy場 운행 方位槪念의 合成方位를 具體化한 것으로 이는 來龍脈 秩序體系와는 달리 相互 相對的 Energy 位相體系 特性을 패철로서 나타낸다고 하여 相對的 佩鐵方位라고 定義한다.

3) 絶對方位와 相對方位의 關係性

絶對根本方位는 來龍脈 形成秩序에 따른 穴場方位이므로 그 穴核形態 坐向은 回龍顧祖 形態가 아닌 한 南北軸을 이룰 수는 도저히 없는 것이 되어 理想的

穴核 坐向의 方位가 이루어지기는 어렵다. 때문에 方位 Energy 특성을 극대화하기 위해서는 根本坐向과 佩鐵方位가 相互 一致하는 경우가 가장 合理的인 方位 Energy場 特性을 드러낸다고 볼 수 있다.

4) 四貴節 方位 Energy場의 一致現象 特性

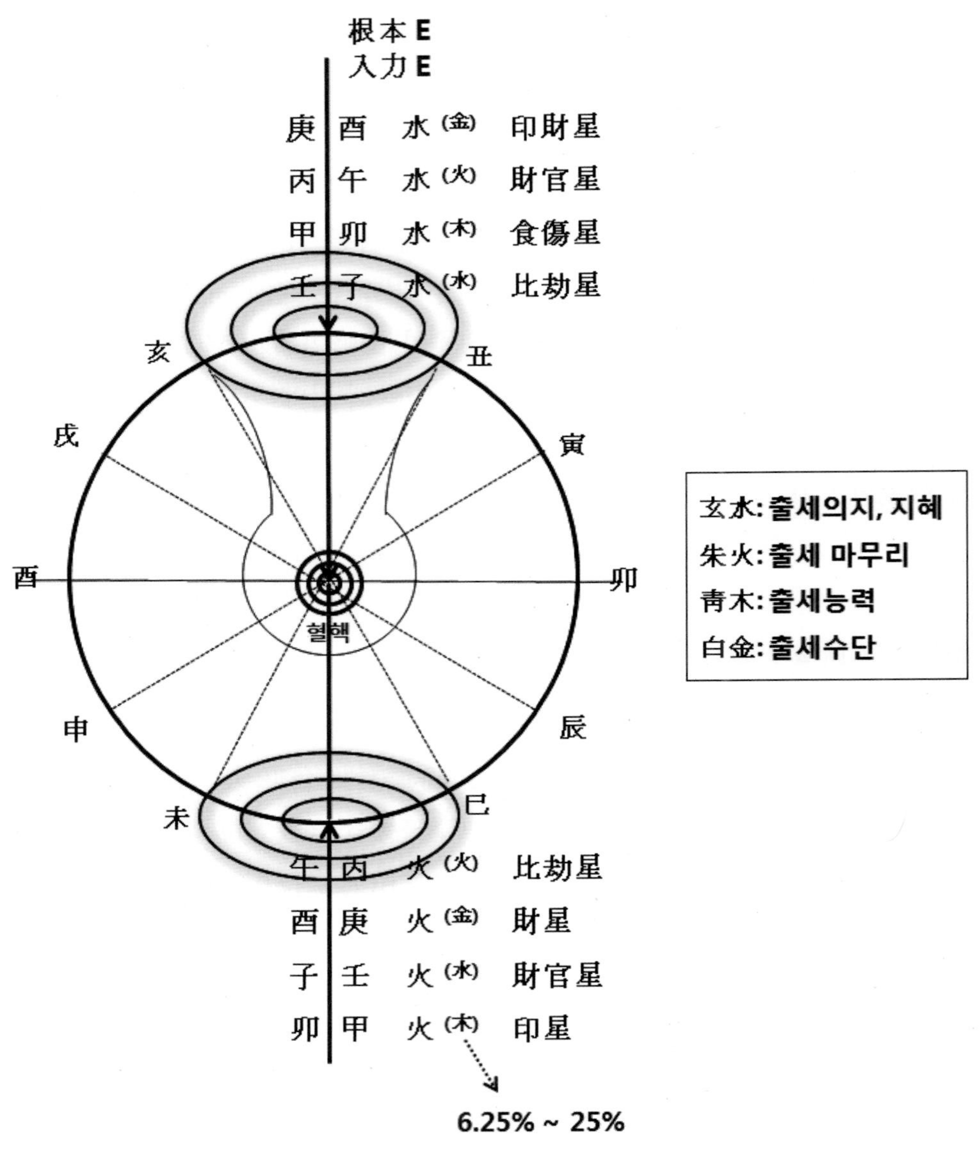

〈그림 3-82〉 四貴節 方位 Energy場의 一致現象 特性

5) 四孫節 方位 Energy場의 一致現象 特性

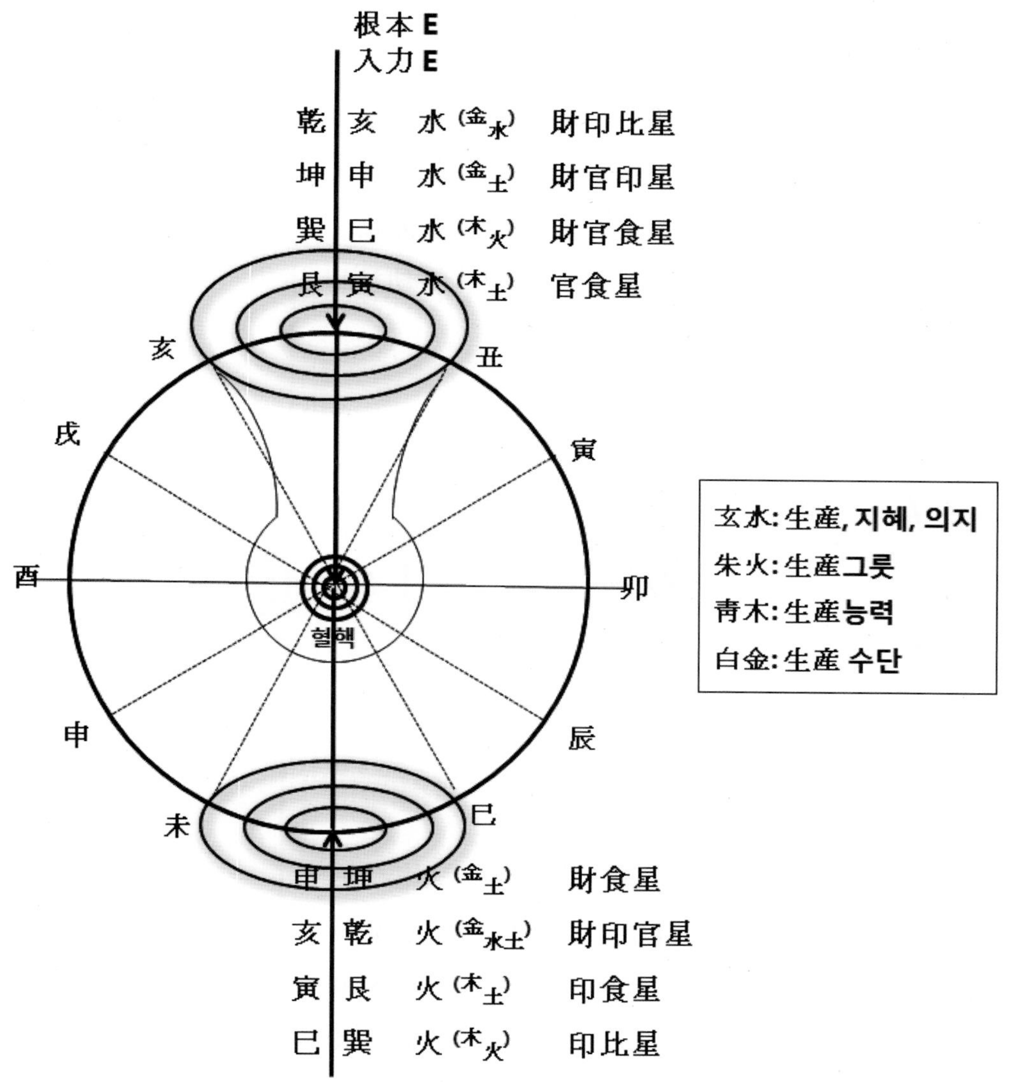

〈그림 3-83〉 四孫節 方位 Energy場의 一致現象 特性

6) 四富節 方位 Energy場의 一致現象 特性

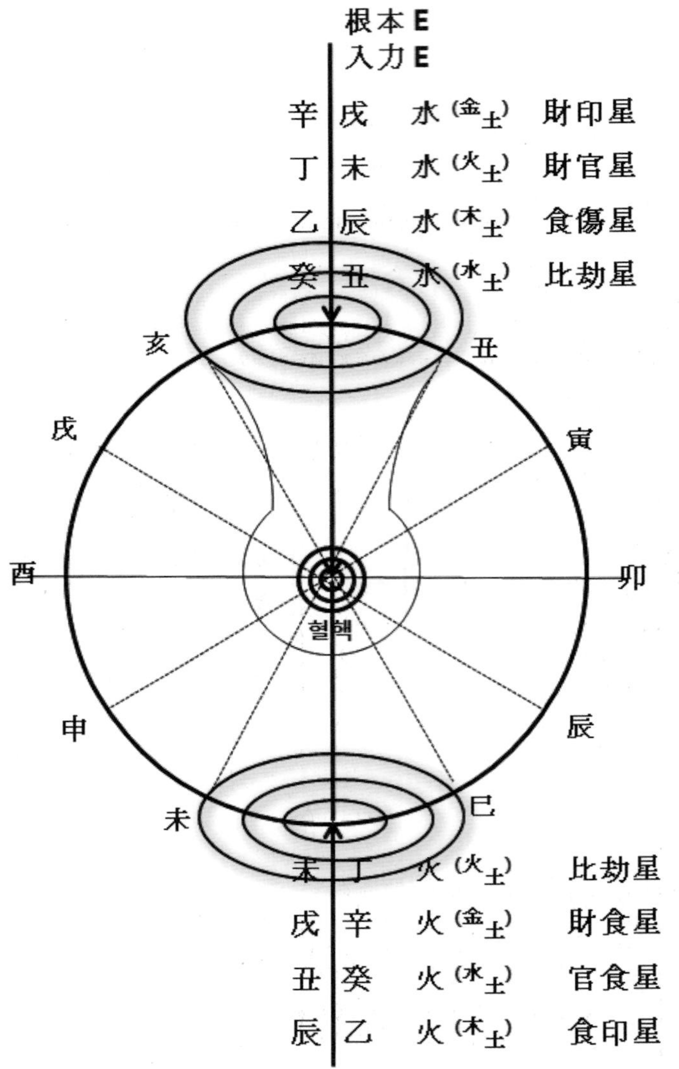

玄水: 돈버는 지혜
朱火: 돈버는 그릇
青木: 돈버는 능력
白金: 돈버는 수단

〈그림 3-84〉 四富節 方位 Energy場의 一致現象 特性

2. 絶對方位 穴 Energy場 特性(根本 穴 Energy場 特性)

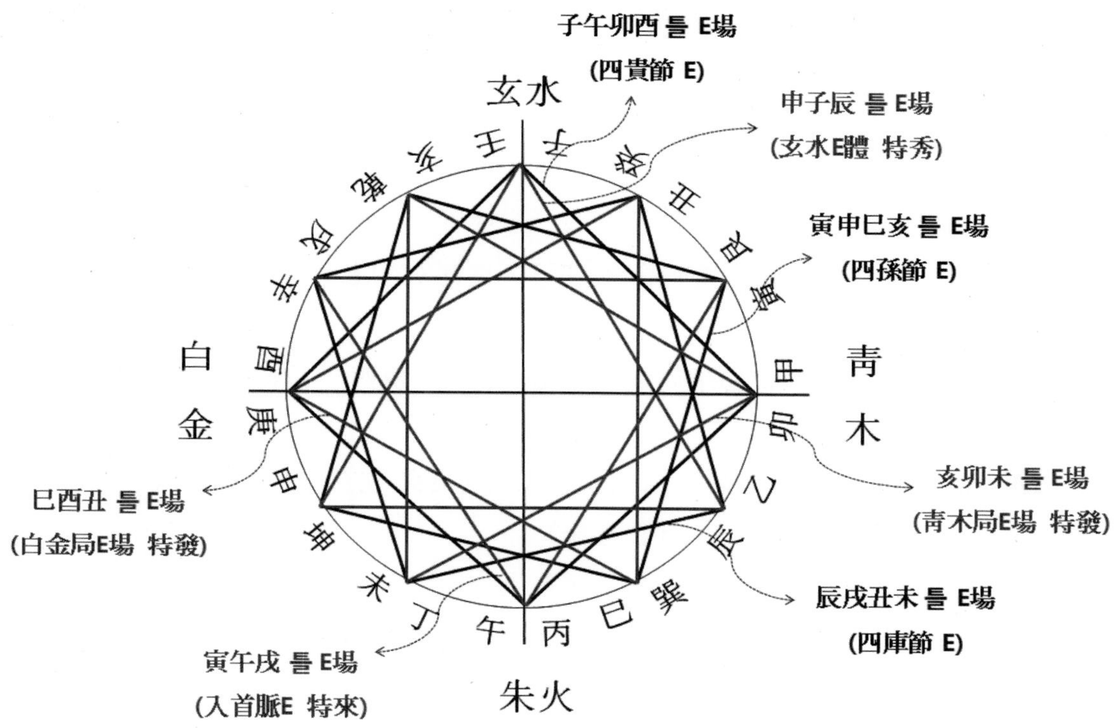

〈그림 3-85〉 絶對方位 穴 Energy場 特性(根本 穴 Energy場 特性)

(1) 四定位 Energy場틀(正變易 Energy果)

① 子午卯酉틀 Energy場(四貴節 特性) : 壬子 · 丙午 · 甲卯 · 庚酉 四正位 Energy場틀

② 寅申巳亥틀 Energy場(四孫節 特性) : 艮寅 · 坤申 · 巽巳 · 乾亥 四猛位 Energy場틀

③ 辰戌丑未틀 Energy場(四庫節 特性) : 乙辰 · 辛戌 · 癸丑 · 丁未 四庫位 Energy場틀

(2) 三合位 Energy場틀(三正分擘 Energy果 + 四神特秀 Energy果)

① 申子辰틀 Energy場(玄水 Energy場 特性) : 坤申 · 壬子 · 乙辰 子玄水 三合位 Energy場틀

② 寅午戌들 Energy場(朱火 Energy場 特性) : 艮寅・丙午・辛戌 午朱火 三合位 Energy場들

③ 亥卯未들 Energy場(青木 Energy場 特性) : 乾亥・甲卯・丁未 卯青木 三合位 Energy場들

④ 巳酉丑들 Energy場(白金 Energy場 特性) : 巽巳・庚酉・癸丑 酉白金 三合位 Energy場들

(3) 合居 Energy場들

① 子寅辰午申戌(⊕突) 들 : 壬子・艮寅・乙辰・丙午・坤申・辛戌 ⊕ Energy場들

② 丑亥酉未巳卯(⊖平) 들 : 癸丑・乾亥・庚酉・丁未・巽巳・甲卯 ⊖ Energy場들

(4) 陰陽配位 Energy場들 : (壬子 癸丑), (艮寅 乾亥), (甲卯 辛戌), (乙辰 庚酉), (巽巳 坤申), (丙午 丁未)

(5) 刑沖破害怨 Energy場들 : 三重殺 則 未生無記

(6) 自沖 및 回沖 Energy場들 : 太虛 및 太過 不及殺

3. 相對方位 穴 Energy場 特性(佩鐵, 天體地磁氣 穴 Energy場 特性)

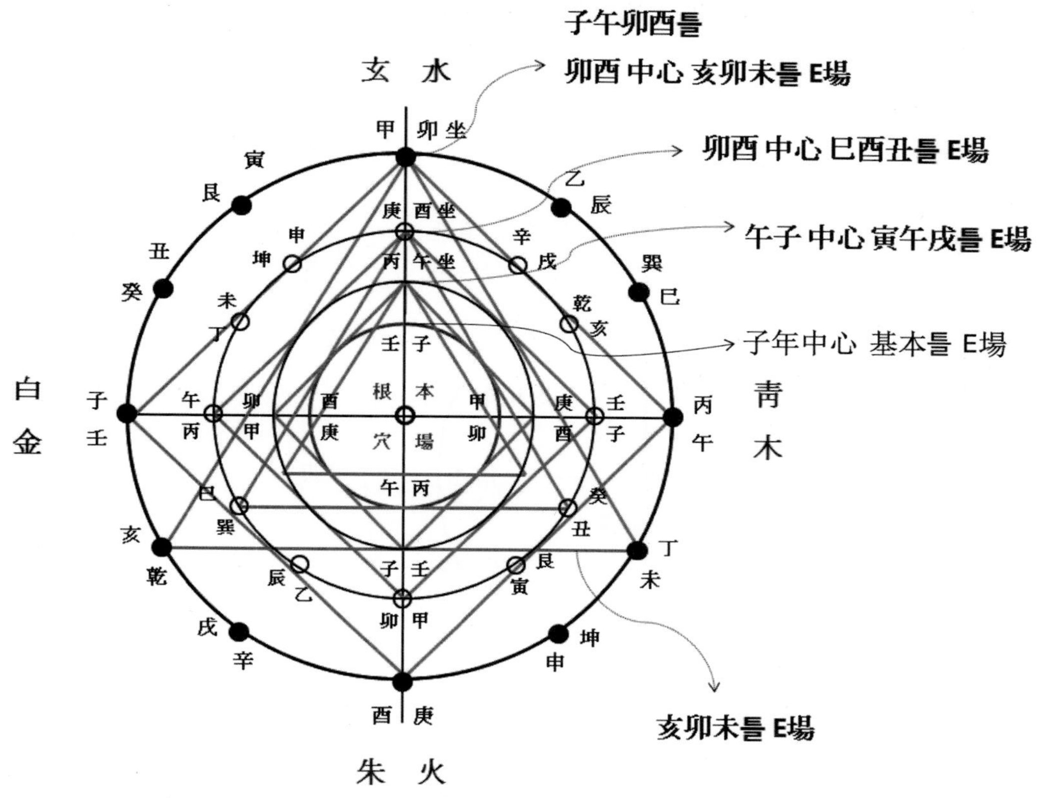

〈그림 3-86〉 相對方位 穴 Energy場 特性(佩鐵, 天體地磁氣 穴 Energy場 特性)

(1) 甲卯坐일 境遇 : 子午**卯**酉틀(卯酉 中心 Energy場)
亥**卯**未틀(卯 中心 Energy場)

(2) 庚酉坐일 境遇 : 子午卯**酉**틀(酉卯 中心 Energy場)
巳**酉**丑틀(酉 中心 Energy場)

(3) 丙午坐일 境遇 : 子**午**卯酉틀(午子 中心 Energy場)
寅**午**戌틀(午 中心 Energy場)

4. 穴場의 絶對方位(根本方位)와 相對方位(佩鐵方位)間의 關係特性

1) 絶對方位가 壬子坐 入首이고 相對方位가 丙午坐인 境遇

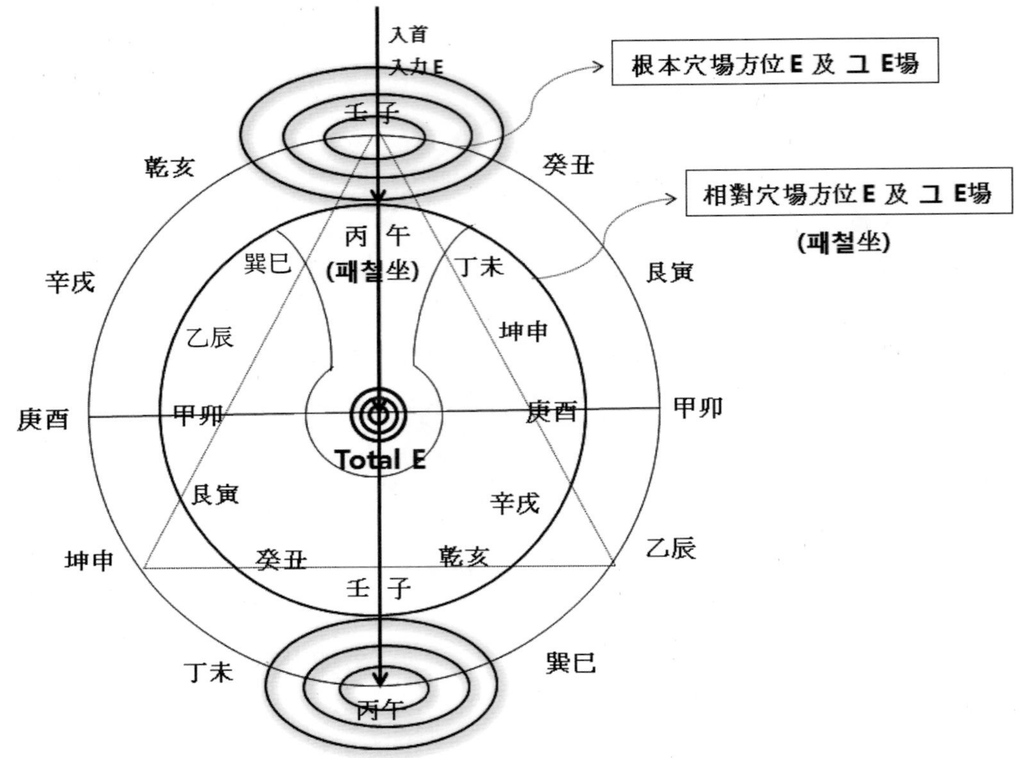

〈그림 3-87〉 絶對方位 壬子坐 入首와 相對方位 丙午坐(佩鐵方位)間의 關係特性

(1) 根本入力 入首Energy는 壬子 特性이고 佩鐵 入首方位는 丙午坐

(2) 根本 穴核의 向方Energy는 丙午向 特性이고 佩鐵 向方Energy는 壬子向 特性

(3) 根本 穴場의 青木Energy는 甲卯E 特性이고 佩鐵 青木Energy는 庚酉特性

(4) 根本 穴場의 白金Energy는 庚酉 特性이고 佩鐵 白金Energy는 甲卯 特性

(5) 따라서 玄水Energy 合成特性은 $(壬子)^{100\%}+(丙午)^{6.25\%\sim25\%}$의 相互對稱的 穴場E 發現

(6) 朱火Energy 合成特性은 $(丙午)^{100\%}+(壬子)^{6.25\%\sim25\%}$의 相互 對稱的 穴場Energy 發現

(7) 靑木Energy 合成特性은 $(甲卯)^{100\%}+(庚酉)^{6.25\%\sim25\%}$의 相互 對稱的 穴場Energy 發現

(8) 白金Energy 合成特性은 $(庚酉)^{100\%}+(甲卯)^{6.25\%\sim25\%}$의 相互 對稱的 穴場Energy 發現

現象이 됨으로써 對稱的 關係 穴場Energy의 善惡美醜 大小强弱 特性에 따라 坐向 入力 및 穴場 諸 Energy 特性이 變化한다.

結論的으로 根本 穴場Energy 特性은 其 根本 特性이 (100%) 純粹 Energy 特性이고, 相對佩鐵 方位 特性은 當該 部位 穴場의 大小强弱 善惡美醜에 따라 6.25 ~25%의 緣分的 Energy 特性作用을 한다고 볼 수 있다.

이를 바탕으로 玄水Energy 및 그 Energy場 特性(入首頭腦E 特性), 朱火Energy 및 그 Energy場 特性(纏脣E 特性), 靑木Energy 및 그 Energy場 特性(靑龍蟬翼), 白金Energy 및 그 Energy場 特性(白虎蟬翼), 綜合 穴核Energy 및 그 Energy場 特性을 推理 把握할 수 있다..

※ 綜合 穴核Energy 및 그 Energy場 特性

穴核 T_E (土)= (力量 公式)	① 水	$(火)^{6.25\%\sim25\%}$	→ 入力 Energy 特性
		75%~100%	
	② 火	$(水)^{6.25\%\sim25\%}$	→ 反 Energy 特性
		75%~100%	
	③ 木	$(金)^{6.25\%\sim25\%}$	→ 左凝縮 Energy 特性
		75%~100%	
	④ 金	$(木)^{6.25\%\sim25\%}$	→ 右凝縮 Energy 特性
		75%~100%	

※ 各各의 評價特性은 ⊕突⊖平, 大小强弱, 善惡美醜, 正斜平竣, 陷突曲直, 高低長短, 聚融吹沈 等 陰陽均衡觀法에 基準한다.

5. 絶對方位 Energy場들과 相對方位 Energy場들과의 合成 Energy場
(100% 적용률)　　　(6.25~25% 적용률)

1) 四定位 Energy場들의 合成

(1) 四正位 Energy場의 合成

(2) 四猛位 Energy場의 合成

(3) 四庫位 Energy場의 合成

※ 根本方位 Energy場들과 同一한 상대방위 Energy場의 合成場은 125%로 증대한다.

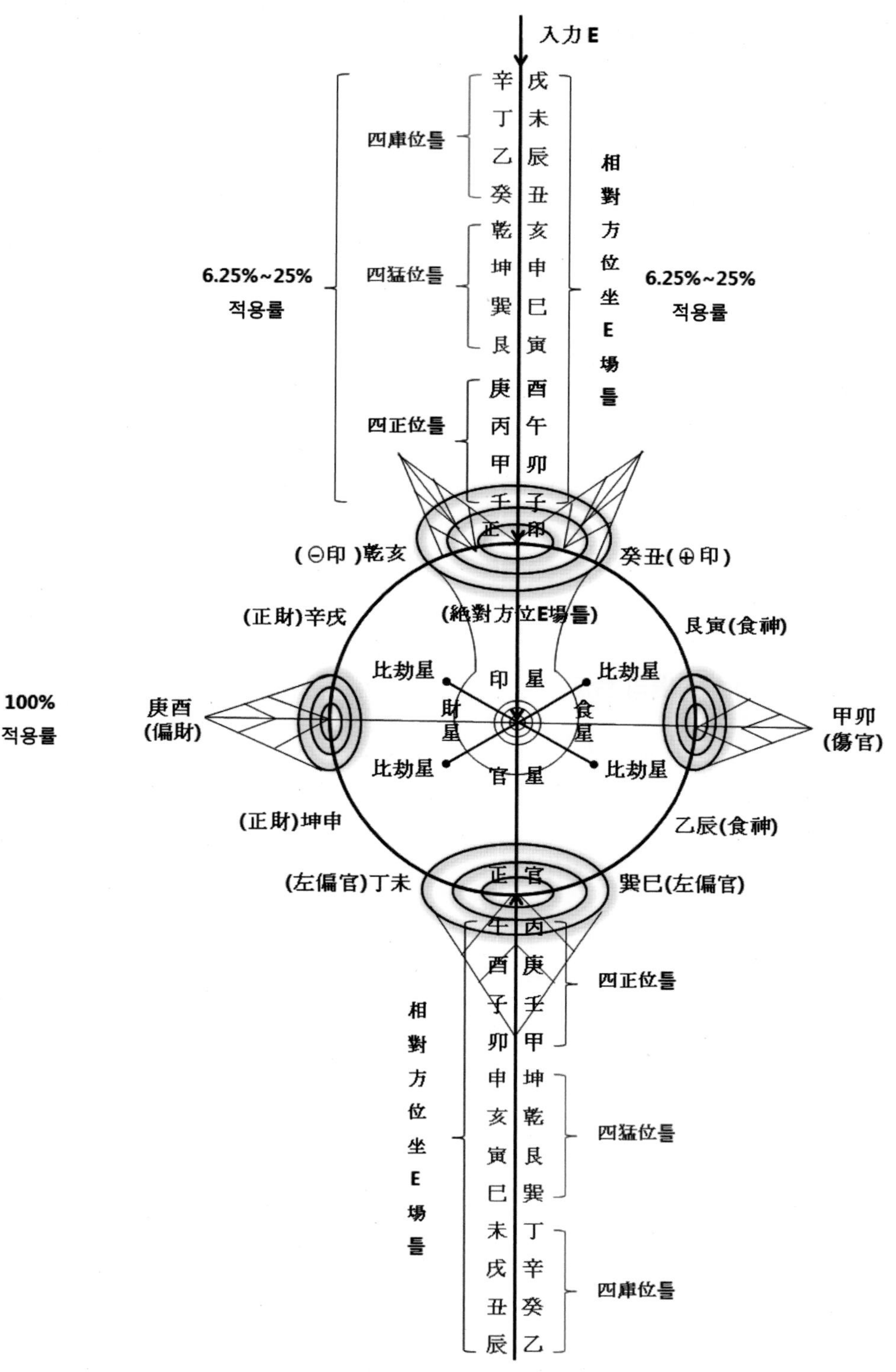

〈그림 3-88〉 四定位 Energy場들의 合成

2) 四定位 Energy場들의 合成分析

(1) 四正位 Energy場의 合成

① 壬子$^{(壬子)}$ 合成特性 : 水$^{(水)}$(印) / (印)　　② 壬子$^{(甲卯)}$ 合成特性 : 水$^{(木)}$(食傷) / (印)

③ 壬子$^{(丙午)}$ 合成特性 : 水$^{(火)}$(官) / (印)　　④ 壬子$^{(庚酉)}$ 合成特性 : 水$^{(金)}$(財) / (印)

(2) 四猛位 Energy場의 合成

① 壬子$^{(艮寅)}$ 合成特性 : 水$^{(木)}$(食) / (印)　　② 壬子$^{(坤申)}$ 合成特性 : 水$^{(金土)}$(財) / (印)

③ 壬子$^{(巽巳)}$ 合成特性 : 水$^{(火)}$(官) / (印)　　④ 壬子$^{(乾亥)}$ 合成特性 : 水$^{(金土水)}$(財) / (印)

(3) 四庫位 Energy場의 合成

① 壬子$^{(乙辰)}$ 合成特性 : 水$^{(木土)}$(食) / (印)　　② 壬子$^{(辛戌)}$ 合成特性 : 水$^{(金土)}$(財) / (印)

③ 壬子$^{(癸丑)}$ 合成特性 : 水$^{(水土)}$(印比) / (印)　　④ 壬子$^{(丁未)}$ 合成特性 : 水$^{(火土)}$(官) / (印)

⑤ 向의 合成特性 역시 坐의 合成特性分析과 同一方式으로 解析한다.

⑥ 青白의 合成特性 역시 위와 同一方式으로 解析한다.

※ 단, 佩鐵方位에 該當하는 穴場方位의 部位가 健全함을 原則으로 한다.

6. 絶對方位 穴 Energy場과 相對方位 穴 Energy場의 合成特性

1) 絶對方位 穴 Energy場과(甲卯坐/庚酉坐) 相對方位 穴 Energy場의 合成

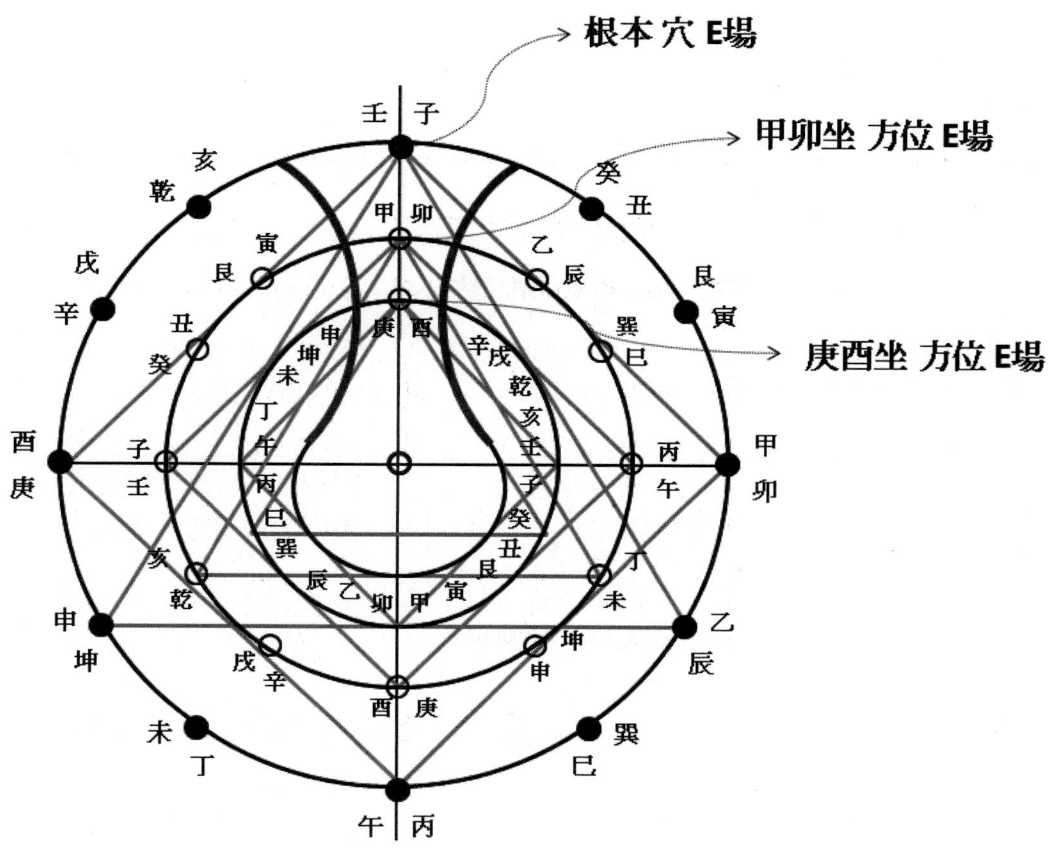

〈그림 3-89〉 絶對方位 穴 Energy場과(甲卯坐/庚酉坐) 相對方位 穴 Energy場의 合成圖

(1) { 根本 穴 Energy場 / **子**午卯酉 Energy場 / 申**子**辰 } + { 甲卯坐 方位 Energy場 / **卯**酉午子 Energy場 / 亥**卯**未 }

	(子	午	卯	酉)		(申	子	辰)	
⇒	+ (卯	酉	午	子)		+ (亥	卯	未)	⇒ 6.25~25% 同調 E場 發現
	食	財	食	食		食	食	比	

(2) { 根本 穴 Energy場 / **子**午卯酉 Energy場 / 申**子**辰 } + { 庚酉坐 方位 Energy / 卯**酉**子午 Energy場 / 巳**酉**丑 }

	(子	午	卯	酉)		(申	子	辰)	
⇒ +	(卯	酉	子	午)	+	(巳	酉	丑)	⇒ 6.25～25% 同調 E場 發現
	印	印	印	官		官	印	比	

2) 1)과 同一한 原理에 따라

(1) 相對方位 丙午坐 Energy場과의 合成特性

四正位	(玄水)	(朱火)	(靑木)	(白金)	三合位	(白金)	(玄水)	(靑木)
	壬子	丙午	甲卯	庚酉		坤申	壬子	乙辰
+	丙午	壬子	庚酉	甲卯	+	艮寅	丙午	辛戌
	財星	官星	官星	財星		(比)財星	財星	(官)比劫
	(6.25～25% 同調)					(6.25～25% 同調)		

(2) 相對方位 壬子坐 Energy場과의 合成特性

四正位	(玄水)	(朱火)	(靑木)	(白金)	三合位	(白金)	(玄水)	(靑木)
	壬子	丙午	甲卯	庚酉		坤申	壬子	乙辰
+	壬子	丙午	甲卯	庚酉	+	坤申	壬子	乙辰
	比劫星	比劫星	比劫星	比劫星		比劫星	比劫星	比劫星
	(玄水旺)	(朱火旺)	(靑木旺)	(白金旺)		(白金旺)	(玄水旺)	(靑木旺)

(3) 相對方位 癸丑坐 Energy場과의 合成特性

四正位	(玄水)	(朱火)	(靑木)	(白金)	三合位	(白金)	(玄水)	(靑木)
	壬子	丙午	甲卯	庚酉		坤申	壬子	乙辰
+	癸丑	丁未	乙辰	辛戌	+	庚酉	癸丑	巽巳
	比劫星	比劫星	比劫星	比劫星		比劫星	比劫星	印星

(4) 相對方位 艮寅坐 Energy場과의 合成特性

四正位	(玄水)	(朱火)	(青木)	(白金)
	壬子	丙午	甲卯	庚酉
+	艮寅	坤申	巽巳	乾亥
	食星	財星	食星	食星

三合位	(白金)	(玄水)	(青木)
	坤申	壬子	乙辰
+	辛戌	艮寅	丙午
	比劫星	食星	食星

(5) 相對方位 乙辰坐 Energy場과의 合成特性

四正位	(玄水)	(朱火)	(青木)	(白金)
	壬子	丙午	甲卯	庚酉
+	乙辰	辛戌	丁未	癸丑
	食星	財星	食星	食星

三合位	(白金)	(玄水)	(青木)
	坤申	壬子	乙辰
+	壬子	乙辰	坤申
	食星	食星	官星

(6) 相對方位 巽巳坐 Energy場과의 合成特性

四正位	(玄水)	(朱火)	(青木)	(白金)
	壬子	丙午	甲卯	庚酉
+	巽巳	乾亥	坤申	艮寅
	財星	官星	官星	財星

三合位	(白金)	(玄水)	(青木)
	坤申	壬子	乙辰
+	癸丑	巽巳	庚酉
	食星	財星	官星

(7) 相對方位 丁未坐 Energy場과의 合成特性

四正位	(玄水)	(朱火)	(青木)	(白金)
	壬子	丙午	甲卯	庚酉
+	丁未	癸丑	辛戌	乙辰
	財星	官星	官星	財星

三合位	(白金)	(玄水)	(青木)
	坤申	壬子	乙辰
+	甲卯	丁未	乾亥
	財星	財星	印星

(8) 相對方位 坤申坐 Energy場과의 合成特性

四正位	(玄水)	(朱火)	(青木)	(白金)
	壬子	丙午	甲卯	庚酉
+	坤申	艮寅	乾亥	巽巳
	印星	印星	印星	官星

三合位	(白金)	(玄水)	(青木)
	坤申	壬子	乙辰
+	乙辰	坤申	壬子
	財星	印星	印星

(9) 相對方位 辛戌坐 Energy場과의 合成特性

四正位	(玄水)	(朱火)	(青木)	(白金)
	壬子	丙午	甲卯	庚酉
+	辛戌	乙辰	癸丑	丁未
	印星	印星	印星	官星

三合位	(白金)	(玄水)	(青木)
	坤申	壬子	乙辰
+	丙午	辛戌	艮寅
	印星	印星	比劫星

(10) 相對方位 乾亥坐 Energy場과의 合成特性

四正位	(玄水)	(朱火)	(青木)	(白金)
	壬子	丙午	甲卯	庚酉
+	乾亥	巽巳	艮寅	坤申
	比劫星	比劫星	比劫星	比劫星

三合位	(白金)	(玄水)	(青木)
	坤申	壬子	乙辰
+	丁未	乾亥	甲卯
	官星	比劫星	比劫星

※ 絶對方位 Energy場과 相對方位 Energy場의 合成特性 早見表
(根本 穴 Energy場)+(佩鐵方位 Energy場)= 穴 合成 Energy場틀

〈표 3-48〉 絶對方位 Energy場과 相對方位 Energy場의 合成特性 早見表

根本穴 絶對E場 / 相對方位E場	子午卯酉 四正位	寅申巳亥 四猛位	辰戌丑未 四庫位	申子辰 玄三合位	寅午戌 朱三合位	亥卯未 青三合位	巳酉丑 白三合位	陰陽 二合位	陽突合位 子寅辰 午申戌	陰平合位 丑亥酉 未巳卯	比考
壬子坐	比劫星	比劫星	比劫星	比劫星	比劫星	比劫星	比劫星	玄水合	⊕突合		玄水果 ⊕增大
癸丑坐	比劫星	子午卯酉 猛正位	寅申巳亥 庫猛位	巳酉丑 玄白位	亥卯未 朱青位	申子辰 青玄位	寅午戌 白朱位	⊖⊕合 玄水合		⊖平合	玄果 ⊖增大
艮寅坐	食神星	辰戌丑未 猛庫位	子午卯酉 庫正位	寅午戌 玄朱位	申子辰 朱玄位	巳酉丑 青白位	亥卯未 白青位	玄青合	⊕突合		青木果 ⊕增大
甲卯坐	食傷聖	寅申巳亥 猛盛位	辰戌丑未 庫重位	亥卯未 玄青位	巳酉丑 朱白位	寅午戌 青朱位	申子辰 白玄位	青白合		⊖平合	青木果 ⊖增大
乙辰坐	食神星	子午卯酉 猛正位	寅申巳亥 庫猛位	申子辰 玄重位	寅午戌 朱盛位	亥卯未 青重位	巳酉丑 白重位	青白合	⊕突合		青木果 ⊕增大
巽巳坐	官星	辰戌丑未 猛庫位	子午卯酉 庫正位	巳酉丑 玄白位	亥卯未 朱青位	申子辰 青玄位	寅午戌 白朱位	朱白合		⊖平合	朱火果 ⊖增大
丙午坐	官星	寅申巳亥 猛盛位	辰戌丑未 庫重位	寅午戌 玄朱位	申子辰 朱玄位	巳酉丑 青白位	亥卯未 白青位	朱火合	⊕突合		朱火果 ⊕增大
丁未坐	官星	子午卯酉 猛正位	寅申巳亥 庫猛位	亥卯未 玄青位	巳酉丑 朱白位	寅午戌 青朱位	申子辰 白玄位	朱火合		⊖平合	朱火果 ⊖增大
坤申坐	印財星	辰戌丑未 猛庫位	子午卯酉 庫正位	申子辰 玄重位	寅午戌 朱盛位	亥卯未 青重位	巳酉丑 白重位	朱白合	⊕突合		白金果 ⊕增大
庚酉坐	印財星	寅申巳亥 猛盛位	辰戌丑未庫 重位	巳酉丑 玄白位	亥卯未 朱青位	申子辰 青玄位	寅午戌 白朱位	青白合		⊖平合	白金果 ⊖增大
辛戌坐	印財星	子午卯酉 猛正位	寅申巳亥 庫猛位	寅午戌 玄朱位	申子辰 朱玄位	巳酉丑 青白位	亥卯未 白青位	青白合	⊕突合		白金果 ⊕增大
乾亥坐	比劫星	辰戌丑未 猛庫位	子午卯酉 庫正位	亥卯未 玄青位	巳酉丑 朱白位	寅午戌 青朱位	申子辰 白玄位	玄青合		⊖平合	玄水果 ⊖增大
備考	四貴運 + 12方運	四孫運 + 12方運	四庫運 + 12方運	水聚運 + 12方運	火聚運 + 12方運	木聚運 + 12方運	金聚運 + 12方運	⊖⊕合運	⊕突運 增大	⊖平運 增大	合成核果

7. 合成 穴 Energy場들과 胎生 年運別 Energy場의 時空間的 同調 및 干涉原理

1) 同調 Energy 發現原理

(1) 子孫入胎時 年月日時別로 祖上穴場Energy와 合成同調發現한다(合成特性作用).

(2) 子孫出生時 年月日時別로 祖上穴場Energy와 合成同調 發現한다(合成特性作用).

(3) 入胎 및 出生 年月日時別 祖上穴場Energy의 優性Energy와 善同調 發現한다(合成特性作用).

(4) 四定位 Energy場 同調原則(四定位들 同調)

① 子午卯酉 年月日時 ~ 子午卯酉 穴 Energy 于先發現

② 寅申巳亥 年月日時 ~ 寅申巳亥 穴 Energy 于先發現

③ 辰戌丑未 年月日時 ~ 辰戌丑未 穴 Energy 于先發現

(5) 三合位 Energy場 同調原則(三合位들 同調)

① 申子辰 年月日時 ~ 申子辰 穴 Energy 于先發現

② 寅午戌 年月日時 ~ 寅午戌 穴 Energy 于先發現

③ 亥卯未 年月日時 ~ 亥卯未 穴 Energy 于先發現

④ 巳酉丑 年月日時 ~ 巳酉丑 穴 Energy 于先發現

(6) 陰陽合 Energy場 同調原則(陰陽들 同調)

① 子丑合 年月日時 ~ 子丑 穴 Energy 于先發現

② 寅亥合 年月日時 ~ 寅亥 穴 Energy 于先發現

③ 卯戌合 年月日時 ~ 卯戌 穴 Energy 于先發現

④ 辰酉合 年月日時 ~ 辰酉 穴 Energy 于先發現

⑤ 巳申合 年月日時 ~ 巳申 穴 Energy 于先發現

⑥ 午未合 年月日時 ~ 午未 穴 Energy 于先發現

(7) 合成Energy場 同調原則(合居들 同調)

① 子寅辰午申戌 年月日時 ~ 子寅辰午申戌 ⊕突들 穴 Energy場 于先發現

② 丑亥酉未巳卯 年月日時 ~ 丑亥酉未巳卯 ⊖平들 穴 Energy場 于先發現

(8) 局 同調 Energy場 同調原則(同宮들 同調)

① 亥子丑 年月日時 ~ 亥子丑 局 同調 Energy場 發現

② 巳午未 年月日時 ~ 巳午未 局 同調 Energy場 發現

③ 寅卯辰 年月日時 ~ 寅卯辰 局 同調 Energy場 發現

④ 申酉戌 年月日時 ~ 申酉戌 局 同調 Energy場 發現

(9) 根本 穴 Energy場과 相對方位Energy場의 合成Energy場 特性發現

① 絶對方位 穴 Energy場 特性作用 : 75%
② 相對方位 穴 Energy場 特性作用 : 6.25~25%
} 合成特性 作用原則

2) 干涉Energy 發現原理

(1) 根本 穴 Energy場의 太過不及, 太虛太實의 干涉作用原則

(2) 根本 穴 Energy場의 刑沖(衝)破害怨嗔殺 作用原則

(3) 劣性 穴 Energy場의 發現作用原則

(4) 年月日時別 干涉殺의 惡同調 作用原則

(5) 干涉殺의 太强 및 重惡殺 發應時 未生 無記 Energy場 發現原則
(未生, 無記子孫 發現原則)

8. △合位 Energy場들의 定意

穴場의 △合位 部位가 厚富安定되거나 特異形態를 지니면서 相互 同調하여 穴核을 形成한 Energy場들

(1) 玄水 中心 △合位 Energy場들 : 壬子 乙辰 坤申 合成들 Energy場 特性

(2) 朱火 中心 △合位 Energy場들 : 丙午 艮寅 辛戌 合成들 Energy場 特性

(3) 青木 中心 △合位 Energy場들 : 甲卯 乾亥 丁未 合成들 Energy場 特性

(4) 白金 中心 △合位 Energy場들 : 巽巳 庚酉 癸丑 合成들 Energy場 特性

(5) △合位 Energy場들의 相對方位 合成特性

① 玄水中心 方位(壬子)의 合成特性

壬子$^{(\text{壬子})}$ → 水$^{(\text{水})}{}_{(\text{印})}$ (印)　　乙辰$^{(\text{乙辰})}$ → 木$^{(\text{木}_{\text{土}})}{}_{(\text{食})}$ (食)　　坤申$^{(\text{坤申})}$ → 金$^{(\text{金}_{\text{土}})}{}_{(\text{財})}$ (財)

② 朱火中心 方位(丙午)의 合成特性

壬子$^{(\text{丙午})}$ → 水$^{(\text{火})}{}_{(\text{官})}$ (印)　　乙辰$^{(\text{辛戌})}$ → 木$^{(\text{金}_{\text{土}})}{}_{(\text{財})}$ (食)　　坤申$^{(\text{艮寅})}$ → 金$^{(\text{木}_{\text{土}})}{}_{(\text{食})}$ (財)

③ 青木中心 方位(甲卯)의 合成特性

壬子$^{(\text{甲卯})}$ → 水$^{(\text{木})}{}_{(\text{食})}$ (印)　　乙辰$^{(\text{丁未})}$ → 木$_{\text{土}}$$^{(\text{火}_{\text{土}})}{}_{(\text{官})}$ (食)　　坤申$^{(\text{乾亥})}$ → 金$^{(\text{水}_{\text{金}})}{}_{(\text{印})}$ (財)

④ 白金中心 方位(庚酉)의 合成特性

壬子$^{(\text{庚酉})}$ → 水$^{(\text{金})}{}_{(\text{財})}$ (印)　　乙辰$^{(\text{癸丑})}$ → 木$^{(\text{水}_{\text{土}})}{}_{(\text{印})}$ (食)　　坤申$^{(\text{巽巳})}$ → 金$^{(\text{火}_{\text{木土}})}{}_{(\text{官})}$ (財)

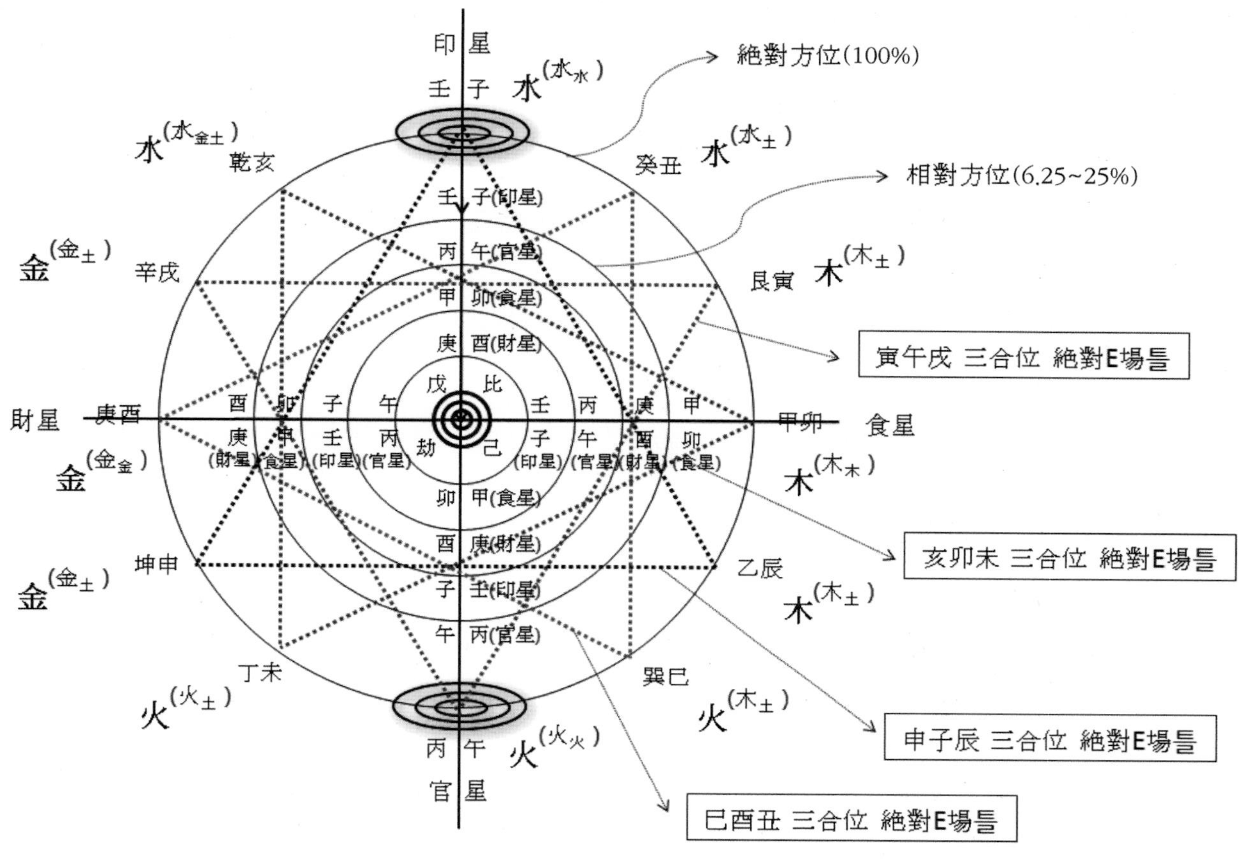

〈그림 3-90〉 三合位 絶對方位 Energy場 틀

9. 陰陽配位 Energy場틀의 定意

(1) 上下 陰陽配位 Energy場틀 : 天地 陰陽 關係特性

天體 Energy場(⊕)과 地氣Energy場(⊖)의 相互關係性 : 穴場 立體 Energy 體 및 그 Energy場(⊕)과 穴場 基板 Energy體 및 그 Energy場(⊖)

(2) 前後 陰陽配位 Energy場틀 : 玄水 Energy體 및 그 Energy場 特性과 朱火 Energy體 및 그 Energy場 特性

來龍脈 祖宗山 ⊕Energy體 및 그 Energy場과 朱案朝山 ⊖Energy體 및 그 Energy場 間의 相互 陰陽特性 關係

(⊕⊖水 ⊕⊖火 陰陽) 亥 ~ 巳未午
子 ~ 午巳未
丑 ~ 未午巳

(3) 左右 陰陽配位 Energy場들 : 靑木 Energy體 및 그 Energy場 特性과 白金 Energy體 및 그 Energy場 特性

靑木 內外 ⊕Energy體 및 그 Energy場 特性과 白金 內外 Energy體 및 그 Energy場 特性間의 相互 陰陽特性 關係

(⊕⊖木 ⊕⊖金 陰陽) 寅 ~ 申酉戌
卯 ~ 酉戌申
辰 ~ 戌申酉

(4) 穴場部位別 陰陽配位 Energy場들

子丑⊕⊖, 寅亥⊕⊖, 卯戌⊕⊖, 辰酉⊕⊖, 巳申⊕⊖, 午未⊕⊖

(5) 穴場 ⊕突部位 Energy와 ⊖平部位 Energy 間 配位 Energy場들

① 陽突部位 Energy體 및 그 Energy場 特性 : ⊕Energy場(子寅辰午申戌)
② 陰平部位 Energy體 및 그 Energy場 特性 : ⊖Energy場(丑亥酉未巳卯)
③ 陰陽對稱(正室)配位 : 子-午, 卯-酉, 寅-申, 巳-亥, 辰-戌, 丑-未
④ 陰陽側室配位 : 子-巳, 子-未, 午-亥, 午-丑, 卯-戌, 卯-申, 酉-寅, 酉-辰
⑤ 合成配位 : (子寅辰午申戌) : (丑亥酉未巳卯)
⑥ ⊕部位 : ⊖部位配位 - (子寅辰) : (午申戌), (丑亥酉) : (未巳卯)

※ 來脈 ⊖⊕
祖山 ⊖⊕
四神 ⊖⊕
風水 ⊖⊕ : ⊕風 正路風, ⊖風 側路風, ⊕水 元辰水, ⊖水 朝來水
穴場 ⊖⊕
方位 ⊖⊕ : 天干⊕, 地支⊖

10. 佩鐵의 山形 測定

〈표 3-49〉 佩鐵의 山形 測定

山形	配合/不配合	節 特性	相對方位 E場 特性	發應
二字山	配合	四貴節 四富節 四孫節	壬子 甲卯 丙午 庚酉 癸丑 乙辰 丁未 辛戌 艮寅 巽巳 坤申 乾亥	貴官 富者 子孫
	不配合	四人敗節 四財敗節 四病敗節	亥壬 寅甲 巳丙 申庚 子癸 卯乙 午丁 酉辛 丑艮 辰巽 未坤 戌乾	人死 財損 病現
三字山 (無記山)	配合 三字 無記	四貴節 三字無記	子壬亥 卯甲寅 午丙巳 酉庚申 壬子癸 甲卯乙 丙午丁 庚酉申	官訟
		四富節 三字無記	丑癸子 辰乙卯 未丁午 戌辛酉 癸丑艮 乙辰巽 丁未坤 辛戌乾	盜賊
		四孫節 三字無記	寅艮丑 巳巽辰 申坤未 亥乾戌 艮寅甲 巽巳丙 坤申庚 乾亥壬	相避
	不配合 三字 無記	四人敗節 三字無記	壬亥乾 甲寅艮 丙巳巽 庚申坤 亥壬子 寅甲卯 巳丙午 申庚酉	誤死
		四財敗節 三字無記	癸子壬 乙卯甲 丁午丙 辛酉庚 子癸丑 卯乙辰 午丁未 酉辛戌	破産
		四病敗節 三字無記	艮丑癸 巽辰乙 坤未丁 乾戌辛 丑艮寅 辰巽巳 未坤申 戌乾亥	不具
五行	三合	水局 火局 木局 金局	坤申 壬子 乙辰 艮寅 丙午 辛戌 乾亥 甲卯 丁未 巽巳 庚酉 癸丑	一六 二七 三八 四九
第一線 : 黃泉水 測定, 穴의 下部 破損 第二線 : 八曜風 測定, 穴의 上部 破損 第三線 : 五行(三合) 第四線 : 二十八方位 物體測定 陽宅 : 八方位, 陰宅 : 十二方位 第五線 : 裁穴, 分金法 測定				

제11절 穴場 部位別(方位別) Energy場 特性 分析

◎ 坐向別 特性 秩序(합성방위 개념)

① 壬子坐 : 玄水 順 特性(極貴格)

② 丙午坐 : 朱火 緣分 順 特性(貴富格)

③ 甲卯坐 : 靑木 緣分 順 特性(官貴 上格)

④ 庚酉坐 : 白金 緣分 順 特性(貴富 上格)

⑤ 艮寅坐 : 孫生 緣分 特性(貴孫 合品格)

⑥ 坤申坐 : 孫財 緣分 特性(貴富孫 合品格)

⑦ 巽巳坐 : 孫祉 緣分 特性(貴孫祉 合品格)子孫+社會

⑧ 乾亥坐 : 孫貴 緣分 特性(貴孫 合品格)

⑨ 乙辰坐 : 貴富 緣分 特性(貴富 合品格)

⑩ 丁未坐 : 貴富祉 緣分 特性(貴富祉 合品格)

⑪ 辛戌坐 : 貴富 緣分 特性(貴富 合品格)

⑫ 癸丑坐 : 貴富 緣分 特性(貴富 合品格)

◎ 穴場 Energy場의 特性 分類

① 玄水 Energy場 :	純玄水 Energy場,	混合 玄水,	配合 玄水,	刑破 玄水
(H Energy場)	(壬子) (癸亥) (己丑)	(癸丑 乾亥)	(甲子 庚子) (乙亥 己丑)	(丙子 戊子) (丁亥 己亥) (丁丑)
② 朱火 Energy場 :	純朱火 Energy場,	混合 朱火,	配合 朱火,	刑破 朱火
(O Energy場)	(丙午 丁巳) (己未)	(巽巳 丁未) (丁巳)	(甲午 戊午) (辛巳 癸未) (乙未 乙巳)	(庚午 壬午)
③ 靑木 Energy場 :	純靑木 Energy場,	混合 靑木,	配合 靑木,	刑破 靑木
(N Energy場)	(甲卯 甲寅) (戊辰)	(艮寅 乙辰) (戊辰 壬寅) (癸卯 丙辰)	(丙寅 乙卯) (壬辰 庚寅) (辛卯 甲辰)	(戊寅 丁卯)

④ 白金 Energy場 : 純白金 Energy場, 混合 白金, 配合 白金, 刑破 白金

(C Energy場)	(庚酉 庚申)	(坤申 辛戌) (己酉 壬申) (丙申 壬戌)
	(戊戌 辛酉)	(丙戌 庚戌) (丁酉 甲申)
		(癸酉 戊申) (甲戌)

1. 玄水 Energy場 特性 分析(H Energy場)(합성방위 개념)

1) 壬子 Energy場 特性 分析(– H –)

(1) 純玄水 Energy場으로 玄水 中心 Energy場이 된다.

(2) 天體 Energy場 特性

① 先天 Energy場 – 丁壬合化木

② 後天 Energy場 – 壬水大河海水

(3) 地氣 Energy場 特性

① 先天 Energy場 – 壬天體 Energy場의 旺地

② 後天 Energy場 – 子水(H) 溪間淸靜水

(4) 根本 Energy場의 合成 特性

① 基本的으로 六十甲子 Energy場 特性 中 壬子 Energy場 特性

② 天地和合의 陰陽配位(壬子) 特性을 따른다.

③ 來龍脈 및 局同調 Energy場의 合成 特性 力量 → 穴場 Energy 力量

④ 天 · 地氣 精靈 Energy場의 入力 特性

⑤ 入首頭腦 Energy體의 聚突 特性(朱의 先到, 朝의 後着)

(5) 根本 Energy場의 諸 特性 現象

① 種性 鍾子의 生存 特性

② 子孫의 頭腦 活動 特性 및 基礎 骨格 特性

③ 腎, 膀, 子宮의 健全特性 및 靈魂意志 特性

④ 官貴富의 持續性 및 權能的 特性

⑤ 統利管理의 主帝的 特性(極品 極貴格)

(6) 各 部位別 穴場間 合居 Energy場 特性

① 坤申 壬子 乙辰 部位 穴場間 三合 安定 特性 Energy場 形成

② 壬子 癸丑 部位 穴場間 二合 安定 特性 Energy場 形成

③ 乾亥 壬子 癸丑 同宮 部位 穴場間 局同調 Energy場 形成

④ 艮寅 丙午 辛戌 部位 穴場間 合居 意志 特性 Energy場 形成

(7) 各 部位別 穴場의 人體 Energy場 特性

① 骨格, 骨髓, 腎, 膀, 子宮, 生産能力, 命門

② 智慧宮, 靈魂 主體意志, 主靈神, 祖上

③ 陽性, 男家長, 主人, 後見人 背後, 背景, 管理能力

④ 統一性, 主體性, 中心性, 洞察力, 指導力

2) 乾亥 Energy場 特性 分析(C-H Energy場)

(1) 混合 玄水 Energy場으로 玄水 右端 Energy場이 된다.

(2) 天體 Energy場 特性

① 先天 Energy場 - 甲己合土, 戊癸合火 合成

② 後天 Energy場 - 戊戌 白金, 癸亥 玄水 合成

(3) 地氣 Energy場 特性

① 先天 Energy場 - 癸天體 Energy場의 旺宮, 戊戌 天體 Energy場의 庫藏宮

② 後天 Energy場 - 玄水 右端, 己亥 Energy場, 癸亥 Energy場

(4) 根本 Energy場의 合成 特性

① 基本的으로 六十甲子 Energy場 中 己亥 癸亥 戊戌 Energy場 特性

② 白金 安定 Energy場 供給能力處, 大海水 Energy場 特性

③ 天・地氣 Energy場과 白金 局同調 Energy場의 連結 特性

④ 青木 供給 Energy場과의 均衡 特性

(5) 根本 Energy場의 諸 特性 現象

① 種性 種子의 變異 特性, 右旋 偏向 特性

② 次孫, 右腦, 母女系 旺氣 特性, 先亡父(母) 特性

③ 官, 貴, 富의 安定 因緣 特性

④ 入首右腦偏 Energy場 特性

(6) 各 部位別 穴場間 合居 Energy場 特性

① 乾亥 甲卯 丁未 部位 穴場間 三合 安定 Energy場 特性 形成

② 艮寅 部位 穴場間 二合 安定 特性 Energy場 形成(先破後合)

③ 玄水 局同調 Energy場 形成

④ 癸丑, 庚酉, 巽巳 部位 穴場間 合居 意志 特性 Energy場 形成

(7) 各 部位別 穴場의 人體 Energy場 特性

① 右腦 發達, 右腎, 膀, 生殖 機能

② 厚德, 健康, 忍耐力, 持久力, 偏母(父) 特性

③ 主靈의 補佐靈, 青木 安定 特性, 白金 Energy 供給 特性

④ 肺大腸의 根源 Energy場. 肝腎經의 連結

3) 癸丑 Energy場 特性 分析(H-T Energy場)

(1) 混合 玄水 Energy場으로 玄水 左端 Energy場이 된다.

(2) 天體 Energy場 特性

① 先天 Energy場 - 戊癸合火, 甲己合土 合成

② 後天 Energy場 - 玄水 左端, 癸亥 己丑 合成 Energy場

(3) 地氣 Energy場 特性

① 先天 Energy場 - 癸天體 Energy場의 冠帶宮, 己天體 Energy場의 庫藏宮

② 後天 Energy場 - 溪間 混濁水, 濕土

(4) 根本 Energy場의 合成 特性

① 基本的으로 六十甲子 Energy場 中 癸丑 己丑 Energy場의 合成 特性

② 青木 入力 Energy場 供給 特性 → 青木 合居時 發達

③ 天 · 地氣 Energy場과 青木 局同調 Energy場의 連結 特性

④ 白金 供給 Energy場과의 均衡 特性

(5) 根本 Energy場의 諸 特性 現象

① 種性 種子의 變異 特性, 右旋 偏向 特性

② 次孫, 左腦, 父子系 旺氣 特性, 先亡母(父) 特性

③ 官, 貴, 富의 安定 因緣 特性

④ 入首 左腦偏 Energy場 特性

(6) 各 部位別 穴場間 合居 Energy場 特性

① 癸丑 巽巳 庚酉 部位 穴場間 三合 安定 Energy場 特性 形成

② 壬子 玄中 Energy場 間 二合 安定 特性 形成

③ 玄水 局同調 Energy場 形成, 官貴富의 背景處

④ 乾亥 甲卯 丁未 部位 穴場間 合居 意志 特性 Energy場 形成

(7) 各 部位別 穴場의 人體 Energy場 特性

① 左腦 發達, 左腎膀 生埴機能, 脾膵 機能 主管

② 勤勉誠實, 溫厚, 障礙, 陷井

③ 主靈의 補佐靈, 白金 安定 特性, 青木 Energy 供給 特性

④ 肝膽의 根源 Energy場, 脾肺大腸經의 連結

2. 朱火 Energy場 特性 分析(O Energy場)

1) 丙午 Energy場 特性 分析(- O -)

(1) 純朱火 Energy場으로 朱火 中心 Energy場이 된다.

(2) 天體 Energy場 特性

① 先天 Energy場 - 丙辛合化水(쇳물)

② 後天 Energy場 - 丙火 太熱火(天熱火)

(3) 地氣 Energy場 特性

① 先天 Energy場 - 丙天體 Energy場의 旺地

② 後天 Energy場 - 午火(地熱火), O

(4) 根本 Energy場의 合成 特性

① 基本的으로 六十甲子 Energy場 特性 中 丙午 Energy場 特性

② 天地和合의 陰陽配位 中 陰 配位 特性(⊕配位 壬子)

③ 來龍脈 Energy 및 局同調 Energy場의 合成 中 局同調 特性 優位

④ 穴場 核 凝縮 同調 靑白 Energy場의 收藏 安定

⑤ 穴核 凝縮 縱 安定 反 Energy場 供給

(5) 根本 Energy場의 諸 特性 現象

① 種性 種子의 生態 Energy場 供給 特性

② 子孫의 前中部位 生命環境 Energy場(社會活動 Energy場)

③ 客觀 事物間의 相互關係 特性

④ 環境 Energy場(風水 Energy場, 熱의 Energy場 等)의 入出 保全 維持 管理 特性

⑤ 穴場 核 先到 反 Energy場 供給(頭의 先到, 玄의 後着)

(6) 各 部位別 穴場間 合居 Energy場 特性

① 丙午 艮寅 辛戌 部位 穴場間 三合 安定 Energy場 特性 形成

② 丙午 丁未 部位 穴場間 二合 安定 Energy場 特性 形成

③ 坤申 壬子 乙辰 部位 穴場間 合居 意志 特性 Energy場 形成

④ 巽巳 丙午 丁未 同宮 部位間 局同調 Energy場 特性 形成

(7) 各 部位別 穴場의 人體 Energy場 特性

① 身體 前中部, 心, 心胞, 小腸 機能의 主帝

② 左心, 右心, 血流, 氣色, 肉氣의 活動 機能

③ 禮敬의 德性, 客觀的 事理分別, 財貨 收藏, 名譽 維持

④ 社會性, 合理性, 道德性, 持久力, 藝術, 人氣力

2) 丁未 Energy場 特性 分析(O-T Energy場)

(1) 丙午 朱案 左端의 出脈 Energy場으로 混合 朱火 Energy場

(2) 天體 Energy場 特性

① 先天 Energy場 - 丁壬合木 甲己合土 Energy場

② 後天 Energy場 - 丁⊖火 坤申 Energy場의 合成

(3) 地氣 Energy場 特性

① 先天 Energy場 - 丁 天體 Energy場의 冠帶宮, (己) 天體 Energy場의 冠帶宮

③ 後天 Energy場 - 朱火 左端 丁未 己未 合成 Energy場

(4) 根本 Energy場의 合成 特性

① 基本的으로 六十甲子 Energy場 中 己未 丁未 坤申 Energy場 特性

② 白金 凝縮 安定 Energy場 供給(坤申 凝縮 Energy場)

③ 燥土 燥金 朱案偏 Energy場 特性(穴核 左端 Energy 凝縮)

④ 金木 安定 Energy場 特性(巽巳 乙辰과의 均衡 意志 特性)

(5) 根本 Energy場의 諸 特性 現象

① 主客神의 左補神, 左旋偏向 意志, 陰配位 Energy場 特性

② 次孫 母女 特性, 放浪, 美人

③ 左心 左身 血流 特性, 脾膵臟

④ 外務, 外交, 社會流通, 辯護士, 外交官

⑤ 未來指向意志, 坤申의 先到意志(丁未 先到)

(6) 各 部位別 穴場間 合居 Energy場 特性

① 丁未 甲卯 乾亥 部位 穴場間 三合 安定 Energy場 特性 形成

② 丙午 丁未 部位 穴場間 二合 安定 Energy場 特性 形成

③ 癸丑 庚酉 巽巳 部位 穴場間 合居 意志 Energy場 特性 形成

④ 巽巳 丙午 丁未 同宮 部位間 局同調 Energy場 特性 形成

(7) 各 部位別 穴場의 人體 Energy場 特性

① 左心, 左心室胞, 小腸, 左身 血脈, 左前腦

② 禮敬의 偏斜, 客觀能力의 偏向

③ 肺大腸의 母經, 脾膵臟 經脈

④ 豪放性, 關係性, 樂天的

⑤ 火生土의 連結 因子

3) 巽巳 Energy場 特性 分析(N-O Energy場)

(1) 丙午 朱案의 右端의 出脈 Energy場으로 混合 朱火 Energy場

(2) 天體 Energy場 特性

① 先天 Energy場 - 丁壬合木 戊癸合火 合成 Energy場

③ 後天 Energy場 - 戊辰青木 丁巳朱火 合成 Energy場

(3) 地氣 Energy場 特性

① 先天 Energy場 - 丁天體 Energy場의 旺地, 戊天體 Energy場의 官祿宮

③ 後天 Energy場 - 朱火 右端 丁巳 戊辰의 合成 Energy場

(4) 根本 Energy場의 合成 特性

① 基本的으로 六十甲子 Energy場 中 丁巳 戊辰 Energy場 特性

② 青木 乙辰 凝縮 Energy場 供給 特性

③ 朱火 右端 右官 Energy場으로 穴核 右端 Energy 凝縮 特性

④ 天・地氣 右端 入力 Energy場 및 白金 均衡 Energy場 特性

(5) 根本 Energy場의 諸 特性 現象

① 種性 種子의 陰配位 ⊖Energy場 特性(次孫)

② 入力 ⊕E의 安定 均衡 凝縮 特性

③ 官貴富의 持續的 力量 增大 安定 特性

④ 朱火 右端 右旋 右偏向的 Energy場 特性, 乙辰의 先到

(6) 各 部位別 穴場間 合居 Energy場 特性

① 巽巳 庚酉 癸丑 部位 穴場間 三合 安定 特性 Energy場 形成

② 巽巳坤 部位 穴場間 二合 Energy場 特性(先凶後吉)

③ 巽巳 丙午 丁未 朱火同宮間 局同調 Energy場 形成

④ 乾亥 甲卯 丁未 部位 穴場間 合居 意志 Energy場 特性 形成

(7) 各 部位別 穴場의 人體 Energy場 特性

① 右前身 血脈 肉氣, 右前腦

② 客觀의 偏向性, 主客神의 補佐神

③ 學文藝, 華麗함, 活動的, 禮敬의 偏向

④ 心, 心胞, 小腸經, 靜脈血流(右心室)

⑤ 火生土의 連結 因子

3. 靑木 Energy場 特性 分析(N Energy場)

1) 甲卯 Energy場 特性 分析(- N -)

(1) 純靑木 Energy場으로 靑木 中心 Energy場이 된다.

(2) 天體 Energy場 特性

① 先天 Energy場 - 甲己合化土

③ 後天 Energy場 - 甲木大長木

(3) 地氣 Energy場 特性

① 先天 Energy場 - 甲天體 Energy場의 旺地

④ 後天 Energy場 - 卯木 草木 花木, N

(4) 根本 Energy場의 合成 特性

① 基本的으로 六十甲子 Energy場 特性 中 先 甲寅 後 乙卯 特性

② 天地和合의 陰陽配位(甲卯) 特性을 따른다.

③ 來龍脈 Energy 및 局同調 Energy場의 左右 均衡 主體 特性

④ 天·地氣 主體意志의 左補處 Energy場 特性

⑤ 穴場 凝縮 橫 安定 左 Energy場 供給(白 Energy場의 後着 安定 希求)

(5) 根本 Energy場의 諸 特性 現象

① 種性 種子의 生命活動 ⊖特性, ⊖孫勢 特性

② 人間 左神 左腦 活動 및 推進意志 特性

③ 穴場 縱 入力 凝縮 秩序의 左補 特性

④ 靑木局 Energy場의 合成中心 Energy場 特性(白의 先到, 朱의 後着)

⑤ 陽突的 活動意志의 推進行 特性

(6) 各 部位別 穴場間 合居 Energy場 特性

① 乾亥 甲卯 丁未 部位 穴場間 三合 安定 Energy場 特性 形成

② 甲卯 辛戌 部位 穴場間 二合 安定 Energy場 特性 形成

③ 艮寅 甲卯 乙辰 部位 穴場間 局同調 Energy場 特性

④ 癸丑 庚酉 巽巳 部位 穴場間 合居意志 Energy場 特性 形成

(7) 各 部位別 穴場의 人體 Energy場 特性

① 筋肉, 허리中心, 脊椎筋脈, 목, 大腿部, 종아리, 肝膽 特性

② 創意的 活動能力, 人氣力, 企劃力, 華麗함

③ 魂魄의 均衡意志, 主靈神의 左補 安定群

④ 仁, 德, 忍耐, 推進意志, 美的, 女性的, 財의 分散, 草花

⑤ 左의 中心, ⊕Energy場 中 ⊖ 特性

2) 艮寅 Energy場 特性 分析(T-N Energy場)

(1) 混合 青木 Energy場으로 穴核 左上部 圓形凝縮 Energy場

(2) 天體 Energy場 特性

① 先天 Energy場 - 戊癸合化火 甲己合化土

② 後天 Energy場 - 己丑 玄水 左端, 甲青木 右端 合成

(3) 地氣 Energy場 特性

① 先天 Energy場 - 戊 天體 Energy場의 生宮(己의 死宮)(甲의 祿宮)

② 後天 Energy場 - 青陽木 丑玄水의 合成

(4) 根本 Energy場의 合成 特性

① 基本的으로 六十甲子 Energy場 特性 中 先 戊寅 後 甲寅 特性

② 天地和合의 陰陽配位(艮寅 戊癸 甲寅) Energy場 特性

③ 來龍脈 및 局同調 Energy場의 青木 入力 Energy 穴凝縮 特性

④ 青木 進行 Energy場 供給 및 白金 供給 Energy場 均衡 特性

(5) 根本 Energy場의 諸 特性 現象

① 種性 種子의 生命活動 ⊕ 特性, ⊕孫勢 特性

② 左肩, 左腦 活動意志, 陽突的 進行意志 特性

③ 穴場 青蟬翼 Energy 供給 特性, 生命意志, 出世意志

④ 穴場 左端 縱的 進行 凝縮 Energy場 特性

(6) 各 部位別 穴場間 合居 Energy場 特性

① 艮寅 丙午 辛戌 部位 穴場間 三合 安定 Energy場 特性 形成

② 艮寅 乾亥 部位 穴場間 二合 安定 Energy場 特性 形成(先凶後吉)

③ 艮寅 甲卯 乙辰 部位 穴場間 局同調 Energy場 形成

④ 壬子 坤申 乙辰 部位 穴場間 合居意志 Energy場 特性 形成

(7) 各 部位別 穴場의 人體 Energy場 特性

① 左肩, 左身, 左腦, 筋脈, 頸動脈部 목 筋肉(頸椎筋脈), 허리, 대퇴부, 종아리

② 肝, 膽, 눈, 허리디스크, 무릎, 筋肉, 목, 血管, 왼팔, 왼발

③ 權威, 威嚴, 勤勉, 어짊, 德望, 推進力, ⊕活動特性

④ 아들, 出世, 일꾼, 健實, 康健, 指導力, 頭領命

⑤ 水生木의 連結 因子

3) 乙辰 Energy場 特性 分析(N-T Energy場)

(1) 混合 青木 Energy場으로 青木 左下 穴核 圓形 凝縮 Energy場

(2) 天體 Energy場 特性

① 先天 Energy場 - 乙庚合金, 戊癸合火 合成 Energy場

② 後天 Energy場 - 乙青木 左端 戊$_{辰}$土 合成 Energy場

(3) 地氣 Energy場 特性

① 先天 Energy場 - 乙天體 Energy場의 官帶宮

② 後天 Energy場 - 青陽木 巳朱火의 合成 Energy場

(4) 根本 Energy場의 合成 特性

① 基本的으로 六十甲子 Energy場 中 先 乙卯 後 戊$_{辰}$ Energy場 特性

② 天地和合의 陰陽配位 乙卯 戊辰 Energy場 特性

③ 來龍脈 및 局同調 Energy場의 左右安定 穴核 凝縮 特性

④ 青木局 Energy場과 朱火局(客神) Energy場과의 穴核 同調 凝縮 特性

⑤ 坤申의 後着意志, 坤申의 被補護 意志(再凝縮 手段)

(5) 根本 Energy場의 諸 特性 現象

① 種性 種子의 生命活動 ⊕特性의 持續化 및 壽命 特性

② 出世意志와 生命意志의 執着特性, 白金安定意志

③ 左右均衡 穴 凝縮 同調意志

④ 貴, 官, 富의 安定 希求意志, 社會間 關係意志

⑤ 巽巳의 先到安定希求意志 및 坤申의 纒護安定 收容意志

(6) 各 部位別 穴場間 合居 Energy場 特性

① 乙辰 坤申 壬子 部位 穴場間 三合 安定 特性 Energy場 形成

② 乙辰 庚酉 部位 穴場間 二合 Energy場 特性

③ 乙辰 甲卯 艮寅 部位 穴場間 局同調 Energy場 形成

④ 艮寅 丙午 辛戌 部位 穴場間 合居 意志 Energy場 特性 形成

(7) 各 部位別 穴場의 人體 Energy場 特性

① 左脚 左腕, 팔목, 발목, 左神經系

② 下胃, 허, 左身 關節 全般, 腰椎筋脈

③ 社會關係性, 言辯(言語能力), 收給能力, 談判力, 學術探求, 商業性, 行政力, 指導力

④ 左의 下部, ⊕Energy場의 ⊕特性, 아들, 出世

⑤ 木生火의 連結 因子

4. 白金 Energy場 特性 分析(C Energy場)

1) 庚酉 Energy場 特性 分析(- C -)

(1) 純白金 中心 Energy場으로 穴場 青木 均衡 Energy場이다.

(2) 天體 Energy場 特性

① 先天 Energy場 - 乙庚合化金

② 後天 Energy場 - 庚金, 强鐵金

(3) 地氣 Energy場 特性

① 先天 Energy場 - 庚天體 Energy場의 旺地

② 後天 Energy場 - 酉軟金, 비철금, C

(4) 根本 Energy場의 合成 特性

① 基本的으로 六十甲子 Energy場 特性 中 先 庚申 後 辛酉 Energy場 特性

② 天地和合의 陰陽配位 庚酉 特性을 따른다.

③ 天・地氣 主體意志의 右補處 同調 Energy場 特性

④ 來龍脈 및 局同調 Energy場의 左右 均衡 收拾 特性

⑤ 穴場 凝縮 右 安定 Energy場 供給(青木 先到, 朱의 後着)

(5) 根本 Energy場의 諸 特性 現象

① 種性 種子의 保, 育, 生存 孕胎 特性

② 右身, 右腦 活動 및 收藏 意志 特性

③ 穴場 縱 凝縮 Energy 入力秩序의 右補 特性

④ 白金局 Energy場의 合成中心 Energy場 特性

⑤ 甲卯 Energy場 先到, 乙辰 Energy場의 後着秩序 安定 再凝縮을 위한 持期 進行, 凝縮安定意志, 青木 保護意志(蹲踞 安定 意志)

(6) 各 部位別 穴場間 合居 Energy場 特性

① 庚酉 巽巳 癸丑 部位 穴場間 三合 安定 Energy場 特性 形成

② 庚酉 乙辰 部位 穴場間 二合 安定 Energy場 特性 形成

③ 辛戌 庚酉 坤申 部位 穴場間 局同調 Energy場 特性

④ 乾亥 甲卯 丁未 部位 穴場間 合居意志 Energy場 特性 形成

(7) 各 部位別 穴場의 人體 Energy場 特性

① 肺, 大腸, 皮毛, 右身, 右脚, 팔꿈치, 무릎

② 재테크, 果敢性, 改革性, 決斷力, 正義感, 技藝

③ 魂魄의 均衡意志, 主靈神의 右補 安定群

④ 正義, 勇氣, 收藏 實踐力, 檢警, 肅殺之氣

⑤ 右의 中心, ㊀Energy場의 ㊀特性

2) 辛戌 Energy場 特性 分析(C-T Energy場)

(1) 混合 白金 Energy場으로 穴核 右上部 圓形凝縮 Energy場

(2) 天體 Energy場 特性

① 先天 Energy場 - 丙辛合化水 戊癸合化火

② 後天 Energy場 - 辛 白金 肩部, 戊戌 癸亥 合成

(3) 地氣 Energy場 特性

① 先天 Energy場 - 辛 天體 Energy場의 冠帶宮(戊의 庫)

② 後天 Energy場 - 白肩金左 右玄 合成, 戊癸 合成 (戌亥 合成)

(4) 根本 Energy場의 合成 特性

① 基本的으로 六十甲子 Energy場 特性 中 先 辛戌 後 戊戌 特性

② 天地和合의 陰陽配位(辛戌 戊戌) Energy場 特性

③ 來龍脈 및 局同調 Energy場의 白金 入力 Energy 穴凝縮 特性

④ 白金 進行 Energy 供給 및 青木 供給 Energy場 均衡 特性 (艮寅 先到, 辛戌 後着)

(5) 根本 Energy場의 諸 特性 現象

① 種性 種子의 育成 保護 ⊖特性, ⊖孫勢 特性

② 右肩, 右身, 右臂, 右腦 活動意志, 收藏意志

③ 穴場 白蟬翼 Energy 供給 特性, 재테크 智慧

④ 穴場 右上端 縱的 進行 凝縮 Energy場 特性

(6) 各 部位別 穴場間 合居 Energy場 特性

① 辛戌 丙午 艮寅 部位 穴場間 三合 安定 Energy場 特性 形成

② 辛戌 甲卯 部位 穴場間 二合 安定 Energy場 特性 形成

③ 辛戌 庚酉 坤申 部位 穴場間 局同調 Energy場 形成

④ 壬子 坤申 乙辰 部位 穴場間 合居意志 Energy場 特性 形成

(7) 各 部位別 穴場의 人體 Energy場 特性

① 上胃, 左肺大腸 上部, 右身 上體 右臂, 氣管支

② 右腦 活動力 特性, 創造的 智慧, 企劃力, 思考 分別力

③ 技藝, 技術, 組織力, 推進力, 選擇力, 集中力

④ 次男, 頭腦活動, 腦健康, 推理能力, 指導力

⑤ 金生水의 連結 因子

3) 坤申 Energy場 特性 分析(C-T Energy場)

(1) 混合 白金 Energy場으로 穴核 右下部 圓形 凝縮 Energy場

(2) 天體 Energy場 特性

① 先天 Energy場 - 乙庚合金, 戊癸合火 合成 Energy場

② 後天 Energy場 - 戊申 庚申 合金 丁未 合成 Energy場

(3) 地氣 Energy場 特性

① 先天 Energy場 - 庚天體 Energy場의 祿宮(戊의 病 己의 浴)

② 後天 Energy場 - 申强金 C-T, 强鐵

(4) 根本 Energy場의 合成 特性

① 基本的으로 六十甲子 Energy場 中 先 庚申 後 戊申 己未 Energy場 特性

② 天地和合의 陰陽配位 坤申(戊申) 特性을 따른다.

③ 來龍脈 및 局同調 Energy場의 朱白同調 收拾 凝縮 意志

④ 天・地氣 和合 收藏 意志, 乙辰 纏護 意志

⑤ 乙辰 先到, 坤申 後着, 穴核 凝縮 意志(朱火 丁未의 後着)

(5) 根本 Energy場의 諸 特性 現象

① 種性 種子의 保全管理(白 中 ⊕特性) 育成 凝縮

② 右身, 右脚, 右腦活動 收拾 意志, 財庫藏, 聚積

③ 穴場 白蟬翼 Energy 穴核 再凝縮 意志

④ 朱火 丁未 Energy場 間 關係意志

(6) 各 部位別 穴場間 合居 Energy場 特性

① 坤申 壬子 乙辰 部位 穴場間 三合 安定 特性 Energy場 形成

② 坤申 巽巳 部位 穴場間 二合 Energy場 特性 形成(先凶後吉)

③ 坤申 庚酉 辛戌 部位 穴場間 局同調 Energy場 形成

④ 艮寅 丙午 辛戌 部位 穴場間 合居 意志 Energy場 特性 形成

(7) 各 部位別 穴場의 人體 Energy場 特性

① 下胃, 下大腸, 右下脚肢, 右足, 발목, 右팔목

② 右腦活動의 收拾 管理 特性

③ 强健, 固執, 煩惱, 理想, 未來指向性

④ 次男, 孫勢管理, 組織力, 統治力, 改革意志, 開拓意志

⑤ 土生金의 連結 因子

5. 穴場 部位別 合成 方位 Energy場 特性 分類 (穴場 Energy場+方位 Energy場)

〈표 3-50〉 穴場 部位別 合成 方位 Energy場 特性 分類表

		壬子	癸丑	艮寅	甲卯	乙辰	巽巳	丙午	丁未	坤申	庚酉	辛戌	乾亥
玄水E場	壬子	純玄水	混合同調水	合居水	刑破官貴水	純合水	怨害混合水	配位官貴水	怨嗔混合水	純合水	刑破官貴水	合居水	混合同調水
	癸丑	混合同調水	純同調左玄水	混合左玄水	混合左玄水	刑破左玄水	純合左玄水	怨嗔左玄水	配位左玄水	混合左玄水	純合左玄水	刑破左玄水	混合同調水
	乾亥	混合同調水	混合同調水	刑破配位水	純同調右玄水	怨嗔右玄水	配位右玄水	混合右玄水	純合右玄水	怨害右玄水	混合右玄水	合居右玄水	純同調右玄水
朱火E場	丙午	配位富貴朱火	怨嗔朱火	純合右玄水	刑破官貴火	合居朱火	混合同調朱火	純朱火	混合同調朱火	合居朱火	刑破官貴火	純合朱火	混合朱火
	巽巳	怨害右朱火	純同調右朱火	刑破右朱火	合居右朱火	合居右朱火	純同調右朱火	混合同調火	混合同調火	刑破配位火	純同調右朱火	怨害右朱火	配位右朱火
	丁未	怨害左朱火	配位左朱火	混合左朱火	純同調左朱火	混合左朱火	混合左朱火	混合同調火	純同調左朱火	合居左朱火	合居左朱火	刑破左朱火	純同調左朱火
		壬子	癸丑	艮寅	甲卯	乙辰	巽巳	丙午	丁未	坤申	庚酉	辛戌	乾亥
青木E場	甲卯	刑破官貴木	混合青木	混合同調木	純青木	混合同調木	合居青木	刑破官貴木	純同調青木	怨害青木	配位官貴木	配位青木	純同調青木
	艮寅	合居右青木	混合右青木	純同調右青木	混合同調右青木	混合同調右青木	刑破右青木	純合右青木	混合右青木	配位右青木	怨害右青木	純合右青木	刑破配位木
	乙辰	純合左青木	刑破左青木	混合同調左青木	混合同調左青木	純合左青木	合居左青木	合居左青木	混合左青木	純合左青木	配位左青木	配位左青木	怨害左青木
白金E場	庚酉	刑破官貴金	純合金	怨害白金	配位官貴金	配位白金	純同調白金	刑破官貴金	合居白金	混合同調白金	純合金	混合同調金	合居白金
	辛戌	合居左白金	刑破左白金	純合左白金	配位左白金	配位左白金	怨害左白金	純合左白金	刑破左白金	混合同調左白金	混合同調左白金	純同調左白金	合居左白金
	坤申	純合右白金	混合右白金	配位右白金	怨害右白金	純合右白金	刑破配位金	合居右白金	合居右白金	純合右白金	混合同調右白金	混合同調右白金	怨害右白金

제12절 坐向別 Energy場의 緣分的 特性秩序 (佩鐵 坐向 Energy場의 緣分 機能)

1. 天 · 地氣 Energy場 入力 및 凝縮 同調의 穴場 部位別 特性

(1) 玄水 Energy場 : 亥壬子癸丑
(2) 朱火 Energy場 : 巳丙午丁未
(3) 青木 Energy場 : 寅甲卯乙辰
(4) 白金 Energy場 : 申庚酉辛戌

2. 佩鐵 方位 Energy場 穴場 部位別 特性

(1) 玄水 Energy場 方位 : 乾亥, 壬子, 癸丑
(2) 朱火 Energy場 方位 : 巽巳, 丙午, 丁未
(3) 青木 Energy場 方位 : 艮寅, 甲卯, 乙辰
(4) 白金 Energy場 方位 : 坤申, 庚酉, 辛戌

} 絶對方位와 同一할 경우 125% 穴 E場 特性 發現

3. 天 · 地氣 Energy場과 方位 Energy場과의 合成 Energy場 特性

1) 玄水 Energy場 合成

(1) 壬子(方位) (玄水의 正中坐) → 壬子(壬子) 壬子(癸丑) 壬子(艮寅) 壬子(甲卯) 壬子(乙辰) 壬子(巽巳) 壬子(丙午) 壬子(丁未) 壬子(坤申) 壬子(庚酉) 壬子(辛戌) 壬子(乾亥)

(2) 癸丑(方位) → 癸丑(壬子) 癸丑(癸丑) 癸丑(艮寅) 癸丑(甲卯) 癸丑(乙辰) 癸丑(巽巳) 癸丑(丙午) 癸丑(丁未) 癸丑(坤申) 癸丑(庚酉) 癸丑(辛戌) 癸丑(乾亥)

(3) 乾(戊戌)亥(方位) → 乾亥(壬子) 乾亥(癸丑) 乾亥(艮寅) 乾亥(甲卯) 乾亥(乙辰)
乾亥(巽巳) 乾亥(丙午) 乾亥(丁未) 乾亥(坤申) 乾亥(庚酉)
乾亥(辛戌) 乾亥(乾亥)

2) 朱火 Energy場 合成

(1) 丙午(方位) → 丙午(壬子) 丙午(癸丑) 丙午(艮寅) 丙午(甲卯) 丙午(乙辰)
(朱火의 正中坐) 丙午(巽巳) 丙午(丙午) 丙午(丁未) 丙午(坤申) 丙午(庚酉)
丙午(辛戌) 丙午(乾亥)

(2) 巽(戊辰)巳(方位) → 巽巳(壬子) 巽巳(癸丑) 巽巳(艮寅) 巽巳(甲卯) 巽巳(乙辰)
巽巳(巽巳) 巽巳(丙午) 巽巳(丁未) 巽巳(坤申) 巽巳(庚酉)
巽巳(辛戌) 巽巳(乾亥)

(3) 丁未(方位) → 丁未(壬子) 丁未(癸丑) 丁未(艮寅) 丁未(甲卯) 丁未(乙辰)
丁未(巽巳) 丁未(丙午) 丁未(丁未) 丁未(坤申) 丁未(庚酉)
丁未(辛戌) 丁未(乾亥)

3) 青木 Energy場 合成

(1) 甲卯(方位) → 甲卯(壬子) 甲卯(癸丑) 甲卯(艮寅) 甲卯(甲卯) 甲卯(乙辰)
(青木의 正中坐) 甲卯(巽巳) 甲卯(丙午) 甲卯(丁未) 甲卯(坤申) 甲卯(庚酉)
甲卯(辛戌) 甲卯(乾亥)

(2) 艮(己丑)寅(方位) → 艮寅(壬子) 艮寅(癸丑) 艮寅(艮寅) 艮寅(甲卯) 艮寅(乙辰)
艮寅(巽巳) 艮寅(丙午) 艮寅(丁未) 艮寅(坤申) 艮寅(庚酉)
艮寅(辛戌) 艮寅(乾亥)

(3) 乙辰(方位) → 乙辰(壬子) 乙辰(癸丑) 乙辰(艮寅) 乙辰(甲卯) 乙辰(乙辰)
乙辰(巽巳) 乙辰(丙午) 乙辰(丁未) 乙辰(坤申) 乙辰(庚酉)
乙辰(辛戌) 乙辰(乾亥)

4) 白金 Energy場 合成

(1) 庚酉(方位) (白金의 正中坐) → 庚酉(壬子) 庚酉(癸丑) 庚酉(艮寅) 庚酉(甲卯) 庚酉(乙辰) 庚酉(巽巳) 庚酉(丙午) 庚酉(丁未) 庚酉(坤申) 庚酉(庚酉) 庚酉(辛戌) 庚酉(乾亥)

(2) 坤(己未)申(方位) → 坤申(壬子) 坤申(癸丑) 坤申(艮寅) 坤申(甲卯) 坤申(乙辰) 坤申(巽巳) 坤申(丙午) 坤申(丁未) 坤申(坤申) 坤申(庚酉) 坤申(辛戌) 坤申(乾亥)

(3) 辛戌(方位) → 辛戌(壬子) 辛戌(癸丑) 辛戌(艮寅) 辛戌(甲卯) 辛戌(乙辰) 辛戌(巽巳) 辛戌(丙午) 辛戌(丁未) 辛戌(坤申) 辛戌(庚酉) 辛戌(辛戌) 辛戌(乾亥)

4. 坐向論 中 坐向別 反Energy 特性에 따른 凝縮同調 Energy場 Vector

※ 陽基坐向論參照

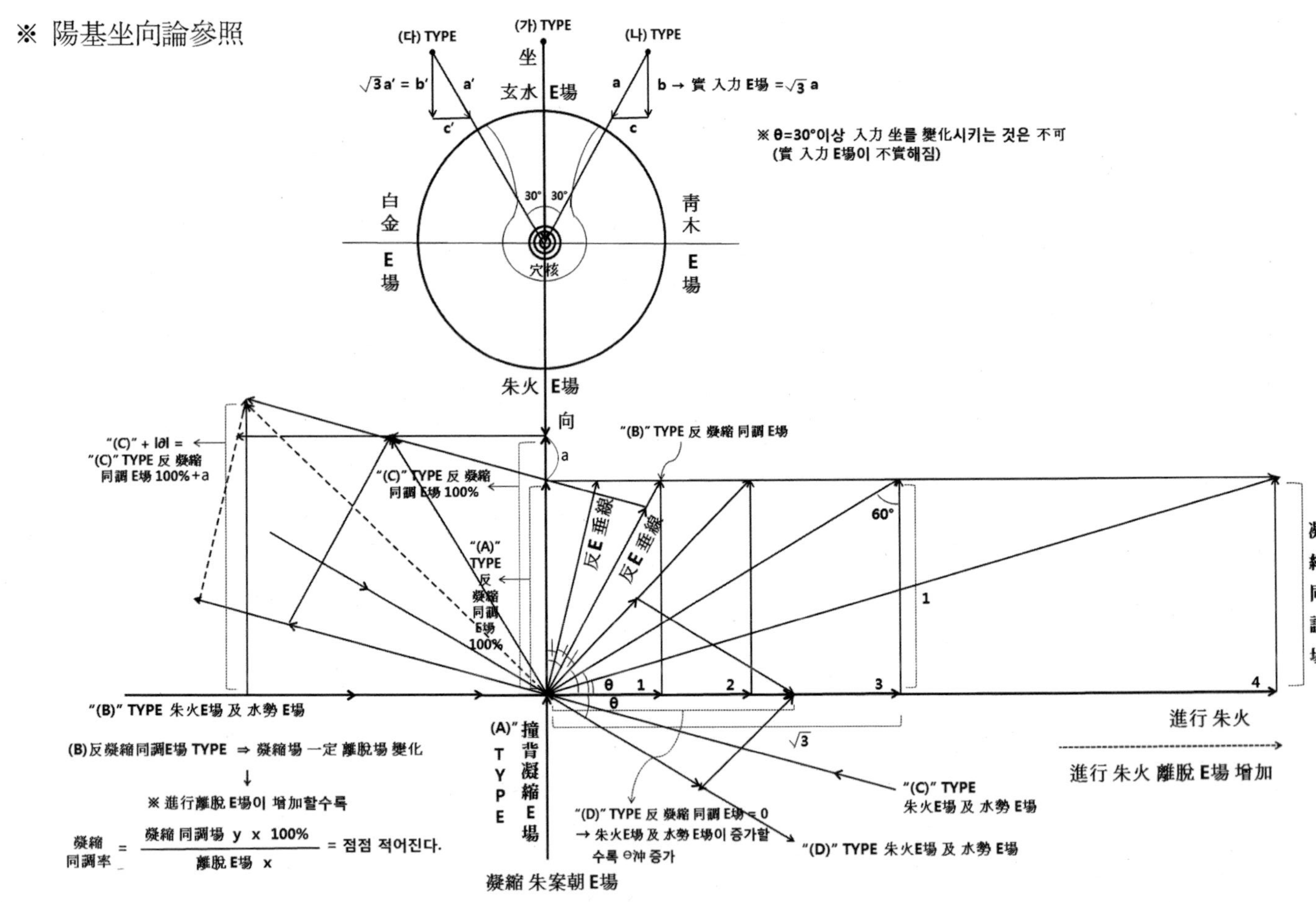

〈그림 3-91〉 坐向論 中 坐向別 反Energy 特性에 따른 凝縮同調 Energy場 Vector圖

제13절 穴板 Energy場의 形態別 特性分析

1. 三合 形態의 Energy場 特性 相互作用

※ 四枝 合成場들의 特性 分析임

※ 穴場의 合成場 一切는 立體構造들이다.

1) 天干 三合 形態의 Energy場 特性 相互作用

天體 Energy場 三合은 地氣 Energy場 △合을 增幅시키며, 地氣 Energy場의 $\theta=\angle 15°$ 左旋 同調 Energy化한다. 穴場 地氣 Energy 再凝縮 同調場 形成(穴板 外廓들과 穴核 上部 部位)

(1) 庚癸戊辰 △ 天體 Energy場 同調特性(巽 · 庚 · 癸)

先天 - 玄水 Energy場 倍加, 命運

後天 - 白金 Energy場 倍加

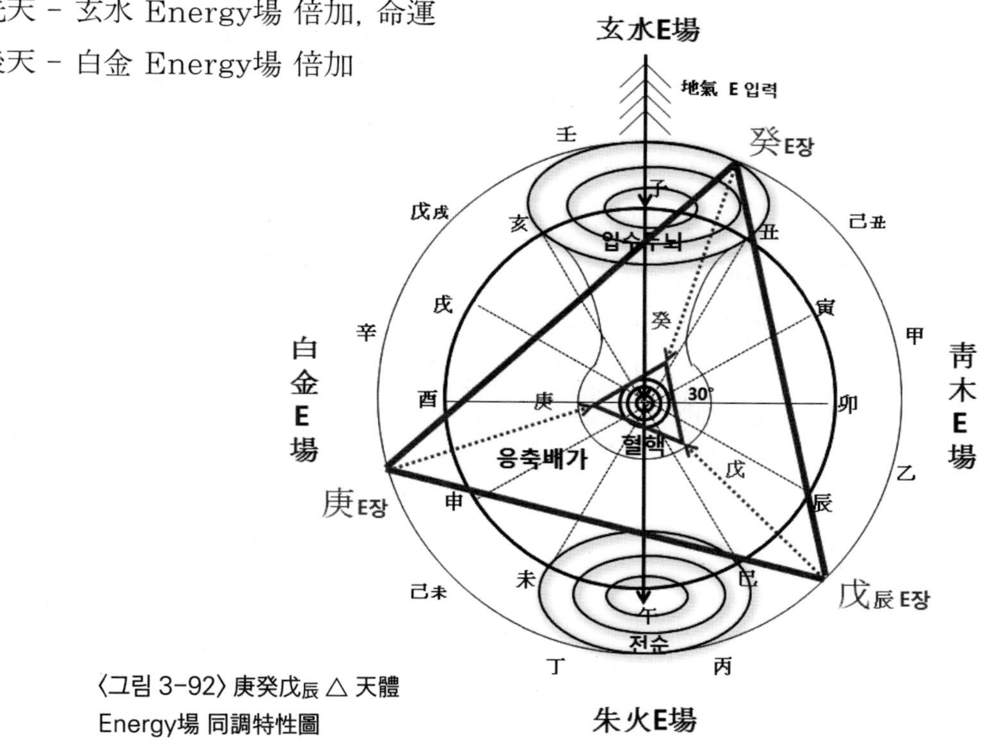

〈그림 3-92〉 庚癸戊辰 △ 天體 Energy場 同調特性圖

(2) 甲丁戊戌 △ 天體 Energy場 同調特性(乾 · 甲 · 丁)

先天 - 朱火 Energy場 倍加, 倉庫 (財物, 出世)

後天 - 青木 Energy場 倍加 (出世)

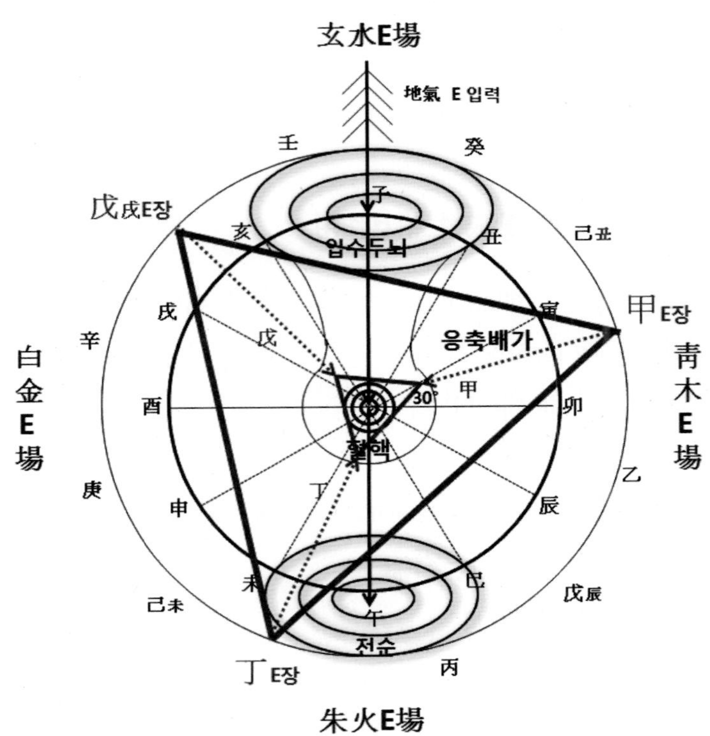

〈그림 3-93〉 甲丁戊戌 △ 天體 Energy場 同調特性圖

(3) 丙辛己丑 △ 天體 Energy場 同調特性(艮 · 丙 · 辛)

先天 - 白金 Energy場 倍加, 財運, 技術

後天 - 朱火 Energy場 倍加

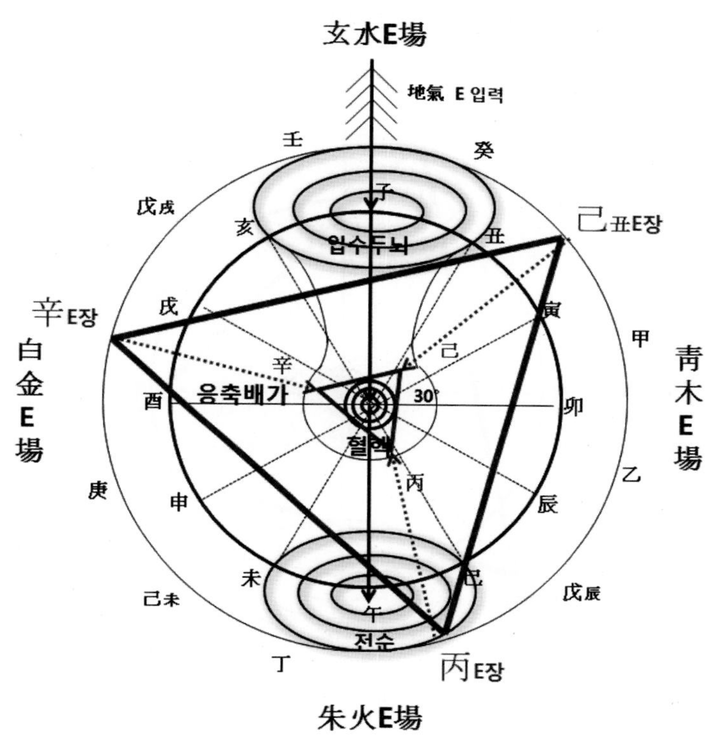

〈그림 3-94〉 丙辛己丑 △ 天體 Energy場 同調特性圖

(4) 壬乙己未 △ 天體 Energy場 同調特性(坤 · 壬 · 乙)

先天 – 青木 Energy場 倍加, 人氣運, 企劃運

後天 – 玄水 Energy場 倍加

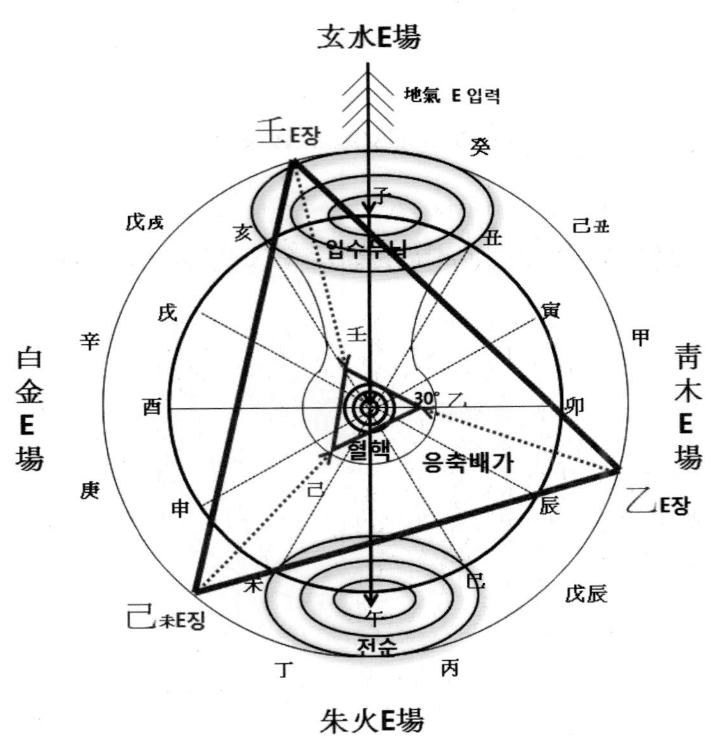

〈그림 3-95〉 壬乙己未 △ 天體 Energy場 同調特性圖

※ 庚癸戊辰 天體 △合 Energy場의 穴板 部位 → 主 白金 曜 Energy △ 基臺 및 穴右 凝縮 Energy場

※ 甲丁戊戌 天體 △合 Energy場의 穴板 部位 → 主 青木 曜 Energy △ 基臺 및 穴左 凝縮 Energy場

※ 丙辛己丑 天體 △合 Energy場의 穴板 部位 → 主 纏脣 官 Energy △ 基臺 및 穴前 凝縮 Energy場

※ 壬乙己未 天體 △合 Energy場의 穴板 部位 → 主 入首頭腦 鬼 Energy △ 基臺 및 穴後 凝縮 Energy場

2) 地支 三合 形態의 Energy場 特性 相互作用

申子辰, 寅午戌, 巳酉丑, 亥卯未(Energy場의 集中 - 子午卯酉)
穴核 四方 外廓들과 中心部位 凝縮

(1) 申子辰 △合 玄水 中心 Energy場과 寅午戌 △合 朱火 中心 Energy場 同調

申子辰 : 入首頭腦 發達(鬼砂 發達)
玄水 特性 發露處에 Energy 集中, 入穴脈 强健
寅午戌 : 氈脣 發達(官砂 發達)
朱火 特性 發露處에 Energy 集中(氈脣 바로 앞 明堂)

→ 子午 縱 Energy場 穴板特性(主 乳突 穴板 縱 穴場) 中心 堅固 一路邁進 한다.

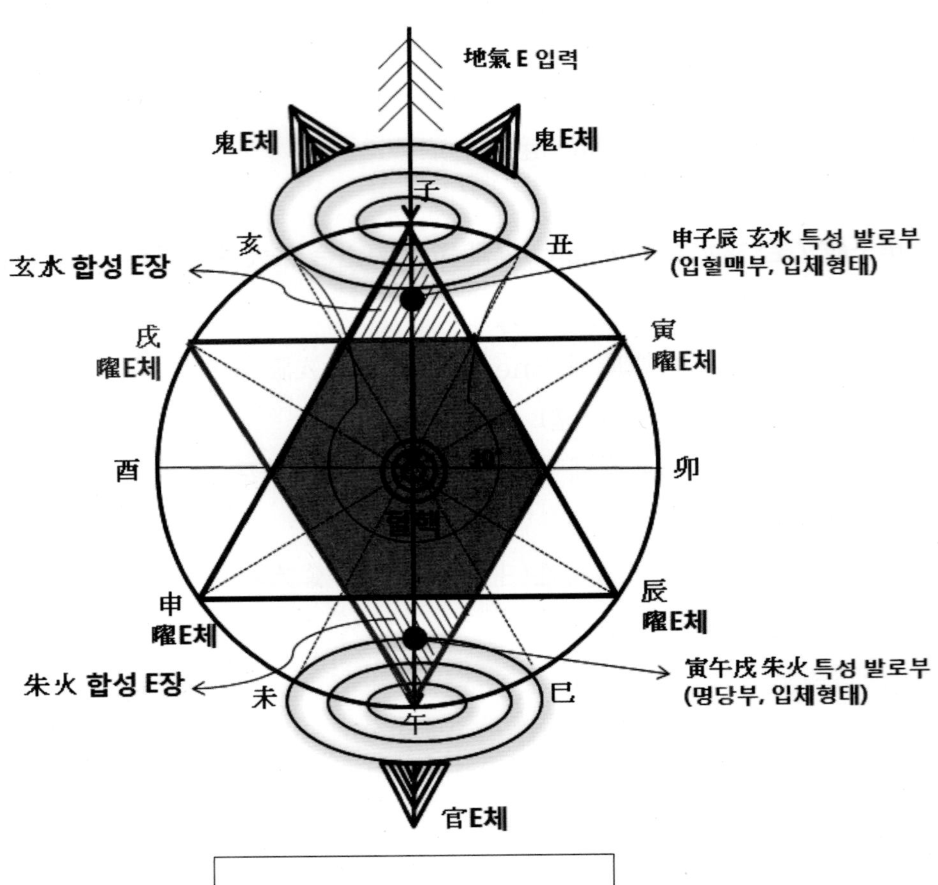

子 : 申子辰 玄水 특성 발로

午 : 寅午戌 朱火 특성 발로

△ : 申子辰 +E장 구조

▽ : 寅午戌 -E장 구조

⬢ : 申子辰 + 寅午戌 E장 동조

〈그림 3-96〉 地支 三合 形態의 Energy場 特性 相互作用圖

(2) 亥卯未 △合 青木 中心 Energy場과 巳酉丑 △合 白金 中心 Energy場 同調

- 亥卯未 : 纏脣 左側 未, 入首 右側 亥의 發達로 靑木 特性 發露處 卯에 Energy 集中
- 巳酉丑 : 纏脣 右側 巳, 入首 左側 丑의 發達로 白金 特性 發露處 酉에 Energy 集中

→ 卯酉 橫 Energy場 穴板 特性(主 窩鉗 穴板 橫 穴場)
뛰어난 才能과 慾心을 지녔으나 左右 散氣로 集中力 不足하여 失手의 여지가 많다. 亥卯未, 巳酉丑은 子午를 취하면 子午卯酉 四角틀로 Energy가 安定된다.

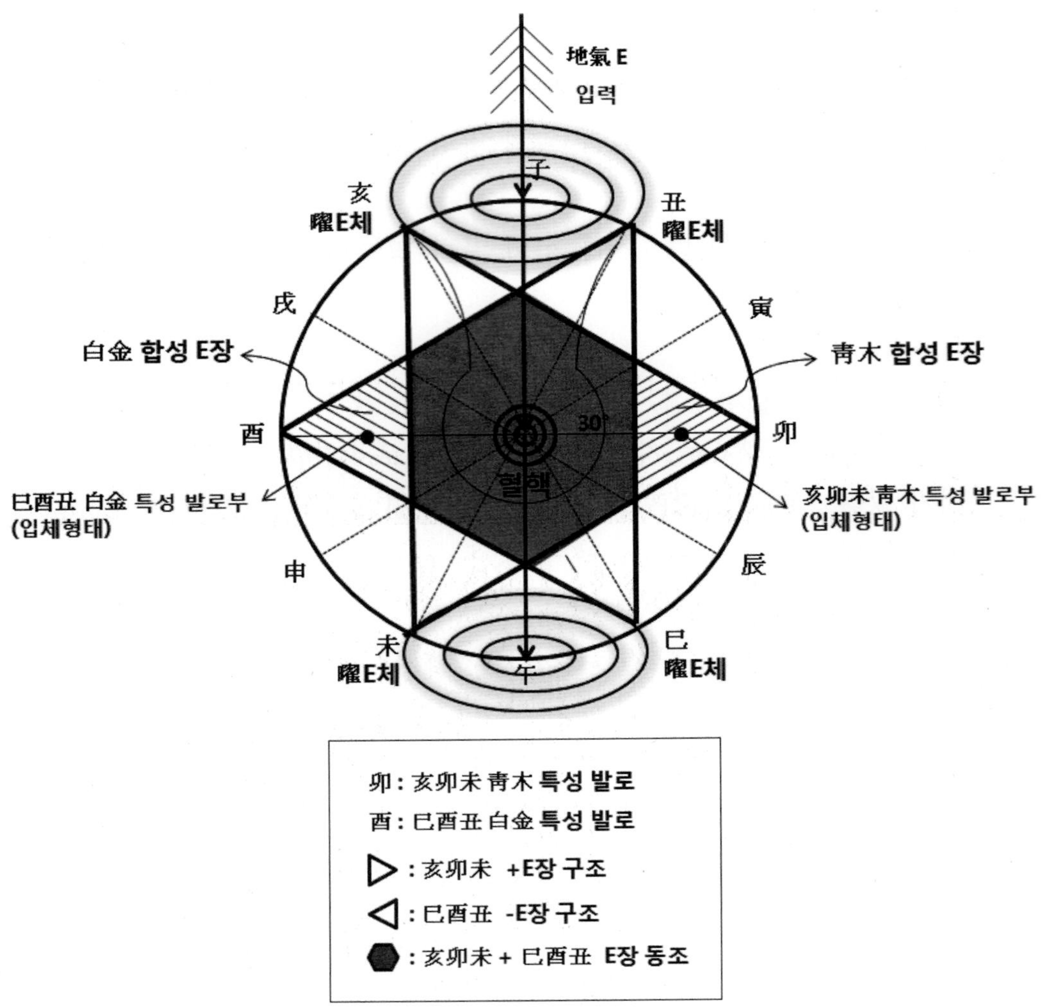

〈그림 3-97〉 亥卯未 △合 青木 中心 Energy場과 巳酉丑 △合 白金 中心 Energy場 同調圖

※ 申子辰 △合 Energy場의 穴板 部位
→ 主 入力 穴 Energy △ 基臺 및 穴後 凝縮立體 Energy體

※ 寅午戌 △合 Energy場의 穴板 部位
→ 主 纒脣 Energy △ 基臺 및 穴前 凝縮立體 Energy體

※ 巳酉丑 △合 Energy場의 穴板 部位
→ 主 白金蟬翼 Energy △ 基臺 및 穴右 凝縮立體 Energy體

※ 亥卯未 △合 Energy場의 穴板 部位
→ 主 青木蟬翼 Energy △ 基臺 및 穴左 凝縮立體 Energy體

2. 二合 形態의 Energy場 特性 相互作用

1) 天干 陰陽合 配位 Energy場의 穴板同調 特性分析

地氣 中心 Energy體의 Energy場 力量을 倍加시킨다. 穴核 外廓들과 穴核 上部 中心部位 凝縮(戊己, 甲己 Energy場 : 穴板中心과 穴核 中心 上部 凝縮)

- 陽干 陰干 合化孫 Energy場 發現原理 및 穴場部位

(1) 生助 丙丁火 Energy場 → ⊕甲 ⊖己 土生孫 → 穴板 中心 또는 辰戌丑未

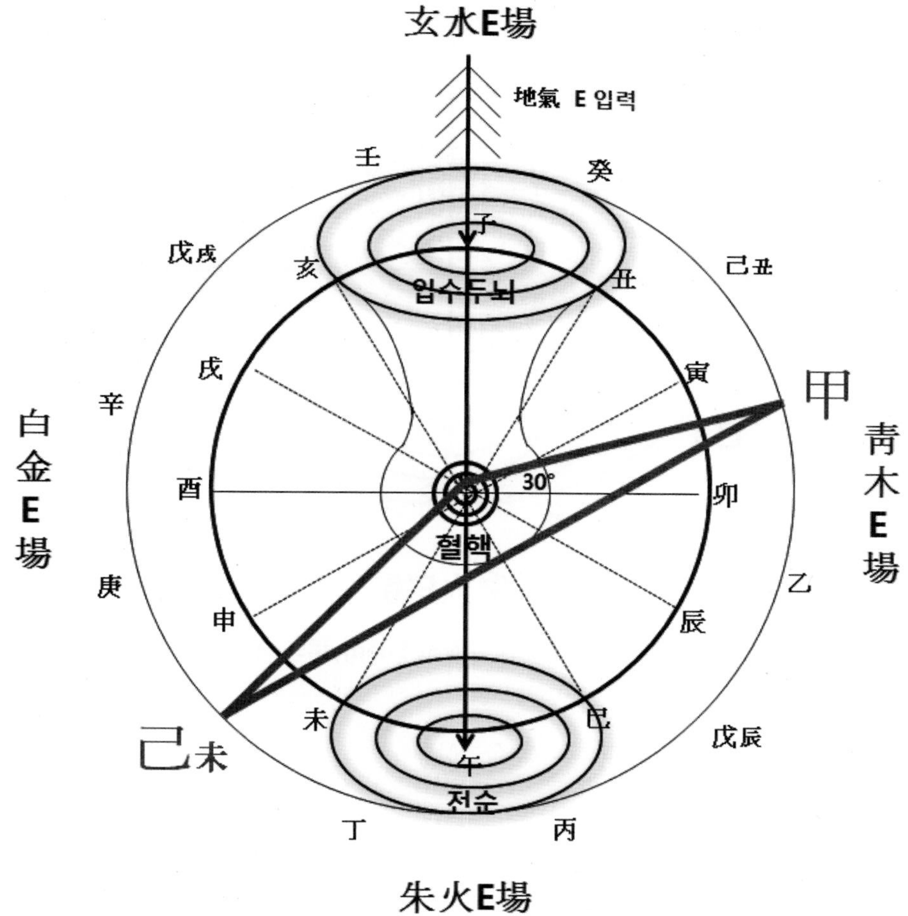

〈그림 3-98〉 天干 甲己未合 配位 Energy場의 穴板同調

※ 親木火 E場 들 ———→ 生土 E場

(2) 生助 戊己土 Energy場 → ㊀乙 ㊉庚 金生孫 → 穴板 白金 中心 또는 白曜Energy 基臺

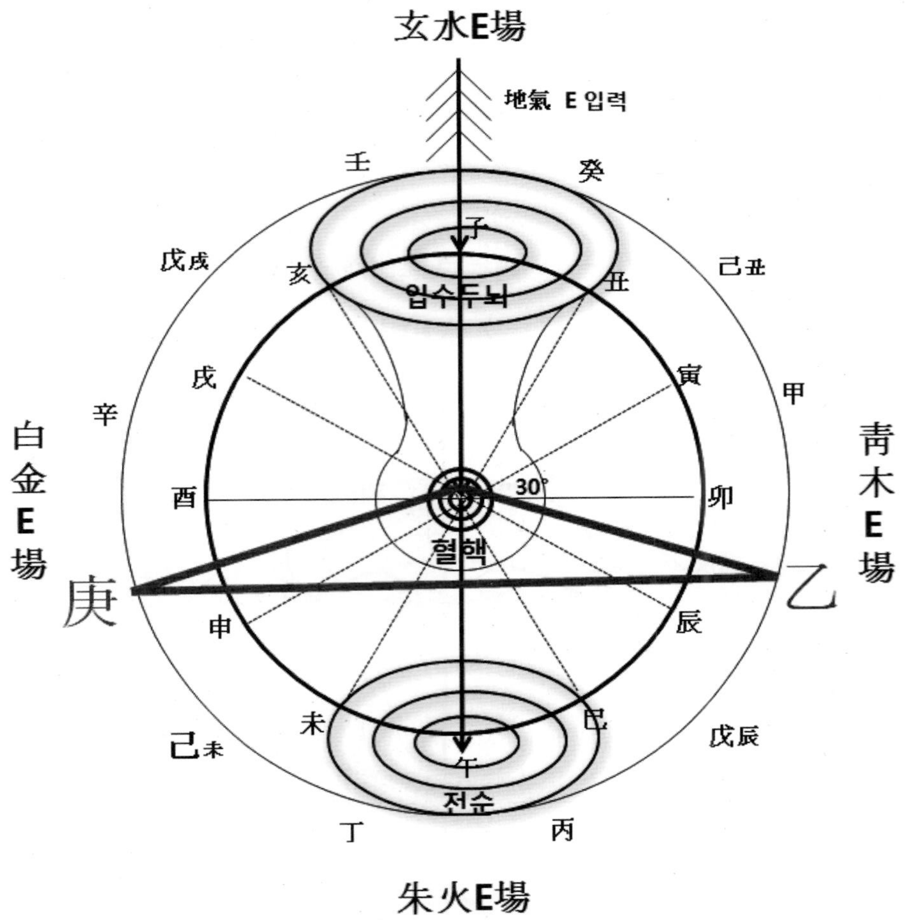

〈그림 3-99〉 天干 乙庚合 配位 Energy場의 穴板同調

※ 親木火土 E場 들 ———→ 生金 E場

(3) 生助 庚辛金 Energy場 → ⊕丙 ⊖辛 水生孫 → 穴板 頭腦 中心 또는 鬼Energy 基臺

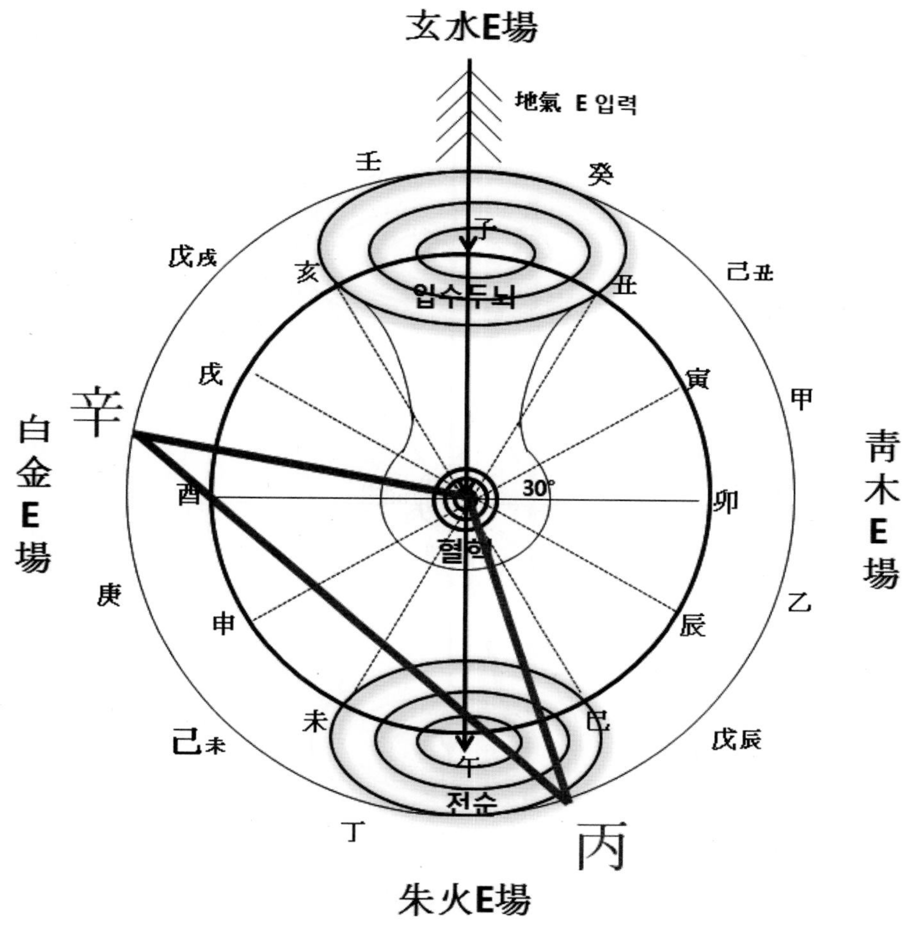

〈그림 3-100〉 天干 丙辛合 配位 Energy場의 穴板同調

※ 親火土金 E場 들 ———→ 生水 E場

(4) 生助 壬癸水 Energy場 → ⊖丁 ⊕壬 木生孫 → 穴板 青木 中心 또는 青曜Energy 基臺

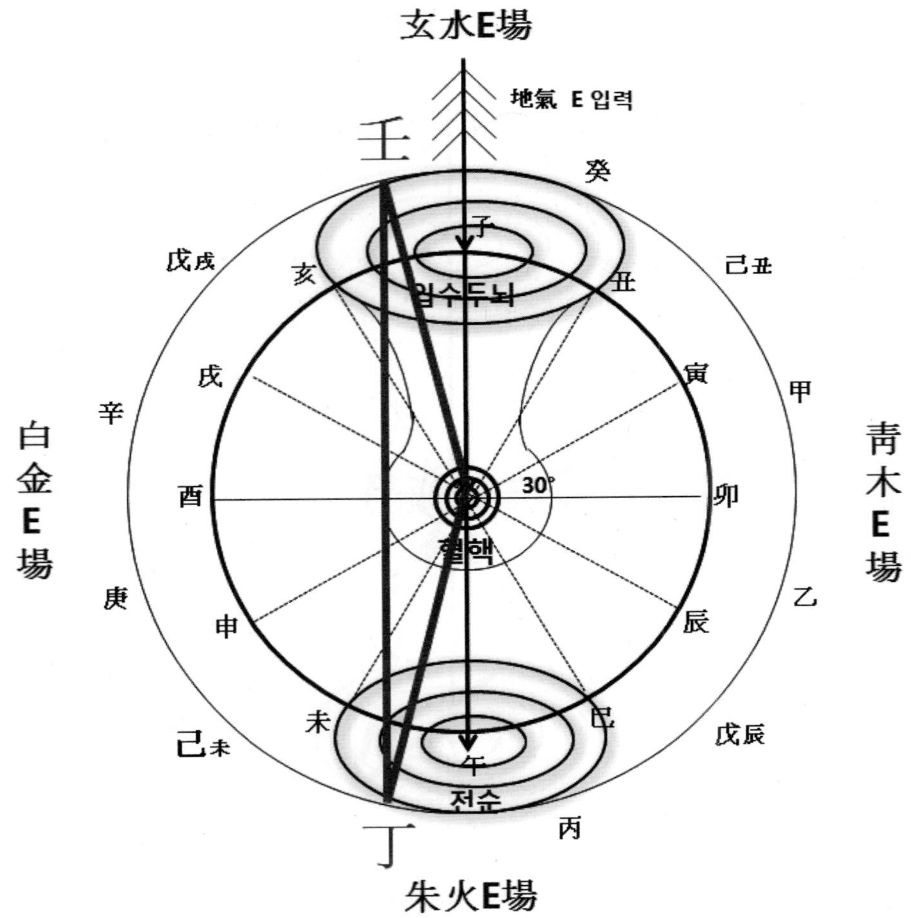

〈그림 3-101〉 天干 丁壬合 配位 Energy場의 穴板同調

※ 親土金水 E場 들 ———→ 生木 E場

(5) 生助 甲乙木 Energy場 → ⊕戊 ⊖癸 火生孫 → 穴板 氈脣 中心 또는 官Energy 基臺

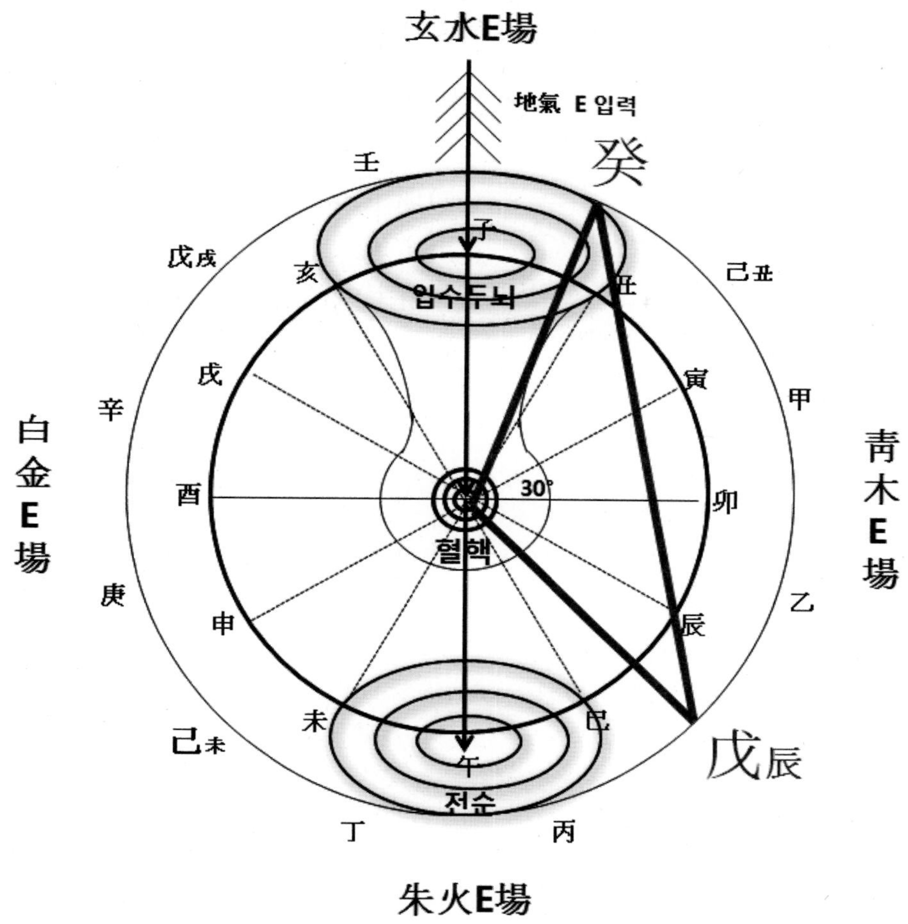

〈그림 3-102〉 天干 戊辰癸合 配位 Energy場의 穴板同調

※ 親水木 E場 들 ———→ 生火 E場

※ 庚癸戊$_{辰}$ ——————→ 子 Energy場 倍加로 본다.
丙辛 (壬癸 Energy場)

※ 甲丁戊$_{戌}$ ——————→ 午 Energy場 倍加
戊癸 (丙丁 Energy場)

※ 丙辛己$_{丑}$ ——————→ (申)酉 Energy場 倍加
乙庚 (庚辛 Energy場)

※ 壬乙己$_{未}$ ——————→ (寅)卯 Energy場 倍加
丁壬 (甲乙 Energy場)

※ (核 中心) ——————→ 辰戌丑未 Energy場 倍加
戊己 甲己 (戊己 Energy場)

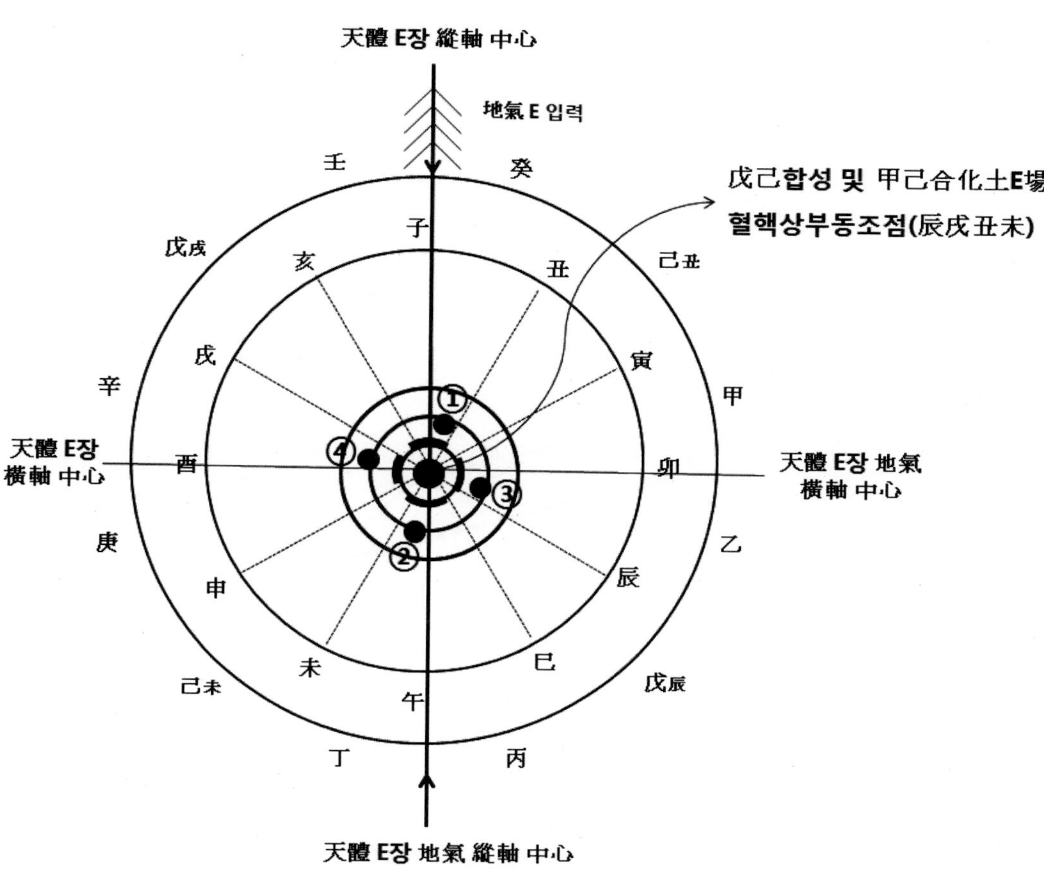

①: 庚癸戊辰 E장 穴核 상부 同調點

②: 甲丁戊戌 E장 穴核 상부 同調點

③: 壬乙己未 E장 穴核 상부 同調點

④: 丙辛己丑 E장 穴核 상부 同調點

⌒ : 丙辛 合化水 E장

) : 丁壬 合化木 E장

◡ : 戊癸 合化火 E장

(: 乙庚 合化金 E장

〈그림 3-103〉 天干 合成 Energy場의 穴核 同調圖

2) 地支 陰陽合 Energy場의 特性 相互作用 : 穴板 및 穴核 左右 中心線 部位 凝縮

- 陰陽配合 : 子丑, 寅亥, 卯戌, 辰酉, 巳申, 午未

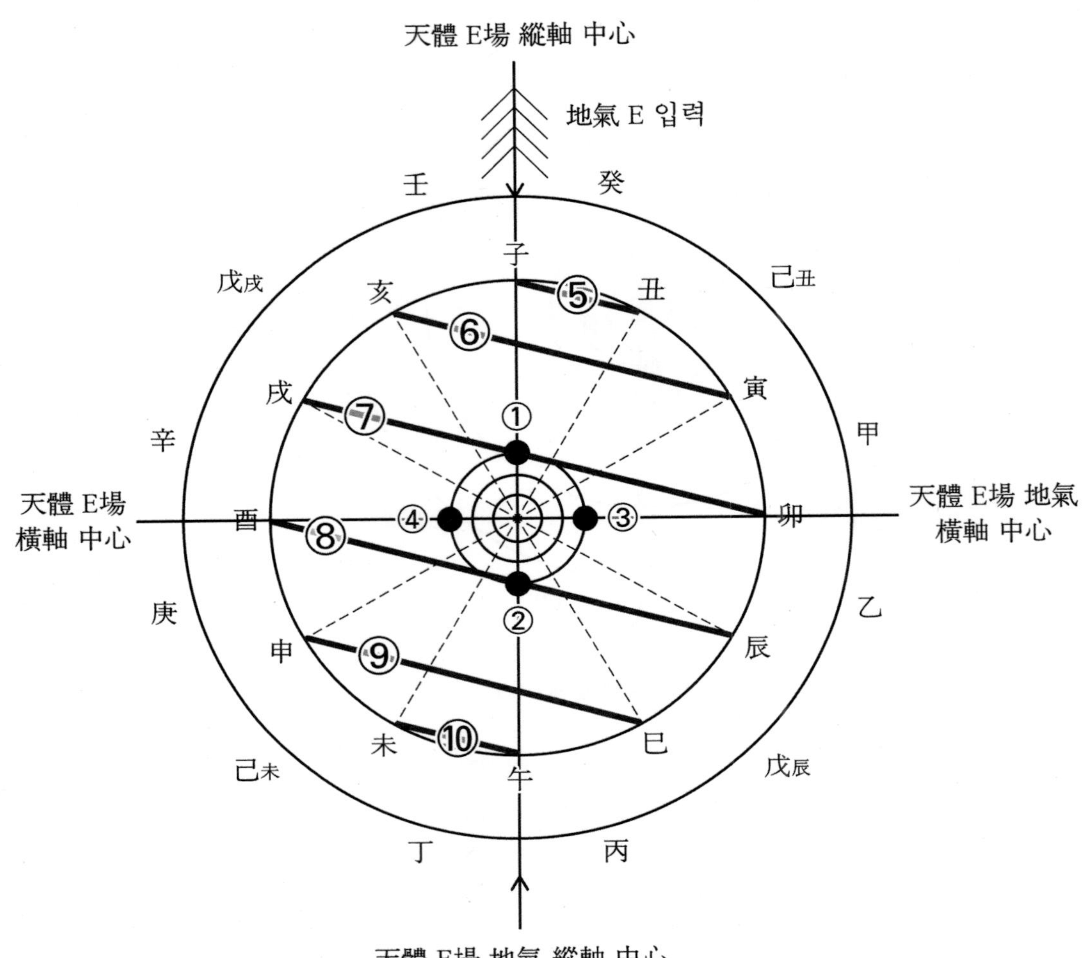

① : 申子辰 E場 穴核 四方 同調點	⑥ : 寅亥 合化土 E場
② : 寅午戌 E場 穴核 四方 同調點	⑦ : 卯戌 合化土 E場
③ : 亥卯未 E場 穴核 四方 同調點	⑧ : 辰酉 合化土 E場
④ : 巳酉丑 E場 穴核 四方 同調點	⑨ : 巳申 合化土 E場
⑤ : 子丑 合化土 E場	⑩ : 午未 合化火土 E場

〈그림 3-104〉 地支 陰陽合 Energy場의 特性 相互作用圖

(1) 子丑合化土 : 入穴 Energy場 形態, 丑土剋子水, 蓄妾한다. 半吉半凶

(2) 寅亥合化木 : 穴板 左右 肩E,nergy 亥水生寅木, 寅亥破殺로 다치기 쉽다. 先凶後吉

(3) 卯戌合化火 : 穴板 中心 上 左右 Energy, 卯木生寅午戌火, 戌에 내재된 丙火(三合 集中)로 卯死戌生한다. 半吉半凶

(4) 辰酉合化金 : 穴板 中心 下 左右 Energy, 辰土生酉金, 陰陽의 均衡原理에 의해 辰 靑木腕部가 酉 白金肘部를 凝縮한다. 출세를 하면 할수록 (辰) 自動으로 酉金이 發動하여 언젠가는 酉金의 害를 당한다. 光明이 生命이다.

(5) 巳申合化水 : 穴板 下脚 左右 Energy, 巳酉丑 金生 申子辰 水 巳申破殺로 先凶後吉

(6) 午未合化火土 : 穴板 纏脣 Energy 形態, 午未合燥熱土, 蓄妾한다. 半吉半凶

安定合 : 辰酉, 卯戌 〉 子丑, 午未 〉 寅亥, 巳申
陰陽合 + 合居因子 : 吉로 變한다.
例) 辰酉+巳=辰巳의 學文活動 增大

3) 三合 中 半合 Energy場의 特性 相互作用

1/2合 : 三合 特性에 準하나 半合은 三合(200%)에 비해 그 力量이 100%~150%

※ 平面的 산술값은 3 : 1이다.

(1) 申子辰 中 申子 Energy場, 子辰 Energy場, 申辰 Energy場의 特性作用

① 申子辰 200%

② 申子 150% : 辰 二次 Energy場 發生
子辰 150% : 申 二次 Energy場 發生

③ 申辰 100% : 子 二次 Energy場 發生

- 安定(合理的, 均衡的) : 申辰 〉 子辰, 子申
- 出世 : 子辰 〉 子申 〉 申辰 (日柱 子 : 走馬加鞭, 日就月將)

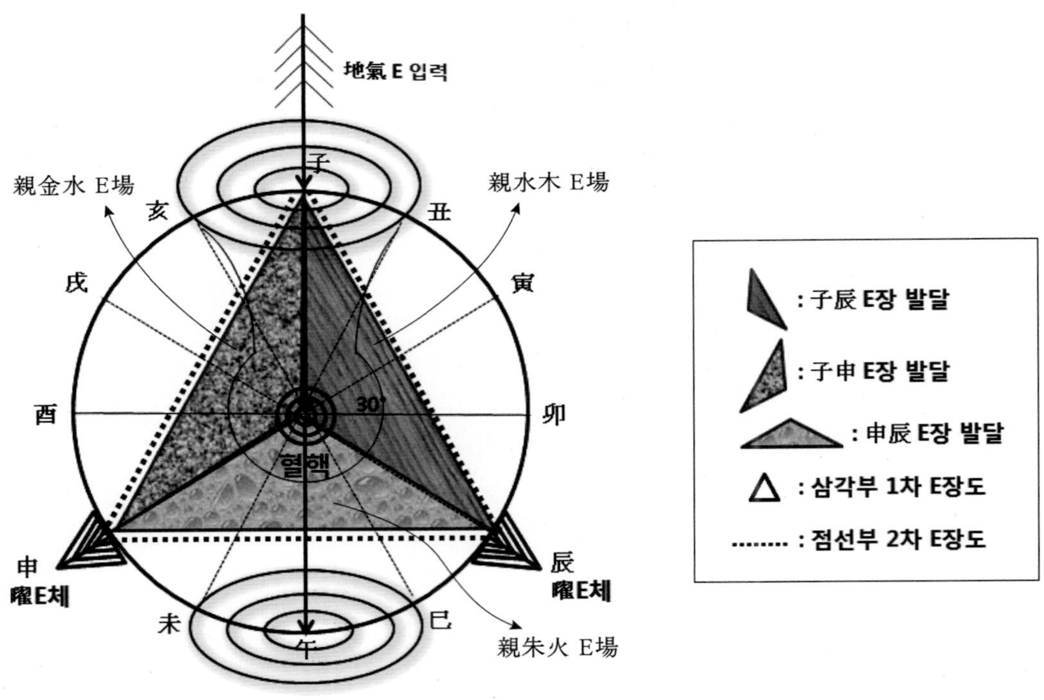

〈그림 3-105〉 申子辰 三合 中 半合 Energy場의 特性 相互作用圖

(2) 寅午戌 中 寅午 Energy場, 戌午 Energy場, 寅戌 Energy場의 特性作用

① 寅午戌 200%

② 寅午 150% : 戌 二次 Energy場 發生

午戌 150% : 寅 二次 Energy場 發生

③ 寅戌 100% : 午 二次 Energy場 發生 → 合理的 二合 均衡 Energy場

※ 平面的 산술값은 3 : 1이다.

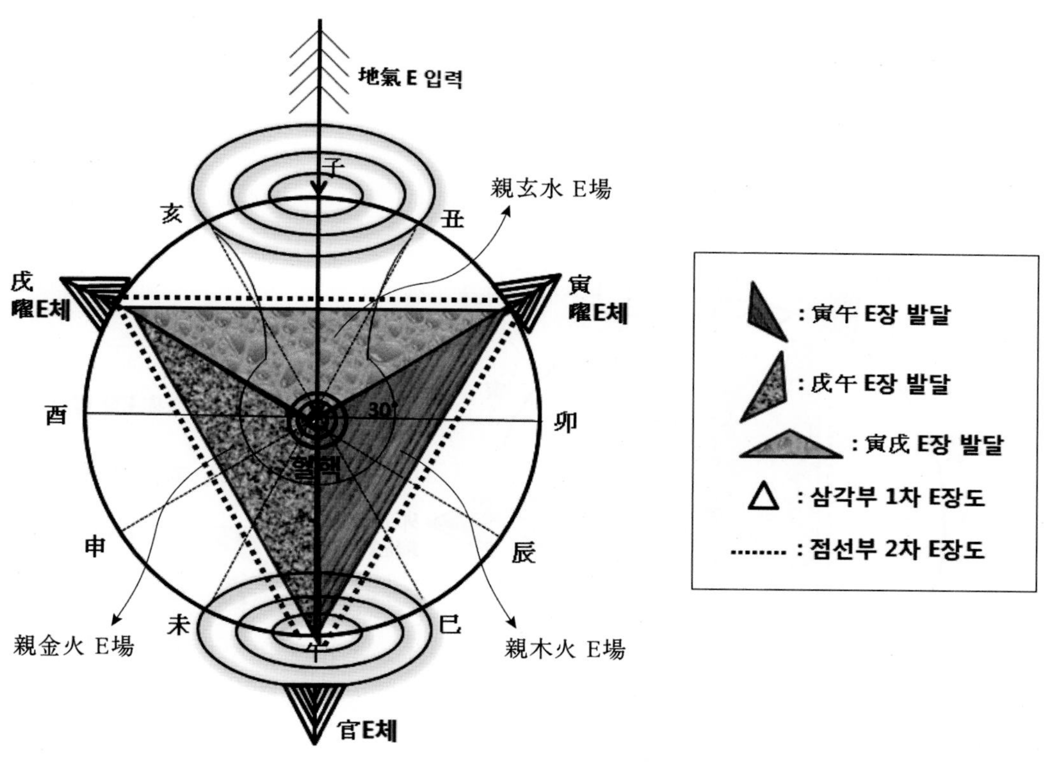

〈그림 3-106〉 寅午戌 三合 中 半合 Energy場의 特性 相互作用圖

(3) 亥卯未 中 亥卯 Energy場, 卯未 Energy場, 亥未 Energy場의 特性作用

① 亥卯未 200%

② 亥卯 150% : 未 二次 Energy場 發生

卯未 150% : 亥 二次 Energy場 發生

③ 亥未 100% : 卯 二次 Energy場 發生

- 亥卯未 穴場 : 子 入首頭腦와 午 纒脣 發達이 弱하다. 子午 空亡으로 中心을 잃은 穴場. 靑龍 中心(卯)의 穴場으로 어짐(仁)과 推進力이 强하다.

※ 平面的 산술값은 3 : 1이다.

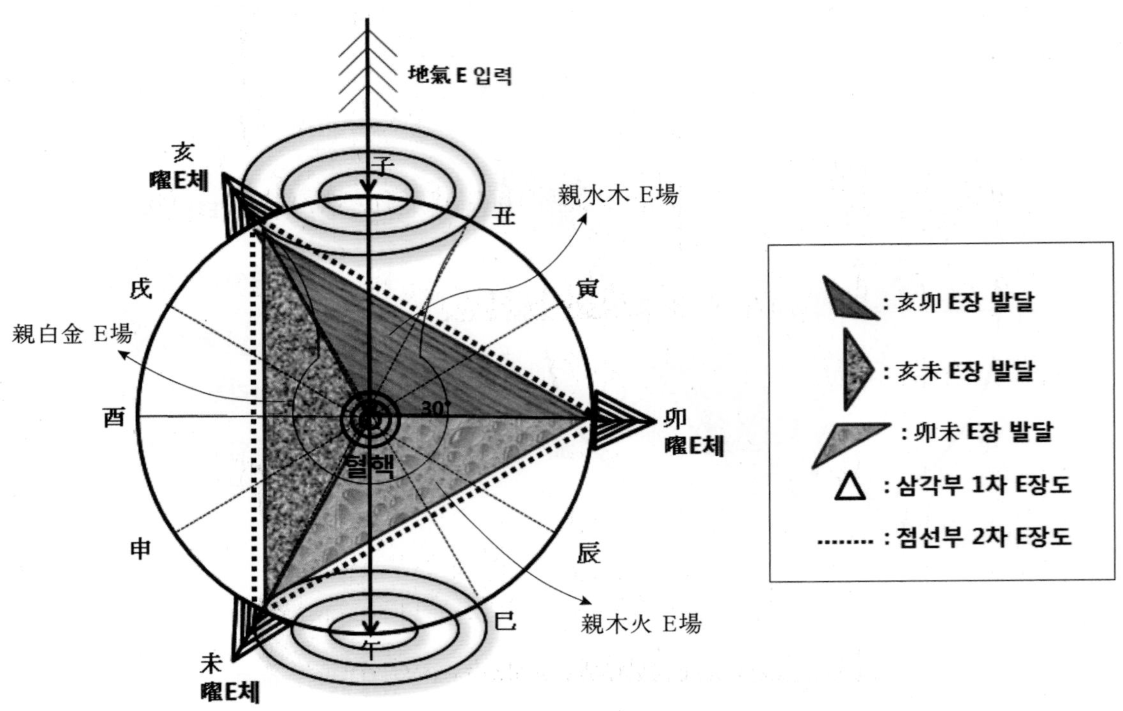

〈그림 3-107〉 亥卯未 三合 中 半合 Energy場의 特性 相互作用圖

(4) 巳酉丑 中 巳酉 Energy場, 酉丑 Energy場, 巳丑 Energy場의 特性作用

① 巳酉丑 200%

② 巳酉 150% : 丑 二次 Energy場 發生

酉丑 150% : 巳 二次 Energy場 發生

③ 巳丑 100% : 酉 二次 Energy場 發生

- 巳酉丑 穴場 : 子 入首頭腦와 午 纏脣 發達이 弱하다. 子午 空亡으로 中心을 잃은 穴場. 白虎 中心(酉)의 穴場으로 의로움은 투철하나 普遍妥當한 正義가 不足하다.

合理的 知慧 子 必要. 武人 穴場

※ 平面的 산술값은 3 : 1이다.

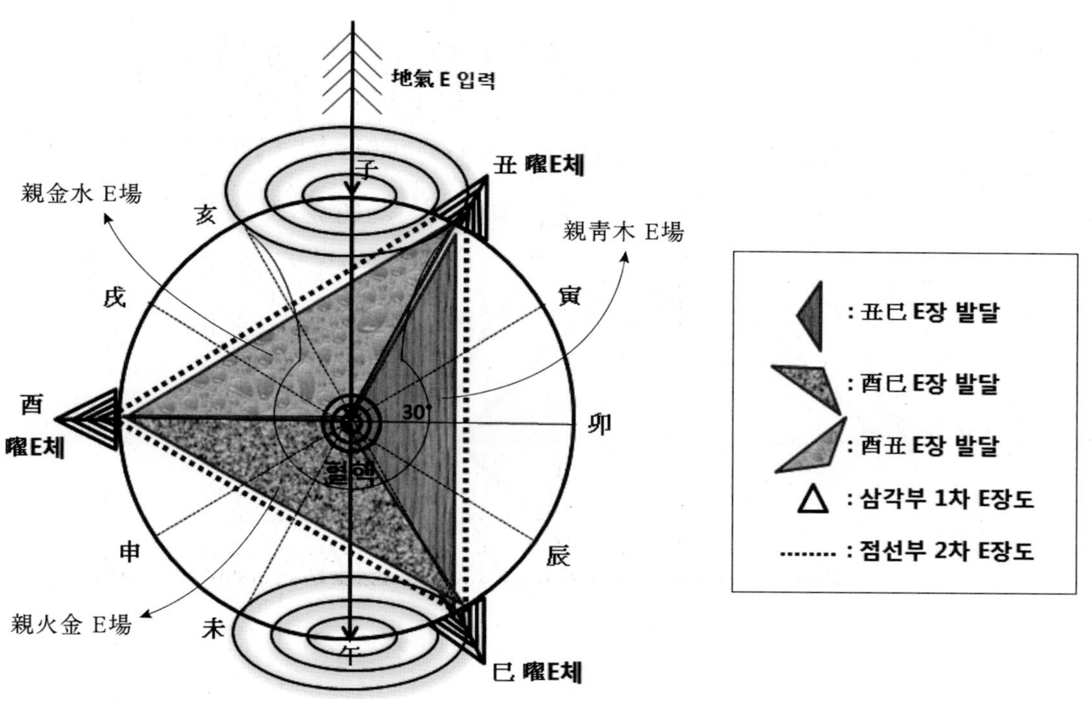

〈그림 3-108〉 巳酉丑 三合 中 半合 Energy場의 特性 相互作用圖

※ 모든 存在는 立體空間 安定維持 指向性을 지닌다.

三角形 立體 安定構造 → 最善 安定 構造

3. 正四角 形態의 Energy場 特性分析

- 四角 形態의 Energy場 特性
  子午卯酉(四正位) : 十字穴, 君子相(郡王節)
  寅申巳亥(四猛位) : 將軍, 孫節
  辰戌丑未(四庫)位) : 富者相, 富節
- ※ 四正突位 : ① 中心安定 ② 均衡安定 ③ 五氣 Energy場 安定

1) 子午卯酉 Energy場 特性 : 大人君子形

圓滿Energy場 形成. 根氣와 그릇의 격(器格)이 넓고 크다.

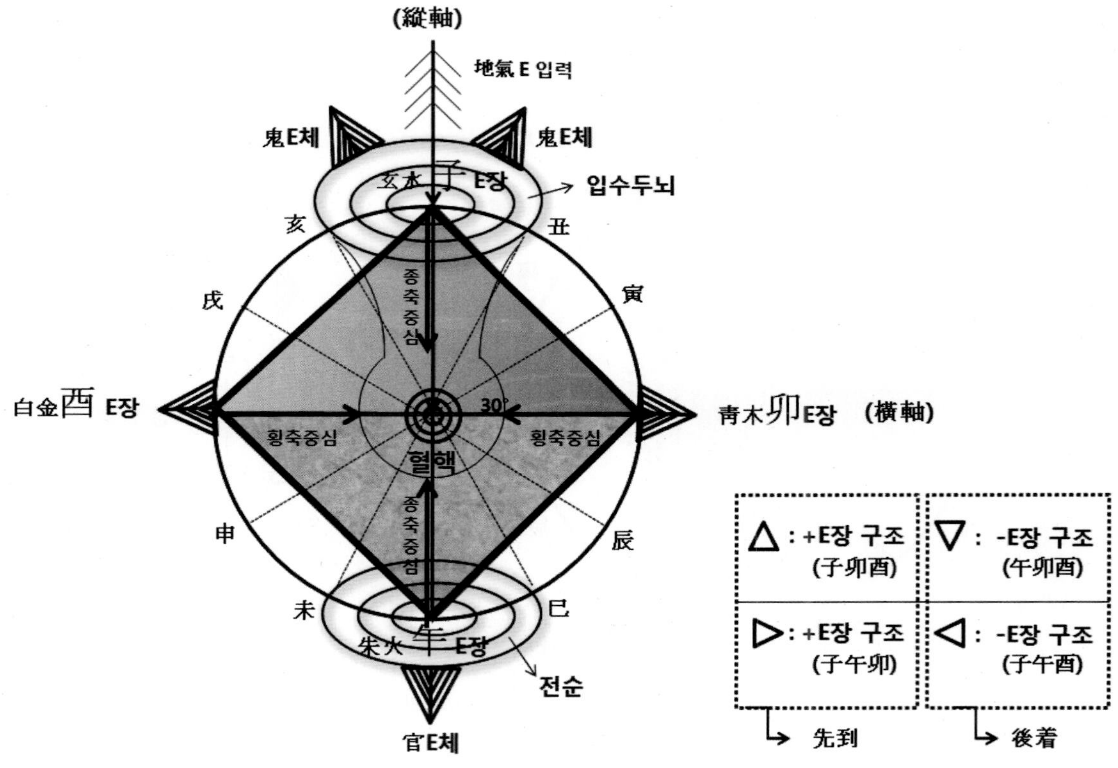

〈그림 3-109〉 子午卯酉 正四角 形態의 Energy場 特性分析圖

장점	단점
① 子午 中心 Energy場의 確立 ② 卯酉 散氣 Energy場의 結束 ③ 五氣 Energy場의 同調 凝縮 ④ 心身의 品格이 圓滿正突, 大光明知慧를 가지고 있다. ⑤ 陰陽和合이 理想的이다. (每事 合理的 分析, 判斷)	① 子卯刑殺氣의 殘存 ② 子酉破殺氣의 殘存 ③ 午卯破殺氣의 殘存 ④ 午酉桃花殺의 殘存 ⑤ 卯酉燥金殺의 殘存 (吝嗇, 薄福하다.)

- 日柱 : 子 〉 午 〉 卯酉
- 子 : 中心이 있다. 知慧, 官職
- 午 : 社會, 禮敬
- 卯 : 演藝人, 人氣人, 華麗
- 酉 : 돈, 재테크

※ 否塞한 運勢가 到來하면 오히려 더 不吉해질 수 있다(人間, 空間, 時間의 非緣).

주로 自沖 年月日時 (卯酉 〉 子午)

辰/午/酉/亥 : 自刑은 他 因子보다 自沖이 더 强하다.

2) 寅申巳亥 Energy場 特性 : 威嚴君子形

君子의 右位, 武人格, 心身偏位性, 그릇이 크고 勇猛 精進한다.

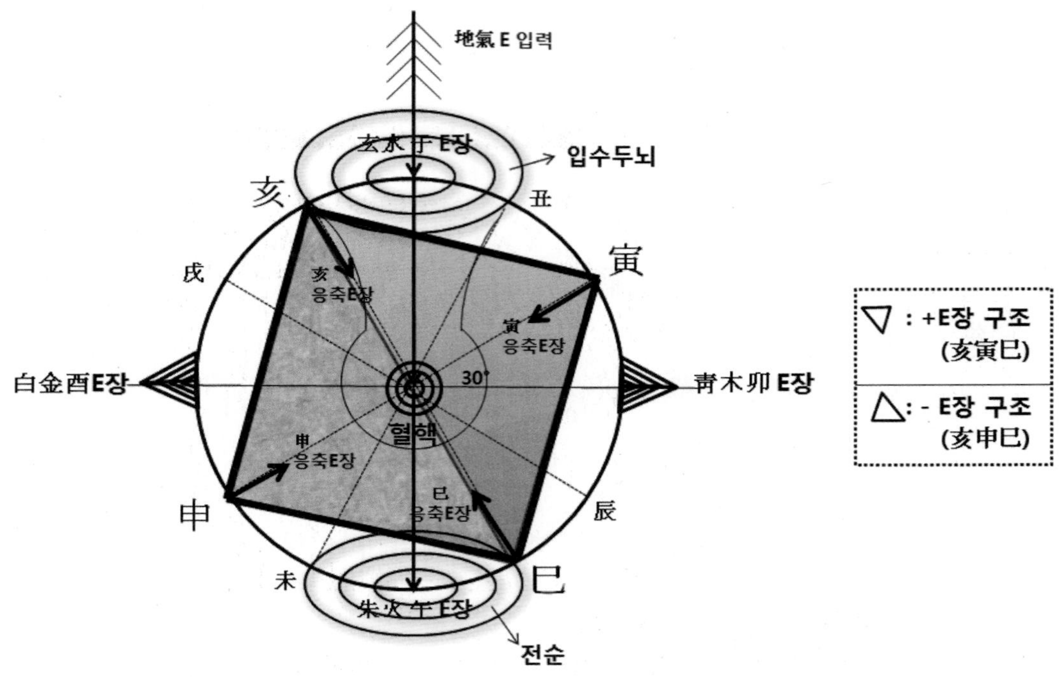

〈그림 3-110〉 寅申巳亥 正四角 形態의 Energy場 特性分析圖

장점	단점
① 寅申巳亥 中心 Energy場 確立 ② 五氣 Energy場의 同調凝縮 ③ 寅巳申 三刑殺의 結束 緩和 → 合理的 刑을 준다. ④ 寅亥合木 〉 破殺, 申亥 相生氣를 誘導 한다. ⑤ 寅申-巳亥 衝의 緩和	① 寅巳申 三刑殺氣의 殘存 ② 寅亥破, 申亥害殺의 殘存 ③ 巳亥風木氣의 殘存 ④ 寅申相火殺의 殘存

※ 運勢가 否塞해지면 三緣(人間, 空間, 時間)을 잘못 만나 오히려 더 不吉해 질 수 있다.

주로 自沖 年月日時

- 亥 : 中心軸이 右側의 亥로 30° 기울었다.
  右腦 發達(技藝, 武, 理工系)
- 寅巳 : 木生火로 刑殺 生, 巳申刑破를 合水로 만든다.
- 寅巳申 三刑 : 남을 刑하지 않으면 나를 刑한다.
  劍警, 武將, 重裝備, 工場運營
- 巳亥 : 水火 克 對稱, 가장 極端的, 武將
- 巳申合水 : 丙의 巳(丙辛合水) + 庚의 申(乙庚合金) = 金生水로 合水
- 亥 自沖 : 腦出血 / 巳 自沖 : 腦卒中, 中風

3) 辰戌丑未 Energy場 特性 : 庫房君子形

君子의 左位, 文庫格, 閉塞 注意

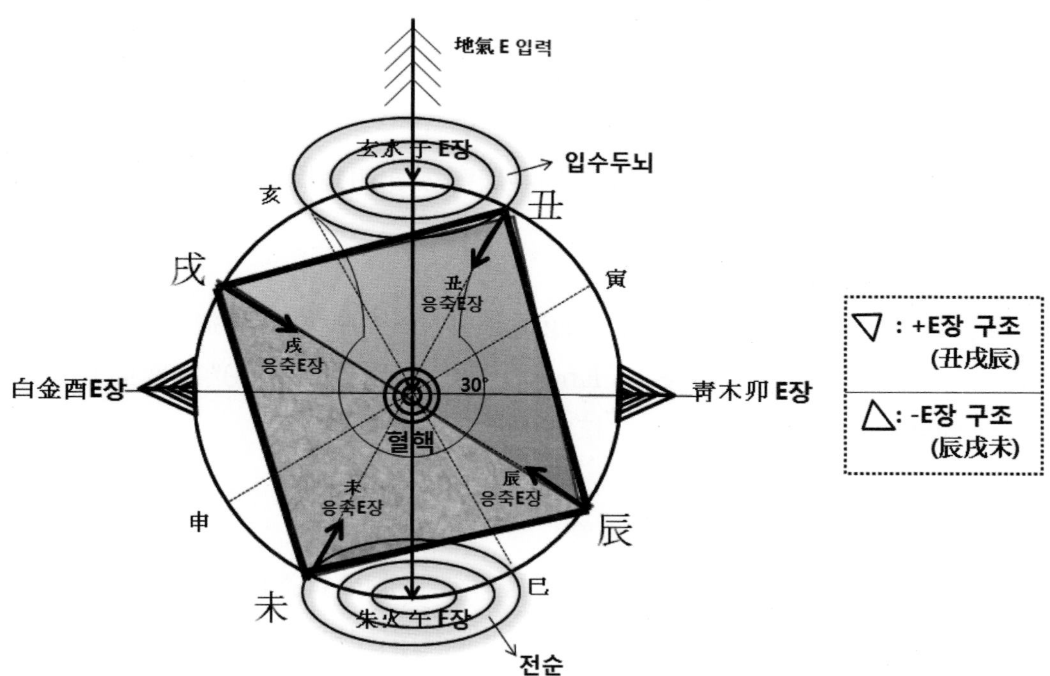

〈그림 3-111〉 辰戌丑未 正四角 形態의 Energy場 特性分析圖

장점	단점
① 辰戌丑未 Energy場의 確立 ② 五氣 Energy場의 同調凝縮 ③ 丑戌未 三刑殺의 結束緩和 ④ 戌未, 辰丑破殺의 結束緩和 ⑤ 辰戌丑未 衝의 結束緩和	① 取藏 特性이 太過하다. ② 丑戌未 三刑殺氣가 殘存 ③ 辰丑破, 戌未破殺氣의 殘存 ④ 辰戌寒水 殺氣 殘存 → 水克火하여 心腸 혹은 腎臟, 子宮이 弱해진다(冷病). ⑤ 丑未 濕土殺氣의 殘存 → 浮腫, 痛風

※ 運勢가 人間, 空間, 時間의 三緣을 잘못 만나게 되면 역시 더 不吉해질 수 있다. 특히 自沖 年月日時 操心. (時節因緣을 重視할 것)

- 丑未 : 糖尿(脾/膵臟) → 風
  辰戌 : 胃腸病 → (戌의 來生 午) 心臟病
  胃腸病 (辰의 來生 子) 腎臟, 命 → 心臟病
- 반드시 子午 Energy와 同調할 것!
  丑未 對峙와 辰戌 對峙가 풀어지면서 結束이 緩和된다.

4. 不正 四角形態의 Energy場 特性(刑沖破害怨嗔 四角構造의 Energy場 特性)

※ 刑破殺의 Energy場 構造現象

穴劾이 穴場周邊 四神砂 Energy體의 非正常的 內側 構造秩序인 枝龍脈 또는 橈棹 Energy體 및 그 Energy場으로부터 $\theta = \angle 90°$ 角度로 擘殺 干涉받는 境遇에 發生하는 穴核의 損壞現象

※ 怨害殺의 Energy場 構造現象

穴核이 穴場周邊 四神砂 Energy體의 非正常的 構造秩序인 支脚 또는 風水로부터 $\theta = \angle 30°$角度로 彼擘받는 殺로서 주로 强한 殺은 害殺이 되고 弱한 殺은 怨嗔殺이 된다.

※ 卯辰/酉戌害殺의 境遇와 같이

子午卯酉의 四正位 安定構造 Energy體 및 그 Energy場이 $\theta = \angle 30°$ 辰/

戌 方位에서 干涉하는 惑 Energy體 및 그 Energy場에 의해 形成되는 蛇足形態이다. 寅申巳亥의 申亥/寅巳害殺은 刑破殺의 弱小 Energy場 干涉이다(四定位 三合位 共히 同一).

※ 沖殺의 Energy場 構造現象

穴核이 穴場周邊 四神砂 Energy體의 非正常的 內側構造인 枝龍脈 또는 橈棹脈 또는 風水로부터 $\theta = \angle 180°$ 方位角度로 衝沖받는 Energy體 및 그 Energy場 干涉現象이다.

1) 子午卯酉 四正位 Energy場의 不正 四角形態 Energy場 刑·沖·破·害·怨嗔 干涉殺

- 子午卯酉 四正位 中 一部位가 崩壞時 發生하는 干涉殺

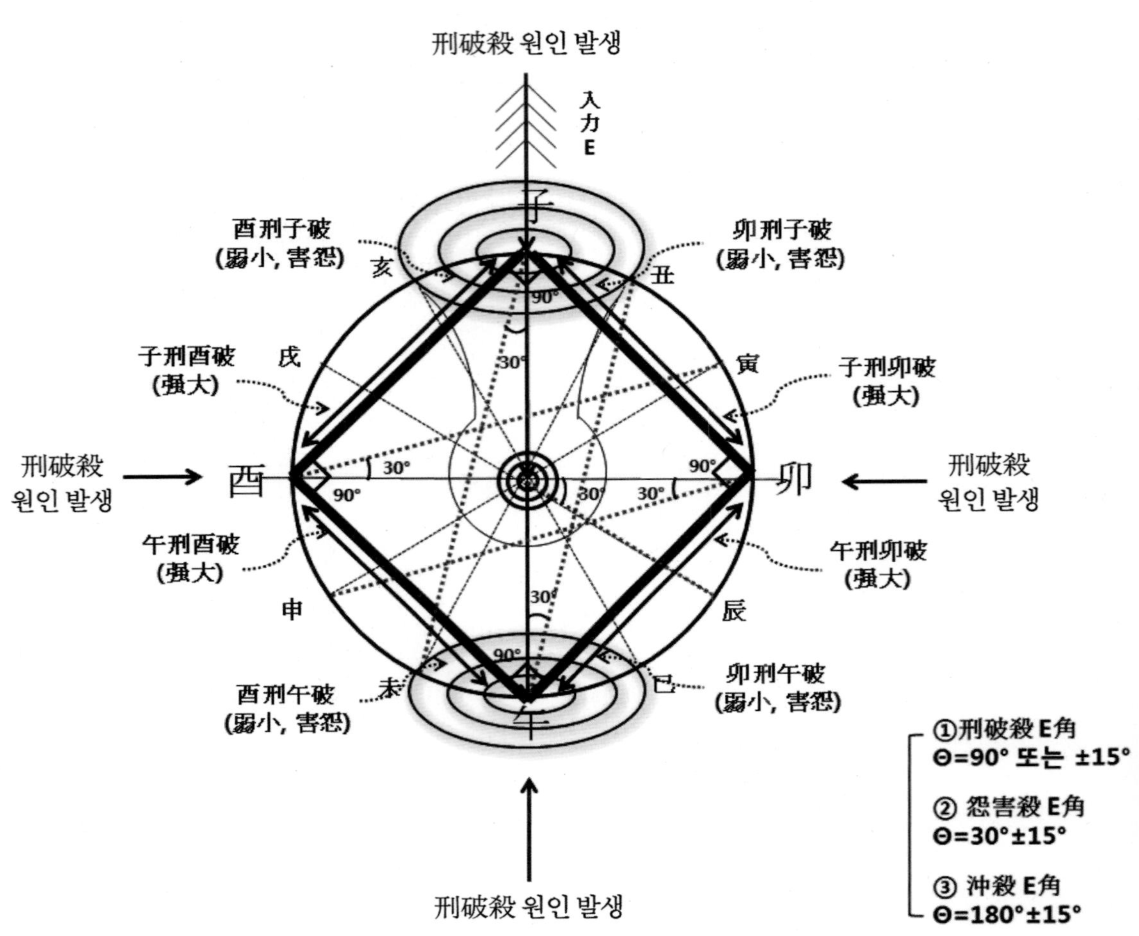

〈그림 3-112〉 子午卯酉 四正位 中 一部位가 崩壞時 發生하는 干涉殺

(1) 子 玄水 Energy場의 崩壞時(先 實症 午火病 後 虛症 子水病) 朱火逆(㊀逆, 拒逆)

① 丑午卯酉 干涉殺 : 巳酉丑 合居와 丑午怨嗔殺로 午酉刑破는 弱해진다. 午卯破殺과 卯丑不合은 發生한다.

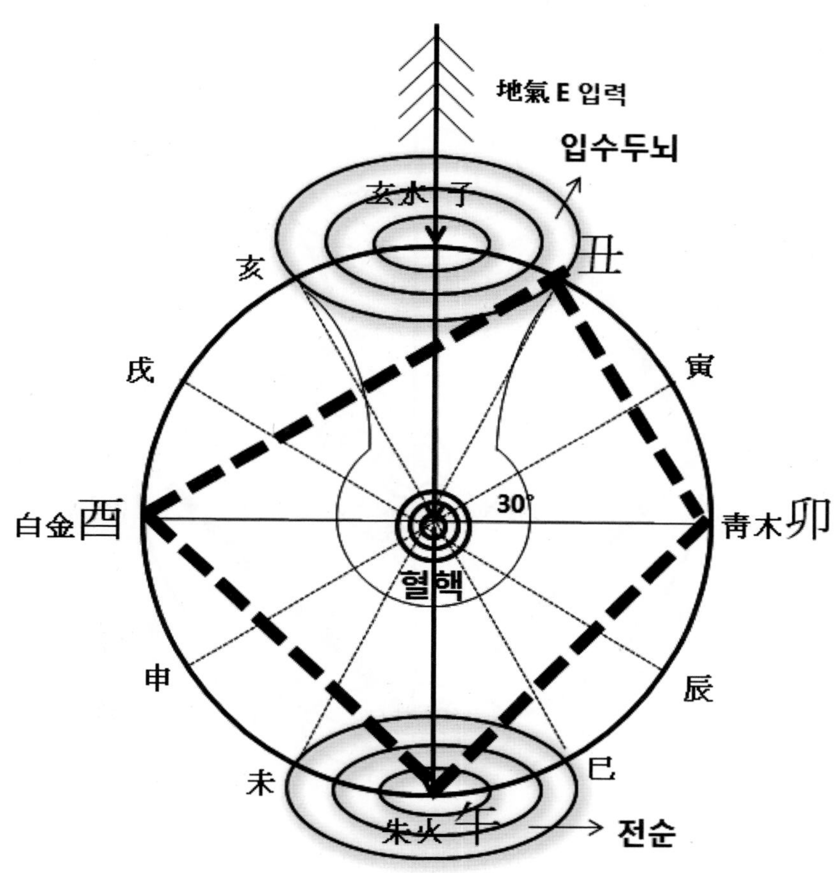

〈그림 3-113〉 丑午卯酉 干涉殺

② 亥午卯酉 干涉殺 : 亥卯未 合居와 午亥殺로 午卯破殺은 弱해진다. 午酉刑破殺이 發生한다.

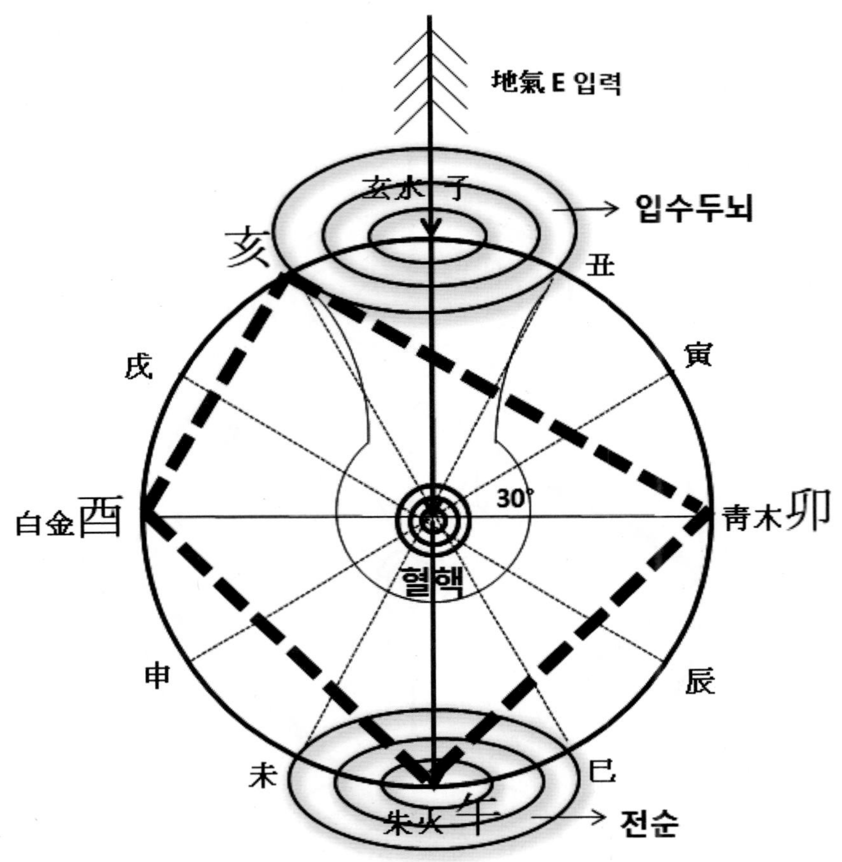

〈그림 3-114〉 亥午卯酉 干涉殺

(2) 午 朱火 Energy場의 崩壞時(先 實症 腎水病 後 虛症 朱火病) 玄水逆(⊕逆, 順逆)

① 巳子卯酉 干涉殺 : 子卯刑으로 靑木不實, 白金健實, 巳酉合金으로 金氣 强해지나 子酉破 殘存함으로 玄水不安 및 腦 不安定. 子巳亥殺, 子卯刑殺, 子酉破殺, 卯巳合居, 卯酉對峙. 巳酉丑 合居로 子酉破殺은 弱해지나 巳子害殺과 子卯刑殺이 發生한다. 酉金殺氣

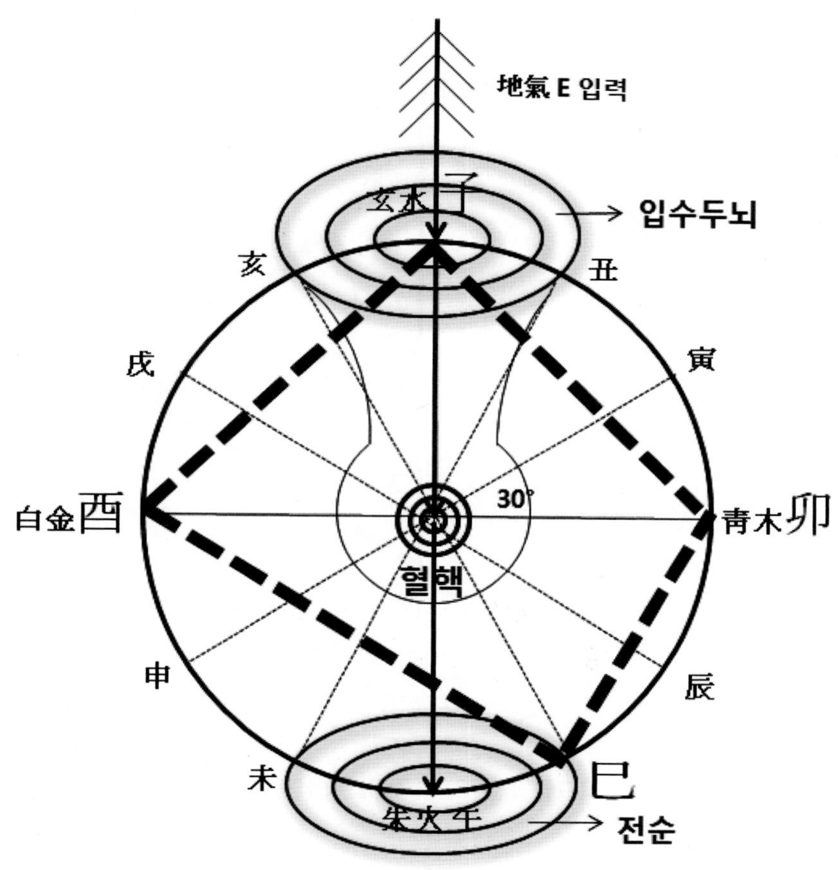

〈그림 3-115〉 巳子卯酉 干涉殺

② 未子卯酉 干涉殺 : 子卯刑과 子酉破殺로 玄青과 玄白이 相互葛藤, 卯酉對峙로 青白不安. 朱火不實. 子未怨嗔, 子卯刑殺, 子酉破殺, 未卯合木으로 子卯刑殺은 弱化되나 子酉破殺과 子未怨嗔殺이 發生한다.

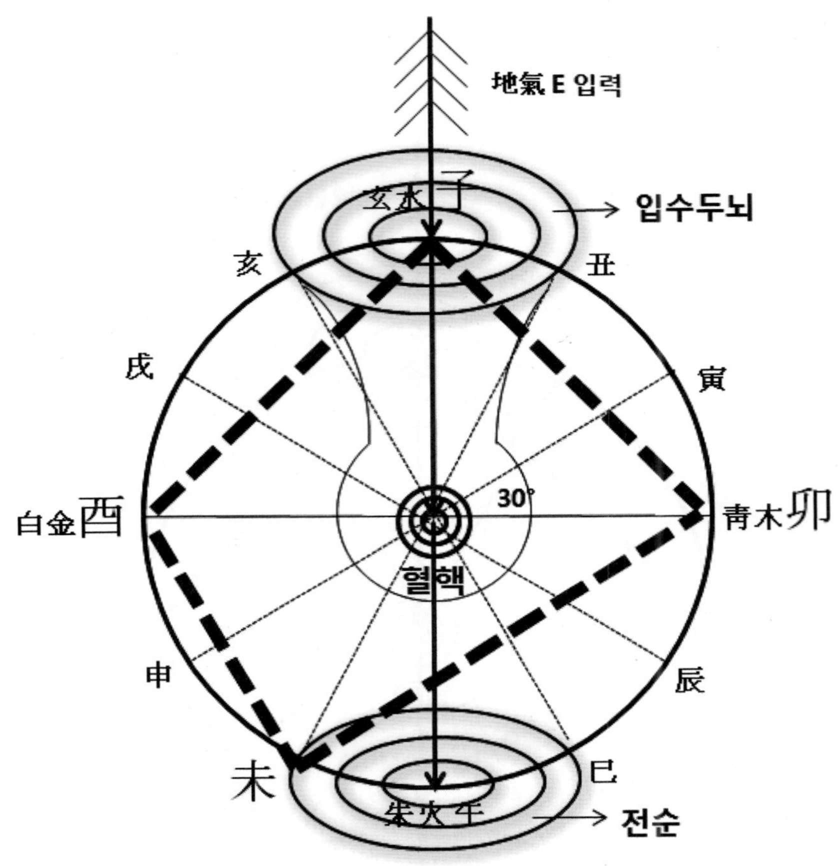

〈그림 3-116〉 未子卯酉 干涉殺

(3) 卯 青木 Energy場의 崩壞時(先 實症 白金病 後 虛症 青木病) 白金逆(⊖逆, 拒逆)

① 子午寅酉 干涉殺 : 朱火健實, 玄水不實, 白金不利. 寅午合火, 午酉桃花殺, 寅酉怨嗔, 子酉破殺. 子午中心, 寅午戌 火局으로 朱火健實, 子酉破殺로 玄水不實, 白金 또한 多少 不利. 寅午戌 合居로 午酉刑破殺은 弱化되나 子酉破殺과 寅酉怨嗔이 發生한다. 酉金殺氣

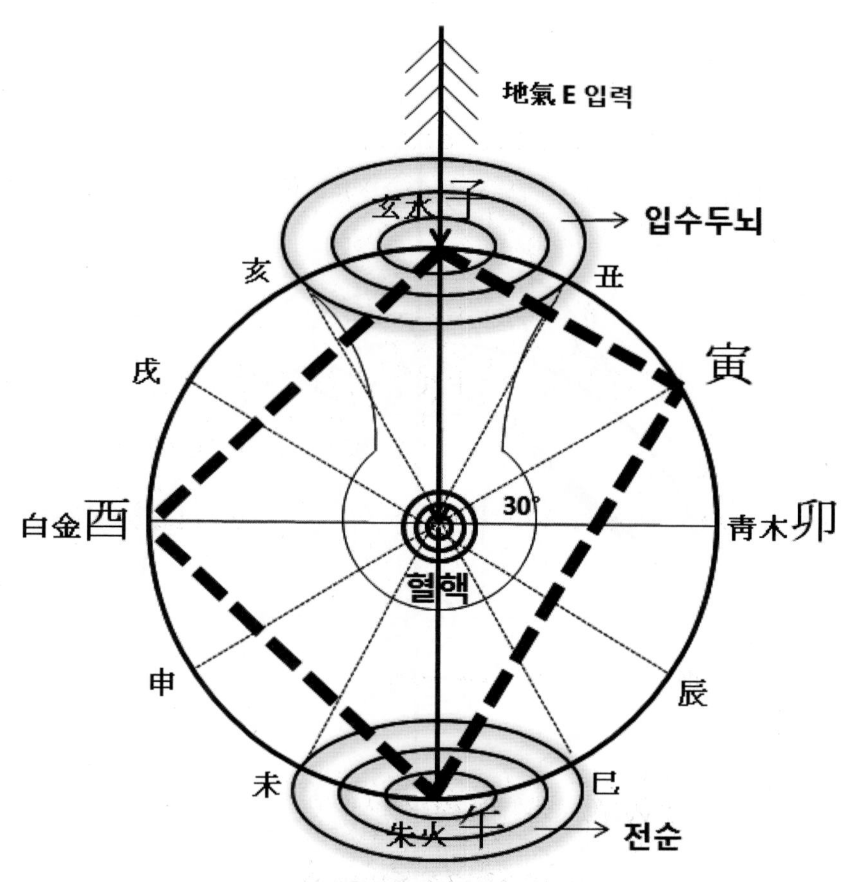

〈그림 3-117〉 子午寅酉 干涉殺

② 子午辰酉 干涉殺 : 玄水와 白金健實, 青木不實, 朱火 多少 不實, 子辰合水, 子酉破殺, 午酉桃花殺, 辰酉合金. 子午中心, 辰酉合金, 子辰合으로 子酉破殺이라 하더라도 辰酉合金과 申子辰으로 金生水가 되어 流週하므로 子酉破殺로 인한 金氣 補完. 辰酉合金은 申金과 酉金이 合成된 것으로 바뀌어 酉의 볼륨이 申酉戌 영역으로 擴大된다. 申子辰 合居와 辰酉合居로 子酉刑破殺은 弱化되나 酉金의 太强이 發生하여 午酉刑破殺이 過해진다. 酉金殺氣

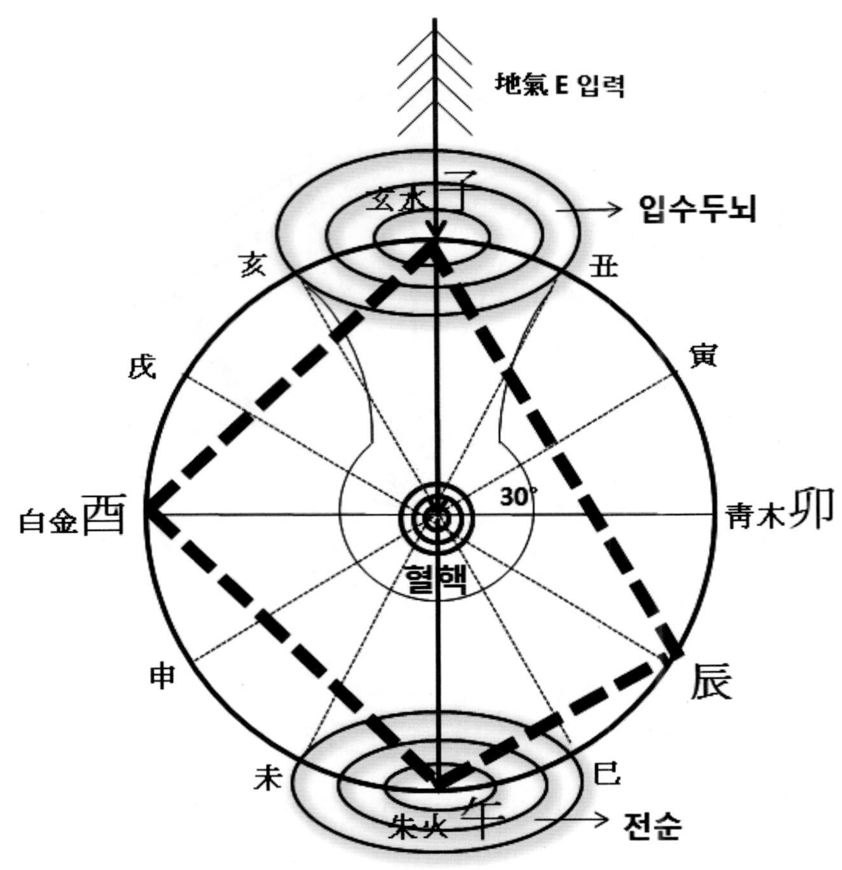

〈그림 3-118〉 子午辰酉 干涉殺

(4) 酉 白金 Energy場의 崩壞時(先 實症 青木病 後 虛症 白金病) 青木逆(⊕逆, 順逆)

① 子午卯申 干涉殺 : 玄水維持, 青木不實. 子申合水. 午申合申金, 子卯刑殺, 午卯破殺, 申卯怨嗔. 申子辰 合居로 子卯刑破殺은 弱化되나 午卯破殺과 申卯怨嗔殺 發生한다. 子午 中心이 있으나 子卯刑과 午卯破로 인해 被害가 殘存한다. 卯木二重殺

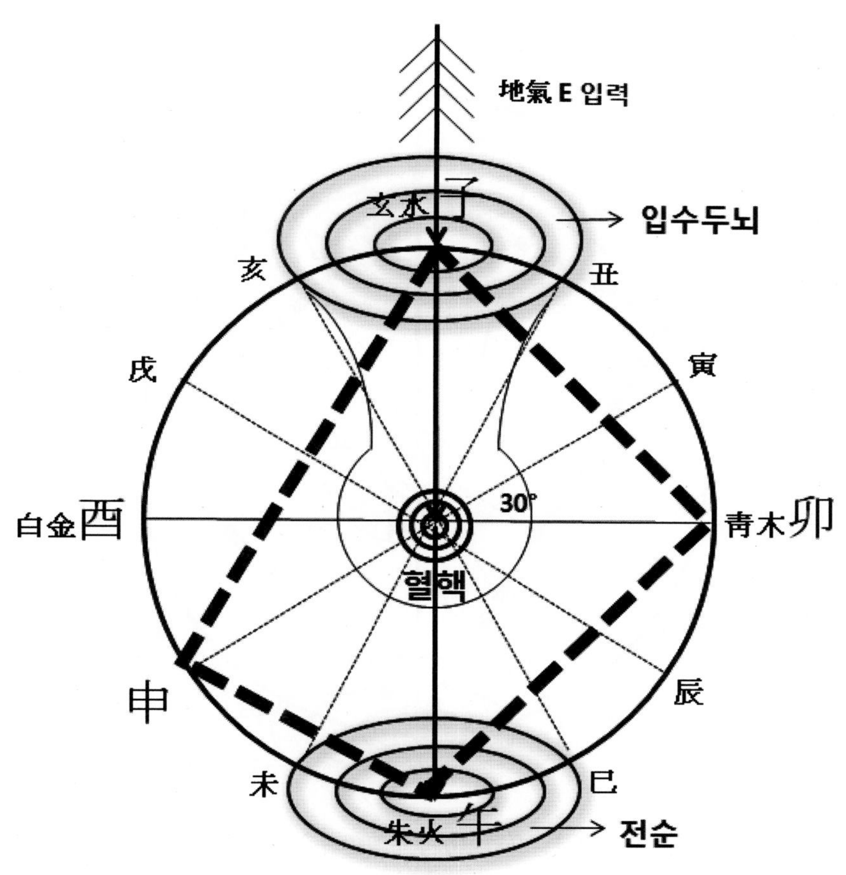

〈그림 3-119〉 子午卯申 干涉殺

② 子午卯戌 干涉殺 : 朱火健實, 靑木不實, 白金不安. 子戌同居, 卯戌合火, 午卯破殺, 子卯刑殺. 子午中心이 있고 卯戌合으로 朱火健實. 午卯破로 靑木 弱하고 白金 不安. 寅午戌 合居와 卯戌 合居로 午卯破殺은 弱化되나 子卯刑殺로 二重 卯死한다. 卯木二重殺

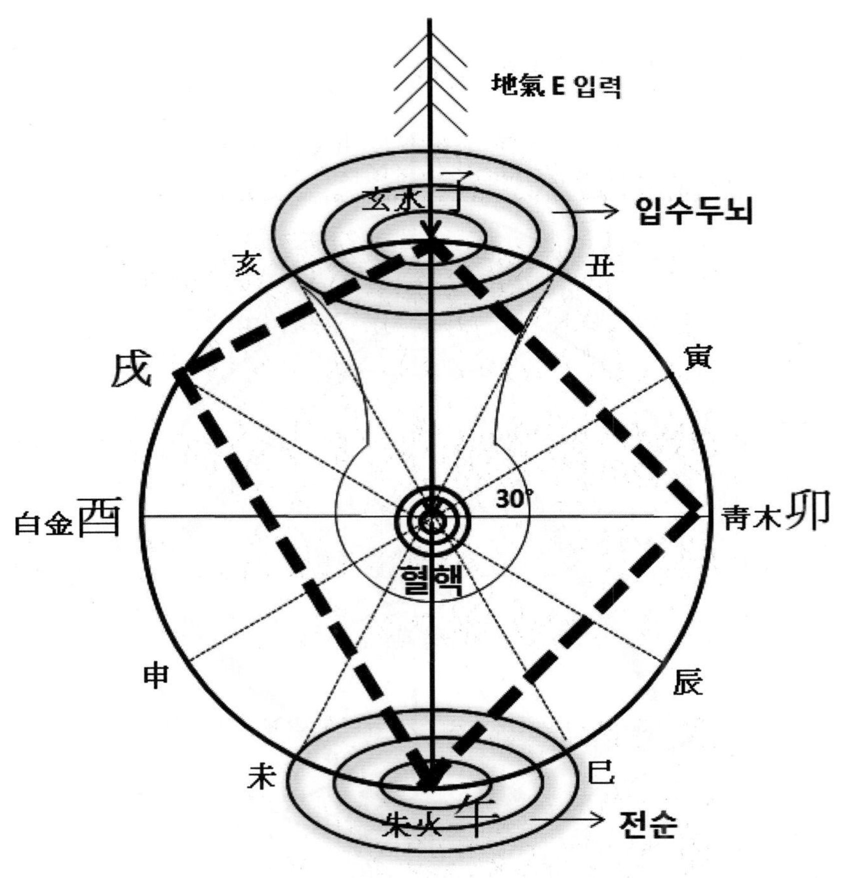

〈그림 3-120〉 子午卯戌 干涉殺

2) 寅申巳亥 4猛位 Energy場의 不正 四角形態의 Energy場(刑沖破害怨嗔 干涉殺)

- 寅申巳亥 四正位 中 一部位가 崩壞時 發生하는 干涉殺

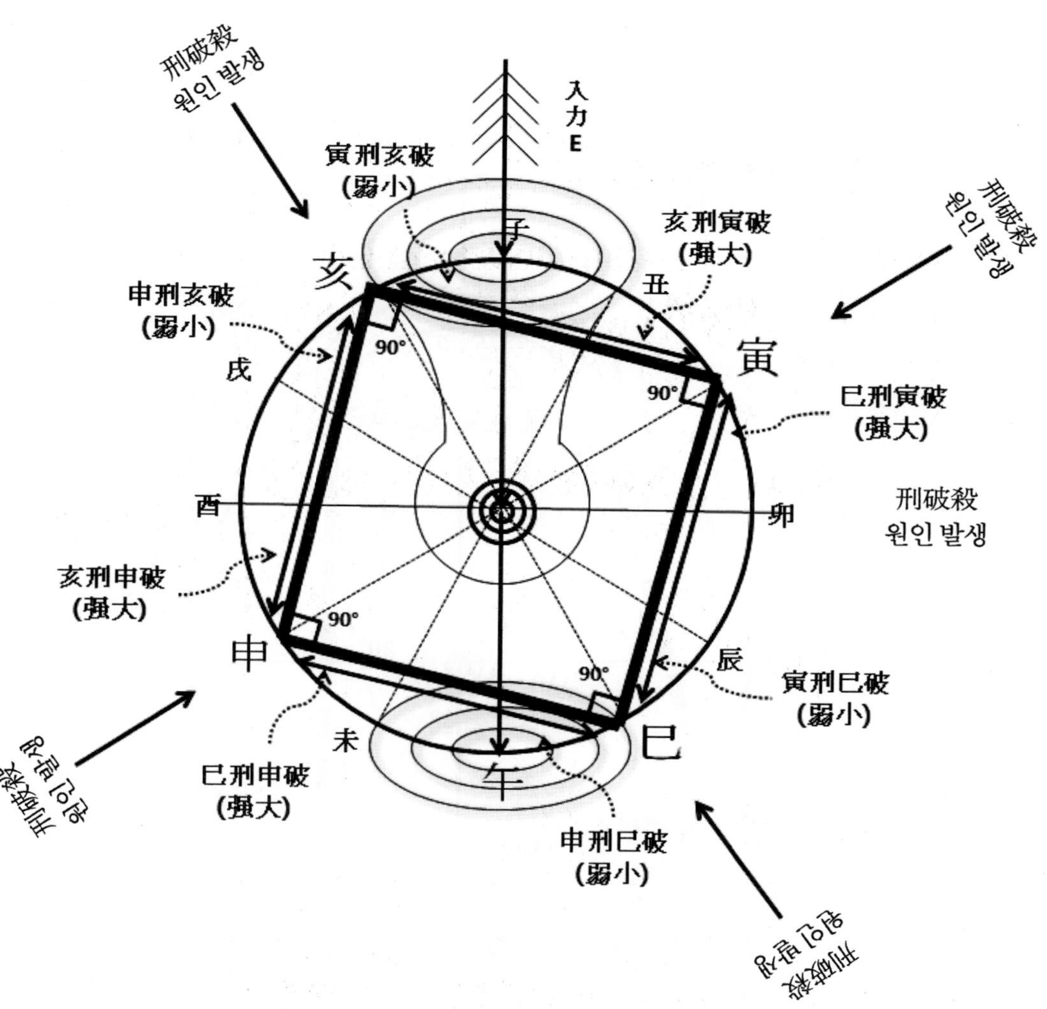

〈그림 3-121〉 寅申巳亥 四正位 中 一部位가 崩壞時 發生하는 干涉殺

(1) 寅 靑木 Energy場의 崩壞時

① 丑申巳亥 干涉殺

㉠ 巳酉丑 合居로 金局 Energy場이 太强해지고 靑木 Energy場이 虛弱해 진다.

㉡ 巳亥 衝突이 發生하고 申亥害殺과 巳申刑破殺 發生

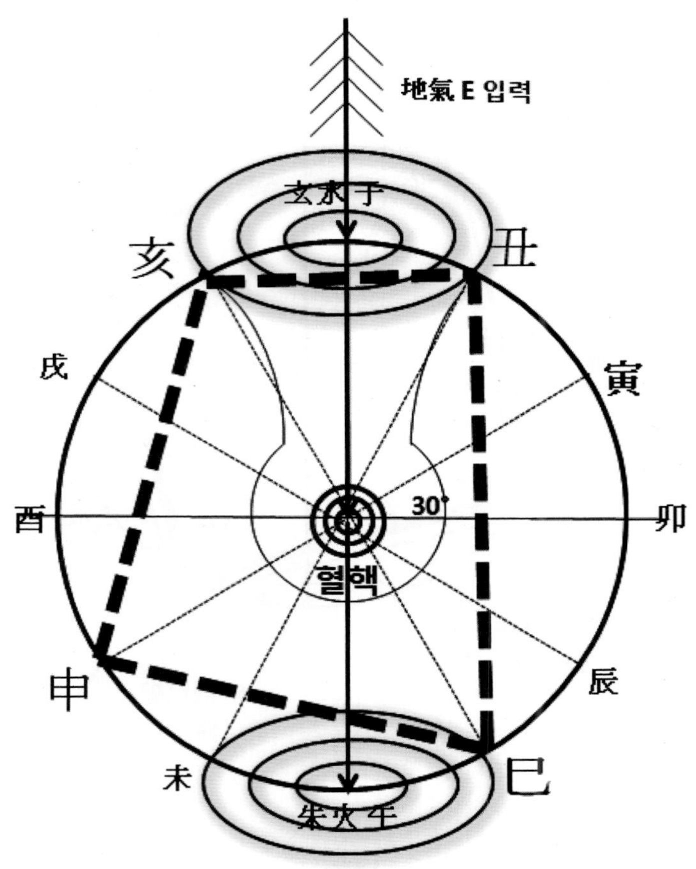

〈그림 3-122〉 丑申巳亥 干涉殺

② 卯申巳亥 干涉殺

㉠ 亥卯未 合居 後 卯巳 合居하여 巳火 太强病과 玄水 不及病 發生

㉡ 巳申刑破殺이 더욱 强해지고 申亥害殺이 줄어든다.

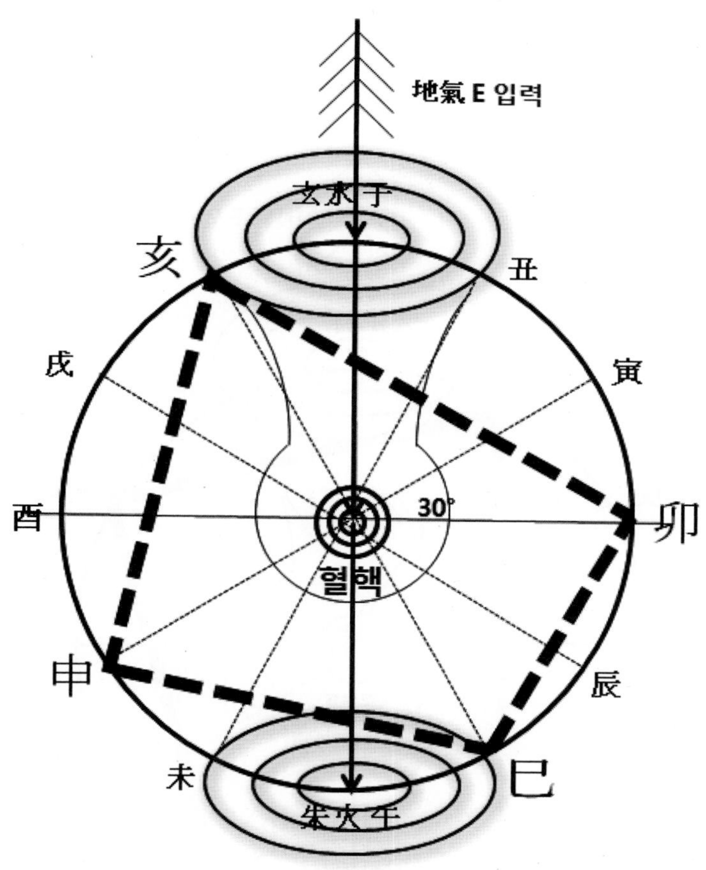

〈그림 3-123〉 卯申巳亥 干涉殺

(2) 申 白金 Energy場의 崩壞時

① 未寅巳亥 干涉殺

㉠ 亥卯未 合居로 寅卯 靑木 Energy場이 太强하고 白金 Energy場의 不及病 發生. 朱火不利, 靑木不利, 玄水不利, 白金不實.

㉡ 寅巳刑害殺과 卯巳合居가 동시에 形成되고 寅亥破殺 減少. 巳亥衝

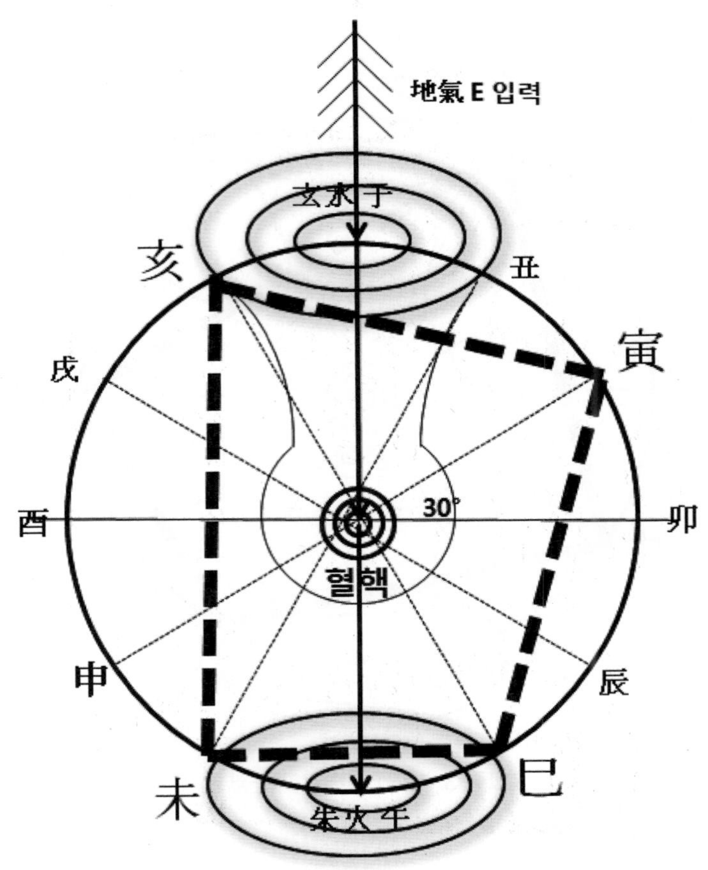

〈그림 3-124〉 未寅巳亥 干涉殺

② 酉寅巳亥 干涉殺

㉠ 巳酉丑 合居로 寅酉怨嗔殺이 强力히 發動하고 靑殺氣가 發露. 靑白葛藤, 玄朱不利 → 相衝.

㉡ 寅巳刑殺과 寅酉怨嗔殺, 寅亥破殺이 同時多發的이 된다. 巳亥衝

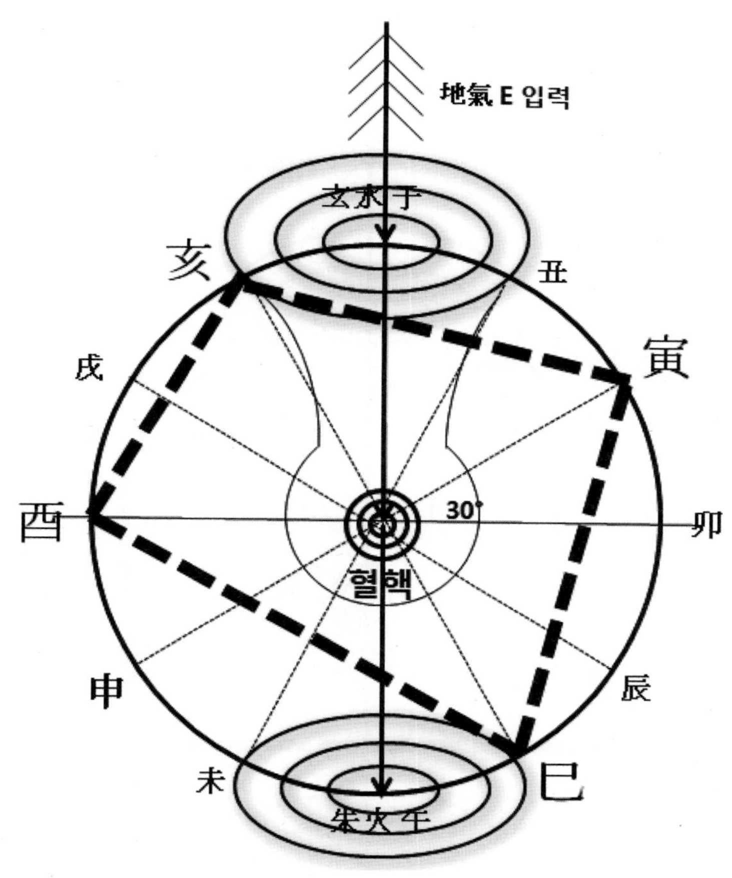

〈그림 3-125〉 酉寅巳亥 干涉殺

(3) 巳 朱火 Energy場의 崩壞時

① 寅申辰亥 干涉殺

㉠ 申子辰 合居로 玄水健實, 靑白均衡. 寅申刑殺과 申亥害殺은 弱化된다.

㉡ 辰亥怨嗔殺은 弱化되나 朱火E의 不及現象이 發生한다. 寅亥合木&破殺, 申亥害殺

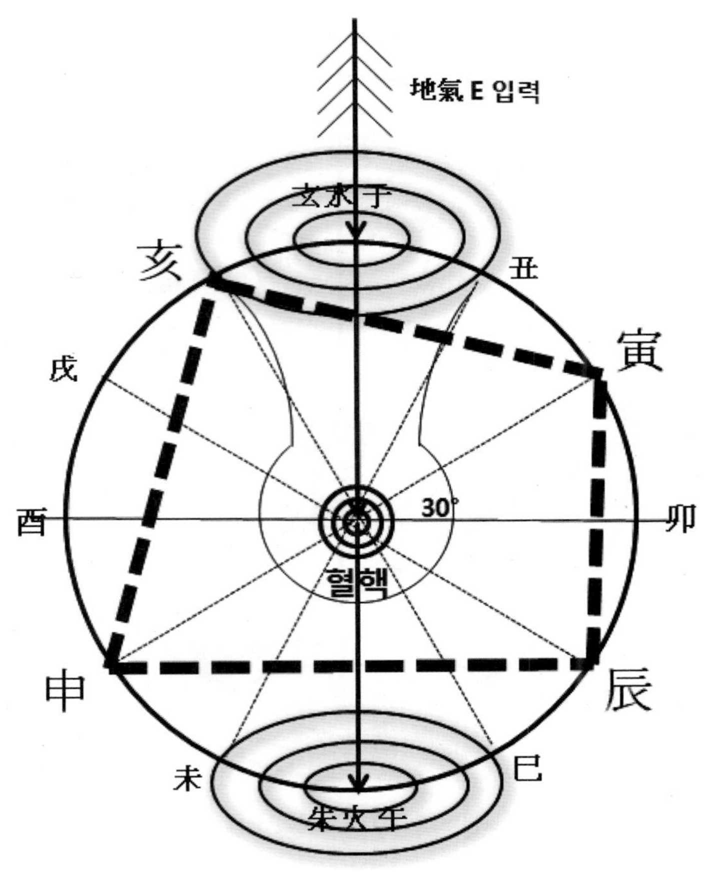

〈그림 3-126〉 寅申辰亥 干涉殺

② 寅申午亥 干涉殺

㉠ 朱火健實, 靑白葛藤, 偏入首. 寅午戌 合居로 寅申刑殺과 寅亥破殺이 減少한다.

㉡ 午亥가 發生하고 申亥害殺이 增幅된다.

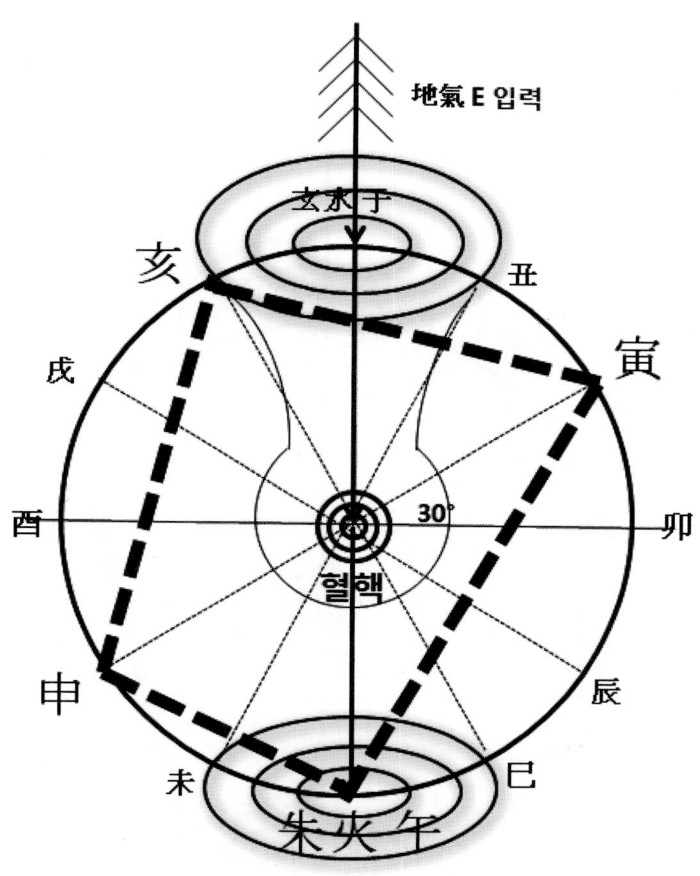

〈그림 3-127〉 寅申午亥 干涉殺

(4) 亥 玄水 Energy場의 崩壞時

① 寅申巳戌 干涉殺

㉠ 寅午戌 合居로 朱火 安定이나 巳戌怨嗔殺이 發露

㉡ 寅巳申 三刑破害殺이 尤甚하고 玄水 Energy場 不及하여 青木不實, 白金健實.

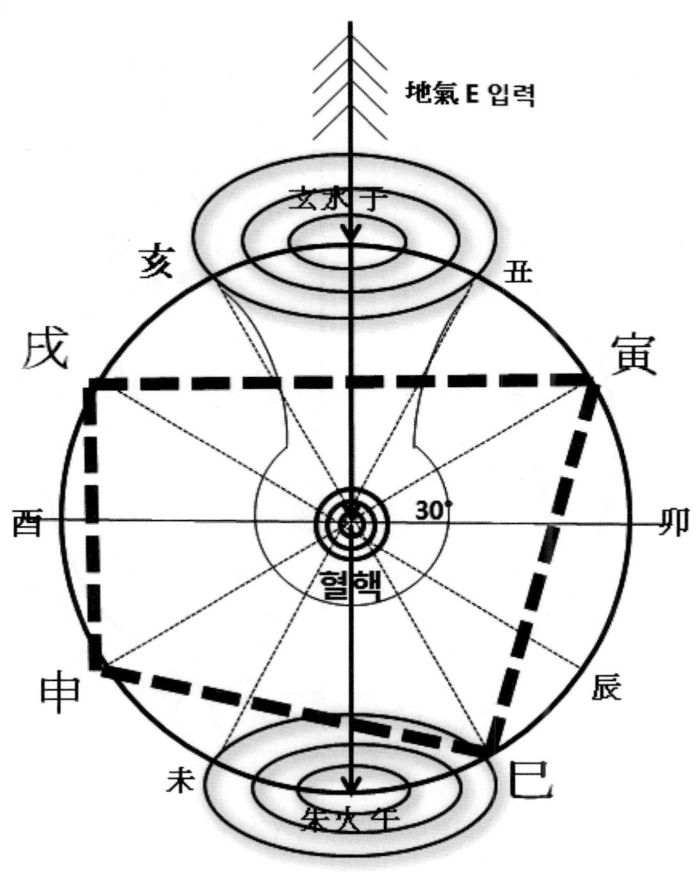

〈그림 3-128〉 寅申巳戌 干涉殺

② 寅申巳子 干涉殺

㉠ 玄靑健實, 朱火不利, 申子辰 合居로 寅申/巳申刑殺은 減少, 寅巳申 三刑殺 發生

㉡ 子巳害殺이 發生하고 子寅合居 同時發達로 混亂

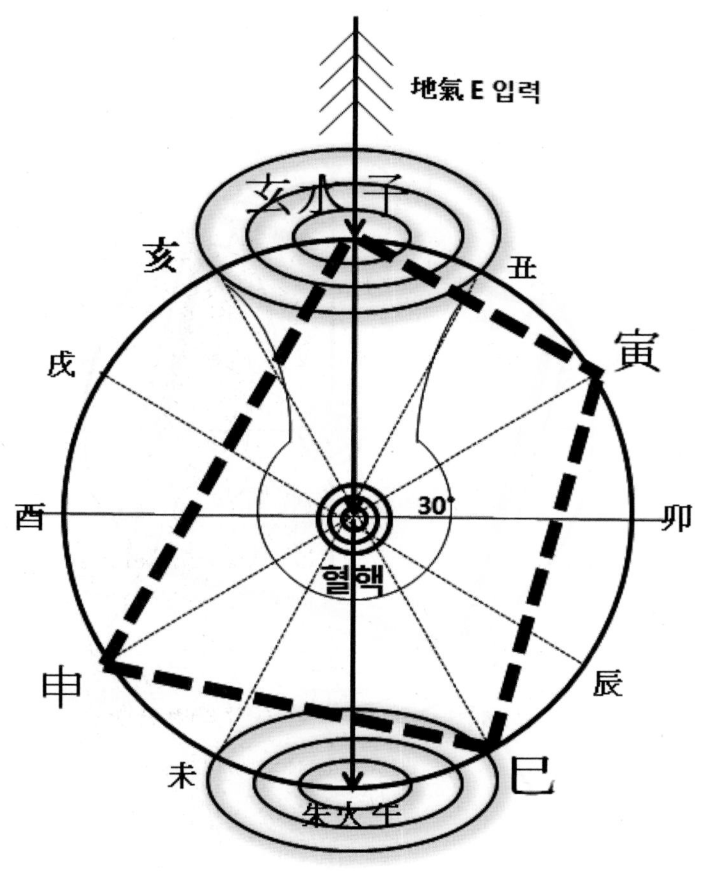

〈그림 3-129〉 寅申巳子 干涉殺

3) 辰戌丑未 4庫位 Energy場의 不正 四角形態의 Energy場(刑沖破害怨嗔 干涉殺)

- 辰戌丑未 四正位 中 一部位가 崩壞時 發生하는 干涉殺

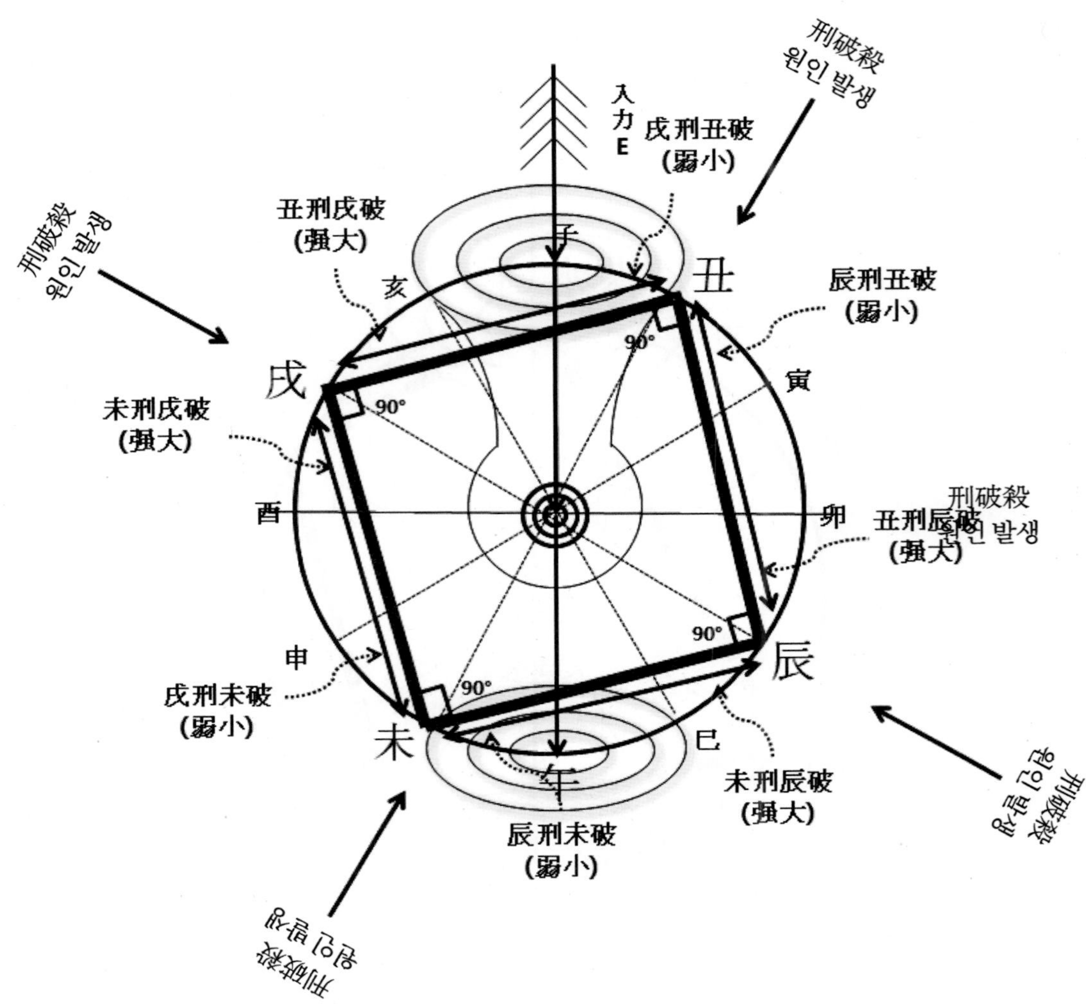

〈그림 3-130〉 辰戌丑未 四正位 中 一部位가 崩壞時 發生하는 干涉殺

(1) 辰 靑木 Energy場의 崩壞時

① 卯戌丑未 干涉殺

㉠ 亥卯未, 卯戌合居하여 木火 相生하나

㉡ 丑戌未三刑殺의 內在力이 露出된다.

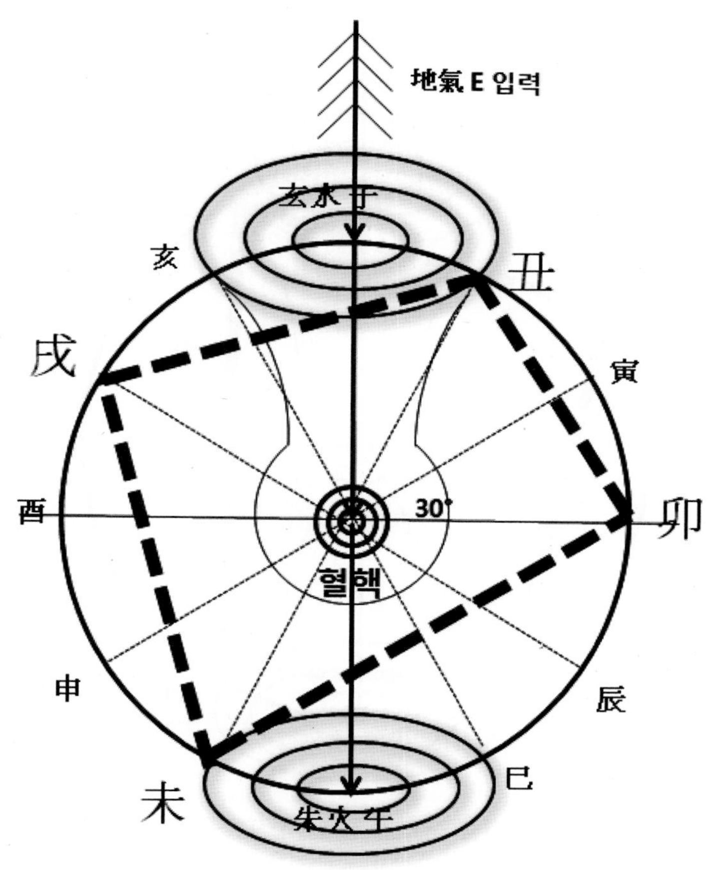

〈그림 3-131〉 卯戌丑未 干涉殺

② 巳戌丑未 干涉殺

㉠ 巳酉丑, 巳未合居로 安定하나

㉡ 巳戌怨嗔殺과 丑戌未三刑殺이 形成 露出된다.

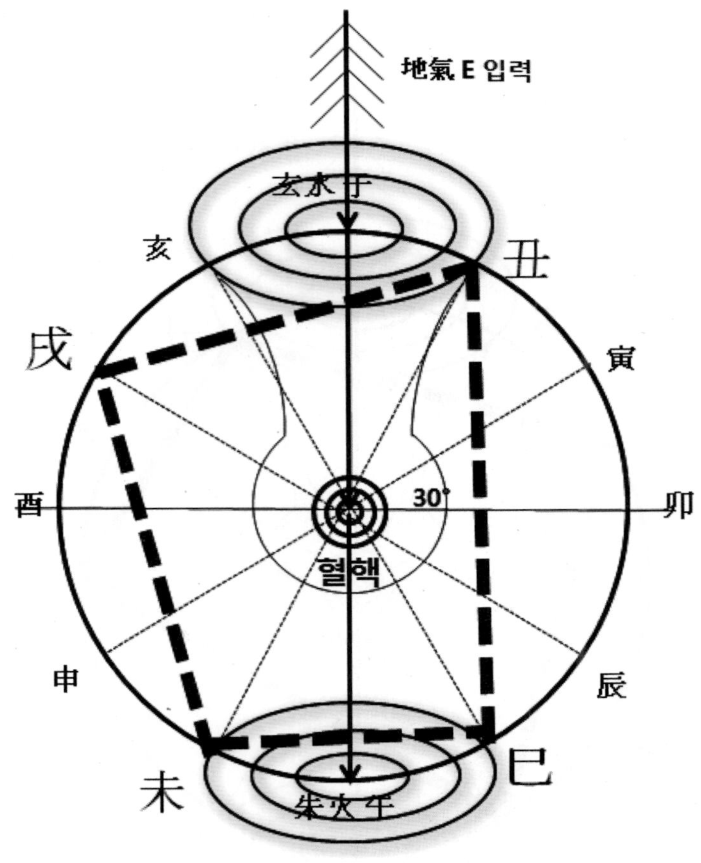

〈그림 3-132〉 巳戌丑未 干涉殺

(2) 戌 白金 Energy場의 崩壞時

① 辰亥丑未 干涉殺

㉠ 亥卯未, 戌亥로 合居로 靑木安定하나

㉡ 巳亥衝突, 辰亥怨嗔殺 露出, 辰丑破殺, 丑未刑殺 露出, 白金不利, 玄朱葛藤.

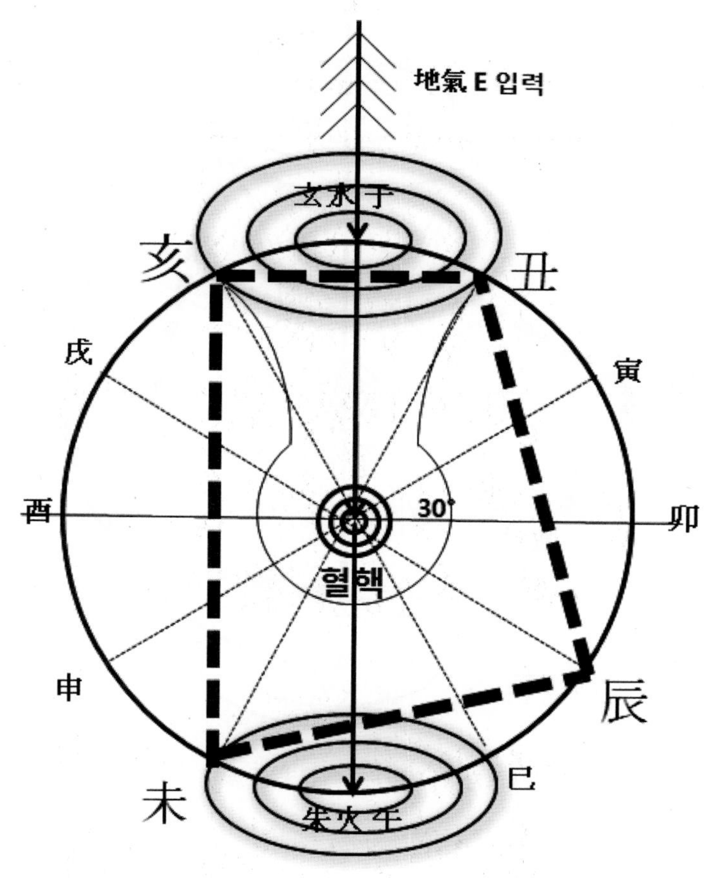

〈그림 3-133〉 辰亥丑未 干涉殺

② 辰酉丑未 干涉殺

㉠ 巳酉丑, 辰酉合金으로 合居로 白金健實하나

㉡ 辰丑破殺, 丑未刑殺 露出, 靑木不實, 玄朱葛藤.

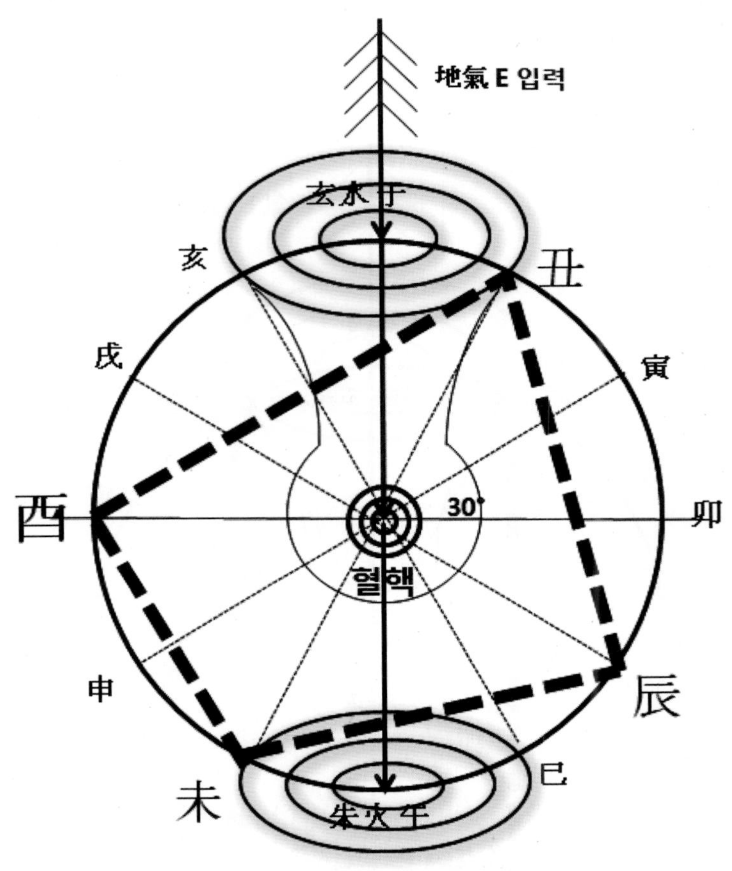

〈그림 3-134〉 辰酉丑未 干涉殺

(3) 丑 玄水 Energy場의 崩壞時

① 辰戌子未 干涉殺

㉠ 申子辰 合居, 子戌合居로 玄水健實, 靑木安定, 白金安定하나

㉡ 子未怨嗔, 戌未破殺 露出로 朱火不利

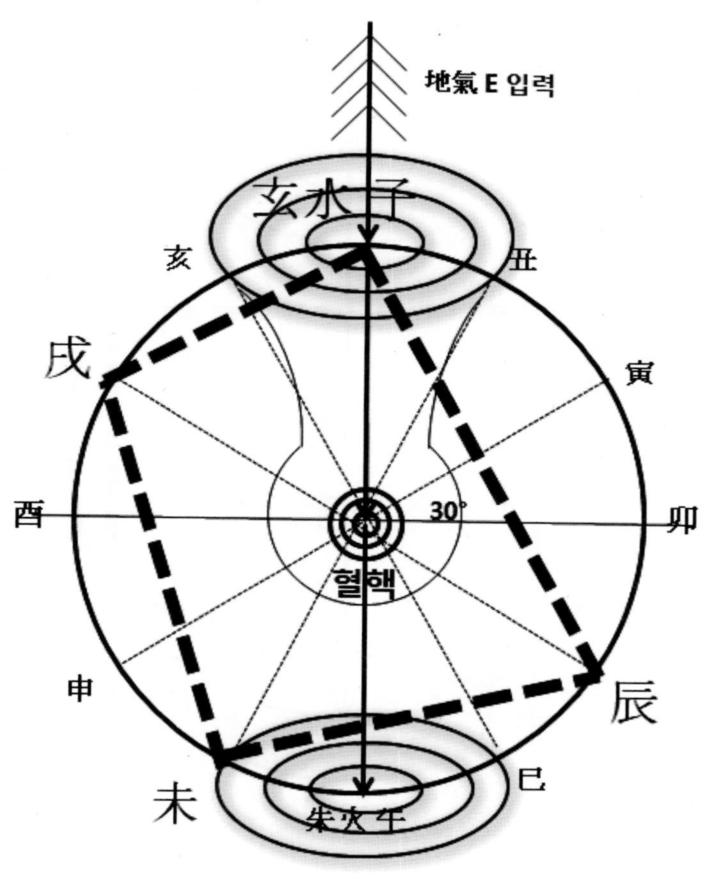

〈그림 3-135〉 辰戌子未 干涉殺

② 辰戌寅未 干涉殺

㉠ 寅午戌 合居, 寅辰 合居로 靑木安定하나

㉡ 戌未破殺 露出로 白金不安, 玄朱不利

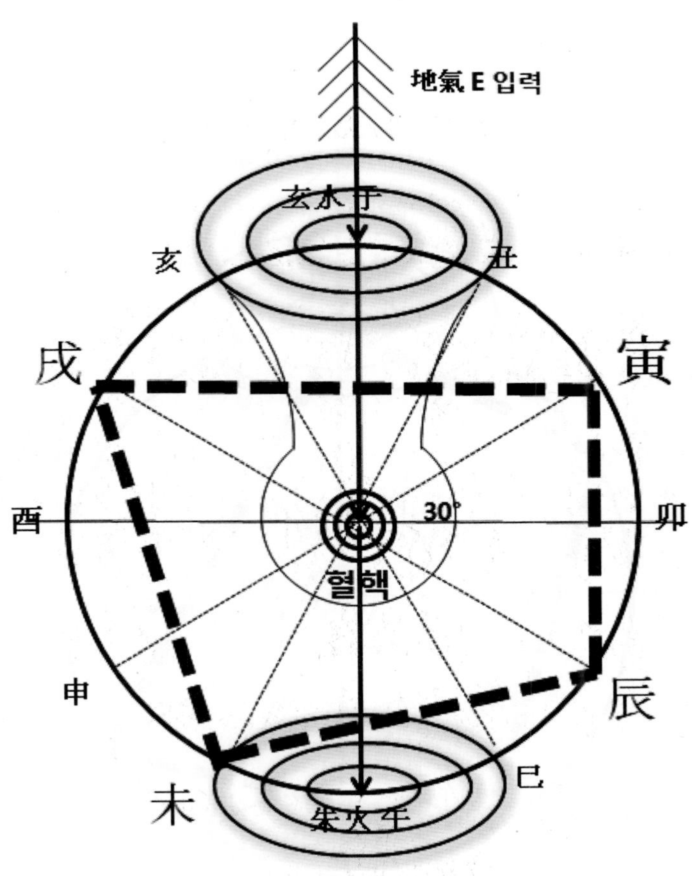

〈그림 3-136〉 辰戌寅未 干涉殺

(4) 未 朱火 Energy場의 崩壞時

① 辰戌丑午 干涉殺

㉠ 寅午戌 合居, 午未 合居, 午寅辰 合居로 朱火健實

㉡ 丑午怨嗔, 辰丑破殺, 戌未破殺 露出. 青木不利, 白金不利, 丑 陷穽殘存.

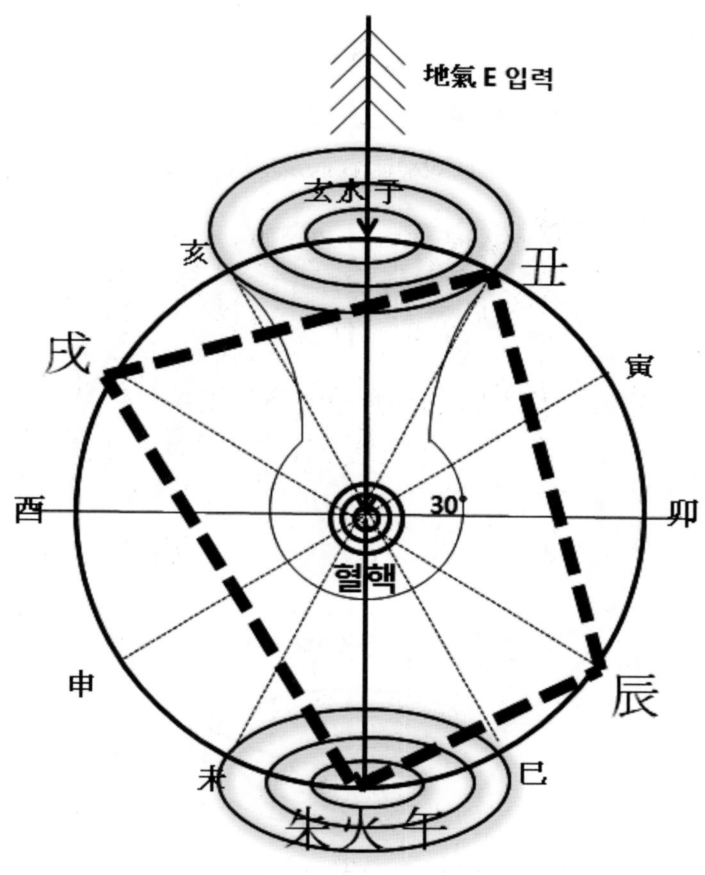

〈그림 3-137〉 辰戌丑午 干涉殺

② 辰戌丑申 干涉殺

㉠ 申子辰 合居, 申戌 合居로 玄水二合安定하나

㉡ 辰丑破殺, 丑戌刑殺, 寅申 對稱, 辰戌對稱, 青木不利, 白金健實, 刑殺殘存.

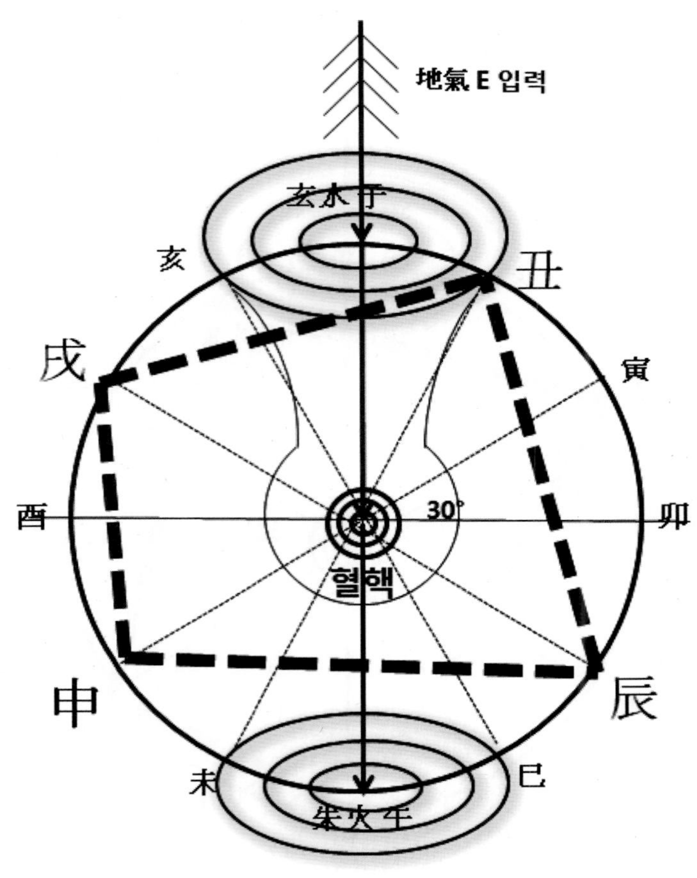

〈그림 3-138〉 辰戌丑申 干涉殺

5. 不正 三角形態의 Energy場 特性 : 不等邊 三角形, 二等邊 三角形

((不等邊 三角構造 → 不安定 構造 → 破滅(刑沖破害))

1) 均衡 正三角 形態(三合Energy場)의 變形特性

(1) 申子辰 均衡 三角 Energy場의 變形特性(玄水 中心 Energy場 增幅特性)

① 申子卯 不均衡 Energy場의 變形 特性 : 青木 Energy場의 變形

㉠ 子卯(辰) : 短縮 不均衡, 申卯(辰) : 遠離 不均衡

㉡ 申子合水(玄水安定), 子卯刑殺(玄青葛藤), 申卯怨嗔(青白不安), 朱火 不利

㉢ 四柱 補完 Energy場 : 青木 辰 Energy場, 朱火 巳未 Energy場(不安 殘存), 朱火 午未 Energy場(子午未申은 安定, 午卯破, 子卯刑 殘存) 白金 戌 Energy場(卯戌火로 青木과 朱火安定, 子卯刑 殘存)

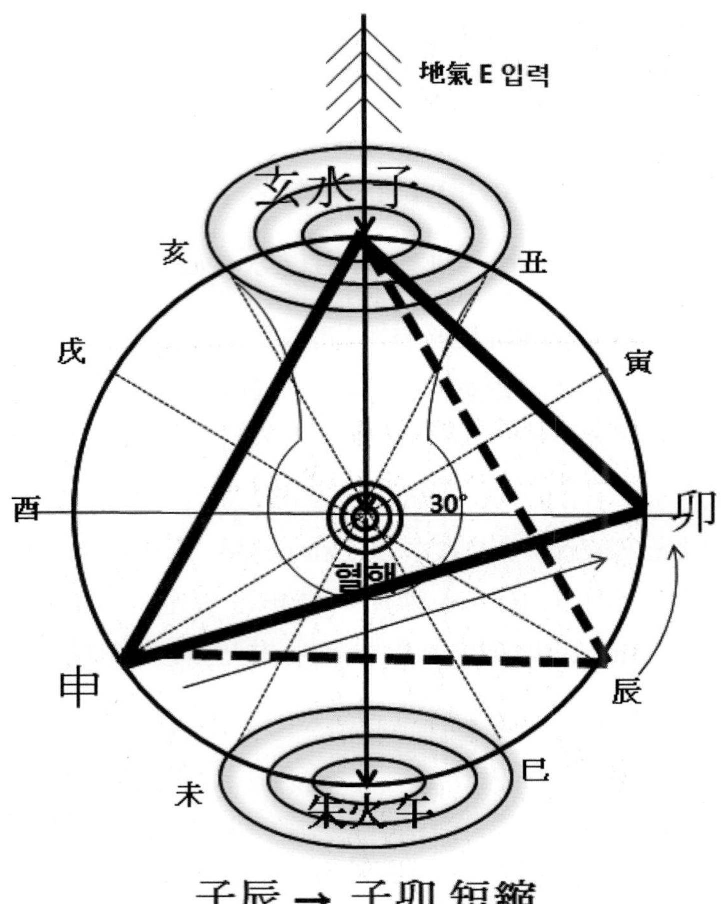

〈그림 3-139〉 申子卯 不均衡 Energy場의 變形 特性

② 申子巳 不均衡 Energy場의 變形 特性 : 靑木 Energy場의 變形

㉠ 子巳(辰) : 遠離 不均衡, 申巳(辰) : 短縮 不均衡

㉡ 申子合水(玄水安定), 子巳葛藤(玄朱葛藤)
申巳刑破(朱白葛藤, 先凶後吉)

㉢ 四柱 補完 Energy場 : 靑木 辰 Energy場
(申子辰 完成), 玄水 丑 Energy場(巳丑合居 金)

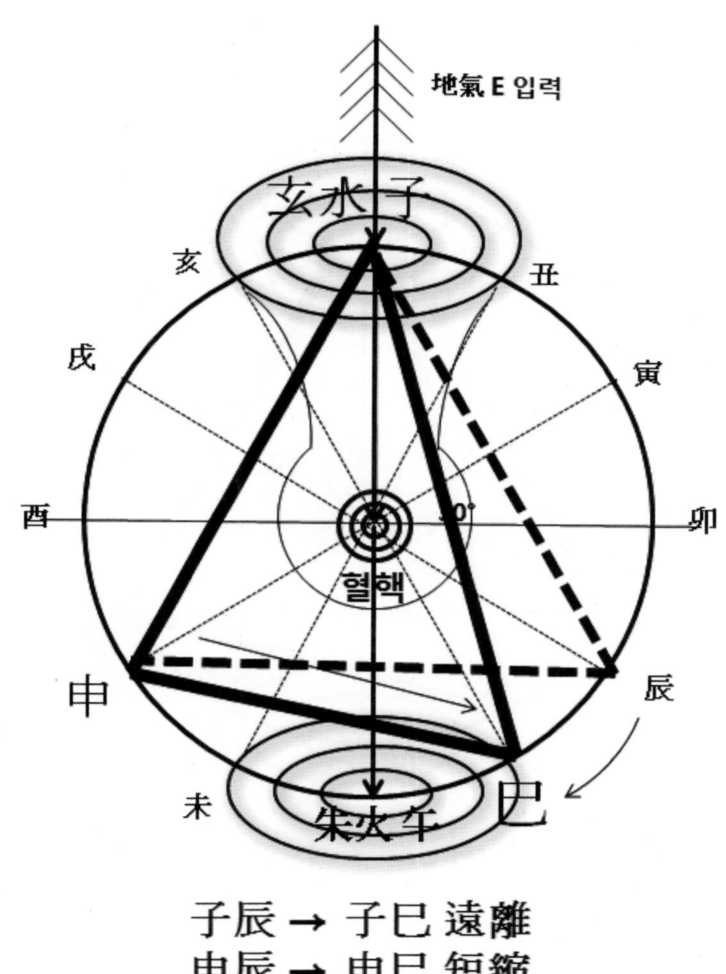

〈그림 3-140〉 申子巳 不均衡 Energy場의 變形 特性

③ 子辰未 不均衡 Energy場의 變形 特性 : 白金 Energy場의 變形

㉠ 子未(申) : 遠離 不均衡, 辰未(申) : 短縮 不均衡

㉡ 辰子合水(玄青安定), 子未怨嗔, 辰未 未盡

㉢ 四柱 補完 Energy場 : 玄水 亥 Energy場(△), 白金 申 Energy場(○), 靑木 寅 Energy場

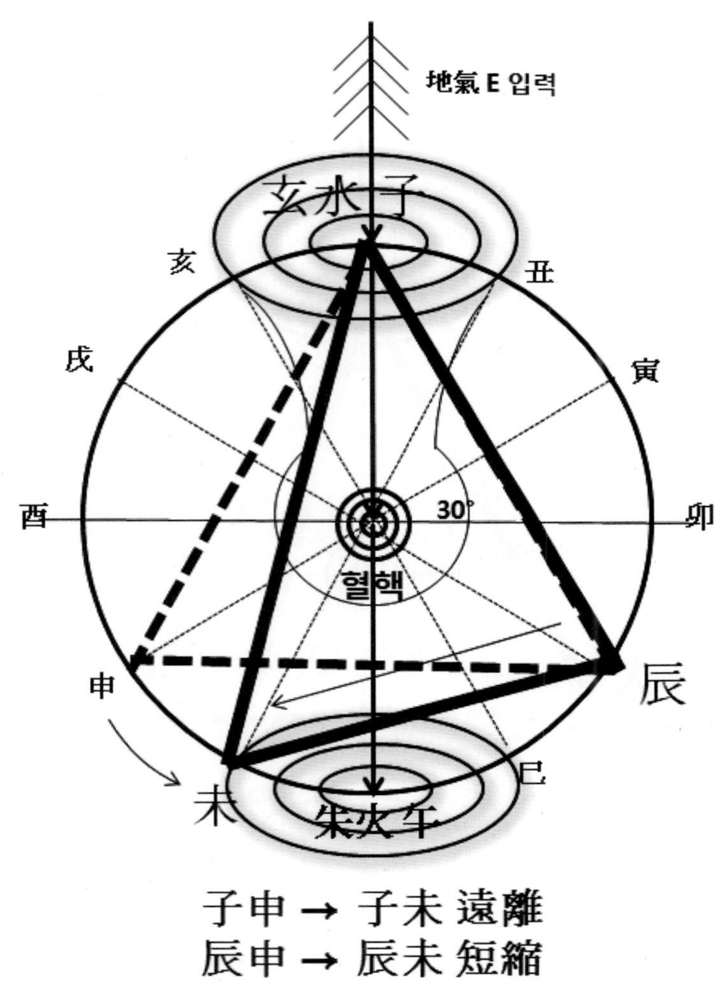

〈그림 3-141〉 子辰未 不均衡 Energy場의 變形 特性

④ 子辰酉 不均衡 Energy場의 變形 特性 : 白金 Energy場의 變形

㉠ 辰酉 : 遠離(合居金屬), 子酉 : 短縮(破白金)

㉡ 子辰合水(玄青安定), 子酉破殺, 辰酉合金

㉢ 四柱 補完 Energy場 : 白金 申 Energy場(金氣 旺盛)
朱火 巳 Energy場(金氣 倍加), 朱火 午未 Energy場

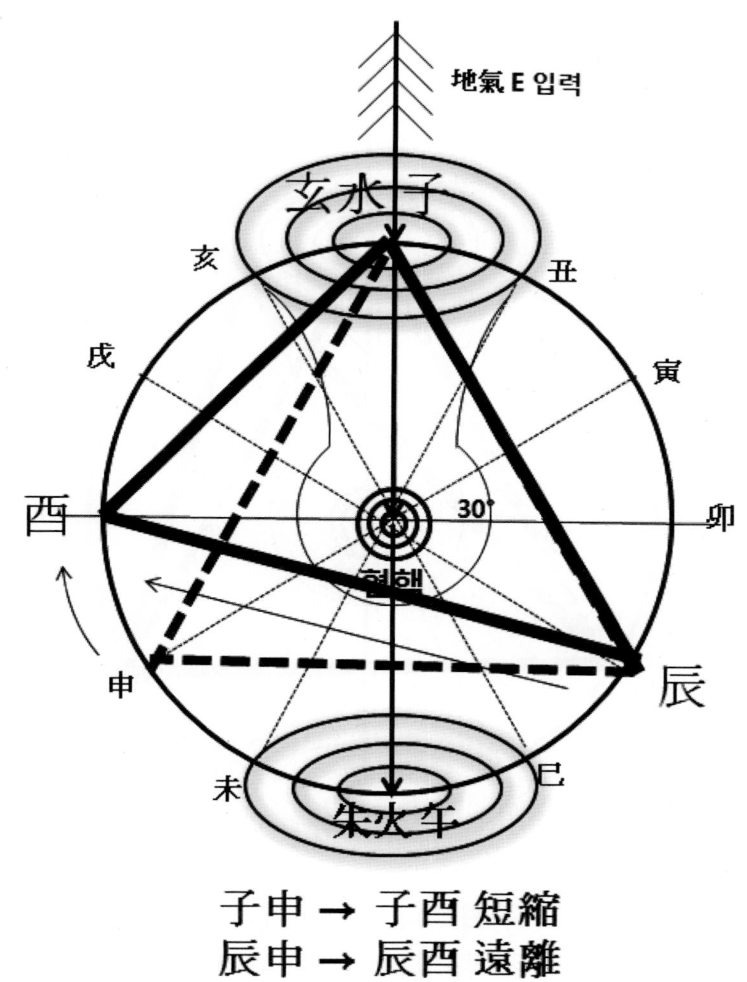

〈그림 3-142〉 子辰酉 不均衡 Energy場의 變形 特性

⑤ 丑辰申 不均衡 Energy場의 變形 特性 : 子 Energy場의 變形構造. 入首頭腦 偏斜 → 早失父母 또는 喪妻, 宗孫絶(山所 肩部 陷)

㉠ 丑辰 : 短縮 不均衡, 丑申 : 遠離 不均衡

㉡ 申辰合水 子 Energy場, 丑辰破殺, 申丑 遠離 Energy場

㉢ 四柱 補完 Energy場 : 玄水 子 Energy場

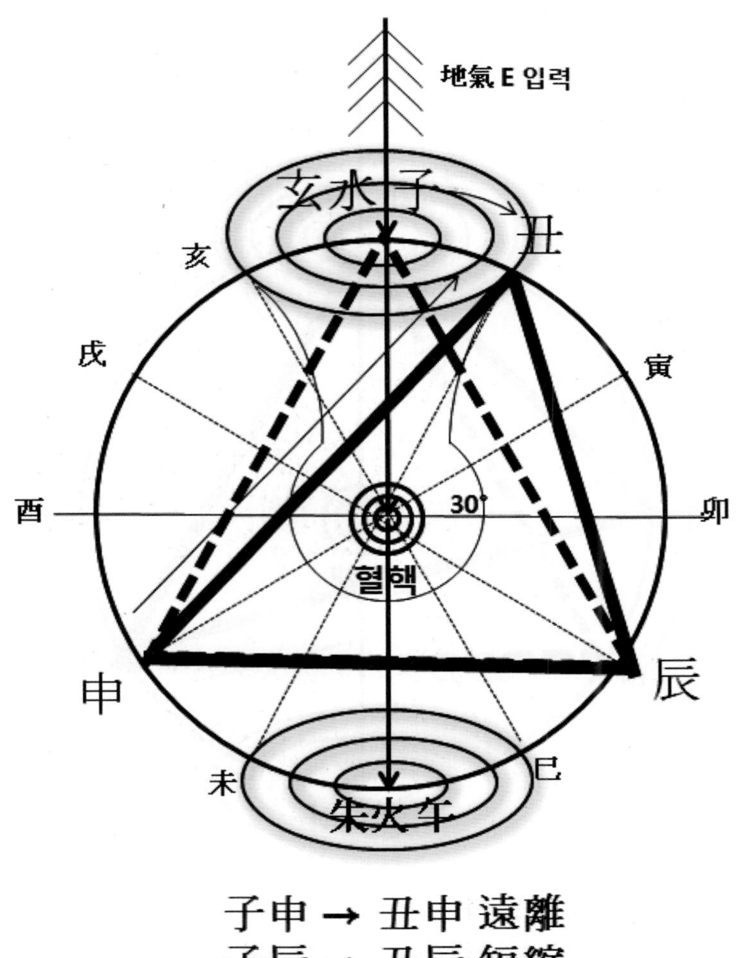

〈그림 3-143〉 丑辰申 不均衡 Energy場의 變形 特性

⑥ 亥辰申 不均衡 Energy場의 變形 特性 : 子 Energy場의 變形構造. 入首頭腦 偏斜
→ 喪妻, 喪夫, 後室子孫

㉠ 申亥 : 短縮 不均衡, 辰亥 : 遠離 不均衡

㉡ 申辰合水 子 Energy場, 辰亥怨嗔, 申亥害殺

㉢ 四柱 補完 Energy場 : 玄水 子 Energy場

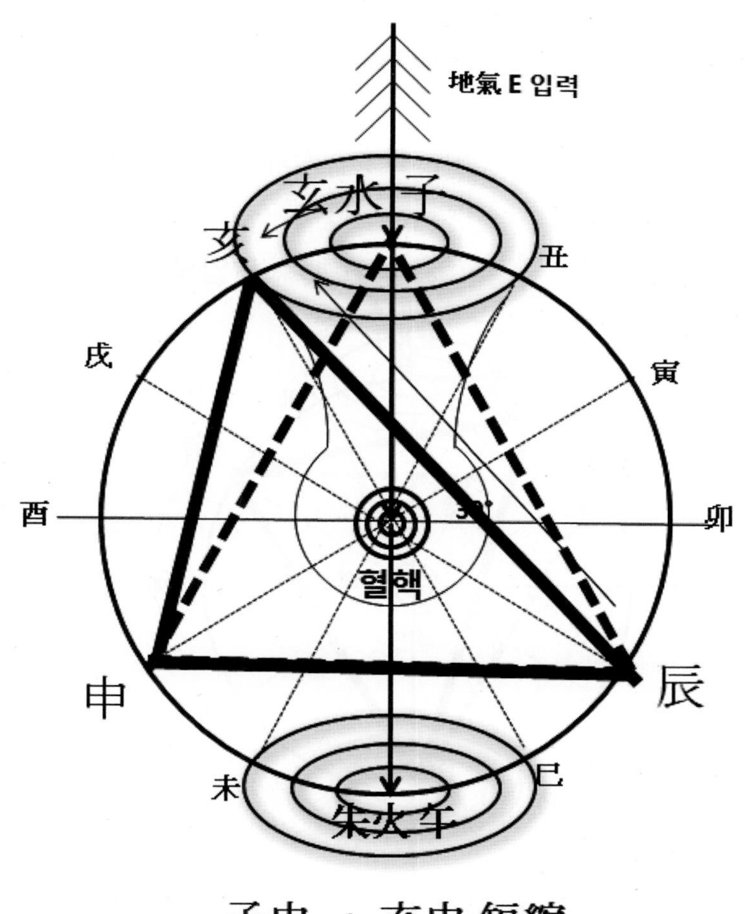

〈그림 3-144〉 亥辰申 不均衡 Energy場의 變形 特性

(2) 寅午戌 均衡 三角 Energy場의 變形特性(朱火 中心 Energy場 增幅特性)

① 寅午亥 不均衡 Energy場의 變形 特性 : 朱火 立體 Energy場의 變形(午 立體 右端은 健實하나 左端이 偏斜)

㉠ 寅亥 : 短縮 不均衡

午亥 : 遠離 不均衡, 入穴脈 Energy 不規則的 供給, 朱火 Energy場은 比較的 安定이나 玄水 Energy場은 不安定(不均衡 立體 有)

㉡ 寅午 : 青木 安定이긴 하나 白金 不安定 招來하여 青木 間 調和가 破壞된다.

㉢ 寅午合 火 Energy場 增幅, 寅亥合木과 刑破殺(先凶後吉)

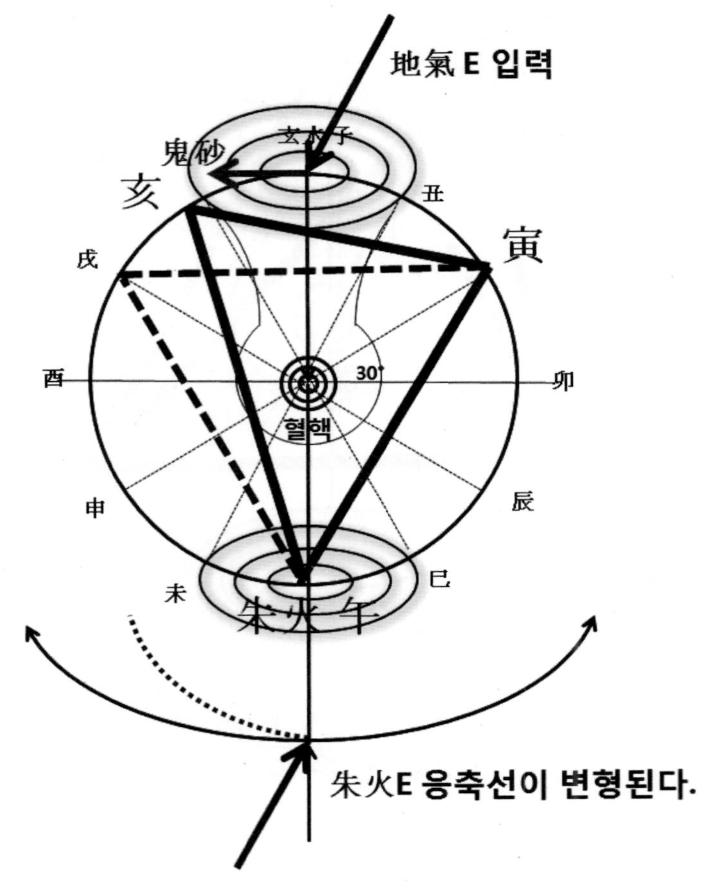

〈그림 3-145〉 寅午亥 不均衡 Energy場의 變形 特性

② 寅午酉 不均衡 Energy場의 變形 特性

㉠ 寅酉 : 遠離 不均衡, 怨嗔殺로 夫婦別離, 葛藤
午酉 : 短縮 不均衡 → 午戌合氣의 急激한 變形으로 白金 婦弟 不安定, 白虎Energy場 上氣 故로 白金 火急, 妻財 不安定(午酉 桃花殺)

㉡ 理由 : 白金 Energy場의 急激한 上氣로 인해 白-青 不安(寅酉怨嗔), 白朱 不安(午酉桃花)가 됨. 入力 Energy 不實, 朱火 左端部 短縮 또는 不實

㉢ 現象 : 青白 Energy場의 不均衡과 白朱 Energy場의 不均衡으로 窮極的 朱火 不安을 招來, 白金 Energy 無情, 朱火 左端 Energy場 不調和, 玄水 不及殺, 朱火 太過殺 發生

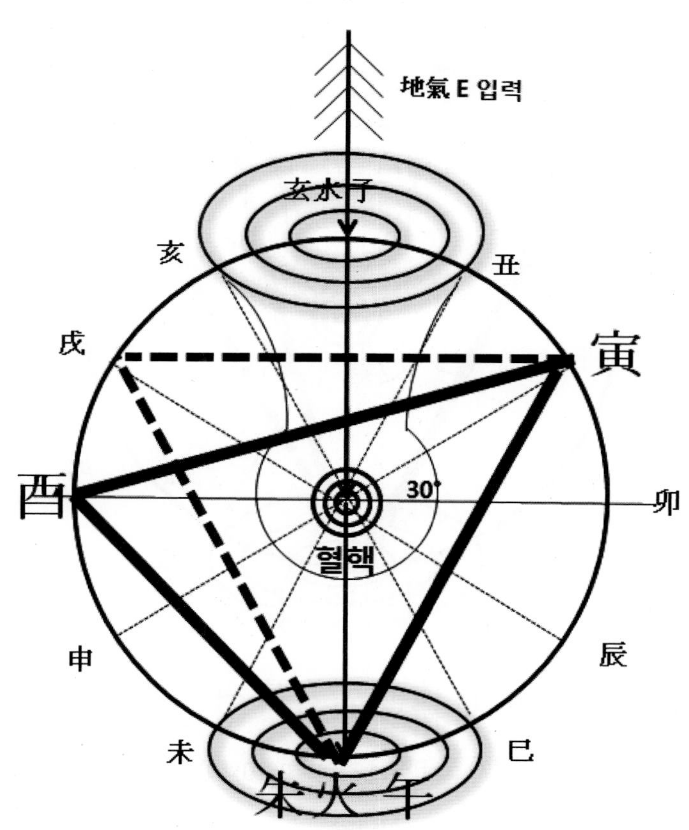

〈그림 3-146〉 寅午酉 不均衡 Energy場의 變形 特性

③ 丑午戌 不均衡 Energy場의 變形 特性

㉠ 丑午 : 青木-朱火間 遠離不均衡, 丑戌 : 青木-白金間 短縮不均衡

㉡ 理由 : 入力 來脈의 青木側 Energy 不實 또는 刑沖破害怨嗔殺 發生

㉢ 現象 : 入首 左端 Energy 不實, 朱火 右端 Energy場 短縮 不實(寅戌 本氣 Energy場 : 丑戌 青白 刑破殺, 午丑 青朱 怨嗔), 玄水 不及殺, 朱火 太過殺 發生

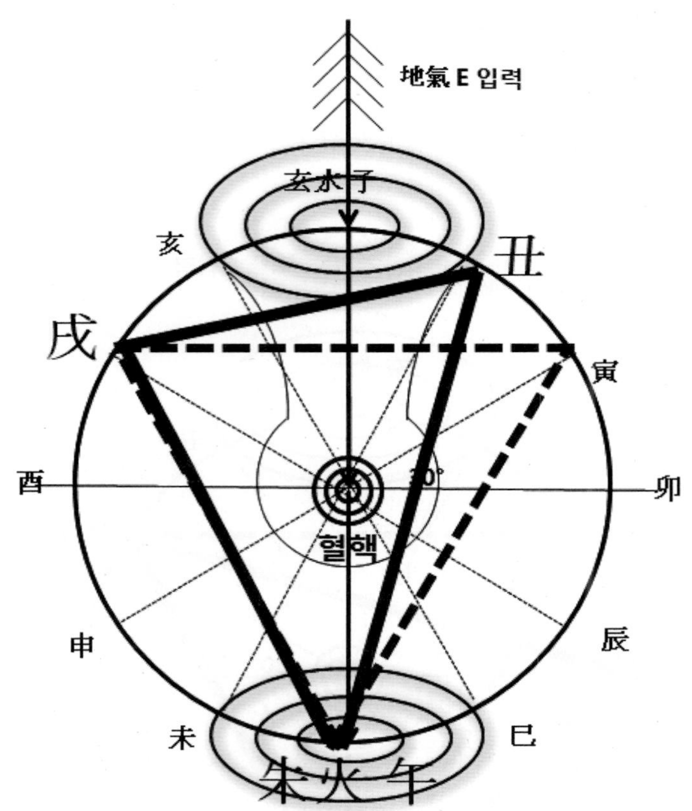

〈그림 3-147〉 丑午戌 不均衡 Energy場의 變形 特性

④ 卯午戌 不均衡 Energy場의 變形 特性

㉠ 卯午 : 靑木-朱火間 短縮 不均衡, 卯戌 : 靑木-白金間 遠離 不均衡으로 自制力 不及現象이 나타난다.

㉡ 理由 : 入力 側으로부터 供給되는 靑白 Energy의 不均衡, 朱火 反 Energy의 靑朱 同調 不均衡, 靑白 側 穴場 纏護 育成 凝縮 Energy場이 不安定, 安山 凝縮線 밖에 靑木 Energy場이 居한 現象

㉢ 現象 : 靑木과 朱火 Energy場間 不調和, 靑白 不均衡으로 白金 太過 發生 可能, 玄水 不及殺, 朱火 太過殺 發生. 午戌 安定(1/4吉), 卯戌 半吉(1/4) 半凶(1/4), 卯午 破殺(1/4凶), 朱火 Energy場의 不安定 現象

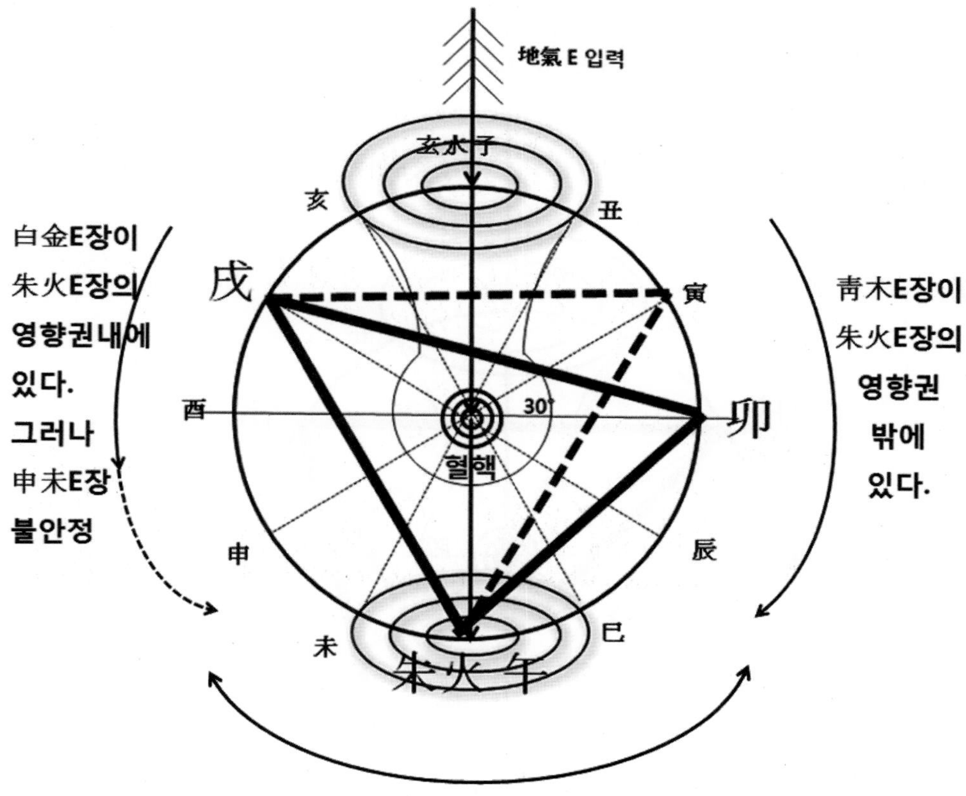

〈그림 3-148〉 卯午戌 不均衡 Energy場의 變形 特性

⑤ 寅巳戌 不均衡 Energy場의 變形 特性(午 Energy場이 巳 Energy場으로 變形된 境遇)

㉠ 寅戌 : 本氣 Energy場, 寅巳 : 青木-朱火間 短縮 不均衡, 巳戌 : 朱火-百金間 遠離 不均衡, 朱火 Energy場 不安定에 의한 青木 存在的 偏位 Energy場 形成

㉡ 理由 : 安山 朱火 Energy場과 青木 Energy場 不調和에 의한 衝突的 關係에서 青木 Energy場 短縮이 發生하였다.

㉢ 現象 : 주로 青木 Energy場 發達이 不實 短少하고 朱火 巳 Energy場 損失이 發生하고 白金 Energy場과 朱巳 Energy場의 凝縮 不偏 現象 發生 → 朱火 偏斜, 玄水 不及殺, 朱火 太過殺 發生.

寅↔戌 : 本氣 安定 / 寅↔巳 : 相生的 相爭 / 戌↔巳 : 相生的 傍觀으로 巳火는 急한 現象이 되고 寅木은 被害性向이고 戌金은 怨望的이다.

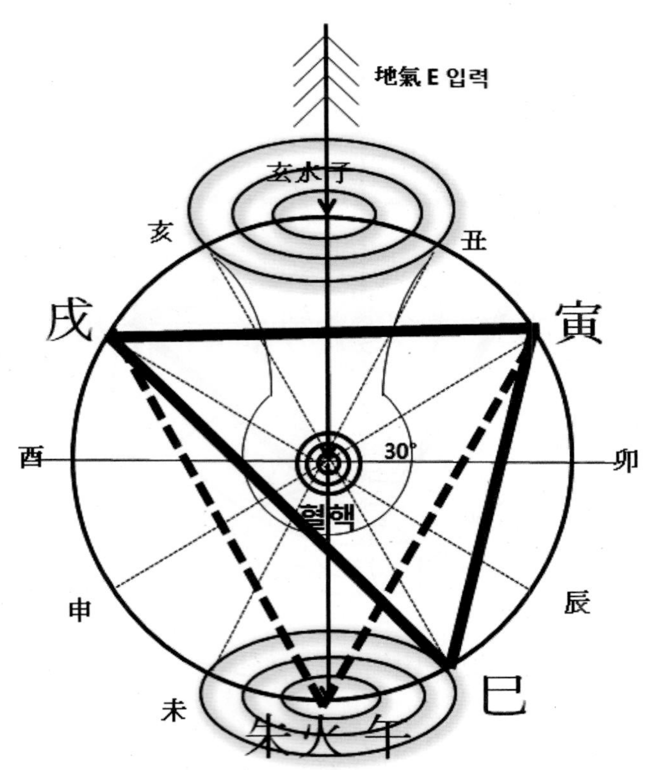

〈그림 3-149〉 寅巳戌 不均衡 Energy場의 變形 特性

⑥ 寅未戌 不均衡 Energy場의 變形 特性(朱火 Energy場 不安定으로 인한 白金 依存的 偏位 Energy場 形成)

㉠ 寅未 : 青木-朱火間 遠離 不均衡, 戌未 : 百金-朱火間 短縮 不均衡

㉡ 理由 : 安山 朱火 Energy場과 白金 戌土 Energy場 間의 不調和에 의한 白金 Energy場 短縮이 發生하였고 朱未 Energy場 不安定 形成

㉢ 現象 : 주로 白金 Energy場 發達이 不實 短少하고 朱未 Energy場 損失이 發生하여 青木 Energy場과 朱未 Energy場 間 凝縮 不備 現象이 發生 → 朱火 偏斜, 玄水 不及殺, 朱火 太過殺 發生.

寅↔戌 : 本氣 安定 / 寅↔未 : 相生的 放任 / 戌↔未 : 常生的 相爭. 朱火는 未盡해지고 寅木은 獨立的(獨斷的)이며 戌金은 衝突的이다.

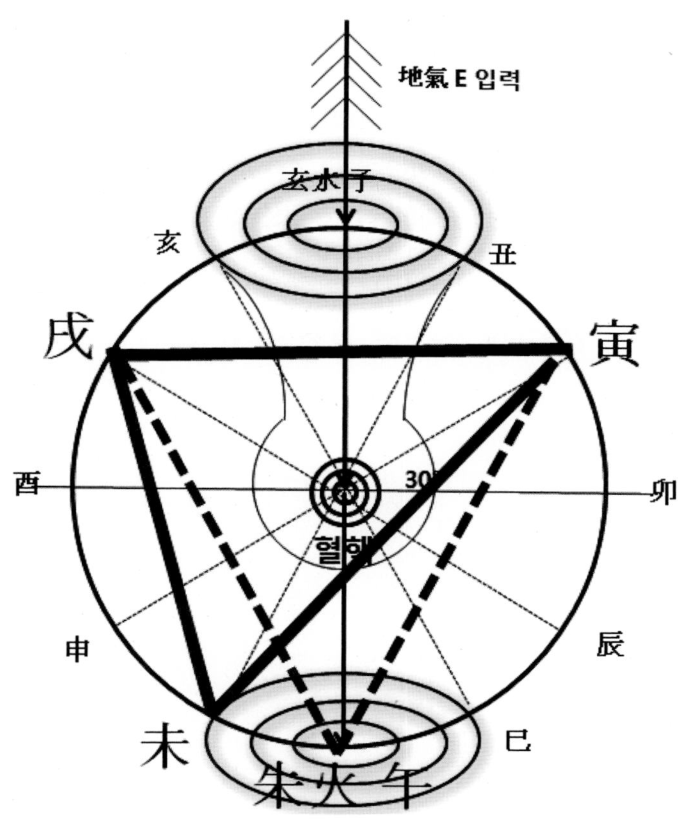

〈그림 3-150〉 寅未戌 不均衡 Energy場의 變形 特性

(3) 亥卯未 均衡 三角 Energy場의 變形特性(朱火 中心 Energy場 增幅特性)

① 子卯未 不均衡 Energy場 變形 特性(亥 Energy場이 子 Energy場으로 變形된 境遇)

㉠ 卯未 : 本氣 Energy場

子卯 : 玄水-靑木間, 短縮 不均衡

子未 : 玄水-朱火間, 遠離 不均衡

玄水 Energy場의 强力한 勢力에 依存하여 亥卯未 三合安定이 變形되고 朱火 역시 子午 Energy場 中心을 回復하려 하나 이미 形成된 亥卯未 安定勢力의 未火를 變化시키지 못하였다. 따라서 未卯의 Energy場은 安定的이나 亥卯, 亥未는 子水 Energy場에 의해 子卯刑, 子未怨嗔의 殺을 안고 말았다.

㉡ 理由 : 亥水 勢力의 旺盛, 白金 勢力의 不安定, 靑木↔玄水, 白金 不均衡, 朱火 不安定

㉢ 現象 : 白金 Energy體 및 그 Energy場 不偏, 玄水 入力 Energy 獨特發路 靑木 ⊖Energy場 安定, 靑白 不均衡 Energy場, 玄水↔靑木, 玄水↔白金 不調和 現象. 子卯刑殺, 子未怨嗔殺, 卯未 微妙, 白金 不及殺, 靑木 太過殺 發生

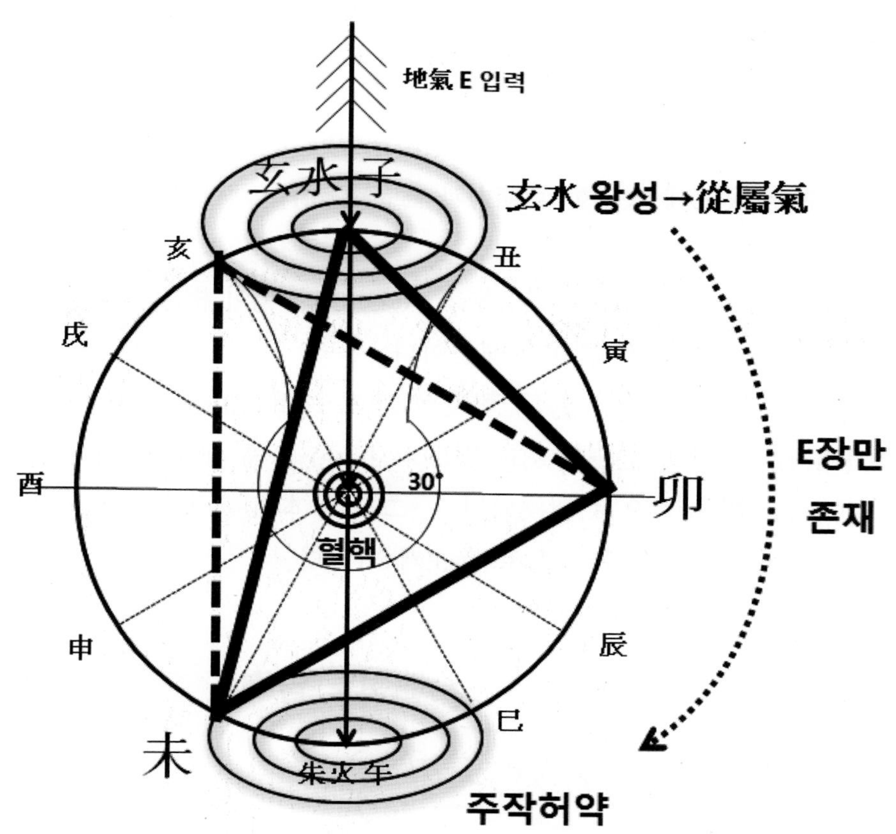

戌午 → 戌巳 遠離 / 寅午→ 寅巳 短縮

〈그림 3-151〉 子卯未 不均衡 Energy場 變形 特性

② 戌卯未 不均衡 Energy場 變形 特性

㉠ 亥卯未 安定 三合 Energy場이 白金 Energy體 및 Energy場에 優勢한 作用力에 依存하여 白金 戌土 Energy 및 그 Energy場으로 變位된 境遇 朱未 火 E에 太過한 凝縮力과 白金 Energy場에 强力한 育成이 相互 鬪爭하는 結果가 되었다.

㉡ 理由 : 外白金 Energy場과 朱未 火 Energy場이 相沖하면서 亥卯未 安定 Energy場을 破壞하기 때문이다.

㉢ 現象 : 亥卯未 Energy場 離脫로 卯戌 遠離 Energy場이 發生, 朱火 Energy場으로 從屬되었고 亥卯未 Energy場 短縮에 의해 戌未破殺 Energy場 特性으로 變換되었다. 그나마 本氣 卯未 Energy場이 獨自的이 되어 未卯한 特性으로 存在케 되었다.

白金 不及殺, 靑木 太過殺 發生

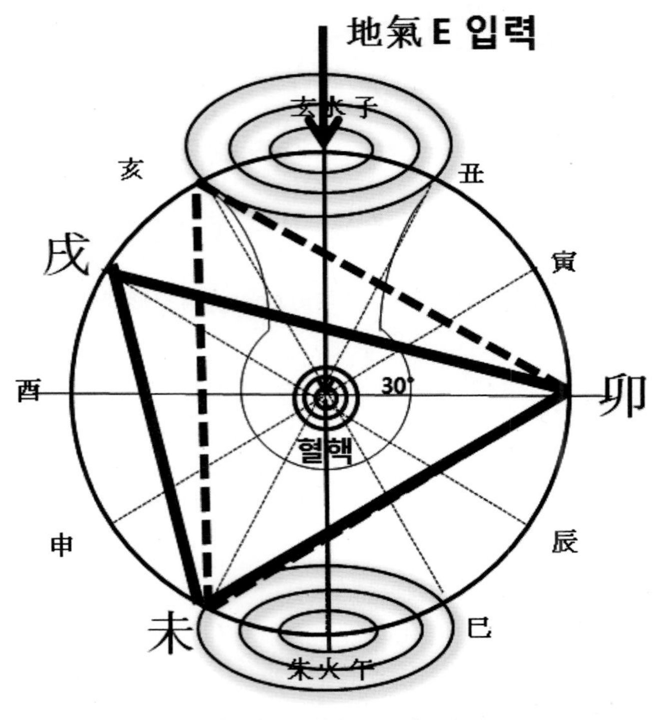

〈그림 3-152〉 戌卯未 不均衡 Energy場 變形 特性

③ 亥卯午 不均衡 Energy場의 變形 特性

㉠ 亥卯未 三合 安定 Energy場이 朱午 火 Energy場의 强力한 勢力에 從屬되어 午火 Energy場으로 變位된 形態이다.

午卯 : 青龍-朱火 衝突로 인한 青龍 破壞現象. 短縮 不均衡,

亥午 : 遠離 不均衡

㉡ 理由 : 朱火 Energy場 凝縮의 中立性 勢力 優勢, 入首頭腦 Energy 및 그 Energy場의 中立 指向性 發露(25% 玄水 Energy場 發生), 白金 Energy場의 不實 및 不調和에 의한 白金 Energy 損失

㉢ 現象 : 本氣 卯亥(卯하게 亥結됨)가 亥卯(헷갈리게 妙害짐)로 變質, 午卯 短縮 破殺, 亥午 遠離에 의한 午亥 害殺, 白金 不及殺, 青木 太過殺 發生

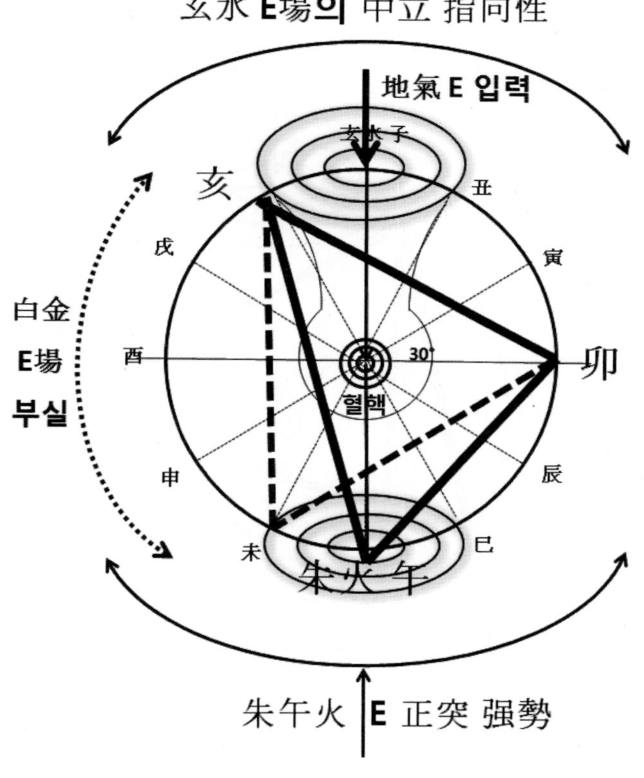

〈그림 3-153〉 亥卯午 不均衡 Energy場의 變形 特性

④ 亥卯申 不均衡 Energy場의 變形 特性

㉠ 亥卯未 三合 Energy場이 白金 Energy場의 强力한 勢力에 從屬되어 朱未火 Energy場의 主體的 意志를 잃어버리고, 白金 申 Energy場으로 變形된 形態이다.

申亥 : 短縮 不均衡, 申卯 : 遠離 不均衡

㉡ 理由 : 亥卯未 三合 安定 不實(朱未 火 Energy場의 不安定), 白金 Energy場의 勢力 優勢, 玄朱 Energy場 不均衡

㉢ 現象 : 亥卯(本氣 合木 Energy場 有志), 亥申(亥未 短縮 不均衡 Energy場, 申亥 害殺 發生), 申卯 遠離 干涉 不均衡 Energy場 發生(怨嗔殺) 卯한 申勢, 白金 不及殺, 靑木 太過殺 發生

※ 申卯(未 同伴시 神妙함), 申亥(害殺로 變化. 戌 同伴시 神氣亥짐), 亥卯(未 不在시 妙亥짐), 財/女子 問題로 苦難發

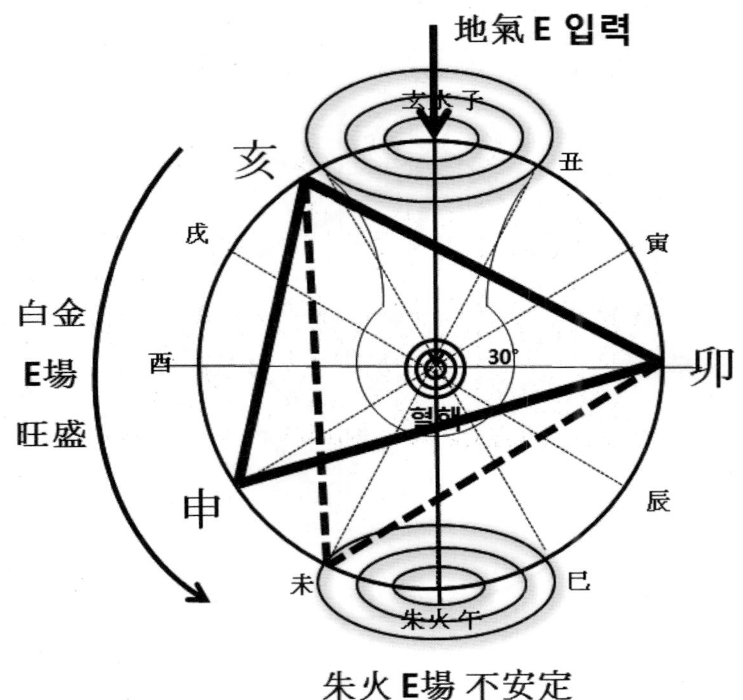

未亥 → 申亥 短縮 / 未卯 → 申卯 遠離

〈그림 3-154〉 亥卯申 不均衡 Energy場의 變形 特性

⑤ 亥寅未 不均衡 Energy場의 變形 特性(卯 Energy場이 寅 青木 陽 Energy場으로 變位된 境遇)

㉠ 玄水 Energy場의 左旋 特性이 外青木 育成 Energy場 特性으로 優先 壓到할 때 既存 ⊖木 安定 Energy場이 흔들리고 ⊕木 Energy場 및 Energy體 變位를 일으켰다.

㉡ 理由 : 青木 Energy場의 持續的 凝縮 勢力 弱化와 朱火 Energy場의 持續的 安定 凝縮 Energy場 缺如 및 不均衡, 玄水 Energy場의 左旋 勢力의 强化

㉢ 現象 : 亥卯未 三合 安定 破壞(寅亥破殺) - 短縮 不均衡殺, ⊕木 Energy場 發氣로 인한 青木 Energy體 强化(寅亥合木), 未寅 遠離殺로 인한 未安한 寅物 現象(寅間未가 弱化), 未卯亥진 卯未가 消失되고 未亥結만 쌓인다. 白金 不及殺, 青木 太過殺 發生

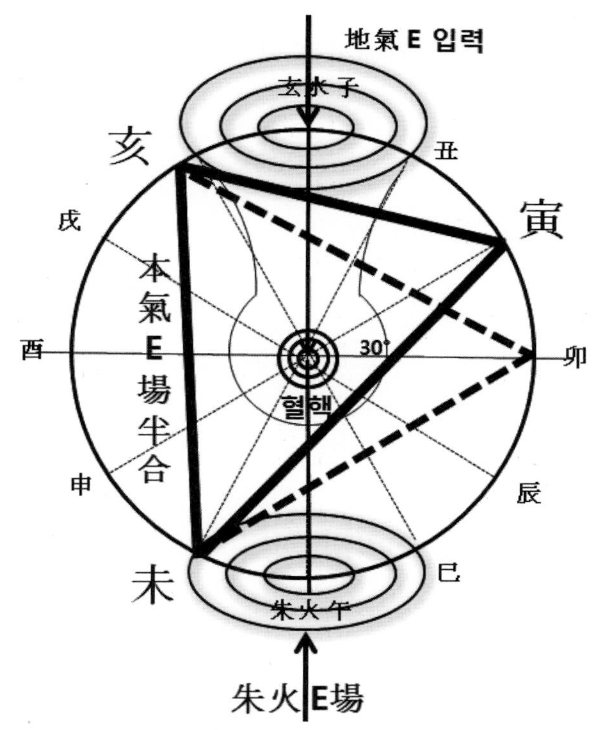

〈그림 3-155〉 亥寅未 不均衡 Energy場의 變形 特性

⑥ 亥辰未 不均衡 Energy場의 變形 特性(卯 Energy場이 辰 青木土 Energy場으로 變位된 境遇)

㉠ 外青木 ⊖Energy場의 亥卯未 均衡場이 朱火 右端 Energy場의 强力한 勢力과 凝縮 同調함으로써 安定位相을 離脫하여 位相變位를 일으킨 것이다. 朱巳火 右端 Energy場이 健實한즉 青木 Energy場이 眞實이요 子午 中心 Energy軸이나 ⊕白金 Energy場 均衡이 不緣인즉 僞이다.

㉡ 理由 : 亥卯未 安定 Energy場을 破壞시킬 수 있는 朱火 右端 巳火 Energy場 發現. ⊖青木 Energy場의 安定 有志 意志 弱化. 子午 中心軸 廻向 意志 發現, 青白 均衡 Energy體 發達

㉢ 現象 : 辰未 Energy場의 短縮 不均衡으로 事事件件 未辰한 結果. 辰亥 遠離 不均衡으로 인한 每事의 圖謀가 해어진다.

巳火나 子午申酉를 同居치 못하면 辰木土 Energy는 僞體로서 凝縮結을 形成치 못한다. 白金 不及殺, 青木 太過殺 發生

※ 辰 Energy體가 眞이 되기 위해서는 반드시 同居 Energy場이 필요하다. 子寅午申酉戌

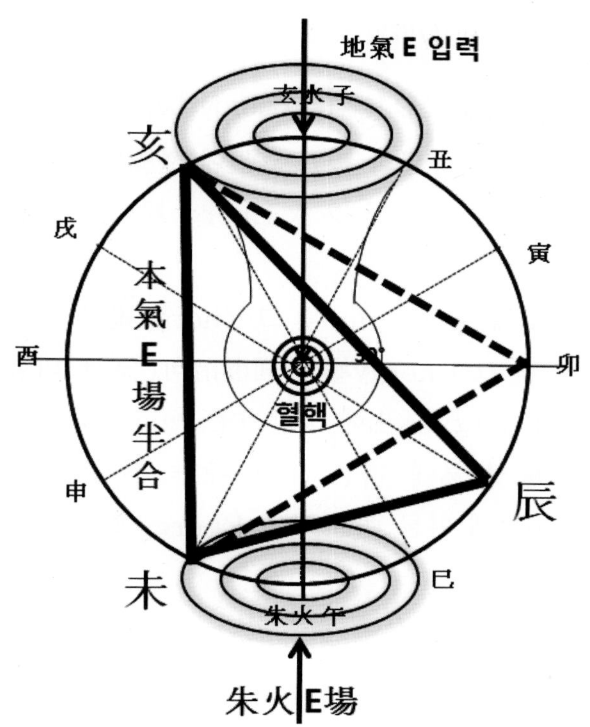

卯未 → 辰未 短縮 / 亥卯 → 亥辰 遠離

〈그림 3-156〉 亥辰未 不均衡 Energy場의 變形 特性

(4) 巳酉丑 均衡 三角 Energy場의 變形特性(青木 中心 Energy場 增幅特性)

① 午酉丑 不均衡 Energy場 變形 特性(巳 Energy場이 午 Energy場으로 變位된 境遇)

㉠ 朱午火 正案 Energy場의 勢力 擴張에 從屬되어 朱火 右端 Energy가 朱火 正官 Energy로 變形. 朱火 Energy場으로 그 特性 變易을 일으키게 된 것이다.

㉡ 理由 : 朱案 및 朝案 Energy 및 그 Energy場의 勢力 및 位相變易과 玄水 Energy 및 그 Energy場의 回復指向意志에 의함

㉢ 現象 : 午火 Energy 透出에 의한 午酉 短縮 不均衡殺 發生(桃花破殺), 巳 Energy場 變易에 따른 午丑 遠離 不均衡殺 發生(怨嗔殺), 巳 Energy場 損失에 따른 酉丑 本氣 Energy 弱化現象, 青木 不及殺, 白金 太過殺 發生.

※ 怨望어린 蓄財로 閑良같이 돈을 쓴다.

※ 靈魂을 맑게 하라.

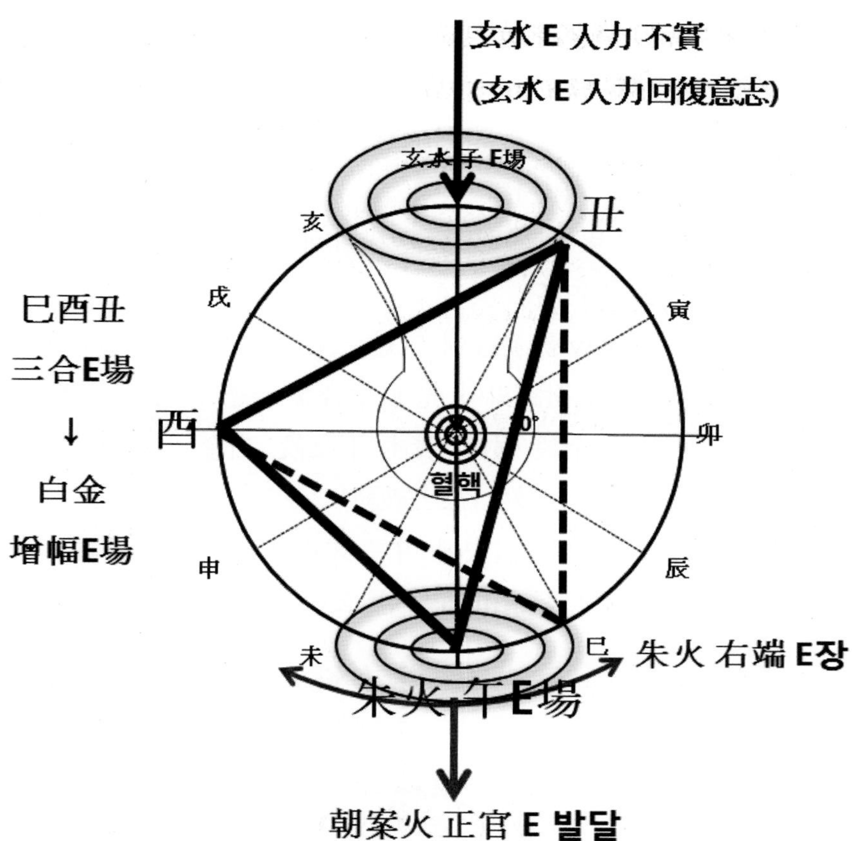

酉丑 本氣 E場

巳酉 → 午酉 短縮 / 巳丑 → 午丑 遠離

〈그림 3-157〉 午酉丑 不均衡 Energy場 變形 特性

② 辰酉丑 不均衡 Energy場 變形 特性(巳 Energy場이 辰 Energy場으로 變位된 境遇)

㉠ 青木 外郭 및 青木 辰 Energy場의 勢力 擴張에 從屬된 朱火 右端 巳火 Energy場이 青木 末端 腕部 Energy場으로 變形 青木 特性으로 그 變易을 일으키게 된 것이다.

㉡ 理由 : 朱火 朝案 및 右端 Energy場의 不實과 內外 青木 Energy場의 勢力 擴大가 主原因이다.

㉢ 現象 : 青木 Energy場 發達에 의한 三合 不均衡殺은 發生하였으나 青白 均衡 安定意志가 撥路되어 先 辰酉合金 吉德 後 辰酉 遠離 不均衡殺 發生(辰酉害殺) 燥金殺 强化, 青木 不及殺, 白金 太過殺 發生.

- 辰丑 短縮 不均衡殺 發生(辰丑破殺)
- 朱火 Energy場 離脫 損失에 따른 朱火 Energy場 不實
- 玄水 Energy場의 不調和에 의한 玄水 子 Energy場 不實

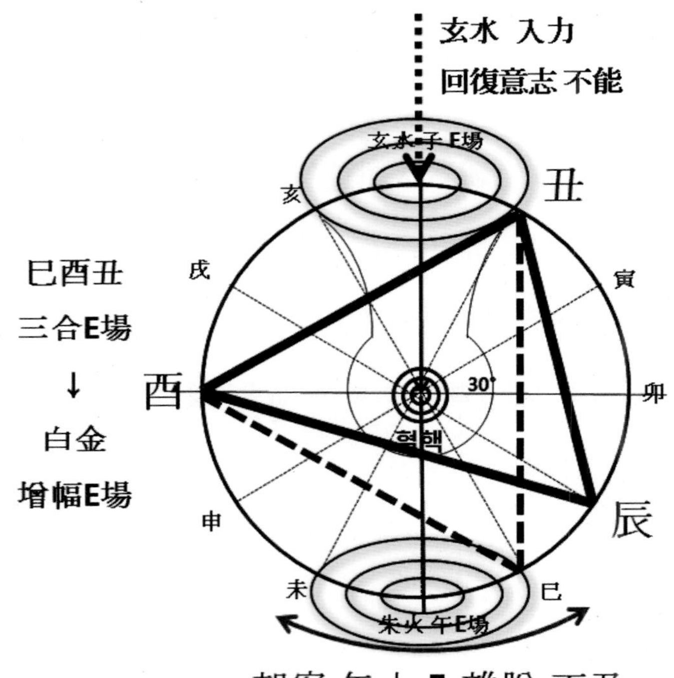

〈그림 3-158〉 辰酉丑 不均衡 Energy場 變形 特性

③ 巳酉子 不均衡 Energy場 變形 特性(丑 Energy場이 子 Energy場으로 變位된 境遇)

㉠ 玄水 入力 三合 金 立體 Energy場이 青木 Energy場의 不實과 玄水 入力 Energy場의 强旺한 勢力에 의해 丑 Energy場이 子 Energy場으로 變形된 境遇이다.

㉡ 理由 : 祖山 Energy體 및 來龍脈의 Energy場이 强健 厚富하여 青木 Energy場의 分擘 勢力을 弱化시킴으로써 丑 Energy場의 位相이 玄水 子 Energy場 位相으로 從屬 變易하였다.

㉢ 現象 : 玄 子丑 玄水局 Energy體 및 그 Energy場이 巳酉丑 三合形은 丑 因子 于先方位로 厚富한 刑象을 지니게 되는 것이 一般的인 現象인데 子 中心 Energy體 및 그 Energy場이 旺强해짐으로 인해 丑 Energy體 및 그 Energy場 部位는 相對的으로 平闊해지고 子 中 部位 Energy體 및 그 Energy場 部位는 현저히 厚富 强健하게 드러나 보인다. 子酉破殺, 子巳害殺이 發生한다. 따라서 巳酉丑이 巳酉子로 變位된 現象은 白金 肩部殺과 青木 不實 Energy場이 寅 Energy場에 그 缺陷的 因子를 內包하고 있다. 青木 不及殺, 白金 太過殺 發生

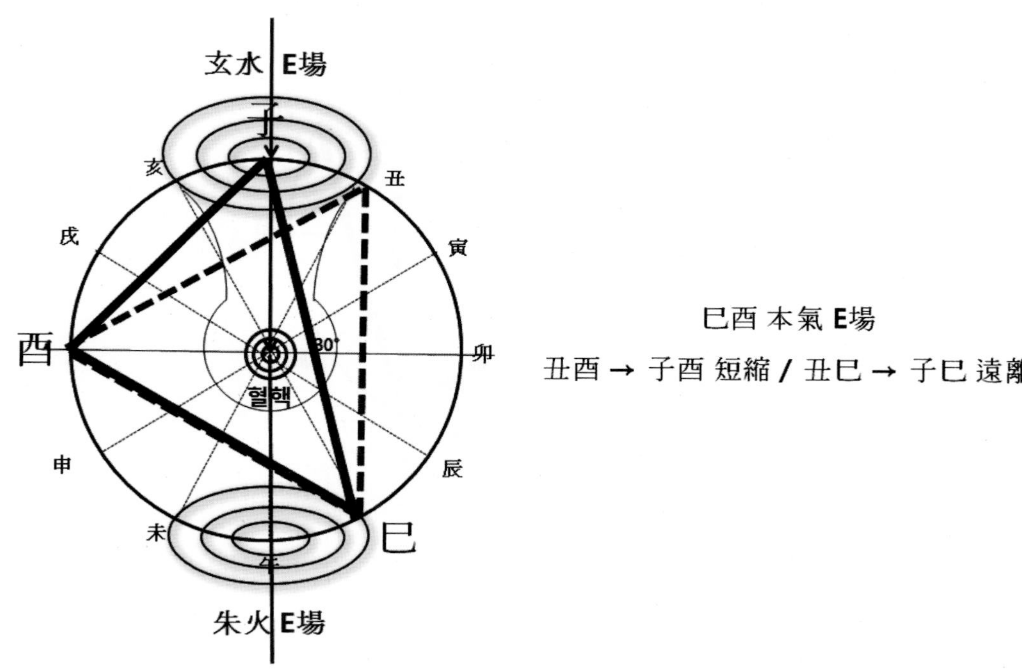

〈그림 3-159〉 巳酉子 不均衡 Energy場 變形 特性

④ 巳酉寅 不均衡 Energy場 變形 特性 (丑 Energy場이 寅 Energy場으로 變位된 境遇)

㉠ 靑木 Energy場의 勢力이 强旺하여 亥子丑 玄水局 左端 Energy體 및 그 Energy場이 靑木 勢力에 依存 從屬 進行된 境遇이다.

㉡ 理由 : 祖山 來龍脈 Energy體 및 그 Energy場의 靑木側 進行과 安定이 靑木 Energy體 및 그 Energy場 勢力에 吸收 同調되었거나 靑木 Energy場의 强旺함에 萎縮되어 丑 Energy場 發達이 遲進한 結果다.

㉢ 現象 : 入首頭腦 左端 部位가 平闊해지고 靑 寅木 Energy場 部位가 현저히 厚富强健하게 드러나 보이거나 寅木 部位에 曜星 Energy體가 發達한다. 그러나 丑 Energy場의 勢力을 弱化시키면서 强旺해진 寅木 Energy體 및 그 Energy場인 故로 善美 平安한 品格이 되지 못하고 惡濁凶醜하기 쉽다. 따라서 巳酉丑이 巳酉寅으로 變位된 穴場은 거의 大部分이 寅酉怨嗔殺과 寅巳刑殺을 同伴함이 常例이다.

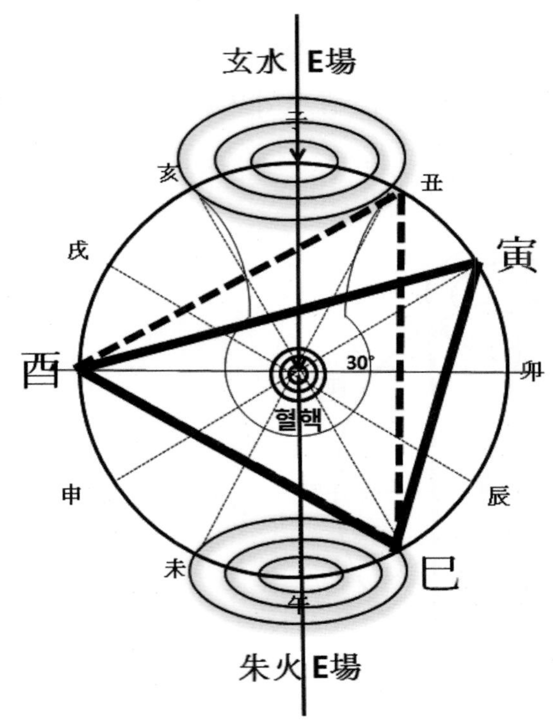

〈그림 3-160〉 巳酉寅 不均衡 Energy場 變形 特性

⑤ 巳申丑 不均衡 Energy場 變形 特性(酉 Energy場이 申 Energy場으로 變位된 境遇)

㉠ 巳酉丑 △合位 均衡 安定(白金 Energy場 旺盛) Energy場이 白旺 勢力 不安定이 發生하여 白金 腕部 勢力 太强으로 變位된 結果가 申金 Energy場으로 나타나게 된 것이다. 따라서 비록 白旺 勢力의 安定이라 할지라도 靑木이 不均한 白金 旺勢는 變形되기 쉽게 마련이다(逆成 原理).

㉡ 理由 : 巳酉丑의 白金 旺勢는 根本的으로 靑木 旺勢를 根源하여야 함에도 불구하고 持續的 白 旺勢를 有志한다는 것은 絶對로 不可能하다. 때문에 어떤 形態로든 그 安定을 圖謀하려하나 靑木 不均 狀態에서는 어떤 變位로도 不安定을 야기한다.

㉢ 現象 : 巳申 短縮 不均衡에 따른 刑破殺 發生. 申丑 原理 不均衡에 의한 害殺 發生. 本氣 巳丑合金 Energy場의 弱化 現象, 靑木 Energy場 不及으로 인한 白金 太過殺, 靑木 不及殺 發生

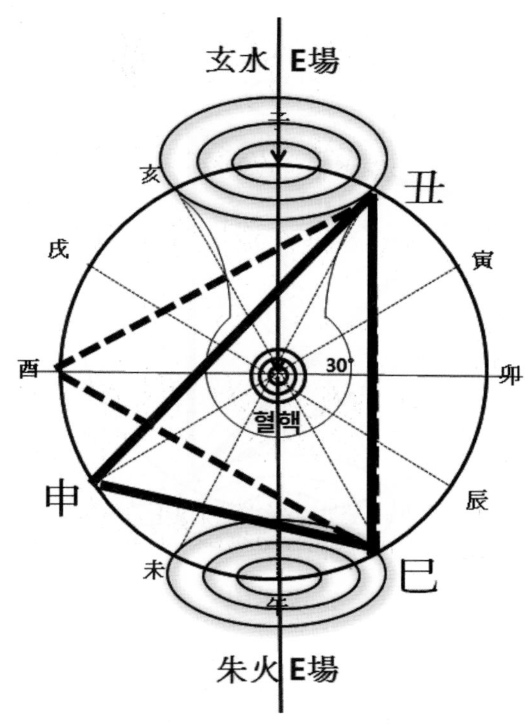

巳丑 本氣 E場

巳酉 → 巳申 短縮 / 丑酉 → 丑申 遠離

〈그림 3-161〉 巳申丑 不均衡 Energy場 變形 特性

⑥ 巳戌丑 不均衡 Energy場 變形 特性(酉 Energy場이 戌 Energy場으로 變位된 境遇)

㉠ 巳酉丑 △合位 均衡 安定 Energy場이 白金 肩部 短縮 Energy場 强勢에 의해 戌 Energy場으로 變位되었다. 白金 太强의 根本 安定이 持續的일 수 없는 까닭이다. 따라서 申 Energy場이나 戌 Energy場으로 變位를 일으킨다 해도 역시 不安定 狀態인 것은 마찬가지이다.

㉡ 理由 : 穴場 肩部 外郭 白金 勢力의 旺盛에 따라 青木 勢力 均衡 安定 Energy場을 得하지 못한 關係로 巳酉丑 安定이 흔들렸다.

㉢ 現象 : 本氣 巳丑 Energy場의 弱化, 巳戌 遠離 Energy場의 怨嗔殺(巳怨戌嗔), 丑戌 短縮 Energy場의 刑破殺(丑刑戌破), 青木 Energy場 不及으로 因한 白金 太過殺, 青木 不及殺 發生

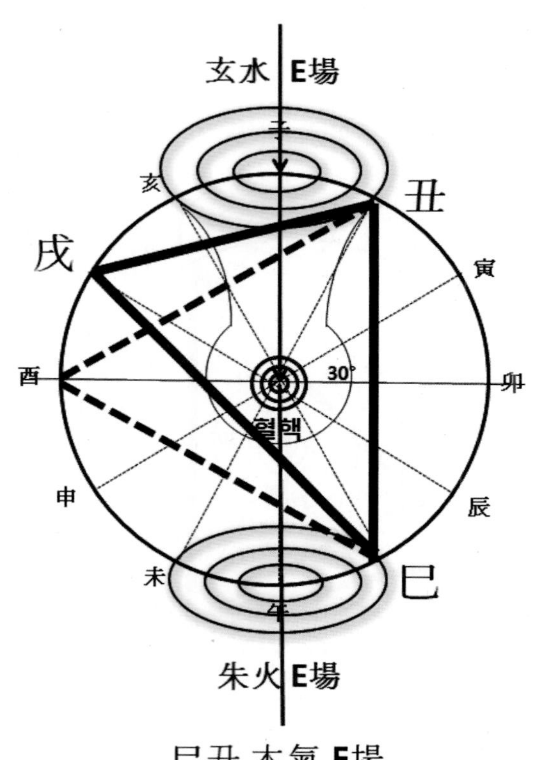

〈그림 3-162〉 巳戌丑 不均衡 Energy場 變形 特性

6. 刑沖에 의한 三角構造 Energy場 特性(自沖)

1) 二等邊 三角形의 칼끝 Energy場 特性

- 穴場 主 特性이 立體形이거나 特異하다. 非安定的

(1) 꼭짓점이 子寅辰午申戌인 Energy場 特性

① 子 꼭짓점 Energy場 : 知慧, 意志力이 强하다. 靈이 맑다. 主靈
主 特性 : 子 玄水, 副 特性 : 巳午未

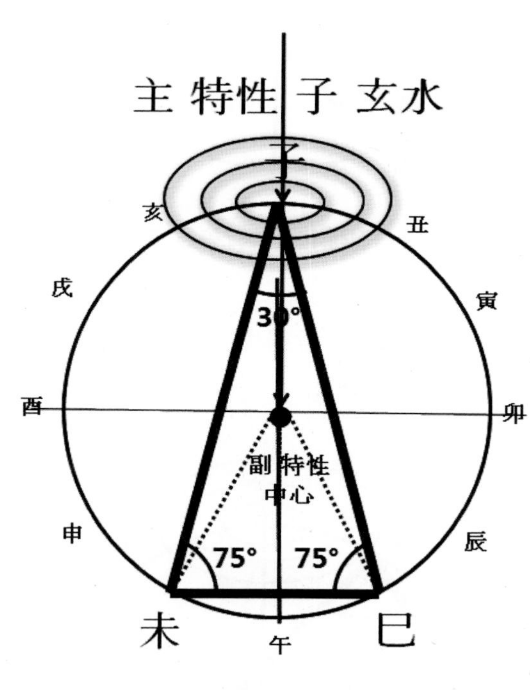

〈그림 3-163〉 子 꼭짓점 子巳未 二等邊 三角形 Energy場

② 寅 꼭짓점 Energy場 : 리더십, 權威的(虛勢)

主 特性 : 寅, 副 特性 : 未申酉

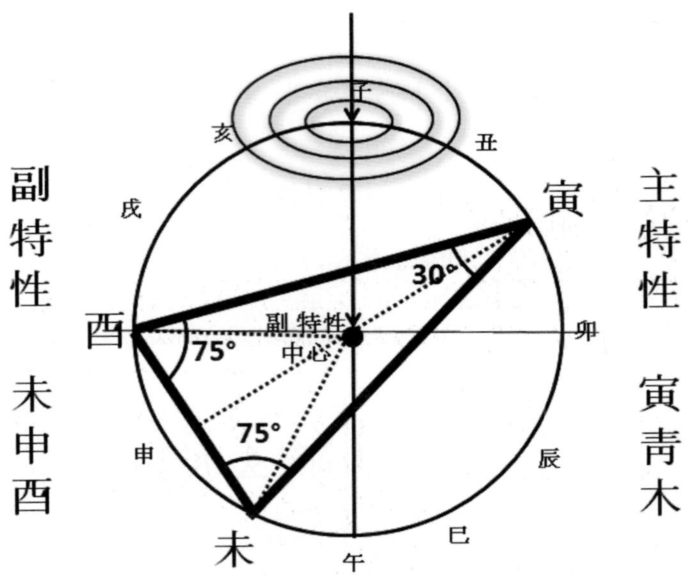

〈그림 3-164〉 寅 꼭짓점 寅酉未 二等邊 三角形 Energy場

③ 辰 꼭짓점 Energy場 : 言辯, 說得力, 社交, 組織力, 寸鐵殺人, 毒舌家

主 特性 : 辰, 副 特性 : 酉戌亥

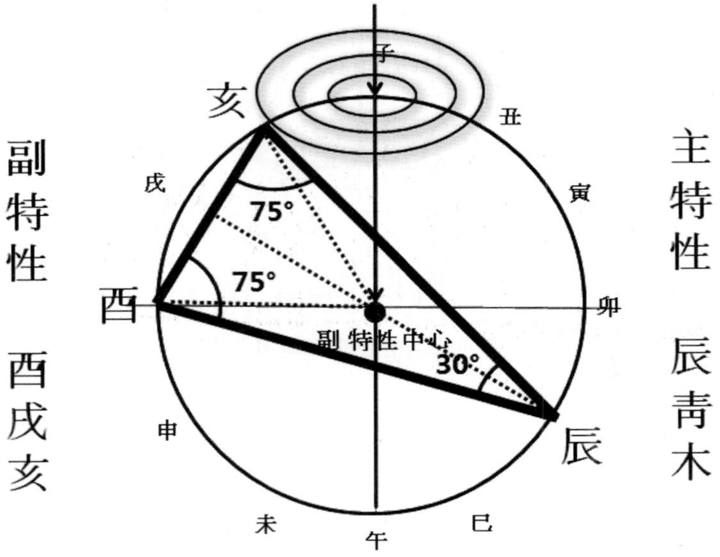

〈그림 3-165〉 辰 꼭짓점 辰酉亥 二等邊 三角形 Energy場

④ 午 꼭짓점 Energy場 : 富 蓄積, 社會運, 客靈
主 特性 : 午, 副 特性 : 亥子丑

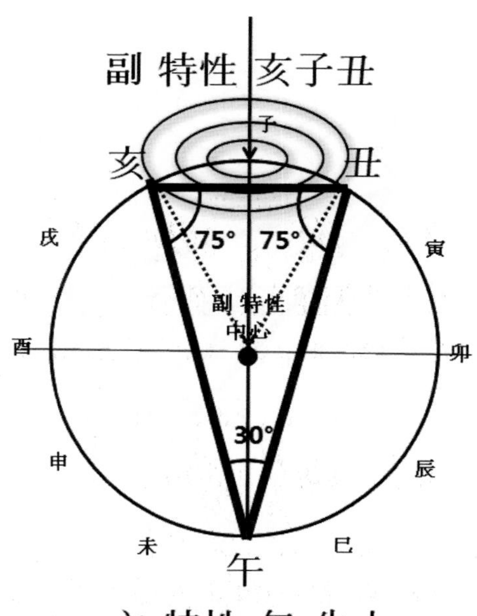

〈그림 3-166〉 午 꼭짓점 午亥丑 二等邊 三角形 Energy場

⑤ 申 꼭짓점 Energy場 : 宗教, 哲學, 判斷力, 思考力
主 特性 : 申, 副 特性 : 丑寅卯

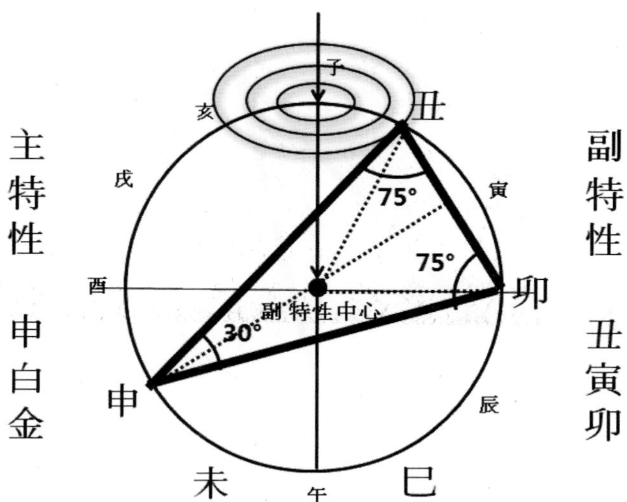

〈그림 3-167〉 申 꼭짓점 申卯丑 二等邊 三角形 Energy場

⑥ 戌 꼭짓점 Energy場 : 企劃力, 洞察力

主 特性 : 戌, 副 特性 : 卯辰巳

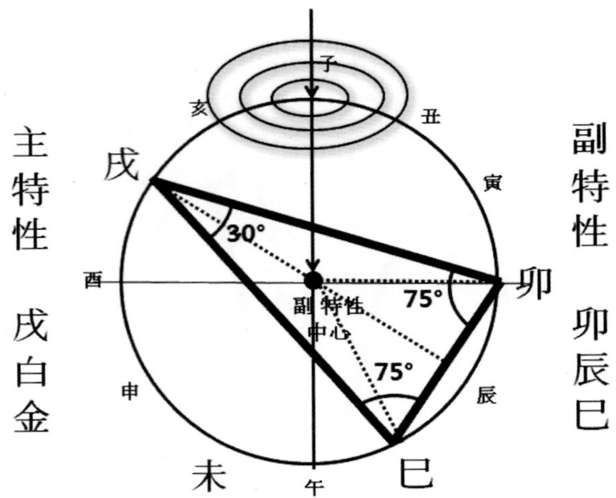

〈그림 3-168〉 戌 꼭짓점 戌巳卯 二等邊 三角形 Energy場

(2) 꼭짓점이 丑亥酉未巳卯인 Energy場 特性

① 丑 꼭짓점 Energy場 : 늪, 웅덩이, 停滯性, 疾病, 短命

主 特性 : 丑, 副 特性 : 午未申

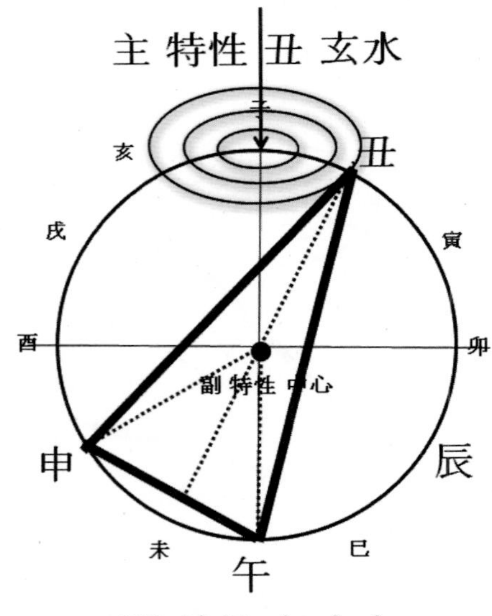

〈그림 3-169〉 丑 꼭짓점 丑午申 二等邊 三角形 Energy場

② 亥 꼭짓점 Energy場 : 命, 健康, 體育人, 人物(美男, 俊秀形)
主 特性 : 亥, 副 特性 : 辰巳午

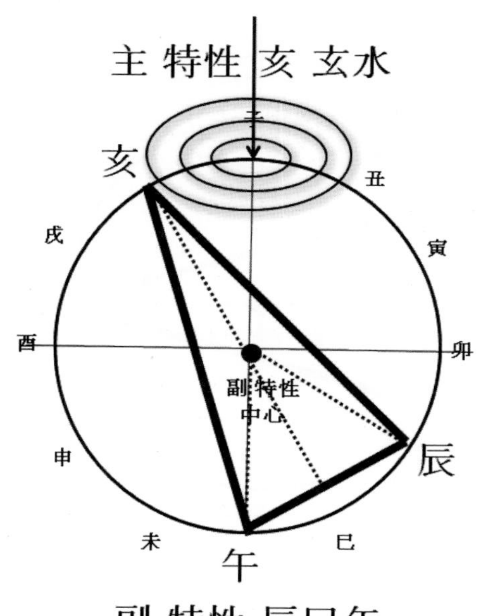

〈그림 3-170〉 亥 꼭짓점 亥午辰 二等邊 三角形 Energy場

③ 酉 꼭짓점 Energy場 : 肅殺之氣, 軍警檢, 輕金屬商
主 特性 : 酉, 副 特性 : 寅卯辰

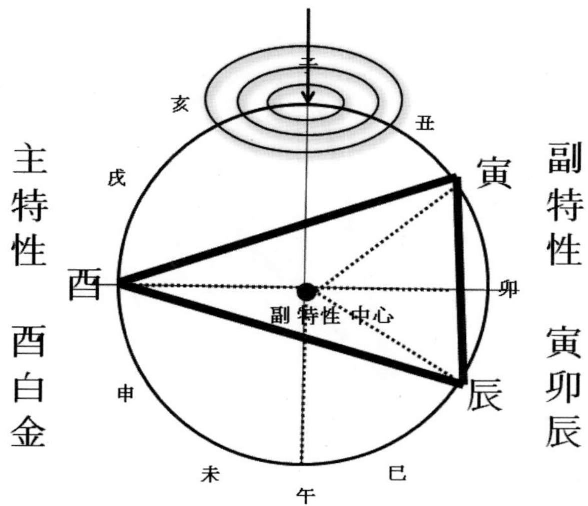

〈그림 3-171〉 酉 꼭짓점 酉寅辰 二等邊 三角形 Energy場

④ 卯 꼭짓점 Energy場 : 桃草相, 女色, 男色, 色難, 色雜, 損財, 人氣
主 特性 : 卯, 副 特性 : 申酉戌

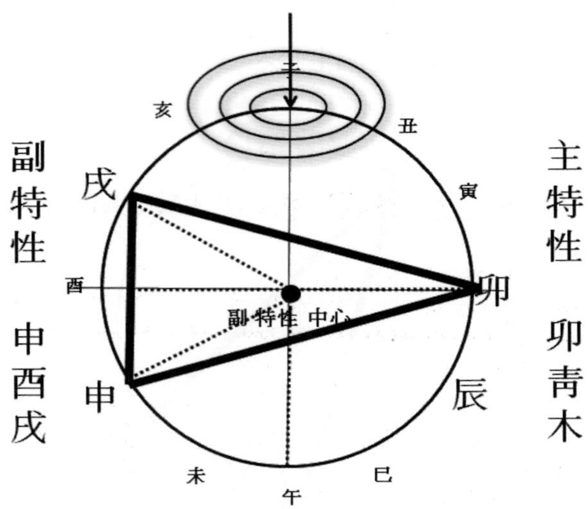

〈그림 3-172〉 卯 꼭짓점 卯申戌 二等邊 三角形 Energy場

⑤ 未 꼭짓점 Energy場 : 外交力, 社交力, 人氣, 貿易, 海外活動
主 特性 : 未, 副 特性 : 子丑寅

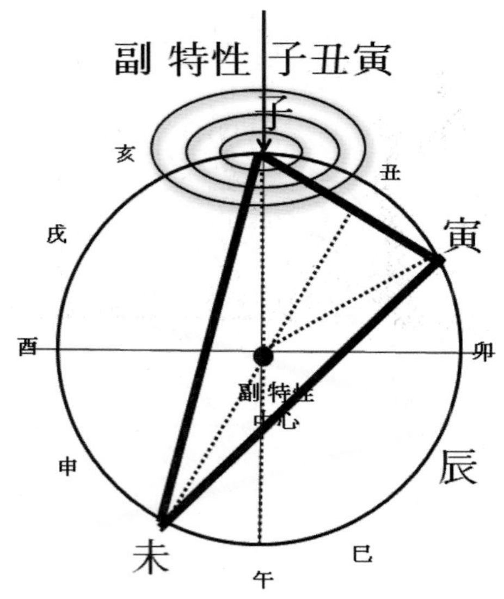

〈그림 3-173〉 未 꼭짓점 未子寅 二等邊 三角形 Energy場

⑥ 巳 꼭짓점 Energy場 : 學問, 華麗, 奢侈, 誇示形, 폼생폼사

主 特性 : 申, 副 特性 : 戌亥子

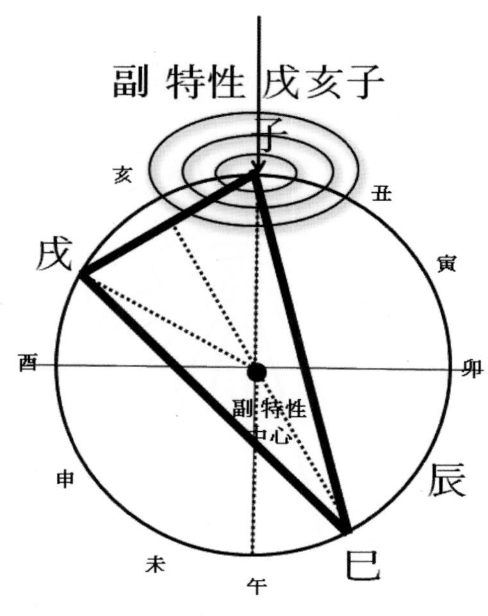

〈그림 3-174〉 巳 꼭짓점 巳子戌 二等邊 三角形 Energy場

2) 銳三角 構造(θ=∠15° 變位角 構造)의 Energy場 特性分析

- 三角構造 Energy場 形態의 刑沖破害怨嗔 干涉殺

※ 年月日時別 穴 Energy場 및 祖上 Energy 同調場의 特性 發顯이 刑沖破害怨嗔殺로 子孫에게 不安定的으로 發應 現象化할 境遇 大體的으로 特殊性情이나 非正常的 體質構造形態가 되기 쉽다. 이때의 Energy場 構造圖를 그려보면 거의 大部分이 銳角(θ=∠15°)을 띤 Energy場 形態의 틀을 나타내게 된다.

(1) 子 Energy場의 銳角構造 特性

玄水 正中 Energy 入力場으로서 正突한 玄水 入力 Energy場에 의한 直進特性의 入穴脈 穴場形成意志가 그 根本이었으나 周邊 四神砂 Energy場의 刑沖破害干涉殺에 起因한 Energy場構造들이 銳角으로 形成된 境遇이다.

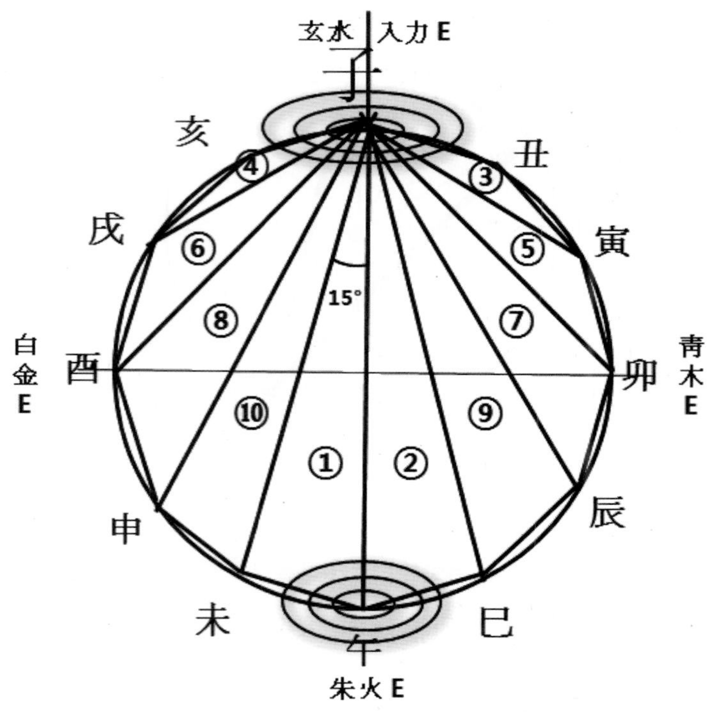

〈그림 3-175〉 子 Energy場의 銳角構造 特性

① 子未午 銳角 Energy場 構造特性

㉠ 子午 中心 Energy 確保 : 吉

㉡ 午未合化土 Energy場 有志 : 小吉

㉢ 子未怨害殺 發動 : 凶格

② 子巳午 銳角 Energy場 構造特性

㉠ 子午 中心 E 確保 : 吉

㉡ 午巳 局同調 Energy場 有志 : 半吉半凶

㉢ 子巳怨害殺 發動 : 凶格

③ 子丑寅 銳角 Energy場 構造特性 : 白金 不實時 大凶(喪妻運)

㉠ 子寅 陽 Energy場 合居 : 玄水 靑木 同調 小吉

㉡ 子丑 玄水 局同調 Energy場 : 玄水 靑木 Energy 確保이나 入首偏重

㉢ 丑寅 陰陽 同調 干涉 Energy場 : 丑寅 獨居 不吉. 子丑 合居 吉

④ 子亥戌 銳角 Energy場 構造特性 : 喪夫殺

㉠ 子亥 玄水 局同調 合居 Energy場 : 吉 太强 水凶

㉡ 子戌 陽 Energy場 合居 : 吉 玄白 同調

㉢ 亥戌 玄水 白金 Energy 因緣 確保 : 吉

⑤ 子寅卯 銳角 Energy場 構造特性

㉠ 子寅 陽 Energy場 合居 : 玄靑 同調 吉

㉡ 子卯刑殺 Energy場 : 子刑卯破 凶

㉢ 寅卯 局同調 Energy場 : 靑木 太强 半吉半凶

⑥ 子戌酉 銳角 Energy場 構造特性

㉠ 子戌 陽 Energy場 合居 : 玄白 同調 吉

㉡ 子酉破殺 Energy場 : 子刑酉破 凶

㉢ 酉戌怨害 Energy場 : 酉金 局同調로 半吉半凶

⑦ 子卯辰 銳角 Energy場 構造特性

㉠ 子卯刑破 Energy場 : 子刑卯破 凶

㉡ 子辰 二合 Energy場 : 合居 吉

㉢ 卯辰怨害 Energy場 : 局同調 半吉半凶

⑧ 子酉申 銳角 Energy場 構造特性

㉠ 子酉刑破 Energy場 : 子刑酉破 凶

㉡ 子申 二合 Energy場 : 合居 吉

㉢ 申酉 局同調 Energy場 : 肅殺之氣 凶

⑨ 子辰巳 銳角 Energy場 構造特性

㉠ 子辰 二合 Energy場 : 合居 吉

㉡ 子巳怨害殺 Energy場 : 凶

㉢ 辰巳 靑朱 同調 Energy場 : 吉

⑩ 子未申 銳角 Energy場 構造特性

㉠ 子申 二合 Energy場 : 合居 吉

㉡ 子未怨害殺 Energy場 : 凶

㉢ 未申 白朱 同調 Energy場 : 吉

(2) 丑 Energy場의 銳角構造 特性

玄水 入力 Energy場이 靑木 肩部側으로 偏斜하여 形成된 干涉構造의 틀로서 銳角을 이룬 境遇이다. 入首形態와 入穴脈의 進入이 偏斜하였으므로 早失父母커나 喪妻 喪夫의 業障이다.

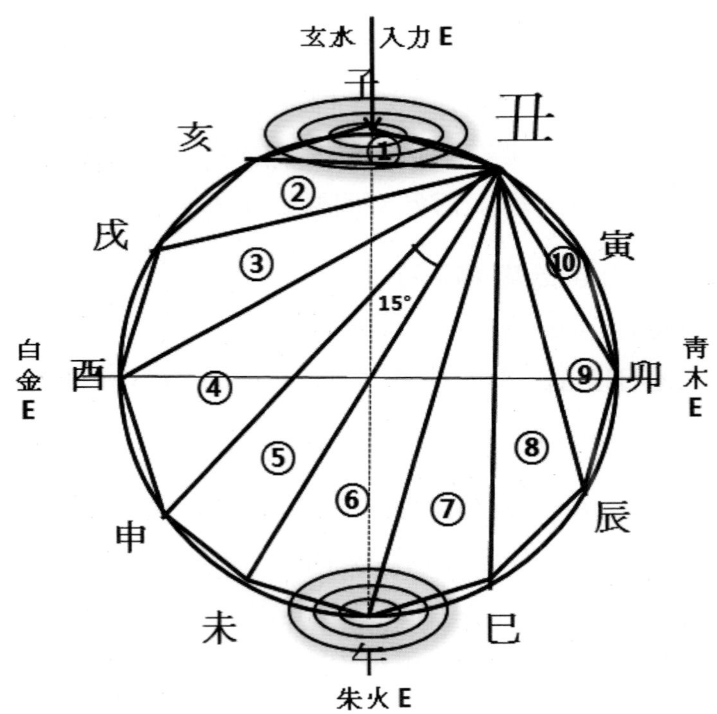

〈그림 3-176〉 丑 Energy場의 銳角構造 特性

① 丑子亥 銳角 Energy場 構造特性 : 玄水 太過로 朱火 不及病 發生

㉠ 丑子 Energy場 : 玄水 入力 E 合居로 丑 休 Energy가 補完 安定되었다.

㉡ 亥子 Energy場 : 玄水 入力 Energy處 同宮水가 되어 太過 太强水가 되었다.

㉢ 丑亥 玄水 Energy場 : 玄水 Energy場의 分裂로서 精神的 分裂 乖離가 發生된다.

② 丑亥戌 銳角 Energy場 構造特性 : 玄水 入力 Energy 分離 白局 Energy場 太强

㉠ 丑亥 Energy場 : 玄水 入力 Energy 分裂로 情緖不安 精神乖離 現象

㉡ 丑戌 Energy場 : 靑木 Energy 不及 現況에서 白金 戌土는 逆性으로 刑殺 作用

㉢ 亥戌 Energy場 : 靑木 不在現象에서 亥戌 白金 Energy場 發生 故로 白虎殺

③ 丑戌酉 銳角 Energy場 構造特性 : 偏側 玄水 Energy場 靑木 不及 白金 太過 Energy場

㉠ 丑戌 Energy場 : 靑木 不及 現象 中 白金 戌土 逆性 Energy場 丑戌 刑殺

㉡ 丑酉 Energy場 : 丑酉 二合 Energy場 發生으로 白⊖金 太强 靑⊖木 不及 現象으로 肝膽 不實

㉢ 酉戌 Energy場 : 白肩 白肘 合居 Energy場 靑木 不及 故 白金 逆性

④ 丑酉申 銳角 Energy場 構造特性 : 偏側 玄水 白金 太强 故 白虎 逆性

㉠ 丑酉 Energy場 : 申金 同伴 酉丑 二合居로 白金 太過 즉 不及

㉡ 丑申 Energy場 : 酉丑 同伴 申金 Energy場 고로 白金 太過 逆性

㉢ 酉申 Energy場 : 酉丑 同伴 申酉 Energy場 同宮 故로 白金 太過 靑木 不及

⑤ 丑申未 銳角 Energy場 構造特性 : 白金 安定 勢力이나 靑木 不及 不安

㉠ 丑申 Energy場 : 申未 合居 Energy場 同伴 故 白金 安定

㉡ 丑未 Energy場 : 偏側 玄水 未申 合居 丑未 對峙

㉢ 未申 Energy場 : 朱 左端 反 Energy 凝縮 申金 安定이나 青木 不及 不安

⑥ 丑未午 銳角 Energy場 構造特性 : 偏側 玄水 Energy場 朱火 偏側 反 Energy

㉠ 丑未 Energy場 : 丑未 對稱 Energy場 脾胃 實病 玄水病

㉡ 丑午 Energy場 : 朱午火 反 Energy 偏斜로 丑午 怨害殺

㉢ 午未 Energy場 : 朱午 正突 反 Energy場에 의한 從屬 未朱 左端 Energy 合居이나 水不及

⑦ 丑午巳 銳角 Energy場 構造特性 : 朱正午와 朱右端 巳火 合居로 玄水 不及

㉠ 丑午 Energy場 : 巳丑 同伴 午未 Energy場으로 青木 不及

㉡ 丑巳 Energy場 : 巳午 同宮 Energy場 加 巳丑 白金 合居로 玄水 青木 不及

㉢ 巳午 Energy場 : 正朱午火와 朱右端 朱巳 Energy 同居로 玄水 不及

⑧ 丑辰巳 銳角 Energy場 構造特性 : 玄水 偏斜, 辰巳 合居, 辰丑 破殺

㉠ 丑辰 Energy場 : 辰巳 合居 巳丑 二合 同伴 故 辰酉 同居 玄水 偏 즉 辰丑 破

㉡ 丑巳 Energy場 : 巳(酉)丑 二合居이나 辰酉合金으로 青木 不安 玄水 不安

㉢ 辰巳 Energy場 : 辰巳 合居 青木 安定 후 辰酉合金 → 青木 不安

⑨ 丑辰卯 銳角 Energy場 構造特性 : 青木 太過 白金 不及

㉠ 丑辰 Energy場 : 辰丑破殺

㉡ 丑卯 Energy場 : 玄水 入力 偏入 故로 青⊖木 Energy 不安定

㉢ 辰卯 Energy場 : 青木 Energy 太過로 白金 不及 辰卯 葛藤

⑩ 丑寅卯 銳角 Energy場 構造特性 : 偏 玄水 Energy 入力 故 入力 Energy 虛耗

㉠ 丑寅 Energy場 : 青木 Energy 供給 후 白金 Energy 供給 不實

㉡ 丑卯 Energy場 : 青⊖木 Energy 供給으로 白⊖金 Energy 不實

㉢ 寅卯 Energy場 : 青木 Energy 入力 不實로 寅卯 葛藤 白金 不實

(3) 寅 Energy場의 銳角構造 特性

寅 陽 青木 Energy場과의 年月日時別 人事宮間 關係作用이 相互 刑沖을 일으킬 때 發生하는 境遇의 Energy場 構造體 形態로서 大體的으로 寅 ⊕木 銳敏特性으로 나타난다.

比較的 權威的相이며 매우 虛勢的 特性을 지닌다. ⊕木 實病이 되기 쉽고 膽病을 操心해야 한다.

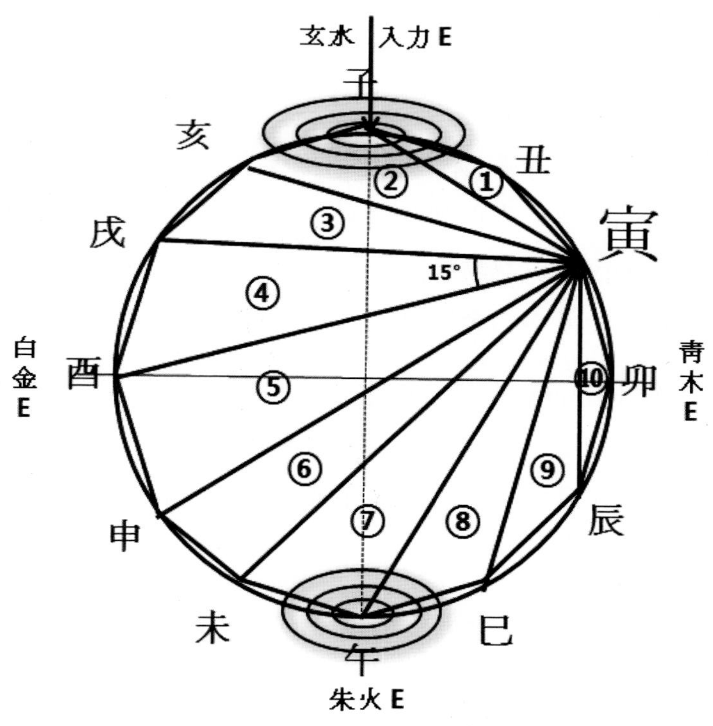

〈그림 3-177〉 寅 Energy場의 銳角構造 特性

① 寅丑子 銳角 Energy場 構造特性

㉠ 寅丑 Energy場 : 偏 玄水 入力으로 青木 Energy 微弱

㉡ 寅子 Energy場 : 玄水 Energy 同調 合居로 朱白 不利

㉢ 子丑 Energy場 : 玄水 局 同調, 朱火 不利

② 寅子亥 銳角 Energy場 構造特性

㉠ 寅子 Energy場 : 玄水 Energy의 入力形態로 寅木 健實함이 朱白 Energy 不及 現象을 가져왔다.

㉡ 寅亥 Energy場 : 先凶後吉로서 初年 因緣시 大海水에 滅하나 後吉하다.

㉢ 子亥 Energy場 : 玄水의 太强으로 執着病

③ 寅亥戌 銳角 Energy場 構造特性

㉠ 寅亥 Energy場 : 先凶後吉로서 初年 因緣시 大海水에 滅하나 後吉하다.

㉡ 寅戌 Energy場 : 寅午戌의 二合 Energy場, 玄水 Energy場 不及

㉢ 戌亥 Energy場 : 白金 肩部 Energy場 强旺으로 青木 腕部 Energy場 不實

④ 寅戌酉 銳角 Energy場 構造特性

㉠ 寅戌 Energy場 : 朱火 健實하나 玄水 Energy場 不及

㉡ 寅酉 Energy場 : 怨嗔殺, 青白 葛藤

㉢ 酉戌 Energy場 : 白金 太過로 青木 困窮

⑤ 寅酉申 銳角 Energy場 構造特性

㉠ 寅酉 Energy場 : 怨嗔殺, 青白 葛藤

㉡ 寅申 Energy場 : 青白對稱이나 不合居時 對峙

㉢ 申酉 Energy場 : 白金 太强, 寅木 不利

⑥ 寅申未 銳角 Energy場 構造特性

㉠ 寅申 Energy場 : 青白對稱이나 不合居時 對峙

㉡ 寅未 Energy場 : 不合居시 非美人, 非人間美, 脾胃病

㉢ 未申 Energy場 : 朱火 同調로 申强 寅弱 ⊕木病 操心, 玄水 不利

⑦ 寅未午 銳角 Energy場 構造特性

㉠ 寅未 Energy場 : 不合居시 非美人, 非人間美, 脾胃病

ⓛ 寅午 Energy場 : 寅午戌 二合居, 玄水 不及病

ⓒ 午未 Energy場 : 合居로 朱火 左端 强旺, 玄水 不實

⑧ 寅午巳 銳角 Energy場 構造特性

㉠ 寅午 Energy場 : 寅午戌 二合居, 玄水 不及病

ⓛ 寅巳 Energy場 : 刑害殺 巳剋寅 寅木滅, 靑 不利

ⓒ 巳午 Energy場 : 朱火 局 同調 Energy場 太强, 玄水 不利

⑨ 寅巳辰 銳角 Energy場 構造特性

㉠ 寅巳 Energy場 : 刑害殺 巳剋寅 寅木滅

ⓛ 寅辰 Energy場 : 靑木 太强, 白金 不及

ⓒ 辰巳 Energy場 : 朱靑同調로 玄白 不利

⑩ 寅辰卯 銳角 Energy場 構造特性

㉠ 寅辰 Energy場 : 靑木 太强, 白金 不及, 申戌 不利

ⓛ 寅卯 Energy場 : 靑 局 同調場 太强, 白金 不及, 申戌 不利

ⓒ 卯辰 Energy場 : 靑木 强旺, 白金 不利, 酉戌 不利

(4) 卯 Energy場의 銳角構造 特性

靑㊀木 Energy場으로 構成된 年月日時別 當該 刑沖殺에 의한 銳角 Energy 場 構造體로서 卯 ㊀木의 氣質的 特性인 人氣 花草形의 華麗함의 極이다. 반면 花無十日紅의 變化性이 銳敏하고 穴場 ㊀卯木部位의 構造形態가 不美 不善 不良 하다.

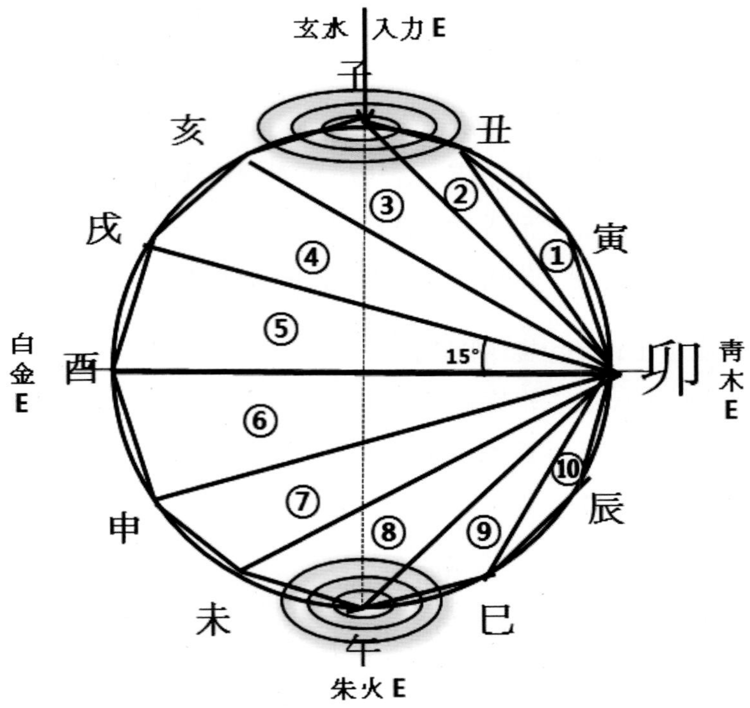

〈그림 3-178〉 卯 Energy場의 銳角構造 特性

① 卯寅丑 銳角 Energy場 構造特性

㉠ 卯寅 Energy場 : ⊖⊕木의 合居로 安定的인 듯 하나 子 入力 不實로 木氣 太過

㉡ 卯丑 Energy場 : 偏玄水 Energy 入力으로 ⊖木 Energy 低減

㉢ 寅丑 Energy場 : 역시 偏玄水 Energy로 ⊕木 Energy 不實

② 卯丑子 銳角 Energy場 構造特性

㉠ 卯丑 Energy場 : 偏玄水 Energy 入力으로 ⊖木 Energy 低減

㉡ 卯子 Energy場 : 寅丑의 過程을 省略한 Energy場인고로 Energy 傳達構造가 不實하다.

㉢ 子丑 Energy場 : 玄水 入力 入首頭腦 Energy場으로서 青木 Energy 供給 不實과 朱火間 不均衡

③ 卯子亥 銳角 Energy場 構造特性

㉠ 卯子 Energy場 : ∠90°의 刑破角으로 위와 同一

㉡ 卯亥 Energy場 : ⊖⊕秩序가 安定的이고 合居하나 白金 末端 Energy場이 不實하다.

㉢ 子亥 Energy場 : 玄水 Energy場 太强으로 朱火 Energy場 不及

④ 卯亥戌 銳角 Energy場 構造特性

㉠ 卯亥 Energy場 : 위와 同一

㉡ 卯戌 Energy場 : ⊖⊕合居로 比較的 安定的이나 玄朱 左端 Energy場이 空虛하다.

㉢ 亥戌 Energy場 : 戌戌 亥決되는 듯 하나 靑肩 朱火 不實

⑤ 卯戌酉 銳角 Energy場 構造特性

㉠ 卯戌 Energy場 : 卯한 戌數로 成就는 빠르나

㉡ 卯酉 Energy場 : 卯하고 酉利한 것만 찾으니 放逸하다.

㉢ 戌酉 Energy場 : 酉利한 戌手만 있으니 藝術的이나 不均衡

⑥ 卯酉申 銳角 Energy場 構造特性

㉠ 卯酉 Energy場 : 酉쪽 닭과 東쪽 토끼를 동시에 좇는다.

㉡ 卯申 Energy場 : 白⊕金 도끼가 들렸으니 卯花가 죽는다.

㉢ 酉申 Energy場 : 白金 太過로 肅殺之氣, 靑木 不及. 先 白金病 後 靑木病

⑦ 卯申未 銳角 Energy場 構造特性

㉠ 卯申 Energy場 : 위와 同一

㉡ 卯未 Energy場 : 卯未 合居나 玄白 不及으로 未卯한 人格

㉢ 申未 Energy場 : 申明난 未來를 열어가나 玄靑 不及으로 未申으로 머문다.

⑧ 卯未午 銳角 Energy場 構造特性

㉠ 卯未 Energy場 : 위와 同一

㉡ 卯午 Energy場 : ⊖靑木의 燒失로 玄靑白 共히 不及

㉢ 未午 Energy場 : 午寐不忘 未練을 두니 玄肩이 精神줄을 놓친다.

⑨ 卯午巳 銳角 Energy場 構造特性

㉠ 卯午 Energy場 : 午卯破殺로 午刑卯破이다. 玄白青 共히 不及

㉡ 卯巳 Energy場 : 卯한 巳物을 그리니 客事가 如一한 듯하나 玄白이 不及하다.

㉢ 午巳 Energy場 : 午는 巳物이 모두 내 것인 듯 慾望이 끝이 없다. 玄水不及이 病이다.

⑩ 卯辰巳 銳角 Energy場 構造特性

㉠ 卯辰 Energy場 : 青木 太過로 白金 不利

㉡ 卯巳 Energy場 : 위와 同一

㉢ 辰巳 Energy場 : 辰巳가 나니 少年登科하나 玄白 不及이 病이로다.

(5) 辰 Energy場의 銳角構造 特性

青木 腕部(左端) 中心의 Energy場이 年月日時別 刑沖干涉에 의해 變形된 銳角構造의 Energy場들이다. 比較的 銳角點인 辰木 特性이 太强하기 쉽고 青木實病 現象이 아니면 相對 Energy場 不及이 發生한다.

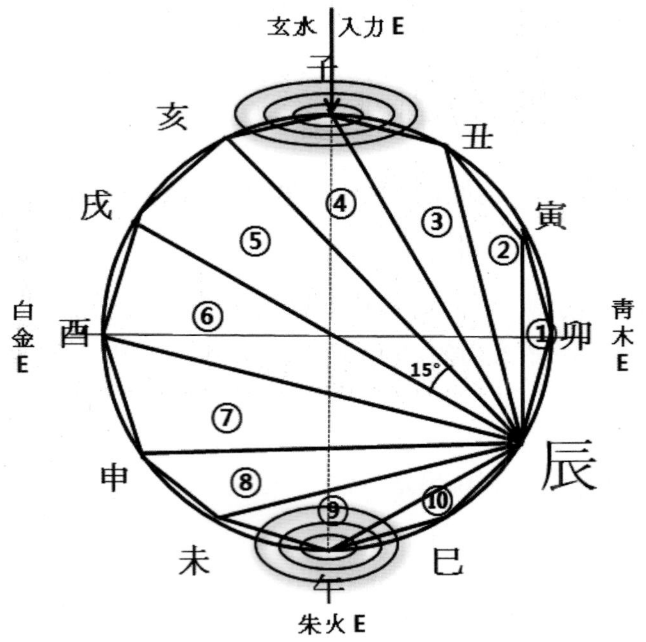

〈그림 3-179〉 辰 Energy場의 銳角構造 特性

① 辰卯寅 銳角 Energy場 構造特性

㉠ 辰卯 Energy場 : 靑木 太過로 害殺, 酉戌 不及

㉡ 辰寅 Energy場 : 역시 靑木은 安定이나 戌申 不及

㉢ 寅卯 Energy場 : 靑木 太過, 申酉 不及

② 辰寅丑 銳角 Energy場 構造特性

㉠ 辰寅 Energy場 : 위와 同一

㉡ 辰丑 Energy場 : 戌未 E 不及, 辰丑破殺

㉢ 寅丑 Energy場 : 玄水 左傾, 申未 不及

③ 辰丑子 銳角 Energy場 構造特性

㉠ 辰丑 Energy場 : 위와 同一

㉡ 辰子 Energy場 : 玄靑 同調이나 午戌 不及

㉢ 丑子 Energy場 : 玄水 左偏 强, 午未 不及

④ 辰子亥 銳角 Energy場 構造特性

㉠ 辰子 Energy場 : 위와 同一

㉡ 辰亥 Energy場 : 巳戌 不及, 辰亥怨嗔

㉢ 子亥 Energy場 : 右偏 强, 午巳 不及

⑤ 辰亥戌 銳角 Energy場 構造特性

㉠ 辰亥 Energy場 : 위와 同一

㉡ 辰戌 Energy場 : 對稱 均等이나 丑未 不及

㉢ 戌亥 Energy場 : 戌戌 亥決되나 辰巳 不及

⑥ 辰戌酉 銳角 Energy場 構造特性

㉠ 辰戌 Energy場 : 위와 同一

㉡ 辰酉 Energy場 : 靑白 均衡이나 玄朱 不及

㉢ 酉戌 Energy場 : 白肩 太强, 靑肩 不及

⑦ 辰酉申 銳角 Energy場 構造特性

㉠ 辰酉 Energy場 : 위와 同一

㉡ 辰申 Energy場 : 青白 均衡이나 寅戌 不及

㉢ 申酉 Energy場 : 白金 太過, 青木 不及

⑧ 辰申未 銳角 Energy場 構造特性

㉠ 辰申 Energy場 : 위와 同一

㉡ 辰未 Energy場 : 朱青 同調이나 玄白 不及

㉢ 申未 Energy場 : 朱白 同調이나 玄青 不及

⑨ 辰未午 銳角 Energy場 構造特性

㉠ 辰未 Energy場 : 위와 同一

㉡ 辰午 Energy場 : 朱青 同調이나 玄白 不及

㉢ 午未 Energy場 : 朱 左偏 强, 玄右 不及

⑩ 辰巳午 銳角 Energy場 構造特性

㉠ 辰巳 Energy場 : 朱青 同調이나 玄白 不及

㉡ 辰午 Energy場 : 위와 同一

㉢ 巳午 Energy場 : 朱 右偏 强, 玄右 不及

(6) 巳 Energy場의 銳角構造 特性

朱火 右端 Energy場을 中心으로 한 刑沖殺이 發生한 境遇의 銳角 Energy場 構造體로서 朱巳 Energy場 特性이 特發한 偏朱 特性이다. 따라서 어떠한 境遇의 銳角이라도 安定된 穴性을 有志하지 못한다(心實病을 基本으로 함).

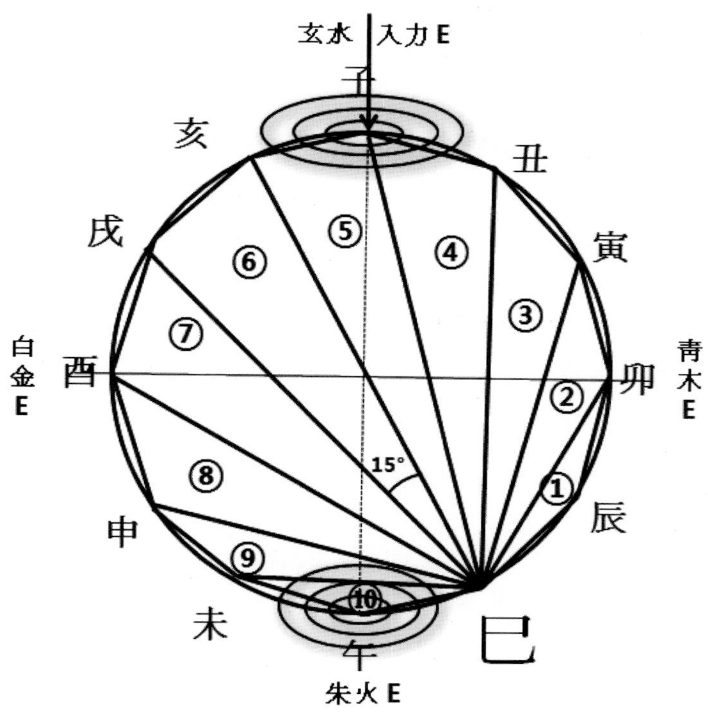

〈그림 3-180〉 巳 Energy場의 銳角構造 特性

① 巳辰卯 銳角 Energy場 構造特性

㉠ 巳辰 Energy場 : 青木 腕部 凝縮과 青木 關鎖, 亥戌 不及病(腎胃病)

㉡ 巳卯 Energy場 : 青木 關鎖 意志 增大, 酉亥 不及(腎肺病)

㉢ 卯辰 Energy場 : 青木 左端 太强, 酉戌 不及(肺胃病)

② 巳卯寅 銳角 Energy場 構造特性

㉠ 巳卯 Energy場 : 위와 同一

㉡ 巳寅 Energy場 : 90°의 刑破角으로 殺氣 白朱 不及(心大腸病)

㉢ 寅卯 Energy場 : 青木 右端 太强, 白金 右端 不及(肺大腸病, 膽實症)

③ 巳寅丑 銳角 Energy場 構造特性

㉠ 巳寅 Energy場 : 위와 同一

㉡ 巳丑 Energy場 : 巳酉丑合金 Energy場, 亥未 青木 不及(肝膽病)

㉢ 寅丑 Energy場 : 偏水 Energy 供給으로 入力 不及(偏水 Energy로

進入 不良, 精氣 不足), 青木 進 Energy場이나 申未 不及(大腸病)

④ 巳丑子 銳角 Energy場 構造特性

㉠ 巳丑 Energy場 : 위와 同一

㉡ 巳子 Energy場 : 玄中水와 朱火 右端 斜應 午亥 發生(心腎病)

㉢ 子丑 Energy場 : 玄水 左端 偏强, 右玄 不及(喪妻), 左朱 不及

⑤ 巳子亥 銳角 Energy場 構造特性

㉠ 巳子 Energy場 : 위와 同一

㉡ 巳亥 Energy場 : 厥陰風木, 丑未 不及病(脾胃病)

㉢ 子亥 Energy場 : 右玄 偏强, 左玄 不及, 午巳 發生(喪夫)(腎心病)(自害病)

⑥ 巳亥戌 銳角 Energy場 構造特性

㉠ 巳亥 Energy場 : 위와 同一

㉡ 巳戌 Energy場 : 怨嗔角, 寅間未 不及(매정하다)

㉢ 戌亥 Energy場 : 戌戌亥決되나 青肩 不及, 偏解 發生

⑦ 巳戌酉 銳角 Energy場 構造特性

㉠ 巳戌 Energy場 : 위와 同一

㉡ 巳酉 Energy場 : 白朱合居이나 青朱 同調 不及

㉢ 戌酉 Energy場 : 酉戌 害殺, 辰卯 不及(肝胃病)

⑧ 巳酉申 銳角 Energy場 構造特性

㉠ 巳酉 Energy場 : 위와 同一

㉡ 巳申 Energy場 : 90°의 刑破角, 合水이나 寅亥 不及(寅申巳亥 構造破壞)

㉢ 酉申 Energy場 : 白金 太强, 青木 不及病(肝膽病)

⑨ 巳申未 銳角 Energy場 構造特性

㉠ 巳申 Energy場 : 위와 同一

㉡ 巳未 Energy場 : 朱火 左右 兩分, 玄水 兩分 同調(精蟲 不足)

㉢ 未申 Energy場 : 未來 申念 安定이나 寅丑 不及病(孫 不足現象, 精蟲 不足)

⑩ 巳未午 銳角 Energy場 構造特性

㉠ 巳未 Energy場 : 위와 同一

㉡ 巳午 Energy場 : 右朱 偏斜, 右玄 不及病(右腦 不及)

㉢ 午未 Energy場 : 左朱 偏斜, 左玄 不及病(左腦 不及)

(7) 午 Energy場의 銳角構造 特性

朱火 中心 Energy場을 基本으로 形成된 刑沖 干涉構造의 銳角形態로서 比較的 朱火 安定 特性은 有志하고 있으나 玄水 또는 其他 部位의 Energy場 不均衡을 安定시키지 못하고 있는 것이 殺이 되고 있다.

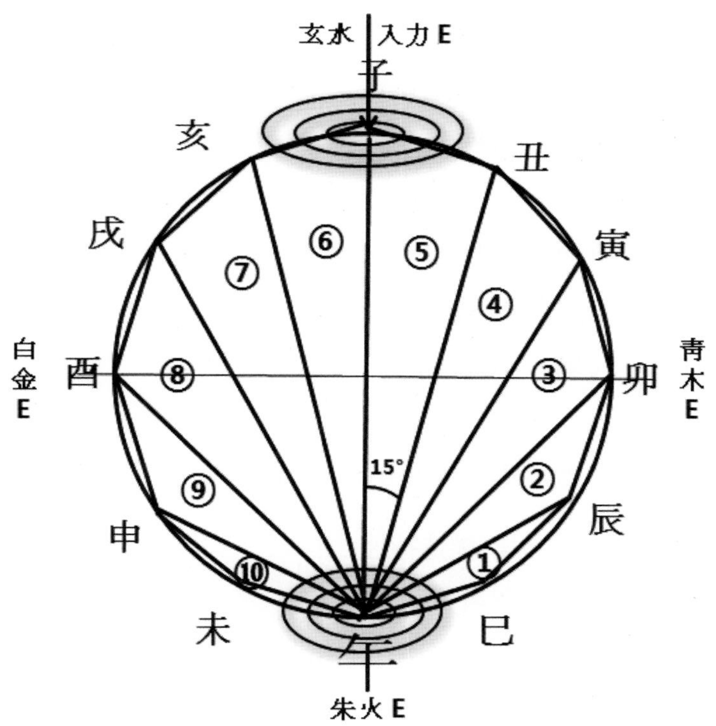

〈그림 3-181〉 午 Energy場의 銳角構造 特性

① 午巳辰 銳角 Energy場 構造特性

㉠ 午巳 Energy場 : 朱火 Energy場의 太過(心火病), 玄水 子亥 Energy場 不及(腎水不及)

㉡ 午辰 Energy場 : 靑朱 Energy場 同調, 玄白 戌子 Energy場 不及

㉢ 巳辰 Energy場 : 靑朱 Energy場 同調, 戌亥 Energy場 不及

② 午辰卯 銳角 Energy場 構造特性

㉠ 午辰 Energy場 : 위와 同一

㉡ 午卯 Energy場 : 90° 刑破角殺 子酉 Energy場 不及

㉢ 辰卯 Energy場 : 30° 害角殺 酉戌 Energy場 不及

③ 午卯寅 銳角 Energy場 構造特性

㉠ 午卯 Energy場 : 위와 同一

㉡ 午寅 Energy場 : 寅午戌 二合 Energy場, 子申 Energy場 不及

㉢ 寅卯 Energy場 : 靑肩中局 同調, 白肩 Energy場 不及

④ 午寅丑 銳角 Energy場 構造特性

㉠ 午寅 Energy場 : 위와 同一

㉡ 午丑 Energy場 : 怨嗔角殺, 子未 靑白 Energy場 不及

㉢ 丑寅 Energy場 : 玄靑 入力 意志, 朱白 穴 安定 意志 不及

⑤ 午丑子 銳角 Energy場 構造特性

㉠ 午丑 Energy場 : 위와 同一

㉡ 午子 Energy場 : 穴 中心 Energy場 最適, 靑白 Energy場 不及

㉢ 子丑 Energy場 : 玄水 Energy場 偏强, 午未 Energy場 不及

⑥ 午子亥 銳角 Energy場 構造特性

㉠ 午子 Energy場 : 위와 同一

㉡ 午亥 Energy場 : 穴劫 斜傾 凝縮, 子巳 靑白 Energy場 不及

㉢ 子亥 Energy場 : 玄水 斜傾 Energy場, 午巳 靑白 Energy場 不及

⑦ 午亥戌 銳角 Energy場 構造特性

㉠ 午亥 Energy場 : 위와 同一

㉡ 午戌 Energy場 : 寅午戌 二合 秩序, 子辰 Energy場 不及

㉢ 戌亥 Energy場 : 戌戌 亥結 되나 辰巳 Energy場 不及

⑧ 午戌酉 銳角 Energy場 構造特性

㉠ 午戌 Energy場 : 위와 同一

㉡ 午酉 Energy場 : 90° 刑破角殺, 子卯 Energy場 不及

㉢ 酉戌 Energy場 : 30° 害角殺, 辰卯 Energy場 不及

⑨ 午酉申 銳角 Energy場 構造特性

㉠ 午酉 Energy場 : 위와 同一

㉡ 午申 Energy場 : 朱白 同調, 玄靑 子寅 Energy場 不及

㉢ 申酉 Energy場 : 白金 太過살, 靑木 Energy場 不及

⑩ 午申未 銳角 Energy場 構造特性

㉠ 午申 Energy場 : 위와 同一

㉡ 午未 Energy場 : 朱火 偏强, 子丑 Energy場 不及

㉢ 未申 Energy場 : 朱白 同調, 玄靑 同調 不及

(8) 未 Energy場의 銳角構造 特性

午火 左端 Energy場의 特異 發生 現象으로 玄朱 同調 平衡이 不良하거나 朱火 Energy場 不平等에 의한 刑沖殺이 그 原因이다. 주로 客神의 不平等이 性格과 身體 形態를 傾斜케 하고 社會和合도 部分的 特性을 지닌다. 性格이 비뚤어지기 쉽다.

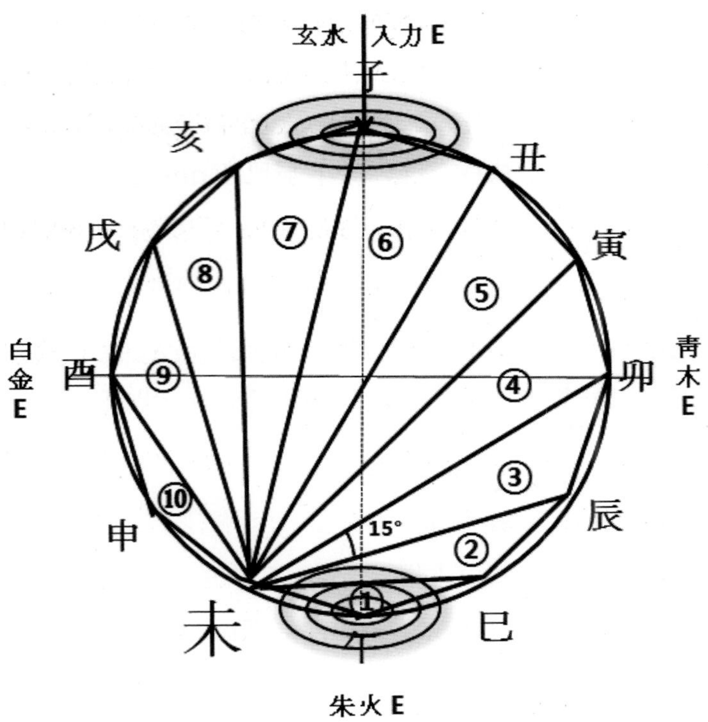

〈그림 3-182〉 未 Energy場의 銳角構造 特性

① 未午巳 銳角 Energy場 構造特性

(朱火 Energy場의 太過로서 玄水 Energy場 不及病이 發生한다.)

㉠ 未午 Energy場 : 朱火 Energy場의 偏砂 太强으로 子丑 Energy場 不及病 發生

㉡ 未巳 Energy場 : 朱火 Energy場의 中心 離脫로 客靈 分裂이 發生

㉢ 午巳 Energy場 : 朱火 右端 Energy場 偏强으로 客神 分裂이 흐려진다.

② 未巳辰 銳角 Energy場 構造特性

(青朱 Energy場 同調가 理想的이나 未 Energy場 離脫이 不利하다.)

㉠ 未巳 Energy場 : 위와 同一

㉡ 未辰 Energy場 : 青朱 同調를 一部 妨害하므로 恒常 未辰하다.

㉢ 巳辰 Energy場 : 青朱 同調가 理想的이나 戌亥 Energy場이 不及病이다.

③ 未辰卯 銳角 Energy場 構造特性

(亥卯未 二合 青木 太强 Energy場이나 白金 Energy場 不及病 發生)

㉠ 未辰 Energy場 : 위와 同一

㉡ 未卯 Energy場 : 亥卯未 二合 青木 Energy場이나 丑酉 Energy場 不平等

㉢ 辰卯 Energy場 : 青木 Energy場 太强으로 白金 酉戌 Energy場 不及病 發生

④ 未卯寅 銳角 Energy場 構造特性

(亥卯未 二合과 寅木 合成으로 青木 太過 白金 不及病)

㉠ 未卯 Energy場 : 위와 同一

㉡ 未寅 Energy場 : 未寅出이나 戌白怨 不及으로 實利가 不足하다.

㉢ 卯寅 Energy場 : 青木 太過로서 酉申이 不及病이다.

⑤ 未寅丑 銳角 Energy場 構造特性

(未寅이 늪에 빠져 허우적거린다.)

㉠ 未寅 Energy場 : 위와 同一

㉡ 未丑 Energy場 : ⊖土 Energy場軸이 되어 忠誠스러우나 巳亥(四海)가 어둡고 對話(辰戌)가 不足하다.

㉢ 寅丑 Energy場 : 범이 늪에 빠졌으니 發展이 더디다.(子丑合 寅午戌合이라야 生起)

⑥ 未丑子 銳角 Energy場 構造特性

(子未怨害殺이 子丑合으로 解決은 되나 青白이 不及病이다.)

㉠ 未丑 Energy場 : 위와 同一

㉡ 未子 Energy場 : 子未도 없는 사람이 男女 左右 客財가 어둡다.

㉢ 子丑 Energy場 : 子丑은 脫出하는데 客 生覺이 不足하여 社會適應이 不足하다.

⑦ 未子亥 銳角 Energy場 構造特性

(물이 많은 듯 亥未치는 것을 좋아하나 速히 마른다. 節制不足)

㉠ 未子 Energy場 : 위와 同一

㉡ 未亥 Energy場 : 男女間에 亥未치는 것을 즐긴다. 均衡 節制가 不足하다.

㉢ 子亥 Energy場 : 子亥 큰물에 빠지기 쉽고, 지나친 健康 過信으로 心不病을 얻는다.

⑧ 未亥戌 銳角 Energy場 構造特性

(戌戌亥未는 쉬우나 客神의 장난이 念慮된다.)

㉠ 未亥 Energy場 : 위와 同一

㉡ 未戌 Energy場 : 破殺이 되어 玄青 Energy場 不及病을 얻는다.

㉢ 戌亥 Energy場 : 戌戌 亥決되는 일이나 青朱病이 發生한다.

⑨ 未戌酉 銳角 Energy場 構造特性

(戌未破殺 酉戌害殺로서 매우 不利하다.)

㉠ 未戌 Energy場 : 위와 同一

㉡ 未酉 Energy場 : 未來가 酉益하나 合居치 못하면 玄青 不及病을 얻는다.

㉢ 酉戌 Energy場 : 害殺로서 青木 不及病을 얻는다.

⑩ 未酉申 銳角 Energy場 構造特性

(白金 太强으로 有利한 듯하나 玄青 不及病을 얻는다.)

㉠ 未酉 Energy場 : 위와 同一

㉡ 未申 Energy場 : 白金의 理想的 同調 Energy場이나 玄青 不及病이 發生한다.

㉢ 酉申 Energy場 : 白金 太過病이 發生하고 青木 虛病이 나타난다.

(9) 申 Energy場의 銳角構造 特性

白金 右腕 Energy場의 特異變化에 의해 刑沖殺이 發生하였을 때 나타나는 銳角 Energy場 形態로서 鈍濁銳利한 性格 및 行動構造이다.

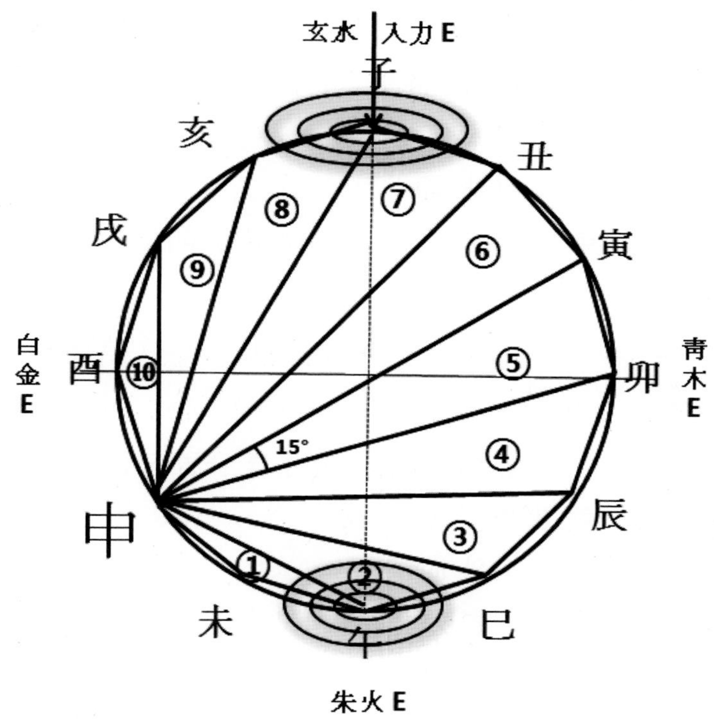

〈그림 3-183〉 申 Energy場의 銳角構造 特性

① 申未午 銳角 Energy場 構造特性 : 朱火 Energy場의 凝縮秩序가 理想的이나 玄青 Energy場 同調가 不偏한 故로 玄青 不及病이 發生한다.

㉠ 申未 Energy場 : 朱白 同調가 充分하나 玄青 同調 不偏으로 玄青 不及殺

㉡ 申午 Energy場 : 朱白 Energy場 同調가 比較的 滿足하나 역시 玄青 不及殺 發生

㉢ 未午 Energy場 : 朱火 Energy場의 右端 偏斜로玄水 左端 Energy場 不及殺(腎脾 不及)

② 申午巳 銳角 Energy場 構造特性 : 巳申刑破殺의 發生과 午巳 朱火 右端 太過 → 玄靑 不及

㉠ 申午 Energy場 : 위와 同一

㉡ 申巳 Energy場 : 刑破 重擘殺

㉢ 午巳 Energy場 : 朱火 右端 右心 不均 太過殺

③ 申巳辰 銳角 Energy場 構造特性 : 申子辰 辰巳 合居 Energy場으로서 理想的이나 玄靑 不及殺

㉠ 申巳 Energy場 : 위와 同一

㉡ 申辰 Energy場 : 申子辰 合居 Energy場이 圓滿하나 朱火 寅戌 Energy 場이 不及하다.

㉢ 巳辰 Energy場 : 靑朱 Energy場 同調로서 吉한 반면 玄白 Energy場 不及 發生

④ 申辰卯 銳角 Energy場 構造特性 : 申子辰 合居 Energy場이 申卯怨害殺 Energy場에 의해 半減, 朱火 不及

㉠ 申辰 Energy場 : 위와 同一

㉡ 申卯 Energy場 : 怨害殺이 發生하고 靑朱 Energy場이 不及하다.

㉢ 辰卯 Energy場 : 靑木 Energy場 太强으로 白金 Energy場 不及 및 玄朱 不偏

⑤ 申卯寅 銳角 Energy場 構造特性 : 靑木 Energy場 太强이 申金 Energy 場으로 半減하였으나 玄朱 不及

㉠ 申卯 Energy場 : 위와 同一. 怨害 Energy場 發生, 玄朱 Energy場 不偏

㉡ 申寅 Energy場 : 靑白 對峙가 되어 陰陽 葛藤이 發生하고 玄朱 Energy 場이 不及하다.

㉢ 卯寅 Energy場 : 靑木 太强 Energy場에 의해 白金 Energy場 不及病

⑥ 申寅丑 銳角 Energy場 構造特性 : 寅申 對峙 特性과 寅丑, 申丑의 不合으로 木土病 發生

㉠ 申寅 Energy場 : 위와 同一

㉡ 申丑 Energy場 : 도끼가 늪에 빠진 格

㉢ 寅丑 Energy場 : 범이 늪에 빠진 格

⑦ 申丑子 銳角 Energy場 構造特性 : 子丑이 合居하고 申子辰 合居하나 朱火 不及 脾胃病 發生

㉠ 申丑 Energy場 : 위와 同一

㉡ 申子 Energy場 : 申子辰 合居 Energy場으로 玄水 特異하나 朱火 不及病 發生

㉢ 丑子 Energy場 : 玄水 左端 偏斜하여 朱火 右端 偏斜

⑧ 申子亥 銳角 Energy場 構造特性 : 申子辰 合居 特異 玄水 Energy場에 亥水가 加하여 太過病

㉠ 申子 Energy場 : 위와 同一

㉡ 申亥 Energy場 : 申亥害殺이 發生하고 青木 不及病 發生

㉢ 子亥 Energy場 : 玄水 右端 偏强으로 朱火 右端 不及病, 右心室 虛病

⑨ 申亥戌 銳角 Energy場 構造特性 : 白金 事項은 戌戌亥決되나 青木運이 不及이다.

㉠ 申亥 Energy場 : 위와 同一

㉡ 申戌 Energy場 : 白金 Energy場 太强으로 青木 Energy場 不及病, 肝膽虛病

㉢ 亥戌 Energy場 : 戌戌亥決되나 辰巳出이 不利하다.

⑩ 申戌酉 銳角 Energy場 構造特性 : 白金 Energy場의 太過現像으로 白金 實病後 青木病이 發生한다.

㉠ 申戌 Energy場 : 위와 同一

㉡ 申酉 Energy場 : 역시 白金 太過病과 青木 不及病 發生

㉢ 戌酉 Energy場 : 白金 偏部 太强하여 青木 下端이 不利하다.

(10) 酉 Energy場의 銳角構造 特性

白金 中心 Energy場의 異狀現象에 따른 年月日時別 刑沖殺이 穴場에 透出된 境遇로써 玄朱 Energy場의 不安定 要因이 되거나 靑木 Energy場과의 葛藤的 構造가 되기도 한다.

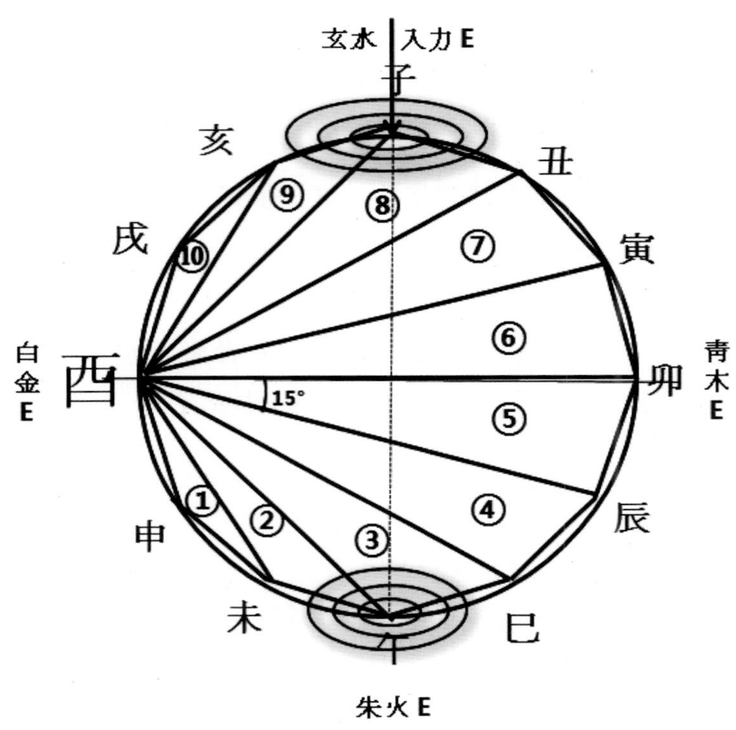

〈그림 3-184〉 酉 Energy場의 銳角構造 特性

① 酉申未 銳角 Energy場 構造特性 : 白金 腕部 Energy場의 太過로 인한 靑木 不及病

㉠ 酉申 Energy場 : 白金 太强 Energy場 寅卯 靑木 不及病

㉡ 酉未 Energy場 : 朱火 Energy場 傾斜 玄靑 Energy場 不及

㉢ 申未 Energy場 : 朱白合居 配合이나 玄靑 Energy 非同調

② 酉未午 銳角 Energy場 構造特性 : 朱火 中心 Energy場에 의한 白金 Energy場 安定이나 玄青 不及에 의한 白金 不安定

㉠ 酉未 Energy場 : 위와 同一

㉡ 酉午 Energy場 : 朱白同調의 理想形은 不可하고 無情 同調場으로 玄青 不及

㉢ 未午 Energy場 : 朱火 偏斜 Energy場으로 玄水 不偏

③ 酉午巳 銳角 Energy場 構造特性 : 朱火 右端 Energy場 太强과 白金 中心 Energy場이 同調하였으나 玄青 同調가 不及한 病

㉠ 酉午 Energy場 : 위와 同一

㉡ 酉巳 Energy場 : 巳酉丑 合金同調하나 玄青 Energy場의 不均病

㉢ 午巳 Energy場 : 朱火 右端 Energy場 太過로 玄水 右端 Energy場 不及病

④ 酉巳辰 銳角 Energy場 構造特性 : 辰巳, 巳酉丑, 辰酉合金으로 오히려 青木 不及病

㉠ 酉巳 Energy場 : 위와 同一

㉡ 酉辰 Energy場 : 辰酉合金하여 青木 不及과 玄朱 非同調

㉢ 巳辰 Energy場 : 青木安定으로 吉하나 白金 不安定과 玄朱 不安定

⑤ 酉辰卯 銳角 Energy場 構造特性 : 銳角 對立 青白 Energy場構造로서 卯酉의 强한 特性

㉠ 酉辰 Energy場 : 위와 同一

㉡ 酉卯 Energy場 : 卯酉 均衡인 듯하나 玄朱 不同調에 의한 兩破殺

㉢ 辰卯 Energy場 : 青木 太强하고 青白 不均하여 玄水 不均衡

⑥ 酉卯寅 銳角 Energy場 構造特性 : 太强 青木과 白金間의 葛藤

㉠ 酉卯 Energy場 : 위와 同一

㉡ 酉寅 Energy場 : 怨嗔殺

㉢ 卯寅 Energy場 : 青木 太過殺과 白金 太虛殺

⑦ 酉寅丑 銳角 Energy場 構造特性 : 巳酉丑 太强 白金과 寅青木間 怨嗔殺

㉠ 酉寅 Energy場 : 위와 同一

㉡ 酉丑 Energy場 : 巳酉丑 白金 太强殺, 青木 太虛殺

㉢ 寅丑 Energy場 : 濕土에 빠진 寅青木, 玄水 不及時 青木 不及殺

⑧ 酉丑子 銳角 Energy場 構造特性 : 巳酉丑 合居하고 玄水 加勢하나 青木 不及病

㉠ 酉丑 Energy場 : 위와 同一

㉡ 酉子 Energy場 : 青木 不及 狀態에서 玄白 同調하니 子酉破殺 卽 青木 不及病

㉢ 丑子 Energy場 : 玄水 左端 偏斜하니 朱火 Energy場 不均衡

⑨ 酉子亥 銳角 Energy場 構造特性 : 白金 勢力 爲主로 玄水 Energy 進入하니 青木 朱火 不及

㉠ 酉子 Energy場 : 위와 同一

㉡ 酉亥 Energy場 : 白金 太强 勢力, 青木 不和

㉢ 子亥 Energy場 : 玄水 右端 偏斜하니 朱火 右端 不和

⑩ 酉亥戌 銳角 Energy場 構造特性 : 白金 勢力 力偏重으로 青木 不及病

㉠ 酉亥 Energy場 : 위와 同一

㉡ 酉戌 Energy場 : 白金 右肩 太强, 青木 右肩 不和

㉢ 亥戌 Energy場 : 戌戌 亥決되나 青朱 同調 不和

※ 比較的 白金 勢力이 旺盛하면 青木이 不安定하니 四方神이 均衡 安定됨이 最吉하다.

(11) 戌 Energy場의 銳角構造 特性

白金 肩部 Energy場의 異狀 現象으로 인한 刑沖殺이 發生한 境遇로써 比較的 많은 玄水 入力 Energy를 供給받고 있다.

白金 肩部가 太强하니 青木 肩部가 太虛한 病이다.

→ 均衡原理는 前後(上下)左右가 同時 均等을 滿足시킬 것(絶對安定 廻向原理)

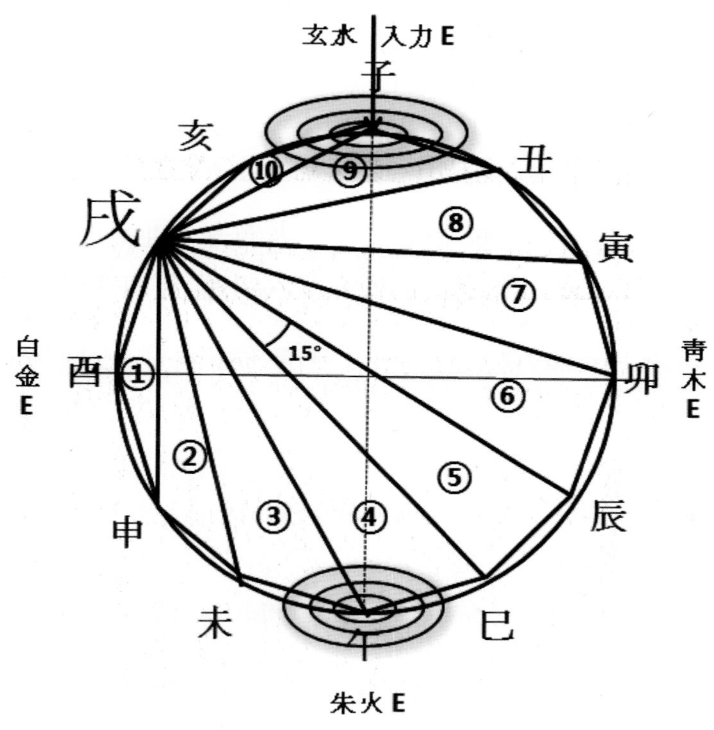

〈그림 3-185〉 戌 Energy場의 銳角構造 特性

① 戌酉申 銳角 Energy場 構造特性 : 白金이 太過하니 青 寅卯辰 太虛殺이다. 金木病

㉠ 戌酉 Energy場 : 害殺로서 卯辰 不及病이 發한다.

㉡ 戌申 Energy場 : 白金 太强으로 青木 寅辰 不及病

㉢ 酉申 Energy場 : 强金殺로 先 青木病 後 白金病

② 戌申未 銳角 Energy場 構造特性 : 金强 未朱補하나 玄青이 不及하다.

㉠ 戌申 Energy場 : 위와 同一

㉡ 戌未 Energy場 : 破殺로서 先 戌未病 後 丑辰病(糖尿病, 膵臟病)

㉢ 申未 Energy場 : 朱白同調로 先吉하나 後 寅巳 不及病(⊕木病)

③ 戌未午 銳角 Energy場 構造特性 : 破殺 同伴 火局 同調이나 玄青 不及病

㉠ 戌未 Energy場 : 위와 同一

㉡ 戌午 Energy場 : 火局 同調하나 水局 不及病

㉢ 未午 Energy場 : 合居하나 玄水 合居 不利(子宮 腎膀病)

④ 戌午巳 銳角 Energy場 構造特性 : 朱白 同調 火局으로 先吉하나 腎膀 子宮病이다.

㉠ 戌午 Energy場 : 위와 同一

㉡ 戌巳 Energy場 : 怨嗔殺이 玄青 不及病을 發生한다.

㉢ 午巳 Energy場 : 朱火 太强으로 先 心小腸 得病 後 腎膀子宮病이다.

⑤ 戌巳辰 銳角 Energy場 構造特性 : 朱青 同調하나 巳戌怨嗔이요 玄水 不安하다.

㉠ 戌巳 Energy場 : 위와 同一

㉡ 戌辰 Energy場 : 青白 大稱이나 合居가 아니면 對峙다.(配位 對峙 金木病)

㉢ 巳辰 Energy場 : 朱青 同調가 理想的이나 玄白朱白 同調 不利

⑥ 戌辰卯 銳角 Energy場 構造特性 : 卯戌合火 同調하여 朱青이 同調하나 朱白 同調가 不利

㉠ 戌辰 Energy場 : 위와 同一

㉡ 戌卯 Energy場 : 合火하여 先吉하나 後 玄朱 不調

㉢ 辰卯 Energy場 : 青木 太强하여 白金 太虛殺 發生

⑦ 戌卯寅 銳角 Energy場 構造特性 : 青木 太强 後 卯戌合火하니 朱火 太强殺 → 玄水病

㉠ 戌卯 Energy場 : 위와 同一

㉡ 戌寅 Energy場 : 寅午戌 合火하니 先 朱火吉 後 玄水病

㉢ 卯寅 Energy場 : 青木 太强 先 白金病 後 玄朱 不均病

⑧ 戌寅丑 銳角 Energy場 構造特性 : 寅午戌 火局이나 濕土와 合居하니 玄水 不安定

㉠ 戌寅 Energy場 : 위와 同一

㉡ 戌丑 Energy場 : 刑殺로서 先後 一切가 不利하나 脾胃病(糖尿病)

㉢ 寅丑 Energy場 : 범이 늪에 빠지니 ⊕木病이 發生한다.

⑨ 戌丑子 銳角 Energy場 構造特性 : 子丑이 合居하나 靑木 Energy 入力이 虛해지고 白金 Energy 入力勢가 强해지니 先 靑木病 後 白金 實病

㉠ 戌丑 Energy場 : 위와 同一

㉡ 戌子 Energy場 : 子戌合居하나 先 靑 同調가 不利하니 上은 吉하고 下는 不利

㉢ 丑子 Energy場 : 合居하니 玄水가 偏强하여 午未가 不安하다. 心小病

⑩ 戌子亥 銳角 Energy場 構造特性 : 玄水 入力 Energy가 白金으로 偏入하니 靑木 不及病

㉠ 戌子 Energy場 : 위와 同一

㉡ 戌亥 Energy場 : 白金 太强하여 先 靑木虛病 後 白金 實病

㉢ 子亥 Energy場 : 右玄 太過로 右朱 不及하니 先 心小 虛病 後 腎膀子 實

(12) 亥 Energy場의 銳角構造 特性

玄水 右端 Energy場의 持孫狀況에 의한 刑沖殺 變易構造로서 比較的 玄水氣運은 좋으나 朱火 Energy場의 不均衡으로 心小腸病을 招來하기 쉽고 社會圓滿性이 不足하다.

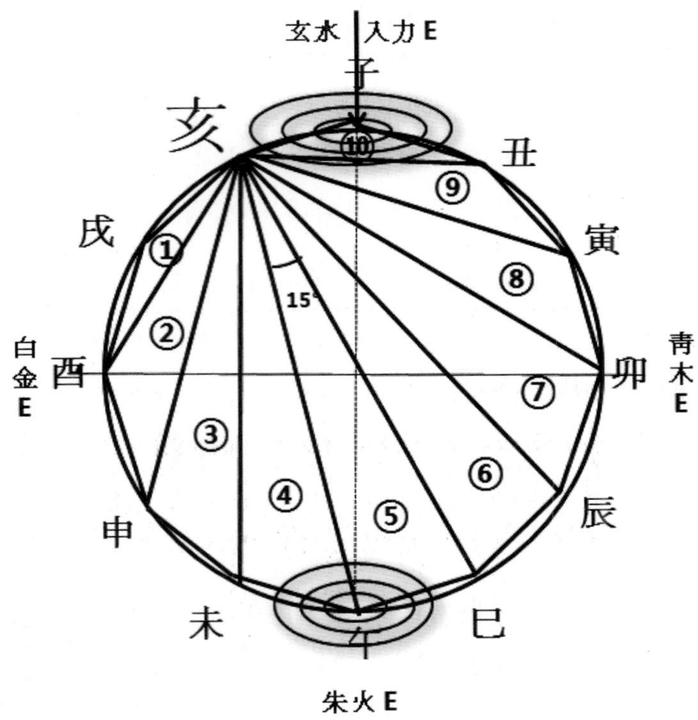

〈그림 3-186〉 亥 Energy場의 銳角構造 特性

① 亥戌酉 銳角 Energy場 構造特性 : 玄水 入力 Energy의 偏入象으로서 白金의 逆性이 發生하고 青木 Energy 入力이 不及해진다.

㉠ 亥戌 Energy場 : 亦是 白金 Energy 偏入現象으로 青木 不及 및 金 逆性이다.

㉡ 亥酉 Energy場 : 次次 酉利해지는 白金 Energy 現象이나 青木과 不均衡이다.

㉢ 戌酉 Energy場 : 白金 偏部 Energy場이 太强하고 青木 Energy場과 不均하다.

② 亥酉申 銳角 Energy場 構造特性 : 白金 偏入 Energy가 보다 큰 逆性이 되어 青木과 不均하다.

㉠ 亥酉 Energy場 : 위와 同一

㉡ 亥申 Energy場 : 害殺로서 白金 自體 Energy 同調는 勿論 青木과 不

均하다(青木病).

㉢ 酉申 Energy場 : 太强한 白金勢力이 되어 青木이 消滅한다(肝膽虛症).

③ 亥申未 銳角 Energy場 構造特性 : 亥卯未 合居한 未來의 申念이나 亦是 青木과 不均이다.

㉠ 亥申 Energy場 : 위와 同一

㉡ 亥未 Energy場 : 亥卯未 合居하여 安定하나 白金勢力의 不調가 發生한다.

㉢ 申未 Energy場 : 朱白同調는 最上이나 玄青同調 朱青同調가 不均하다.

④ 亥未午 銳角 Energy場 構造特性 : 亥卯未 合居 後 午卯破殺이 發生하니 亦是 青白 不均

㉠ 亥未 Energy場 : 위와 同一

㉡ 亥午 Energy場 : 午亥가 發生하는 덤덤한 사이이니 亦是 青白 不均 不安定

㉢ 未午 Energy場 : 午未 合居하나 子丑이 不備하니 不均病(心腎不安)

⑤ 亥午巳 銳角 Energy場 構造特性 : 朱火 Energy場과 玄水 右端 Energy場間 構造이나 青白 不均病(先 木病 後 金病)

㉠ 亥午 Energy場 : 위와 同一

㉡ 亥巳 Energy場 : 巳亥가 對峙하니 水火가 相剋한다. 心腎이 不安定 火急하다.

㉢ 午巳 Energy場 : 朱火 偏强하니 玄水 右端의 不均病이 發生(虛慾心火病)

⑥ 亥巳辰 銳角 Energy場 構造特性 : 辰巳 青朱가 同調하나 辰亥怨嗔이 妨害한다(性格障礙).

㉠ 亥巳 Energy場 : 위와 同一

㉡ 亥辰 Energy場 : 怨嗔殺로서 一生을 葛藤하는 性格障礙

㉢ 巳辰 Energy場 : 朱青同調가 理想的이나 玄白同調가 不利하다.

⑦ 亥辰卯 銳角 Energy場 構造特性 : 亥卯未 合居하나 辰亥怨嗔 卯辰害殺로서 不安定. 夫婦葛藤이 常存한다.

㉠ 亥辰 Energy場 : 위와 同一

㉡ 亥卯 Energy場 : 亥卯未 合居하나 白金 不均病 發生

㉢ 辰卯 Energy場 : 害殺로서 先 青木病 後 白金病

⑧ 亥卯寅 銳角 Energy場 構造特性 : 亥卯未 合居 寅木 加勢하니 先 木實病 後 金虛病

㉠ 亥卯 Energy場 : 위와 同一

㉡ 亥寅 Energy場 : 寅亥破殺 後 合木하나 亦是 白金 不均病이다.

㉢ 卯寅 Energy場 : 青木太過病이 發生하고 後 白金虛病이 發生한다.

⑨ 亥寅丑 銳角 Energy場 構造特性 : 丑亥의 玄水 分烈 Energy場이 寅 青木에 進入하니 不安定

㉠ 亥寅 Energy場 : 위와 同一

㉡ 亥丑 Energy場 : 玄水 Energy 分烈로 入首脈이 分烈되고 子孫 情緖不安定이다.

㉢ 寅丑 Energy場 : 玄水 不及 Energy 入力으로 寅木이 不實해진다.

⑩ 亥丑子 銳角 Energy場 構造特性 : 亥丑 太强 玄水 Energy가 無記性으로 入力되니 無分別性이다.

㉠ 亥丑 Energy場 : 위와 同一

㉡ 亥子 Energy場 : 玄水 Energy 太過로서 右端 偏重하니 青木 入力 Energy가 不及해진다.

㉢ 丑子 Energy場 : 玄水 左端 Energy가 太過하니 亦是 白金 入力 Energy가 不及해진다.

제14절 綜合評價 分析의 結論

(1) 穴場 Energy 相互 關係的 作用 特性에서 나타나는 穴核心 Energy 特性과 穴場部位別 諸 Energy 特性의 吉凶·善惡·大小·强弱 및 美醜에 대한 把握과 分析으로 穴場 全般의 構造 形態別 Energy 特性과 基本 穴核 Energy 特性이 評價된다.

(2) 穴場에 入力되는 入穴脈 Energy의 入穴坐位 特性에 따른 穴場 Energy 特發現象이 分析把握된다.

(3) 穴場의 入穴坐位에 따른 穴場部位別 方位 Energy 特性이 分析 把握되고 이를 緣分으로 하는 基本 穴 Energy 特性이 어떻게 調和되고 있는가가 評價된다.

(4) 葬事 및 移葬年運의 該當年運 Energy 特性과 該當年運別 穴 Energy 特性이 어떻게 調和되고 있는가가 評價된다.

葬事 또는 移葬時 亡人 및 子孫의 Energy 特性과 年運 Energy 및 方位 Energy 等의 緣分關係 特性이 明確히 把握되고 나면, 이들 相互 緣分 간의 相關關係와 穴基本 Energy場과의 調和特性이 評價된다.

原則的인 諸 緣分 Energy는 相互同調 合成 및 干涉合成을 綜合緣分으로 하여 基本 穴場 Energy와의 因緣關係를 形成하게 되고, 基本穴場 Energy는 또다시 穴核心 Energy와 相互因緣關係를 形成하는 것이므로 窮極的 主 Energy場은 穴核心 Energy이며, 副 Energy場은 基本穴場 Energy이고, 入穴方位 Energy와 年運 Energy 亡者 Energy 및 子孫 Energy는 合成되어 綜合緣分化한다.

結論的으로 穴場의 圓滿한 凝縮 Energy場이 形成된 穴核 Energy는 全般的 Energy場 均衡原理에 의해 그 穴場 部位別 Energy 特發現象은 뚜렷하지 않는 代身에 全體的 穴 Energy 總量發生은 旺盛해진다. 그러나 穴場의 不均衡 凝縮 Energy場이 多少라도 發生하게 되는 穴板의 穴核 Energy라면 그 全體的 穴 Energy 總量特性은 減少하면서 相對的으로 穴場 部位別 Energy 特發現象이

增加하게 된다(이는 四柱 Energy場 틀의 경우에도 同一한 原理다).

따라서 完全 穴核의 Energy는 人間構成過程에 全人的 人格因子를 供給維持하게 하고, 不完全한 穴核 Energy는 그 穴場 部位別 Energy 特發現象에 따른 不安定 Energy로 하여금 不完全 人格因子를 供給하게 한다. 때문에 穴核이 安定된 곳에서의 子孫은 安定된 人格 性相을 얻게 되는 것이고, 不安定한 곳에서의 子孫은 不安定한 人格 性相을 얻게 되는 것이다.

善吉하고 力量 있는 平等 圓滿 穴 Energy場은 善吉하고 力量 있는 平等圓滿의 人格體를 再創造하게 되고, 不善하고 刑·沖·破·害된 穴 Energy場은 不善하고 不平等한 不良의 人格體를 形成하게 하여 結局에는 人間種性을 淘汰케 한다.

陰宅 또는 陽宅 穴場에서 理想的인 圓滿 Energy場 틀이 形成되기는 실로 어렵다. 이를 補完改善할 수 있는 智慧는 보다 현실적인 全人的 人格體를 향해 靈肉을 다듬어가는 길밖에는 없다.

智慧로운 靈魂으로 가꾸어지는 禮敬과 仁德과 義勇으로 信念化하고 主體意志를 불 밝히면서 人間 再創造를 실천하는 道理야말로 風水道의 核心을 찾는 가장 빠른 길이 될 것이다.